山钢年鉴

SD STEEL YEAR BOOK

2019

《山钢年鉴》编纂委员会　编

冶 金 工 业 出 版 社

图书在版编目(CIP)数据

山钢年鉴．2019／《山钢年鉴》编纂委员会编．—北京：
冶金工业出版社，2019.12
ISBN 978-7-5024-8379-1

Ⅰ.①山…　Ⅱ.①山…　Ⅲ.①钢铁厂—山东—2019—
年鉴　Ⅳ.①F426.31-54

中国版本图书馆 CIP 数据核字(2019)第 295093 号

出 版 人　陈玉千
地　　址　北京市东城区嵩祝院北巷 39 号　邮编　100009　电话　(010)64027926
网　　址　www.cnmip.com.cn　电子信箱　yjcbs@cnmip.com.cn
责任编辑　于昕蕾　美术编辑　彭子赫　版式设计　孙跃红
责任校对　王永欣　责任印制　李玉山
ISBN 978-7-5024-8379-1
冶金工业出版社出版发行；各地新华书店经销；北京捷迅佳彩印刷有限公司印刷
2019 年 12 月第 1 版，2019 年 12 月第 1 次印刷
787mm×1092mm　1/16；31.75 印张；8 彩页；770 千字；493 页
199.00 元

冶金工业出版社　投稿电话　(010)64027932　投稿信箱　tougao@cnmip.com.cn
冶金工业出版社营销中心　电话　(010)64044283　传真　(010)64027893
冶金工业出版社天猫旗舰店　yjgycbs.tmall.com
（本书如有印装质量问题，本社营销中心负责退换）

《山钢年鉴》编纂委员会

主　　任	侯　军				
常务副主任	陶登奎				
副 主 任	苏　斌	陈向阳	赵文友	徐有芳	罗登武
	刘秀元	刘德华	王向东	张相军	付　博
	吕正平	董立志	薄　涛	王学德	卢彤书
	李长青	杨再昌			
委　　员	(以姓氏笔画为序)				
	万宪刚	马光亭	王庆山	王兴强	王其成
	王景洲	车连房	左海青	田玉山	朱玉廷
	孙日东	李学玉	张省军	罗文军	逄晓男
	姚　斌	徐亮天	高凤娟	郭维河	

《山钢年鉴》(2019) 编审人员

主　　审	李学玉				
主　　编	徐　峰				
副 主 编	于　华	李海新			
责任编辑	于　华	李海新	吴玉峰	胡　玉	卢建刚
	牛玉波	赵伟田	王　喆	任晓华	张金良
	叶　华				
特约审稿	陈　振	张海明	刘　宁	孙亚宁	
主要摄影	李建辉				
英文翻译	郑　玮				

编辑说明

《山钢年鉴》是山东钢铁集团有限公司（简称山钢集团或集团公司）主办的综合性年刊，主要记录山钢集团及各权属单位重点工作，展现改革发展的重要成果，反映各方面的新进展、新情况、新经验。本部年鉴是山钢集团成立以来的第10部年鉴，与《山钢年鉴》（2018）相衔接。标期为出版年份。

本卷收录2018年发生在山钢集团的大事要闻，有些资料适当上溯或下延。卷首刊载了反映山钢集团重大事件、重要工作、特色产品的彩色图片。全卷设特载、专论专文、大事记、概况、机构与人事、战略合作与交流、专业管理、党群工作、山钢股份、权属单位、统计资料、荣誉、附录，共13个栏目，全面展现山钢集团贯彻落实中共山东省委、省政府决策部署，抓住实施新旧动能转换、济钢产能调整和山钢转型发展重大历史机遇，持续推进改革、转型、创新、发展，为实现"多元主打、结构调整，闯开转型升级特色之路；奋战三年、提质增效，跻身全国钢铁强企前列"的目标而努力奋斗的发展历程。

全卷框架结构及内容经集团公司领导审阅，稿件由山钢集团各单位、各直属机构及总部各部门提供，部分稿件由编纂委员会办公室撰写，均经单位主要负责人审阅。主要数据资料由战略发展部、财务部、人力资源部、科技创新部提供并审阅，机构与人事部分由党委组织部提供并审阅，主要图片资料由党委宣传部/企业文化部、新闻传媒中心提供并审阅。

全卷的编辑出版，得到了各级领导及各单位、各部门的大力支持和帮助，在此谨表诚挚谢意。由于时间较紧，加之水平所限，纰漏与不足在所难免，恳请读者批评指正。

《山钢年鉴》编纂委员会

2019年12月

山东钢铁集团有限公司党委书记、董事长　侯军

2018 年 2 月 13 日，集团公司党委书记、董事长侯军，党委副书记、总经理陶登奎看望困难职工

2018 年 9 月 15 日，集团公司第一届“幸福和谐山钢杯”职工乒乓球赛在济钢体育馆举行

2018年3月10日，莱钢拔河队获世界室内拔河锦标赛公开赛混合600公斤冠军

济钢举办职工消夏晚会

2018年10月26日，日照公司举行职工广播操展示活动

日照公司生产区全景

山钢股份莱芜分公司特钢事业部生产区

莱钢大汶河公园广场

目　录

特　载

专论专文

大 事 记

概 况

机构与人事

战略合作与交流

专业管理

党群工作

山钢股份

权属单位

统计资料

荣　　誉

附　　录

Contents

Highlights

Features

Big Events

Brief Introduction

Institution and Personnel

Strategic Cooperation and Communication

Management Sectors

Party-Masses Work

Shandong Iron and Steel Corporation

Affiliates

Statistics

Honors

Appendix

山钢年鉴 *2019*

山钢集团
SD STEEL

特 载

山钢集团
SD STEEL

山钢文化

核心理念

山钢使命：
为客户提供满意的产品和服务

全省先进钢铁智造产业基地发展规划调研组到集团公司调研

“建议全省先进钢铁制造产业基地发展规划，要一张蓝图绘到底，体现出山东率先走在前列的原则。”3月20日，全省先进钢铁制造产业基地发展规划调研组来到集团公司总部，集团公司党委副书记、总经理陶登奎就山东省钢铁产业发展规划、布局等问题提出意见和建议。

冶金工业规划研究院副院长肖邦国、山东省发展改革委工业处处长李晓东分别讲话，集团公司副总经理王向东汇报工作，冶金工业规划研究院专家、省发展改革委工业处领导、集团公司相关部门负责人参加调研。

陶登奎说，山东省钢铁产业的发展，要集全省之力，尤其在新项目建设、资金筹措、职工安置等方面，建议全省要出台统一的政策。全省先进钢铁制造产业基地发展规划，要体现出山东率先走在前列的原则，实现钢铁产业基地化，力求在全国处于领先地位，同时要有大局意识、担当意识，统筹考虑全国钢铁产业布局，把近期需求和长远发展相结合，在规模化、基地化发展上下工夫，通过实施联合兼并重组，发展混合所有制，在市场化运作下推进全省钢铁产业持续、健康、科学发展。

肖邦国在讲话中指出，山东省先进钢铁制造产业基地发展规划编制启动会议后，冶金工业规划研究院高度重视，统一协调，集中精力开展工作。山钢在钢铁产业发展规划上提出了很好的意见和建议，对规划的编制起到关键性作用。山东省钢铁产业资源要向优势企业集中，在产业布局等方面遵循市场化原则，采用标准倒逼的形式推进钢铁产业发展，齐心协力推动山东省钢铁产业发展再上新水平、取得新突破。

李晓东对山钢的发展给予充分肯定，并就全省钢铁产业布局和山钢发展规划提出意见。他指出，全省先进钢铁制造产业基地发展规划要切实与山东的实际情况相结合，脚踏实地，坚持市场化方向。山钢要发挥龙头企业的作用，扑下身子一心一意谋发展，不仅仅在钢铁产业，在全省其他经济建设上也要发挥重要作用，为山东省经济发展和实现走在前列目标做出新贡献。

王向东介绍了山钢基本概况、对山东省钢铁产业布局的认识和山钢结构调整的基本思路。他说，山钢要做全省钢铁产业转型升级的引领者、全省国有企业转型发展的示范者和新旧动能转换工程的领跑者，积极推进济钢钢铁产能化解调整、建设莱芜精品钢基地、打造鲁中高强度建材生产基地、推进日照先进钢铁制造产业基地建设等，实现高质量发展，为我国钢铁产业结构调整和由大变强做出新贡献。

与会人员就全省先进钢铁制造产业基地发展规划，进行了座谈交流。全省先进钢铁制造产业基地发展规划调研组分别到集团公司所属的淄博、莱芜、日照片区调研。

（撰稿：赵　腾　审稿：田玉山）

集团公司召开持续全面深化改革推进会议

7月30日，集团公司在总部办公楼召开持续全面深化改革推进会议，要求以市场化思维、市场化手段实现人的市场化，明晰权责增活力，强化监督保效果，优化服务提质效，推动魅力山钢建设迈向新阶段，绘就魅力山钢新蓝图。

集团公司党委书记、董事长侯军做了题为《明晰权责 强化监督 优化服务 在建设魅力山钢征程中持续全面深化改革》的讲话，党委副书记、总经理陶登奎主持会议并讲话，监事会主席杨少军，集团公司党政领导苏斌、陈向阳、赵文友、徐有芳、罗登武、刘秀元、刘德华、王宏伟、钟志刚、梁阜、王向东、张相军、付博、吕正平、董立志、卢彤书，监事刘桂兴、周艳梅参加会议。

侯军从新形势、新机遇，新作为、新动能，新面貌、新山钢三个方面阐述了持续全面深化改革的意义、取得的成效、存在的问题，并对今后持续深化改革工作做出部署。一是新形势、新机遇。今年是全面贯彻党的十九大精神开局之年，是改革开放40周年，对改革开放最好的纪念就是更全面、更深刻地推进改革开放，改革已成为时代最强音、主旋律。改革大潮势如破竹；宏观经济危中有机；国企改革千帆竞发；问题导向倒逼改革，突出表现为“四个不到位”：思想观念解放不到位，上下权责理顺不到位，市场体系建立不到位，监督问责执行不到位；改革突破其势已成，国有资本投资公司改建进展顺利，跻身全国钢铁强企前列三年发展方略有序推进，落实新旧动能转换三年行动计划，积极参与“一带一路”建设，用改革的思维主动梳理、化解历史遗留问题等重大风险。二是新作为、新动能。党建统领方向，保证改革发展的精准方向，全面履行从严治党责任，全面提升基层党建工作水平，持续深入加强思想政治工作，以身作则勇于担当。改建激活资本，持续做好“强、退、育”的文章，做强优势核心主业，退出不符合战略定位产业，培育有发展潜力新兴产业。放权激发动力，放权首先要确权，集团公司对子公司放权，使其市场化运营全面到位；集团公司董事会对经营层放权，使经营层有更多的经营管理自主权。放权要实行清单管理，权力下放服务要跟上，下放的权力要接得住用得好。激励增强活力，要发挥好激励机制的杠杆和择优功能，推进薪酬制度改革，突破子公司负责人考核机制，建立健全子公司薪酬决定和正常增减机制，让职工共享企业改革发展成果；推进岗位管理变革，打破平均主义、论资排辈、退出壁垒，全面落实“1+4”配套文件，建立与市场充分接轨的选人用人机制，建立“能者上、适者用、庸者下”的清晰导向。客户引领未来，将产线打造成为直面市场的经营单元和创效主体，培植重点直供客户群，产品迈向高端。监督提供保障，做实大监督体系，精准问责促落实，容错免责激担当。三是新面貌、新山钢。“魅力山钢”将是注入改革基因的新山钢、充盈市场元素的新山钢、拥有创新特质的新山钢、饱含人文情怀的新山钢。

陶登奎在讲话中指出，要牢牢把握新机遇，加快释放新动能，全力建设新山钢。靠改革开路，让市场衡量，走创新驱动，请职工评判，推动“魅力山钢”建设取得新的突破，开创新的局面。要清醒地认识到“山钢落后了”“山钢发展的根基还不牢固”。思想上的落后是最大的落后，体制机制不活是最根本的问题。尽管各单位“期中”考试交出了一份合格的成绩单，自己与自己比进步了，但与行业先进水平相比，差距仍然很大，千万不能沾沾自喜、安于现状，千万不能小富即安、不思进取，千万不能左顾右盼、观望等待，务必真正沉下心来、扑下身子、真抓实干，把企业良好的改革势头保持下去，努力在好的市场有一个好收成，夯实企业发展的根基。要清醒地认识到“不发展是最大的风险”。一要抢抓先进钢铁制造产业基地发展规划重大机遇，赢得主动、赢得优势、赢得未来。二要坚持走创新驱动发展道路，谋求做强，涵养企业发展后劲。三要有防范风险的先手和应对挑战的高招，高度关注历史遗留问题，打好歼灭战；高度关注正在开展的工作，打好运动战；高度关注企业长远运营，打好持久战。四要深入推进薪酬制度改革，挖掘管理创效潜能，激发职工干事创业的积极性。五要坚持守土有责履职尽责，开展专项治理，扎实做好安全生产、环境保护工作。

会上，山钢国贸、山钢金控、济钢集团、莱钢集团分别做了发言。

（撰稿：赵　腾　审稿：田玉山）

“千名干部下基层”省管企业高质量发展第三服务队进驻山钢

9月27日，由山东省新旧动能转换重大工程推进办公室副主任、省发展改革委人事处处长王海林带领的“千名干部下基层”国企高质量发展服务队一行5人进驻山钢集团。集团公司召开见面会，党委书记、董事长侯军，党委副书记、总经理陶登奎，党委副书记、董事苏斌，党委常委刘秀元出席见面会，并与服务队进行座谈交流。

侯军对“千名干部下基层”国企高质量发展服务队进驻山钢集团表示欢迎，并介绍了山钢生产经营和改革发展情况。侯军强调，这次省委部署“千名干部下基层”能够帮助企业站在更高的角度、以更加宽阔的视野，有力推动和促进难点、痛点问题的加速解决。山钢集团将提高站位，抓住“千名干部下基层”有利时机，加快推进新旧动能转换，做强做优做大钢铁主业基业，努力构建多元主打高地，持续全面深化改革推动企业高质量发展。山钢集团将全力配合支持服务队开展工作，确保服务队工作顺利开展。

王海林指出，作为助力山钢集团实现高质量发展的服务队一员，深感责任重大，今后将以饱满的热情、求真的态度、务实的作风，全力以赴开展好工作。服务队根据省委的指示要求，在山钢集团党委的领导下，围绕出好主意、当好参谋、搞好服务的“三好”原则开展工作，做到“服务不干预，帮办不包办”。同时，聚焦企业发展，结合山钢集团重大事项、年度重点工作任务，以及服务队人员的优势和特长，出实招办实事，有针对性地开展调查研究，力争出一些有分量、有质量的调研报告，并坚决做到“到位不越位，添彩不添乱”，服务队有信心也有决心和山钢集团一起团结奋进、攻坚克难，坚决完成好各项工作任务。

服务队其他成员王娟、高龙、鹿尧、孟达参加了见面会。

“千名干部下基层”工作是按照省委决定，从省直部门（单位）选派1000名左右干部，组成100个乡村振兴服务队和高质量发展服务队，服务17地市、49个县（市、区）、50个乡镇（街道）、250个村、170户民营企业和30户省属企业，助力推动高质量发展、乡村振兴、新旧动能转换、推动脱贫攻坚等重大战略任务，是解决当前我省经济社会发展突出问题、破解高质量发展瓶颈制约的重要举措。此次选派干部的服务时间为两年。

（撰稿：赵　腾　崔瑞辉
审稿：田玉山）

中共山东省委第十二巡视组巡视山钢党委工作动员会召开

按照中共山东省委关于巡视工作的统一部署，10月11日，省委第十二巡视组巡视山东钢铁集团有限公司党委工作动员会召开。会前，省委巡视工作领导小组成员、省委巡视办主任孟祥吉主持召开与山钢集团党委书记、董事长侯军的见面沟通会，传达了省委书记刘家义在听取十一届省委第三轮巡视工作情况汇报时的讲话精神。会上，省委第十二巡视组组长郑建军就即将开展的巡视工作做动员讲话，孟祥吉就做好巡视工作提出要求。侯军主持会议并做表态发言。

孟祥吉指出，以习近平同志为核心的党中央高度重视巡视工作，作为党内监督的战略性制度安排，纳入全面从严治党总体部署，开辟了党的建设新局面。党的十九大对巡视工作提出新的更高要求，《党章》专列一条对巡视巡察制度做出规定。党中央制定印发中央巡视工作五年规划，确定了巡视工作的“路线图”“任务书”。省委把深化政治巡视作为履行全面从严治党主体责任的重要抓手，摆上重要位置，制定省委巡视工作五年规划，省委巡视工作领导小组报经省委常委会会议研究同意后，制定了进一步加强巡视巡察工作的意见。我们必须提高政治站位，切实增强做好巡视工作的责任感、使命感。

孟祥吉对做好巡视工作提出三点要求：一是要坚定不移深化政治巡视，切实担负起“两个维护”重大政治责任，深入学习贯彻习近平总书记关于巡视工作的重要论述和党中央部署要求，不断增强主动接受巡视监督的坚定性、自觉性。二是要切实做好支持配合各项工作，认真客观反映真实情况，加强对巡视组纪律作风的监督，共同完成好省委交给的重要政治任务。三是要进一步强化管党治党责任意识，着力推动全面从严治党向纵深发展，切实扛起管党治党政治责任，做到即知即改、边巡边改、立行立改，认真抓好全面从严治党各项工作。

郑建军指出，十一届省委认真贯彻中央巡视工作决策部署，在十届省委巡视全覆盖的基础上，坚定不移深化政治巡视，把“两个维护”作为新时代巡视工作的“纲”和“魂”，紧扣发现问题这条生命线、推动解决问题这个落脚点，抓好中央巡视反馈问题整改，推动各项工作落实落地，把全面从严治党进一步引向深入。省委巡视组将牢牢把握政治巡视职能定位，聚焦坚持和加强党的全面领导、新时代党的建设总要求、全面从严治党，突出关键少数，查找政治偏差，全面完成省委交给巡视组的政治任务。

郑建军强调，本轮巡视将重点加强对学习贯彻习近平新时代中国特色社会主义思想和党的十九大精神情况的监督，加强对党中央重大决策部署落实情况的监督，加强对政治生态情况的监督，加强对维护群众利益情况的监督，加强对集中整治形式主义、官僚主义情况的监督，加强对巡视整改情况的监督。巡视组将紧紧依靠山东钢铁集团有限公司党委开展工作，加强与党委主要负责同志的沟通，密切联系群众，广泛听取各方面的意见，精准发现问题，实事求是地向省委汇报巡视情况。

侯军表示，在国有企业开展巡视工作，对帮助国有企业发现问题、解决问题、促进国有企业持续健康发展具有重大意义。集团公司领导班子和各级领导干部，要提高政治站位，切实增强接受巡视监督的思想自觉，主动支持、积极配合巡视监督，诚心接受批评指导，把思想和行动高度统一到中央和省委的部署要求上来。要加强组织领导，坚决服从巡视安排，严格遵守各项纪律规定，全力保障巡视工作顺利开展。要狠抓落实整改，进一步推动集团公司全面从严治党和高质量发展向纵深迈进。

根据工作安排，省委第十二巡视组在山钢集团工作 3 个月左右（2018 年 10 月 11 日～2019 年 1 月中旬）。为便于干部群众反映情况，巡视组建立了多种联系方式。联系电话：18853199285（接听时间为：工作日上午 8：00～12：00，下午 14：00～18：00。同时接收短信）；寄信地址：济南市市中区建国小经三路 37 号，省委第十二巡视组收，邮编 250001；网上邮箱：可登录山东省纪委监委网站，在“巡视巡察”专题中点击“巡视组信箱”，或登录网站手机客户端，在“举报”专栏中点击“巡视组信箱”，按照提示内容输入即可；巡视组设立了 4 个专用举报信箱，分别为：济南市高新区伯乐路华禾普蕾司顿酒店门口、舜华路舜泰广场 4 号楼山钢集团办公楼北门西侧、工业北路济钢集团 1 号办公楼南门西侧、莱芜市钢城区府前大街莱钢集团办公楼一楼大厅西侧。

根据有关规定，巡视组主要受理反映山东钢铁集团有限公司党委领导班子及成员，其他省管干部和下一级党组织主要负责人问题以及与巡视工作有关的来信来访来电等。对其他与巡视工作无直接关系的个人诉求、涉法涉诉等信访问题，将按规定交有关部门处理。

（来源：山东省纪委监委网站）

中央第三生态环境保护督察组督察济钢

11 月 2 日，中央第三生态环境保护督察组组长吴新雄一行到济钢督察，中共山东省委常委、济南市委书记王忠林陪同督察，山钢集团党委副书记、总经理陶登奎介绍了相关情况。

吴新雄一行先后督察了 3200 立方米高炉和原料场现场。

在 3200 立方米高炉，济南市发展改

革委主任张曰良和济钢集团主要负责人汇报了济钢产能调整工作情况。吴新雄在听取汇报后，对济钢做出的贡献予以肯定，并关切地询问济钢“四新”产业园的选址和建设情况。在原料场现场，吴新雄听取了陶登奎关于济钢主厂区拆除整体方案的介绍。按照市委市政府的规划，济钢主厂区陆续拆除，将保留部分有纪念意义的标志性建筑，发展文化创意产业。对于主厂区拆除工作，王忠林要求，要做到无扬尘、绿色环保拆除。

（撰稿：冯秀燕　审稿：田玉山）

院士专家汇聚日照共商钢铁工业绿色智能发展大计

11 月 20 日，集团公司在日照公司举办钢铁工业绿色智能发展院士讲座，日照公司与中国汽车技术研究中心汽车工程研究院联合共建“汽车用钢应用技术联合实验室”揭牌，山钢钢铁研究院与钢研院所签订先进钢铁材料联合研发意向书。

中国工程院院士干勇、王国栋、毛新平，中共日照市委书记齐家滨出席讲座，日照市委副书记、市长李永红，山东省科技厅副厅长张士新，集团公司党委书记、董事长侯军分别致辞，集团公司党委常委、董事陈向阳主持讲座，日照市相关领导、集团公司副总经理王向东等参加。

干勇、王国栋分别以“钢铁工业绿色智能发展”和“钢铁行业的全流程一体化智能制造技术”为题做了专题讲座。

山钢钢铁研究院分别与中国钢研科技集团钢铁研究总院、北京科技大学工程技术研究院、中国科学院金属研究所、东北大学轧制技术及连轧自动化国家重点实验室等钢铁研究单位，签订先进钢铁材料联合研发意向书，共同开展先进钢铁制造技术、先进钢铁应用技术以及先进钢铁产业技术研究，携手共同打造具有前瞻性、示范性的先进钢铁制造基地。

李永红在讲话中表示，日照市将进一步强化企地联动，为山钢集团高质量发展和科技创新创造更加良好的环境，并努力把握科技创新与产业变革带来的新机遇与新挑战，成为推进钢铁工业绿色智能发展、日照先进钢铁制造产业基地建设和新旧动能转换的新引擎。

张士新在致辞中强调，要抓住山东省实施《先进钢铁制造产业基地发展规划》的历史机遇，坚持绿色、智能、可持续的发展新理念，加强先进钢铁产业创新发展研究，实现装备大型化、制造智能化、流程高效化、资源循环化和生产绿色化的目标；全力以赴推进日照钢铁精品基地项目建设，不断推进以企业为主体的产学研协同创新，通过建好平台、做好服务，凝聚资源、激发活力，不断促进科技创新成果的转移转化，为推动企业高质量发展做出应有的努力和贡献。

侯军在致辞中说，日照钢铁精品基地是国家加快钢铁产业结构调整、“上新压旧、上优汰劣”的核心项目。山钢集团着眼战略发展大局，紧抓全省新旧动能转换重大历史发展机遇，按照习近平总书记对山东省发展提出的经略海洋和美丽乡村要求，坚持“自觉融入全省钢铁行业的资源整合、自觉融入地方经济发展的总体思路、自觉提高站位"，始终将科技创新作为提升精品基地核心竞争力的重要支撑，持续激发科技创新活力，形成独具特色的科技创新工作新局面。着眼未来发展，精品基地将以"能够给客户提供解决方案、能够给客户解决技术问题、能够高质量低成本稳定生产产品"作为人才引进、培养和评价的标准，广开渠道引进实践型高技术人才和高层次科技人才，充分发挥人才对客户价值创造的支撑作用，努力提升聚合效益。希望院士、专家继续给予鼎力支持和指导帮助，提供前瞻性的、专业性的、密切结合实际的意见建议和咨询服务，共同将日照钢铁精品基地打造成为山东省，乃至全国先进钢铁材料的制造基地和科技研发基地！

中国汽车技术研究中心汽车工程研究院，是国家级企业技术中心，是以整车性能开发，性能试验验证为主的国内领先世界知名的研发测试机构。日照公司与中汽研汽车工程研究院建立联合实验室，将主要在汽车材料性能测试与应用研究、整车性能研发等方面开展合作，努力将共建实验室打造成为精品平台和汽车材料应用研究成果的产业化孵化平台。

（撰稿：赵　腾　孙运利
审稿：田玉山）

集团公司发布《绿色发展行动方案（2019—2020年）》

11月26日，集团公司《绿色发展行动方案（2019—2020年）》正式出炉，按照方案设定的目标，集团公司计划在2020年8月31日前，钢铁板块实现大气污染物超低排放，废水近"零排放"，建成绿色低碳环保生态园林工厂，绿色发展水平进入全国钢铁行业前列，引领山东省钢铁企业绿色转型发展。

生态文明建设是中华民族永续发展的根本大计，中共中央、国务院曾先后印发《关于全面加强生态环境保护坚决打好污染防治攻坚战的意见》《打赢蓝天保卫战三年行动计划》等，要求用最严格制度、最严密法治保护生态环境，持续推进工业污染源全面达标排放，未达标排放的企业一律依法停产整治，2020年10月，全国重点区域全面执行特别排放限值和钢铁行业超低排放标准。2020年1月1日，山东省将执行《山东省区域性大气污染物综合排放标准》第四时段标准。

集团公司历来重视绿色发展，在8月15日召开的生态环境保护大会上，明确提出"坚定绿色发展道路，率先实现超低排放，打造国内先进绿色钢铁强企，引领山东省钢铁企业绿色转型发展"的绿色发展行动目标，着手制定全面实施环境深度治理和钢铁企业超低排放改造，实施全过程本质化减排，实现绿色发展行动方案。

按照刚性落实生态环保政策法规，积极履行社会责任，着力培育"绿色、智能、可持续"的比较优势，做绿色发展方式的推动者、践行者、领跑者的思路，山钢集团将全面实施环境深度治理和钢铁产业超低排放改造，按照"污染排放达标、总量控制有效、风险环境可控、建设项目合规、生产过程清洁、资源利用高效"要求，系统分析、查找问题与差距，突出重点，分步实施全流程、全系统、全方位环境深度治理和节能减排改造，实现污染物本质化减排、环境质量本质化提升。

根据安排，集团公司将把污染防治作为绿色发展的基础，实施从源头削减、过程控制到末端治理的全方位治理，包括全面完成有组织排放源超低排放改造；实施无组织排放综合治理；实施源头削减；废水100%深度处理和回收利用，杜绝废水外排；固废100%资源化利用和无害化处置，杜绝固废污染；大力开展厂区绿化美化和矿山地质环境恢复；加强环保管理，完善环保管理信息化平台等。

具体改造提升和治理措施包括：脱硫脱硝超低排放改造，除尘超低排放改造，对散状物料实施密闭储存和输送，对物料装卸及加工设施进行封闭除尘，对焦化、烧结球团、炼铁、炼钢、轧钢等主要生产车间以及高炉出铁场等场所实施封闭除尘，实施有机废气排放源密闭收集处理，优化厂区物流和生产组织减少物料落地和倒运等。此外，还包括清洁运输改造，强化源头减排，水资源高效利用，固废危废处置及资源化利用，厂区环境综合治理，环境管理水平提升等。在此基础上，集团公司还将研究开发节能环保新技术，培育发展绿色产业，积极推进前沿性新技术的研究开发和应用，实现本质化节能减排。

（撰稿：朱向前　赵玉潮
审稿：田玉山）

“济钢产能调整与山钢转型发展”入选山东省改革开放40周年最具影响力事件

12月16日，由山东省委宣传部、省委改革办、省委党史研究院、大众报业集团、山东广播电视台等联合开展的庆祝改革开放40周年感动山东人物和最具影响力事件评选揭晓，济钢产能调整与山钢转型发展入选最具影响力事件。

评选活动以“勇立潮头　走在前列”为主题，深入挖掘改革开放40年来山东省涌现出的事迹感人、社会公认、影响深远的典型人物和最具影响力的事件。经初选和公众代表投票、评审委员会投票，在充分酝酿、集体研究、广泛征求意见的基础上，评审委员会确定了山东省庆祝改革开放40周年感动山东人物（群体）40个和最具影响力事件40件，以及感动山东人物（群体）和最具影响力事件提名名单。济钢产能调整与山钢转型发展被评为40件最具影响力事件之一。

（撰稿：李建辉　张洪雷
审稿：田玉山）

山钢年鉴 *2019*

山钢集团
SD STEEL

专论专文

山钢集团
SD STEEL

山钢文化

核心理念

山钢愿景：

打造具有国际竞争力的钢铁强企

登高望远应时势　砥砺奋进抓落实
努力开创建设魅力山钢新局面

——在集团公司2018年度工作会议上的讲话

党委书记、董事长　侯　军

（2017年12月29日）

同志们：

刚才，登奎同志代表集团公司系统全面、实事求是地总结了2017年的工作，对2018年的工作做出了统筹安排，目标、措施都已明确，各单位务必认真抓好落实。

2017年，集团上下深入学习贯彻党的十八大以及十八届历次全会精神、党的十九大精神和省第十一次党代会精神，全面深化改革不断向纵深推进，综合竞争力行业排名明显提升，社会形象显著改善。山钢集团由求生存转向谋发展的新阶段。党的十九大对国有企业提出“培育具有全球竞争力的世界一流企业”要求，省十一届二次全会要求国有企业“走在前列”，作为省属重点国有企业，集团公司聚焦新目标新使命，在第一次党代会上提出了建设魅力山钢的发展蓝图，既体现了国有企业的责任所在、使命所系，也是学习贯彻党的十九大精神和省第十一次党代会精神的应有之义。

蓝图已经绘就，逐梦唯有笃行。集团公司将2018年定为“落实年”。做好各项工作，重在落实、成在落实，落实就要踏石留印、抓铁有痕！习近平总书记在党的十九大报告中要求党员领导干部要全面增强执政的“八种本领”，其中就有狠抓落实的本领。下面，围绕如何抓好落实，我谈几点意见。

一、提高站位抓落实

党的十九大做出了我国经济已由高速增长阶段转向高质量发展阶段的科学论断，提出推动国有资本做强做优做大的要求；中央经济工作会议明确提出并阐明习近平新时代中国特色社会主义经济思想，明确推动高质量发展这一根本要求，要求推进中国制造向中国创造转变、中国速度向中国质量转变、制造大国向制造强国转变，推动质量变革、效率变革、动力变革；全省经济工作会议要求坚持新发展理念，按照高质量发展的要求，加快实施新旧动能转换重大工程。国有企业是中国特色社会主义的重要物质基础和政治基础，是我们党执政兴国的重要支柱和依靠力量。建设魅力山钢就是集团公司主动对表党中央、省委省政府要求的具体体现。

要学政治家的境界。讲政治，首要的就是牢固树立“四个意识”，自觉在思想上政治上行动上同以习近平同志为核心的党中央保持高度一致。思想上主动看齐。学习贯彻党的十九大精神是当前和今后一段时期首要的政治任务，我们要以强烈的政治责任感，学原文、读原著、悟原理，切实在学懂弄通做实上下工夫，做到真学、真信、真会、真用，把全集团思想统一到十九大精神上来，把力量凝聚到实现十九大确定的各项任务上来，将学习过程转化为统一思想、提升境界、熔炼品格的过程。行动上集中统一。建设魅力山钢是集团公司落实十九大精神的具体实践，是各项工作的统揽，各单位要从讲政治的高度，围绕建设魅力山钢要求，与集团公司决策部署同频合拍，认真谋划、部署、推动工作，勇挑重任，精准发力，久久为功，以工作成效体现学习实效。

要讲战略家的格局。今天的规划就是明天的结构，今天的投资必将成为明天的效益。领导人员特别是各级主要领导人员，仅仅低头拉车，做好眼前“一摊事”是远远不够的，必须要抬头“看路”，跳出山钢看山钢、跳出行业看行业，观大势谋长远。要着眼区域发展需求，放大格局，打破思维定势，从“我能干什么”转向“要我干什么”“我要干什么”，积极主动融入区域发展；要把握行业发展趋势，在研究产业政策动态中把握阶段及中长期发展定位，不能仅局限于眼前既定指标的完成，而是从今后几年和长期可持续竞争力角度进行审视，在结构调整上积极作为；要立足企业发展实际，以“纲举目张，执本末从”的智慧统揽全局，抢抓机遇。兴澄特钢坚持品种质量战略，定位高端，每个品种竞争力均进入行业前三，拥有全球较高的市场占有率，在近两年全球对中国反倾销浪潮中未受到任何影响。马云、刘强东都开始从电商平台进入大数据和人工智能领域。这就是战略格局。

要有企业家的情怀。领导干部要有整合资源，创造价值，发挥对社会最大贡献的能力，能从日常经营管理提升到更高的层面，以更广的视野审视企业发展，能以事业为重，公心为重，有“功成不必在我”的事业胸怀。要具备“三性”特质：讲人性，坚持以人为本，勇于承担责任，把为职工谋福祉落实到企业运营的具体实践中；有韧性，百折不挠，在砥砺前行中千方百计攻坚克难，不言败、不退缩、不放弃，不达目标不罢休；重悟性，用心做企业，用心干事业，既要深思熟虑，又能深谋远虑，能够准确理解和把握政策要求和上级决策意旨，结合自身实际创新性地贯彻落实，创造性地笃深执行。

要兴实干家的作风。喊破嗓子不如甩开膀子。要建立讲结果、不讲如果的执行文化，说了就办、定了就干、干就干好。工作千头万绪，主要领导要会干，掌握“行”的艺术，注意用好“三个三分之一”的时间法则，三分之一时间搞企业内部管理运营；三分之一时间研究市场、联系客户、掌握信息；三分之一时间创造环境、争取政策。自搭楼梯上台阶。不为困难找理由，只为成功想办法，要坚定预算推动工作意识，“均衡预算，模板运行”，强化预算刚性，倒逼各项工作措施。有的单位片面强调集团公司下达的预算指标太高，按照目前的条件分解难以实现，必须明确指出，按部就班测算肯定实现不了，预算分解，主管部门各负其责，同时也是对各级主要负责人明辨重点、攻坚克难、提升能力和水平的检验。为完成目标定措施、想办法，该怎么办就怎么办，困难面前不能一味强调客观理由。要有在奔跑中矫正姿势的意识和能力，有在发展中克服困难的主观能动性。

二、解放思想抓落实

理念决定观念，思路决定出路。企业改革发展是不断发现和解决问题的过程。发现问题是能力，承认问题是境界，解决问题靠水平。不怕有问题，就怕没办法，思想僵化、模式固化，只能使工作落实机械化、甚至流于形式，效果大打折扣。解放思想、创新思路抓落实才能不断开创新局面。抓落实既要聚焦问题本身找原因，又要放眼外部环境想办法；既要把好方向、敢想敢闯，又要尊重规律、善谋会干。近两年来，我们坚持问题导向，解决了一些重大历史遗留问题，但固有模式、传统思维的制约使一些创新性、攻坚性措施尚未有效落实，一些思想观念上的瓶颈难以有效破解，改革实现实质性突破仍然任重道远。我们必须下定决心，聚焦关键点位砍三刀，斩断束缚思想解放的各种羁绊。

对着陈旧观念砍一刀。抓落实难的根子还在于观念转变难，这也是我们要砍这一刀的原因所在。历史累积问题多的企业，工作推进掣肘因素多，抓落实确实难，但观念一转天地宽。转变观念关键在人，核心在“头”。各级领导干部首先要转变观念，打开视线，转换思路。有的过多关注和介绍亮点与长项，而不比弱项和短板；有的不能换个角度看问题，“将”在那里束手无策，不求解决问题，但求无责无过。比如，金岭矿业现有矿山资源枯竭，维持现状肯定没有出路，必须跳出固有思维，确立“做强矿业基业、开拓第二主业”思路，在寻找新资源的同时，积极探索融入城市发展寻求新兴产业的路径，利用上市公司平台，搞好资本嫁接，优化资产结构。济钢“四新”产业园要注重“产城结合”“产融结合”，项目载体要对标“新”的概念，探索产业园区开发运营的新思路、新模式。转变观念这一刀一定要触及思想灵魂，有置之死地而后生的胆识，有脱胎换骨、凤凰涅槃的决心。

对着经济负担砍一刀。减亏就是增盈。止损减负事关企业长远发展和职工根本利益，所有工作的立足点要放在“利好”上。没有竞争力的产业不值得留恋，以稳定为由维持企业勉强存续是好心办坏事。要敢于壮士断腕，以短痛、阵痛换长远不痛。快刀斩乱麻。要把当前利益放到长远战略中，把局部环节放到大局中去思考、作决策，不要只盯眼前算小账，盯住局部“舍不得”，对于历史遗留的“出血点”，要果断处置，越晚越被动。比如，山东耐材对山镁的处置就要坚决快速推进。砍经济负担这一刀必须要快，“僵尸”企业处置和亏损企业治理要走在省管国企的前列。“负担清账”是各级领导对企业发展最大的负责。

对着低效用工砍一刀。当前，集团公司职工年龄老化、知识结构不合理、岗位结构不均衡、冗员多工效低等矛盾比较突出，优化人员结构、精简富余人员推进速度慢、落实阻力大。客观上是因为这项工作涉及因素复杂、难度大，究其主观原因还是“人多好办事”“熟人难为情”等观点作祟，习惯于要人、增员甚至因人设岗，久而久之导致人员积淀，新鲜“血液”无法补充，人才流失严重。从根本上改变这种局面，必须着眼转型升级、产业结构优化调整，结合各企业所在区域功能定位和发展趋势，优化人力资源，能转则转，能去则去，实现动态调整、及时补充“新鲜血液”。改变低效用工这一刀务必要准，研判在前，方案科学，制度办法面前人人平等，做到公开、公平、公正竞争，确保刀落病除。

三、深化改革抓落实

今年以来，特别是集团公司全面深化改革工作会议后，一些长期被认为“不能改”“不好办”的事已经开始破题。全面深化改革只有进行时，没有完成时，取势也要取实。随着改革力度的加大，必然会触动各方面更深层次的利益，触动利益比触动灵魂还难，改革措施的落地难度可想而知。山钢的改革到了滚石上山、爬坡过坎的关键时期，蹄疾而步稳。不改革就要被改革。各单位必须不讲条件、不打折扣，坚决落实好集团公司改革部署，坚定前行。

以动能转换推动高质量发展。中央和

全省经济工作会议提出的推动高质量发展，就是落实新发展理念的发展，是破解发展不平衡不充分矛盾的发展。对山钢来讲，就是打破思维惯性和传统路径依赖，以新旧动能转换为推动力、实现“绿色、智能、可持续”的高质量发展。通过存量变革发展新动能、增量崛起培育新动能、创新体系支撑新动能，要叫响年度性时段性提升指标，叫响归母权益、净资产收益率、资产负债率、资产证券化率、负债结构等质量性潜力性指标，大力优化产业结构、资产结构、产权结构、治理结构。

以三项制度改革激活人力资源。实现高质量发展，关键在人才。积极推进高管人员市场化选聘。契约化不等于高薪酬，而是收益与风险的绑定，既是激励手段，更是约束机制。从金控公司、山钢国贸等试点单位推进情况看，高管人员市场化选聘、契约化管理可以更好地明晰权责、调动经营层的积极性和主动性。要借鉴典范、及时总结、跟进完善，逐步实现法人治理结构健全的权属子公司高管人员全部契约化管理；下一步集团公司还要选择部分具备条件的单位试点董事长契约化管理；在三级及以下单位先行先试的基础上，试点二级单位主要领导自主组阁。推进“三定”工作首先要“换脑筋”，重点是“减干部”“换血液”。变“发工资”为“挣工资”。把以业绩为导向的绩效考核与激励奖惩机制落实到位，根据贡献大小拉开收入差距，激发全体职工的干事创业积极性和主动性。搭好“展才”平台。人才观的最高境界是“展才”。坚持人才强企战略，坚持党管人才与市场配置有机结合，用市场化思维科学设计岗位，明确标准要求和待遇条件，公开竞争，建立开放型引才聚才机制，形成人人渴望成才、人人努力成才、人人皆可成才、人人尽展其才的良好局面。山钢研究院要发挥示范效应，理解重塑要旨，小机构、大研发、资源共享、聚力攻坚。内部人员不设层级，以项目课题为核心，根据研发成果确定绩效。研发人员要坚持需求导向，不要关起门来搞研究、办公室里做学问、象牙塔里写论文，不能成果很多，实用的不多。

以协同体系构建提升产业优势。强化内联式协同。深度挖掘内部市场稳定、风险可控的优势，但一定要立足成本优势、质量保障。发挥集团公司平台作用，实施纵向产业链和横向同业的充分协同，关键增强主动性，强化大格局意识。资源、资本、资产、资金等要素协同，要点位突破，直击障碍。集团公司钢结构用钢、耐材等具备内部协同的基础，现状不理想的原因是什么？推进外延式协同。协同发展可以形成产业集群、价值集群，有效抵御风险。谋划产业发展要放眼融入区域经济社会大环境，济钢转型、日照基地、莱芜片区等一定要与市、区园区规划建设结合起来，以地为根，突出产业上下游项目；谋划产业发展要放眼行业资源，融入行业高手方阵，在行业新技术应用中丰富完善链条。

以商业模式创新转变经营理念。企业的竞争已经提升为商业模式的竞争。要关注用户感知度，重新审视利益相关者交易结构，构建起“有钱大家一起挣”的利益共同体。当前，我们亟待解决的问题是，各级主要领导不能认知商业模式的实质，没有浓厚商业模式意识，卖产品的传统思维根深蒂固。有的资产、资本运作、混合所有制改革的知识接近于零。马云说：未来根本没有什么单纯的制造业、服务业，制造业就是服务业，服务业就是制造业。日照公司要以高端产品为抓手，带头从“制造”向“服务”转变，关注产品集中度，根据用户需求实现服务“前置”，为客户提供系统解决方案，把服务“根植”到国内外客户的全产业链和价值链中。同行学习是革新，他行借鉴是革命！一切行之有效的运作模式都值得我们学习吸收应用。比如，交易各方都希望“先收后付”，耐材公司能否借鉴山西焦煤的做法，通过价格差异等方式引导提前回收资金，降低隐性成本？

四、敢于担当抓落实

改革推进到今天，比认识更重要的是决心，比方法更重要的是担当。坚持原则、敢于担当是党的干部必须具备的基本素质。担当大小体现干部的胸怀、勇气、格调，有多大担当才能干多大事业。敢于负责任，才能担重任。魅力山钢蓝图已就，唯恐“墙上挂挂、嘴上说说”。各级领导要当好表率，想在前面，干在实处。组织赋予了各级领导干部调配资源的平台和权力，但是需要自己靠实干去历练，提升解决问题的能力，有担当者有权威、有信心者有决心！

严实作风显担当。作风影响成效，作风严实工作才能扎实。落实改革举措，蜻蜓点水、表面文章不行，好高骛远、盲目蛮干不行，投机取巧、急功近利更不行。不顾实际、不讲方法，想一出是一出，不仅成不了事，还会坏事。调查研究是谋事之基，换位思考是成事之道，有的放矢是举事之要。看准了的事情要敢于拍板、一抓到底。有些工作，集团公司文件已经印发，为什么有的单位就是不动作、落不下，有的干工作仅停留在常规和面上，集团领导到基层调研，情况介绍有的与改革内容和中心工作不靠谱、不沾边，怎么行动与落实？我们要结合企业实际，认真学习习近平总书记针对形式主义、官僚主义新表现提出的批示意见，自觉践行“三严三实”，真正做到“沉下去、提上来、走出去、收得住”。

完善机制促担当。在 2015 年改革发展调度会上，集团公司提出建立双向反馈的机制要求，集团公司在会议、调研、日常交流中提出的意见和要求、做出的决策和部署，各单位、各部门要及时反馈落实情况；各单位提出的意见、建议和诉求，集团分管领导和部门要对号认领，及时研究及时回复。这项要求提出两年多了，执行得怎么样？各级领导干部都需要对照工作进行反思。要根据目标制定措施并分解到位，定人定时、后墙不倒、倒排工期、挂图作战。

依法规范助担当。担当不能蛮干。市场经济是法治经济，企业和企业家的一切行为和活动要以党纪国法为底线。决策者风险意识不强，片面追求所谓的“高效率”，在一些重大项目的投资决策上可研深度不够，决策程序不规范，导致重大资产损失风险积聚。有的三级公司违规向其他公司注资，为其开发项目投入巨大，项目至今已停工三年，造成重大投资风险。干大事不能出大事。领导干部要树立契约思维、规则思维、证据思维、程序思维、理性思维和底线思维，养成依法决策、依法管理、依法运营、依法改革、依法发展、依法保障的工作习惯，牢记红线、坚守底线。慎终方能行远。党政主要负责人是本单位法治建设和风险防控第一责任人，必须不断提高学法懂法用法的水平，履行好第一责任人的职责。

突出实效验担当。软肩膀挑不起硬担子。领导干部不能只占位不成事、只揽权不担责，更不能拍脑袋盲目决策、拍胸脯口头担当，要以结果检验担当成果。担当的宽肩膀和成事的真本领缺一不可。不仅是想干事、敢干事，关键是能干事、干成事、不惹事。不可能“一个方子治百病”，落实起来也不能“上下一般粗”。必须领会集团公司意旨，在完成组织使命上取得实效；必须善于抓住本质、把握规律，在解决复杂敏感问题、攻坚克难上取得实效。永锋淄博盯住大宗原燃物料、备品备件及废钢验收各重点环节，开展监察工作，真抓真管，今年挽回损失3000余万元，这就是担当的实效。突出落实的时效性。落实工作要有明确的效果思维，不能总在“落实中”，问“工作进展怎么样?”回答是“还在落实”，今后的工作是否应该力避“已经安排了”。再问，“还在落实”，实际是不知其然。有的单位“三定”方案批复已几个月时间了，目前仍未组织实施。各项工作要设定明确的时间表、路线图，跑表计时、到点验收。

五、强化问责抓落实

动员千遍不如问责一次。习总书记反复强调，有权必有责、有责要担当、失责必追究。各级纪检部门要忠诚履行党章赋予的职责，强化日常监督，加大监督检查力度，及时发现和纠正管党治党不力、不作为乱作为等问题，推动全面从严治党向纵深发展、反腐败工作不断取得新成效，保障各项决策部署落地落实。

问责先要明责。所有工作都要责任落实到事上，具体到人上。责任体系要细化，责任传导要到位，既要明确直接责任，也要明确领导责任，谁不落实责任就问责谁，该问责到哪一级就到哪一级。既要对失职失责的领导干部坚决问责，也要对失责不问、问责不严、应当问责而没有问责的领导干部严肃问责。有的子公司对长期亏损单位领导干部和不担当不作为干部调整不及时，有的单位受到处理的党员干部还被评为当年度先进个人，有的对经营管理中出现的重大损失或风险不能及时处理、严肃追责，有的公司出现资金被骗事故，一年多不对责任人做出处理。这种不正常现象如果不改变，有关党组织和纪检监察部门也要被问责。

问责必须从严。责任追究要做到全方位，无死角，把该打的板子狠狠打下去。《中国共产党问责条例》确立了终身问责制度，明确规定“对失职失责性质恶劣、后果严重的，不论责任人是否调离转岗、提拔或者退休，都应当严肃问责。”我们要结合实际进一步细化问责条例，建立重点项目终身负责制和问责典型问题通报制度，充分发挥案件的警示作用，杜绝侥幸心理。严肃问责、及时问责。

问责也要容错。问责不是搞“秋后算账”。要坚持严管与厚爱相结合，既要从严惩治破规破纪、不作为乱作为的行为，还要营造干事创业的良好氛围。担当难免会得罪人，甚至会受到误解和非议。要进一步健全完善考核评价、容错纠错、澄清保护机制，认真落实“三个区分开来”，对敢于负责、勇于改革的干部要容错免责，为敢担当者担当，让干事者无忧，让实干者实惠。

六、加强党建抓落实

党政军民学，东西南北中，党是领导一切的。集团公司改革发展的实践充分证明，任何工作的落实都必须以加强党的建设、全面从严治党为保障。党建工作抓得好的单位，整体工作都比较主动，成效比较明显。济钢各级党组织在产能调整的重任面前，讲责任、勇担当，发挥了领导核心作用；各级党员领导干部奋发有为，发挥了示范表率作用；广大党员立足岗位奉献，发挥了带头作用、骨干作用、桥梁作用。省委书记刘家义同志指出，这次济钢产能调整做得非常好，这也是全靠党的领导。但也不可否认，有的单位还存在党的领导弱化、党建工作虚化、全面从严治党不力等问题。有的基层党委理论中心组学习，党委书记竟不主持会议。抓落实检验着每个干部的政治品格、思想境界、工作作风和能力水平。党的领导是核心。各级党委成员要带头牢固树立“四个意识”，结合“两学一做”学习教育常态化制度化，全面推进党的政治建设、思想建设、组织建设、作风建设、纪律建设。各级党组织书记要认真履行“第一责任人”的责任，带动班子成员落实“一岗双责”，班子成员之间思想上“合心”、工作上“合力”、行动上“合拍”，发挥好齐抓共管的整体作用。全面从严治党是根本保证。各级党委成员要牢固树立抓好党建是最大政绩的观念，紧紧扭住主体责任这个“牛鼻子”，坚持作风建设常态化制度化，把“全面”“从严”要求贯穿管党治党全过程。各级党组织要带头突出问题导向，运用好批评和自我批评，提高班子解决自身问题的能力。基层党组织是重要载体。要着眼于抓基层打基础利长远，加强支部建设管理，健全基层党建工作制度体系，严格落实“三会一课”、组织生活会、民主评议党员等基本组织生活制度，工作有目标、考核有标准、结果有兑现，夯实党的基层组织建设基础，切实发挥基层党组织战斗堡垒作用。各级党组织要始终不忘初心、牢记使命，始终做引领魅力山钢建设的坚强领导核心和政治核心。

同志们！纷繁世事多元应，击鼓催征稳驭舟！新目标已经明确，新阶段已经开启，只要我们撸起袖子加油干，以时不我待，只争朝夕的精神，以真抓的实劲、敢抓的狠劲、善抓的巧劲、常抓的韧劲，驰而不息，常抓不懈，就一定能实现建设魅力山钢的宏伟蓝图，为我省走在前列、开创经济文化强省新局面贡献智慧和力量。

抢抓机遇加快动能转换
转型升级建设魅力山钢

——在集团公司加快新旧动能转换工作推进暨“大学习、大调研、大改进”动员部署会议上的讲话

党委书记、董事长　侯　军

（2018年3月30日）

同志们：

春节后上班第一天，省委省政府就召开了全面展开新旧动能转换重大工程动员大会，吹响了山东向高质量发展的进军号。这次大会时序在惊蛰之前，也可以说是山东乃至全国今年最早的一声春雷，必将成为我省改革发展史上具有里程碑意义的一次会议。加快新旧动能转换重大工程，是我省面向新时代、适应新常态、贯彻新理念，创造性落实党中央、国务院决策部署，实现高质量发展的必然要求和战略举措。

作为省属国有重要骨干企业，山钢集团要担负起全面展开新旧动能转换重大工程的政治责任和历史使命，这是实现魅力山钢建设的重大机遇、转型升级的战略途径、高质量发展的强力抓手。今天的会议是对全集团加快推进新旧动能转换工作再强调、再部署，同时也是对省委和省国资委党委要求开展的“大学习、大调研、大改进”的动员会。下面，我讲四个方面的问题。

一、凝聚共识，抢抓机遇

新旧动能转换的本质是通过质量变革、动力变革、效率变革，实现经济从高速增长转换到高质量发展，根本的“核”就是高质量。集团公司高质量发展的具体要求就是党代会提出的“四优四有”魅力山钢目标。

（一）认清问题，正视差距

放眼行业和全局，尽管集团公司2017年以来经营业绩同比实现较大提升，创成立以来最好水平，但从钢协统计数据看，我们与行业先进企业对比差距仍然明显，今年一季度同比去年一季度甚至呈现拉大趋势，离高质量标准还有很大距离。具体表现在：

资金运行效率不高。一方面，2017年末，集团公司资产负债率高达84.66%，逼近85%的红线，在103家大中型钢铁对标企业中排名88位；另一方面，2017年全年存货周转率仅为3.81次，在行业中排名88位，行业前三名均在30次以上，行业平均水平也达到6.55次，差距显而易见。

对比标杆差距明显。从钢铁板块内部对标情况看，2017年吨材折旧、财务费用合计229元，比对标企业高165元左右。

化解风险任务艰巨。从审计情况看，塞矿项目、厂商银系列案件、COA系列纠纷、新疆钢铁处置、张钢遗留问题等一系列重大风险仍然制约和影响集团公司的生存发展，化解存量法律风险任务非常繁重，个别案件非常被动；工程承包领域等新生案件明显增多，基础管理亟待加强；有的单位赊销问题严重，导致大额应收账款挂账，回款风险很大；部分投资项目长期无收益，数额巨大，存在重大减值风险；有的单位资产管理不到位，部分固定资产长期闲置浪费。目前种种表现，山钢的发展肯定不能认为是高质量的。

问题不容回避，解决迫在眉睫。根据平时掌握和前期座谈、调研了解的情况，特别是刚才听了各单位的发言和点评，新旧动能转换在集团公司已经全面启动，部分重点工作取得了可喜进展。但整体推进不平衡，特别是在主观能动性上，有些问题还比较突出，主要表现在以下几个方面。

认识不深刻。刘家义书记指出，加快新旧动能转换，是实现我省高质量发展的战略支点，是提高我省经济创新力的重大平台，是赢得我省区域竞争优势的强力抓手，是推动我省产业转型升级的关键之举，要求一年全面起势、三年初见成效、五年取得突破、十年塑成优势，将对我省经济社会发展各个方面产生深远影响。刘家义书记讲话得到社会广泛赞誉的关键之一是敢于自我揭短。对比这个定位，集团公司各个层面还存在思维转换不到位，对省委省政府部署要求学习研究不够，对新旧动能转换的重要意义理解不深不透的问题；传统思维的桎梏难以打破，没有从思想上真正理解新旧动能转换“腾笼换鸟、凤凰涅槃”的核心要义，思维方式、工作方式不适应这种“由旧到新”“破旧立新”的革命性要求。集团总部部分管理人员还存在格局和境界不高、学习力不足的问题，业务素质提升缓慢，知识面与集团产业发展的形势不适应，政策研究不到位，形势判断不精准，想问题、做决策、出方案立足于局部利益或具体问题，置身大环境、站在集团大局考虑问题不足；甚至存在伸手向权属公司要对策，复制粘贴现象，有的“政策打架”，让基层无所适从，这归根结底是懒政、是典型的软腐败。部分单位认为新旧动能转换是短期行为，仅仅当成一项活动；有的单位负责人对自身工作怎么做还比较迷茫，有的只盯着自己的一亩三分地，低头拉车有余，抬头看路不足。

思想不统一。去年4月28日省政府召

开新旧动能转换重大工程启动大会后，集团公司迅速行动，成立领导小组和工作小组，制定了山钢规划方案。2017 年 10 月，集团公司发布《新旧动能转换三年行动计划》，对每个区域和产业均作了统筹规划，明确了工作思路。党代会规划的建设魅力山钢宏伟蓝图和“两步走”战略均体现了新旧动能转换的核心内容。但有的单位对这项工作关注不够、研究不透、参与不足，认为还要另做规划，重打锣鼓另开戏；有的单位简单地认为某个产线改造或某个项目实施就是新动能，而没有从整体上谋求转型升级培育新动能之策；有的单位在新旧动能转换中，寻求和推进项目贪大求洋，不实事求是，不遵循发展规律，本末倒置，做了大量无用功；有的单位制定三年行动计划、魅力山钢“两步走”战略和新旧动能转换没有紧密结合起来，仅是墙上挂挂，嘴上说说，基本上成了“两张皮”。

落实不到位。对照党代会提出的加快动能转换、建设魅力山钢目标和新旧动能转换三年行动计划，以推进三项制度改革为例，A 类公司明显不如 B 类公司，老单位不如新公司，再一次印证了改革“改到难处是事，改到痛处是人”的判断。惟其艰难，才更呼唤担当。“硬骨头”一把手要带头啃，“激流险滩”一把手要率队闯，一把手的主要任务就是“抓改革”，各级单位的领导特别是主要领导不要被别人认为是改革的障碍！山钢的改革慢不得，更等不得。人才断档问题各单位反映强烈，但同时存在年轻人不愿来，人才流失严重等问题。这说明年度会上提出来的“砍三刀”砍得不到位，“展才”平台还没搭起来。当前，集团公司人力资源问题已经从总量富余转化为人员数量可控，但结构不合理，职工年龄老化、劳动效率低等矛盾日渐突出。全集团解决人力资源配置不合理、低效用工问题没有取得实质性进展。选人用人机制落后，坚持逐级提拔、重资历、轻能力的问题没有实质性改变，这次研究院选人从层级管理到岗位管理，只是从一个单位开始起步，范围还需扩大。人才发展渠道不畅通，流动困难、成长平台缺失，激励措施单一、复合型人才培养难的现状没有改变。“自搭楼梯上台阶”的楼梯我们是怎样搭的？脚下多了新动能的几块基石？向前攀登的台阶是否清晰实在？从反映问题看成效甚微。没想法等文件、有想法没行动的问题的确存在。钢结构建筑行业竞争力排名下滑，从 2013 年的第 8 位到现在的第 30 位，如何实现三年进入行业前三目标？有的单位在具体工作中坐等观望，推一推动一动，甚至推了也懒得动，习惯于等着集团公司拿方案、指路子、出政策。有的单位认为新旧动能转换只是省里抓的事，是集团公司的事，与自己关系不大，没有真正把自己摆进去，没有把新旧动能转换的要求落实到本单位的具体工作中去，成了事实上的“局外人”。各级领导干部中担当精神不足，工作不思进取，想职位多、想职责少，缺乏创新意识和创新动力，习惯用老思维、老办法、老套路解决问题和推进工作，不能适应当前工作需要。有些总部部门和二级公司领导遇到该自主决策的问题时，还总是希望公司领导有句话、签个字。抓落实“上面九级风浪，下面水波不兴”的突出问题，既有权属公司的责任，也从另一个角度反映了集团总部和各级部门工作作风不实的问题，调研不聚焦、不沉底，习惯于面上听汇报、看材料；抓落实前紧后松，满足于下文件了，催了问了，过程跟进不够，对基层存在的问题不能及时跟进指导解决。

问题还有很多，不再一一罗列。问题是资源，也是警钟，如果不能抢抓新旧动能转换的重大机遇，不尽快解决实际问题，山钢跻身全国钢铁强企前列的目标将无从谈起。

（二）机不可失，时不我待

山东新旧动能转换综合试验区建设总体方案，是党的十九大之后国务院国函〔2018〕1号批复的首个区域性国家发展战略，规划覆盖地域之广、涉及领域之宽、探索要求之高、政策含金量之多，在山东改革发展的历史上前所未有。陆续出台的一系列高含金量政策，特别是产能过剩行业的“僵尸”企业处置、债权债务化解、职工安置和资产处置等，财政、金融、税收、土地、科技创新、项目、人才、环保、新兴产业培育等政策配套推出，也为集团公司顺势作为提供了前所未有的发展机遇。集团公司产业发展方向与省规划先进钢铁制造产业基地及“十强”产业培育规划完全契合，为我们乘势而上提供了前所未有的路径指南。

机遇抓住了就是良机，错失了就是危机。同为省管企业的山东能源提出要确保“四新”收入年增长5%以上，2020年，营业收入、资产总额双双突破4000亿元；兖矿集团完善重大项目库，计划投资525亿元，实施22个重大项目，到2022年，优势产业增加值占比达到60%；山东重工2020年传统业务要超越世界一流水平，到2030年新能源业务要引领全球行业发展，收入达到1000亿美元，成为世界500强中的国际化强企。

对比其他企业，我们必须要有坐不住的紧迫感、等不起的责任感、慢不得的危机感，把加快新旧动能转换当作转型升级的唯一出路，破釜沉舟、背水一战，只争朝夕，勇往直前，争做全省钢铁产业转型升级的引领者、全省国有企业转型发展的示范者、省属企业展开新旧动能转换重大工程的推动者，以新旧动能转换工作走在省管企业前列的奋斗目标，重新焕发生机与活力。

二、突出重点，塑造特色

（一）坚持产业为基，着力推动转型升级

新旧动能转换重大工程，是改革开放以来山东省对区域产业布局和产业结构最大的一次调整，对产业转型升级将起到极大的推动作用。

从区域产业布局看，山东规划了“三核引领、多点突破、融合互动”的格局，“三核”和“多点”均规划了布局产业、壮大产业、改造产业、淘汰落后的产业，集团公司《新旧动能转换三年行动计划》制定的主要产业布局和全省规划一致，必须坚定不移地推进这些产业基地的发展。

从优化产业结构看，集团公司《新旧动能转换三年行动计划》基本思路是，存量变革形成新动能、增量崛起培育新动能、科技创新支撑新动能。钢铁产业化解过剩产能置换形成新动能，明确了打造以智能制造、循环经济为核心，具有极强市场竞争力和价值创造能力的目标。济钢产能调整工作仍在深入推进，要抓住发改委聚焦新旧动能转换革新原来重大项目的机遇，在全省规划中找位置、列项目、当好试验区的排头兵。莱芜分公司要以新技术、新工艺实施改造升级，打造传统产业改造升级示范工程。日照钢铁基地要在新技术、新工艺基础上，以高科技含量、高附加值产品为特色，成为尖端品种、高端品牌的代表、智能制造企业的典范；拉长产业链、延伸服务链，培育绿色智能高效钢铁服务商新业态，成为先进钢铁制造产业的领军方队。永锋淄博要加快推进重点工序配套，填平补齐工艺短板，打造鲁中高强度建材生产基地。莱钢集团由综合类平台公司向以钢结构建筑为核心产业的专业化公司转型，要突出产业概念、专业化特色，实现钢材供应商向稳固拥有产业效益制高点的突破。在与高校、科研院所等研发平台开展深层合作的基础上，培植独有的创效优势。金融产业提升为现代金融服务业，深耕产融结合，在混改、多元主打产业等内部领域明晰投资重点，稳步开拓外部投资业务，利用投资动能、融资平台、产融协同，成为集团公司重要的利润来源。文化创意产业，包括济钢工业文化遗址构划、日照先进钢铁基地工业旅游也要重点设计、加速培育。

从新兴产业培育看，济钢“四新”产业园要成为山钢新旧动能转换的重要工程。坚持系统谋划，加强与政府沟通对接，争取更大范围、更高层次的关注和支持，找准切入点、稳固着力点，做好项目筹划和商业模式设计，掀起新一轮济钢产能调整后续工作推进热潮。其他新兴产业也要按照结构调整总体思路，实现实质性推进。

（二）坚持要素为本，着力转变发展模式

新旧动能转换已由过去以资源、能源投入为主，转变为以知识、技术、信息、数据等生产要素为支撑。突出以新技术、新产业、新业态、新模式为核心，促进产业智能化、智慧产业化、跨界融合化、品牌高端化，实现传统产业提质效、新兴产业提规模、跨界融合提潜能、品牌高端提价值。信息技术产业要把握“中国制造2025”“互联网+”发展新趋势，聚焦中高端软件开发、信息技术服务、智能装备制造三大业务板块，为集团公司实现产业智慧化、新旧动能转换提供强力支撑。我们要借助发起设立的山东省工业互联网联盟，推进互联网、大数据、云计算平台建设，运用新技术，打造集团公司智能制造体系、绿色低碳发展新模式和中高端品牌优势，着力加快建设实体经济、科技创新、现代金融、人力资源协同发展的体系，为实现高质量发展打下坚实基础。

（三）坚持动力为要，着力推动高质量发展

把深化改革、推动创新、汇聚人才作为新旧动能转换的根本抓手，持续激发全员活力和创造力，打造推动集团公司新旧动能转换的“核”动力。

习近平总书记强调，改革开放是决定当代中国命运的关键一招。新旧动能转换，说到底是一场涉及思想观念、生产方式、体制机制、工作模式等诸多方面深刻的革命性变革。机制活，全盘活。加快推进新旧动能转换，首先要聚焦体制机制，以变革调动集团内外各种动能向“魅力山钢”目标集聚。要迅速在决策、管理、经营、具体业务等层面全方位多角度彻底掀起一场机制革命。建立干部升迁、薪酬待遇与工作业绩正相关关系，调动起全体山钢人干事创业的激情，最大限度激发创新创造创业活力，凝聚形成最大合力。要深化细化改建国有资本投资公司的基本要旨，推进以混合所有制为主要内涵的产权制度改革，再度厘清集团公司与权属公司职责定位，推动各权属公司独立自主经营，真正成为充满活力的市场主体。

创新是引领发展的第一动力。新旧动能转换既需要自上而下的顶层设计，也需要自下而上的创新和实践。要加快形成以创新为引领和支撑的发展模式，以开放共享的理念解放思想，推进由适应性创新向战略性创新的转变，加速重塑科技创新体系。迅速增加研发投入，有效增加科技供给。以研究院为平台，打造产学研用一体化高质高效的体制机制，提高发展质量和效益。

人才是动能转换的第一资源。各级领导干部都要把职工放在心中最高位置，要扭转“人才匮乏、人才断档、人才流失、人才引进难”等传统认识，树立人人都是人才，人人皆可成才的理念，把实施人才战略和落实为民情怀、打造职工福祉理念融入新旧动能转换全过程，把关心人、爱护人作为工作的出发点和落脚点。深化“加快动能转换，建功魅力山钢”劳动竞赛，切实深挖职工中蕴藏的发展潜力，激活职工群众改革转型发展的源头活水。积极大胆地探索高薪聘用、引进团队，通过与国际知名、著名实力公司深度合作等多种方式，达到人尽其才、才为我用的新境界，让人才活力成为推动新旧动能转换的不竭动力，让职工共享新旧动能转换的成果。

三、强基固本，提速换挡

集团公司各单位各部门要提高政治站位，提升思想境界，坚持思想再解放、改革再深入、工作再抓实。

（一）突出山钢责任机制

学习吸收省内先进企业、行业优秀企业动能转换的经验做法，重在消化、吸收、再创新上做文章，落实省委省政府和国资委的各项要求，充实完善领导小组和工作小组，将集团党委常委和高管名单列在重要工作事项之首，引导各级吃透用好政策，明确综合规划、督导考核、招商发展、改革推进、人才工作各工作组责任，全面统筹部署，全面压实责任。

（二）细琢山钢推进方案

统筹协调。强化协同意识，形成合力；强化岗位意识，各司其职；强化节点意识，注重链接，关键是把握整体工作质量。牢固树立“功成不必在我”的理念，既要显功、也要潜绩，切实做好打基础、谋长远的工作，打破旧有思维惯性和传统路径依赖，将实施全省规划中涉及产业、行业和本企业的“施工图”转换为山钢的“施工表”，明确时间表、路线图、责任状，从“挂图作战”实化为“挂表作战”。“施工表”的实质内容和“主线”就是建设魅力山钢“两步走”战略、新旧动能转换三年行动计划。强化督导。始终坚持问题导向，全面从严从实，边学习讨论、边调研排查、边改进提升，增强整体效果。强化对重大项目的督导、服务工作，做实调度制度。集团公司在组织开展经营绩效综合评价、改革发展和党建工作督导时，要把新旧动能转换重大工程建设开展情况、存在的问题作为重要内容。严肃考核。严格落实省国资委的考核意见，将各项任务和指标纳入对各单位各部门的业绩考核体系，完善考核办法，严格落实兑现。要强化对考核评价结果的运用，对勇于担当、业绩突出的进行表扬奖励；对工作被动、措施不力的严格追责问责。对连年亏损、扭亏无望的单位主要负责人果断调整。

（三）丰富山钢政策库容

政策是新旧动能转换的方向标。一方面要瞄准上级政策导向，实现无缝对接，争取话语权，不能等着“被规划”。过去我们在这方面差距很大，能不能用好政策，这是对我们能力和水平的最大考验。总部部门及各产业公司要研究透实施规划中每一项内容背后深层次的含义，充分解读省规划方案，充分挖掘政策价值，对每项政策要聚焦靶心，探求可操作的移植嫁接落地办法。另一方面拓展路径，做好山东省新旧动能转换引导基金的申报利用工作。全国两会期间，习近平总书记在参加山东代表团审议时提出乡村振兴战略和增强经略海洋意识，我们要跟进研究支撑乡村振兴战略和经略海洋实施的条件，积极建言献策，如果将企业战略纳入省及以上重点工作的发展战略，将会起到培植服务大局、提升自我绩效的新优势。

（四）形成山钢项目集群

集团公司要对上报的新旧动能转换重大工程项目再梳理、再优化、再提升，重大项目力争列入省、地区、国资委管理的重点，并同步跟进务实论证、凸显亮点、资金匹配、实化载体等相关工作。项目分类、分层有效管理。各产业公司都要心无旁骛攻主业，交叉混业聚动能。

（五）传播山钢文化力量

全集团要认真学习、贯彻全国两会精神，落实省委省政府各项部署要求，迅速形成学习、研究、讨论的热潮。及时总结集团公司和各单位参与山东新旧动能转换综合试验区建设的成果和经验，展示“山钢制造”“山钢创造”“山钢成就”的社会形象，对内树典型、鼓士气，对外有品牌、有美誉。

（六）强化山钢风险防控

具体讲，就是实现“两严防”“两加强”“一推进”。

严防投资决策风险。真正总结吸取教训，不能只想成功，不愿剖析风险，要从可行性、不可行性两方面进行对比分析，确保科学决策，绝不能头脑发热，留下历史遗憾，造成国有资产重大损失。进一步规范决策流程，明确权力清单，对关系企业改革发展的重大问题，坚持党委事先研究，董事会、经理层按法定程序决策和执行。

严防经营管理风险。针对生产经营重点领域、问题多发领域和重大风险领域，紧紧围绕资金管理、采购、销售等重要环节，强化内部控制，使风险防控常警长效，在提高资源配置效率、提升风险防范能力方面要有新举措。突出集团总部风险管理的引领职能，探索建立风险管理专业化、各产业板块聚焦重点，大监督格局下信息共享等有效防范经营风险的体系。

加强廉政建设。必须坚持两手抓、两手必须硬。2018年作为“问责年”，既要旗帜鲜明地反对硬腐败，坚持重遏制、强高压、长震慑，扶“歪树”，治“病树”，除“烂树”；又要态度坚决反对不作为、慢作为、乱作为的软腐败，确保发现一起、严查一起、教育一片。

加强巡查追责。坚持巡察再深入、全覆盖，强化对产业公司的纵向监督和各业务板块的专业监督，结合“三定”重新梳理岗位职责、业务流程，通过内部控制手册固化流程，逐步实现规范化、标准化。对违规决策造成重大损失的要从速从严追责，及时通报案情，真正起到警示作用。同时还要落实“三个区分开来”的要求，发挥容错免责机制的正向激励作用，为“想干事、能干事、干成事”的实干家撑腰鼓劲。

推进法治山钢建设。坚持关口前移，推动法律风险管理由事后化解向事前防范、事中控制转变，实现法律风险防控全覆盖。

四、知行合一，学改并进

按照省委要求，从3月份开始，在全省范围内广泛开展“大学习、大调研、大改进”。3月19日，省国资委党委召开了专题工作会议，提出了明确要求。集团公司实施方案已经制定，明确了“高、细、精、实、严、效”的要点。高就是站位要高，对比行业内外企业先进做法，走出去开展寻标对标提标达标，强化标准导向，提升目标定位；细就是工作要细，聚焦制约目标实现的痛点，实施调研课题制，集团领导每人确定一个重点课题，明确时间表、路线图、责任状，定期协调解决推进过程中的难题；精就是精心组织，以上率下抓落实，以工程的理念、办法推进工作，实行清单化管理、工程化调度，定任务、定责任、定方案、定时间、定路径，确保稳步推进；实就是强力落实，带着问题深入一线，摸透实情、找准问题、定实措施，推动工作扎实开展；严就是严格考核，严格标准、严肃追责；效就是务求实效，提出解决问题的办法要切实可行，制定的政策措施要具有操作性，做到出实招，见实效。各级党组织要结合实际，边学习讨论、边调研排查、边改进提升，切实保证整体效果。

要把握好“三个度”。认识上提升高度。充分认识这项工作是加快实施新旧动能转换重大工程、推进魅力山钢建设的客观要求，更是提升各级领导干部、广大党员政治能力的迫切需要，必须自觉从政治和全局的高度来谋划部署推进，切实抓紧抓好抓出成效。行动上把准角度。学习是基础，调研是手段，改进是目的。开展大学习重在解放思想。要把学习与习近平新时代中国特色社会主义思想相结合，与“不忘初心、牢记使命”主题教育相结合，与新旧动能转换相结合，学出绝对忠诚、学出使命担当、学出高强本领。开展大调研重在发现突出问题。既要识别表象，更要深挖根源；既要研判危害，更要把握实质。全面深化改革、加快新旧动能转换，难免会涉险滩、入深水，各类历史遗留问题积累叠加，终会成为躲不开、绕不过的难题。实施新旧动能转换、推动全面从严治党向纵深发展，新矛盾、新问题也要科学研判、精准应对。开展大改进重在解决问题、提升能力。解决问题是锤炼能力的磨刀石。刚才几家单位直言不讳，对一些深层次矛盾提出了一些很好的解决办法，展示了揭短亮丑的勇气，这是一种自信，只有敢于攻难点补短板，才能不断夯基垒台、积厚成势。工作上加大力度。集团公司改革发展取得了阶段性成果，但深层次体制机制障碍和结构性矛盾并非一朝一夕能够解决的。各级党组织一定要抓住“大学习、大调研、大改进”有利契机，进一步推动目标定位再提高、思想理念再解放、改革创新再深入、工作作风再务实。在全集团进一步营造担当作为、干事创业的鲜明导向和良好政治生态环境，切实形成深化改革和转型发展的新动能。

同志们，我们要更加紧密地团结在以习近平同志为核心的党中央周围，坚持以习近平新时代中国特色社会主义思想为指导，深入贯彻落实省委、省政府决策部署，知难而进、奋力拼搏，在新旧动能转换重大工程建设和“大学习、大调研、大改进”的热潮中，为建设魅力山钢做出新的更大贡献！

明晰权责　强化监督　优化服务
在建设“魅力山钢”征程中持续全面深化改革

——在集团公司全面持续深化改革推进会议上的讲话

党委书记、董事长　侯　军

（2018年7月30日）

同志们：

两年多来，我们三次召开深化改革专题会议，充分体现了集团公司将改革进行到底的决心。这次会议的主题是以深化国有资本投资公司改建为抓手，结合“大学习、大调研、大改进”，在对以往各项改革部署进行梳理、分析的基础上，继续推进措施落实，根本意旨就是以市场化思维、市场化手段实现人的市场化，明晰权责增活力，强化监督保效果，优化服务提质效，推动“魅力山钢”建设迈向新阶段。下面，根据集团公司党委和董事会研究的意见，我讲三个方面的问题。

一、新形势、新机遇

今年是全面贯彻党的十九大精神开局之年，是改革开放40周年。对改革开放最好的纪念就是更全面、更深刻地推进改革开放。改革已成为时代最强音、主旋律。

改革大潮势如破竹。上海合作组织青岛峰会期间，习近平总书记视察山东，提出了两个走在前列、一个全面开创新局面的要求；对国企改革再发强音：国企要搞好就一定要改革，抱残守缺不行，改革能成功，就能变成现代企业。山东省认真贯彻落实总书记重要指示精神，以推进新旧动能转换重大工程为主线，着力抓关键、求突破，强班子、转作风，掀起了新一轮改革开放热潮。刘家义书记亲自带队赴苏浙粤学习考察，找问题、看差距、转观念、出实招；全面提速新旧动能转换综合试验区推进步伐；省委督办《国企十条》问题整改，改革标准与预期清晰明确。

宏观经济危中有机。美国与中国贸易摩擦不断升级加剧，全球贸易不确定性进一步增大。美国加征钢铁关税对中国出口量产生了重要影响，同时可能对其他国家产生示范效应。应对国际贸易挑战，中国必将以更大力度、更高效率实施改革，特别是着力推进供给侧结构性改革、分层分类积极稳妥推进混合所有制改革、加快深化“放管服”改革。国务院印发《打赢蓝天保卫战三年行动计划》，钢铁行业产能压减和被动退出势在必行。钢铁企业势必要苦练内功，以钢铁产品高端需求巩固增长与竞争潜力。省委、省政府审时度势，加速推进全省先进钢铁制造产业基地发展规划编制工作，着力调整优化产业布局、强化创新驱动、推进绿色发展、深化国际国内合作，将为莱芜基地升级改造、日照精品基地后续扩能建设、国有骨干企业发挥优势提供难得的历史机遇。

国企改革千帆竞发。会前，集团公司分四个调研组，调研了河钢集团、首创集团、南钢集团、潍柴集团等十几家企业。这些企业既有央企，也有地方国企；既有国有独资，也有混合所有制企业；既有历史悠久的老企业，也有组建时间不长的企业集团。在学习考察过程中，我们一次次受到震撼与冲击，频频引发了思想观念、改革力度、管控模式、激励政策等诸多方面热议和感慨。考察企业主要有三方面的突出特点：一是战略清晰，执行坚定。发展定位科学明确，战略引领作用突出，有所为、有所不为，令行禁止。首创集团坚持“大战略引领方向，大调整配置资源，大事件推动发展，大文化凝聚力量”的方略，一张蓝图干到底，实现了高质量可持续发展。南钢集团围绕“一个钢铁本体”和能源环保、智能制造、“互联网+”三向多元产业，不断攀升钢铁行业转型发展引领者的地位。二是治理科学，权责清晰。一手抓“放权”，一手抓“监督”，总部和权属公司权责定位明确，有效调动起各方面积极性，破解了“一管就死，一放就乱”的难题。河钢集团不介入子分公司生产经营细节，总部确定“干什么”，子分公司负责“怎么干”，定位明确，各负其责。三是市场机制，灵活高效。在投资决策、资源配置、选人用人、薪酬激励等各个环节均体现了市场化思维、市场化机制，业绩市场化对标，薪酬激励采取“两种机制，两套待遇”的办法，集团副职可以超过正职，部门、子分公司负责人可以超过集团高管。

问题导向倒逼改革。放眼外部大势，不改革就会被淘汰的趋势不言自明；对标先进企业，差距显而易见，剖析山钢集团自身问题，突出表现为“四个不到位”。

一是思想观念解放不到位。去年我们向南走，考察民企，大家都倍受震撼，跃跃欲试。但也有人说南方市场经济早已放开搞活，民企机制更灵活，有些东西我们根本学不了、学不好。今年我们往北去，学习央企和地方国企，明显感受改革力度、机制活力不比南方民企弱，确实到了我们自身好好找原因的时候了。解决山钢的问题，根子还是思想观念的问题，深层次的原因是缺乏市场化的思维，只看到或眼热人家拿到了市场化薪酬的表象，而没有感悟人家承担市场化竞争的压力。守业思想严重，习惯于跟自己的过去比，或只盯着自己的长项感到欣慰，满足于小富即安、小进则喜，实际上成了市场“鸵鸟”。特别是有的单位主帅和高管有等一等、少惹麻烦、不想多事的思虑，说白了就是得过且过的“撞钟”思想。我们各级领导大都是从基层干起来的，当时就是因为工作有激情、事业有成绩才走上领导岗位的，但现在随着职务的晋升却没了干事创业热情或激情，怎么能够担当和完成新时代的使命呢？

二是上下权责理顺不到位。对照国有资本投资公司功能定位，“以管资本为主”的管控模式没有充分建立，治理主体运行不够规范，决策、执行、监督管理体制和运行机制不够顺畅。集团公司存在决策的事项多、链条长、效率低等问题，灵敏应对市场竞争的决策经营机制没有真正建立，有些子公司治理体系还不健全，市场主体地位缺乏精准定位，活力动力难以充分激发。集团公司下嫌子公司工作不主动、力度不大，本该自主决策的事项还打请示报告；子公司上怨集团公司不担当、管理水平不高、决策效率低下。类似的问题不仅在集团和子公司之间存在，在子公司和其子公司之间也不同程度存在。

三是市场体系建立不到位。行政色彩依然浓厚，不能体现工作内容和岗位价值的按层级大锅饭问题依旧存在，耗年限靠层级涨薪酬的问题依旧突出。在日趋激烈的市场竞争中，部分员工的绩效指标和薪酬水平还是波澜不惊，部分管理人员的“椅子”还是雷打不动。干多干少、干好干坏差不多，“任你风吹浪打我自岿然不动”的现象仍较为普遍。用市场化手段调动职工提升能力水平的作用发挥不够，职工职业发展通道不完善，工作热情和积极性不高，甚至“干多错多、干还不如不干”思想一定程度上存在。

四是监督问责执行不到位。去年，我们在大监督体制机制改革上迈出了第一步，率先在省管企业中建立了集团层面的监督委员会。对标先进，方向和路子是对的，但在实质性运作上，存在谨慎保守，推进步伐慢的问题。“两个责任”落实不平衡不充分，有的子公司党委落实领导支持不够，落实“两个为主”不到位；有的子公司纪委职责定位不准，缺乏政治担当，执纪审查刚性不足，问题线索核查力度不够、效率不高。问责手段单一、不到位，“利器”作用没有充分发挥。

山钢集团多年亏损，问题累积，一系列历史遗留问题和经营风险亟待处理。以上差距如不尽快赶上，问题不能断然处置，我们已经取得的改革发展成果可能会丧失，陷入新的困境。解决问题的唯一途径就是发展，唯一动力和手段就是全面深化改革。

改革突破其势已成。承认差距是胸怀、境界；缩小差距是能力、水平。两年多来，我们力争保持清醒头脑，坚持问题导向、目标导向，在多个方面实现了改革发展新突破。国有资本投资公司改建进展顺利。推进混合所有制改革，尝试了永锋淄博混改路子。山钢金控、山钢国贸、山东耐材等试点单位探索了“市场化选聘、契约化管理、自主组阁”等新举措，产生了积极示范效应。“跻身全国钢铁强企前列”三年发展方略有序推进。在市场形势整体好转的情况下，钢铁产业盈利水平持续稳步提升。济钢产能调整取得重大阶段性成果，转型发展驶入快车道，“四新”产业园、环保新材料产业园等项目取得突破性进展。日照钢铁精品基地一期一步顺利建成，试生产阶段产品打进了高端市场，拿到首笔汽车板订单。莱芜区域钢铁整体升级改造方案形成。“多元主打”产业格局逐步形成，集团后发潜能正在集聚增强。落实新旧动能转换三年行动计划，主动融入和参与制定山东省先进钢铁制造产业基地规划，努力争取主动权。一批重大项目列入全省新旧动能转换重点工程项目库；一批智能化重点工序和智能控制技术填补国内空白，“高端制造装备用高品质稀土特殊钢技术研究及产业化”项目列入2018年省重大科技专项；一批重大科技研发专项蓄势待发；一批拳头和主导产品再度擦亮了山钢品牌。重塑科技创新体系，智库建设、专家团队组建、创新平台搭建等工作迈出重要步伐。积极参与“一带一路”建设，国际化战略迈出新步伐，产品成功打入亚马尔项目等世界重要工程。用改革的思维主动梳理、化解历史遗留问题等重大风险，形成了清晰的思路。集团公司社会影响力明显提升，政策及市场话语权逐步增强，内外部发展环境持续向好，整体呈现出稳步向上的良好态势。

同志们，跳出山钢看山钢，跳出行业看山钢。一大批勇立潮头的标杆与一骑绝尘的先锋让我们认清了差距和短板，“魅力山钢”新形象初露端倪使我们增强了发展的信心和决心，坚毅了加快改革的劲头和韧性。我们坚信：有山钢上下广大干部职工的勠力同心，一定能够创造出无愧于新时代的山钢业绩！

二、新作为、新动能

同行学习是革新，他业借鉴是革命。面对新机遇，山钢职工想改革、盼改革，希望通过改革释放红利的愿望更加强烈。山钢改革推进到了一个非常关键的时期，已经到了啃硬骨头的攻坚期。必须更加重视顶层设计，强化改革的系统性、整体性、协同性；必须坚持问题导向，进一步聚焦亟须解决的重点难点，对改革措施再部署、再细化、再推进，让改革成为推动山钢实现高质量发展的新动能。

党建统领方向。改革无论改什么、改到哪一步，都要始终坚持党的领导，这是我国40年来改革开放实践所证明的宝贵经验。深化国企改革，必须始终坚持党的领导不动摇，坚持以政治领导能力和企业发展水平来衡量和评价国企党建工作。各级党组织要高点站位，拓宽视野，统揽全局，协调各方。保证改革发展的精准方向。把加强党的领导和完善公司治理统一起来，强化党组织在企业决策、执行、监督各环节的领导核心、政治核心作用，明确“三重一大”党委研究前置，重大问题权责把关内容和工作方式，使党组织发挥作用组织化、制度化、具体化。全面履行从严治党责任。修订完善各级党组织履行全面从严治党主体责任清单，明确党委、书记、专职副书记、班子成员责任内容；加强党建责任制落实和强化整改、督导、考核工作。全面提升基层党建工作水平。落实党员领导干部联系点制度，各级党组织书记联系的党支部务必建成过硬党支部。力争用1年左右的时间，全集团70%以上党支部达到规范化标准，20%以上党支部达到过硬标准。务实推进党组织书记抓基层党建突破项目。切实将党组织把方向、管大局、保落实的要求落实到企业发展的具体实践中，为改革发展提供坚强政治保证。

持续深入加强思想政治工作。改革任务艰巨，利益盘根错节，矛盾错综复杂，职工思想活跃，各级党组织要把抓思想引导作为重点工作之一，要不断增强思想政治工作的针对性和实效性，最大程度地引导广大职工参与改革、拥护改革、保护改革。以身作则勇于担当。各级党委要以“不把历史遗留问题留给历史”的责任担当，根据省委《国企十条》督查报告所列问题，制定整改措施，逐级负责、责任到人。集团公司党委常委根据分工作为各类问题整改的主责，公司经营层、各部门主要负责人要主体推进，确保标准、确保时限、确保质量。

改建激活资本。国有资本投资公司改建的核心要义是实现从管资产到管资本的转变，通过资本的高效配置与流动，实现做强做优做大国有资本的目的。改建是手段不是目的，通过改建转变管理内容和管理方式，在整合、优化、退减、延伸的基础上，紧紧围绕战略目标配置资源，持续做好“强、退、育”的文章，做强优势核心主业，退出不符合战略定位产业，培育有发展潜力新兴产业，进一步突出“钢铁主业基业”，其他相关多元以服务钢铁产业为主向，突出战略引领下的产业布局优化、培育优势创效板块，做实“多元主打高地”。子公司要充分体现出自身价值，为集团公司多创造分红，集团才可能给你聚合资源。加快推进日照钢铁精品基地后续工程建设各项前期谋划准备工作，加快推进莱芜片区突出超低排放、工艺产品优化升级改造和装配式钢结构产业发展。充分发挥钢铁产业的区域主导、规模引领优势及上市公司平台巩固、扩容、提效，突破市场占有率和拳头产品的增盈水平。

放权激发动力。放权的要旨是做实子公司的市场主体地位，夯实分层创利中心和成本中心的责任主体，提升市场核心竞争能力和创效能力。

放权首先要确权。集团公司各产业板块之间业务不同、市场化程度不同、管理要素不同，要进一步明确权责，按照国有资本投资公司功能定位，厘清权责边界，清晰界定总部、产业、市场的边界和相互关系，从体制机制上给各类市场主体松绑，把该由市场发挥作用的还原市场。此次放权分两个层面：一是集团公司对子公司放权，使其市场化运营全面到位；二是集团公司董事会对经营层放权，使经营层有更多的经营管理自主权。该放的权会逐步放到位，该管的事要真正管到位，把准方向，严控风险。切实做到事权明确、责权利高度统一，运行流畅高效。

放权要实行清单管理。集团公司管理权限清单近期将确定。拟从战略规划、固定资产投资、股权投资、考核分配等方面对各子公司进行放权，仅保留备案事项50余项、审批事项60余项；集团公司董事会对经营层授权事项11项、对各子公司董事会授权事项12项。如战略管理方面，集团公司只负责审批子公司发展战略和五年发展规划；股权投资方面，只审批权属各级公司年度计划内主业投资金额1000万以上的股权投资等事项，诸如实物资产公开挂牌转让等清单以外的管理权限一律由子公司自主决策。明确子公司市场主体地位，夯实产业经营主体责任，让“投、融、管、退”作用充分发挥，增强价值创造能力，真正成为资本经营的主体，总部不再过多介入子公司过程管理。

权力下放服务要跟上。“放权”不是“放手”。集团公司通过下放部分职能，开始由抓总到抓关键管理环节、由综合管理型向协调服务型转变，对总部管控能力提出了更高要求，总部要在转变职能中找准定位，在提升服务中创造价值。要站在高处，看到远方。坚持“谋全局、谋高端、谋效益”，善于根据宏观经济大势判断行业发展的趋势，根据行业发展的态势谋划企业发展的定位，谋划具有前瞻性和市场空间的发展路子，为子公司提供战略方向上的正确引领；善于站在制高点上对外协同资源、抢占先机，对内研究制定政策，保证制度供给，为子公司提供战略资源和打造环境上的强力支持。要想在前头，管到点上。“放权”不能“甩手”，而要“腾出手”来加强服务。要围绕需求提供服务，既不越权，也不失位。各部门要换位思考，想子公司之所想，急子公司之所急，协同发挥各自优势，将专业指导与职能管控相结合，权限清单以内的事项要超前谋划好，子公司需要时要马上就办、一次办好。要抓住关键，救急解难。“放权”不能“无为”。子公司在经营过程中遇到重大问题、突出困难，集团公司总部责无旁贷要帮助解决，比如企地重要问题的协调、对政府重要政策的沟通争取、需要上级部门给予支持的重大问题、急需突破的瓶颈节点，等等。集团总部必须高度重视、不推不拖、限时办结，全力以赴协助解决，为子公司排忧解难。

下放的权力要接得住用得好。放权是回归市场本源和企业本质。权力下放意味着对子公司面向市场独立打拼的要求更高，独立行权担责创效的责任更大，管理团队的职业素质和市场上真刀实枪闯天地的能力更强。各子公司要按照市场规则依法用好权力，领导干部要全面提升领导能力。各子公司董事会要立足自身实际，优化完善各自的授权事项决策程序、执行过程，切实做到把权力稳实接住，用得充分、用得规范、用得高效。各子公司要进一步优化管理机构职能，持续加强自身建设。

激励增强活力。要发挥好激励机制的两个功能：第一是杠杆功能，通过市场化的薪酬分配机制着实拉开薪酬差距，保障“有为者”干事创业的积极性；第二是择优功能，通过市场化的选人用人机制，确保“能为者”有位，发挥最大作用。

一是推进薪酬制度改革。核心是绩效目标的市场化、考核评价的市场化、薪酬水平的市场化，重奖重罚，奖惩到位。突破子公司负责人考核机制。本次子公司负责人考核机制改革最大的特点归纳为一句话就是“四不、三突出”，即不设薪酬基数、不鞭打快牛、不看企业大小、不论级别高低，突出净资产收益率、突出效益贡献、突出人均创利水平。打破官本位，摒弃以往主要以企业规模、管理层级确定绩效薪酬基数的办法，坚持市场化业绩对应市场化薪酬，将负责人收入高低与本企业指标所处行业位置和跑赢大盘绩效有效挂钩，充分体现薪酬是挣出来的，能挣者多得。聚焦净资产规模、净资产收益率核心指标，更加突出效益贡献，强化人均创利指标，鼓励减员增效。同时，完善履约保证金、抵押金制度，完不成任务指标，履约保证金、抵押金相应扣减。对长期没有改善、指标完成差、业绩排在行业末端的子公司负责人体现重约束；对指标完成好、业绩排在行业前列的子公司负责人，兑现重激励。建立健全子公司薪酬决定和正常增减机制。要尽快研究完善子公司薪酬总额与效益联动机制的管理意见，合理确定薪酬效益联动指标，并进一步加强对子公司薪酬总额预算执行情况动态监控和指导。各级权属公司都要以员工创造价值为依据，参照劳动力市场薪酬价位并结合企业经济效益，多种形式合理确定不同岗位职工的薪酬水平，要向关键岗位、生产一线和紧缺急需的高层次、高技能人才倾斜，拉开薪酬差距。让职工共享企业改革发展成果，集团公司严格按照考核办法和工资总额决定机制确定各子公司工资总额，各子公司要通过提高经营业绩做大分配的“蛋糕”，从而提高职工收入水平，让职工享受企业发展的红利。各子公司也必须科学合理地制定内部考核制度，当集团公司核批的考核工资总额增加时，在对管理骨干和核心人才实施重点激励的同时，普通职工收入也应保持相应的增长。要敞开胸怀，做到“三个可以超过”：研发和销售一线突出贡献人员收入可以超过单位负责人，子公司负责人收入可以超过集团公司高管，集团公司高管收入可以超过董事长。

二是推进岗位管理变革。要抓紧研究具体办法细则，全集团积极推进实施全员岗位管理过渡。打破平均主义，突出岗位价值，以岗定责，以岗定薪；打破论资排辈，平衡照顾，扩大选人用人视野，畅通晋升通道；打破退出壁垒，对不适应岗位的严格退出，不再保留层级，重新竞争上岗后，按新任职岗位、履职情况和绩效考核确定待遇。研究院、淄博张钢、山信软件日照分公司等单位做好岗位管理试点工作，总结经验、发现问题、提炼思路、完善方法，形成相对成熟模板。全面落实“1+4”配套文件，建立与市场充分接轨的选人用人机制。在经营层契约化管理的基础上，稳步推进子公司“一把手”契约化管理和领导班子自主组阁工作，薪酬和绩效考核委员会要尽快研究制定子公司董事长的契约化指标，集团公司董事长与子公司董事长签订聘用协议和经营业绩目标责任书，目前，在岗的子公司董事长可以继续留任，个人认为完不成绩效目标的，可以自愿退出，集团公司进行市场化公开选聘。逐步实行全员契约化管理，建立一贯到底的压力传导机制，真正实现从发工资到挣工资的转变。建立“能者上、适者用、庸者下”的清晰导向。严格落实《推进领导人员能上能下实施细则》，坚持以德为先，突出政治素质，坚决把“懒作为、慢作为、不作为”的负责人拿下来；坚持以绩为核，突出工作实绩，坚决把治企无方、兴企无为的负责人调整下来。要建立年度绩效底线目标，凡是当年未完成的，亮出“黄牌”，由集团公司党委组织部门约谈主要负责人；凡是连续一年半未完成的，亮出“红牌”，对主要负责人启动组织调整程序。

客户引领未来。“客户群的高度决定产品的高度，产品的高度决定企业的高度”。这是河钢集团给我们印象最深的一句话。河钢集团通过优化客户结构提升产品及品种结构，成功控股全球最大钢铁服务营销网络——瑞士德高公司，搭建了全球营销服务平台；成功收购塞尔维亚斯梅代雷沃钢厂，建立了首个海外全产业链的生产制造基地；通过收购海尔特钢、兼并海尔彩涂生产线，将钢铁产业链成功融入家电产业链，并以此为突破口，打开了高端家电用钢市场，实现了向下游中高端客户延伸。客户端战略使河钢集团在短时间内形成了全球钢铁制造、全球营销服务、全球技术研发“三大平台”的国际化发展格局。学习河钢经验，首要的是以客户端倒逼思维创新商业模式。坚持市场化，瞄准客户端，进一步聚焦客户需求，积极探索形成“全产业链合作、全价值链服务”商业模式，始终紧跟客户发展的步伐，把竞争优势体现到追赶客户的速度上、服务客户的能力上，搭建全方位、全流程营销服务体系。按照扁平化的思路，将产线打造成为直面市场的经营单元和创效主体，有效解决生产与市场脱节、高层与客户脱节等问题。全力开发高端客户，扩大优质终端客户“朋友圈”，我们在同阿里、浪潮、山东重工及高校、科研院所战略合作基础上，深度研究下游及新兴产业，培植重点直供客户群，科学制定国际化发展战略，优化专业管理推进团队，牵手更多名企，产品迈向高端，使山钢集团由提供钢铁材料解决方案向综合服务商的转变落实在具体工作中。降本增效、开源节流是企业管理的基本硬功。现有形势下，传统国企高额负债的沉重包袱同机制灵活的民企比拼，已经升级到市场、客户、品种、质量的遭遇战、生死战、决胜战！

监督提供保障。放权不等于“放任”。越是充分放权，越要强化监管，有效的监督是保障权力正确运行的关键。要通过发挥监督部门的优势和合力，审计、巡察实现每年对子公司“全覆盖”，及时发现问题，提示风险，完善制度，堵塞漏洞，切实把该管的“管得住、管到位”。

做实大监督体系。中粮集团、河钢集团实行的是“审计直管、财务统一”。进一步探索审计、财务管理体制改革，首先，要学习资金统一监管的经验，各级权属公司资金流动集团平台必须流程留痕，实现可视化管理；第二步，进一步发挥风控委员会作用，优化审计、法务、监察资源配置，适当引入中介机构参与经营绩效审计，内部审计更多精力投入到管理审计、专项审计等工作中去，强化法务风险防控，提高监控效率和效果。要实现执纪监察、审计监督和法律监督步调一致、系统联动，提高精准度，扩大覆盖面。要在及时纠偏纠错上下工夫，在抓早抓小、防患于未然上积极作为。加强监督人才队伍建设，及时发现在监督工作中表现优秀的干部，重点培养使用，选拔有担当、有经验、有能力的干部充实到监督岗位。改革现有监督工作考核制度，按照“谁设立、谁管理、谁考核”的原则，清晰定责、规范履责、科学考责，保证监督独立性，增强监督权威性。

精准问责促落实。近年来，我们通过驰而不息纠正“四风”，集团上下干部作风有了明显好转。然而，一些党员干部害怕担责、明哲保身，遇事躲绕的现象仍十分明显。有的“只闻楼梯响，不见人下来”，该本职决策的事项，上推下卸，磨磨蹭蹭，或者瞻前顾后，优柔寡断；有的思想深处信奉“只要不出事、宁愿不做事”。不担当、不作为、不落实，既是改革的“中梗阻”、干群的“隔离墙”，更是发展的“拦路虎”，这也是一种腐败，从某种意义上讲比一般的违纪违规危害更大！我们要严格落实《问责管理办法（试行）》，坚持失责必问，问责必严，通过精准问责，问出担当、问出干劲，保证全面从严治党和集团公司各项改革发展决策部署落实到位。

容错免责激担当。按照习近平总书记要求，在强化监督问责的同时，坚持实事求是，既鼓励创新、表扬先进，也允许试错、宽容失败，最大限度调动广大干部的积极性、主动性、创造性。在问责工作中，坚决贯彻中共中央办公厅《关于进一步激励广大干部新时代新担当新作为的意见》，结合集团公司纪委《关于建立党员干部容错免责机制的实施办法》，坚决做到“三个区分开来”，厘清“是否履职”“怎样作为”“为谁而错”的问题，分清“为公”与“为私”、工作失误与违纪违法的界限，按照事业为主、实事求是、依纪依法、容纠并举的原则对干部失误错误进行综合分析，让改革创新者按照规则做事，旗帜鲜明地为敢于担当的干部撑腰鼓劲，为敢于负责的干部负责，真正做到严格监督有硬度、有力度、有温度，努力营造鼓励改革创新、宽容失败的干事创业新环境。

三、新面貌、新山钢

时代呼唤新作为，改革打造新山钢。按照集团公司第一次党代会勾画的两步走发展战略，“魅力山钢”建设已经从起跑阶段进入不断加速的新阶段，集团公司以实现高质量发展为统领，加快推进新旧动能转换，全力朝着实现“具有全球竞争力的世界一流企业”目标迈进，“四优四有”的“魅力山钢”基本内涵也会在改革推进中不断得以丰富和发展，令人期待的新山钢将逐步呈现。

“魅力山钢”将是注入改革基因的新山钢。改革是最大的动能，坚定不移持续深化改革，让改革的基因融入“魅力山钢”建设的全过程。从破除思想观念的禁锢障碍入手，敢于向顽瘴痼疾开刀，勇于突破利益固化藩篱，在解放思想中统一思想；把改革的实践体现到推进国有资本投资公司改建中，使国有资产、资本运作效率效益不断提升，成为推动山钢持续发展的不竭动能。

“魅力山钢”将是充盈市场元素的新山钢。市场在资源和要素优化配置中发挥着决定性作用。让市场的元素密布山钢改革发展的每个时段、管理运行的细枝末节。市场化氛围，市场化思维，“重在结果，绩效为王”。市场化手段塑造市场化人，首先各级高管入脑入心，让市场化思维在每一名山钢人的观念中根深蒂固。

“魅力山钢”将是拥有创新特质的新山钢。谋未来就要谋创新，抓发展就得抓创新。习近平总书记视察山东时强调，创新发展、新旧动能转换，是我们能否过坎的关键。要坚持把发展基点放在创新上，把创新的基因深深融入山钢发展的血脉，更加注重绿色智能可持续，不断壮大创新型人才队伍，为山钢强筋壮骨提供坚强的支撑。

“魅力山钢”将是饱含人文情怀的新山钢。“为民情怀、职工福祉”是魅力山钢建设的使命追求和信念支撑，也是贯彻落实习近平总书记“以人民为中心”核心思想在山钢的具体体现。要细化实化“幸福和谐新山钢”建设行动方案，从推进民主管理、落实职工集体福利等具体事项开始，深化新闻媒体改革，强化舆论引导，深入推进企业文化建设、文化融合，形成与发展战略相契合、与职工思想相融合的山钢特色文化，让职工在“山钢一家、和谐共赢”的文化氛围中更有归属感、自豪感、幸福感。

同志们，一切过往，皆为序章。改革推进到今天，比认识更重要的是决心，比方法更重要的是担当。让我们切实更新观念、解放思想、转变作风、提高效率，让担当成为自觉，让压力激发动力，以更坚定的信心、更坚强的毅力，共同绘就“魅力山钢”的新蓝图！

构建“五位一体”协同机制　着力推进商业模式创新 全力提升企业本质化运营水平

——在集团公司三季度工作会上的讲话

党委书记、董事长　侯　军

（2018年10月11日）

同志们：

在市场形势日益复杂、集团公司改革持续深化的关键阶段，我们召开这次会议，核心意旨是进一步提高站位、扩展视野，贯彻新发展理念，对标高质量发展要求，动员部署构建以客户为引领，以人才为支撑，营销、生产、研发高效运行的“五位一体”协同机制，推进商业模式创新；在日照公司顺利投产，莱芜分公司全面升级改造，济钢转型发展加速推进，重塑研发体系取得阶段性突破，一系列人才引进、开发的制度集中推出，权属公司契约化、薪酬改革稳步推进的总体形势下，抢抓钢铁市场高位运行的难得机遇，聚合资源，统筹发力，提升集团公司本质化运营水平。下面，根据集团公司党委和董事会研究的意见，我讲三个方面的问题。

一、提高认识，增强提升本质化运营水平的紧迫性

把握大势，突出提升总纲。企业本质化运营实质是在市场竞争中不断培育核心竞争能力并保持比较优势，实现持续盈利和可持续发展，这是基业长青和行业领先的生命基因。企业向客户提供产品和服务，持续实现利益相关者价值，就必须把握各种资源要素，提升本质化运营水平。

随着国家供给侧结构性改革深入推进、“三去一降一补”措施强力实施，钢铁行业市场条件和发展环境明显好转，盈利能力显著提升。但高质量发展总体要求带来的钢材需求结构性改变和中美贸易摩擦等因素造成内外部环境明显变化，环保承载能力与钢铁及其相关产业发展的矛盾越来越显现。今年1~8月，我国钢材产量7.25亿吨（年化近11亿吨），同比增加4800万吨，增长7.1%；前8个月钢材出口4718万吨，同比降低711万吨，减少13.1%，比高峰的2016年同期降低2914万吨，减少34.18%。国内需求同比没有明显增加，供需矛盾依然突出。有专家预测，未来国内钢材需求量将维持在5亿~6亿吨的水平，市场竞争会更加激烈。

山钢集团从低谷中奋起，近两年经济效益明显好转，发展实力明显提升，发展空间逐步拓展，职工收入稳步回升，社会影响力有了较大幅度提高。这得益于我们近几年持续全面深化改革等主观努力，但更主要的是借力市场大势持续向好，实质上还没彻底摆脱历史欠账的拖累，数据与真实感受差异等问题将长期存在。当市场再度出现波动时，会不会再次陷入“欲生不能”的境地？我们没有解决好竞争力弱和盈利水平低的问题，根本原因在于企业本质化运营水平不高，还没有找到动态回升中集聚资源能量的明确路径。山钢的命运要掌握在自己手中，跟上新时代行业发展的步伐，就必须把提升本质化运营水平作为行动纲领的重心，内外兼修、内圣外王。

对标先进，借鉴集合经验。钢铁企业竞争激烈的主要原因是体量大、数量多和同质化问题。体量大是指产业规模、产能相对于需求过剩或严重过剩；数量多是指企业个数多，参差不齐，行业集中度低导致过度竞争；同质化既反映了企业产品结构没有真正实现差异化，也表现在市场、资源结构、营销模式、盈利模式等商业活动方式、模式基本雷同。这些问题，特别是同质化问题，造成相当一部分企业生存受到极大威胁。

国内外不少成熟成功企业都在积极抢占特色运营模式和独创商业模式的制高点。海尔集团张瑞敏在儒商大会上说：新旧动能转换的制高点就是商业模式创新。自2005年，海尔集团创新提出了“人单合一”的商业模式，先有客户再有产品，放大了客户话语权。“单”不是狭义的订单，而是客户资源，“人”即员工，海尔由传统的决策层、管理层到操作层的“正三角”转变为操作层、管理层到决策层的“倒三角”，“去中心化”实现了组织架构扁平化，把员工从传统的“科层制”中解放出来，每名员工都是直面市场和客户的小微“企业”，发现市场需求，创造客户体验，引导客户消费，实现客户和企业“零距离”，满足客户不断迭代的需求。海

尔每个产业、每个企业迅速得到复制，本质化运营的商业模式被哈佛大学、斯坦福大学等世界一流学府的商学院写入了教学案例。浦项钢铁集团连续 9 年雄踞全球最具竞争力钢铁企业集团之首，是全球钢铁企业市场创新的典型代表。自创立以来，没有出现过一次赤字。“客户第一”的观念根深蒂固，浦项会长郑俊阳表示：浦项积极为产品和服务注入灵魂回馈客户，愿意为客户带来幸福并成长为客户成功的“垫脚石”。2011 年以来，应对日趋激烈的钢铁全球化竞争，浦项率先在钢铁板块推行“为客户解决方案式”营销模式，2017 年提升为“提供最高性能钢材+提供用户应用技术+商业支持+人性化解决方案”商业模式，实现了由材料提供商向综合服务商的转变。宝武集团钢铁板块聚焦高端客户，强化用户需求管理与使用技术研究，实施差异化竞争战略；推进 EVI 营销模式，提供基于客户需求的整体解决方案；推行柔性制造、供应链预警和协同处理机制；建立加工配送中心，延伸产业链；依托欧冶云商平台，打造智慧供应链，一直引领了国内大型钢企实现由制造商向服务商根本性转变的方向。河钢集团以客户高度拉升产品高度，全力培育高端客户群，创建“技术+服务”营销模式，与东北大学、北京科技大学等共建研发平台，帮助客户解决技术难题，构建“点对点+量身定制”全方位一站式服务体系，2015 年，控股海尔特钢 70%股权，一举进入全球最大家电集团，并形成了稳固的板材销售渠道，未来几年，河钢在海尔的市场占有率将达到 30%以上；与瑞士德高合作成立河钢德高公司，成为全球最成功、知名度最大的钢铁产品营销平台，为河钢实施国际化战略和海外市场发展发挥了极大作用。兴澄特钢通过人才带动技术研发提升精益制造能力和商业模式创新，加快向“特钢产品整体服务方案解决者”转型，以资产和供应链关系为纽带，与上下游企业建立产业联盟，实现“普转优、优转特、特转精”的战略升级，特别是在国际市场中始终规避了低端产品的竞争。

以上企业共有的特点可概括为：一是以客户为中心的理念根深蒂固。变被动适应客户为主动满足客户需求，深入研究行业发展趋势、市场变化态势和企业竞争形势，充分辨识和集成客户需求，发现客户价值，把握战略导向，找准企业定位，做好行业和市场细分，突出高端客户，形成有竞争力的目标客户群。二是以人才为支撑。充分发挥人的主观能动性，激发各类人才创新活力，不断提升人力资源把握市场、服务客户、创造价值的能力和实力。三是与客户无缝对接。以关键业务系统为基础，注重发挥营销带动作用，高度重视科技研发，精心培育核心产品，高效优化和整合业务系统，以流程再造构建组织扁平化，实现产销研一体化。四是与各利益相关者共同成长和发展。以商业模式创新为引领，正确处理好包括客户、员工、社会等企业相关者的利益关系，延伸产业链，拓展价值链，构建可持续盈利模式。这些企业以此形成了本质化运营水平提升的内生动力、自发张力、成长基因和良性循环，提高了核心竞争能力和比较优势，实现了持续盈利和可持续发展。

认清差距，创新提升理念。近年来，尽管我们在营销模式、盈利模式、产销研一体化等方面进行了一些探索，取得了一些成效，但与先进企业相比还存在明显差距。突出表现在：一是目前集团公司真正意义上的战略合作客户数量明显偏低，直供终端客户少。大部分单位还基本停留在以生产和制造为中心的传统思维模式，对市场的发展规律、激烈的竞争态势和客户的重要作用理解不深、认识不够、把握不准；没有真正牢固树立以客户为中心的理念，没有建立符合企业战略导向和定位的市场细分结构和高效的客户关系管理体系，缺乏对客户需求的有效辨识和对客户结构的深度分析，客户需求拉动作用不明显。二是人力资源结构不合理，人才支撑作用发挥不够。全集团职工平均年龄43岁，35岁以下职工仅占两成；复合型人才总量匮乏，高层次、战略型、高技能人才短缺；专业结构不合理、后备人才出现断层；人才多通道有序良性发展的局面没有形成；体现人才价值的薪酬分配制度亟待健全，有利于人才创新创业的有效激励尚需完善。三是业务系统没有实现高效优化和整合，营销、生产、研发条块分割，管理环节多，权责不清晰。山钢股份对营销总公司仅仅作为一个部门考核，没有形成一体化对接客户，没有真正引入市场化利益刚性调节机制，难以彻底从根源上解决利益局部化的问题；钢铁产业虽然主体装备实现了现代化和大型化，但高技术含量、高盈利产品、名牌产品比例低。2018年上半年，集团公司FOP（唯一、领先和高附加值）产品占比仅为9%，不足浦项的1/6，也远低于宝武、鞍钢等先进水平。1~8月份预算内研发投入7.2亿元，日照公司、耐材公司完成了目标，山钢股份、永锋淄博、山信软件完成较好，比去年同期有所增加，但也只完成进度目标的74%，特别是加计扣除部分，钢铁板块差距很大。出口创效方面，2017年山钢集团行业排名仅为47位。四是还没有实现真正意义上的产业链延伸，日照公司板材、莱钢集团钢结构建筑等产品具有延伸加工的特质，但在先进企业已经基本完成市场布局的环境中增加了奋起直追的难度。

“五位一体”，提升体系标准。以上问题存在的深层次原因是没有构建起客户、员工、社会等利益相关者的交易结构，没有找到可持续盈利的途径，这也是制约集团公司本质化运营水平提升的症结所在。

加快“五位一体”聚合。“五位一体”不是一个平面，也不是各要素的简单串联，而是一个立体化多维度的协同运营体系。要创新管理，清晰流程，发挥客户需求的引领作用、人才对客户价值创造的支撑作用、营销对客户价值的发现作用、研发对满足客户需求的带动作用、生产对实现客户价值的保障作用，实现客户、人才、营销、生产、研发“五位一体”，提升聚合效益。“五位一体”各要素具有内在统一的逻辑关系，各自既要明确功能定位，又要打破边界，突出客户需求及市场导向、突出整体协同效应、突出经济效益，通过“五位一体”的系统集成，提升资源配置能力和市场服务水平，将各要素环节有机地融为一体，聚合形成新的动能。

建立与客户共生共赢生态。数字化时代，数据、协同、智能等要素相互交织，商业系统结构被重构，构建“五位一体”协同机制需要我们从传统的“竞争逻辑”转向“共生逻辑”。“共生逻辑”分为三个层次，第一层建立在简单的买卖关系上，采用传统的分销、直销方式，与客户形成交易共同体。第二层是通过价值链将企业内、外部利益相关者有机联结，与客户形成价值共同体。第三层是厚植开放合作，与客户探索在产权、资本方面的深层次合作，与客户形成共生、共存的关系，成为命运共同体，最终使企业与客户、员工、产业链形成共同发展的生态圈。

二、系统集成，找准提升本质化运营水平的路径

商业模式是企业参与商业活动的本质存在形式，是企业如何创造价值、传递价值、获取价值的基本原理，是为了实现企业价值最大化而构建的利益相关者的交易结构，通俗地讲就是“从自己赚钱”到

“大家共同赚钱”。商业模式是诸多模式的提升和集成，某一种营销模式、合作模式、盈利模式不等于商业模式。商业模式没有定式，是由企业经过实践创新形成的，内部可复制，但对外具有不可复制性。商业模式也不是一蹴而就的，需要较长时间、孜孜不倦地探索、提炼和提升。今天的商业模式明天不一定还适用，但明天的商业模式需要今天就去创新。

从刚才4个单位发言看，我们在人才体制机制改革、营销模式或管理创新方面进行了有益的探索，积累了一定的经验，体现了独到之处，但总体感觉我们对商业模式创新的研究还有待深化，对商业模式创新的认识还有待提高，对商业模式创新的关键点还要抓准抓实。

推进商业模式创新，当前最主要的是抓好抓实“五位一体”，重点着力，靶向发力，在全集团来一场抓创新、补短板、促提升的攻坚行动。

第一，瞄准客户需求这个着力点。

市场经济中，企业是否创造了价值靠客户衡量，企业能否生存由客户决定。对接市场、服务客户的能力，已经成为评价企业竞争力的关键依据。

辨识客户需求，精准目标定位。各权属公司要主动分析行业趋势，充分辨识客户需求，精准定位目标客户，深挖客户隐性需求，想客户应想还未想，做客户欲做尚未做。在此基础上，明确客户需求结构定位、产业定位、市场定位和产品定位。要建立完善的CRM（客户关系管理）系统，建立目标行业和目标客户需求数据库，制定客户“一对一”产品和服务指导目录。

高端客户带动，战略合作先行。瞄准目标行业的龙头企业，全力扩大优质终端客户“朋友圈”，力争与行业前5名企业建立战略合作关系，产品和服务要追踪行业前10名。扩大产业链合作范围，并逐步以战略合作方式进行固化。扩大高端、关键直供客户比例，高端客户带动的高端产品销售比例要力争占到70%以上，直供客户销售比例也要力争达到70%左右。

第二，瞄准深化人才体制机制改革这个着力点。

会前，集团公司党委常委会、总经理办公会多次专题研究人才工作，摸清了集团公司人才队伍建设的现状，查找了制约人才发展的突出问题。在调研座谈中，大家普遍表达了对产业发展、人才需求和人才政策的迫切愿望。这次出台的人才发展体制机制改革系列文件，将在市场化引进、系统化培养、科学化评价、多元化激励等重点环节进行改革，改革的核心是“一切围着市场转、一切围着客户转，向用人主体放权，为人才松绑”。把“能够给客户提供解决方案、能够给客户解决技术问题、能够高质量低成本稳定生产产品”作为人才引进、培养和评价的标准，努力破解高端科技人才和高技术技能人才短缺的突出问题，促进人才规模、质量和结构满足提升本质化水平的要求。

管理体制突出“放活”。明确集团公司和用人主体对人才的管理职责，赋予各权属公司招聘自主权，由各权属公司根据发展需要自主安排、执行用人计划，依法依规招聘所需人才。落实权属公司自主分配权，指导、支持各权属公司完善工资总额决定机制和薪酬分配制度，自主决定内部分配。

引才引智突出“用活”。近期，山钢研究院、山钢金控部分岗位百万年薪招聘，社会反响强烈。我们要把高级管理人员契约化管理作为建立职业经理人制度的重要抓手，继续向人才市场抛出“重石”。把指标挺在前面，将市场运作、市场评价、市场孵化有机融合，把真正的“能人”选到合适的岗位。用好用活柔性引才引智方法，引导更多高层次人才通过顾问指导、短期兼职、技术合作、技术入股、合作经营等方式服务山钢，做到不求所有、但求所用，不求所在、但求所为。

培养流动突出“盘活”。市场需要什么样的人才，就培养什么样的人才；客户需求向哪倾斜，人才流动就向哪侧重。集团公司要指导各子公司建立完善人才发展多通道体系及人才晋升交流机制，搭建展才平台，推动人才“自搭楼梯上台阶”。合理加强集团人才资源配置，积极推进各权属公司人力资源储备中心建设。推动人才科学有序流动，在用人单位有用人需求的前提下，尊重人才择业自主权。

评价激励突出“激活”。健全以能力和业绩为导向的人才考评方式，完善体现人才智力价值的薪酬分配制度。对招聘的高层次、急需紧缺专业毕业生，可探索实行生活补贴、租房补贴、购房补贴和差异化薪酬。探索上市公司股权激励、国有科技型企业股权期权激励、混合所有制企业员工持股、创投类企业项目跟投等中长期激励方式。各子公司要深刻领会，全面把握目标要求、核心内容和重点任务，精心谋划落地举措，推出的人才计划都要与新政策精准对接，与新要求衔接配套，与区域发展战略高度契合。

第三，瞄准营销体制机制改革这个着力点。

在“五位一体”中，营销是对接客户、实现客户价值的关键环节。要创新营销策略、把握并适应灵活多变的市场，实现客户价值和企业收益最大化。

推进营销体制机制改革。各权属公司都要顺应市场潮流，借鉴先进经验，对营销体制机制、营销模式、商业模式进行大胆改革，塑造并切实发挥“五位一体”协同优势，强化营销队伍建设，发挥客户“代言人”、高端产品开发“先锋队”、价值创造“主力军”和商业模式创新“引领者”作用。山钢股份要按照“模拟公司化、市场化、契约化”原则，加快推进营销体制改革，今年11月底前，完成营销总公司经理层的市场化选聘和契约化管理工作，并迅速将“市场化选聘、契约化管理”延伸到营销总公司部分中层管理岗位及部分业务骨干岗位。按照“片区主协、品种主责、区域主销”基本思路，深化“前台拉动，后台前置”，推进营销扁平化管理，进一步缩短管理链条，提高效率，将营销人员向客户端配置，实施营销资源集约化管理和专业化、团队化支撑，构建起整体协同的营销新格局。其他权属公司也要根据实际情况，深化营销体制机制改革。

实施客户需求驱动的营销模式创新。营销系统不能仅仅停留在“买原料、卖产品”的初级营销方式上，要推行“驻厂员”和“客户经理制”，对开发的每个终端客户设立“驻厂员”，对开发的每项重点工程设立“客户经理”，并商定系统解决方案，突出形成差异化的解决路径和高质量的客户商业计划书。商业计划书要输入到组织的各有关岗位，成为满足客户需求的“契约文本”，变为组织兑现客户需求的承诺。这是营销带动的核心体现。

做好海内外渠道布局。目前，国际化还没有提升到集团战略层面进行谋划，主要存在思想认识片面、对境外投资环境了解不足、专业人才缺乏、投融资渠道偏少、境外投资风险加大等问题，这对集团公司是一个非常现实、严峻的课题。我们要学习借鉴先进企业经验，围绕“一带一路”建设和高铁、核电等制造业出口战略，推动“高端产品走出去”，通过“借船出海”“造船出海”“买船出海”，谋求海外发展机会。提升资源配置能力，构筑全球化的原燃料供应平台和渠道，有效控制成本。国贸公司及海外团队要解放思想、开阔视野，接受和融入新的经营理念，富有活力、积极大胆地开展工作，强化人才培养和引进，为集团公司国际化战略实施储备更多人才。

第四，瞄准科技研发体制机制改革这个着力点。

科技创新能力不足是制约集团公司发展的主要短板。去年以来，重塑科技创新体系“四梁八柱”制度已经建立，后续重点要抓好科技研发体制机制改革，构建“成果共享、风险共担”的体制机制。

拓宽引智思路，提升科技研发“软实力”。要借鉴先进经验，聚焦平台建设、人才培养和发展战略目标，推进由适应性创新向战略性创新转变。探索鼓励以柔性项目团队的形式组建创新团队，对拥有科技成果、发明专利或掌握高新技术的高端人才，采取成果转化、项目合作、咨询服务、短期聘用等方式引进。

畅通合作渠道，形成科技研发“共同体”。发挥集团公司科技创新部的协同创新平台作用，围绕产业链和创新链，促进各类创新主体和创新要素紧密联系。搭建产学研用产业链合作平台，探索“平台+项目+人才”相结合的产学研合作模式，围绕关键项目，以国内外科研院所为主要战略合作对象，与行业内有代表性的高端客户和战略用户建立产业技术创新战略联盟，形成资源共享、优势互补、协同合作的利益共同体。

实施分层管理，建设科技研发“调度室”。全面落实一院多中心两级研发体制，搭建实现集团科技创新战略目标的基础平台系统。山钢研究院作为集团公司一级研发机构，重点进行产业关键共性技术、产业界面耦合技术、战略性新兴产业技术研发；权属公司研发中心作为集团公司二级研发机构，侧重于产品升级换代、工艺技术改进、生产流程优化等。要发挥创新主体作用，建立研发单元与客户沟通反馈的有效机制，研发人员要积极与下游客户共同研究终端产品的市场变化和技术发展趋势，通过服务终端市场客户推动自我发展、自我提升。

紧盯市场用户，打造研发模式“新样板”。在山钢研究院进行研发体制机制改革试点，探索以增加市场价值为导向的收益分配政策，试点以研发目标为核心的岗位制研发模式、以责任激励为核心的契约型研发模式和以孵化培育为核心的产业化研发模式。用足用好政策，研究制定具有山钢特色、符合实际的科技成果转化和产业化扶持措施，力争落地转化一批优秀科技成果。以山钢研究院为试点，及时把握产业化发展中面临的机遇和风险，根据需要适时组建科技发展公司。

第五，瞄准营销生产研发联动这个着力点。

营销生产研发是制造企业流程中最核心、最关键环节，构建“五位一体”协同机制，必须实现营销生产研发联动，持续高效满足客户需求。

构建面向客户的战略业务单元。战略业务单元是实现客户解决方案的关键，是兑现商业计划书的主体。要创新管理模式，区分不同客户，按照客户需求，建立项目团队。对于按标准批量生产的产品，主要是把握市场，营销要打头阵；对于已形成批量的中高端产品，主要是保稳定，生产要担主力；对于纯研发的产品，主要是看技术实力，研发要当先锋；对于与客户形成产业链的，主要是发挥资源整合能力，需要营销生产研发联动。要建立客户流失、高端产品订单流失责任追溯、绩效评价考核责任追溯补偿机制。

构建以客户需求拉动的精益生产方式。

把精益管理理念贯穿到生产运营全过程，关注价值流的整体改善和客户需求，通过与内部市场、外部市场的有机融合，把各类问题短板放到市场维度中考量，与市场要素对接，跟价值创造对表，倒逼岗位更加关注指标、精准操作、精细管控，推动并促进管理水平持续提升和全流程提质提效。在这方面，莱芜分公司积累了丰富的经验，其他权属公司要充分借鉴。

构建订单需求驱动型的生产组织和资源配置方式。日照公司基于浦项诊断成果，已经全面梳理搭建起了信息化管理流程，构建了“客户为中心、市场为导向、订单为驱动”的全新生产组织和资源配置方式，达到了工艺精细化、产量目标化、质量控制在线化，提高了生产组织的应变能力和订单交付能力。其他权属公司也要以流程梳理、产线诊断为手段，逐步推广。

三、保障落实，推动本质化运营水平稳步提升

思想引领。构建“五位一体”协同机制，是在管理体制机制上的大胆尝试，从根本上求变、求突破。抱着传统的思维定式和经营模式，必将被时代淘汰。经营管理的观念回归到市场本质、价值创造上来，就是要重新审视各项业务和管控模式是不是解决市场问题，是否有价值，是否有利于提高竞争力，若没有，必须改变。

党建保障。持续全面从严治党，确保党的领导、党的建设在改革创新中得到更加充分体现和加强。发挥市场化选人用人机制作用，在规范程序、参与考察、推荐人选等方面把好关，打造一支把握市场经济规律、掌握科学管理方法、具有较强管理能力的企业家队伍。继续深化完善巡察体制机制改革，强化监督执纪，用好巡视巡察利剑，持续正风反腐。省委第十二巡视组即将对集团公司开展巡视。各级党组织和党员干部要把接受和配合巡视的过程，作为发现问题、研究措施、堵塞漏洞、自我完善的过程，积极支持巡视组开展工作，确保巡视工作顺利进行。

强化领导。各单位要把工作责任落实到位，找准“温差”“落差”“偏差”，建立集团公司整体推进、专业部门专项推进、业务单元系统推进的工作机制，成立议事协调机构，制定实施方案，加大协调力度，狠抓工作落实；抓住“千名干部下基层”的有利时机，推动和促进制约本质化运营水平提升的难点问题加速解决。各权属公司高管要与战略合作客户和关键客户建立密切联系；切实把客户经理制、项目负责人制等落实到位；营销部门要对重点关键客户实施互动管理，及时关注、反馈客户需求。

坚定改革。贯彻落实好集团公司半年会“简政放权、开放搞活、强化监管”的要求，把该放的权放足放到位、该管的事管住管好。加快推进经理层市场化选聘、契约化管理工作，实现责任绑定、利益绑定、风险绑定，具备条件的子公司今年年底前完成全覆盖，子公司以下权属公司2019年底覆盖率达到60%以上，2020年底前全部完成。改革将打破固有格局，必然触及各方利益。各级领导干部要提高站位、提升境界、勇于担当，以把改革进行到底的毅力和勇气，团结带领广大职工勇于创新、善于创新，推动企业依靠创新获得竞争优势。

信息助力。信息化是保证“五位一体”协调运作的必要手段。浪潮专家团队围绕企业数字化转型等内容为集团公司做了专题讲座，使我们对数字化时代的先进理念和创新途径有了更深的理解。要尽速补齐短板。集团公司信息化基础设施薄弱、信息孤岛普遍存在，横向不连接、纵向不贯通的问题突出，信息资源不能很好地在全集团自由流动、发挥应有价值。领导干部特别是各单位和部门主要负责同志要增强紧迫感，主动适应信息化要求，强化互联网思维，提高对信息化发展的驾驭能力，线上线下共同发力，让信息化建设水平与集团公司本质化运营水平协调提升。推动数字化转型。以推进集团公司信息化发展规划落地实施为契机，推进集团公司和各产业单元核心业务上云，积极为内部业务和数据无缝流转、消除信息孤岛创造基础平台条件。围绕集团公司产业内部多元耦合、外部协同推进的要求，加快各产业数据共享利用，实现业务产业链、价值链、企业生态圈的融合与发展，实现全集团资源效益和经济利益的最大化。应用大数据技术，探索建设电子商务系统，构建大数据应用云平台，实现从“大量数据”到“大数据”的蜕变。加大工业机器人、无人化等新技术、新业态的研究应用力度，探索“机器换人”并加快推进的速度，建设一批智能制造试点项目，不断提升集团公司绿色智能制造水平。

文化协同。构建“五位一体”协同机制，本身就是培育协同文化的过程，是打造事业共赢、成果共享的价值导向，营造尊重创新、开放包容的文化氛围，塑造品质立世、诚信求远的精神气质。要“引得进，走得出，融合好，留得住”，推动技术、知识、人才跨区域合作交流；只要符合党和国家大政方针、符合企业和职工群众利益的创新，鼓励大胆去闯、去试。秉持“为客户提供满意的产品和服务”的山钢使命，以客户需求为导向、以客户满意为标准，丰富山钢共赢文化的内涵。

“夫缘道理以从事者，无不能成”。审视集团公司改革、创新、发展，关键时段谋划重要举措，一定要想透、说清、干实，步步为营、久久为功，从构建“五位一体”协同机制着手，推进商业模式创新，提升本质化运营水平，实现魅力山钢宏伟目标，向着具有全球竞争力的世界一流企业稳健前行！

强根铸魂　夯基固本
为推动山钢集团高质量发展提供坚实政治保障

——在山钢集团庆“七一”表彰大会上的讲话

党委书记、董事长　侯　军

（2018年6月27日）

同志们：

今天，我们在这里隆重集会，庆祝中国共产党成立97周年，重温党的光辉历史，缅怀党的丰功伟绩，动员全集团各级党组织和广大党员干部进一步凝心聚力、团结拼搏、锐意进取，把改革发展稳定各项事业不断推向前进。首先，我代表集团公司党委，向全集团奋战在各条战线上的广大共产党员致以节日的问候！向今天受到表彰的先进集体和优秀个人表示热烈的祝贺！

中国共产党已经走过了97年的光辉历程。97年来，一代又一代共产党人满怀坚定忠诚的信仰，恪守执政为民的宗旨，传承艰苦奋斗的作风，发扬开拓创新的精神，创造了人类社会发展史上惊天动地的发展奇迹。党的十八大以来，以习近平同志为核心的党中央，以新理念新思想新战略开创治国理政新境界，统筹推进“五位一体”总体布局，协调推进“四个全面”战略布局，中国特色社会主义进入新时代。党的十九大，自信开放的中国向世界展示了气势磅礴的宏伟目标和共产党人的全局视野、战略眼光，号召全党全国各族人民在习近平新时代中国特色社会主义思想指引下，为实现中华民族伟大复兴的中国梦而努力奋斗，引领社会主义革命和建设事业不断从胜利走向新的胜利。

在全面建成小康社会的进程中，国有企业是不可或缺的重要力量，也是我们党执政的重要基础。去年以来，集团公司党委充分发挥领导作用，把方向、管大局、保落实，抢抓供给侧结构性改革和我省加快新旧动能转换等重要发展机遇，坚定不移走高质量发展道路，推动各项工作不断迈出新的步伐、取得新的进展、实现新的突破。特别是在深入学习贯彻党的十九大精神、谋划开启转型发展的重要时期，在由求生存到谋发展的关键阶段，山钢第一次党代会胜利召开。集团公司党委着眼于谋全局、谋高端、谋效益，以强烈的使命意识和责任意识谋划未来，确立了新形势下各项工作的战略方向、奋斗路径，以实际行动诠释党的先进性。在魅力山钢建设“两步走”总体目标引领下，集团各级党组织围绕中心、服务大局、精准施策，团结带领广大干部职工解放思想、干事创业、奋发有为，为集团公司改革发展提供了坚强的政治保障和组织保障。

一是抓学习重实效，理论推动实践的能力持续增强。各级党组织深入学习宣传贯彻党的十九大精神，坚持用党的最新理论成果武装头脑、指导工作、推动实践。提高政治站位，创新党委理论学习中心组学习的方式方法，使学习的过程成为完善发展思路、破解发展难题、推进改革创新的过程。在习近平新时代中国特色社会主义思想指引下，一批影响企业生存的风险被辨识，一批制约企业转型的矛盾被破解，一批束缚企业发展的瓶颈被打破，一批推动企业高质量发展的决策应运而生，更加坚定了我们做强做优做大国有资本的信心和决心。选准载体，分层渗透，各类学习宣讲活动贴近基层、内容丰富，推动了党的十九大精神在山钢落地生根。结合“大学习、大调研、大改进”，围绕22个重点课题开展调查研究，形成40余项省级及以上党建思想政治工作优秀研究成果，一些成果已转化为党委决策，推动了集团公司持续健康发展。

二是抓基层打基础，党建工作科学化水平得到提升。突出问题导向，精心谋划安排，“两学一做”学习教育常态化制度化扎实推进。推动党建工作要求写入公司章程，集团公司和15家二级权属企业按时完成章程修订，三级及以下企业取得明显进展。健全完善党建工作考核体系，党委常委带队督导党建、党风廉政建设责任制，持续推进党支部规范化建设，全面从严治党责任有效落实。党组织书记抓党建突破项目更“接地气”，各级党组织书记认领课题630余项，3项成果获省国资委党委表彰。“党支部建设年”工作蓬勃开展，党务骨干和基层党支部书记走进党校，全面培训，交流经验，推动基层党组织建设全面进步、全面提升。

三是抓改革强队伍，转型发展活力有效释放。制定下发“1+4”配套制度，干部人事制度改革加速推进。发挥市场机制在管理人员选配中的积极作用，调整干部管理权限，改革高管人员选拔方式，市场化、竞争性选聘制度建立并逐步规范。完善和落实聘期经营目标责任制，推行高管人员任期管理。改革领导班子组建方式，11家三级及以下单位完成“自主组阁”。开展岗位管理试点，研究院迈出实质性步伐。严格落实新时代国有企业领导人员“五好”标准，坚持一切出于公心选干部、一切为了事业选干部、一切按照规矩选干部。2017年共调整领导人员近200人次。加强后备领导人员队伍建设，建立后备领导人员库，形成了较为科学合理的经营管理专业人才梯队。

四是抓作风严执纪，风清气正的氛围正在形成。严格落实党委主体责任、纪委监督责任，党委全力支持纪委开展工作。纪委稳步推进“问责年”落细落地，用严肃问责强化责任意识、倒逼责任落实，纵深推进全面从严治党。压茬推进第三轮巡察，将于近期向5家被巡察单位反馈问题109个，移交问题线索42条。强化监督执纪监察，组织开展重点领域整治专项行动，着力发现和查处不作为、慢作为、乱作为等三类问题。从严执纪审查和问责，保持正风肃纪高压态势，坚决惩治腐败问题和不正之风。今年1~5月份，全集团共受理信访举报96件，处置问题线索83条，对10个典型案件17名违规违纪人员进行点名道姓通报曝光，让失责必问、问责必严真正成为常态。开展“知敬畏、存戒惧、守底线”专题纪律教育，教育的覆盖面和影响力进一步扩大。

五是抓和谐聚人心，昂扬奋进的风貌充分展现。围绕“加快动能转换，建设魅力山钢”中心任务，坚守“为民情怀，职工福祉”信念追求，各级党群组织盯牢群众所急、党政所需、群团所能的领域，凝聚广大干部职工心系企业、同舟共济、合力攻坚的强大精气神，汇聚改革创新、转型发展的强大合力。集团公司第一次工代会成功召开，民主决策、民主管理和民主监督进入了新阶段。党的群团工作会议出台《实施意见》及配套文件，为新时期群团工作指明了方向。幸福和谐新山钢建设、劳动竞赛、职工合理化建议工作扎实推进。深入开展形势任务教育，构建了多层次、立体化、全方位的宣传教育格局。积极培育和弘扬社会主义核心价值观，大力倡树新风正气，文明创建氛围日渐浓厚，一批优秀单位成功跻身省级以上文明单位行列。

成绩来之不易，这是上级党委正确领导的结果，是集团公司广大党员和职工群众团结一致、拼搏进取、辛勤努力的结果，也是集团公司党建工作在改进中加强、在创新中发展的结果。此次先进集体和优秀个人评选坚持基层自下而上推荐与领导自上而下推荐相结合，广泛征求多方意见，经过反复权衡，最后经党委研究同意，保证了评选结果的公平公正合理。这些先进集体和优秀个人，是从全集团近1200个基层党组织、25000名共产党员中涌现出来的先进代表。他们在各自平凡的岗位上，做出了不平凡的业绩，用实际行动践行了党的宗旨，从他们身上体现了先进性和代表性，体现了纯洁性和从严治党的要求，体现了群众公认和发扬民主，展现了共产党员的政治本色和精神风貌，书写了共产党人的时代风采。实践证明：党建强，企业发展就强。解决山钢问题，办好山钢事情，必须紧紧依靠党的坚强领导，必须全面加强党的建设，必须全心全意依靠职工群众。在国企深化改革的新形势下，党建工作只能加强，不能削弱；只能改进提高，不能停滞不前！

在肯定成绩的同时，我们也必须清醒地认识到，集团公司党的建设、党风廉政建设工作还存在一些差距和不足，突出表现在以下四个方面：一是思想认识不到位。一些单位存在“重经营、轻党建”的问题，有的领导干部认为抓党建是潜绩，抓经济是显绩。这是对从严管党治党的新要求认识不到位，对全面从严治党的主体责任理解不透彻。这不是个别问题，必须引起足够重视。二是责任落实不到位。有些单位存在党建工作要求和工作力度逐级递减的现象，党建工作责任向基层传导压力不够；还有些基层党组织依靠“上级抓”，忽视“自身建”的问题突出，依赖思想严重，主动、创新解决自身问题的意识不强。省国资委党委对加强基层党组织建设提出“全覆盖、抓重点”的要求，各权属公司要针对驻外点多、线长、面广、情况复杂等问题，系统梳理，查缺补漏，实现基层党建层层有人抓，时时有人管的“全覆盖、无缝隙”管理网格。三是机制完善不到位。部分单位党建工作没有融进企业生产经营全过程，党组织研究讨论重大问题作为董事会、经理层决策的前置程序执行不到位；有些基层党组织党内政治生活不经常、不严肃。四是作用发挥不到位。少数党员党性观念淡薄，先进性意识不强，工作积极性不高，没有发挥好先锋模范作用；有些基层党务干部转自行政工作或同时兼任行政职务，党建工作理论相对欠缺，还不能完全适应当前从严管党治党工作的要求。以上“四个不到位”，简要概括了集团公司在党建和从严治党方面存在的突出问题，解决“痛点”，关键要“对症下药”，各级党组织要高度重视，努力加以解决。

同志们！新时代开启新征程，新征程呼唤新作为。当前，我国经济已由高速增长阶段转向高质量发展阶段，正处在转变发展方式、优化经济结构、转变增长动力的攻关时期。山东新旧动能转换全面展开，高质量发展大潮涌动，实现乡村振兴、建设海洋强省、打好三大攻坚战紧锣密鼓，迎来了前所未有的发展机遇。特别是习近平总书记视察山东，深入企业、乡村、社区，广泛倾听广大基层干部群众的心声，既教给我们怎么看，又告诉我们怎么干、怎么干好，为山东奋勇前行、走在前列提供了“金钥匙”。集团公司将陆续传达学习习近平总书记视察山东讲话精神和省委抓好贯彻落实的具体意见，请大家学好文件材料，深入理解精神实质，结合企业实际，抓好贯彻落实。山钢集团作为我省最大的国有钢铁联合企业，必须把各项工作与总书记指示要求对标对表，按照新发展理念要求，以供给侧结构性改革为主线，立足实际推动转型升级，探索动能转换之路，实现腾笼换鸟、凤凰涅槃。这是我们当下和未来，对全体干部职工的责任与担当。当前，山钢的改革发展引起了省委省政府、省国资委党委、省直各部门的高度关注，在全国钢铁行业中引起了一定的反响，可以说，山钢的形象正在提升，影响逐步扩大。这既是鞭策和激励，又让我们深感任重道远、责任重大。各级党组织要进一步认清新形势，把握新要求，探索新规律，充分发挥党的政治优势，从严从实抓好党建工作，全面提升整体水平，使党建工作与企业发展深度融合、相互促进。

一要强根铸魂，提升党建水平。习近平总书记视察山东时强调，要坚持党对国有企业的领导不动摇，坚持建强国有企业基层党组织不放松，为做强做优做大国有企业提供坚强组织保证。各级党组织和领导干部要自觉提高政治站位，把学习贯彻习近平新时代中国特色社会主义思想和党的十九大精神，与习近平总书记对山东工作的一系列重要讲话、重要指示批示精神结合起来，用好《习近平新时代中国特色社会主义思想三十讲》等基础材料，带着信仰、带着感情、带着责任，深入学习，把握精神实质和核心要义，不断提升发展标杆、工作标准和精神境界。要坚持服务生产经营不偏离，把提高企业效益、增强企业竞争力、实现国有资本保值增值作为国有企业党组织工作的出发点和落脚点，以企业改革发展成果检验党组织的工作和战斗力。坚持把党的领导嵌入公司治理结构。探索开展党委会参与决策履职评价，重点抓好党委会行权履职规范化、制度化；按时按要求完成三级及以下企业党建工作写入公司章程。各单位要结合集团公司半年工作会议主题，更加深入理解和科学把握国有资本投资公司改建，进一步完善治理结构，明晰权责职责，提升管控效率。坚持把党的建设纳入集团总体战略。建立与企业发展战略目标相一致、与企业发展模式相匹配、与企业经营管理方式相协调的党建工作机制，推进党建工作体制机制、方式方法、内容载体等创新发展，使企业党建工作与现代企业制度合拍、与发展同步。坚持把党的建设融入中心任务。把企业改革发展中的难点热点作为党建工作重点，把“大学习、大调研、大改进”工作与即将开展的“不忘初心，牢记使命”主题教育有机结合，促进理想信念再坚定、思想观念再解放、领导方式再创新、素质能力再提升、工作作风再转变，推动新旧动能转换等重点工作落实落地。

二要夯实基层基础，构筑坚实堡垒。6月8日，省国资委党委召开了省属企业过硬党支部建设工作部署会，对省属企业基层党组织建设进行安排部署。各级党组织要按照相关要求，结合今年集团公司“党支部建设年”实施方案，系统谋划、统筹推进，实现“全集团70%以上党支部达到规范化标准，20%以上党支部达到过硬标准，一定数量的党支部进入省国资委党委重点抓的过硬党支部行列”的任务目标。各单位主要负责同志要始终把准自己的角色定位，无条件参加正常的双重组织生活，及时调研了解基层支部工作情况，尽最大努力将所联系的党支部建成过硬党支部。加强和规范党内政治生活。坚持和完善民主集中制，规范集体决策，严格按规则议事；规范领导班子民主生活会，充分运用批评和自我批评的有力武器，让咬耳扯袖、红脸出汗成为常态；实行民主生活会整改事项清单制度，落实整改承诺制、公示制。全面推行党委书记述职述廉制度。抓实“两学一做”学习教育常态化制度化，抓细党支部规范化建设，抓严党员教育管理提质增效，抓紧基层党建全域提升。突出政治标准，严格工作程序，严把党员发展质量关，做好入党积极分子培养。今年集团公司发展党员计划增幅较大，但绝不能为完成计划降格以求。探索改革创新的工作方法。强化党员队伍管理，加强能力素质培养，总结推广党员日常积分量化管理典型经验。建好用好“灯塔—党建在线”综合管理服务平台，实现基层党建工作创新与智慧信息技术手段的有机结合。谋划开展好“不忘初心、牢记使命”主题教育。这项主题教育活动直接写入党的全国代表大会报告，反映了党中央的深远政治考量和全局运筹，体现了极端重要性。在认真落实好上级规定动作的基础上，要结合各自实际制定落实方案和计划，扎扎实实完成教育明确要求的内容，真正用教育成果指导工作，推动全面从严治党向纵深发展。

三要抓班子建队伍，锻造中坚力量。事业成败，关键在党、关键在人，关键在班子和队伍。建设具有全球竞争力的世界一流企业的光荣使命，需要集团上下的管理更加到位、干部更加尽责、队伍更加担当。要选好用好干部。坚持好干部标准，大力选拔敢于负责、勇于担当、善于作为、实绩突出的干部；坚持从对党忠诚的高度看待干部是否担当，既看日常工作中的担当，更要看大事要事难事中的表现；坚持有为才有位，让那些想干事、能干事、干成事的干部有机会有舞台；坚持全面历史辩证地看待干部，公平公正对待干部，对个性鲜明、坚持原则、敢抓敢管的干部，符合条件的要大胆使用。要在严管中彰显厚爱。对干部既从严要求又真诚关爱，是干部管理的内在要求。既要要求干部自觉履行组织赋予的各项职责，严格按照党的原则、纪律、规矩办事，又对干部政治上激励、工作上支持、待遇上保障、心理上关怀，把严管和厚爱都落实到位，激发起广大干部担当新使命、展现新作为的干劲和热情。要锤炼专业精进的过硬本领。当前，集团公司发展领域不断拓宽、分工日趋复杂、国际国内联动更加紧密，对做好生产经营和党建工作提出了更高要求，迫切需要更多政策水平高、专业能力强、实践经验多、善于做经济工作的领导人才。各级领导干部必须有本领恐慌的意识，加强专业学习，加强调研思考，加强实践历练，努力具备较强的专业思维、专业素养、专业方法，成为领导企业发展的行家里手。广大党员干部要弘扬工匠精神，立足岗位实际锤炼新本领、钻研新技术，不断在建功立业中体现人生价值。全集团要营造培育尊重和激励企业家的文化氛围和成长土壤，让企业家精神竞相迸发。各级群团组织要以“劳模创新工作室”建设和群众性经济技术创新活动为抓手，开展各层级技能提升和技术比武活动，打造技能素质过硬的职工队伍。

四要压实管党治党责任，倡树清风正气。认真贯彻落实上级党风廉政建设和反腐败工作会议精神，坚持教育与惩处并重，深入推进党风廉政建设，推动企业政治生态全面向好。夯实“两个责任”。严格落实党风廉政建设责任制，压实压紧党风廉政建设党委主体责任和纪委监督责任，为集团公司改革发展提供坚强纪律保证。持之以恒正风肃纪。准确掌握“四风”新动向新表现，出台落实中央八项规定精神实施办法，全面修订公务接待、公务用车、差旅等相关制度，集中查纠一批“四风”问题，推动作风建设常态化长效化。加强纪律建设，继续深化标本兼治，坚持露头就打、执纪必严，让党员干部知敬畏、存戒惧、守底线。扎实推进巡察工作。做好巡察“后半篇文章”，适时组织“回头看”，督促被巡察单位真抓实改。通过对巡察发现问题的盘点、梳理和归口反馈，从体制机制上解决一批根本性、全局性的问题。对责任不落实、整改不彻底的，坚决通报曝光，并启动问责程序，向不担当、不作为、慢作为、乱作为的典型人、典型事、典型单位亮剑，让职工群众切实感受到巡察的威力和效果。加大惩治腐败工作力度。坚持反腐败无禁区、全覆盖、零容忍、重遏制，持续保持高压态势，突出领导干部这个“关键少数”，紧盯工程建设、物资采购、产品销售、招投标、选人用人等重点领域和关键环节，特别是对党的十八大以来，不知止不收敛不收手的坚决查处，绝不手软。

五要坚持为民情怀，建设幸福和谐企业。在集团公司改革发展的关键时期，抓好宣传思想和党的群团工作，为企业改革发展凝聚各方面的智慧和力量。强化思想引领凝聚发展力量。充分发挥思想政治工作凝心聚力、解疑释惑作用，注重人文关怀和心理疏导，开展紧贴中心的形势任务主题教育活动。加强宣传引导，推动领导干部带头解放思想、转变观念、提升引领发展能力。开展形式多样的宣讲教育，使全面深化改革、新旧动能转换等重大决策部署进入基层、走近群众。深化文化建设弘扬核心价值。大力弘扬和践行社会主义核心价值观，推进“四德”建设，不断提升企业文明程度和职工文明素养。改进文明单位创建工作，研究制定文明单位建设规划，推动形成生产经营创效与精神文明建设齐头并进的良好局面。以“文本化”“故事化”“仪式化”为主线，统筹推进山钢文化的完善提升和融合落地工作，培育动能转换的文化力。推进各类职工文体协会建设，广泛开展职工文化体育活动，进一步丰富职工业余文化生活。规划做好"幸福和谐新山钢"建设。这是一项承载魅力山钢战略定位的系统工程，是"为民情怀、职工福祉"信念追求和使命支撑的生动诠释。要精心组织，在全集团迅速形成"党委统筹领导、工会牵头组织、企业积极落实、职工共同参与"的创建格局，使广大职工成为建设"幸福和谐新山钢"的主力军；要充分尊重和反映职工的意愿，顺应职工对美好生活的期盼和向往，切实解决一批职工普遍关注的利益问题和困难矛盾，使发展质量实绩更有"硬度"、惠民答卷更有"厚度"、工作推进更有"力度"。

同志们！在集团公司砥砺奋进、破冰前行的关键时期，希望各级党组织和广大党员干部，进一步增强使命感和责任感，争做旗帜高扬的先锋力量，让党旗飘扬在转型发展的每条战线上，飘扬在职工群众最需要的地方。让我们在习近平新时代中国特色社会主义思想的科学指引下，在省委省政府和省国资委党委的正确领导下，不忘初心、牢记使命，恪尽职守、扎实工作，不断开创集团公司党的建设新局面，为谱写高质量发展的山钢新篇章提供坚强保证！

落实优化提升　绿色智能转型
凝心聚力高质量推动魅力山钢建设

——在集团公司2018年度工作会议上的讲话

党委副书记、总经理　陶登奎

（2017年12月29日）

同志们：

这次会议是在全集团广大干部职工深入学习贯彻党的十九大精神，全面落实集团公司第一次党代会决策部署，凝心聚力高质量推动魅力山钢建设的关键时刻召开的一次会议。刚刚结束的集团公司第一次党代会审议通过了党委书记侯军同志代表党委做的重要报告，这个报告对集团未来发展做了全面部署和安排，今天会议的主题就是落实第一次党代会精神。经集团党委研究，我代表集团公司对2017年的工作进行总结，分析面临的形势任务，就2018年企业改革发展做出部署和安排。下面，我讲三个方面的问题。

一、2017年工作回顾

即将过去的2017年，山钢集团面临良好的外部宏观环境，全球经济超预期复苏，国内经济稳中向好，钢铁市场供求关系有效改善。全集团抢抓供给侧结构性改革重要机遇，加快新旧动能转换，深入推动各项改革措施落地，企业运营质量持续提升，各项事业蓬勃发展，全集团保持了和谐稳定的生动局面。

（一）生产经营持续改善

预计全年营业收入、利润总额均创2008年以来最好水平。预计实现利税113亿元。钢铁产业盈利水平大幅提升，支撑作用有效发挥，预计全年累计生产铁、钢、材分别为2116万吨、2175万吨、2086万吨；预计实现利润68亿元，同比增利79亿元；其中莱芜片区预计实现利润27亿元，内部挖潜效益改善9亿元，创近年来最好水平。金融板块、地产板块贡献率增长；钢铁服务、钢结构建筑、信息技术、城市服务等其他产业板块发展趋势向好。山钢集团综合竞争力行业评级排名大幅前移，比上年度提高15个位次。

（二）顶层设计持续强化

改建国有资本投资公司，公司治理结构更加完善，党委统揽全局，董事会、监事会、经理层各司其职、有效制衡、协调运转；“1+*N*”组织架构体系落地实施，产权结构不断优化，扁平顺畅、关系清晰的产权管理模式搭建形成；新旧动能转换三年行动计划、科技创新规划、循环经济产业发展规划统筹推进；规划建设魅力山钢愿景路径，两步走战略、“实力山钢、活力山钢、品质山钢、责任山钢、幸福山钢”的目标激励和引领企业全方位提速提质提效。“法治山钢”建设全面推进，依法治企取得新成效。强化外部协调，在事关集团发展的重大问题上获得国家、省委省政府及各级地方政府积极支持，转型发展的外部环境大幅改善。集团公司年度会和季度专题工作会确定的133项重点工作扎实推进。年度“10件大事”基本完成。

（三）动能转换持续深入

济钢产能调整取得阶段性成果，转型发展项目开始落地；日照钢铁精品基地建设积极稳妥实施，一期一步实现全线热试；莱芜区域积极改造提升传统动能，老区生产系统实施产能置换和升级改造进入决策阶段；莱钢集团被认定为国家首批装配式建筑产业基地，全国目前最大的绿色装配式钢结构建筑住宅小区——淄博文昌嘉苑项目，全部采用莱钢自主研发的技术体系。亏损企业治理、“僵尸”企业处置稳步推进，资产盘活、“僵尸”企业出清取得实质性进展；“三供一业”移交工作走在省管企业的前列。

（四）全面改革持续深化

三项制度改革“1+4”文件体系落地，经理层市场化选聘、契约化管理破题，金控公司、山钢国贸先行先试，内生动能有效激活。深入推进产权制度改革，混合所有制经济优势显现，永锋淄博、国铭铸管效果显著。坚持把指标和责任挺在前面，突出“效益、质量、风险控制”，突出归母净利润、净资产收益率，形成以关键绩效为核心、专项管理绩效和重点工作绩效结合的评价考核体系；集团价值创造能力和可持续发展能力不断提升。

（五）风险化解持续推进

全面梳理历史遗留问题，为系统性辨识各类风险提供了条件；一批制约发展的现实难题和潜在风险得到稳控化解，避免和挽回损失3.37亿元；绩效审计总金额2700多亿元，发现问题400余项，提出整改意见200多条；突出风险预控与审计监督有效融合，重大决策事项事前风险评估100%。实施重大风险预警监控，风险防范能力不断提升。

（六）安全环保水平持续提高

安全环保主体责任有效落实，“两体系”和班组安全基础建设稳步推进，清洁生产水平实现提升；双重预防机制日臻完善，安全、环境、能源管理体系有效运行。集团主要生产单位辨识出各级风险8300多个，各风险点得到有效控制；日照钢铁精品基地建设环评变更按计划有序推进；莱芜区域大型H型钢配套项目和技改项目顺利通过环保验收；永锋淄博、耐材公司主动作为，积极化解环保风险。

（七）党建科学化水平持续提升

把学习宣传贯彻党的十九大精神作为首要政治任务，推动党的十九大提出的各项目标任务在山钢落地生根。“两学一做”学习教育常态化制度化深入推进；集团15家二级单位完成党建工作纳入公司章程，各级党委把方向、管大局、保落实的作用充分发挥，重大事项党委会事先研究与董事会、经理层行使权力有机衔接；集团第一次党代会召开，基层换届工作有序开展；党对群团工作领导持续加强，组建了集团公司工会，第一次工代会召开。党建工作重点任务逐条分解落实，各级党组织书记认领突破项目630余项；始终坚持党管干部原则，全年共调整领导人员近200人次。

（八）宣传思想文化工作持续发力

坚持理论武装，集团党委理论学习中心组学习17次、开展专题辅导报告7场；深化“改革转型我担当”主题活动，以文明单位创建、道德模范人物评选为载体，深化精神文明建设，大力弘扬社会主义核心价值观，两家单位获省级文明单位，3家单位获省管企业文明单位；持续加强舆论引导、舆情监控，讲好山钢故事，传递正能量，扩大山钢影响力和品牌美誉度。

（九）党风廉政建设和反腐败工作力度持续加大

构建大监督体系，在省管企业率先成立监督委员会。压茬开展两轮巡察，发现并反馈问题87项，移交问题线索70余条；被巡察单位立行立改40余件，新建和修改制度138项。各单位组织开展效能监察，选题立项205项。结合蔡漳平案件，深入开展警示教育和主题教育。在全部A类公司和2家B类公司配备专职纪委书记。加大执纪审查力度，各级党组织管党治党意识进一步增强，党员干部作风明显好转。

回顾一年来的工作，有四个方面的突出特点：一是讲政治统领全局。集团各级党组织、广大党员干部牢固树立“四个意识”，坚持和加强党对国有企业的全面领导，自觉与党中央保持高度一致，国有企业的政治优势在济钢产能调整等重点工作中得到充分发挥。二是强设计谋后而动。从年初确定“跻身全国钢铁强企前列”三年发展方略，到系统设计钢铁产业做强做优做大、全面深化改革、多元产业发展路线图，实施新旧动能转换三年行动计划，规划建设魅力山钢宏伟蓝图，始终做到谋在先、动提速，战略引领发展的作用日益凸显。三是抓机遇踏准节奏。准确把握政策，科学研判市场，动态优化指标，精准制定措施。各子公司立足定位谋发展，发挥优势拓市场，钢铁等产业在高水平保持了连续稳定高效运行。集团抢抓机遇意识明显增强，经营绩效创出历史最好水平。四是勇担当深化改革。始终把责任和使命扛在肩上，勇于打破体制机制桎梏，改革效应开始显现。集团实现了由求生存向谋发展的重大转变。

成绩的取得，既有市场因素利好整体行业的原因，也有我们上下一心，努力奋进的原因，归根结底是因为我们能够始终坚定不移贯彻落实习近平总书记一系列重要讲话精神，贯彻落实党的十九大，全国、全省国有企业党建工作会议和省第十一次党代会精神；落实中央供给侧结构性改革政策和“三去一降一补”要求；落实省委省政府关于新旧动能转换重大部署；落实刘家义书记提出的山钢要发挥国有大型企业引领作用，在全省改革发展中走在前列的要求。“抓落实”成为企业既往工作取得突出成绩的制胜法宝。

同志们，在充分肯定成绩的同时，更要坚持问题导向，看到工作中存在的差距和不足：一是干部队伍在解放思想、转变观念方面存在不平衡。部分干部视野和站位不高，危机意识、使命意识、责任意识、担当意识、廉洁意识、风险意识有待增强，知识储备“偏科”、本领恐慌，破解复杂矛盾、解决棘手问题、化解重大风险的能力亟待提高。二是全面深化改革力度还不够大、步子还不够快，有些单位对市场化运营、契约化管理认识不全面、不到位，存在“契约化=高薪酬”的片面认识，将风险抵押设计为“普惠福利”，对风险利益捆绑、干部能上能下，特别是能下的认识不够。三是集团重大决策部署和重点工作推进普遍存在不平衡不充分问题。个别单位仅仅是落实在文件上、总结在材料里，其实文件和总结材料带有明显的“八股”味，是秘书的杰作而没有主要领导的思想；甚至有些单位对集团公司决策选择性执行甚至不执行；行动迟缓，效率低下，“等、看、慢、拖”现象依然以不同形式表现。四是集团盈利基础还不牢固，归母净利润仍然为负，实现利润主要来自于市场红利，内部改革管理提升动力不足，产业之间效益贡献构成不均衡，一旦市场价格出现较大调整，将对山钢再一次构成严峻挑战。五是协同作用发挥还不充分，部分单位没有跳出局部看整体、跳出山钢看山钢、跳出行业看行业，造成集团内部资源有序流动、外部资源有效整合存在诸多掣肘。问题还有很多，对于存在的问题，请大家高度重视，对号入座，对症下药，迅速纠正；集团公司办公室要强化督查督办，纪委要强化执纪问责，组织部要强化干部识别，综合施策强力推动问题解决，形成全员特别是在重要管理岗位上的每一个人都能“撸起袖子加油干”的良好局面。

二、2018 年面临的形势任务

中国“十三五”规划已经行至中局，决胜全面建成小康社会任务繁重。中央和全省经济工作会议召开，对当前国际国内形势做出科学研判，确定了未来宏观经济政策总基调和经济发展重点任务。2018 年全球经济复苏态势会得到延续，主要经济体需求逐步回升。我国经济社会发展进入新时代，中央坚持稳中求进的总基调没有变，供给侧结构性改革将持续深入。我省经济将继续保持平稳运行，特别是明年下半年开始稳中向好、好中有进的良好发展态势更加明显。

对山钢集团而言，2018 年是全面落实第一次党代会精神的开局之年，是实施新旧动能转换三年行动计划攻坚之年，是全面深化改革转型升级突破之年，是推进钢铁产业做强做优做大关键之年，决定着建设魅力山钢两步走战略能不能良好开局，决定着山钢集团“跻身全国钢铁强企前列”目标能不能如期实现。这一年，既有许多有利条件，也面临很多艰巨任务，机遇大于挑战。

站在谋发展的新起点上，信心更加坚定。经过近几年的改革发展，集团上下呈现全方位积极的变化：内生动能逐步培育，“造血”功能不断修复，盈利能力得到提升，抵御风险本领持续增强，企业开始积累发展基础、涵养发展后劲。集团第一次党代会指出，山钢已经站在由求生存到谋发展的新起点上，规划新未来、实现新跨越其时已至、其势已成。

站在新旧动能转换的新起点上，希望就在眼前。日照钢铁精品基地历经淬炼，一艘承载国家钢铁产业结构调整重任，承载山钢突出沿海梦想的巨轮，已经扬帆起航。莱芜区域“存量变革”与“增量崛起”并举，传统产业改造升级曙光展现。经历转型升级的阵痛，“四新”产业园汇聚的新产业将助力济钢浴火重生、凤凰涅槃。金融、信息、智能制造和钢结构装配式建筑等朝阳产业蓄势待发。希望在山钢升腾。

站在建设魅力山钢的新起点上，未来更加美好。集团第一次党代会吹响了建设魅力山钢的号角。全体干部职工正以饱满的热情、昂扬的斗志，以建设具有全球竞争力的世界一流企业为目标指引，以“四优四有”目标为方向，以强化领导力、创新力、协同力、凝聚力、文化力为手段，用我们勤劳的双手和聪明的智慧建成实力山钢、活力山钢、品质山钢、责任山钢、幸福山钢。

站在新起点，谋划新思路。今天的山钢，必须以更高的站位、更宽的视角、更大的格局、更坚定的决心、更坚强的定力谋篇布局。要站在促进国有资产保值增值、推动国有资本做强做优做大、培育具有全球竞争力的世界一流企业的高度，放眼未来，制定切实可行的措施，朝着既定目标奋进，推动改革发展焕发出新的强大生机活力。

2018 年工作的指导思想是：深入贯彻落实党的十九大和中央、全省经济工作会议精神，按照省委省政府决策和省国资委要求，紧紧围绕集团第一次党代会的部署，以建设魅力山钢为目标，聚焦精准落实、管理优化、竞争力提升，突出质量变革、效率变革、动力变革，着力培育绿色、智能、可持续比较优势，推动“新旧动能转换三年行动计划”稳步实施，努力实现更高质量发展，以永不懈怠的精神状态开创集团公司改革发展的新局面。

2018 年的主要任务目标：

（1）全集团实现营业收入总额 1357 亿元。

（2）各子公司实现“新旧动能转换三年行动计划”既定目标，并力争有更好的发展；莱芜区域升级改造、日照钢铁精品基地建设、济钢“四新”产业园等重点工程按节点推进。

（3）净资产收益率、资产负债率、资产证券化率比 2017 年显著改善。

（4）在企业效益增长前提下，职工收入整体水平稳步提升。

（5）实现安全生产六为“零”，环境保护全面达标。

三、2018 年的工作措施

全集团要聚焦“落实、优化、提升”，借势而为，乘势而上。全面落实 2015 年 12 月 5 日集团公司改革发展调度会以来历次会议的各项部署，落实要精准，抓铁有痕、踏石留印，确保改革发展工作的持续性、系统性、整体性、协同性；管理要优化，抓基础、补短板、控风险、提效率，不断取得改革发展工作新的突破；竞争力要提升，抓住关键性运营质量指标谋划设计；立足综合最优，拉长长板、补足短板；盯住行业先进水平和标杆企业，创新思路、奋力赶超。

（一）坚定不移把学习宣传贯彻党的十九大精神引向深入

学习宣传贯彻党的十九大精神重在学懂弄通做实。集团各级党组织要按照党中央和上级党委统一部署，深刻领会“新时代、新矛盾、新征程、新作为”的丰富内涵，把思想和行动统一到十九大精神上来，统一到十九大做出的各项决策部署上来。要采取多种形式，运用多种载体，推动学习宣传贯彻党的十九大精神往深里走、往实里做；广大干部职工切实用十九大精神武装头脑、指导工作、推动实践。

学习宣传贯彻党的十九大精神重在“接地气”。要与落实集团第一次党代会各项决策部署相结合，与集团公司所处的“由求生存到谋发展”的阶段性重点工作相结合，与 2018 年任务目标相结合，切实把学习习近平新时代中国特色社会主义思想的成果变成我们的具体行动和生动实践，使山钢集团成为贯彻新发展理念的重要力量。要在见实效上下工夫，增强新旧动能转换的定力毅力，拿出全面深化改革的勇气魄力，挂图作战、留痕管理、绩效跟踪、动真碰硬；谋在实处、干在实处、成在实处。

(二) 坚定不移培育绿色、智能、可持续比较优势

集团第一次党代会指出，山钢集团要走出一条绿色、智能、可持续发展的特色之路。特色之路，就是山钢比较优势之路，是山钢“立世之本”。

抓理念引领，塑造科学发展新优势。绿色、智能、可持续是我国经济高质量发展的要义之一，是中国钢铁工业转型升级的战略和路径，也是山钢集团履行国企使命、实现做强做优做大目标的迫切需要，对此全集团要有清醒的认识。要主动适应新情况、研究新问题、把握新特点、探索新规律，增强工作的前瞻性、主动性和决策的科学性、有效性，下好绿色智能转型的先手棋；要坚持世界眼光、国际标准、山钢特色，大力倡导绿色、智能、可持续的发展方式，努力打造有效供给，在绿色制造、智能制造、履行社会责任等方面在全省当标杆、做典范、走在前列。

抓源头设计，打出领先发展提前量。集团要牢牢把握“四新”，促“四化”，实现“四提”，以科技、智能、信息、数据等新生产要素为支撑，培育绿色智能发展新动能。在项目投资和科研立项方面，要优先论证和安排绿色、智能项目，正确引导各产业转型升级；12 月 26 日，山钢集团与阿里巴巴集团签署了合作协议，共同探索钢铁智能化转型新模式，要着力就应用阿里云的人工智能、云计算技术，在生产工艺优化、能耗降低、技术创新等方面的研究，加快集团私有云建设，挖掘信息化协同优势，提升信息化辅助战略决策应用水平；加快推进济钢“四新”产业园、环保新材料产业园等产业园区建设；坚持高起点谋划，积极参与日照钢铁配套产业园建设，为提高我省钢铁产业集约化发展质量，打造国家级新兴工业化示范基地、全国钢铁产业循环经济示范区、全国钢铁行业标准化示范园区做出积极贡献；莱芜区域要通过系统升级改造，优化工艺流程实现高效节能，提高材料性能实现提档升级，实现环保效益、经济效益双提升；加快发展和壮大装配式钢结构建筑产业，抓住国家大规模开发装配式建筑的机遇，参与建筑全产业链绿色供给行动，建设国家级钢结构住宅产业化基地；耐材公司要抓住“搬迁入园”的有利契机，高起点、高标准规划设计，提高装备自动化、智能化水平，生产具有国际竞争力的绿色耐材。

抓动态优化，打造持续发展驱动力。各产业既要从当前区域环境承载力和环境容量出发，更要充分考虑环保政策加严、产能置换要求加严、资源约束增强后的企业发展空间问题；既要注重当前产线改造、劳动生产率提升，更要着眼长远，研究“互联网+先进制造业”的融合发展。钢铁产业要着力研究实施产品全生命周期绿色管理，开发绿色产品、建设绿色工厂，打造全供应链的高效、清洁、循环、发展绿色制造体系。我国钢铁行业智能制造正在由本企业的信息化向产业链信息化延伸，正在建设“创新驱动、产销一体、管理衔接、三流同步”的管理模式，从规模化生产转向定制化生产，产业的业态也从生产型向服务型转变。山钢集团要跟紧大势，探索建立绿色制造、智能制造模式，将物联网、大数据、人工智能等应用于生产全流程。山信软件着力建设智能化生产制造支持体系，在智慧产线、无人料场、无人库房、工业机器人等方面形成可示范、可推广的解决方案。山钢股份两条产线作为智能制造的示范，加速推进。加快推动莱芜区域传统动能改造项目落地，实现装备现代化、布局合理化、管理信息化、制造智能化，打造传统产业改造升级示范工程，成为国内重要的结构钢和特殊钢生产基地、

质量效益型工厂典范。日照钢铁精品基地一期一步边生产、边消缺、边改进、边提升；一期二步借鉴消化吸收一期一步成果，把日照公司在全国范围内的后发优势发挥到极致，在绿色制造、智能制造方面率先在全省、全国当标杆、做典范。永锋淄博要尽快完成电炉置换，实现装备结构、产品结构、环保水平升级。

推动商业模式持续创新。各子公司根据自身行业特点，以满足用户、满足市场需求，为客户创造增值为目标，以绿色、智能产品为要素，探索适应不同客户要求的，能够形成不可替代竞争优势的商业模式。例如，以资本为纽带的上下游产业链联合、先期参与用户需求方案研发和提供个性化服务联动、线上电商平台+线下运营销售结合等。研究、推动集团公司国际化战略形成和实施。

（三）坚定不移全面深化改革

改革是发展的不竭动力源泉，任何时候都必须做到势头不弱、力度不减。集团公司党委高度重视改革，近两年来，强化顶层设计，在战略规划、运营管理、生产经营、绩效考核、资产优化、人力资源等方面采取一系列措施，以往想改不能改、想动而不敢动的重大举措相继出台，取得了很好的效果。继续全面深化改革，凝聚全集团干部职工的共同意志，各单位、各层级要拿出壮士断腕的心劲、愚公移山的韧劲，突破性地做好改革各项工作；一把手主要任务是抓改革，面对困难和任务，多当“主攻手”，少当“二传手”。

深化产权制度改革。推进混合所有制改革是十八届三中全会确定的国有企业改革的任务，要总结“混改使困难国企焕发生机”的永锋淄博经验；日照公司、山东耐材等单位混改工作要尽快落地；济钢要把存续子公司和新培育产业项目推进混改作为生存之道，这是由我们的产业特点所决定的；淄博张钢要在集团公司的支持下，靠二次混改下出一盘“活棋”；地产等产业公司要探索研究符合自身行业特点的混改或员工参与产权制度改革的路径；探索在莱钢集团层面引入战略投资者。各子公司要按照“四个有利于”的原则，主动出击，积极吸引社会资本，积极研究适合本企业实际、以管理和技术等关键岗位人员为主的员工持股方案，探索期权、模拟期权等有效激励方式，在全集团各个层面形成职工与企业风险共担、发展利益共享的运行机制。

深化三项制度改革。改革能不能赢得理解和支持，能不能形成干部职工想改革、盼改革的浓厚氛围，关键看改革是不是真正聚焦于人，能不能动真碰硬，是不是确有实效，让大家看到希望。2018 年上半年要全面完成管理岗位从职级管理到层级管理的转换。市场化选聘、契约化管理要再深化、再完善、再提升，提倡百花齐放。各子公司要充分引入竞争机制，建立与市场化要求相适应的用人制度、分配制度。2018 年，在二级子公司试点自主组阁；各子公司要在法人治理结构健全的权属企业推行高管人员契约化管理；在山钢研究院试点岗位管理。要通过市场化的管理手段，在全集团实现干部“能上难下”到“能上好下”的转变，让下成为一种常态，通过下实现更好的上。

深化全面预算改革。全面预算是工作预算、改革预算、管理预算，要突出集团主导、发展主导、使命主导，按照三年行动计划要求，“锁定”预算目标倒逼分解。要严控向亏损企业“输血”，让资金更多流向创效高地。研究税收筹划工作，降低生产经营成本，依法依规提升企业权益。

深化绩效考核改革。2018 年绩效考核要更加突出市场导向，更加突出效益效率，更加突出跑赢大盘，更加突出一企一策，着力设计出一套科学稳定、可以连续几年基本不变的考核方案，建立市场化、契约化、强激励、硬约束的绩效考核与薪酬管理体系。基本思路是坚持三年行动计划、年度预算计划和考核目标三位一体，聚焦净资产收益率和归属母公司净利润，实行纵向对比和横向对标，全年薪酬上不封顶，负责人薪酬向下最低可以到当地最低工资标准；所有管理人员都要意识到，管理岗位是高风险岗位。健全约束机制，强化风险防控，瞄准经营性净现金流、四项资金占用、资产负债率、资金集中度等经营质量性指标，实行只扣不奖。探索各子公司有息负债“天花板”制度。下放市场化选聘、契约化管理试点单位经理层考核权限。对部分单位探索实施“底薪+提成”的绩效考核和薪酬分配模式，多创多得。注重关键人员考核激励，组织部/人力资源部牵头研究完成“企业家”队伍、科技人员、营销人员绩效评价体系，精准评价这三类人员在企业改革发展中的贡献，为深度改革、推行完全市场化奠定基础。通过激励约束机制的建立，全集团实现由被动“接”指标向主动“担”指标转变、由“发工资”向“挣工资”转变、由“鞭打快牛”向“激励快牛”“淘汰慢牛”转变，营造干有舞台、干有环境、干有实惠的干事创业环境。

（四）坚定不移实现归属母公司权益稳步增长

山钢集团之所以成为国有企业，是因为国有资本在集团资产构成中居于支配地位。但集团长期以来出现国有资本增长速度远远慢于其他资本增长速度甚至负增长的现象，已经危及集团公司作为国有企业的定位，因此集团公司各个业务单元一切管理工作、一切经营工作必须聚焦有利于归属于母公司权益的稳定增长。要依靠经营绩效提升，做好“加法”；依靠亏损企业治理、“僵尸”企业处置，做好“减法”；依靠资产证券化，做好“乘法”。实施“产业经营+资本运营”双轮驱动，形成有形资产经营和无形资本运营两种经营形态并重的态势。

牢记总书记对国有企业的政治定位和建设具有全球竞争力的一流企业的嘱托，牢记做强做优做大国有资本的使命，实现企业强起来，优起来。强要有强的表现，优要有优的标准。“强”表现在两个方面：一是主业盈利能力、支撑能力强；二是国有资本增值能力强。“优”的标志有两个：一是绿色、智能、可持续的比较优势建立；二是更加有活力的多元主打、耦合共生的产业生态的形成。“做强做优”是“做大”的基础和条件。

做好“加法”，持续提升集团公司的盈利能力。2018 年要继续抓住良好市场机遇，围绕各产业盈利能力持续提升，全面做好深化改革、深度动态对标和提升劳动生产率工作。山钢集团不能“靠天”吃饭，都要直面并着力研究回答“如果市场回归到只允许吨钢平均盈利 100~200 元的常态时，我们怎么样”的命题。

做好“减法”，改善资产质量，减轻企业负担。亏损企业要积极盘活存量、拿出行之有效的措施，对低效无效、在扭亏边缘“摇摆”的企业，该关的关、该停的停、该转的转。要深入推进“僵尸”企业常态化处置工作，建立制度，按照省国资委的标准建立“僵尸”企业动态清单，随出随清。对资产体量小、盈利能力弱、对集团贡献低的“僵化”企业也要及时清理。

做好“乘法”，在资产证券化方面取得突破性进展。做强做优做大国有资本，应对重大风险挑战，迫切需要山钢集团加快推进资产证券化。要充分利用集团上市公司平台，整合内外部优质资源，做大

“蛋糕”。钢铁产业是集团立业之本，山钢股份是钢铁产业资产证券化的运作平台，要积极推进主业整体上市工作，要着力研究优质资产注入、股权融资和合理的债务杠杆，做大资产和市值规模；金岭矿业要积极研究塞矿、彭集项目与自身业务结合点，寻求并购国内矿产资源，大力开发新产业，实现国有股权价值最大化；鲁银投资把握“正本清源、回归投资主业”的战略定位，“腾笼换鸟”，推动公司金融资本运营体制机制的改革。推动山信软件等单位创造在新三板和区域性股权交易市场挂牌或在主板上市的条件。各子公司都要树立资产证券化思维，优化上市公司持股比例，研究资产证券化途径，通过独立上市、资产注入、资产置换等方式，推进资产证券化。

资本是稀缺资源，要研究资本使用效率，要让资本有更高的产出，要优化全集团资本与资产配置。全集团面临较大的历史遗留问题，风险需要化解，要永远记住：化解风险的最佳方式是让资本“跑”得更快。

（五）坚定不移推进内外部协同

要加强协同管理，统筹内外部资源，在对外拓展市场、获取资源等方面形成合力，要与更高水平的企业合作，与更高水平团队交流，在协作中学习借鉴提升。加快推进内部协同，全面推进集团产业生态建设，构建“集团推动、产业互动、全面流动”的内部协同机制，在市场化前提下，确保集团“流动有效资源、盘活闲置资源、共享所有资源”，最大限度地发挥全集团内部资源的协同作用。

内部市场是稀缺资源，产业协同大有作为。宝武集团、中国五矿、海尔集团等企业早已研究、建成了内部产业协同平台；如宝武集团产业协同系统建设较早，形成了一套完整的产业协同管理体系，将集团内外部采购业务全部纳入系统监管，实现了多产业协同高效管理。我们过去很长一段时间只强调市场化，忽略了内部协同，以耐材、钢结构用钢为例，集团内部市场占比不足8%。为此集团公司要建设产业协同信息管理平台，实现内部信息交互，充分挖掘协同点价值。要坚持市场标准、合法合规、权责对等，保护内部市场但决不保护落后，内部协同不能成为变相输血。要完善产业协同机制，突出“阳光协同”，通过完善招投标平台，公开招投标程序，实现“线上”“线下”管理闭环。要突出强力约束，研究建立双向评价体系和监管激励机制，对协同过程中出现的问题要及时分析研究。新事物肯定面临新问题。不能因为有问题而停步，更不能因有问题而借题发挥，更不允许没有问题制造问题。对不顾全大局甚至营私舞弊的，坚决追责问责。在这个问题上，特别注意反对官僚主义。要深入基层调查研究摸实情。2018年以耐材、钢材、机械加工产品等业务为重点，加大集团产业协同的力度和深度，一季度就要出成果。

（六）坚定不移实施科技创新驱动

发挥科技创新的引领支撑作用，才能助推企业实现有质量、有效益、可持续的发展。

坚持战略导向，重塑科技创新体系。集团公司科技创新规划已经发布，山东钢铁集团有限公司研究院已经揭牌，重塑科技创新体系迈出实质性步伐。要进一步贯彻落实“人才驱动，协同创新，智赢市场”的科技创新战略，理清思路，理顺机制，形成共识，坚决防止做“夹生饭”。加快推动增长动力向创新驱动转变，努力突破制约产业优化升级的共性、关键核心技术，推进产品品种与质量的提升，不断增强企业核心竞争力和可持续发展能力。2018年，科技投入占主营业务收入比例力争达到1%。

坚持市场导向，重视科技成果转化。坚持把科技创新成果的转化作为企业科技创新的重点，打通研发（R&D）和工程、服务（ES）通道，把科技创新和产业升级紧密联合；打通“产销学研用”通道，提高科技成果向市场转化的效率；集团已对明年422项科技创新项目进行初步研究，提出集团重点关注的A类项目44项。研究院要统筹调度，快速开展工作。坚持把绿色化、智能化作为科技创新的主战场，围绕核心指标、关键技术开展攻关，形成独具特色的解决方案；塞矿二期可研作为2018年科技创新的重中之重，意义重大，要集结力量，科学调度，抓紧突破，尽快结题。各子公司要重视科技创新工作对企业长远发展能力的作用，主动跟踪各产业行业前沿技术、着力解决困扰自身发展的核心技术，进一步提升原创技术的研发能力，持续增加科技积累，实现山钢科技创新的可持续性。

坚持人才导向，深入实施高地策略。山钢集团科技人才总量不少，但科技成果水平不高，其根本原因是缺乏高层次科技人才，尤其缺乏科技领军人才和骨干，这与山钢规模和地位不相适应，需加快创新型人才培养和引进。透过现象看本质，根子还是在机制。要树立“人才是第一资源”和“人才驱动创新”的理念，立足集团内部培育和着眼全球引进高端人才，重视能人“虹吸效应”“集群效应”，为企业提供有力的人才保障；要创新体制机制，探索更加灵活的课题合作制，尝试“底薪+课题效益贡献提成”的模式，充分调动科技人员的积极性；要优化服务环境，筑巢引凤、开门搞科研，建立更加灵活的引进、培养、使用、退出机制。山钢研究院要先行先试，成为引进高端科研人才的基地。各子公司要不等不靠，研究机制调动和挖掘科技人员潜力。全集团要形成尊重知识、尊重创造、尊重人才的良好环境，构建多层次、多渠道、全方位驱动科技创新工作的崭新格局。

（七）坚定不移防控风险

2018年，集团“排雷”任务依然艰巨，要按照“压缩存量、严控增量、提升质量”的风险防控要求，继续做好历史遗留问题的化解，严控新增风险。重大法律纠纷督导推进组要加紧督导调度，妥善处理化解，取得扎实进展。建立专项诊治制度，将管理短板区、风险高发区、隐患集中区、新产业板块列为重点防控对象，组织专项防控；根据实际需要推行法律风险体检、重大风险预警等专项工作，消除风险隐患，遏制新增风险。

要盯住重点领域、关键领域、重大风险领域，强化专项审计。围绕资金管理、生产经营、营销等重要环节，对各产业公司经济合同、薪酬分配、关联交易等重要经济活动进行专项审计，深入查找企业内部管理控制的关键点和薄弱点，从源头上堵塞管理漏洞，提升企业重要资源配置效率和风险防范能力。

要通过实践逐步完善大监督体系，充分发挥各监督主体整体优势，提高监督效率。加快推进巡察全覆盖，具备条件的二级单位要自主开展巡察，巡察不能流于形式，要真发现问题，发现真问题。例如反对“四风”方面，在有些人身上表现出来的不是“四风”反弹，而是根本就没反“四风”。强化巡察整改，力争从体制机制上推进解决一批根本性、全局性的问题。积极推进监督成果转化，在选人用人、绩效考核等领域广泛应用。重点围绕集团内部协同发展、资产处置、资本运营等事项开展效能监察。进一步健全责任追究体系，助推集团各项改革举措落实落地。

2018年，污染防治是中央三大攻坚战

之一。企业转型，当赶时机，环保督察成为常态，环保监管力度进一步加大，环境保护税法正式实施，这对集团来说，是重大挑战，更是重大机遇、重大利好。各子公司，尤其是实业公司，必须主动打好污染防治主动仗，借力环保实现转型加速。安全、能耗、质量、技术等，也都成为企业生存发展的红线。各子公司要系统思考，按照安全生产红线、生态保护红线、环境质量底线的管控要求，坚决做到不越红线、坚守底线。

全集团都要发挥主观能动性，重视和谐环境的创造。加强与省委省政府和上级部门机构的联系，及时把集团的发展情况、利益诉求传递上去，争取上级指导和支持；加强与省市财政对接、金融机构协调沟通，确保财政专项资金及时到位，增加银行授信，拓展境外发债渠道；加强与战略客户协同配合，推进战略互信；加强与地方政府协调合作，各子公司形成企业效益与区域经济融合共进的发展格局。牢固树立“为民情怀、职工福祉”的理念，启动和谐幸福新山钢规划，切实提升职工的归属感、幸福感、获得感；山钢一家人，一家人就要一起加油一起负责一起拼，一起在共建魅力山钢征程中共享发展成果，在全集团形成人心思进、干事创业、和谐稳定的良好局面。

同志们，风劲潮涌，自当扬帆破浪；任重道远，更需策马加鞭。充满希望的2018年正朝气蓬勃地走来，站在新起点的山钢迎来了重要的战略机遇期。让我们高举习近平新时代中国特色社会主义思想伟大旗帜，在集团公司第一次党代会精神指引下，以只争朝夕的精神、改革创新的勇气、奋发进取的姿态，抢抓机遇，乘势而上，为开创建设魅力山钢新局面努力奋斗！

在集团公司加快新旧动能转换工作推进暨“大学习、大调研、大改进”动员部署会议上的讲话

党委副书记、总经理　陶登奎

（2018年3月30日）

新旧动能转换和“大学习、大调研、大改进”工作是当前省委、省政府安排的两项重点工作。落实好省委、省政府的部署要求，是山钢集团首要的政治任务，也是转型升级、推动发展、建设高素质干部队伍的内在要求。今天把两项工作一并动员部署，就是希望大家做好结合、融合的文章，做到两项工作相互促进、相得益彰、齐头并进，推动集团公司各项事业蓬勃发展。

2月22日，全省召开全面展开新旧动能转换重大工程动员大会，指出，建设新旧动能转换综合试验区，是党中央交给我省的重大政治责任和必须完成的重大政治任务，是山东发展的重大历史机遇；必须用好综合试验区“金字招牌”，再造山东创新发展的新优势。紧接着，省国资委、省发展改革委相继召开誓师大会，研究部署贯彻落实意见，强调全面投身新旧动能转换重大工程、积极参与综合试验区建设，既是省属企业义不容辞的重大政治责任，也是做强做优做大国有资本、提高国有企业竞争力的重大发展机遇。集团公司高度重视新旧动能转换综合试验区建设，从

2017年上半年开始，密切跟踪我省新旧动能转换工作研究，将集团公司的主要工作和山东省新旧动能转换主动对接。集团领导第一时间组织学习会议精神、研讨相关文件，党委书记、董事长侯军同志在参加十三届全国人大一次会议前，专门就这项工作做了安排。2月27日，集团公司对总部各部门落实新旧动能转换做了工作调度，进一步明确主攻方向；随后，有关单位、总部有关部门迅速跟进，组织不同产业、不同层次、不同区域、不同岗位职工代表参加座谈会，开门纳谏，问计职工。集团公司领导还分别带队对所有二级单位开展集中调研，督导落实，摸清实底，进一步统一思想，提高对新旧动能转换的认识。侯董事长在北京开会期间，对今天的会议及相关工作也做出专门批示。这充分说明，集团公司上下干事创业的心劲儿和精神状态非常好，对新旧动能转换工作高度关注，这为山钢集团主动融入试验区建设、走在新旧动能转换前列、争当省新旧动能转换先锋和标兵奠定了坚实的基础。

刚才，侯董事长做了重要讲话，围绕新旧动能转换和“大学习、大调研、大改进”向全集团发出了动员令，特别是聚焦新旧动能转换，深刻阐释了我们面临的形势任务、需要破解的难题和亟待采取的举措，通篇贯穿两会精神、结合山钢实际，非常有科学性、针对性、有效性。这是集团公司抢抓重大机遇，加快新旧动能转换的指导性文件，各单位、各部门要通过多种形式，认真传达贯彻，层层组织学习，坚决把董事长的要求贯穿到工作的全过程，落实到具体行动中，进一步统一思想、统一认识、统一行动，推动各项工作实现新的突破。下面，就会议精神贯彻落实，谈几点意见。

一、聚焦抢抓机遇，抓落实见实效

全集团必须充分认识新旧动能转换重大工程的重要意义，聚焦再聚焦，在思想上来一场大触动、大洗礼、大变革。要有清醒的认识。什么是腾笼换鸟？“腾笼”和“换鸟”是一个辩证统一的关系，既要综合认识，也要区分理解。“腾笼”有两层含义，一种是被“腾笼”，受环保、安全、资源、技术等要素的影响，不得不腾出空间，也就是说被动转型；一种是主动“腾笼”，通过内部优化，苦练内功，产业转移，拓展市场做大“蛋糕”，为自身产业调换出发展空间，也就是实现主动转型。“换鸟”也有两层含义，一层是转换，动能转换实现转型升级，把原来不适应环境的“笨鸟”“丑鸟”，换成吃粮少、产蛋多的“俊鸟”“靓鸟”；一层是换掉，优胜劣汰，成为市场坚决淘汰的“落后者”。山钢发展路径已经很明确，就是习总书记讲的“腾笼换鸟、凤凰涅槃”，就是新旧动能转换。所以，要站在讲政治的高度，切实增强机遇意识。谁认识机遇早、谁顺应机遇快、谁把握机遇态度坚定行动果敢，谁就能把握主动，争得先机。新旧动能转换就是山钢集团发展的重大机遇，抓住了就能“脱胎换骨”。全集团必须把机遇牢牢抓在手上，增强加快动能转换的责任感、使命感和紧迫感。适应全省新旧动能转换要求，沿着三年行动计划这条轴线，主动对表山东省新旧动能转换实施规划，研究政策，抢抓机遇，抢得先机，抢占制高点。这是一个横跨十年、持续释放动能的大工程，山钢必须深度融入、从中作为、从中受益，实现新的发展。切实增强率先意识。按照省委、省政府要求，省发展改革委与冶金工业规划研究院正在组织全省先进钢铁制造产业基地的调研。山钢集团作为全省最大的钢铁企业，必须自觉站在全省钢铁产业和集团事业发展全局的高度，把近期需求和长远发展相结合，统筹考虑全国钢铁产业布局，谋划全省钢铁产业优化布局。这是山钢当前工作的重中之重，是对山东钢铁产业负责任的态度，也是山钢义不容辞的责任。战略发展部要牵头做好与调研组的对接，精准了解工作进展，主动深度融入发展规划编制，为山东省新旧动能转换和实现走在前列目标做出山钢的贡献。经过一年多的努力，集团公司在省新旧动能转换中已经取得了先机。刘家义书记到山东后，2017年4月28日提出新旧动能转换，集团公司就一直紧紧盯着。8月17日，刘家义书记到日照公司调研，表示要搞化工和钢铁两个基地。最近，针对钢铁基地规划建设，我们又提出六条建议，一是全省一张图，打破区域界限；二是推进战略兼并重组，打破所有制界限；三是全省统一政策，利于协调补偿机制；四是体现走在全国前列，主要是环保、能耗、安全等工作；五是要有标志，以基地为抓手；六是设立时间表，一年推进重组，两年规划落地，五年实施到位。工作必须积极主动，想在前头、谋在前头，而不能一味被动等待。国家规划全国钢铁企业要搞3~4家8000万吨级，4~6家4000万吨级。山钢集团产能必须跻身4000万吨以上。要高度重视信息报送，深度挖掘新旧动能转换中集团公司涌现出的先进典型、先进经验，及时上报省委省政府、省国资委，展示山钢作为、山钢形象。切实增强担当意识。新旧动能转换，山钢集团没有局外人。集团公司多元主打，各产业都要提高主业意识，调动一切积极因素，全员共担发展重任，引导全体干部职工踊跃投入新旧动能火热的实践。要强化组织领导，紧密结合实际谋深谋细谋实，集团公司《新旧动能转换实施方案》和《专项考核办法》要尽快配套下发。要创新工作思路，对事关山钢发展的战略问题探索实行项目制，让能人站前排、攻难关。要认真研究集团公司编印的《新旧动能转换材料汇编》和即将下发的两个文件，学思践悟，融会贯通，推动各项工作不断深入、不断延展、不断提升。

二、聚焦高质量发展，抓落实见实效

全国两会期间，习近平总书记六下代表团，发表了重要讲话。尤其是3月7日在参加广东代表团审议时提出的“发展是第一要务、人才是第一资源、创新是第一动力”，3月8日在山东代表团提出的“心无旁骛攻主业。交叉混业也是为了相得益彰发展主业，而不能投机趋利”对我们有很强的指导意义。我们必须抓住这些核心要义，融入具体实践，推动集团公司实现高质量发展。

要紧紧依靠山东省新旧动能转换这个独特优势，突破瓶颈，实现集团公司规模、效益、质量、动能、效率等要素在行业中的直道加速、直道超车。新旧动能转换在山钢落地，我们要研究山钢的切入点，研究要干哪几个事？我认为切入点有六个方面，点一点题目，抛砖引玉，大家对号入座，领回去认真思考。一是济钢成功转型。上周听济钢关于“四新”产业园汇报时，我们认真梳理了一下，济钢现在重点是四件事：现有产业健康发展以及资产怎样尽快处理；“四新”产业园怎样高起点建设、高水平建好；现铁路线以南的区域怎样挖掘价值；济钢的发展如何与地方规划高度契合。济钢发展大有文章可做，要换位思考，明白政府干什么、老百姓要什么，在格局、站位、胸怀、知识、能力、人才、创新等方面适应要求。二是绿色智能、高效高端。我们最近跟冶金工业规划研究院和省发展改革委、省经信委达成基本共识，全省钢铁产业转型升级，必须严格环保标准。莱芜区域的环保水平要努力达到日照公司的环保水平。三是服从服务全省先进钢铁基地规划建设。山钢要有开放包容的胸怀，发挥业务优势、人才优势、技术优势、管理优势，积极参与基地规划建设。我们不追求绝对控股，只求国有资本的控制力。四是围绕高铁、核电、船舶、海洋工程和经略海洋、美丽乡村“齐鲁样板”提供高端产品。五是以擅长的冶金行业为主，培育大数据、人工智能、绿色钢结构建筑新动能、掘金文化创意、现代金融。六是新旧动能转换最根本的动能是创新、改革、开放。大家可以拓宽思路，继续展开，寻找更多更有力的切入点，让新旧动能转换在山钢落地。点几项具体工作，济钢集团必须解放思想，以我为主，不等不靠，依托新旧动能转换和济南市先行区规划，大踏步推进“四新”产业园建设，项目成熟一个、落地一个、酝酿一个、培育一个，形成园区产业集群和产城融合的良好建设生态；莱芜区域要坚持存量变革与增量崛起并举，钢铁单元着眼长久竞争力，加快推进项目快速落地；钢结构建筑产业借势国家大力推行装配式住宅产业化良机，积极拓展市场空间，实现产业破题。日照钢铁精品基地时间价值很重要，一期一步要把后发优势发挥到极致，提高效率，实现大投入后的大产出；一期二步要加快建设，按照时间节点，倒排工期，挂图作战，稳妥推进，确保明年一季度一期工程全面投产并转入全面生产经营阶段。同时和战略发展部一起研究先进钢铁制造基地建设，紧锣密鼓地筹备二期建设，并谋划长远。要瞄准资产证券化率提升，盘活存量资产，提升上市公司的质量和公司内在价值。支持中泰证券尽快上市。推动实现钢铁主业整体上市，从体制上搞活钢铁板块，这是具有历史性意义的课题。两个目标都要实现：一是钢铁主业整体上市，二是改变国有股“一股独大”的问题，形成有效制衡的公司治理结构。要开展深度动态对标，建立覆盖各产业各业务领域、分层级、全方位的对标体系。对标要实，选择行业真正的标杆当标兵。最近集团公司要对各二级单位负责人的考核做出重大调整，重要的是突出效益为核心，突出和同行业中先进企业对标。要下狠劲处置“僵尸”企业、治理亏损企业，动态评价，随出随清，持续改善资产质量，减轻企业负担，让资源流向创效的高地。持续三年亏损的企业直接列为“僵尸”企业进行处置，这是上级文件明确要求的。各二级单位要查一查，资本运营部、财务部要做好相关工作。绝不能给“僵尸”企业输血，给“僵尸”企业输血是典型的国有资产流失，是要承担责任的。要推动混合所有制改革，调动各类资本主体的积极性，建立以管资本为主的市场化、有活力的体制机制。发展是第一要务，对山钢来说更为重要。全集团要把良好的势头持续保持下去，推动企业在高质量发展的道路上步步为营、行稳致远。

三、聚焦深化改革，抓落实见实效

前段时间，审计部门开展一次调查，关于集团公司管控环境，有一组数据，我给大家讲一讲。80%的被调查者认为公司治理结构某些方面与集团发展战略不相适应，还需要进一步优化提升；65%的被调查者认为集团总部与权属单位责权利分配尚不明确，需要进一步做好顶层设计；77%的被调查者认为各产业公司对集团公司的依赖性较强，责任定位不明确，急需建立各产业公司之间的协同体系；68%的被调查者认为“三定”使组织效率得到优化提升，人员素质改善明显，但在某些方面还没有达到预期目标，需要进一步总结提升。这是改革过程中的阵痛。集团公司实现从求生存到谋发展的跨越靠的是改革，立足当前提质增效、加快转型升级还是要靠改革，着眼长远建设魅力山钢、推动企业高质量发展仍然要靠改革。集团公司任何时候都要树立改革的思维。作为国有资本投资公司，要更加聚焦主要职能、更加注重资产质量、更加注重资本回报、更加注重内涵发展、更加注重资本优化配置。概括起来，就是十七个字：简政放权、开放搞活、绩效导向、市场化原则。顶层设计由集团公司主导，要站位高、境界高、视野宽、胸怀广。要推动二级公司实体化，赋予他们更多的自主权，充分激发二级公司的动力、释放活力，着力解决“基层嫌上头管得宽，上头怪基层不担当”“大家感觉都很累，效果却不好”的问题。要建立权力清单和责任清单，集团公司该放的放到位，各二级公司该衔接的衔接好，只要有利于生产力的发展，集团公司能放尽放，着力解决流程化效率不高的问题。比如在这次集中调研中，有些单位反映的问题都是老问题。之所以“老生常谈”，主要原因是工作界面没有理清，管理出现了缺位、空档。各二级公司也要探索授权经营，调动各层的积极性主动性。二级公司向下授权一定要把风险防控放在首位，绝对不能出问题。要把放活、管好、服务有机结合起来，既做好“切割”，又做好“聚合”，发挥更好的高效服务作用。对于需要管控的工作，要向政府“首问负责制”“最多跑一次”看齐，提高办事效率、提高服务质量。同时纪委/巡察办加大失职追责的力度。要杜绝个别公司为推卸责任，本该自己决定的事项而层层向上请示的现象。要突出绩效导向。集团公司着手对权属公司主要负责人考核标准做进一步完善和修改，抓住“关键少数”，提高考核评价的科学性、导向性、有效性。这个考核模式打破了以往传统，是一项重大改革。新的考核模式始终是绩效导向，将从多个维度进行评价，但核心主线只有一个，就是责任贡献。责任就是管了多少国有净资产，贡献就是资本保值增值率，同时要考虑风险不能出问题，出了问题怎么办。有些公司要考虑发展指数，不能小富即安。要对标行业水平，还要跑赢大盘。我们在研究主要负责人考核改革的时候，也在思考为子公司工资总额的控制放权做准备。要着手研究约束机制和运行规则，不能出现“公司亏损还发文件涨工资”“效益下滑人工成本却继续上升”等情况。要探索建立以绩效为鲜明特征的组织考核导向，让那些“不犯错也没有大作为”的干部腾出空子、挪出位子，引导各权属公司和领导干部集中精力、聚精会神开展工作。这项超前谋划的工作，也契合3月28日中央全面深化改革委员会第一次会议精神，“改革国有企业工资决定机制，要坚持建立中国特色现代国有企业制度改革方向，建立健全同劳动力市场基本适应、同国有企业经济效益和劳动生产率挂钩的工资决定和正常增长机制，完善国有企业工资分配监管体制，充分调动国有企业职工的积极性、主动性、创造性。”最近中办国办联合发了两个文件，一个是提高高技能人才收入，另一个是提高科技创新人才收入。人力资源部要下发制度性文件，各单位抓好落实。要坚持市场化原则。始终用市场化的思维、市场化的手段、市场化的改革、市场化的标准去检验和评判工作。特别是要通过市场化的管理手段，进一步深化三项制度改革，让“下”成为一种常态。在人的管理上，尤其是领导干部的管理上，因循守旧、四平八稳不行，明哲保身、瞻前顾后不行，必须敢于在“平静的湖面上”抛石头、抛大石头。继续推进市场化改革。山钢自身发展和近两年的实践已充分证明，市场化改革是最大的红利，是企业发展进步的活力之源，必须一以贯之。

四、聚焦绿色智能可持续，抓落实见实效

随着国家对自然资源、生态环保的高

度重视和科技创新的日新月异，钢铁企业传统的生产方式已经没有腾挪的空间。集团公司第一次党代会和今年年度工作会，提出坚定不移地走绿色智能可持续发展之路。这是山钢的生存之路、立世之本，也是比较优势之路。要加快重塑科技创新体系的步伐。刘家义书记有一段讲话强调，“产业变革与区域经济崛起息息相关，每一次科技革命，都改写了世界经济版图和政治布局。世界经济中心几度转移，其中一条清晰的脉络就是，科技一直是支撑经济中心地位的强大力量。”科技创新部/山钢研究院、工业职业学院等要尽快集聚智慧，壮大力量，释放优势。省科技厅最近出台了“创新 31 条”支持新旧动能转换，要认真研究，做好上下对接、上下联动。要加快战略合作成果的落地，集团公司与阿里巴巴集团、浪潮集团、东北大学、北京科技大学、山东重工等分别签署了战略合作协议，战略发展部、人力资源部、科技创新部牵头抓好协议内容的落地。不能“水过地皮湿”，不能签协议时“热热闹闹、轰轰烈烈”，落地实施时“束之高阁、悄无声息”。战略发展部、科技创新部要经常调度、定期评价。科技创新部要充分挖掘高校资源，借智借力，为我所用；战略发展部、科技创新部要做好战略合作协议、院士工作站、博士后工作站的管理，指定责任人和责任部门、细化分解任务。要依托山东省工业互联网产业联盟，推动新旧动能转换，为集团公司数字化、网络化、智能化建设提供支撑。科技创新无问西东，要充分优化和利用好这些资源，嫁接优势，跨界融合，孕育形成山钢自己的特色。日照钢铁精品基地要成为绿色智能的典范，打造全国钢铁产业循环经济示范区；莱芜分公司要着眼长远，借势而为，打造传统产业改造升级示范工程。要抓好《宽厚板智能轧制数字化车间试点示范项目》《2050 热轧智能制造试点示范项目》的智能化建设，打造国内一流智能轧制数字化车间。率先模仿也是创新，先干起来再说。全集团要坚定不移围绕绿色智能可持续的发展战略，努力打造有效供给，在绿色制造、智能制造、履行社会责任等方面走在全省前列，当标杆、做表率。

五、聚焦风险防控，抓落实见实效

截至目前，集团公司所有历史遗留问题已经梳理清楚，也全部揭开了盖子。虽然困难很大、危机很多，但可以负责任地讲，集团有智慧有能力拨云见日。只要我们保持良好的发展势头，相对的风险就会下降，解决风险的手段和空间也会极大丰富和拓展。2017 年以来，我们陆续化解了一批制约发展的现实难题和潜在风险。一些“难啃的硬骨头”也正在逐步消化。集团公司已痛下决心，将以零容忍的态度防控风险，决不允许“摁下葫芦起来瓢”。审计部、财务部、纪委一定要工作到位，有问题尽快发现，更不允许出现风险后瞒报、不报。希望各单位各部门要加强风险防控，重点防控好战略决策、管理、资金、法律诉讼等方面的风险，坚决遏制新增风险。

要按照董事长提出的旗帜鲜明反对硬腐败、态度坚决反对软腐败的要求，抓好巡察，强化问责。要动员和发动群众、重视和依靠群众，挖出欲壑难填、贪爪不收的“硕鼠”，查处侵害职工群众利益的“苍蝇”“蚊子”，清除侵蚀企业利益的“蚂蝗”，形成围歼腐败的汪洋大海。按照《关于在新旧动能转换工作中强化监督执纪问责工作方案》，紧紧咬住“责任”、强化“问责”，引导职工真干事、干真事、干成事。

一季度即将过去，宏观经济运行态势

没有超出我们判断的区间，大环境持续优化，集团公司实现了良好开局。全集团现在的态势可以用三句话表述：历史遗留问题充分暴露正有序解决；新旧动能转换成为发展的重大机遇；生产经营积极主动步入良性轨道。具体的财务数据、利润构成、行业对标等不再一一展开。希望大家更多地看清问题困难、差距挑战。2017 年，我们的行业综合竞争力排名大幅前移，但我们的利润却在行业排名大幅后退，不仅标兵渐行渐远，而且追兵变成标兵，这非常值得我们深思！而有些单位还在等、靠、要，等政策、靠集团、要资金，工作迟迟打不开局面；有些领导干部，还在搞本位主义、形式主义，只撸袖子不实干，“宁肯不出事就是不干事”；有些同志，还没有意识到危险的降临，还在因为一点成绩、一点进步沾沾自喜，这是非常可怕的。市场和对手没有留给我们喘息的机会，毫不客气地讲，山钢如果再不警醒，将在“热市场”中被逼到悬崖的边上。当务之急，希望各单位、各部门要有清醒的认识，以安全稳定环保工作为基础，坚定不移深化改革、坚定不移加快发展、坚定不移维护山钢利益、坚定不移防范风险、坚定不移走绿色智能可持续发展之路，抓住市场稳定向好时机，提质增效，强基固本；抓住新旧动能转换重大机遇，跑出持续发展、领先发展的提前量。

同志们，这是一个万物复苏、生机勃勃的春天，这是一个供给侧结构性改革、营商环境优化政策的春天，这是一个加快动能转换、建设魅力山钢发展的春天，这更是一个充满力量、充满希望的春天。让我们牢记初心，不忘使命，以奋斗者的姿态，抢抓重大机遇，做新时代新山钢的坚定建设者，创造出无愧于时代、无愧于全体山钢职工的优异成绩。

思想大解放　行为大变革
全面改革授权经营　坚决将改革进行到底

——在集团公司全面持续深化改革推进会议上的讲话

党委副书记、总经理　陶登奎

（2018 年 7 月 30 日）

同志们：

在全省深入贯彻落实习近平总书记视察山东重要讲话精神，认真学习借鉴苏浙粤三省成功经验的关键节点上，经集团公司研究，今天我们召开全面持续深化改革推进会议。中国进入新时代，改革仍为主旋律。党的十八大以来，习近平总书记针对改革提出了一系列新思想、新观点、新论断，指出全面深化改革是决定当代中国命运的关键一招。针对推进国有企业、国有经济改革，习总书记也多次发表重要观点，要求“坚定不移深化国有企业改革，着力创新体制机制，加快现代企业制度，发挥国有企业各类人才积极性、主动性、创造性，激发各类要素活力。”今年 6 月 13 日，总书记在烟台视察时指出，国有企业一定要改革，抱残守缺不行。这是总书记对国企改革的最新指示。7 月 26 日，国务院副总理、国有企业改革领导小组组长刘鹤主持召开国务院国有企业改革领导小组第一次会议，指出，改革国有资本授权经营体制，分层分类积极稳妥推进混合所有制改革，加快形成有效制衡的公司法人治理结构和灵活高效的市场化运营机制，打好防范化解重大风险攻坚战等工作。集团公司此次会议与中央的要求高度契合。此次会议也是全面改革授权经营，进一步厘清管理界面，明晰管理职责，优化管理流程，提高管理效能，充分调动各业务单元聚焦主责主业，来一场思想大解放、行为大变革，为推动企业实现高质量发展注入强劲的动力，提供强有力的基础支撑。

从今天发言的情况看，4 个单位都做了认真的思考和充分的准备，实事求是，针对性很强。两家契约化试点单位的一些举措和办法是具有创造性和典型性的，他们在“听见炮火”的市场一线，主动思考，积极作为，用市场化思维、市场化手段、市场化改革、市场化标准去检验和评判工作，两家“试验田”趟出了一条新路；两家处在转型发展紧要关口的单位，“船大调头难”，革故鼎新困难重重，反映出的一些问题和矛盾有些是共性的，他们正在经历阵痛，努力实现凤凰涅槃，浴火重生。各单位要认真研究，相互学习、相互借鉴、相互启发。各二级公司是解决问题的主体，要勇于担当，靠前工作，通过改革扫除障碍、增添动力，集团公司坚决反对说而不做、承而不诺，要以严的标准、严的纪律、实的作风，主动对标高质量发展，助推企业加快转型升级。

同志们，国企要搞好，就一定要改革。2016 年集团公司半年会的主题是改革，目标是在体制机制变革、减员增效等方面实现新突破，推进山钢止损扭亏、转型升级；2017 年半年会的主题也是改革，目标是聚焦人事制度改革，进一步明晰改革路径、进一步强化效益保障，全力开创转型发展新局面；今年半年会，集团公司审慎研究，仍然将改革定为会议的主题，目标是解决母子公司权责问题，推动“魅力山钢”建设迈向新阶段。三年三次改革会议压茬推进，方向一致，重点突出，既清晰地看到了集团公司发展的脉络、发展质量的提升，也充分体现了集团公司对改革重要性、紧迫性的认识和坚决将改革进行到底的决心信心！近两年来，集团公司的工作富有成效，归根结底是改革释放的红利，是改革让山钢尝到了甜头，让职工有了盼头、看到了希望。刚才董事长讲到去年和今年的两次外出考察，如果说 2017 年南下学习是一次“眼热之行”，那么今年北上考察就是一次“震撼之行”。南方民企的“活”在我们的意料之中，但今年考察的北京国资企业和央企，改革速度之快、力度之大、举措之实，让我们万万没有想到。集团公司与先进企业比起来，改革的胆子还是小了，步子还是慢了，思想解放的程度还是差了，集团公司的改革又到了一个不得不真改、深改、抓紧改的“坎”上。站在从求生存向谋发展转变的新起点上，进一步深化国有资本投资公司改建，就必须要精准定位，简政放权，开放搞活，强化监管，用新发展理念去审视和解决前进中的不适应不符合。刚才，侯军董事长做了重要讲话，紧紧围绕深化国有资本投资公司改建，突出新机遇、新动能、新山钢做了深刻阐释，站位高、立意新、定位准，对指导集团公司各项工作具有十分重要的意义。侯军董事长的讲话有很多看点，至少有三道“硬菜”：一是放权到位，二是激励到位，三是监督到位。各单位要紧密联系实际认真组织学习，深刻领会精神实质，逐级传达贯彻落实，切实用侯军董事长的讲话精神统一思想、凝聚共识，指导和推动下一步的工作。要切实增强使命意识、机遇意识、危机意识、改革意识，特别是要坚定改革的信心和决心，坚定改革的定力和韧劲，敢于刀刃向内，把思想摆进去、把工作摆进去、把职责摆进去，来一场大解放、大调整、大变革。要牢牢把握新机遇。各单位要科学认识董事长对内外部环境进行的深度研判，充分发挥主观能动性，调动一切积极因素，因势而谋，乘势而上，把该抓的抓住，该拿的拿到，该用的用好。要加快释放新动能。不折不扣按照董事长的部署和要求，迅速制定完善相应思路举措，确保把集团公司各项改革招数落到实处、见到实效。要全力建设新山钢。靠改革开路，让市场衡量，走创新驱动，请职工评判，推动“魅力山钢”建设取得新的突破，开创新的局面。各专业管理部门要做好改革内容的解读宣贯，确保各项举措落地落实不打折扣。

结合上半年的经营情况和下半年着力推进的几项工作，我想突出问题导向，重点讲三个“清醒”。

一、清醒地认识到“山钢落后了”

侯军董事长在讲话中将前期考察情况做了通报，并从思想观念、权责划分、市场化激励、监督问责执行等四个方面做出深刻剖析，对标考察企业，不得不承认，山钢落后了！这几年，集团公司被企业内部许多问题束缚了手脚，没有腾出更多的精力出去走一走。等把内部事情基本理顺，别人已经先行一步，把我们甩在了身后。

思想上的落后是最大的落后。没有解放思想，就没有山钢发展的良好局面。这次会议之前，集团公司召开了集团公司董事、高管参加的务虚会，对山钢机遇、山钢问题、山钢发展、山钢未来做了一次较为全面的“会诊”。会上大家对山钢存在思想上落后的认识高度一致，认为思想不够解放是制约山钢发展最突出的问题，也是亟待解决的问题。从集团层面看，作为国有资本投资公司在“管什么、怎么管”上还存在模糊。比如在股份公司层面运营管理不够顺畅，管理流程不够清晰。集团对权属企业的管理存在放权不彻底，指导不得力、管控不到位。下一步，集团公司重点把各子公司的市场主体作用和集团有效监管有机衔接起来，集团负责配置资源营造环境，各权属企业负责大胆运营茁壮成长。在管理的方式上，总部一些同志还停留在直线职能式管理思维，离矩阵式扁平化管理要求还有差距。在各权属单位，有些单位开拓意识不强，“端着金饭碗讨饭吃”，迟迟寻找不到出路，等集团决策，靠集团“输血”，要集团政策；有些单位创新意识不强，因循守旧，路径依赖，依恋老办法、老套路，迟迟寻找不到新路，打不开局面；有些领导干部，仍然存在“官本位”思想，对待工作只求过得去不求过得硬，“只要不出事宁肯不干事”；对待改革瞻前顾后，患得患失，推一推动一动，有些推都推不动。全面深化改革，没有思想的解放，观念的更新不行。思想上的沉疴不解决，山钢没有出路，更没有未来。各单位必须勇于亮剑，敢于开刀，从今天在座的领导干部开始，从总部各部门开始，首先从思想上来一场大变革，以思想变革引领其他变革。

体制机制不活是最根本的问题。比如在对发展混合所有制经济的认识上。国有企业改革始于改革开放之初，最早提出发展混合所有制经济的中央文件是1993年十四届三中全会通过的《中共中央关于建立社会主义市场经济体制若干问题的决定》；之后，1999年党的十五届四中全会、2003年党的十六届三中全会、2013年党的十八届三中全会都对发展混合所有制经济提出明确要求。特别是十八届三中全会对发展混合所有制经济进行了全面、系统和深入的阐述。提出，混合所有制经济是我国现阶段基本经济制度的重要实现形式，有利于国有资本放大功能、保值增值、提高竞争力，有利于各种所有制资本取长补短、相互促进、共同发展。事实上，我们的同行已经先行一步。2003 年，南钢与复星集团合作，引入民营企业的体制机制优势，实现体制机制重大变革，企业发展的能力持续增强。我们的企业已在享受改革红利。国铭铸管、永锋淄博通过混改，活力充分展现。还有之前莱钢集团改制的鲁碧公司、汽运公司等都呈现出很好的发展势头。然而，就是这样一些中央精神明明白白、实践效果亮亮堂堂的问题，有些同志还看不清、辨不明。在这一点上，集团公司党委和董事会的认识是一致的，坚定不移地按照中央要求稳妥推进混合所有制改革。

在改革创新的实践中，“只有什么事也不干的人才不会犯错误”。集团公司要准确把握“三个区分开来”，认真研究、建立健全容错纠错机制，只要无腐败行为、无违规决策、无致命性错误，企业保持正常运营，就要宽容干部的失误，要旗帜鲜明地为改革者担当，为改革者负责，要给敢拼敢干、敢闯敢试的干部吃一颗“定心丸”。

同志们，这是一个改革的时代。今天不做改革者，明天就是被改者。希望大家正确认识落后，主动改变落后，切实把想法变成办法，把思路变成出路，把心动变成行动，用实实在在的举措推动改革持续深入。

二、清醒地认识到“山钢发展的根基还不牢固”

今年上半年，国民经济延续总体平稳、稳中向好的发展态势，支撑经济迈向高质量发展的有利条件积累增多，得益于国家供给侧结构性改革和严禁新增产能、防范“地条钢”死灰复燃等政策措施，集团公司总体运行情况良好，以钢铁为基强力拉动，整体质量效益稳步提升。下半年，集团公司将面对更为错综复杂的严峻形势，特别是中美经贸摩擦对全球经济、中国经济的影响充满变数、不好估量，我国经济增长面临下行压力。对于山钢而言，尽管形势严峻，但仍然具备难得的机遇和有利条件，一方面要抢抓机遇、把握市场，把该拿到的效益拿到手，一方面冷静思考、未雨绸缪，提前做好应对挑战之策。集团公司要清楚自身的优势和差距。

从财务指标看，今年上半年，集团公司营业收入利润总额实现同比大幅改善，两项数据二季度较一季度，呈现增长趋势。行业数据表明，1～5 月份，会员钢铁企业实现销售收入 1.6 万亿元，利润总额 1079.56 亿元，利润同比增长 143.74%。与行业水平对比，根据中钢协上半年对标数据，集团公司实际利润与今年一季度相比，提升 6 位。

从产量看，上半年，全国生产铁、钢、材分别是 3.73 亿吨、4.51 亿吨、5.31 亿吨。6 月份粗钢日产水平达到 267 万吨，再创历史新高。据此测算，钢铁材生产将保持较高水平，全年钢产量将达到 9 亿吨以上。这会进一步加剧钢铁市场波动的压力和风险。集团公司铁、钢、材产量保持稳定。

从利润构成看，钢铁板块一枝独秀。莱芜分公司较好地把握了市场机遇，整体经营绩效保持较好水平，吨材收入、吨钢利润首次超过全国平均；日照钢铁精品基地成为新的利润增长点。其他多数板块与预算相比，尽管有不同程度改善，但体量太小。企业内部利润构成存在不平衡、不协调。

从负债率看，仍是居高不下。5 月末会员钢铁企业资产负债率 67.43%，同比下降 3.75 个百分点。到 6 月末，中央企业平均负债率 66%。今年 4 月 2 日，中央财经委员会成立后的第一次会议上，首次提到结构性去杠杆，明确了国有企业是加快去杠杆的主体之一。而集团公司的资产负债率远高于此。重工集团今年半年会上，谭旭光董事长要求不提任何条件，把资产负债率降到68%以下。提出，能降的干部就干，不能降的就下。下半年集团公司还款压力较大，债务风险较高，要提前做好工作。

另外，国有资本保值增值的压力巨大。集团公司各个业务单元一切管理工作、一切经营工作还要聚焦有利于归属于母公司权益的稳定增长。

同志们，越是形势好的时候，越要有如履薄冰的清醒，越要有居安思危的冷静。尽管各单位“期中”考试交出了一份合格的成绩单，自己与自己比，的确是进步了。但与行业先进水平相比，差距仍然很大。要看到，这是一个千军万马奔腾向前的态势，无论“标兵”还是“追兵”都在全力提速，“普遍盈利”成为行业常态，宝武、鞍钢、马钢、柳钢、津西等许多企业更是刷新了经营业绩新高度，这也是为什么用“合格成绩单”的原因。我们要记住，时刻回答“如果市场回归到吨钢只有100元利润的时候，山钢集团如何参与市场竞争，如何立市”的问题。所以，千万不能沾沾自喜、安于现状，千万不能小富即安、不思进取，千万不能左顾右盼、观望等待，务必真正沉下心来、扑下身子、真抓实干，把企业良好的改革势头保持下去，努力在好的市场有一个好收成，夯实企业发展的根基。

三、清醒地认识到“不发展是最大的风险”

发展是解决一切问题的基础和关键。当前，要主动对标高质量发展要求，集中精力，坚定不移加快发展。当务之急，要抓好几项突破性工作。

一要抢抓先进钢铁制造产业基地发展规划重大机遇，赢得主动、赢得优势、赢得未来。钢铁产业基地发展规划是山东省结构调整、推动高质量发展的重要举措，集团公司必须以更高的站位、更宽的视野、更长远的眼光去认识和把握，努力为山东钢铁产业“大跨越、大调整、大转移”做出积极的贡献。对于山钢来讲，这也是千载难逢的历史机遇，在钢铁产业去产能的大背景下，企业能不能完成“突出沿海、优化内陆、精品与规模并重”的布局，能不能实现做大进而实现做强，可以说在此一举。省政府即将发布《先进钢铁产业基地发展规划》，将明确重点项目和配套措施，战略发展部要加强与省政府有关部门的沟通，踏准步点，卡准节拍，把握工作的主动权。前期，山钢的工作比较主动，已经赶出一个“早”，这次务必要抢出一个“好”。要积极为日照钢铁精品基地二期、莱芜分公司系统优化升级改造工程等重点项目早日实施创造条件。要按照“集约沿海、产业升级、创新驱动、绿色智能”的发展思路，加快推进日照钢铁精品基地建设。特别是后期，不等不靠，抓紧推进。产能是稀缺资源。要借势而为，探索以股权为纽带的合作方式，着力研究推动跨地区、跨所有制、跨产业链上下游兼并重组，争取到2025年，把集团公司发展成为具有4000万吨规模的企业，在新时代环境下跻身国家级特大型钢铁集团。

二要坚持走创新驱动发展道路，谋求做强，涵养企业发展后劲。今年4月份，山钢研究院人员基本到位以来，做了大量工作，成效显著。短短3个月时间，研究院主动加压，自觉作为，跑政府、寻合作、引项目、聚人才，初步搭建形成“上下贯通、左右互联”的工作格局。研究院是山钢科技创新的主体，要坚持开放包容的办院思路，树立“抓创新就是抓精品，抓精品就抓创新”的理念，引导科技人员凭本事吃饭，靠课题开路，以绩效论英雄，始终保持活力，富有张力，迸发创造力。要做实“一院多中心”协同创新研发体系，引领并催化产业公司核心科技的形成，集聚资源、优化资源、放大资源。要“放水养鱼”，深化与科研机构、高校院所的合作，借鉴先进经验，构建创新联盟，战略上获取前瞻性技术、抢占数一数二的资源，战术上获得更加精准的指导，让科研机构、高校院所为山钢集团转型升级提供源源不断的动力支持。要“嫁接优势”，加强与中科院金属研究所的合作，着力推进《高端制造装备用高品质稀土特殊钢关键技术研究及产业化》项目的实施。山东省科技厅高度重视此项目，集团公司要立足于支撑山东高端装备制造升级，蹚出一条以技术转化撬动产业升级的特色之路，在全省形成以技术成果转换为牵引的高端制造升级创新转型的产业集群，勇于成为全国的示范点。要着力推动两条智能制造试点项目的实施，形成一批核心技术，建成高度集成的数字化、信息化、智能化示范产线。

三要有防范风险的先手和应对挑战的高招，打好三大战役。在风险防范方面，山钢的经验不多，教训不少。2017 年集团公司对所有历史遗留问题进行梳理，尽管条目众多，数额巨大，但集团公司做到了心中有底、心中有数。下一步，重点打好三大战役。要高度关注历史遗留问题，打好歼灭战。本着“不把历史遗留问题留给历史”的原则，选准时机，综合施策，积极化解历史遗留问题。目前，集团公司已经形成了一个系统的解决方案，将按照轻重缓急稳步推进，逐步化解。对于“僵尸”企业处置，纳入常态化、动态化管理，坚决“断臂求生”；对于发展不温不火的企业，也要做好“断臂求强”的考虑。要高度关注正在开展的工作，打好运动战。当前，集团公司正处在深化改革、加快发展的关键时期，特别是济钢集团、莱钢集团、淄博张钢等企业转型发展迫在眉睫。越是在这样的关口，越要牢固树立底线思维，想问题，办事情，做决策，千万不能眼前一亮、头脑发热、盲目拍板。在寻求合作的过程中多个心眼，千万不能有“别人把牛牵走了，我们去拔橛子”的情况发生，双方捆绑利益更要捆绑风险，都必须有足够的制约力。另外，集团公司部分关联单位存在法人人格混同问题，个别单位已形成巨大法律风险。法务部近期根据集团公司改建国有资本投资公司的要求，制定了规范法人治理，避免法人人格混同的意见。各单位要严格按照要求，认真自查，完成整改。之后出现“新发生、新发现”从重从速追责问责。要高度关注企业长远运营，打好持久战。风险防控只有进行时，没有完成时。要按照“压缩存量、严控增量、提升质量”的风险防控要求，充分发挥集团大监督体系的作用，纪委、审计、法务等协同配合，筑牢风险防范的“防火墙”。各单位要养成“凡事从坏处准备，努力争取最好的结果”的思维习惯，从维护山钢大局，维护集体利益出发，预判风险，把握风险，化解风险，坚决不为历史新增历史遗留问题。

四要深入推进薪酬制度改革，挖掘管理创效潜能，激发职工干事创业的积极性。薪酬制度改革既是山钢集团成立十年以来自身发展亟待突破的瓶颈，也是国有企业深化改革倒逼的结果，更是符合市场经济发展规律和企业发展规律的充分体现。这项改革切中了国企改革的痛点。与山钢集团过去十年的考核思路相比发生了颠覆性的变化。一方面是触及改革的本质，将有效打破“官本位”；一方面回归市场主体，二级公司作为实体公司，更加自主自觉释放活力和动能。这项改革更加突出公平公正公开。负责人收入高低与级别没有关系，与单位大小没有关系，而是聚焦责任和贡献，用市场化的思维和绩效评判。集团公司赋予的责任就是看好、管好、经营好手上的净资产、总资产；贡献最核心的就是净资产收益率，促进国有资产保值增值。这项改革更有利于挖掘职工创效潜能。方案的核心要义是鼓励和引导大家在充分竞争的市场环境中有多大劲使多大劲，“提速奔跑”“全速冲刺”。这个方案设计了很多要素，既突出关键指标又兼顾发展指数，既考虑自身提升又对标跑赢大盘，多要素相互关联，有序调节，综合考量，强调考核的系统性、科学性、有效性，充分体现多劳多得，多创多得。关于工资决定机制改革，也要抓紧做出研究。这都是对董事长提出的“三个超过”的具体落实。这项改革具有创新性，是一项新鲜事物，各子公司财务管理、绩效考核部门要沉下心来学懂吃透弄通，搞清楚家底，搞明白方案的导向、指向，特别是方案中几张表格和计算公式，要研究透彻，为企业负责人出谋划策，算一笔明白账。

五要坚持守土有责履职尽责，开展专项治理，扎实做好安全生产、环境保护工作。集团公司上半年的安全形势不容乐观，6月份发生1起职工工亡事故、1起相关方人员死亡事故。从这两起事故看，事故控制链条多个环节失效，安全规程、安全制度多处执行不到位，安全生产责任落实存在明显差距。各单位要高度重视安全生产工作，认真吸取教训，进一步明确责任，落实防范应对措施。要坚持不懈抓好安全管理基础建设，从落实安全生产责任履职清单制度着手，推动全员安全生产责任制落实。要加强安全生产风险分级管控和隐患排查治理双重预防体系建设，充分辨识存在的风险、完善管控措施、严格隐患排查治理，切实做到安全关口前移。要强化安全生产监督检查工作，坚持“全覆盖、零容忍、严执法、重实效”，深挖严查风险隐患，坚决扭转当前安全生产的被动局面。“绿水青山就是金山银山”。对于生态环境保护工作，中央提到了前所未有的高度，把良好的生态环境作为中华民族永续发展的内在要求，作为增进民生福祉的优先领域。中央专门出台了《关于全面加强生态环境保护，坚决打好污染防治攻坚战的意见》，对坚决打赢蓝天保卫战、着力打好碧水保卫战、扎实推进净土保卫战提出了明确的要求。国家推动生态环境保护对山钢来说是重大利好，对于我们加快建立绿色优势是一次难得的契机。全集团要认真贯彻习近平生态文明思想，落实我省“四增四减”三年行动方案部署，率先成为坚持绿色发展方式的推动者、践行者、领跑者。各产业板块都要围绕绿色生产、绿色产品、绿色服务等谋划开展一系列根本性、长远性的工作。

强调一下资金集中管理的问题。这个问题在以往多次会议上都做出安排，进行了强调，但仍有部分单位思想上不够重视，认识上存在偏差，打小算盘算局部账，该归集的资金少归集甚至不归集。下半年受诸多因素影响，外部金融环境不确定性增加，内部还款压力较大。在资金趋紧的情况下，资金的集中管理更加重要。下一步，集团公司将进一步加大资金归集度的考核力度，希望各单位站在全局的角度，不要找理由、谈客观、讲条件；对于不严格落实资金集中管理规定的任何单位和任何个人，集团公司也将严肃问责，绝不姑息。财务部做好调度，及时将有关情况做出通报。

最后，再强调一下廉政建设问题。结合近期中央巡视组对山东省巡视反馈的意见，有八个方面问题需要进行再强调：一是“亲和清”的问题；二是私自占有国有财产的问题；三是公车私用的问题；四是违规发放津补贴的问题；五是收受礼品的问题；六是意识形态的问题；七是违规使用资金的问题；八是巡视整改的质量的问题。希望大家高度重视，引以为戒，切实把加强党风廉政建设作为一项长期的政治任务抓严抓实。

同志们，改革的风帆已是高高扬起，奋进的号角已是声声嘹亮，让我们以更加铿锵的步伐，更加坚定的决心，解放思想、真抓实干、砥砺奋进，坚决把改革进行到底，推动“魅力山钢”建设翻开新的篇章。

锐意改革 乘势而上
抢抓机遇再创新业绩再攀新高峰

——在集团公司三季度工作会上的讲话

党委副书记、总经理 陶登奎

（2018年10月11日）

同志们：

继持续全面深化改革工作会议后，乘着“放权到位、激励到位、监督到位”的东风，集团公司的改革再进一步。集团公司董事长侯军同志多次强调，要以客户为中心，整合要素，聚合资源，推进商业模式创新。特别是近期，董事长重点对着力提高客户、人才、营销、生产、研发的协同度和一致性，提升企业本质化运营水平提出了明确要求。以此为题，集团公司领导会同总部有关部门深入基层调研，召开会议研讨，组织专家培训，开展外出学习，做了大量细致的工作。会前，集团公司总经理办公会做了专门研讨。10月7日，集团公司召开党委常委会进行再研究，进一步厘清思路、统一思想、提高认识、凝聚共识。这次会议旨在推动全集团以客户为引领，强化人才支撑，积极探索并实践商业模式创新，构建集团公司未来发展的新优势。

从日照公司、营销总公司、科技创新部、人力资源部4个单位的发言来看，大家都做了认真思考和精心准备，发言聚焦商业模式创新，特色鲜明，各有实招，各有所长，非常好，达到了预期效果。4个单位涉及生产、营销、科技研发、人力资源4个方面，这都是推进商业模式创新的核心要素、重要组成。发言中，大家也都清醒地认识到了客户至上、服务至上的重要性，以及聚合资源、统筹发力的必要性，这为集团公司推进商业模式创新奠定了坚实的基础。思维决定高度，格局决定结局。希望各单位、各部门都要有全局思维、系统思维，树立市场意识、客户意识，善于从市场角度谋划工作，善于从大局出发考虑问题，努力为客户创造价值。

刚才，侯董事长做了重要讲话，紧紧围绕推进商业模式创新、提升企业本质化运营水平，从怎么看、怎么办、怎么保障等三个大的方面做了详细阐述，侯董事长的讲话站位高、立意新、措施实，全面客观分析了面临的形势任务，实事求是指出了我们存在的问题，围绕“五位一体”协同机制构建，重点从5个着力点、16个发力点勾画出了集团公司推进商业模式创新清晰的路径。可以说，既部署了“过河”的任务，又解决了“桥或船”的问题，为我们开展商业模式创新指明了方向，提供了有效的方法。特别是董事长提出以客户为引领、以人才为支撑的“五位一体”协同机制，是一种新方法新模式、新思想新观念，需要深刻领会精神实质，把握丰富内涵。各单位、各部门要提高站位，搞清楚“为什么”。改革推进到一定程度，必须往深层次走。推进商业模式创新、提升企业本质化运营水平是集团公司党委和董事会反复研究，审时度势做出的顶层设计，是集团公司改革的又一次深入，也是集团公司实现高质量发展的必由之路。各单位、各部门要站在全局的高度，认真学习贯彻侯董事长的重要讲话精神，进一步加深理解，廓清认识，坚定方向，切实把思想和行动统一到本次会议精神和部署上来。要把握实质，搞清楚“是什么”。推进商业模式创新、提升企业本质化运营水平是认识提升，也是理念创新。各单位、各部门要反复研讨。商业模式创新的主体是各产业公司，不同的产业在不同的发展阶段，掌握着不同的关键资源，商业模式是完全不同的，只能各产业公司在探索中实践，实践中探索，不断总结提升，才能找到适合的路子。各单位主要负责人要真正把内核吃透。企业本质化运营的实质是在市场竞争中不断培育核心竞争能力和比较优势，做到持续盈利和可持续发展，这是实现基业长青和行业领先的生命基因。真正把要义弄清。突出以客户为引领，以人才为支撑，营销、生产、研发高效联动的“五位一体”协同机制，探索走出符合山钢实际的商业模式路子。董事长讲了很多商业模式创新的案例，为我们提供了有益的借鉴，要站在巨人肩膀上成长，聚合要素，产生化学反应，统筹发力，确保共振效果。要主动探索，搞清楚“干什么”。推进商业模式创新，构建“五位一体”，要抓住主要矛盾和矛盾的主要方面。打破利益藩篱。“五位一体”需要一个协调平衡、高效协同的运营机制，各单位、各部门必须牢固树立全集团“一盘棋”的思想，聚焦集团公司效益最大化，消除体制机制障碍，形成共赢的“交易结构”。要切实增强大局观念，增强“五位一体”的黏度，快速联动响应市场，满足客户需求。要注重改革的系统性、整体性、协调性。各单位、各部门都是落实“五位一体”的责任主体，要牢固树立客户意识、市场意识，立足本职，靠前工作，大胆闯，勇于试，全集团尽快涌现出一批有代表性的案例，尽快形成可借鉴的商业模式，促进企业本质化运营水平提升。推进商业模式创新、提升企业本质化运营水平是当前和今后一段时间一项重要的工作，必须高度重视，常抓不懈。各单位、各部门落实“五位一体”的具体做法，以及实践过程中遇到的问题矛盾，要及时梳理、精准提炼，反馈到集团公司战略发展部，为集团公司科学决策提供支持。

2018年还剩下不到三个月的时间。今年以来，随着供给侧结构性改革不断深入，市场更加公平、更加有序，企业真正的价值和效率实现回归。集团公司各板块运行态势稳中向好，持续全面深化改革蹄疾步稳，历史遗留问题处置取得阶段性成果，经营绩效大幅改善，取得历史性突破。更可喜的是盈利结构发生变化，集团公司国有股权比重大的经营单元盈利能力显著提升，推动了国有资本做强做优做大。成绩来之不易，要总结经验，把该固化的固化下来，同时提速奔跑、加温加力，争取更好的经营业绩。要加强学习，认清当前经济运行稳中有变，面临一些新问题新挑战，外部环境发生明显变化。特别是外部中美贸易战持续升级、持续发酵，具有长期性和日益严峻性。从国内看，我国实体经济增长的困难集中表现在成本高、债务率高、过剩产能三个方面。中央近期相继出台降费减税、鼓励消费、央行降准等政策，进一步加大“放管服”改革力度，明确将补齐基础设施短板、补齐水利设施短板，稳定有效投资。新开工项目的进度将加快，在确保已开工项目顺利实施的同时，力争年内再新开工一批重大项目，强化明后年项目储备，保持交通基础设施建设平稳有序。国家发展改革委也正在梳理“十三五”规划确定的目标任务和中长期交通网络规划中具备启动条件的重大项目，加快推进前期工作。这些措施有助于稳定四季度钢材市场需求。对此，我们要保持清醒冷静和战略定力，强身健体苦练内功。

下面，结合今年以来的运营情况，重点围绕精益管理、深化改革、推动发展、防范风险四个方面，就着力推进的几项具体工作，我再做一下强调和部署，重点做好“六个突破”。

一、抢抓机遇，在经营绩效上实现新突破

市场形势与年初预算相比发生了较大变化。以钢铁板块为例，集团要求各单位按照降价8%制定预算销售价格，但今年1~8月份实际结算价格不降反升，较2017年平均水平升高9.4%；从预算完成情况看，集团公司1~8月份已超额完成全年经营预算目标。为此，9月14日，集团公司对各单位全年生产经营目标提出了新的要求。本次目标的测算，是以7月份生产经营水平为基础，考虑限产影响，对主要生产单位产量和利润目标进行的测算。其中，对莱芜分公司、日照公司、银山型钢公司提出了更高要求。此次调整后的奋斗目标与考核无关，决不会鞭打快牛，主要是基于集团公司仍面临着很多亟待解决的问题，特别是资产负债率偏高，以及解决历史遗留问题等。各单位要切实增强担当意识，自我加压，争取最好的结果。奋斗目标体现了集团公司党委对同志们更高的期待，是检验各单位，特别是领导班子的经营管理能力和精益管理水平的“试金石”。希望各单位以大局为重，要紧起来，抓住当前务实求效，动员和引导广大干部职工借势而为，一鼓作气，力争经营绩效实现新突破。

2019年预算编制工作要确保高质量，按照“改革预算、工作预算、管理预算”的总体思路稳步推进。要强化全面预算的“全面性”。全面预算不是财务部门的事，也不单是哪个部门的事，各单位、各部门主要领导要亲自挂帅，认真规划2019年的工作。要围绕各项改革任务，梳理2019年的各项重点工作，形成切实可行的工作预算；专业部门做好专业预算的审核，针对企业存在问题和经营中的难点，深入剖析；使全面预算真正成为管理的可靠工具，成为指导企业高质量发展的有力抓手。

二、解放思想，在人才制度改革上实现新突破

高质量发展离不开人才支撑。从中央到地方，从行业到社会，都在积极推进人才工作体制机制创新。放眼全国，继中央启动“千人计划”后，各省区市、高校、大型企业及社会组织的“海外引才计划”全速推进，北京的“海聚工程”、江苏的“双创计划”、陕西的“百人计划”、广东的“珠江人才计划”、深圳的“孔雀计划”等。有的城市甚至把引才联络办公室设到了美国硅谷。聚焦山东，年初全省全面展开新旧动能转换重大工程动员大会要求，“要实行更加积极有效的政策，优化人才发展环境，把国内外顶尖人才往山东引、往山东拉”，体现了省委省政府要改革、要发展、要人才的决心。随后半年多来，多项创新举措应运而生，多个配套政策陆续出

台。集团公司当前人才队伍建设，与转型发展的紧迫性相比、与企业未来战略定位相比、与核心竞争力培育相比，更是“求贤若渴”。但与诸多先进企业相比，我们的思维不够活，办法不够多，步子不够大。主要原因还是国企的通病，思想不够解放，胆子不够大。比如，潍柴集团5年内将引进200名博士、2000名硕士，搭建高端人才聚集地；中铝集团实施“3618”人才工程，用3年时间培养60名适应市场化、国际化发展要求的经营管理人才、100名国际国内有名的科技专家、8000名一线技术工程师和高级技工。认识落后才能改变落后。这次会议之后下发的“1+5”一揽子文件，革故鼎新，是当前和今后一个时期集团公司人才发展的纲领性文件。这些制度信息量非常大，有很多创新点，触及了国有企业选人用人培养人激励人的关键处，明确了集团公司人才发展的总体要求和重要举措，实施人才优先发展战略和人才强企战略。“1+5”政策的核心就是人才市场化。比如人才流动共享，集团公司打破条条框框，鼓励人才选舞台，内部“跳槽”，“有效”流动；比如科技研发人员推行岗位管理，引导科技研发人员以课题引领，靠项目开路，“不以级别论成败，要以绩效论英雄”；比如实行契约型、产业型研发，让资本和技术深度融合，责任说清、指标压实、利益风险共担，职工在创新中创业、在创业中创新。各单位、各部门要沉下心来认真研究、用好用活这些制度，为人才铺路，为能人搭桥。要充分调动全体职工的积极性、主动性，使各方面人才活力迸发、尽展其长、各得其所，全面营造人才发展的良好生态环境。

三、坚定不移，在深化混改、契约化管理上实现新突破

省委、省政府对国有企业改革的思路越来越清晰，指向性越来越强。9月29日，省委、省政府在儒商大会上举办资本对接会，主题是混合所有制改革，向国内外知名投资机构、行业领军企业推介省属企业重点实施混改的93个项目，吸引更多优质非公资本参与省属企业混改，提升省属企业混改的层次和水平。省委常委、省委秘书长王清宪在讲话中提到永锋淄博，给予了高度评价。他指出，山东推进混合所有制改革具有独特优势，山东将为国有企业与各类资本合作提供全方位的政策支持，并要求在推进混改过程中认真贯彻落实省委省政府工作部署、充分发挥市场作用、加大创新工作力度。混合所有制改革山钢迈出了坚实的一步，永锋淄博是最生动的实践。今年以来，他们抓住有利时机，通过外购生铁钢坯、降低生铁消耗、增加废钢配比等深挖内潜，把工作努力做到极致。按照目前情况，考虑采暖季限产影响，全年预计可实现生铁产量135万吨、粗钢产量187万吨、钢材产量224万吨，分别较年初预算升高10万吨、36万吨、72万吨。这在体制机制变革之前，想都不敢想。目前，无论从外部环境还是内部实践看，推进混合所有制改革到了最好的时候。10月9日，中共中央政治局委员、国务院副总理、国务院国有企业改革领导小组组长刘鹤在全国国有企业改革座谈会上讲了六个“突出抓好”，其中之一是突出抓好混合所有制改革，通过发展混合所有制经济，提高国有资本配置效率。省委、省政府积极部署落实国企改革领导小组会议精神，省国资委召开进一步深化国企混改推进会，密集下发政策文件，要求宜混则混、应混尽混。全集团要把混改作为最大的动能管理，切实增强混改的紧迫感和责任感，力争走在全省的前列。资本运营部要抓紧推进集团公司混改三年行动计划，放大永锋淄博效应，扩大混改覆盖面，进一步提升国有资本的张力、活力和竞争力。

要坚定不移推进市场化选聘、契约化管理。苏浙粤企业之所以搞得好，核心是企业的主体责任发挥到位，尤其是企业家精神发挥关键作用。市场化、契约化就是要让能人站到前排，把指标挺在前面。要遵循“责任绑定、利益绑定、风险绑定”的原则，最大限度搞活机制，激发内生动力，解决好“大锅饭”和干部“能上能下”的问题。山信软件、莱钢集团、济钢集团、山东耐材、淄博张钢和新力公司经理层契约化管理工作2018年年底前必须全面完成。扩大子公司董事长契约化试点的范围，山信软件、新力公司、山东耐材、淄博张钢试点董事长（执行董事）契约化管理。2016年我们去行政化实行层级管理，现在要淡化层级管理，全面推行岗位管理。集团公司已经决定本次经理层竞争上岗和契约化管理实行岗位管理。子公司所属各级公司要积极推进契约化管理工作，确保实现2019年年底契约化管理覆盖率达到60%、2020年年底前达到100%的目标。放权到位、激励到位，更重要的是监督到位，激励与约束并存，实行契约化管理的权属公司要高度重视风险防控，健全风险管控机制，确保不发生重大风险问题。

四、只争朝夕，在产业布局上实现新突破

山东省先进钢铁制造产业基地发展规划已先后经省政府常务会议、省委常委会研究通过，很快就要下发。据了解，规划中要求优化产业空间布局，把通道城市钢铁产能作为调整退出重点，实现向沿海有序转移；将山钢日照钢铁精品基地打造成为具备国际领先水平的2000万吨级综合型沿海钢铁精品基地。建设日照钢铁精品基地二期项目，使其成为省内产能转移的重要承接载体，是集团公司实现做强做优做大的关键举措，也是满足山东省钢铁产业布局优化、转型升级的必然要求。近期，集团公司已下发通知，启动二期规划及二期一步可研编制工作，二期工程总体规划预计2018年11月完成，二期一步工程可行性研究报告2019年3月完成。下一步将加快启动二期一步产能置换工作，推进项目立项前准备工作，力争早日具备建设条件。战略发展部要加强与省发展改革委、经信委等有关部门的沟通交流，打好“主动仗”，抢出“提前量”。济钢集团环保新材料产业园要突出时间价值和管理效率，“点石成金”，建设成为国内一流的国家级绿色矿山和行业标杆产线。环保新材料产业园效益要一流，社会贡献要一流，环保水平更要一流，各项工作都按“第一”标准要求。莱芜分公司要不等不靠，超前思考，系统优化升级改造工程等重点项目积极推进。莱钢集团要提振精气神，重整行装再出发，努力打造成为钢结构建筑技术体系先进、核心竞争力突出的国内一流钢结构绿色建筑综合服务商。

五、率先作为，在绿色发展上实现新突破

未来的环保标准只会越来越高，监管只会越来越严，企业越是早行动就越主动。太钢将绿色发展纳入企业发展战略、业务流程、运营管理的全过程，实施工艺装备绿色化、制造过程绿色化、产品绿色化，实现了向都市型绿色钢厂的深刻转变。近十年来，太钢节能环保投入达136亿元，实施节能环保项目147项。即使这样的标杆企业，也仍面临较大的环保压力。为此，太钢2017年提出“打造绿色发展升级版”的新目标。邯钢以“严于现行或可预见实施的环保标准”的要求开始大规模的环保治理行动，提出了“四见、四无、四不”等明确的感官标准，（四见：区域见湿、路面见黑、裸土见绿、设备见本色；四无：

厂区环境无烟、无味、无尘、无声；四不：生产过程不产尘、厂房封闭不溢尘、物流运输不带尘、仓储棚化不扬尘）。邯钢近十年来节能环保累计投资138亿元，实施节能改造和环保治理项目115项，实现了三废处理全回收、二次能源全利用，有组织实现了超低排放，杜绝了无组织排放。

2020年山东省即将实施大气污染第四时段排放标准（颗粒物、二氧化硫、氮氧化物分别是10毫克/立方米、50毫克/立方米、100毫克/立方米）和2021年1月1日实行超低排放标准（分别是10毫克/立方米、35毫克/立方米、50毫克/立方米）。目前集团公司各单位现有环保设施及排放水平与2020年排放标准差距较大。集团公司要把生态环境保护作为国有企业的生存之道，在环保加严中把握山钢机会。国家通过严格的环保治理出清环保不达标的落后企业，腾出市场空间和产能、能耗指标，对执行高排放标准的企业来讲是重大利好。要树立“底线意识”和“高线思维”，借国家生态文明建设的契机，深化产业结构调整、能源结构调整、物流运输结构调整，提高集团公司绿色低碳循环发展水平。另外，国家对企业环保限停产实施差异化政策，不再搞一刀切，环保绩效水平意味着经营绩效提升。在环保加严中塑造山钢优势。坚持绿色低碳发展战略，突出先进性，尽快编制完成绿色发展三年规划，推进规划落地实施。积极开展节能环保和绿色制造先进技术研究，吸收应用国内外先进节能环保技术。利用国家有关支持绿色节能环保产业发展等政策，大力培育绿色节能环保产业，引领行业绿色发展。莱芜分公司350多个环保项目，35亿元投资一定要有前瞻性，突出源头管控，倒排工期，强化推进。在环保加严中树立山钢形象。生态环保工作是一项真功夫，来不得半点虚假。在省内率先实现超低排放是山钢对社会的承诺，对职工的承诺，言出必行。每一个成员单位都有责任、有义务维护山钢形象。

六、思危思进，在防范风险上实现新突破

经过近两年的努力，影响和制约山钢发展的重大问题逐步清晰，历史遗留问题解决取得阶段性成果。2017年集团公司消化历史遗留问题的费用达32亿元，今年持续大规模化解，但存量仍然很大。要继续按照部署要求，精准施策，分类推进，有条不紊地打好“歼灭战、运动战、持久战”三大战役。要防范资金风险。目前，实体经济面临的融资环境异常严峻，债券市场不确定性依然存在，特别是中长期融资难度持续加大。要牢固树立“资金为王”的理念，加大集团资金集中统一管理力度，全力保障集团资金链安全。要消灭所有的亏损法人单位。截至8月份，集团单体报表亏损户数64户，亏损额巨大。“千道理万道理，不挣钱就没道理。”目前财务部已经形成了工作措施，要抓紧推进。要实行“僵尸”企业预警管理。各单位是责任主体，要自我拯救，“绝境求生”，能盘活的努力盘活，盘活无望，该破就破，该退就退，该转就转。对于“僵尸”企业处置，坚决“断臂求生”；对于发展不温不火的企业，坚决“断臂求强”。资本运营部要定期公布，纪委对制造“僵尸”企业的责任人严肃问责追责。要防范合同法律风险。研究标准合同文本管理，从根本上防范法律风险。要防范廉政风险。扎实开展“知敬畏、存戒惧、守底线”专题纪律教育，拧紧纪律“螺丝”，上紧规矩“发条”，提升廉洁从业意识和能力。强化对权力集中、资金密集、资产聚集的单位部门的监管，聚焦工程建设、阳光采购等重点环节和敏感领域，持续加强监督约束，强化追责问责，引导职工干干净净干事，营造风清气正的浓厚氛围。

历史的发展，总有一些关键的节点、关键的时期。在这个时间与空间的交汇点上，没有什么比“机遇”更能说明山钢面临的环境与孕育的潜力，没有什么比“改革”更能凝聚山钢合力、释放山钢活力、激发山钢力量，让我们振奋精神，鼓足干劲，乘势而上，紧紧抓住机遇，努力奋斗，接续奋斗，创造出无愧于时代的业绩，创造出魅力山钢更加美好的明天。

山钢年鉴 2019

山钢集团
SD STEEL

大事记

山钢集团
SD STEEL

山钢文化

核心理念

山钢核心价值观：共创、共进、共赢

2018 年山东钢铁集团有限公司大　事　记

1 月

2 日　集团公司党委下发《关于中共山东钢铁集团国际贸易有限公司第一次代表大会选举结果的批复》(山钢党字〔2018〕1 号):同意由选举产生的朱玉廷、李强笃、陈奋、李宪龙、王涛 5 人组成中共山东钢铁集团国际贸易有限公司第一届委员会，朱玉廷为党委书记，李强笃、陈奋为党委副书记。同意由选举产生的陈奋、李宪龙、宫琳 3 人组成中共山东钢铁集团国际贸易有限公司纪律检查委员会，陈奋为纪委书记，李宪龙为纪委副书记。

● 集团公司纪委召开第 2 次常委会议，审议通过纪委书记办公会和常委会议事规则、纪委常委分工。

4 日　集团公司党委书记、董事长侯军会见到访的青岛港（集团）有限公司党委书记、董事长郑明辉一行。党委副书记、董事苏斌，党委常委刘秀元参加会见。

● 集团公司党委书记、董事长侯军，党委副书记、总经理陶登奎，副总经理王向东、张相军一行赴东北大学，与东北大学党委书记熊晓梅、校长赵继、中国工程院院士王国栋等进行为期两天的交流。

8 日　集团公司党委理论学习中心组召开 2018 年第一次集体学习会议，主题是“把党委常委班子民主生活会开出高质量、开出新气象”，学习习近平总书记在中央政治局民主生活会上的重要讲话，中共山东省纪委机关、省委组织部关于开好民主生活会的文件通知等内容。党委书记、董事长侯军主持学习，集团公司党政领导参加学习。

● 集团公司召开 2018 年审计监督工作会议。党委书记、董事长侯军讲话，党委副书记、总经理陶登奎主持会议，党委常委、纪委书记赵文友宣读表彰决定，董事、财务总监刘德华部署年度审计监督工作。

15 日　集团公司召开安全生产委员会及环境保护领导小组、节能减排领导小组会议。党委书记、董事长、安全生产委员会主任侯军主持会议并讲话，集团公司党政领导陶登奎、苏斌、陈向阳、徐有芳、刘秀元、王向东、张相军、吕正平、董立志参加会议。

● 集团公司党委下发《关于中共山钢金融控股（深圳）有限公司第一次党员大会选举结果的批复》(山钢党字〔2018〕3 号):同意由选举产生的万宪刚、黄振辉、周庆、时鹏刚、王启明 5 人组成中共山钢金融控股（深圳）有限公司第一届委员会，万宪刚为党委书记，黄振辉、周庆为党委副书记。同意由选举产生的周庆、薛书德、孙树卫 3 人组成中共山钢金融控股（深圳）有限公司纪律检查委员会，周庆为纪委书记，薛书德为纪委副书记。

16 日　集团公司召开 2018 年度安全环保工作会议。党委书记、董事长侯军讲话，党委副书记、总经理陶登奎主持会议。侯军代表集团公司与部分单位主要负责人签订 2018 年度安全环保目标责任书。党委副书记、董事苏斌宣读表彰文件。副总经理张相军做安全环保工作报告。集团公司党政领导陈向阳、赵文友、徐有芳、罗登武、刘秀元、王向东、董立志参加会议。

● 集团公司党委副书记、总经理陶登奎，副总经理付博会见到访的山东鑫海科技公司董事长王文龙一行。

20日 集团公司党委在莱钢召开第二轮巡察情况反馈会议。党委书记侯军，党委副书记陶登奎、苏斌参加会议并讲话。第一巡察组组长赵文友、第二巡察组组长刘秀元分别向莱钢集团党委、山钢股份莱芜分公司党委及其主要负责人反馈巡察情况。

23日 集团公司党委书记、董事长侯军，党委副书记、总经理陶登奎，党委常委罗登武，副总经理王向东会见到访的中共莱芜市委书记、市人大常委会主任王良，莱芜市委副书记、市长梅建华一行。

24日 集团公司与北京科技大学、冶金工业经济发展研究中心签署战略合作协议。山东省科技厅调研员张茂森出席签署仪式，集团公司党委书记、董事长侯军致辞，党委副书记、总经理陶登奎分别与北京科技大学校长张欣欣、冶金工业经济发展研究中心主任石洪卫签署战略合作协议。集团公司党政领导苏斌、徐有芳、刘秀元、张相军、吕正平、董立志出席仪式，副总经理、研究院院长王向东主持仪式。

● 集团公司与浪潮集团举行战略合作协议签署仪式。集团公司党委书记、董事长侯军，浪潮集团党委书记、董事长兼CEO孙丕恕分别致辞，集团公司党委副书记、总经理陶登奎与浪潮集团执行总裁王兴山签署战略合作协议。集团公司党政领导苏斌、徐有芳、刘秀元、刘德华、张相军、付博、吕正平、董立志出席仪式，集团公司副总经理、研究院院长王向东主持仪式。

25日 集团公司下发《关于车连房任职的通知》(山钢任字〔2018〕1号)：车连房为战略发展部总经理。

● 集团公司党委下发《关于中共山信软件股份有限公司第一次代表大会选举结果的批复》(山钢党字〔2018〕8号)：同意由选举产生的郭维河、张元福、董保树、孟凡平、张瑾5人组成中共山信软件股份有限公司第一届委员会，郭维河为党委书记，张元福、董保树为党委副书记。同意由选举产生的董保树、孟凡平、丁光伟、张瑾、李恩亮5人组成中共山信软件股份有限公司第一届纪律检查委员会，董保树为纪委书记，孟凡平为纪委副书记。

8日至26日 集团公司党委举办3期党的十九大精神专题培训班。党委书记侯军，党委副书记陶登奎、苏斌分别为参训学员做题为《深入学习贯彻党的十九大精神，高质量做好建设魅力山钢历史答卷》的专题辅导。

31日 在山东省第十三届人民代表大会第一次会议上，集团公司党委书记、董事长侯军当选为山东省出席第十三届全国人民代表大会代表。

● 集团公司党委常委班子2017年度民主生活会召开。党委书记侯军主持会议，党委常委陶登奎、苏斌、陈向阳、赵文友、徐有芳、罗登武、刘秀元参加会议。中共山东省委第28督导组到会指导。

2月

1日 集团公司党委下发《关于中共山东钢铁集团房地产有限公司第一次代表大会选举结果的批复》(山钢党字〔2018〕11号)：同意由选举产生的王庆山、张鲁兵、贾秀光、朱月肖、袁玮5人组成中共山东钢铁集团房地产有限公司第一届委员会，王庆山为党委书记，张鲁兵、贾秀光为党委副书记。同意由选举产生的朱月肖、张强、冯学军、张兰勋、郭利娟 5 人组成中共山东钢铁集团房地产有限公司第一届纪律检查委员会，朱月肖为纪委书记，张强为纪委副书记。

● 集团公司党委召开 2017 年度党组织书记履行全面从严治党责任暨抓基层党建工作述职评议会议。党委书记、董事长侯军主持会议，代表集团公司党委与部分单位党组织书记签订 2018 年党建工作责任书。集团公司党政领导陶登奎、苏斌、陈向阳、徐有芳、罗登武、刘秀元、王向东、张相军、吕正平、董立志、卢彤书出席会议。

● 集团公司纪委召开一届二次全体（扩大）会议。党委书记、董事长侯军讲话，党委副书记、总经理陶登奎主持会议，党委副书记、董事苏斌通报违规违纪案件，党委常委、纪委书记赵文友做题为《坚持使命，引领强化，执纪问责，坚定不移推动全面从严治党向纵深发展》的工作报告，党委常委、董事陈向阳，党委常委、董事徐有芳，党委常委罗登武、刘秀元，董事、财务总监刘德华，副总经理王向东、张相军，调研员吕正平，总法律顾问董立志，工会主席卢彤书参加会议。

2 日 集团公司召开 2018 年法治工作会议。党委书记、董事长侯军参加会议并讲话，党委副书记、总经理陶登奎主持会议，党委常委、纪委书记赵文友宣读表彰决定，总法律顾问董立志做工作报告。

5 日 集团公司党委理论学习中心组举行 2018 年第二次集体学习。党委书记、董事长侯军主持学习，党委副书记、总经理陶登奎等集团公司党政领导参加学习。

6 日 集团公司召开外派监事年度工作会议。董事、财务总监刘德华，山钢集团专职监事周艳梅参加会议。

7 日 集团公司党委书记、董事长侯军在山东省安监局会场参加全国钢铁企业事故警示视频会议，会后与省安监局领导进行座谈。

8 日 中共济南市委副书记、市长王忠林一行到济钢走访慰问，看望困难职工和劳模代表。集团公司党委副书记、董事苏斌陪同。

9 日 集团公司党委下发《关于孙永和同志任职的批复》（山钢党字〔2018〕14 号）：孙永和为山东钢铁集团日照有限公司工会主席。

● 集团公司党委下发《关于杨卫星同志免职的通知》（山钢党字〔2018〕15 号）：杨卫星不再任山东耐火材料集团有限公司党委委员职务。

● 集团公司召开《山东省新旧动能转换综合试验区建设总体方案》总部部门研讨会，副总经理王向东参加会议并讲话。

2 日至 11 日 集团公司党委领导侯军、陶登奎、苏斌、陈向阳、赵文友、徐有芳、罗登武、刘秀元分别参加并指导有关单位领导班子 2017 年度民主生活会。

6 日至 13 日 集团公司党委领导侯军、陶登奎、苏斌、陈向阳、赵文友、徐有芳、罗登武、刘秀元分别赴集团各片区走访慰问离退休职工，看望困难党员和困难职工。

13 日 集团公司党委书记、董事长侯军，党委副书记、总经理陶登奎，副总经理王向东、付博会见到访的中共莱芜市钢城区委书记张钊，区委副书记、区长曹殿军等一行。

● 集团公司党委、集团公司分别下发《关于赵红军等同志任职的通知》（山钢党字〔2018〕18 号）、《关于赵红军等人员职务任免的通知》（山钢任字〔2018〕3 号）：赵红军、白星良任山东工业职业学院党委委员、副院长；王庆义任山东工业职业学院调研员，不再任山东工业职业学院副院长职务。

● 集团公司党委下发《关于中共山东钢铁集团永锋淄博有限公司第一次代表大会选举结果的批复》(山钢党字〔2018〕17号):同意由选举产生的逄晓男、王道池、魏风3人组成中共山东钢铁集团永锋淄博有限公司第一届委员会,逄晓男为党委书记,王道池为党委副书记。同意由选举产生的王道池、任玉宝、张钢3人组成中共山东钢铁集团永锋淄博有限公司第一届纪律检查委员会,王道池为纪委书记,任玉宝为纪委副书记。

28日 山东省国资委召开省属企业新旧动能转换重大工程建设誓师大会。集团公司党委书记、董事长侯军做题为《大力推进新旧动能转换,实现国有资本做强做优做大》的发言。

3月

1日 集团公司党委理论学习中心组举行第三次集体学习,主题是"加快动能转换,推进转型发展"。党委副书记、董事苏斌主持并讲话,赵文友、刘秀元、刘德华、王向东、吕正平、董立志、卢彤书等党政领导参加学习。

9日 集团公司召开审计整改专题会,就山东省审计厅对集团公司境外企业投资审计发现问题的整改工作进行研究部署。党委副书记、总经理陶登奎对下一步审计整改工作提出要求。

12日 集团公司印发《产业协同内部市场准入暂行办法》(山钢战略字〔2018〕16号)。

14日 由浪潮集团、山钢集团、中国重汽、东阿阿胶等300多家单位共同发起的山东省工业互联网产业联盟在浪潮科技园正式成立。山钢集团是该产业联盟副理事长单位,集团公司副总经理、山钢研究院院长王向东代表山钢集团参加揭牌仪式。

5日至20日 集团公司党委书记、董事长侯军,莱钢集团济南莱钢钢结构公司职工张学政作为代表出席第十三届全国人民代表大会第一次会议。

20日 全省先进钢铁制造产业基地发展规划调研组到集团公司调研。集团公司党委副书记、总经理陶登奎就山东省钢铁产业发展规划、布局等问题提出意见和建议。

21日 集团公司党委副书记、总经理陶登奎会见到访的平安银行济南分行行长王欣一行,董事、财务总监刘德华参加会见。

23日 集团公司与山东重工集团正式签署战略合作协议。集团公司党委书记、董事长侯军,党委副书记、总经理陶登奎,党委副书记、董事苏斌,董事王宏伟,副总经理王向东等领导与山东重工集团党委书记、董事长谭旭光,副总经理刘会胜等共同出席签署仪式。王向东、刘会胜分别代表双方在战略合作协议上签字。

26日 集团公司党委理论学习中心组举行第四次集体学习,全国人大代表、集团公司党委书记、董事长侯军主持学习,并传达十三届全国人大一次会议精神,对学习宣传贯彻十三届全国人大一次会议精神提出要求。党委副书记、总经理陶登奎等党政领导参加学习。

29日 集团公司党委下发《关于刘松林同志任职的通知》(山钢党字〔2018〕26号):刘松林任山东钢铁集团有限公司工会副主席。

● 集团公司党委、集团公司联合印发《关于成立山东钢铁集团有限公司劳动竞赛委员会的通知》(山钢党字〔2018〕24号)。

29日至30日 集团公司副总经理、山钢研究院院长王向东参加省属企业考察团，对中科院沈阳金属所、自动化所进行考察交流，就打造以集团公司为先进钢铁材料基地的绿色智能制造产业联盟达成初步合作意向。

30 日 集团公司召开传达学习十三届全国人大一次会议精神和加快新旧动能转换工作推进暨“大学习、大调研、大改进”工作动员部署会。全国人大代表、集团公司党委书记、董事长侯军传达十三届全国人大一次会议精神并讲话，党委副书记、总经理陶登奎主持会议并讲话，党委常委、董事陈向阳宣读集团公司“大学习、大调研、大改进”工作实施方案。集团公司党政领导苏斌、赵文友、徐有芳、罗登武、刘秀元、刘德华、钟志刚、张相军、吕正平、董立志、卢彤书，监事周艳梅参加会议。

4 月

8 日 集团公司印发《内部仲裁费用收支管理暂行办法》(山钢法字〔2018〕10 号)。

● 集团公司印发《新旧动能转换专项考核办法》(山钢人字〔2018〕4 号)。

9 日 集团公司党委理论学习中心组举行第六次集体学习。党委书记、董事长侯军主持学习并领学中共山东省委关于学习宣传贯彻宪法的工作部署。

● 集团公司党委、集团公司分别下发《关于李学玉同志免职的通知》(山钢党字〔2018〕29 号)、《关于李学玉等同志职务任免的通知》(山钢党字〔2018〕30 号)、《关于公布李自然同志免职的通知》(山钢党字〔2018〕31 号)、《关于李学玉等人员职务任免的通知》(山钢任字〔2018〕4 号)：李学玉任党委办公室/办公室主任、转型发展工作办公室主任。李学玉不再任山东钢铁集团日照有限公司党委委员，纪委书记、委员职务；李自然不再任山东钢铁集团有限公司党委委员、党委办公室/办公室主任、转型发展工作办公室主任职务。

10 日 集团公司党委下发《关于封常福等同志职务任免的通知》(山钢党字〔2018〕32 号)：封常福任山东钢铁集团矿业有限公司党委副书记、工会主席。张德金不再任山东钢铁集团矿业有限公司党委副书记、委员，工会主席职务；王尧伟不再任山东钢铁集团矿业有限公司党委委员职务。

12 日 集团公司党委组织召开警示教育大会，集中观看警示教育片《失衡的代价》。党委副书记、董事苏斌主持并讲话。集团公司党政领导侯军、陶登奎、苏斌、徐有芳、刘秀元、王向东、张相军、付博、吕正平、董立志、卢彤书，监事周艳梅观看教育片。

17 日 集团公司党委副书记、总经理陶登奎会见到访的澳大利亚汉科矿业执行董事塔德和罗伊山铁矿首席执行官佰瑞一行。

● 集团公司党委下发《关于曹庆良同志任职的通知》(山钢党字〔2018〕33 号)：曹庆良任山东钢铁集团日照有限公司党委委员，纪委委员、书记。

18 日 集团公司党委书记、董事长侯军，党委副书记、总经理陶登奎到济钢调研转型发展工作，实地查看多式联运、顺行出租车、渣土车、汽车拆解、环保新材料产业园、创智谷和“四新”产业园等项目。集团公司党政领导苏斌、赵文友、徐有芳、刘秀元、刘德华、王向东、董立志参加调研，并对济钢转型发展工作提出指导意见。

11 日至 20 日 集团公司开展上合组织青岛峰会期间安全环保督导工作，对青岛、淄博、日照片区的权属单位进行督导检查。

16日至20日 山东省人大常委会检查组分别对山钢股份、日照公司、永锋淄博等3家单位进行环保执法检查。

20日 集团公司召开与北京科技大学技术交流会，邀请钢铁共性技术协同创新中心主任、北京科技大学原校长徐金梧做题为《建立决策支持系统，实现钢铁精益制造》的专题讲座。副总经理王向东主持交流会并讲话。

23日 集团公司党委、集团公司分别下发《关于陈振同志任职的通知》(山钢党字〔2018〕36号)、《关于陈振任职的通知》(山钢任字〔2018〕6号)：陈振为党委办公室/办公室主任助理。

● 集团公司下发《关于孙全胜等人员职务任免的通知》(山钢任字〔2018〕5号)：孙全胜为山东耐火材料集团有限公司、山东钢铁集团淄博张钢有限公司监事。张金鹏不再任山东耐火材料集团有限公司、山东钢铁集团淄博张钢有限公司监事职务。

● 集团公司印发《境外投资财务管理办法》(山钢财字〔2018〕21号)。

25日 集团公司党委副书记、总经理陶登奎一行5人，到青岛国际院士港考察，双方围绕高端装备制造、新能源材料、信息化等领域进行交流。

26日 集团公司党委印发《党组织工作经费管理办法》(山钢党字〔2018〕40号)。

28日 集团公司党的群团工作会议召开。党委书记、董事长侯军参加并讲话，党委副书记、董事苏斌主持会议。集团公司党政领导陶登奎、赵文友、徐有芳、罗登武、刘秀元、张相军、卢彤书参加会议。

5月

3日 集团公司召开“庆五四·话转型，动能转换我先行”优秀青年表彰座谈会，表彰第三届“山钢十大杰出青年”“山钢青年岗位能手标兵”。党委书记、董事长侯军参加会议并讲话，党委副书记、董事苏斌主持会议，副总经理王向东做集团公司新旧动能转换专题辅导，工会主席卢彤书参加会议。

10日 山东省工商局为集团公司换发新的营业执照，集团公司增资及增加股东事宜办理完毕。变更后，集团公司注册资本由104.67亿元增加至111.92989834亿元；山东省社会保障基金理事会将其原持有的集团公司20%股权划转至山东国惠投资有限公司，公司股东和股权结构变更为山东省人民政府国有资产监督管理委员会持有公司70%股权、山东国惠投资有限公司持有公司20%股权、山东省社会保障基金理事会持有公司10%股权。

11日 集团公司党委下发《关于中国共产党莱芜钢铁集团有限公司第六次代表大会选举结果的批复》(山钢党字〔2018〕48号)：同意由选举产生的罗登武、王学德、李茂岭、陈肖鸿、孙日东、夏焕来、张晓燕7人组成中共莱芜钢铁集团有限公司第六届委员会，罗登武为党委书记，王学德、李茂岭为党委副书记。同意由选举产生的孙日东、张健、李林、孟宪斌、杜春峰5人组成中共莱芜钢铁集团有限公司第六届纪律检查委员会，孙日东为纪委书记，张健为纪委副书记。

14日 中共日照市委书记、市长齐家滨到日照钢铁精品基地调研。集团公司党委书记、董事长侯军，党委副书记、总经理陶登奎；集团公司党委常委、董事，日照公司党委书记、执行董事陈向阳；集团公司副总经理王向东陪同调研。

15日 集团公司在莱钢党校举行基层党支部书记示范培训班开班典礼。党委副书记、董事苏斌，党委常委罗登武参加开班典礼。

16日 山东省政协副主席、民建山东省委主任委员郭爱玲一行到集团公司调研。山东省国资委党委委员、副主任樊军，集团公司党委副书记、总经理陶登奎，党委副书记、董事苏斌，党委常委刘秀元参加调研活动。

17日 集团公司党委书记、董事长侯军到北京参加第十届中国国际钢铁大会，做题为《打造钢铁行业高质量发展新动能》的主旨演讲，并回答现场提问。

21日 集团公司党委理论学习中心组举行第九次集体学习。党委书记侯军主持学习并领学有关内容。会上传达学习中共中央办公厅印发的《关于进一步激励广大干部新时代新担当新作为的意见》等文件，观看大型电视政论片《将改革进行到底》第二集《引领经济发展新常态》。

23日 集团公司党委下发《关于刘远清同志任职的通知》(山钢党字〔2018〕52号)：刘远清任山东钢铁集团矿业有限公司党委副书记。

28日 集团公司召开科技负责人会议，副总经理、研究院院长王向东参加并讲话。

30日 集团公司工会召开第一届委员会第三次全体会议。采取通讯会议的形式，审议通过集团公司党委委员、工会主席、职工董事卢彤书为中国工会第十七次全国代表大会代表候选人预备人选；审议通过卢彤书、孙成玉、张向东为出席山东省第十五次工代会代表候选人初步人选，卢彤书为山东省总工会第十五届委员会委员候选人初步人选，孙成玉为山东省总工会第十五届经费审查委员会委员候选人初步人选。

31日 集团公司党委副书记、董事苏斌，副总经理王向东会见山东省科学技术厅副厅长于书良、中科院教授李殿中一行。

6月

6日 集团公司印发《建设项目环境保护管理办法》《2018年安全管理绩效考核办法》(山钢安字〔2018〕23号)。

12日 集团公司党委副书记、总经理陶登奎，副总经理王向东带队到淄博张钢调研，并到生产现场进行安全环保督查。

13日 集团公司党委副书记、总经理陶登奎，董事、财务总监刘德华会见到访的民生银行济南分行行长夏京利一行。

14日 集团公司党委书记、董事长侯军，副总经理张相军带队到山东耐材、山钢矿业金岭铁矿调研，并到生产现场进行安全环保督查。

15日 集团公司印发《境外投资审计管理办法（试行）》(山钢审字〔2018〕11号)。

19日 集团公司党委召开专题会议，传达学习全省领导干部会议精神和习近平总书记视察山东时重要讲话精神。集团公司党政领导侯军、苏斌、徐有芳、王向东、张相军、吕正平、卢彤书参加会议。

20日 集团公司印发《办公楼安全管理办法》(山钢办字〔2018〕52号)。

21日 集团公司办公室印发《山东钢铁集团有限公司档案利用规定》(山钢办字〔2018〕55号)。

22日 集团公司党委印发《山东钢铁集团有限公司问责管理办法（试行）》(山钢党字〔2018〕58号)。

25日 集团公司与中国钢研科技集团举行战略合作协议签署仪式。党委书记、董事长侯军与中国钢研科技集团党委书记、董事长才让签署协议。集团公司党政领导陶登奎、苏斌、赵文友、徐有芳、刘秀元、王向东，中国钢研科技集团党委常委、副总经理李波参加签约仪式。

27日 集团公司党委召开庆“七一”表彰大会。党委书记、董事长侯军领誓入党誓词，并做题为《强根铸魂 夯基固本 为推动山钢集团高质量发展提供坚实政治保障》的讲话。党委副书记、总经理陶登奎主持会议，党委副书记苏斌宣读《关于表彰党内先进集体和优秀个人的决定》。集团公司党政领导陈向阳、赵文友、徐有芳、罗登武、刘秀元、王向东、张相军、吕正平、董立志参加会议。

28日 集团公司与中国建设银行山东省分行、建信人寿保险公司在济南签署合作协议。党委副书记、总经理陶登奎与中国建设银行山东省分行行长段江涛、建信人寿保险公司总裁谢瑞平参加签约仪式。

● 集团公司党委下发《关于任向兵免职的通知》(山钢任字〔2018〕7号)：任向兵不再任战略发展部副总经理职务。

7月

4日 集团公司纪委召开一届三次全体（扩大）会议，党委常委、纪委书记赵文友参加会议并上专题党课。

11日 集团公司下发《关于设立保卫部的通知》(山钢人字〔2018〕11号)：设立保卫部，与办公室合署办公；保卫部管理岗位人员4人，其中总经理1人、副总经理1人、业务经理1人、业务主管1人；安保队员16人，由保卫部协调物业公司人员组成。

12日 集团公司党委书记、董事长侯军，董事、财务总监刘德华会见到访的上海银行总行副行长黄涛一行。

● 集团公司党委副书记、总经理陶登奎，副总经理王向东随山东省科技厅厅长于书良一行，访问中科院金属所。

17日 集团公司下发《关于李学玉等人员任职的通知》(山钢任字〔2018〕8号)：李学玉为保卫部总经理，贾元奎为保卫部副总经理。

● 集团公司党委印发《关于在业务交往中收受礼品礼金登记上交和处置管理规定》(山钢党字〔2018〕63号)。

18日 集团公司与北京科技大学开展合作交流。副总经理王向东，北京科技大学党委常委、副校长臧勇参加交流会。

19日 集团公司下发《关于郝之峰任职的通知》(山钢任字〔2018〕9号)：郝之峰为战略发展部副总经理。

20日 集团公司党委下发《关于马晋宇等同志职务任免的通知》(山钢党字〔2018〕69号)：马晋宇任机关党委委员、书记，张海鹰任团委书记。卢彤书不再任机关党委书记、委员职务，李荣臣不再任团委书记职务，金连华不再任团委副书记职务。

● 集团公司下发《关于刘纯等人员职务任免的通知》(山钢任字〔2018〕10号)：刘纯为山东耐火材料集团有限公司董事。苏伟不再任山东耐火材料集团有限公司董事职务。

● 集团公司下发《关于张新福等人员职务任免的通知》(山钢任字〔2018〕11号)：张新福为山钢金融控股（深圳）有限公司董事。罗文军不再任山钢金融控股（深圳）有限公司董事职务。

● 集团公司印发《关于推荐山东钢铁集团财务有限公司监事会主席、监事人选的函》(山钢函〔2018〕4号)：高勇为山东钢铁集团财务有限公司监事会主席，李涛为山东钢铁集团财务有限公司监事。陈明玉不再任山东钢铁集团财务有限公司监事会主席、监事职务。

● 集团公司印发《关于推荐山东钢铁集团永锋淄博有限公司监事会监事、主席人选的函》(山钢函〔2018〕5号):高勇为山东钢铁集团永锋淄博有限公司监事会监事、主席。陈明玉不再任山东钢铁集团永锋淄博有限公司监事会主席、监事职务。

● 集团公司党委下发《关于山东钢铁集团有限公司研究院党总支委员选举结果的批复》(山钢党字〔2018〕67号):马光亭、徐继山、马兴云、高元军、周平5人为新一届总支委员会委员,同意马光亭为党总支书记。

25日 山东省审计厅内审指导中心主任温国栋率省审计厅检查组,对集团公司内部审计工作开展检查。集团公司党委副书记、董事苏斌介绍相关情况。

● 集团公司印发《党政领导干部生态环境损害责任追究办法(试行)》(山钢安字〔2018〕29号)。

● 集团公司印发《生产安全事故责任追究办法》(山钢安字〔2018〕30号)。

26日 集团公司党委、集团公司联合印发《厂务公开实施办法》(山钢党字〔2018〕71号)。

27日 山东钢铁集团有限公司荣获山东省2018年"安全生产月"活动优秀组织单位称号。

30日 集团公司召开持续全面深化改革推进会议。党委书记、董事长侯军做题为《明晰权责,强化监督,优化服务,在建设魅力山钢征程中持续全面深化改革》的讲话,党委副书记、总经理陶登奎主持会议并讲话。监事会主席杨少军,集团公司党政领导苏斌、陈向阳、赵文友、徐有芳、罗登武、刘秀元、刘德华、王宏伟、钟志刚、梁阜、王向东、张相军、付博、吕正平、董立志、卢彤书,监事刘桂兴、周艳梅参加会议。

31日 集团公司印发《权属二级企业负责人绩效考核和薪酬管理办法》(山钢人字〔2018〕13号)。

8月

2日 集团公司党委书记、董事长侯军,党委常委、纪委书记赵文友,董事、财务总监刘德华,总法律顾问董立志会见到访的河北钢铁集团总会计师刘贞锁一行。

3日 集团公司董事、财务总监刘德华参加济钢产能调整情况专项审计进点会并对相关事项提出要求。

6日 集团公司党委理论学习中心组举行第十一次集体学习。党委书记、董事长侯军,党委副书记、总经理陶登奎分别领学山东省副省长王书坚在全省深化国有企业改革工作座谈会上的讲话和省国资委主任张斌在全省深化国有企业改革工作座谈会上的发言。

● 集团公司召开2018年第二次安委会会议。党委书记、董事长、安委会主任侯军主持会议并讲话,党委副书记、总经理陶登奎等公司领导参加会议。

8日 集团公司印发《安全生产监督管理办法》(山钢安字〔2018〕32号)。

● 集团公司印发《节约能源管理办法》(山钢安字〔2018〕34号)。

10日 集团公司党委下发《关于中国共产党山东钢铁集团矿业有限公司第一次代表大会选举结果的批复》(山钢党字〔2018〕77号):同意由选举产生的张相军、刘远清、封常福、杜文华、刘长进5人组成中共山东钢铁集团矿业有限公司第一届委员会,张相军为书记,刘远清、封常福为副书记。同意由选举产生的封常福、王建新、孙瑞斋、刘宜伟、马金宝5人组成中共山东钢铁集团矿业有限公司第一届纪律检查委员会,封常福为书记,王建新为副书记。

15日 集团公司召开生态环境保护大

会。党委书记、董事长侯军参加会议并讲话，党委副书记、总经理陶登奎主持会议。集团公司党政领导苏斌、陈向阳、徐有芳、罗登武、张相军、吕正平、董立志、卢彤书参加会议。

16日 集团公司党委副书记、总经理陶登奎会见到访的建设银行山东省分行副行长朱治昌一行。

● 集团公司印发《“僵尸”企业处置管理办法（试行）》(山钢资字〔2018〕37号)。

18日 中国共产党山东钢铁集团有限公司第一届委员会第二次全体会议召开。会议传达学习中共中央和中共山东省委领导重要讲话，审议通过《中共山东钢铁集团有限公司委员会常务委员会履行全面从严治党主体责任清单》《中共山东钢铁集团有限公司委员会建设“幸福和谐新山钢”行动方案》和《中国共产党山东钢铁集团有限公司第一届委员会第二次全体会议的决议》。党委书记侯军代表集团公司党委做题为《落实总书记重要讲话精神推动山钢实现高质量发展》的讲话。

20日 集团公司印发《母公司经济研究类课题管理办法（试行）》(山钢战略字〔2018〕43号)。

22日 集团公司总经理陶登奎会见到访的国家开发银行香港分行行长王武平、山东省分行副行长王磊一行。集团公司董事、财务总监刘德华，总法律顾问董立志参加会见。

23日 集团公司印发《科技创新项目管理办法（试行）》(山钢科字〔2018〕11号)。

● 集团公司印发《科技创新项目研发费用管理办法（试行）》(山钢财字〔2018〕33号)。

29日 由山东省纪委监委组织开展的“省直廉政教育宣讲进国企”活动在集团公司举行。省直廉政教育宣讲团国有企业宣讲小组组长、省委党校校刊编辑部主任、教授谭建做题为《以习近平新时代中国特色社会主义思想为指导　不断推动全面从严治党向纵深发展》的廉政宣讲报告。省委巡视办公室原主任卢保民等省直廉政教育宣讲团部分成员观摩宣讲，集团公司党委书记、董事长侯军主持，党委副书记、总经理陶登奎等党政领导参加。

30日 集团公司党委理论学习中心组举行第十二次集体学习。党委书记、董事长侯军主持学习，集团公司党政领导集体学习《习近平谈治国理政》第二卷，全国宣传思想工作会议精神，新修订的《中国共产党纪律处分条例》等内容。

9月

1日至2日 2018中国500强企业高峰论坛正式发布“中国企业可持续发展百佳”名单，集团公司在百佳名单中位列第8位。在“中国企业500强”名单中，集团公司营业收入名列排行榜第126位，比上年提升24位。

5日 集团公司党委书记、董事长侯军向冶金工业经济发展研究中心主任石洪卫颁发聘书，聘任其为集团公司管理专家委员会副主任委员。

6日 集团公司下发《关于石本军任职的通知》(山钢任字〔2018〕12号)：石本军为审计部高级经理。

10日 集团公司党委书记、董事长侯军到山东工业职业学院参加第34个教师节庆祝大会，为先进集体和个人颁奖并讲话。调研员吕正平参加活动。

12日至13日 由中国科学技术协会主办、中国金属学会承办、山钢集团等单位协办的钢铁工业绿色制造发展高端论坛暨 2018 年全国冶金能源环保会议在济南召开。集团公司党委书记、董事长侯军致辞，党委副书记、总经理陶登奎参加会议，副总经理王向东做题为《坚定绿色发展道路，做新时代钢铁行业生态环保的引领者》的报告。

14 日 集团公司下发《关于王学德任职的通知》(山钢任字〔2018〕14 号)：王学德为山东钢铁集团有限公司总经理助理。

● 集团公司下发《关于张庆斌任职的通知》(山钢任字〔2018〕15 号)：张庆斌为山东钢铁集团新闻传媒中心副总经理(管理 5 级)。

13 日至 15 日 2018 年（第六届）高强建筑用钢及钢结构应用发展论坛在济南举办。集团公司党委书记、董事长侯军致辞，党委副书记、总经理陶登奎，党委常委罗登武参加论坛。

17 日 集团公司党委、集团公司分别下发《关于王庆山等同志职务任免的通知》(山钢党字〔2018〕95 号)、《关于王庆山等人员职务任免的通知》(山钢任字〔2018〕13 号)：王庆山任莱芜钢铁集团有限公司党委委员、书记、董事长。车连房为莱芜钢铁集团有限公司董事，罗登武不再任莱芜钢铁集团有限公司党委书记、委员、董事长、董事，王学德不再任莱芜钢铁集团有限公司党委副书记、委员。

● 集团公司下发《关于冯清智任职的通知》(山钢任字〔2018〕16 号)：冯清智为山信软件股份有限公司财务总监（管理 5 级)。

18 日 集团公司正式与山东省科技厅签订《高端制造装备用高品质稀土特殊钢关键技术研究及产业化》项目任务书。

20 日 集团公司党委副书记、总经理陶登奎，副总经理王向东会见到访的中金国泰控股集团董事长郑建龙一行。

21 日 集团公司党委副书记、总经理陶登奎会见到访的民生银行总行投行部副总经理张志祥一行。

26 日 集团公司印发《差旅费管理办法》(山钢财字〔2018〕35 号)。

● 集团公司印发《因公临时出国人员费用开支标准和管理办法》(山钢财字〔2018〕36 号)。

27 日 由山东省新旧动能转换重大工程推进办公室副主任、省发展改革委人事处处长王海林带领的“千名干部下基层”国企高质量发展服务队一行 5 人进驻集团公司。集团公司召开见面会，党委书记、董事长侯军，党委副书记、总经理陶登奎，党委副书记、董事苏斌，党委常委刘秀元参加，并与服务队进行座谈交流。

29 日 集团公司党委书记、董事长侯军，党委副书记、总经理陶登奎作为省属企业代表，应邀参加中共山东省委、省政府在山东会堂举行的儒商大会 2018 开幕式，陶登奎还参加了省属企业混合所有制改革资本对接活动。

10 月

9 日 集团公司召开日照一期一步项目审计发现问题整改专题会议。党委副书记、总经理陶登奎主持会议并讲话，董事、财务总监刘德华参加会议。

● 集团公司党委印发《离退休干部党组织工作经费管理办法》《离退休干部党组织负责人工作补助发放办法》(山钢党字〔2018〕104 号)。

● 集团公司印发《审计整改督查工作实施办法（试行)》(山钢审字〔2018〕14 号)。

11 日 集团公司召开三季度工作会议。党委书记、董事长侯军做题为《构建“五位一体”协同机制　着力推进商业模

式创新　全力提升企业本质化运营水平》的讲话，党委副书记、总经理陶登奎主持会议并讲话。集团公司党委常委、董事、监事、高管人员参加会议。山东省“千名干部下基层”服务队成员列席会议。

● 中共山东省委第十二巡视组巡视山东钢铁集团有限公司党委工作动员会召开。会前，省委巡视工作领导小组成员、省委巡视办主任孟祥吉主持召开与山钢集团党委书记、董事长侯军的见面沟通会，传达省委书记刘家义在听取十一届省委第三轮巡视工作情况汇报时的讲话精神。会上，省委第十二巡视组组长郑建军就即将开展的巡视工作做动员讲话，孟祥吉就做好巡视工作提出要求。侯军主持会议并做表态发言。

13 日　集团公司印发《信息化管理办法》（山钢战略字〔2018〕50 号）。

16 日至 17 日　集团公司总经理陶登奎应邀赴日本东京参加世界钢铁协会第 51 届年会并参观有关钢铁企业。

17 日　集团公司党委、集团公司分别下发《关于徐亮天同志免职的通知》（山钢党字〔2018〕109 号）、《关于陈明玉等人员职务任免的通知》（山钢任字〔2018〕17 号）、《关于徐亮天等人员职务任免的通知》（山钢任字〔2018〕18 号）、《关于孙建东等人员职务任免的通知》（山钢任字〔2018〕19 号）：陈明玉为莱芜钢铁集团有限公司董事、财务总监，徐亮天为审计部总经理，孙建东为济钢集团有限公司董事、财务总监，于文波为济钢集团有限公司监事、监事会主席。陈明玉不再任审计部总经理职务，徐亮天不再任济钢集团有限公司党委委员、财务总监职务，马光亭不再任济钢集团有限公司董事、莱芜钢铁集团有限公司董事职务，孙建东不再任莱芜钢铁集团有限公司财务总监职务。石本军不再任济钢集团有限公司监事会主席、监事职务。

● 集团公司党委、集团公司分别下发《关于孙耿平同志免职的通知》（山钢党字〔2018〕111 号）、《关于孙耿平等人员职务任免的通知》（山钢任字〔2018〕21 号）：孙耿平为山东钢铁集团淄博张钢有限公司财务总监，不再任山东钢铁集团淄博张钢有限公司党委委员职务。周振峰不再任山东钢铁集团淄博张钢有限公司监事职务。

● 集团公司党委、集团公司分别下发《关于瞿守民等同志任免职的通知》（山钢党字〔2018〕110 号）、《关于瞿守民等人员职务任免的通知》（山钢任字〔2018〕20 号）：瞿守民为山东耐火材料集团有限公司党委委员，纪委委员、书记，监事会监事、主席。邓亦庭不再任山东耐火材料集团有限公司纪委书记、委员职务，陈剑不再任山东耐火材料集团有限公司董事职务，周振峰不再任山东耐火材料集团有限公司监事职务。

● 集团公司党委印发《中国共产党山东钢铁集团有限公司委员会常务委员会议事规则》（山钢党字〔2018〕107 号）。

● 集团公司党委印发《关于深化人才发展体制机制改革的意见》及《高端和急需紧缺人才引进管理暂行办法》《关于人才职业发展通道建设的指导意见》《关于推进内部人才流动共享的意见》《人才工作目标责任制考核办法（试行）》（山钢党字〔2018〕108 号）。

18 日　集团公司印发《规范研发投入统计口径的管理意见》（山钢科字〔2018〕13 号）。

17 日至 19 日　集团公司纪委书记赵文友在昆明钢铁集团有限责任公司参加全国钢铁企业纪检监察工作研究会第十四次年会。

19 日　集团公司印发《首席专家首席技能大师选拔管理暂行办法》（山钢人字

〔2018〕16号）。

24日 集团公司党委理论学习中心组举行第十五次集体学习，主题是“贯彻新发展理念，推动高质量发展”。党委书记、董事长侯军主持学习并讲话，集团公司党委常委、监事会主席、高管参加学习。

22日至26日 集团公司党委委员、工会主席、职工董事卢彤书作为中国工会十七大代表，在北京参加中国工会十七次代表大会。

26日 集团公司印发《境外股权投资管理暂行办法》（山钢资字〔2018〕51号）。

11月

1日 集团公司召开《技术研发指南》专家咨询研讨会，邀请北京科技大学唐荻教授、上海大学董瀚教授等9位来自高等院校、科研院所、企业的专家进行指导。党委副书记、总经理陶登奎，副总经理付博参加研讨会。

2日 中央第三生态环境保护督察组组长吴新雄一行到济钢督察。中共山东省委常委、济南市委书记王忠林陪同督察，集团公司党委副书记、总经理陶登奎介绍相关情况。

7日 集团公司党委副书记、董事苏斌到新闻传媒中心，与新闻工作者共度第十九个中国记者节，代表集团公司党委和集团公司向全集团的新闻工作者表示慰问。

● 山东省人力资源和社会保障厅印发《关于山东鲁能智能技术有限公司等24个单位设立博士后科研工作站的通知》（鲁人社字〔2018〕372号），批准在集团公司设立博士后科研工作站，开展博士后工作。

● 集团公司印发《驻境外工作人员境外补贴规定》（山钢人字〔2018〕17号）。

15日 集团公司印发《关于调整推荐山东钢铁股份有限公司监事会监事人选的函》（山钢函〔2018〕11号）：推荐徐亮天为山东钢铁股份有限公司监事会监事，陈明玉不再任山东钢铁股份有限公司监事会监事。

16日 集团公司党委副书记、总经理陶登奎，董事、财务总监刘德华会见到访的华夏银行济南分行行长符盛丰一行。

20日 集团公司在日照公司举办钢铁工业绿色智能发展院士讲座，日照公司与中国汽车技术研究中心汽车工程研究院联合共建“汽车用钢应用技术联合实验室”揭牌，山钢钢铁研究院与钢研院所签订先进钢铁材料联合研发意向书。中国工程院院士干勇、王国栋、毛新平，中共日照市委书记齐家滨出席讲座，日照市委副书记、市长李永红，山东省科技厅副厅长张士新，集团公司党委书记、董事长侯军分别致辞，集团公司党委常委、董事陈向阳主持讲座，副总经理王向东参加讲座。

● 集团公司印发《科技成果管理办法（试行）》（山钢科字〔2018〕17号）。

● 集团公司印发《专利管理办法（试行）》（山钢科字〔2018〕19号）。

22日 山东省发展改革委二级巡视员许竹升带队到集团公司调研座谈。集团公司党委书记、董事长侯军，副总经理王向东汇报相关情况，省管企业高质量发展第三服务队队长王海林及服务队成员参加座谈会。

26日 集团公司下发《关于杨再昌等人员任职的通知》（山钢任字〔2018〕22号）：杨再昌为财务总监管理办公室主任，王景洲为外派监事管理办公室主任。

27日 集团公司召开贯彻落实三季度工作会议精神座谈会。集团公司党政领导侯军、陶登奎、苏斌、罗登武、刘秀元、王向东、张相军、卢彤书，与各单位主要负责人、职工代表座谈交流。

28日 集团公司召开科技负责人11月份工作例会。党委副书记、总经理陶登奎，党委常委、组织部部长刘秀元，副总经理王向东参加，宣布成立山钢研究院日照研发中心等12个分中心（分院），并举行各分中心（分院）授牌仪式。

29日 集团公司党委理论学习中心组举办2018年第十六次集体学习研讨，主题是“尊崇党内法规”和“规范党内组织生活”，集团公司党政领导侯军、陶登奎等参加学习研讨。

● 集团公司印发《对外科技合作管理办法》(山钢科字〔2018〕23号)。

30日 集团公司党委下发《关于成立中共山东钢铁集团有限公司委员会党校及侯军同志任职的通知》(山钢党字〔2018〕126号)：成立中共山东钢铁集团有限公司委员会党校。侯军任中共山东钢铁集团有限公司委员会党校校长。

● 集团公司党委印发《山东钢铁集团有限公司新闻宣传工作管理规定》(山钢党字〔2018〕129号)。

12月

5日 集团公司党委副书记、总经理陶登奎，副总经理王向东会见到访的北京科技大学副校长臧勇一行。

6日 集团公司党委副书记、总经理陶登奎带队赴山东墨龙公司考察交流。

4日至7日 集团公司党委书记、董事长侯军随山东代表团在香港参加2018香港山东周活动。

7日 集团公司印发《财务总监管理办法》(山钢财字〔2018〕44号)。

● 集团公司印发《深化资金统一管理办法》(山钢财字〔2018〕45号)。

8日 集团公司党委副书记、总经理陶登奎，党委常委、组织部部长刘秀元参加济钢总经理聘用签约仪式。

11日 山钢集团与山东省国资委、清控国创股权投资公司交流会在集团公司办公楼召开，集团公司副总经理王向东参加会议。

12日 集团公司党委副书记、总经理陶登奎，党委常委、组织部部长刘秀元参加莱钢总经理聘用签约仪式。

13日 集团公司党委副书记、董事，中国冶金政研会副会长苏斌赴马钢集团参加2018年中国冶金政研会理事大会。

● 集团公司党委书记、董事长侯军，党委副书记、总经理陶登奎，党委常委刘秀元，副总经理付博会见到访的山东省商业集团党委书记、董事长，省文化旅游发展集团党委书记、董事长高洪雷，省商业集团党委副书记、董事，省文化旅游发展集团党委副书记、总经理刘守亮一行。

16日 由中共山东省委宣传部、省委改革办、省委党史研究院、大众报业集团、山东广播电视台等联合开展的庆祝改革开放40周年感动山东人物和最具影响力事件评选揭晓，“济钢产能调整与山钢转型发展”入选最具影响力事件。

18日 集团公司党委组织党员干部群众收听收看庆祝改革开放40周年大会实况。侯军、陶登奎等党政领导分别在集团公司总部主会场和莱芜、日照分会场观看会议实况。

● 集团公司下发《关于孙日东等人员职务任免的通知》(山钢任字〔2018〕23号)：孙日东为战略发展部总经理。解聘：车连房的战略发展部总经理职务；石本军的审计部高级经理职务。

17日至19日 集团公司党委常委侯军、陶登奎、苏斌、陈向阳、赵文友、罗登武、刘秀元分别到部分单位，就履行全面从严治党责任和抓基层党建工作开展专题调研。

19 日 集团公司党委、集团公司分别下发《关于车连房等同志职务任免的通知》(山钢党字〔2018〕134 号)、《关于车连房等人员职务任免的通知》(山钢任字〔2018〕24 号):车连房为山东耐火材料集团有限公司董事、董事长、党委委员、书记。刘伟不再任山东耐火材料集团有限公司董事长、董事、党委书记、委员职务。

● 集团公司党委分别下发《关于李荣臣等同志职务任免的通知》(山钢党字〔2018〕135 号)、《关于鹿凡伟同志免职的通知》(山钢党字〔2018〕136 号)、《关于鹿凡伟等同志职务任免的通知》(山钢党字〔2018〕137 号):李荣臣任莱芜钢铁集团有限公司党委委员,纪委委员、书记;鹿凡伟任山东钢铁集团有限公司工会副主席。鹿凡伟不再任山东钢铁集团财务有限公司党总支书记、委员职务。李荣臣不再任山东钢铁集团有限公司工会副主席职务;孙日东不再任莱芜钢铁集团有限公司党委委员,纪委书记、委员职务。

● 集团公司印发《关于调整推荐莱芜钢铁集团有限公司董事人选的函》(山钢函〔2018〕13 号)、《关于调整推荐山东钢铁集团永锋淄博有限公司董事人选的函》(山钢函〔2018〕14 号):孙日东为莱芜钢铁集团有限公司董事人选。张瑞堂为山东钢铁集团永锋淄博有限公司董事人选。车连房不再任山东钢铁集团永锋淄博有限公司董事职务。

● 集团公司印发《关于调整推荐山信软件股份有限公司监事会监事、主席人选的函》(山钢函〔2018〕15 号):董保树为山信软件股份有限公司监事会监事、主席。石本军不再任山信软件股份有限公司监事会主席、监事职务。

21 日 集团公司党委下发《关于山东省新力冶金实业有限公司党总支换届选举结果的批复》(山钢党字〔2018〕138 号):同意姚斌、张少军、曲芃 3 人为新一届总支委员会委员;姚斌为党总支书记,张少军为党总支副书记。

22 日 中国钢铁行业庆祝改革开放 40 周年高峰论坛在鞍山举行。在本次论坛上集团公司荣获中国冶金报社颁发的“钢铁行业改革开放 40 周年功勋企业”称号。

25 日 集团公司党委下发《关于鹿凡伟等同志职务任免的通知》(山钢党字〔2018〕143 号):鹿凡伟任山东钢铁集团有限公司机关工会主席。李荣臣不再任山东钢铁集团有限公司机关工会主席职务。

● 集团公司下发《关于孙日东等人员职务任免的通知》(山钢任字〔2018〕25 号):孙日东为冶金工业工程质量监督总站山钢监督站站长。解聘车连房的冶金工业工程质量监督总站山钢监督站站长职务。

27 日 集团公司党委下发《关于李长青等同志职务任免的通知》(山钢党字〔2018〕145 号):李长青任济钢集团有限公司工会主席。苗刚不再任济钢集团有限公司工会主席职务。

● 集团公司党委下发《关于李洪建同志任职的通知》(山钢党字〔2018〕146 号):李洪建任莱芜钢铁集团有限公司党委委员、副书记。

● 集团公司下发《关于罗文军等人员职务任免的通知》(山钢任字〔2018〕26 号):罗文军为济钢集团有限公司董事。苗刚不再任济钢集团有限公司董事职务。

● 集团公司召开 2018 年度财务工作暨财务决算部署会议。党委副书记、总经理陶登奎出席并讲话,董事、财务总监刘德华主持会议。

● 集团公司党委印发《管理人员挂职锻炼工作管理办法》(山钢党字〔2018〕148 号)。

27日至28日 中华全国总工会副主席、书记处书记、党组成员石岱，中国机械冶金建材工会主席陈杰平，中华全国总工会女职工部部长徐微一行，在山东省总工会副主席王际仓陪同下到山钢股份莱芜分公司调研。集团公司党委书记、董事长侯军，党委副书记、总经理陶登奎，集团公司党委常委、山钢股份莱芜分公司党委书记、总经理罗登武参加调研活动。

29日 集团公司召开安全生产委员会及环境保护领导小组会议。党委书记、董事长、安委会主任侯军主持会议并讲话，党委副书记、总经理、安委会副主任陶登奎等公司领导和安委会成员单位主要负责人参加会议。

（注：● 与上面日期相同）

（撰稿：于　华

审稿：李学玉　徐　峰）

2018年度山钢十大新闻

1. 全集团深入学习贯彻习近平总书记视察山东重要讲话精神

8月18日，集团公司一届二次全委会审议通过了《中共山东钢铁集团有限公司委员会关于深入学习贯彻习近平总书记视察山东重要讲话精神的意见》《中共山东钢铁集团有限公司委员会常务委员会履行全面从严治党主体责任清单》等文件，党委书记侯军代表党委做了题为《落实总书记重要讲话精神推动山钢实现高质量发展》的讲话，随后全集团掀起学习热潮，各项工作加速推进。

2. 庆祝改革开放40周年，山钢集团获得多项荣誉

12月11日，“济钢产能调整和山钢转型发展”被评为山东省庆祝改革开放40周年最具影响力事件。作为全国第一家整体退出的千万吨级城市钢厂，济钢创造了国内钢铁行业关停规模最大、安置人数最多、安置期最短的纪录。2018年，济钢十大转型项目按节点稳步推进，主打新兴产业进展顺利，经营绩效显著。12月22日，山钢集团被中国冶金报社评为“钢铁行业改革开放40周年功勋企业”，标志着山钢的历史长度、创造性贡献、发展质量和规模及公众认可度达到了新的高度。

3. 集团公司经营绩效创历史最好水平，日照公司一期一步全线贯通

2018年，集团公司营业收入显著增长，利润大幅提高，创集团成立以来最好水平。钢铁板块贡献巨大，其他产业板块发展趋势向好。12月10日，冶金工业规划研究院发布2018年中国钢铁企业综合竞争力评级结果，山钢集团被评为“A+”（竞争力极强），与2017年的“A”（竞争力特强）相比实现了新的跃升。山钢产品打入“中俄元首项目”——俄罗斯阿穆尔天然气加工项目（AGPP）、世界上最大的乙二醇模块化项目等国外重要工程。全年出口钢材量同比增长1.5倍，出口比例高于行业平均水平，山钢集团上榜“2018年中国对外贸易500强”。以4月19日冷轧2号连退线热试成功为标志，日照公司一期一步生产线全线贯通。已开发产品150多个，基本实现调试大纲品种全覆盖，高表面质量冷轧镀锌产品填补山东空白，第一批试订单成功打入欧洲宝马、中国一汽等知名企业。日照钢铁精品基地创造了特大型钢铁项目热试即投产、投产即盈利的新纪录。

4. 省委巡视组对山钢集团党委开展巡视工作，集团党委对二级单位党组织巡察实现全覆盖

10月11日，中共山东省委第十二巡视组开始对山钢集团党委开展为期3个月左右的巡视工作。集团公司党委按照“边查边改、即知即改”原则，对巡视组反馈的问题立即进行整改，成效明显。2018年，集团公司党委第二轮巡察成立3个巡察组，对机关党委、职业学院、山钢矿业、山东耐材、山信软件、金控公司、财务公司开展全面巡察，至此，集团公司党委用一年半时间实现了对17家单位的巡察全覆盖。

5. 集团公司全面深化改革，市场化选聘、契约化管理持续推进

以7月30日召开的持续全面深化改革推进会议为发端，集团公司改革权属二级企业负责人绩效考核和薪酬管理办法，深化人才发展体制机制改革；推进协同创新和研究院研发体制机制改革试点，形成“一院多中心”两级研发体系；实行权力清单管理，集团公司对子公司进行放权；在权属企业全面推开经理层市场化选聘、契约化管理，试点董事长契约化改革。永锋淄博混合所有制改革以来，经营绩效连续实现倍增，职工收入同比翻番，受到上级领导、社会主流媒体高度评价，被誉为混改的“山钢样板”。

6. 集团公司发布新旧动能转换重大工程实施方案，4个项目入选省重大项目库第一批优选项目

3月30日，集团公司召开会议，动员部署推进新旧动能转换工作。5月25日，集团公司印发《新旧动能转换重大工程实施方案》，公布首批进入新旧动能转换项目库的重大工程项目和重点研发项目，规划期至2025年，届时将完成钢铁、金融、矿产资源等10个产业的新旧动能转换，“四新”收入占比超过30%。6月22日，济钢环保新材料科技产业园等4个项目入选山东省新旧动能转换重大项目库第一批优选项目名单。

7. 着眼本质化运营水平提升，集团公司构建“五位一体”协同机制

10月11日，集团公司三季度工作会议提出，构建以客户为引领，以人才为支撑，营销、生产、研发高效运行的“五位一体”协同机制，推进商业模式创新，提升资源配置能力和市场服务水平，将各要素环节有机融为一体，聚合形成新的动能，提升以“不断培育核心竞争能力并保持比较优势，实现持续盈利和可持续发展”为实质内涵的本质化运营水平。

8. 集团公司发布《绿色发展行动方案(2019—2020年)》，确定率先实现超低排放

8月15日，集团公司召开生态环境保护大会；11月26日，集团公司发布《绿色发展行动方案（2019—2020年)》，计划在2020年8月31日前，钢铁板块实现大气污染物超低排放，废水近“零排放”，建成绿色低碳环保生态园林工厂，绿色发展水平进入全国钢铁行业前列，引领山东省钢铁企业绿色转型发展。

9. “幸福和谐新山钢”建设全面启动

8月22日，集团公司党委印发建设“幸福和谐新山钢”行动方案，“幸福和谐新山钢”建设与魅力山钢建设“两步走”战略同步推进。到2020年年底，全集团一半以上权属二级企业（单位）完成“幸福和谐企业”创建；到2025年年底，全集团权属二级企业（单位）全部完成“幸福和谐企业”创建，职工收入位于行业较高水平，职工对美好生活的新期待得到较大满足。

10. 侯军、张学政当选第十三届全国人大代表并出席十三届一次会议

集团公司党委书记、董事长侯军和莱钢集团济南莱钢钢结构公司职工张学政于2018年1月当选为第十三届全国人大代表，3月5日至20日出席了在北京召开的第十三届全国人民代表大会第一次会议。会议期间，侯军、张学政认真履行代表职责，并接受了多家新闻媒体的采访，财政部对侯军提案的有关问题专门致函给予答复。

（注：摘自《山东钢铁报》第578期）

山钢年鉴 2019

山钢集团
SD STEEL

概 况

山钢集团
SD STEEL

山钢文化

核心理念

山钢经营宗旨：

精品赢得市场，诚信创造未来

公司简况

山东钢铁集团有限公司于 2008 年 3 月 17 日注册成立，注册资本 111.93 亿元，是山东省人民政府国有资产监督管理委员会和山东省社会保障基金理事会共同履行出资人职责的有限责任公司。旗下有山东钢铁股份有限公司、济钢集团有限公司、莱芜钢铁集团有限公司、山东钢铁集团财务有限公司、山钢金融控股（深圳）有限公司、山东工业职业学院、山东钢铁集团矿业有限公司、山东耐火材料集团有限公司、山东钢铁集团淄博张钢有限公司等子公司（单位），有山东钢铁、金岭矿业、鲁证期货 3 家上市公司，企业信用等级 AAA。2018 年，实现营业收入 1558 亿元，利润总额 70 亿元；生产铁、钢、材分别为 2243 万吨、2321 万吨和 2268 万吨。

山钢集团列 2018 “中国企业 500 强”第 126 位、“中国制造业企业 500 强”第 45 位；荣膺“钢铁行业改革开放 40 周年功勋企业”；“济钢产能调整与山钢转型发展”入选山东省庆祝改革开放 40 周年最具影响力事件；冶金工业规划研究院发布，山钢集团综合竞争力评级由 2017 年的 A 级（竞争力特强）跃升为 A+（竞争力极强），跻身全国钢铁企业第一梯队。

山钢集团立足钢铁主业，致力于生产高端、高质、绿色、高效产品，主要钢材品种有中厚板、热轧板卷、冷轧板卷、H 型钢、优特钢、热轧带肋钢筋等，广泛应用于汽车、石油、铁路、桥梁、建筑、电力、交通、机械、造船、轻工、家电等多个重要领域，远销美国、英国、德国、日本、韩国等几十个国家和地区，已经成为全国著名的中厚板材生产基地和 H 型钢生产基地。借力“一带一路”，大力开拓国际市场，产品成功打入港珠澳大桥、亚马尔项目、AGPP 等国内外重要工程，耐材产品被浦项、蒂森克虏伯、新日铁等国际一流企业充分认可、优先选用。金融、钢结构建筑、信息技术、产业园区开发运营等多元主打产业得到长足发展。

山钢集团加强技术创新和人才工作，拥有 1 个国家认定企业技术中心、3 个省级技术中心、3 个省级工程技术研究中心、2 个省级实验室、3 个国家认可质检中心、2 个院士工作站和 4 个博士后科研工作站。具有高级专业技术职称人员 4013 人，硕士、博士学位人员 1165 人，累计获得“新世纪百千万人才工程”国家级人选 1 人，“中华杰出工程师”青年奖 1 人、中华技能大奖 1 人，全国技术能手 13 人，泰山产业领军人才 2 人，山东省有突出贡献的中青年专家 17 人，享受国务院特殊津贴专家 35 人，齐鲁（山东省）首席技师 58 人。

山钢集团坚持党的领导与完善公司治理结构相统一，充分发挥党组织把方向、管大局、保落实作用，持续深化改革，加快新旧动能转换，在多个方面实现了发展的新突破，国有资本投资公司改建进展顺利，混合所有制改革取得显著成效，经营管理人员“市场化选聘、契约化管理”迈出实质性步伐。

山钢集团以“共创、共进、共赢”为核心价值观，秉承“为民情怀，职工福祉”理念，全面实施“幸福和谐新山钢”建设。坚持与客户、职工、股东、社会等各相关方和谐共创、合力并进、利益共享，山钢文化逐步得到广大职工和社会各界的认同，在凝聚职工、提升企业形象中发挥着越来越重要的作用。获得山东省委宣传部等五部门命名的企业文化“十大品牌”、中国商业联合会等颁发的“全国企业文化建设特殊贡献单位”称号。

山钢集团坚持高质量发展，深入推进“多元主打、结构调整，闯开转型升级特色之路；奋战三年、提质增效，跻身全国钢铁强企前列”的发展目标，以《新旧动能转换三年行动计划》为指引，以治理结构优化、质量效益优先、政治生态优良、企业文化优秀，发展有动能、行业有地位、职工有福祉、品牌有美誉的“四优四有”目标为基本内涵，分两步走，全力打造一个“注入改革基因、充盈市场元素、拥有创新特质、饱含人文情怀”的魅力山钢。

（撰稿：刘　宁　审稿：李学玉）

2018年工作综述

【主要经营指标】 2018年，集团公司实现营业收入1558.57亿元，比上年增加206.24亿元，增幅15.25%；利润总额70.18亿元，比上年增加30.98亿元；净利润45.45亿元，比上年增加27.88亿元。资产总额3164.43亿元、负债总额2644.18亿元、所有者权益520.25亿元，与上年差额分别为177.88亿元、118.65亿元、59.23亿元，增幅分别为5.96%、4.7%、12.85%。资产负债率83.56%。

【改革发展】 参与制定《山东省先进钢铁制造产业基地发展规划》，实施新旧动能转换三年行动计划，以钢铁主业为基，铸造多元主打高地，确立了钢铁等五个主打产业，一批重大项目列入全省新旧动能转换重点工程项目库。山钢集团综合竞争力评级由2017年的A级（竞争力特强）跃升为A+(竞争力极强)，跻身全国钢铁企业第一梯队。日照钢铁精品基地项目一期一步实现投产即达效，一期二步正在建设，二期规划和二期一步可研编制启动。济钢产能调整、转型发展取得阶段性成果，产能调整资产处置形成“三位一体”工作模式，处置工作进入快速推进、良性循环轨道，“四新”产业园、环保新材料产业园等项目取得突破性进展。莱芜区域钢铁产业积极改造提升传统动能，产能置换和升级改造进入决策阶段。实施多元主打战略，大力发展“钢铁+金融”“钢铁+IT”“钢铁+建筑”等模式，深入实施钢铁产业链融合，大力发展绿色环保的钢结构装配式建筑产业、产融结合为特色的现代金融服务产业，聚焦中高端软件开发、信息技术服务、智能装备制造的信息技术产业。“今来银网”交易额累计超10亿元。

【公司治理】 系统推进法人治理结构完善，修订董事会、党委常委会、总经理议事规则，实行权力清单管理，集团公司对子公司进行放权，集团总部仅保留12类、146个管理事项（67个审批事项、64个备案事项、15个其他事项）；集团公司董事会对经营层授权事项11项、对各子公司董事会授权事项12项；统筹推进新旧动能转换三年行动计划、科技创新规划、循环经济产业发展规划；建设魅力山钢愿景路径、两步走战略、“实力山钢、活力山钢、品质山钢、责任山钢、幸福山钢”的目标，激励和引领企业全方位提速提质提效。“法治山钢”建设全面推进，深度落实党政主要负责人法治建设第一责任人的职责，依法治企取得新成效。强化外部协调，在事关集团发展的重大问题上获得国家、省委省政府及各级地方政府积极支持，转型发展的外部环境大幅改善。

【资金管理】 细化目标和措施，大力开展降杠杆减负债工作。通过深化改革、强化管理、盘活资产、优化资源配置等方式，增强积累能力和盘活资产。加大资金集中管理力度，充分利用财务公司等内部平台，扩大资金集中范围，优化专项资金等特殊资金的集中管理方式，增强资金安排的计划性，统筹协调好资金使用总量和支出进度，强化资金流转的过程控制，做到“无预算，不开支；有预算，不超支”。积极稳妥推进市场化债转股工作。多渠道多方式开展股权融资，充分利用证券市场，积极推进企业通过整体或分业务板块上市、定向增发、配股等方式进行股权融资，做好中泰证券IPO工作。鼓励成员单位吸收各类股权类受托管理资金，以及保险资金、年金、基本养老保险基金等长期性资金，通过设立发展基金、发行优先股等方式开展股权融资，有效补充实体企业权益资本。稳妥有序推进混合所有制改革，通过出让股份、增资扩股、合资合作等方式多渠道引入社会资本。继续加强对有息负债规模的控制。除项目专项融资外，严格控制成员单位的融资事项，保证山钢集团有息负债规模维持在合理水平。利用山东省国有土地评估增值政策，将国有土地评估增值部分计入权益。2018年通过建行发行50亿元永续票据（可转股权）；与工行在20亿元债转股业务合作的基础上，就后续债转股业务进行新一轮探讨。

【降本增效】 在各产业板块内开展深度对标工作，力争通过在学习标杆的同时，推动各板块“跑赢大盘”。以预算为抓手，完善目标成本测算模板，落实目标责任成本管理实施办法，开展无效成本专项治理工作，强调动态成本管理分析，实现成本管理标准化、科学化。抓管理创新，着力提升精益管理，强化问题思维，深入推进内部市场化运营，用经济杠杆激发职工多劳、多创、降本、提效的内在动力。抓市场机遇，提升创效效率。铁前系统，以高炉稳定顺行为核心；炼钢系统，以提升钢产量为中心；轧材系统，以提高效益为核心，根据产线、产品效益情况，动态平衡、调整钢坯资源流向，实现了量效双提升。抓对标挖潜，着力发现和分析差距，全力找准降本突破口，推动成本持续改善。抓内部协同，全力推进产、购、运、检一体化协同运作，建立炉料结构优化模型，促进采购成本的降低。抓技术创新，着力提升技术贡献度，全力提升各项技术、能源指标水平。

【科技创新】 重塑科技创新体系，形成山钢研究院、各产业公司技术中心“一院多中心”的两级研发体系。发布《技术研发指南（2019年版）》，获准设立博士后科研工作站，建立“山钢智库”并公布首批专家名单，搭建各级科技创新平台。支撑国家创新，承担的国家“十三五”重点研发计划项目顺利开展，中科院合作重大专项顺利推进，承担省泰山产业领军人才新兴产业创新类项目，获得省专项资金支持。新产品研发高效推进，积极引进先进研发工具，面向市场，产销研深度融合，全面推进，重点突破。先后开展高强结构钢、车轮钢、双相钢、容器钢、管线钢、家电板、汽车板等30多个品种的产品开发，支撑日照钢铁精品基地一期一步工程实现“投产即达效”国内新纪录。型钢等工艺创新有突破，支撑产品品质走向高端高效。

【绿色发展】 以习近平生态文明思想为指导，贯彻落实中央关于环境保护、生态文明建设决策部署，牢记国有企业的使命担当，坚定不移走绿色低碳发展道路，坚决打好污染防治攻坚战。召开山钢生态环境保护大会，明确率先达到超低排放标准目标，引领山东省钢铁企业实现绿色转型发展。组织编制《山钢集团绿色发展行动方案（2019—2020年）》，并以此为指导全面实施环境深度治理和钢铁超低排放改造。通过与阿里云、浪潮集团等合作，将物联网、大数据、人工智能等应用于生产全流程，持续推进“两化”深度融合、智能制造，把绿色生态理念贯穿于钢铁及相关产业发展的全过程，实施产品全生命周期绿色管理，开展能效环保系统诊断，打造全供应链的高效、清洁、循环的制造体系。

【人才工作】 对集团公司人力资源状况进行全面调研、梳理、分析，有针对性做好有关工作。全面下放用人自主权，赋予各产业公司自主用人权利，发挥产业公司改革创新的主体主导作用。积极抓好高端人才引进工作。参加省委组织部、省人社厅组织的国际人才交流会、“山东—名校直通车”、“海洽会”等省级引才活动，指导各权属单位做好高层次人才社会招聘工作，多家单位有针对性地引进所需人才，提升山钢品牌影响力。山钢金控成功从社会引进分管资产管理副总经理、风控总监、人力资源总监、权属子公司融资租赁公司和资产管理公司总经理等 5 名职业经理人和 10 名高级专业技术人才，日照公司从社会引进 5 名高层次专业级技术人才。认真做好省级及以上人才工程申报推荐工作。截至 2018 年年底，通过评审进入公示程序享受国务院颁发政府特殊津贴 1 人、省有突出贡献中青年专家 1 人、齐鲁首席技师 3 人、省有突出贡献技师 1 人、省技术能手 3 人、全国技术能手 1 人、中华杰出工程师青年奖 1 人、国家创新人才计划科技创新创业人才 1 人。加强人才集聚平台建设工作，集团公司申报博士后科研工作站及推荐日照公司申报省级技师工作站获得批准。做好富余人员分流安置工作，积极稳妥做好济钢九羊项目、塞矿项目人员安置工作，并做好山镁处置职工安置方案制定工作，坚持依法操作、以人为本。积极构建和谐劳动关系，严格遵守《劳动法》《劳动合同法》以及省市有关劳动关系法律法规，自觉维护企业和职工双方的合法权益，协调处理永锋淄博劳动关系理顺事宜，对集团总部职工劳动合同签订情况进行了全面梳理，规范整理劳动合同签订、续签、变更、解除等情况，做到及时备案，依法用工。

（撰稿：刘　宁　审稿：李学玉）

山钢年鉴 2019

山钢集团
SD STEEL

机构与人事

山钢集团
SD STEEL

山钢文化

核心理念

山钢精神：信恒如山，创新超越

山东钢铁集团有限公司组织机构图

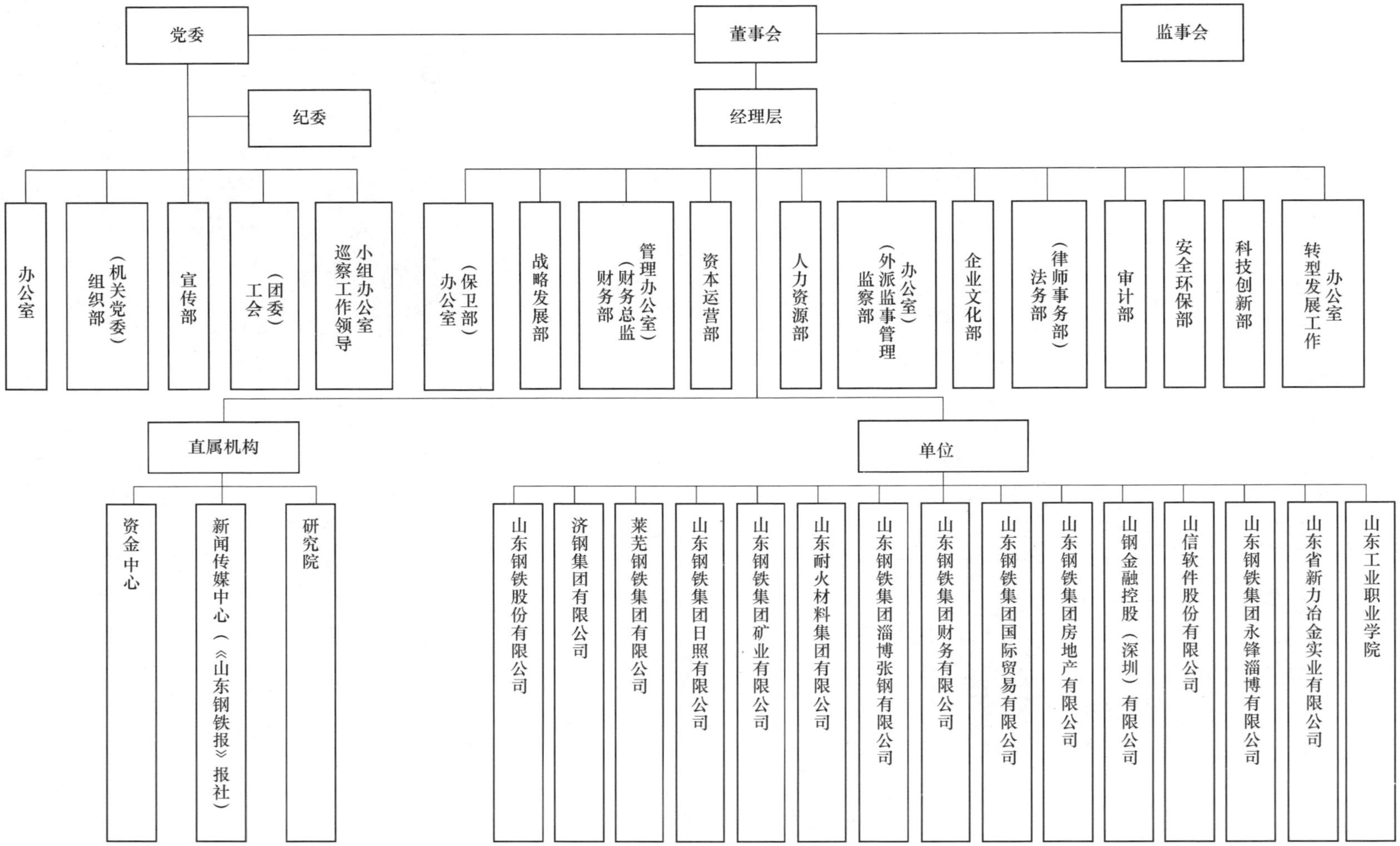

山东钢铁集团有限公司领导简介

侯　军　中共山东省委委员，山东钢铁集团有限公司党委书记、董事长、法定代表人，山东省冶金工业总公司党组书记、总经理、法定代表人，山东钢铁股份有限公司党委书记，中共山东钢铁集团有限公司委员会党校校长，高级经济师。山东莘县人，1981年12月参加工作，1985年9月加入中国共产党，1987年7月取得聊城师范学院中文专业大专学历，1991年7月取得山东省委党校经济管理专业本科学历，1997年12月取得中共山东省委党校经济管理专业研究生学历。

1981年12月至1986年8月历任聊城市工商银行秘书科办事员、副科长；1986年8月至1988年8月任省电大济南分校工商银行教学班支书、班长；1988年8月至1994年5月历任聊城地区工商银行信贷科科员、副科长；1994年5月至1998年1月任聊城地区城市信用合作社中心社副主任；1998年1月至2001年1月任茌平县委副书记、副县长；2001年1月至2002年12月任茌平县委副书记、县长；2002年12月至2007年1月任茌平县委书记、县人大常委会主任；2007年1月至2008年1月任聊城市委常委；2008年1月至2012年3月任聊城市委常委、副市长；2012年3月至2013年7月任聊城市委常委、副市长、市政府党组副书记；2013年7月至2015年11月任华鲁控股集团有限公司党委副书记、董事、总经理；2015年11月至2015年12月任山东钢铁集团有限公司党委书记、董事长，山东省冶金工业总公司党组书记、总经理；2015年12月至2016年12月任山东钢铁集团有限公司党委书记、董事长，山东省冶金工业总公司党组书记、总经理，山东钢铁股份有限公司党委书记；2016年12月至2017年6月任改建后的山东钢铁集团有限公司党委书记、董事长，山东省冶金工业总公司党组书记、总经理，山东钢铁股份有限公司党委书记；2017年6月至2018年11月任中共山东省委委员，山东钢铁集团有限公司党委书记、董事长，山东省冶金工业总公司党组书记、总经理，山东钢铁股份有限公司党委书记；2018年11月任中共山东省委委员，山东钢铁集团有限公司党委书记、董事长，山东省冶金工业总公司党组书记、总经理，山东钢铁股份有限公司党委书记，中共山东钢铁集团有限公司委员会党校校长。

第十三届全国人大代表。中国钢铁工业协会副会长，中国金属学会常务理事，山东金属学会理事长、《山东冶金》理事长。

陶登奎　山东钢铁集团有限公司党委副书记、总经理，山东钢铁股份有限公司党委副书记、董事长、法定代表人，工程技术应用研究员。山东莱芜人，1988年7月参加工作，1984年10月加入中国共产党，1988年7月研究生毕业于北京科技大学冶金机械专业，并取得工学硕士学位。

1988年7月至1997年12月历任莱钢轧钢厂带钢车间技术组组长、主任助理、副主任，中小型车间筹备组组长、车间主任；1997年12月至2002年6月历任莱钢轧钢厂副厂长，中型厂副厂长、厂长兼党委书记、厂长兼党委副书记；2002年6月至2008年2月历任莱钢股份有限公司副总经理，莱钢集团有限公司总经理助理，莱钢股份有限公司董事；2008年2月至2009年11月任山东钢铁集团有限公司党委委员、副总经理；2009年11月至2011年8月任山东钢铁集团有限公司党委委员、副总经理，山东钢铁集团有限公司资金中心总经理；2011年8月至2014年7月任山东钢铁集团有限公司党委委员、副总经理，山东钢铁集团有限公司资金中心总经理，山东钢铁集团财务有限公司董事长（其间：2013年8月起挂职中国工商银行北京总部风险管理部副总经理一年；2013年5月至2013年9月任日照钢铁精品基地工程指挥部副总指挥）；2014年7月至2015年5月任山东钢铁集团有限公司党委委员、副总经理，山东钢铁股份有限公司党委常委，山东钢铁集团有限公司资金中心总经理，山东钢铁集团财务有限公司董事长；2015年5月至2015年8月任山东钢铁集团有限公司党委委员、副总经理，山东钢铁集团有限公司资金中心总经理，山东钢铁集团财务有限公司董事长，山东钢铁股份有限公司党委常委、董事；2015年8月至2015年11月任山东钢铁集团有限公司党委委员、副总经理，山东钢铁集团财务有限公司董事长，山东钢铁股份有限公司党委常委、董事；2015年11月至2015年12月任山东钢铁集团有限公司党委副书记、副董事长、总经理，山东钢铁集团财务有限公司董事长，山东钢铁股份有限公司党委常委、董事；2015年12月至2016年12月任山东钢铁集团有限公司党委副书记、副董事长、总经理，山东钢铁股份有限公司党委副书记、董事长，山东钢铁集团财务有限公司董事长；2016年12月至2017年9月任改建后的山东钢铁集团有限公司党委副书记、总经理，山东钢铁股份有限公司党委副书记、董事长，山东钢铁集团财务有限公司董事长；2017年9月任山东钢铁集团有限公司党委副书记、总经理，山东钢铁股份有限公司党委副书记、董事长。

曾荣获山东省优秀知识分子、山东省优秀青年企业家等荣誉称号。

苏　斌　山东钢铁集团有限公司党委副书记、董事，山东钢铁股份有限公司党委副书记，教授级高级政工师。山东定陶人，1984年7月参加工作，1983年12月加入中国共产党，1984年7月大学毕业于山东农业大学土化系土壤农化专业，2002年7月取得中央党校经济管理专业研究生学历，2005年4月取得南开大学商学院高级管理人员工商管理硕士学位。

1984年7月至1985年9月任济南市郊区姚家办事处纪检委员、团委副书记；1985年9月至1986年10月任共青团济南市郊区区委副书记；1986年10月至1987年4月在山东省委组织部知识分子工作处帮助工作；1987年4月至2002年5月历任山东省委组织部知识分子工作处副科级巡视员、正科级巡视员、助理调研员、副处长，企业干部办公室副主任（其间：1994年3月至1995年9月挂职山东省平原县平原镇党委副书记，1999年9月至2002年7月在中央党校经济管理专业研究生班学习）；2002年5月至2004年6月历任山东省委企业工委省管企业监事会管理办公室主任、监事会工作处处长；2004年6月至2010年9月历任山东省国资委人事教育处（外事处）负责人、处长，机关党委副书记，人事处处长（其间：2008年2月至2008年12月在山东省委党校第18期中青年干部培训班学习）；2010 年 9 月至 2012 年 4 月任山东钢铁集团有限公司党委副书记、纪委书记；2012 年 4 月至 2014 年 7 月任山东钢铁集团有限公司党委副书记、纪委书记，山东钢铁股份有限公司监事会主席；2014 年 7 月至 2015 年 5 月任山东钢铁集团有限公司党委副书记、纪委书记，山东钢铁股份有限公司党委副书记、监事会主席、纪委书记；2015 年 5 月至 2016 年 12 月任山东钢铁集团有限公司党委副书记、纪委书记，山东钢铁股份有限公司党委副书记、纪委书记；2016 年 12 月至 2017 年 3 月任改建后的山东钢铁集团有限公司党委副书记、董事；山东钢铁股份有限公司党委副书记、纪委书记；2017 年 3 月任山东钢铁集团有限公司党委副书记、董事；山东钢铁股份有限公司党委副书记。

中国劳动学会冶金分会常务理事、副会长，中国冶金职工思想政治工作研究会副会长，全国钢铁行业共青团工作指导和推进委员会第一届委员会顾问，山东省省管企业党建思想政治工作研究会副会长。曾荣获中共山东省委组织部和山东省国资委机关先进工作者、优秀共产党员，山东省优秀思想政治工作者等荣誉称号。

陈向阳 山东钢铁集团有限公司党委常委、董事，山东钢铁股份有限公司党委常委、副董事长，山东钢铁集团日照有限公司党委书记、执行董事，工程技术应用研究员。山东冠县人，1988 年 7 月参加工作，1994 年 5 月加入中国共产党，1988 年 7 月大学毕业于东北工学院钢铁冶金专业，2003 年 12 月取得武汉科技大学冶金工程硕士学位，2010 年 4 月取得东北大学钢铁冶金专业研究生学历和工学博士学位。

1988 年 7 月至 1989 年 11 月莱钢炼钢厂炼钢车间见习；1989 年 11 月至 1992 年 2 月任莱钢炼钢厂技术科助理工程师；1992 年 2 月至 1996 年 7 月历任莱钢炼钢厂连铸车间主任助理、副主任；1996 年 7 月至 1997 年 2 月任莱钢炼钢厂连铸二车间主任；1997 年 2 月至 1999 年 4 月历任莱钢炼钢厂生产经营部业务科长、技术科业务科长；1999 年 4 月至 2001 年 1 月任莱钢股份有限公司炼钢厂副厂长；2001 年 1 月至 2005 年 7 月任莱钢股份有限公司炼钢厂党委副书记、厂长；2005 年 7 月至 2006 年 2 月任莱钢股份有限公司副总经理；2006 年 2 月至 2008 年 2 月任莱钢集团有限公司总经理助理，莱钢股份有限公司副总经理；2008 年 2 月至 2009 年 7 月任莱钢集团有限公司党委副书记、副董事长、总经理，莱钢股份有限公司党委副书记、董事长；2009 年 7 月至 2009 年 10 月任山东钢铁集团有限公司党委委员、董事、副总经理，莱钢集团有限公司党委副书记、副董事长、总经理，莱钢股份有限公司党委副书记、董事长；2009 年 10 月至 2010 年 3 月任山东钢铁集团有限公司党委委员、董事、副总经理，济钢集团有限公司党委副书记、副董事长、总经理；2010 年 3 月至 2012 年 4 月任山东钢铁集团有限公司党委委员、董事、副总经理；2012 年 4 月至 2013 年 5 月任山东钢铁集团有限公司党委委员、董事、副总经理，山东钢铁股份有限公司董事；2013 年 5 月至 2013 年 9 月任山东钢铁集团有限公司党委委员、董事、副总经理，山东钢铁股份有限公司董事，日照钢铁精品基地工程指挥部副总指挥；2013 年 9 月至 2014 年 7 月任山东钢铁集团有限公司党委委员、董事、副总经理，山东钢铁股份有限公司董事，日照钢铁精品基地工程指挥部总指挥，山东钢铁集团日照有限公司党委书记、执行董事、总经理；2014年7月至2015年5月任山东钢铁集团有限公司党委委员、董事、副总经理，山东钢铁股份有限公司党委常委、董事，日照钢铁精品基地工程指挥部总指挥，山东钢铁集团日照有限公司党委书记、执行董事、总经理；2015年5月至2016年5月任山东钢铁集团有限公司党委委员、董事、副总经理，山东钢铁股份有限公司党委常委，日照钢铁精品基地工程指挥部总指挥，山东钢铁集团日照有限公司党委书记、执行董事、总经理；2016年5月至2016年12月任山东钢铁集团有限公司党委委员、董事、副总经理，山东钢铁股份有限公司党委常委，日照钢铁精品基地工程指挥部总指挥，山东钢铁集团日照有限公司党委书记、执行董事；2016年12月至2017年3月任改建后的山东钢铁集团有限公司党委常委、董事，山东钢铁股份有限公司党委常委，日照钢铁精品基地工程指挥部总指挥，山东钢铁集团日照有限公司党委书记、执行董事；2017年3月至2017年7月任山东钢铁集团有限公司党委常委、董事，山东钢铁股份有限公司党委常委、副董事长，日照钢铁精品基地工程指挥部总指挥，山东钢铁集团日照有限公司党委书记、执行董事；2017年7月任山东钢铁集团有限公司党委常委、董事，山东钢铁股份有限公司党委常委、副董事长，山东钢铁集团日照有限公司党委书记、执行董事。

日照市第十八届人大代表。中国钢铁工业协会环保与节能委员会主任委员，山东省冶金质量协会副会长，山东省金属学会炼钢技术专业委员会副主任委员，山东省青年联合会副主席，山东省青年企业家联合会副会长。曾荣获全国重点钢铁联合企业节能工作先进个人、山东省劳动模范、山东省十大杰出青年、山东省“富民兴鲁”劳动奖章等荣誉称号。

赵文友　山东钢铁集团有限公司党委常委、纪委书记，山东钢铁股份有限公司党委常委、纪委书记，高级会计师。山东临朐人，1991年7月参加工作，1994年12月加入中国共产党，1991年7月大专毕业于山东财政学院税收系税收专业，1996年7月取得山东财政学院会计学专业管理学学士学位，2008年7月取得中央党校经济学专业研究生学历。

1991年7月至2004年5月历任山东省旅游局审计室干部，财务管理处科员、副主任科员、主任科员（其间：1993年9月至1996年7月在山东财政学院函授会计学专业学习）；2004年5月至2008年7月任山东省旅游局办公室副主任（其间：2004年7月至2007年6月援藏任西藏自治区日喀则地区旅游局副局长；2005年9月至2008年7月在中央党校研究生院在职研究生经济学专业学习）；2008年7月至2009年6月任山东省监察厅驻省旅游局监察专员办公室副主任；2009年6月至2014年11月任山东省纪委驻省旅游局纪检组副组长，山东省监察厅驻省旅游局监察专员办公室主任；2014年11月至2017年1月任山东省民委党组成员，山东省纪委驻省民委纪检组组长，山东省监察厅驻省民委（省宗教局）监察专员；2017年1月至2017年3月任山东钢铁集团有限公司党委常委、纪委书记；2017年3月任山东钢铁集团有限公司党委常委、纪委书记，山东钢铁股份有限公司党委常委、纪委书记。

徐有芳　山东钢铁集团有限公司党委常委、董事，山东钢铁股份有限公司党委常委，工程技术应用研究员。山东昌邑人，1983年7月参加工作，1986年11月加入中国共产党，1983年7月大学毕业

于山东冶金工业学院机械专业，2005年6月取得南开大学EMBA专业工商管理硕士学位。

1983年7月至1992年6月历任济钢炼钢分厂技术员、天车车间副主任、主任，转炉改造办公室科级干部，板坯连铸车间主任、党支部书记；1992年6月至1997年11月历任济钢第一炼钢厂大板坯车间主任、党支部书记，副厂长；1997年11月至2002年7月历任济南钢铁集团总公司设备处处长、装备部部长；2002年7月至2008年2月任济南钢铁集团总公司副总经理；2008年2月至2012年4月任济钢集团有限公司党委常委、副总经理；2012年4月至2012年5月任济钢集团有限公司党委常委、副总经理，山钢股份有限公司副总经理；2012年5月至2013年4月任济钢集团有限公司党委常委、副总经理，山钢股份有限公司副总经理、山钢股份有限公司济南分公司总经理；2013年4月至2014年7月任济钢集团党委副书记、副董事长、总经理，山钢股份有限公司副总经理、山钢股份有限公司济南分公司总经理；2014年7月至2016年6月任山钢股份有限公司副总经理，山钢股份有限公司济南分公司党委书记、总经理；2016年6月至2016年12月任山钢股份有限公司董事、副总经理，山钢股份有限公司济南分公司党委书记、总经理；2016年12月至2017年1月任山东钢铁集团有限公司董事、党委常委，山钢股份有限公司董事、副总经理，山钢股份有限公司济南分公司党委书记、总经理；2017年1月至2017年3月任山东钢铁集团有限公司党委常委、董事，山钢股份有限公司董事、副总经理，济钢集团有限公司党委书记、董事长；2017年3月至2017年6月任山东钢铁集团有限公司党委常委、董事，山钢股份有限公司党委常委、董事，济钢集团有限公司党委书记、董事长；2017年6月至2018年4月任山东钢铁集团有限公司党委常委、董事，山钢股份有限公司党委常委、董事；2018年4月任山东钢铁集团有限公司党委常委、董事，山钢股份有限公司党委常委。

济南市第十一次党代会代表。济南市第十六届人大代表。曾荣获山东省“富民兴鲁”劳动奖章。

罗登武 山东钢铁集团有限公司党委常委，山东钢铁股份有限公司党委常委、董事、总经理，山东钢铁股份有限公司莱芜分公司党委书记、总经理，工程技术应用研究员。陕西临潼人，1982年8月参加工作，1984年12月加入中国共产党，1982年7月大学毕业于西安冶金建筑学院炼铁专业，2006年12月取得中南财经政法大学高级管理人员工商管理硕士学位。

1982年8月至1996年10月历任莱钢第一铁厂高炉车间副炉长、炉长、副主任，机动技术部副科长，副主任；1996年10月至2002年6月历任莱钢第一铁厂副厂长、第二铁厂副厂长、炼铁厂副厂长、炼铁厂厂长、党委副书记；2002年6月至2004年3月任莱钢股份有限公司副总经理；2004年3月至2006年2月任莱钢股份有限公司董事、副总经理；2006年2月至2006年3月任莱钢集团有限公司总经理助理兼股份有限公司董事、副总经理；2006年3月至2008年3月任莱钢集团有限公司总经理助理兼股份有限公司董事、副总经理，研发中心主任；2008年3月至2010年7月任莱钢集团有限公司副总经理；2010

年7月至2012年4月任莱钢集团有限公司董事、副总经理；2012年4月至2012年5月任莱钢集团有限公司董事、副总经理，山钢股份有限公司副总经理；2012年5月至2013年1月任莱钢集团有限公司董事、副总经理，山钢股份有限公司副总经理、莱芜分公司总经理；2013年1月至2013年3月任莱钢集团有限公司党委常委、董事、副总经理，山钢股份有限公司副总经理、莱芜分公司总经理；2013年3月至2014年7月任莱钢集团有限公司党委副书记、副董事长、总经理，山钢股份有限公司副总经理、莱芜分公司总经理；2014年7月至2016年3月任山钢股份有限公司副总经理，莱芜分公司党委书记、总经理；2016年3月至2016年5月任莱钢集团有限公司党委书记、副董事长，山钢股份有限公司副总经理，莱芜分公司党委书记、总经理；2016年5月至2016年6月任莱钢集团有限公司党委书记、副董事长，山钢股份有限公司董事、副总经理，莱芜分公司党委书记、总经理；2016年6月至2016年12月任莱钢集团有限公司党委书记、董事长，山钢股份有限公司董事、副总经理，莱芜分公司党委书记、总经理；2016年12月至2017年1月任山东钢铁集团有限公司党委常委，山钢股份有限公司董事、副总经理，莱钢集团有限公司党委书记、董事长，山钢股份有限公司莱芜分公司党委书记、总经理；2017年1月至2017年3月任山东钢铁集团有限公司党委常委，山钢股份有限公司董事、总经理，莱钢集团有限公司党委书记、董事长，山钢股份有限公司莱芜分公司党委书记、总经理；2017年3月至2018年9月任山东钢铁集团有限公司党委常委，山钢股份有限公司党委常委、董事、总经理，莱钢集团有限公司党委书记、董事长，山钢股份有限公司莱芜分公司党委书记、总经理；2018年9月任山东钢铁集团有限公司党委常委，山钢股份有限公司党委常委、董事、总经理，山钢股份有限公司莱芜分公司党委书记、总经理。

山东省第十一次党代会代表。曾荣获山东省八十年代优秀毕业生、山东省优秀青年知识分子、山东省新长征突击手等荣誉称号。

刘秀元 山东钢铁集团有限公司党委常委、党委组织部部长，山东钢铁股份有限公司党委常委，教授级高级政工师。山东招远人，1981年10月参加工作，1988年3月加入中国共产党，1987年7月取得山东广播电视大学大专学历，2004年6月取得山东省委党校经济管理专业研究生学历。

1981年10月至1985年8月任济钢炼钢分厂工会干事、团委副书记；1985年8月至1987年7月为山东广播电视大学学生；1987年7月至1991年8月任济钢团委干事、青工部副部长；1991年8月至1997年4月历任济钢团委副书记、书记；1997年4月至2002年7月任济钢中板厂党委书记、纪委书记；2002年7月至2004年1月任济钢组干部部长；2004年1月至2006年9月历任济钢党委委员、组干部部长、组织部部长；2006年9月至2008年2月任济钢党委委员、工会主席；2008年2月至2012年4月任济钢集团有限公司党委常委、董事、工会主席；2012年4月至2014年7月任济钢集团有限公司党委常委、董事、工会主席，山钢股份有限公司职工监事；2014年7月至2015年8月任山钢股份有限公司职工监事，山钢股份有限公司济南分公司党委副书记、纪委书记、工会主席，济钢板材公司党委副书记、纪委书记、工会主席；2015年8月至2016年3月任山东钢铁集团有限公司职工董事，山钢股份有限公司职工监事，山钢股份有限公司济南分公司党委副书记、纪委书记、工会主席，济钢板材公司党委副书记、纪委书记、工会主席；2016年3月至2016年12月任山东钢铁集团有限公司职工董事，山钢股份有限公司职工监事，山钢股份有限公司济南分公司党委副书记、纪委书记、工会主席，济钢集团有限公司党委副书记、董事、纪委书记、工会主席，济钢板材公司党委副书记、纪委书记、工会主席；2016年12月至2017年1月任改建后的山东钢铁集团有限公司党委常委、职工董事，山钢股份有限公司职工监事，山钢股份有限公司济南分公司党委副书记、纪委书记、工会主席，济钢集团有限公司党委副书记、董事、纪委书记、工会主席，济钢板材公司党委副书记、纪委书记、工会主席；2017年1月至2017年2月任山东钢铁集团有限公司党委常委、职工董事，山钢股份有限公司职工监事；2017年2月至2017年3月任山东钢铁集团有限公司党委常委、职工董事、党委组织部部长，山钢股份有限公司职工监事；2017年3月至2017年4月任山东钢铁集团有限公司党委常委、职工董事、党委组织部部长，山钢股份有限公司党委常委、职工监事；2017年4月至2018年2月任山东钢铁集团有限公司党委常委、职工董事、党委组织部部长，山钢股份有限公司党委常委；2018年2月任山东钢铁集团有限公司党委常委、党委组织部部长，山东钢铁股份有限公司党委常委。

济南市第十一次党代表。曾荣获全国优秀工会工作者、山东省“富民兴鲁”劳动奖章、山东省省管企业优秀党务工作者、山东省优秀青年工作者、济南市“五一”劳动奖章等荣誉称号。

刘德华 山东钢铁集团有限公司外部董事、财务总监，山东钢铁集团财务有限公司董事长，中国注册会计师，正高级会计师，具有证券从业、基金从业、期货从业资格。湖北荆门人，1987年1月参加工作，1987年1月加入中国共产党，1987年1月中专毕业于西南工业管理学校财会专业，1991年12月取得湖北省高等教育自学考试会计专业专科学历，2005年7月取得中央广播电视大学、北京工商大学会计学专业本科学历、管理学学士学位，2013年1月取得天津大学工商管理专业工商管理硕士学位。

1987年1月至1992年5月任兵器工业集团湖北东方化学工业公司（525厂）财务处、销售处会计（其间：1991年12月湖北省高等教育自学考试会计专业专科毕业）；1992年5月至1996年3月任深圳世达塑料制品有限公司财务部经理、会计师；1996年3月至1997年12月任深圳世达塑料制品有限公司总经理；1997年12月至2001年10月任湖北东方化学工业公司财务处副处长；2001年10月至2004年2月任湖北东方化学工业公司内饰件厂副厂长；2004年2月至2005年11月任湖北东方化学工业公司颜料公司经理（其间：2003年3月至2005年7月中央广播电视大学、北京工商大学会计学专业本科学习）；2005年11月至2007年3月任兵器工业集团襄樊新东方化工公司财务部部长；2007年3月至2008年12月任兵器工业集团襄樊新东方化工公司计划部部长（其间：2007年4月获中国注册会计师职业资格）；2008年12月至2010年12月任枣庄矿业集团财务总监；2010年12月至2013年12月任山东能源集团外部董事、财务总监（其间：2010年4月至2013年1月攻读天津大学工商管理专业硕士学位）；2013年12月至2015年6月任山东能源集团外部董事、财务总监，山东能源集团财务有限公司董事长；2015年6月至2015年9月任山东钢铁集团有限公司财务总监；2015年9月至2017年3月任山东钢铁集团有限公司外部董事、财务总监；2017年3月至2017年9月任改建后的山东钢铁集团有限公司外部董事、财务总监；2017年9月任山东钢铁集团有限公司外部董事、财务总监，山东钢铁集团财务有限公司董事长。

曾荣获中国煤炭工业协会颁发的企业管理现代化创新成果二等奖、三等奖，山东省企业经营管理科学优秀成果一等奖，山东省企业管理现代化创新成果一等奖，山东省内部审计先进个人等荣誉称号。

王向东　山东钢铁集团有限公司党委委员、副总经理，山东钢铁集团有限公司研究院院长，政工师。山东东平人，1989年7月参加工作，1995年12月加入中国共产党，1989年7月中专毕业于山东电子工业学校计算机应用专业，1999年7月取得山东省经济管理干部学院经济管理专业大专学历，2003年7月取得山东行政学院经济管理专业大学学历，2009年9月取得天津大学工业工程领域专业工程硕士学位。

1989年7月至1993年7月为济钢材料处见习、计算机管理员；1993年7月至1995年2月任济钢材料处管理科副科长；1995年2月至1996年10月任济钢材料处计划管理部经理；1996年10月至1997年12月任济钢材料处处长助理（科级）；1997年12月至2002年5月任济钢材料处副处长；2002年5月至2005年11月任济钢材料处处长；2005年11月至2006年2月任济南钢铁股份有限公司销售公司经理；2006年2月至2008年3月任济南钢铁股份有限公司销售公司经理、党总支书记；2008年3月至2008年10月任济钢集团有限公司党委办公室主任、办公室主任；2008年10月至2008年12月任济钢集团有限公司总经理助理、党委办公室主任、办公室主任；2008年12月至2009年3月任济钢集团有限公司副总经理、党委办公室主任、办公室主任；2009年3月至2009年8月任济钢集团有限公司副总经理、党委办公室主任、办公室主任，销售公司经理；2009年8月至2009年11月任济钢集团有限公司副总经理、销售公司经理；2009年11月至2010年2月任济钢集团有限公司副总经理、销售公司经理，山钢销售中心总经理；2010年2月至2011年9月任山钢集团销售中心总经理、济钢集团有限公司副总经理；2011年9月至2012年4月任山钢销售中心总经理，济钢集团有限公司党委常委、副总经理；2012年4月至2014年7月任山钢股份有限公司副总经理、山钢销售中心总经理，济钢集团有限公司党委常委、副总经理；2014年7月至2016年3月任山钢股份有限公司副总经理、山钢销售中心总经理，山钢股份有限公司济南分公司党委委员、副总经理；2016年3月至2016年12月任山钢股份有限公司副总经理、销售中心总经理，山钢股份营销总公司党委书记、总经理；2016年12月至2017年2月任山钢股份有限公司副总经理，山钢股份营销总公司党委书记、总经理；2017年2月至2017年3月任山东钢铁集团有限公司副总经理，山钢股份有限公司副总经理，山钢股份营销总公司党委书记、总经理；2017年3月至2017年11月任山东钢铁集团有限公司副总经理；2017

年11月至2017年12月任山东钢铁集团有限公司党委委员、副总经理；2017年12月任山东钢铁集团有限公司党委委员、副总经理，山东钢铁集团有限公司研究院院长。

曾荣获济南市“五一”劳动奖章、山东省“富民兴鲁”劳动奖章、济南市优秀共产党员、第十五届“泉城十大杰出青年”等荣誉称号。

张相军 山东钢铁集团有限公司党委委员、副总经理，山东钢铁集团矿业有限公司党委书记、执行董事，高级工程师。山东寿光人，1985年7月参加工作，1985年6月加入中国共产党，1985年7月大学毕业于山东冶金工业学院采矿工程专业。

1985年7月至1991年1月任山东金岭铁矿召口采场技术员、技术组组长；1991年1月至1993年2月任山东金岭铁矿召口分矿副矿长；1993年2月至1997年1月任山东金岭铁矿副矿长；1997年1月至2006年4月任山东金岭铁矿矿长；2006年4月至2008年8月任山东省冶金工业总公司总经理助理，山东金岭铁矿矿长；2008年8月至2009年2月任山东省冶金工业总公司总经理助理，山东金岭铁矿矿长，山东钢铁集团矿业有限公司董事、总经理；2009年2月至2009年3月任山东钢铁集团有限公司总经理助理，山东钢铁集团矿业有限公司董事、总经理，山东省冶金工业总公司总经理助理，山东金岭铁矿矿长；2009年3月至2010年3月任山东钢铁集团有限公司总经理助理，山东钢铁集团矿业有限公司董事、总经理；2010年3月至2017年2月任山东钢铁集团有限公司总经理助理，山东钢铁集团有限公司党委组织部部长；2017年2月至2017年3月任山东钢铁集团有限公司副总经理，山东钢铁集团矿业有限公司党委书记、总经理；2017年3月至2017年11月任山东钢铁集团有限公司副总经理，山东钢铁集团矿业有限公司党委书记、执行董事、总经理；2017年11月至2018年5月任山东钢铁集团有限公司党委委员、副总经理，山东钢铁集团矿业有限公司党委书记、执行董事、总经理；2018年5月任山东钢铁集团有限公司党委委员、副总经理，山东钢铁集团矿业有限公司党委书记、执行董事。

山东金属学会副理事长。曾荣获全国钢铁工业劳动模范、山东省“富民兴鲁”劳动奖章等荣誉称号。

付　博 山东钢铁集团有限公司党委委员、副总经理、董事会秘书，高级工程师。山东沂水人，1994年7月参加工作，2000年5月加入中国共产党，1994年7月大学毕业于鞍山钢铁学院钢铁冶金专业，2005年11月取得美国莱特州立大学研究生学历、工商管理硕士学位。

1994年7月至1995年3月莱钢炼钢厂技术科见习；1995年3月至1996年8月为莱钢炼钢厂连铸车间作业长；1996年8月至1996年12月为莱钢炼钢厂调度室调度员；1996年12月至1998年3月为莱钢炼钢厂连铸二车间责任工程师；1998年3月至1999年3月为莱钢炼钢厂生产调度室调度员；1999年3月至1999年8月为莱钢炼钢厂生产科助理工程师；1999年8月至2000年2月任莱钢炼钢厂4号连铸机副总机长；2000年2月至2001年1月任莱钢炼钢厂1号炉副总炉长、炉长；2001年1月至2001年12月任莱钢炼钢厂厂长助理；2001年12月至2007年8月任莱钢炼钢厂副厂长；2007年8月至2008年6月任莱钢股份有限公司品质保证部党委书记、副主任，莱钢集团有限公司品质保证部副部长，莱钢银山型钢公司品质保证部副主任；2008年6月至2016年9月任山东钢铁集团有限公司资本运营部部长；2016年9月至2017年2月任山东钢铁集团有限公司资本运营部总经理；2017年2月至2017年11月任山东钢铁集团有限公司副总经理、董事会秘书、资本运营部总经理；2017年11月任山东钢铁集团有限公司党委委员、副总经理、董事会秘书。

曾荣获山东省国资委齐鲁创业先锋共产党员荣誉称号。

吕正平 山东钢铁集团有限公司党委委员、调研员，教授级高级政工师。山东肥城人，1981年7月参加工作，1984年3月加入中国共产党，1981年7月大专毕业于山东泰安师范专科学校物理专业，1996年7月取得山东省经济管理干部学院经济管理专业大学学历，2006年6月取得武汉大学软件工程专业工程硕士。

1981年7月至1982年10月为山东通用机械厂职工子弟学校教师；1982年10月至1985年4月为山东通用机械厂宣传科干事；1985年4月至1987年12月任山东冶炼加工厂团委书记；1987年12月至1989年3月任山东冶炼加工厂政治工作部主任科员；1989年3月至1989年12月在山东省冶金工业总公司政治处帮助工作；1989年12月至1990年12月任山东省冶金工业总公司政治处干部；1990年12月至1993年1月任山东省冶金工业总公司政治处科长；1993年1月至1997年8月任山东省冶金工业总公司政工部宣传科科长；1997年8月至1999年7月任省（冶金）工业学校党委副书记兼纪委书记；1999年7月至2000年4月任省（冶金）工业学校党委副书记兼纪委书记，山东冶金职工大学党委副书记、副校长；2000年4月至2002年4月任省工业学校党委副书记，山东冶金职工大学党委副书记、副校长；2002年4月至2004年12月任省工业学校党委书记，山东冶金职工大学党委书记、副校长；2004年12月至2008年7月任山东工业职业学院党委书记；2008年7月至2016年12月任山东工业职业学院党委书记（厅级-机构升格）；2016年12月至2017年11月任山东钢铁集团有限公司调研员；2017年11月任山东钢铁集团有限公司党委委员、调研员。

曾荣获振兴淄博劳动奖章、淄博市劳动模范等荣誉称号。

董立志 山东钢铁集团有限公司党委委员、总法律顾问，高级经济师。山东德州人，1992年8月参加工作，1995年11月加入中国共产党，1992年7月大学毕业于烟台师范学院英语专业，1997年7月取得大连海事大学专门用途外语专业研究生学历、文学硕士学位，2013年7月取得中南财经政法大学专业工商管理硕士学位。

1992年8月至1994年9月任德州粮食学校教师；1994年9月至1997年7月为大连海事大学专门用途外语专业学生；1997年7月至2001年1月任青岛外轮代理公司职员；2001年1月至2001年12月任青岛市招商局促进局干部；2001年12月至2003年5月任青岛市招商局三处处长；2003年5月至2004年2月任青岛开发区外贸局副局长；2004年2月至2008年12月任青岛开发区欧美亚投资促进局副局长（其间：2004年8月至2008年6月任中国

驻迪拜总领事馆经济商务领事)；2008年12月至2009年12月任莱钢集团有限公司副总经理；2009年12月至2011年12月任莱钢集团有限公司副总经理、总法律顾问；2011年12月至2012年5月任莱钢集团有限公司副总经理、总法律顾问，山钢驻塞拉利昂唐克里里办事处主任；2012年5月至2013年9月任莱钢集团有限公司副总经理、总法律顾问，山钢集团非洲总代表处总代表；2013年9月至2015年7月任莱钢集团有限公司党委常委、董事、副总经理、总法律顾问，山钢非洲总代表处总代表；2015年7月至2016年3月任莱钢集团有限公司党委常委、董事、副总经理、总法律顾问；2016年3月至2016年6月任山钢集团有限公司总法律顾问、法律事务部部长；2016年6月至2016年9月任山钢集团有限公司总法律顾问、法律事务部部长，山钢股份有限公司监事会主席；2016年9月至2017年2月任山钢集团有限公司总法律顾问，山钢股份有限公司监事会主席；2017年2月至2017年4月任改建后的山东钢铁集团有限公司总法律顾问，山钢股份有限公司监事会主席；2017年4月至2017年11月任山东钢铁集团有限公司总法律顾问；2017年11月任山东钢铁集团有限公司党委委员、总法律顾问。

山东省企业商事法律研究会常务理事、副会长。曾荣获全国十佳首席法务官、山东省“七五”普法中期先进工作者、青岛市最佳创汇能手、青岛市对外开放系统突出贡献个人等荣誉称号。

王学德 山东钢铁集团有限公司党委委员、总经理助理，教授级高级政工师，山东莱芜人，1982年7月参加工作，1985年5月加入中国共产党，1981年7月取得山东工业大学电力系统及其自动化专业大学学历、学士学位，2003年6月取得中共山东省委党校经济管理专业研究生学历，2004年12月取得中南财经政法大学工商管理专业工商管理硕士学位。

1982年7月至1984年8月为莱钢动力部干部；1984年8月至1989年6月任莱钢动力部供电车间副主任；1989年6月至1999年11月历任莱钢动力部供电车间主任、制氧车间党支部书记、机动科科长；1999年11月至2002年12月任莱钢动力部党委副书记、纪委书记、工会主席；2002年12月至2003年6月任莱钢动力部党委副书记、副部长；2003年6月至2009年11月任莱钢动力部部长、党委副书记，天元公司董事长、经理；2009年11月至2011年2月任莱钢动力部部长、党委副书记，天元公司执行董事、经理；2011年2月至2011年9月任莱钢组织部部长、人力资源处处长；2011年9月至2013年9月任莱钢集团党委常委、组织部部长、人力资源处处长；2013年9月至2013年10月任莱钢集团党委常委、副总经理、组织部部长、人力资源处处长；2013年10月至2014年7月任莱钢集团副总经理；2014年7月至2016年3月任莱钢集团党委常委、董事、副总经理、工会主席；2016年3月至2017年3月任莱钢集团党委副书记、副董事长、总经理；2017年3月至2017年11月任莱钢集团党委副书记、总经理；2017年11月至2018年9月任山钢集团党委委员，莱钢集团党委副书记、总经理；2018年9月任山钢集团党委委员、总经理助理。

曾荣获第十四届山东省十大杰出青年企业家等荣誉称号。

卢彤书 山东钢铁集团有限公司党委委员、工会主席、职工董事，教授级高级政工师。山东莱芜人，1981年7月参加工作，1987年6月加入中国共产党，1981年

7月中专毕业于山东莱芜师范学院师范专业，1987年6月取得山东省教育学院教育管理专业大专学历，1996年12月取得山东省委党校涉外经济管理专业大学学历，2007年6月取得山东省委党校经济管理专业研究生学历。

1981年7月至1989年6月为莱钢一中、莱钢中心小学教师；1989年6月至1992年2月为莱钢党委组织部、党委办公室秘书；1992年2月至1994年5月任莱钢党委办公室秘书科副科长；1994年5月至1996年7月任莱钢党委办公室秘书科科长；1996年7月至1997年8月任莱钢党委办公室副主任；1997年8月至1998年12月任莱钢党委办公室副主任、莱钢股份有限公司党委办公室副主任；1998年12月至2001年12月任莱钢特殊钢厂党委书记、党委委员；2001年12月至2002年6月任莱钢党委宣传部、统战部部长；2002年6月至2003年6月任莱钢党委宣传部、统战部部长，企业文化部部长；2003年6月至2008年3月任莱钢技改工程指挥部工委副书记、纪工委书记；2008年3月至2008年4月任莱钢技改工程指挥部工委书记、副指挥；2008年4月至2008年6月任山钢集团有限公司党群工作部部长，莱钢技改工程指挥部工委书记、副指挥；2008年6月至2008年9月任山钢集团有限公司党群工作部部长、机关党委书记，莱钢技改工程指挥部工委书记、副指挥；2008年9月至2012年8月任山钢集团有限公司党群工作部部长、机关党委书记；2012年8月至2016年9月任山钢集团有限公司职工监事、党群工作部部长、机关党委书记；2016年9月至2017年10月任山钢集团有限公司职工监事、党群部部长、机关党委书记；2017年10月至2017年11月任山钢集团有限公司职工监事、工会主席候选人、党群部部长、机关党委书记；2017年11月至2017年12月任山东钢铁集团有限公司党委委员、职工监事、工会主席候选人、机关党委书记；2017年12月至2018年2月任山东钢铁集团有限公司党委委员、工会主席、职工监事、机关党委书记；2018年2月至2018年7月任山东钢铁集团有限公司党委委员、工会主席、职工董事、机关党委书记；2018年7月任山东钢铁集团有限公司党委委员、工会主席、职工董事。

中国工会第十七次全国代表大会代表。山东省第十二届政协委员。曾荣获全国冶金优秀思想政治工作者、山东省省管企业优秀党务工作者、全省企业文化建设先进个人等荣誉称号。

中共山东钢铁集团有限公司委员会

委　　员　（按照姓氏笔画排序）
王向东　王学德　王继超
王景洲　左海青　卢彤书
付　博　吕　铭　吕正平
刘秀元　苏　斌
李自然（4月9日止）
张相军　陈向阳　罗登武
赵文友　侯　军　徐有芳
陶登奎　董立志　薄　涛

常　　委　侯　军　陶登奎　苏　斌
陈向阳　赵文友　徐有芳
罗登武　刘秀元

书　　记　侯　军

副 书 记　陶登奎　苏　斌

山东钢铁集团有限公司董事会

董　　事　侯　军　苏　斌　陈向阳
　　　　　徐有芳
　　　　　刘秀元（职工代表，2月2日止）
　　　　　刘德华（外部董事）
　　　　　王宏伟（外部董事）
　　　　　钟志刚（外部董事）
　　　　　梁　阜（外部董事）
　　　　　卢彤书（职工代表，2月2日任）
董 事 长　侯　军
董事会秘书　付　博

山东钢铁集团有限公司监事会

监　　事　杨少军（11月6日止）
　　　　　刘桂兴（11月6日止）
　　　　　周艳梅（12月27日止）
　　　　　卢彤书（职工代表，2月2日止）
　　　　　李荣臣（职工代表，2月2日任）
　　　　　陈明玉（职工代表）
监事会主席　杨少军（11月6日止）

山东钢铁集团有限公司经理层

总 经 理　陶登奎
副总经理　王向东　张相军　付　博
财务总监　刘德华
调 研 员　吕正平
总经理助理　王学德（9月14日任）
总法律顾问　董立志

中共山东钢铁集团有限公司纪律检查委员会

委　　员　（按照姓氏笔画排序）
　　　　　于文波　王景洲　田　勇
　　　　　刘淑云　安　燕　孙日东
　　　　　李学玉　李宪华　来现民
　　　　　陈明玉　罗文军　封常福
　　　　　赵文友　赵智珠　高凤娟
常　　委　赵文友　王景洲　高凤娟
　　　　　刘淑云　田　勇　李宪华
　　　　　安　燕
书　　记　赵文友
副 书 记　王景洲　高凤娟

集团公司总部各部门

办公室、党委办公室、保卫部

（合署办公）

（保卫部7月11日设立）

办公室、党委办公室主任
　李自然（4月9日止）
　李学玉（4月9日任）
办公室、党委办公室副主任
　徐　峰　贾元奎
办公室、党委办公室主任助理
　李波涛　陈　振（4月23日任）

保卫部总经理
李学玉（7月17日任）
保卫部副总经理
贾元奎（7月17日任）

战略发展部

总　经　理　车连房（1月25日任，12月18日止）
孙日东（12月18日任）
副 总 经 理　车连房（1月25日止）
任向兵（6月28日止）
郝之峰（7月19日任）
高 级 经 理　王传斌　张　军

财务部、财务总监管理办公室
（合署办公）
（财务总监管理办公室11月26日设立）

财务部总经理　杨再昌
财务部副总经理　李　强　王　勇
财务部高级经理　辛本权
财务总监管理办公室主任
杨再昌（11月26日任）

资本运营部

总 经 理　王其成
副总经理　陈　剑
高级经理　苏爱军　吴玉峰

党委组织部、人力资源部
（合署办公）

党委组织部部长　刘秀元
党委组织部常务副部长　来现民
党委组织部副部长　陈茂文
党委组织部部长助理、集团公司党委组织员　李勇实
人力资源部高级经理　李金怀

党委宣传部、企业文化部
（合署办公）

党委宣传部部长、企业文化部总经理
田玉山
党委宣传部副部长、企业文化部副总经理
张兰润　周传勇

工会、团委
（合署办公）

工 会 主 席　卢彤书
工会副主席　李荣臣（12月19日止）
鹿凡伟（12月19日任）
刘松林（3月29日任）
团 委 书 记　李荣臣（7月20日止）
张海鹰（7月20日任）
团委副书记　金连华（7月20日止）
女工委主任　金连华

纪委、监察部、巡察工作领导小组办公室、外派监事管理办公室
（合署办公）
（外派监事管理办公室11月26日设立）

纪委副书记、监察部部长
王景洲
外派监事管理办公室主任
王景洲（11月26日任）
纪委副书记、巡察工作领导小组办公室主任
高凤娟
监察部部长助理
刘淑云
巡察工作领导小组办公室巡察专员
田　勇　安　燕
巡察工作领导小组办公室主任助理
李宪华

法务部、公司律师事务部
（复合设置）

法务部总经理 罗文军
法务部副总经理 马先红（驻莱芜分部）
张素兰（驻济南分部）
薛存海（驻日照分部）
法务部高级经理 赵东岳 苏 伟

审 计 部

总 经 理 陈明玉（10月17日止）
徐亮天（10月17日任）
副总经理 潘 铣（驻日照分部）
刘兰雪（驻莱芜分部）
崔颖川（驻济南分部）
高级经理 沈立军 韩典平
石本军（9月6日任，12月18日止）

安全环保部

总 经 理 张省军
高级经理 杨富廷

科技创新部

总 经 理 马光亭

转型发展工作办公室

主 任 李自然（4月9日止）
李学玉（4月9日任）

机关党委
（与党委组织部、人力资源部合署办公）

委 员（按照姓氏笔画排序）
马晋宇（7月20日任）
王景洲
卢彤书（7月20日止）
田玉山 李勇实 张兰润
书 记 卢彤书（7月20日止）
马晋宇（7月20日任）
副 书 记 王景洲

机关纪委

委 员（按照姓氏笔画排序）
王景洲 刘淑云 辛本权
沈立军
徐继山（7月31日止）
书 记 王景洲
副 书 记 刘淑云

中共山东钢铁集团有限公司委员会党校

校 长 侯 军

集团公司各直属机构

研 究 院

院 长 王向东
常务副院长 马光亭
副 院 长 孙卫华
党总支书记 马光亭

资金中心

总 经 理 杨再昌
副总经理 王 勇

新闻传媒中心

总 经 理 田玉山

副总经理　张兰润　周传勇　张庆斌

《山东钢铁报》报社

社　　长　田玉山

集团公司所属子公司、直属单位

济钢集团有限公司

董　　事　薄　涛　李长青
苗　刚（12月27日止）
孙建东（10月17日任）
马光亭（10月17日止）
李学玉
罗文军（12月27日任）
董事长　薄　涛
监　　事　石本军（10月17日止）
于文波（10月17日任）
刘长菊
张新福（职工代表）
监事会主席　石本军（10月17日止）
于文波（10月17日任）
总经理　薄　涛（12月8日止）
苗　刚（12月8日任）
副总经理　李长青（12月19日止）
徐亮天（11月2日止）
高　翔
谢　文（12月19日任）
张润生（1月24日止）
徐　强（12月19日任）
刘学燕（12月19日任）
财务总监　徐亮天（10月17日止）
孙建东（10月17日任）
党委委员　薄　涛　李长青　于文波
苗　刚
高　翔（12月28日止）
徐亮天（10月17日止）
谢　文（12月28日止）
王文涛（12月28日任）
曹孟博（12月28日任）
董胜峰（12月28日任）
党委书记　薄　涛
党委副书记　苗　刚（12月28日任）
李长青
纪委书记　于文波
工会主席　苗　刚（12月27日止）
李长青（12月27日任）

莱芜钢铁集团有限公司

董　　事　罗登武（9月17日止）
王庆山
马光亭（10月17日止）
陈明玉（10月17日任）
陈肖鸿
车连房（9月17日任，12月19日止）
孙日东（12月19日任）
李茂岭（职工代表）
董事长　罗登武（9月17日止）
王庆山（9月17日任）
监　　事　魏安庆　杨致东
张崇坤（职工代表）
监事会主席　魏安庆
总经理　王学德（9月21日止）
李洪建（12月11日任）
副总经理　李洪建（12月11日止）
孙建东（10月31日止）
王金华
孟宪俭（12月25日任）
孙李涛（12月25日任）
财务总监　孙建东（10月17日止）
陈明玉（10月17日任）
党委委员　罗登武（9月17日止）

王庆山（9月17日任）
王学德（9月17日止）
李茂岭　陈肖鸿
孙日东（12月19日止）
王金华（4月26日止）
孙建东（5月11日止）
夏焕来（5月11日任）
张晓燕（5月11日任）
李洪建
李荣臣（12月19日任）

党委书记　罗登武（9月17日止）
王庆山（9月17日任）

党委副书记　王学德（9月17日止）
李茂岭
李洪建（12月27日任）

纪委书记　孙日东（12月19日止）
李荣臣（12月19日任）

工会主席　李茂岭

山东工业职业学院

党委委员　左海青　吕　铭　李克勇
王庆义　彭丽英
赵红军（2月13日任）
白星良（2月13日任）

党委书记　左海青

党委副书记　吕　铭　李克勇

纪委书记　李克勇

工会主席　李克勇

院　　长　吕　铭

副 院 长　王庆义（2月13日止）
彭丽英
赵红军（2月13日任）
白星良（2月13日任）

山东钢铁集团矿业有限公司

执行董事　张相军

监　　事　魏安庆　杨致东

总 经 理　张相军（5月11日止）
刘远清（5月11日任）

副总经理　刘圣刚　王广云
王尧伟（4月16日止）
刘远清（5月11日止）
戴汉强（5月11日任）
刘　伟（12月29日任）

党委委员　张相军
张德金（4月10日止）
封常福
刘圣刚（7月30日止）
王广云（7月30日止）
王尧伟（4月10日止）
刘远清
刘长进（7月30日任）
杜文华（7月30日任）

党委书记　张相军

党委副书记　张德金（4月10日止）
封常福（4月10日任）
刘远清（5月23日任）

纪委书记　封常福

工会主席　张德金（4月10日止）
封常福（4月10日任）

山东钢铁集团日照有限公司

执行董事　陈向阳

监　　事　王绍强　张明山

总 经 理　王继超

副总经理　孙庆水　孙卫华　王子金
张润生
谢　文（1月2日止）
杨金光

总经理助理　曹庆良

财务负责人　李东祥

党委委员　陈向阳　王继超　孙永和
李学玉（4月9日止）
孙庆水（12月21日止）
孙卫华（12月21日止）

王子金（12月21日止）
张润生（12月21日止）
杨金光（12月21日止）
曹庆良（4月17日任）
景　凯（12月21日任）
王乃刚（12月21日任）
刘玉良（12月21日任）

党委书记 陈向阳
党委副书记 王继超　孙永和
纪委书记 李学玉（4月9日止）
曹庆良（4月17日任）
工会主席 孙永和（2月9日任）

山东耐火材料集团有限公司

董　　事 刘　伟（12月19日止）
陈　剑（10月17日止）
苏　伟（7月20日止）
刘　纯（7月20日任）
车连房（12月19日任）
邓亦庭（职工代表）
董事长 刘　伟（12月19日止）
车连房（12月19日任）
监　　事 张金鹏（4月23日止）
周振峰（10月17日止）
孙全胜（4月23日任）
瞿守民（10月17日任）
监事会主席 瞿守民（10月17日任）
总经理 李文亮
副总经理 杨卫星　潘东华
党委委员 刘　伟（12月19日止）
车连房（12月19日任）
李文亮　邓亦庭
杨卫星（2月9日止）
潘东华
瞿守民（10月17日任）
党委书记 刘　伟（12月19日止）
车连房（12月19日任）
党委副书记 李文亮　邓亦庭
纪委书记 邓亦庭（10月17日止）
瞿守民（10月17日任）
工会主席 邓亦庭

山东钢铁集团淄博张钢有限公司

董　　事 王兴强　满生堂　苏　伟
董事长 王兴强
监　　事 张金鹏（4月23日止）
周振峰（10月17日止）
孙全胜（4月23日任）
总经理 王兴强
副总经理 马龙鹏
孙耿平（11月7日止）
宗作波
陈传玉（7月16日止）
财务总监 孙耿平（10月17日任）
党委委员 王兴强　满生堂　马龙鹏
孙耿平（10月17日止）
党委书记 王兴强
党委副书记 满生堂
纪委书记 满生堂
工会主席 满生堂

山东省新力冶金实业有限公司

执行董事 姚　斌
监　　事 董　芳
总经理 姚　斌
副总经理 张少军　时德俊
党总支委员 姚　斌　张少军　曲　芃
党总支书记 姚　斌
党总支副书记 张少军
工会主席 张少军

山东钢铁集团财务有限公司

董　　事 刘德华　刘远清　徐亮天
杨再昌　孙建东

董　事　长　刘德华
监　　　事　陈明玉（7月20日止）
高　勇
李　涛（7月20日任）
宋　军（职工代表，8月7日止）
段晓民（职工代表，8月7日任）
监事会主席　陈明玉（7月20日止）
高　勇（7月20日任）
总　经　理　李凤强
副总经理　于基勇　张云庭　杨士东
党总支委员　鹿凡伟（12月19日止）
李凤强　于基勇　张云庭
杨士东　孙建东
党总支书记　鹿凡伟（12月19日止）
党总支副书记　李凤强　于基勇

山东钢铁集团国际贸易有限公司

董　　　事　朱玉廷　李强笃　张瑞堂
苏　伟
陈　奋（职工代表）
董　事　长　朱玉廷
监　　　事　路学和　万　军
总　经　理　李强笃
副总经理　赵树俭　邢　磊　张　钢
党委委员　朱玉廷　李强笃　陈　奋
王　涛　李宪龙
党委书记　朱玉廷
党委副书记　李强笃　陈　奋
纪委书记　陈　奋
工会主席　陈　奋

山东钢铁集团房地产有限公司

董　　　事　王庆山　王其成　曹海良
沈桂联（10月23日止）
孙李涛（10月23日任）
王丰平（2月2日止）
贾秀光（职工代表，1月19日任）
朱月肖（1月20日止）
董　事　长　王庆山
监　　　事　王绍强　张明山　李　莉
张　强（职工代表）
郭利娟（职工代表）
监事会主席　王绍强
总　经　理　张鲁兵
副总经理　贾秀光（10月26日止）
包建伟　王吉涛
刘长生（10月26日止）
王文学（10月26日任）
党委委员　王庆山　张鲁兵　贾秀光
朱月肖　袁　玮
党委书记　王庆山
党委副书记　张鲁兵　贾秀光
纪委书记　朱月肖
工会主席　贾秀光

山钢金融控股（深圳）有限公司

董　　　事　万宪刚　黄振辉
罗文军（7月20日止）
张新福（7月20日任）
谭　军
周　庆（职工代表）
董　事　长　万宪刚
监　　　事　路学和　万　军
总　经　理　黄振辉
副总经理　闵宪金　潘　刚
乔立海（5月3日任）
党委委员　万宪刚　黄振辉　周　庆
时鹏刚　王启明
党委书记　万宪刚
党委副书记　黄振辉　周　庆
纪委书记　周　庆
工会主席　周　庆

山信软件股份有限公司

董　　事　郭维河
　　　　　张元福（6月15日止）
　　　　　赵东岳
　　　　　毕衍涛（6月15日任）
　　　　　孙日东（6月15日止）
　　　　　闵宪金
　　　　　谢　文（6月15日止）
　　　　　王铭楠（6月15日任）
　　　　　黄玉清（职工代表，6月15日止）
董 事 长　郭维河
副董事长　张元福（6月15日止）
监　　事　董保树（12月19日任）
　　　　　董　芳
　　　　　张　瑾（职工代表）
　　　　　刘兰雪（10月17日止）
　　　　　石本军（10月17日任，12月19日止）
监事会主席　刘兰雪（10月17日止）
　　　　　石本军（10月17日任，12月19日止）
　　　　　董保树（12月19日任）
总 经 理　张元福
副总经理　吴晓峰
　　　　　柳希泉（12月17日任）
　　　　　范　鹍（12月17日止）
财务总监　冯清智
党委委员　郭维河　张元福　董保树
　　　　　张　瑾　孟凡平
党委书记　郭维河
党委副书记　张元福　董保树
纪委书记　董保树
工会主席　董保树

山东钢铁集团永锋淄博有限公司

董　　事　刘　锋　付　博
　　　　　车连房（12月19日止）
　　　　　张光武　殷宪锋
　　　　　张瑞堂（12月19日任）
董 事 长　刘　锋
副董事长　付　博
监　　事　陈明玉（7月20日止）
　　　　　陈丰山
　　　　　高　勇（7月20日任）
　　　　　李明江（职工代表）
监事会主席　陈明玉（7月20日止）
　　　　　高　勇（7月20日任）
总 经 理　逄晓男
副总经理　刘长江　王　军
财务总监　魏　风
党委委员　逄晓男　王道池　魏　风
党委书记　逄晓男
党委副书记　王道池
纪委书记　王道池
工会主席　王道池

山钢集团
SD STEEL

战略合作与交流

山钢集团
SD STEEL

山钢文化

核心理念

山钢使命：

为客户提供满意的产品和服务

集团公司与北京科技大学、冶金工业经济发展研究中心签署战略合作协议

1月24日，集团公司与北京科技大学、冶金工业经济发展研究中心签署战略合作协议。集团公司党委书记、董事长侯军致辞。集团公司党委副书记、总经理陶登奎分别与北京科技大学校长张欣欣、冶金工业经济发展研究中心主任石洪卫签署战略合作协议。山东省科技厅调研员张茂森，集团公司党政领导苏斌、徐有芳、刘秀元、张相军、吕正平、董立志，北京科技大学、冶金工业经济发展研究中心相关负责人等出席仪式。集团公司副总经理、研究院院长王向东主持仪式。

集团公司与北京科技大学、冶金工业经济发展研究中心开展全方位战略合作，全力打造钢铁行业新旧动能转换示范企业、绿色智能制造典范企业和具有国际竞争力的一流企业。其中，与北京科技大学重点围绕钢铁行业绿色智能制造等关键共性技术创新，共同开展先进工艺、产品与装备技术的研发；与冶金工业经济发展研究中心重点围绕钢铁行业运行质量评价、战略体系建设、产业发展等软课题进行合作研究。

侯军在致辞中说，近年来，山钢集团积极推进创新驱动战略，提升科技研发水平，紧紧抓住国家和山东省实施新旧动能转换工程的重大机遇，推动产品结构优化和产业转型升级，提升企业核心竞争力。2017年，山钢集团将加强科技创新工作作为贯穿全年的十件大事之一，全面重塑科技创新体系，成立科技创新委员会和专家委员会，增设科技创新部，组建研究院，初步形成“一院多中心”的科技创新体系架构，制定发布了科技创新规划，科技创新各项工作深入推进，鼓励创新、尊重人才的氛围愈加浓厚。为深入实施创新驱动发展战略，全面推进产学研合作，打造协同创新平台，完善以企业为主体、市场为导向、产学研深度融合的科技创新体系，山钢集团与北京科技大学和冶金工业经济发展研究中心签署战略合作协议。相信在两家单位大力支持下，山钢集团的技术研发和经济研究工作必将迈上一个新的台阶，为公司发展提供强有力支撑。侯军表示，将借本次战略合作协议签署的东风，加快科技创新体制机制改革步伐，全力争当贯彻国家创新驱动发展战略、实现创新发展的排头兵；加快实施新旧动能转换，全面实现传统产业转型升级；加快落实全省“走在前列”各项重大部署，为山东经济和社会发展做出新的更大贡献。

张欣欣在致辞中指出，北京科技大学与山钢集团的合作历史悠久，合作领域广泛，双方建立了深厚的友谊。随着新一轮战略合作全面展开，校企双方将进一步加强在科技研发、人才培养、科技成果转化等各领域的交流与合作，共同提高校企双方的自主创新能力，推进我国钢铁工业的持续健康发展。

石洪卫发表致辞，并做了题为《对国有钢铁企业发展策略之浅析》的专题讲座，从国有企业全面深化改革、新旧动能转换

和钢铁产业发展环境三个方面进行了深入浅出的讲解，对山钢集团相关工作提出了建议。

签署仪式结束后，集团公司相关单位、部门负责人与北京科技大学专家、教授就下一步战略合作具体内容进行了深入沟通交流。

集团公司与浪潮集团签署战略合作协议

1月24日，集团公司与浪潮集团举行战略合作协议签署仪式。集团公司党委书记、董事长侯军，浪潮集团党委书记、董事长兼CEO孙丕恕分别致辞。集团公司党委副书记、总经理陶登奎与浪潮集团执行总裁王兴山签署战略合作协议。集团公司党政领导苏斌、徐有芳、刘秀元、刘德华、张相军、付博、吕正平、董立志，浪潮集团相关负责人等出席签署仪式。集团公司副总经理、研究院院长王向东主持签署仪式。

根据协议，双方将利用云计算、大数据、人工智能等新一代信息技术，共同推进“智慧山钢”建设。同时，就信息产业、科研技术及人才培养等领域开展全业务、多产业战略合作，打造钢铁行业智能制造及智慧园区领先的解决方案，实现山钢绿色、智能、可持续健康发展。

侯军在致辞中说，当前，大数据、云计算、智能制造等新兴技术发展迅猛，已经成为传统产业新旧动能转换的强大推动力。山钢集团主动对接《中国制造2025》、“互联网+”行动等国家战略，认真做好信息化规划，探索信息化与工业化融合新路径，开展智能制造试点示范项目建设，大力发展信息产业，着力打造山钢发展的新动能。下一步，双方将在智慧企业建设、智能制造、信息化产业发展、科研技术研发、人才交流共享及资本运作等多领域加强合作，共同推进组建山东工业互联网联盟。相信双方能够发挥各自优势，整合优质资源，形成聚合效应，共同探索企业智能化转型新模式，把创新驱动发展战略做到细处、落到实处，为全省经济社会发展做出新的更大贡献。

孙丕恕在致辞中指出，山钢是实体经济的代表，浪潮是新动能的代表，此次双方联手合作，紧跟国家和山东省的政策发展方向，是需求与技术的有机结合，更是大势所趋。浪潮将利用自身云计算、大数据、物联网、人工智能等技术和人才优势，助力山钢信息化建设。整合浪潮在大数据技术平台方面的建设能力和山钢对钢铁业务的数据能力，推动山钢“企业大脑”建设，为山钢集团战略决策提供有力数据支撑。

王向东在主持仪式时表示，要按照精益求精、协同推进原则，做好战略合作后续推进工作，切实发挥各自技术、人才和市场资源优势，落实好在智慧企业建设、智能制造、信息产业发展、科研技术研发、人才交流共享和资本运作等六个领域的合作课题和项目，取得协作创新的最大“公约数”，形成干事创业的最大“同心圆”，为山东省加快实施新旧动能转换重大工程，实现“走在前列”的宏伟目标做出新的更大贡献。

集团公司与山东重工签署战略合作协议

3月23日，集团公司与山东重工集团正式签署战略合作协议。集团公司党委书记、董事长侯军，党委副书记、总经理陶登奎，党委副书记、董事苏斌，董事王宏伟，副总经理王向东，山东重工集团党委书记、董事长谭旭光，副总经理刘会胜，副总经理、CFO申传东，产品规划总监徐刚出席签署仪式。王向东、刘会胜分别代表双方在战略合作协议上签字。

根据协议，双方将互为用户，为对方提供优质产品和服务。与此同时，双方将在钢铁材料、工业互联网平台、智能制造等多个领域开展研究合作。

侯军在致辞中说，山东重工是国际知名、中国领先的汽车与装备制造集团，在业界享有很高声誉。山钢集团近年来生产经营持续改善，顶层设计持续强化，新旧动能转换持续深入，全面改革持续深化，结构调整、转型升级、提质增效等工作成效显著，正在为建设具有全球竞争力的钢铁强企而奋斗。山钢集团的钢铁产品和山东重工有很强的匹配性，山钢集团将继续为山东重工提供高品质的钢铁产品，希望双方互通信息，加强合作，携手开创未来，实现共同发展。在全省上下深入学习贯彻党的十九大精神和全国两会精神，深入实施新旧动能转换重大工程的关键时期，山钢集团与山东重工集团签署合作协议，将共同探索新时期省属大企业之间协同发展的新路径，为全省新旧动能转换和经济社会发展做出新的更大贡献。

谭旭光在致辞中表示，钢铁作为基础性材料在经济社会发展中不可或缺，山钢集团是钢产量位居全国第六位的特大型钢铁联合企业，双方建立战略合作关系有助于强强联合、优势互补，希望双方以签署战略合作协议为契机，加强协作，定期交流，在产品研发、协同创新等方面开展合作，并进一步开拓未来深度合作，实现亲如一家人，携手共发展。

陶登奎在主持时表示，下一步，山钢集团将与山东重工集团一起，切实发挥好创新、人才和市场资源等优势，切实落实好在开放式市场、供应链合作、产业链拓展、互为用户、智能制造等领域合作，把双方战略合作伙伴关系推向更高水平，成为省管企业战略合作的典范。

澳大利亚汉科矿业客人到访

4月17日，澳大利亚汉科矿业执行董事塔德和罗伊山铁矿首席执行官佰瑞一行到访。集团公司党委副书记、总经理陶登奎在总部办公楼会见来访客人。

罗伊山铁矿是汉科矿业的控股子公司，是澳大利亚最大的综合铁矿开采、铁路运输和港口项目之一，铁矿储量超过23亿吨，平均品位55%，2017年产量超过5500万吨。来访客人介绍了企业的生产经营、投资、矿山建设等方面情况，表示将进一步推进与山钢集团的务实合作，为山钢集团发展提供更多优质服务。

陶登奎介绍了山钢集团总体情况及当前中国钢铁行业发展形势。他说，山钢集团高度重视原料保障供应，受国内钢铁产能调整、环境保护等因素影响，国际铁矿石供求关系正发生变化，矿石价格进入下行通道。希望双方进一步加深各业务领域合作，进一步防范和消除市场风险，不断探索创新合作模式，实现互利共赢。

侯军出席第十届中国国际钢铁大会并发表主旨演讲

5月17日，由中国钢铁工业协会主办的第十届中国国际钢铁大会在北京召开。集团公司党委书记、董事长侯军应邀出席，并在会上做了题为《打造钢铁行业高质量发展新动能》的主旨演讲。

侯军在演讲中提出，要融入时代趋势求突破，开放创新谋划行业发展新未来。在世界钢铁工业陷入全球性产能过剩背景下，钢铁行业应该把握“一带一路”倡议的历史性机遇，要通过开展国际产能合作等方式，创造多边市场环境，进一步拓展需求端空间，促进国际钢铁产业升级。要融入行业大势求突破，转型升级积聚产业发展新动能。面对建设美丽中国的新使命、发展先进制造业的新任务、产业迈向全球价值链中高端的新需求，我国钢铁工业必须把提高供给质量作为主攻方向，不断提升产品质量和服务质量，增强钢铁工业质量优势；要坚持绿色制造、绿色发展理念，达到绿色可持续发展；要发挥产业结构调整的引领作用，积极延伸国家倡导的相关战略性新兴产业，加强对信息技术、节能环保、新材料等领域的探索。要融入区域需要求突破，积极作为打造企业发展新优势。山钢集团将全面开展新旧动能转换重大工程作为实现魅力山钢建设的重大机遇、转型升级的战略途径、高质量发展的强力抓手，放眼区域经济社会大环境谋划产业发展，做好产城融合大文章，统筹产业链上下游产业，形成协同高效、互惠共赢的产业集群、价值集群，打造转型升级新优势。

会议期间，侯军还与宝武集团总经理陈德荣、西马克集团董事长 Dahmen 等，就钢铁行业发展形势及如何拓展交流合作等方面进行了深入探讨。

集团公司与中国钢研科技集团签署战略合作协议

6月25日下午，集团公司与中国钢研科技集团战略合作协议签署仪式在总部办公楼举行。集团公司党委书记、董事长侯军与中国钢研科技集团党委书记、董事长才让签署战略合作协议。集团公司党政领导陶登奎、苏斌、赵文友、徐有芳、刘秀元、王向东，中国钢研科技集团党委常委、副总经理李波出席签署仪式。

集团公司与中国钢研科技集团将本着相互支持、分类合作、资源共享的原则，在深化国家重大工程、国防军工急需的系列关键金属新材料及新产品研发、冶金工艺及装备、固废利用和智能制造、拓展新材料技术及高端装备制造用新材料的研发及产业化等领域开展合作。双方还约定互相选派优秀科技人员到对方进行学历培养或专项培训。

侯军表示，创新是引领发展的第一动力。山钢要实现区域领先和专项国际领先的目标，急需注入科技研发新动能，与中国钢研科技集团的战略合作，就是要激发创新驱动发展新动能，实现绿色、智能、可持续发展。山钢集团也将借本次签约合作的东风，加快科技创新体制机制改革步伐，全力争当贯彻国家创新驱动发展战略、实现创新发展的排头兵；加快实施新旧动能转换，全面实现传统产业转型升级；加快落实全省走在前列各项重大部署，为山东经济和社会发展做出新的更大贡献。

陶登奎表示，与中国钢研科技集团的战略合作，满足了山钢近年来对科技进步的渴求，对山钢转型发展有着重要而深远的意义。接下来，双方将在科技研发、人才培养、成果转化等方面加强交流、务实合作，共同把山钢钢铁研发工作提升到更高水平，全面开启共创共进共赢的大好局面。

才让表示，近年来山钢在深化改革、转型升级、结构调整等方面取得的成绩令人钦佩。今天的签约为中国钢研科技集团与山钢集团开展全方位战略合作掀开了崭新一页，相信双方一定会继承和发扬优良科研合作传统，进一步夯实合作基础，扩大合作领域，携手并肩，共同前进。

陶登奎参加世界钢铁协会第51届年会

10月16日至17日，集团公司党委副书记、总经理陶登奎应邀参加在日本东京举行的世界钢铁协会第51届年会。参会期间，陶登奎会见了世界钢铁协会总干事巴松，对其业务及服务进行了了解；拜访了GS GLOBAL钢材贸易公司及伊藤忠丸红钢材贸易公司，就双方合作帮助山钢集团扩大海外市场达成了一致意见；参观了JFE京滨工厂。

山钢集团
SD STEEL

专业管理

山钢集团
SD STEEL

山钢文化

核心理念

山钢愿景：

打造具有国际竞争力的钢铁强企

行政事务管理

【综述】 集团公司办公室与保卫部、党委办公室合署办公，主要职能为：负责组织协调机关各部门、各直属机构办公，重要文稿、领导讲话的起草和审核，董事会日常事务管理，重要决策事项督查，机要、保密、公文、档案和印信管理，外事管理，信访维稳管理，治安保卫管理，机关行政后勤事务管理，重大会议、活动的组织和协调等。截至2018年年底，共有职工15人。其中，高级工程师4人，高级政工师3人，高级经济师3人，副研究馆员1人，工程师1人，经济师1人，助理经济师1人，翻译师1人；研究生6人，大学本科9人。

【文秘工作】 紧紧把握集团公司和公司党委中心任务，深刻领会领导思路和意图，努力提高文字材料质量，以综合文字工作为载体发挥好参谋助手作用。参与完成公司内部重要会议和重要工作的文字材料有：集团公司年度工作会议、一届一次职代会、全面持续深化改革推进会议、庆“七一”表彰大会、三季度工作会以及有关专业会议领导讲话。印发《中共山东钢铁集团有限公司委员会贯彻〈中国共产党党务公开条例（试行）〉实施细则》等制度。做好董事会、董事会会前沟通会、总经理办公会议、周例会的记录和纪要等。

【公文印信管理】 认真执行集团公司党委和集团公司《公文处理办法》，高标准做好日常公文处理工作，严格内、外部收文管理，充分发挥OA系统功能作用，强调“快、准”，提高公文运转效率，强化领导阅批后的督促落实，确保集团公司政令畅通。全年接收处理内、外部文件3400余份。根据《山东钢铁集团有限公司对权属二级单位/单位管理事项清单（试行）》，为适应集团公司管控和决策流程变化，对总部公文运转流程进行优化。扎实做好集团公司发文的办理、管理、归档等工作。明确公文起草、审核、校对、签发各环节责任，提高公文内容质量和制发水平，跟踪流转过程，及时催办。全年制发文件700余份。认真做好集团公司用印管理工作，用印1140余人次。先后刻制、启用“山东钢铁集团有限公司工会委员会”“山东钢铁集团有限公司工会经费审查委员会”“山东钢铁集团有限公司工会委员会财务专用章”“中共山东钢铁集团有限公司研究院总支部委员会”“山东钢铁集团有限公司研究院”“山东钢铁集团有限公司科技创新部”“中共山东钢铁集团国际贸易有限公司纪律检查委员会”等印章各1枚。

【督察督办】 围绕集团公司重要会议和日常安排开展工作落实，配档完成《2018年度集团公司重点工作事项配档表》确定的46项重点工作事项，《集团公司持续全面深化改革推进会重点工作事项配档表》确定的39项重点工作事项，通过信息化网络督办方式推进重点事项落实；探索开展文件督办和专项督办，确保各项工作按时完成。利用集团公司督察督办信息化平台，开展信息化网络督办探索。将落实《国企十条》督查反馈问题的整改内容一并纳入督办系统，全年共录入并督办事项175项，定期督促落实办理，确保各项工作按要求持续推进。

【会务接待】 完成山钢集团与北京科技大学及冶金工业经济发展研究中心战略合作协议签署仪式暨专题讲座、山钢集团2017年度党组织书记履行全面从严治党责任和抓基层党建工作述职评议会议、山钢集团庆“七一”表彰大会、山钢集团全面持续深化改革推进会议、省直廉政教育宣讲等集团公司重要会议的组织协调工作；办理集团各类专业会议372次（不含直属机构、部门内部会议）；组织安排集团公司专项业务调研活动33次；办公楼会议室使用4790次，为集团日常会议活动、研讨活动提供保障服务；积极协调、热情接待来访和业务交流的来宾，办公室为主接待62次，来宾460人次。每周编制集团领导会议活动计划，协调领导会议活动工作，减少工作安排重叠，提高工作效率。

【安保应急】 组织召开集团总部保卫工作会议，进一步要求严格出入登记管理，加大消防安全、卫生等综合检查力度，强化会议保障服务，加强食品卫生安全及用水安全。迎接济南市经文保支队六大队警官到集团公司进行安全检查，得到济南市公安局的肯定。制定总部办公楼13层接力泵、水泵接合器等项目改造方案，起草签订办公楼消防设施维保合同。组织召开集团总部消防安全工作会议，建设办公楼消防安全管理网络，签订物业、业主、租户三方消防安全管理协议，组织消防设施整改。成立集团公司保卫部和反恐领导机构，及时按照要求到济南市公安局进行报备。参加济南市安保工作推进会议，集团公司被评为2017年突出贡献单位。采购对讲机、手电筒等保卫器材。组织办公楼全体人员参加应急逃生演练。

【行政事务】 组织筹备山钢研究院组建工作，协助提供办公场所等相关事宜。下发《集团总部办公楼实行办公用房内部市场化租赁的意见的通知》，驻总部办公单位实现办公用房内部市场化，组织山钢股份、山钢矿业、财务公司、山钢国贸、山钢金控、山信软件、山钢贝斯7家子公司签订房屋租赁合同，完善内部管理。督促山信软件、山钢股份、山钢国贸、山钢贝斯、山钢矿业、山钢金控按照集团公司关于办公用房管理规定进行办公用房自查整改，确保符合八项规定要求。办理完成总部会议室搬迁改造工程结算事宜。催缴承租单位有关费用，督促完成8层、11层退租恢复工作。组织审计、法务、财务、安全等部门成立工装招标小组，完成工作服采购工作。组织办公楼电梯年检，完成电梯125%载荷制动试验。成立公车改革领导小组，召开公务用车改革工作会议，部署集团公车改革。制定集团总部公务用车改革方案，并上报省公车改革领导小组。组织实施餐厅显示屏工程。组织召开会议室视频改造专题会议，制定改造方案，统一纳入2019年立项计划。委托鲁冶项目管理公司完成集团总部公务用车招标。组织纪委、人力资源部就接待费、通信费、午餐补助执行标准到权属单位进行调研，形成调研报告上报集团公司。做好省委第十二巡视组巡视接待、值班等工作。启动餐厅电视安装工程，与新闻传媒中心、山信软件商讨，形成改造方案。制定办公楼停车场管理规定、消防安全检查管理办法、出入库管理办法等管理制度。组织完成集团总部职工健康查体工作。组织完成电梯维保合同续签、山钢标志制作、办公楼标识整改、餐厅服务合同签订、物业合同签订等。组织完成401等会议室音响设备采购维修。全年共收缴办公用房租金1472.6万元。

【史志年鉴】 完成《山钢年鉴》(2018)编辑出版工作，由冶金工业出版社出版发行，共计84.6万字，印制700册，及时发放到集团公司各单位、各直属机构和总部各部门，扩大阅知范围。同时，与同行企业和上下游战略合作伙伴加强年鉴交流，扩大赠阅范围，与首钢、宝钢等单位进行年鉴交流。按时完成《中国钢铁工业年鉴》《山东档案年鉴》的供稿任务。

【董事会日常工作】 集团公司董事会由9人组成，其中董事长1人，外部董事4人，职工董事1人。董事会设秘书1人，在董事会领导下工作，负责董事会日常事务。全年共召开董事会现场会议 9 次，其中正式会议 5 次，临时会议 4 次。共形成 132 项董事会决议，涉及年度财务预算和决算、固定资产投资和股权投资、资产处置、风险管控、机构设置、重大信息公开等事项。各位董事认真履行职责，董事会决议事项中属于法定和省国资委明确规定需要前置审批的，均按规定履行审批程序。

【监事会工作】 4 月 12 日，召开监事会二届六次会议，审议《关于山东钢铁集团有限公司（2017）年度的监督检查报告》，研究山钢集团监事会 2018 年度重点工作监督检查计划，按照省国资委的要求，确定“山钢集团大宗商品贸易开展情况及存在问题和风险”“山钢集团金融产业发展情况及存在问题”两个监督检查重点工作。先后到国贸公司、山钢股份营销总公司进行调研，了解山钢集团大宗商品贸易有关业务情况。赴山钢金控深圳办公区、上海山东黄金金控公司调研学习金融产业发展情况，完成《山钢集团大宗商品贸易开展情况及存在问题和风险》和《山钢集团金融产业发展情况及存在问题》两个监督检查报告，报送董事会和省国资委。

（撰稿：张海明　刘　宁　杨　波　孙　波　魏　东　于　奇　孙亚宁　审稿：李学玉）

战略发展管理

【综述】 战略发展部是集团公司战略发展管理的职能部门，主要职能为：负责战略规划管理，承担董事会战略委员会职能；负责固定资产投资、重大项目审核；负责产业链研究、产业协同发展规划；负责管理创新；负责信息化规划与推进、信息化一体化管理。截至 2018 年年底，共有职工 14 人。其中，工程技术应用研究员 1 人，高级工程师 6 人，高级经济师 2 人，工程师 3 人，经济师 2 人；研究生 7 人，大学本科 7 人。

【战略规划管理】 以引领集团公司新旧动能转换、实现高质量发展为宗旨，谋划推动三年行动计划落地实施。批复各产业公司新旧动能转换三年（2017—2019 年）行动计划，首次实现自集团公司成立以来对权属产业公司规划的审批。召开日照钢铁精品基地二期工程项目务虚会，正式启动日照钢铁精品基地二期规划编制工作，为进一步做强做大做优钢铁产业迈出新步伐。推进集团战略总纲研究，对集团战略构成进行系统梳理。探索战略评价工作。选取 2017 年度和 2018 年上半年为试验的时间区段，对产业公司开展发展质量试评价；与冶金工业规划研究院合作，设计、完善集团及产业公司发展质量评价指标体系，完成基础资料收集和产业公司现场调研，编制发展质量评价体系指导意见。组织完成“十三五”发展规划中期评价工作。探索推动集团公司战略实施的路径和载体，推动战略实施与巡查整改、年度重点工作的有机融合。编制完成世界一流企业培育专项规划。参与省发展改革委组织的《山东省先进钢铁制造产业基地发展规划（2018—2025 年）》编制工作，在事关山钢集团结构调整和产业转型升级的顶层设计中，立足全省高度谋篇，着眼山钢通盘布局，积极建言献策，提出“山钢方案”，贡献山钢智慧，积极争取政策空间。参与省工信厅组织的《关于推动钢铁行业高质量发展的工作方案》编制工作，掌握动态，推荐方案，为集团公司更好地开展工作提供先机和铺垫。编写完成《三年行动计划 2018 年执行情况及 2019 年重点工作》。开启母公司经济研究类课题管理，研究制定以研究院为研究主体的经济研究类课题管理办法。8月20日，印发《母公司经济研究类课题管理办法（试行）》，先后组织立项实施4批21项经济研究类课题。

【固定资产投资】 严控投资规模，审慎决策固定资产投资项目。2018年，集团公司固定资产投资计划114.8亿元，实际完成93.9亿元，完成年度计划的81.8%。主要实施了日照钢铁精品基地建设、济钢环保新材料科技产业园、莱芜分公司特钢事业部中型轧钢生产线升级改造、莱钢型钢炼铁厂400平方米及265平方米烧结机原料场环保封闭及智能化改造等30项重点项目。日照钢铁精品基地一期一步主体、济钢渣土运输项目（一期）、莱钢银山型钢1号65兆瓦高温超高压发电项目、银山型钢炼铁厂2号1880立方米高炉改造项目等15项限额以上项目建成投产。抢抓山东省深入推进新旧动能转换重大工程机遇，完成重点项目入库。济钢四新产业园等4个项目列入2018年省新旧动能转换重大项目库，日照钢铁精品基地等2个项目列为省重点项目，12个项目列入省国资委重点项目库。全力推进重点项目建设。日照钢铁精品基地在一期一步顺利投产的基础上，加快推进一期二步项目建设；济钢转型发展取得突破，济钢四新产业园获得首期300亩用地指标；立项实施济钢环保新材料科技产业园、出租车等项目；启动实施莱芜分公司新旧动能转换系统优化升级改造项目前期工作，项目产能置换方案获得省工信厅批复。借助省管企业高质量发展第三服务队进驻山钢集团的有利时机，着力解决日照钢铁精品基地码头、铁路等制约项目进展的关键问题。积极协助申报财政专项支持，共计获得项目专项支持资金4736万元。

【产业协同】 通过完善管理制度、推进重点项目、拓展协同范围等措施，初步形成了较为系统完整的产业协同管理体系；强化协同，将内部市场产业协同工作与全面推进“阳光购销”工作有机结合，充分互动，取得明显成效，基础性协同阶段目标基本实现。印发《2018年集团公司产业协同重点工作推进方案》《产业协同内部市场准入暂行办法》《钢结构智慧建筑协同发展工作暂行方案》，内部市场产业协同制度体系不断完善。深入推进产业协同四大重点项目，分别于2月9日、3月16日、3月28日和5月23日召开冶金机械加工、耐材供应、钢结构建筑和济钢存续子分公司的产业协同推进会，突破重点项目进展瓶颈。全年4个重点项目协同金额实现40.81亿元，集团公司内部市场产业协同度达到25.4%，较2017年协同度同比增加10.3个百分点。贯彻省国资委开展阳光采购有关规定，统一部署实施集团公司阳光购销工作，先后开展3次阳光购销专题调研，并召开座谈会，摸清权属公司购销现状，提出推进阳光购销实施方案，形成集团公司《阳光购销管理规定》初稿，探索构建符合国有资本投资公司运作特点和职能要求的阳光购销管控体系。

【管理创新】 为及时掌握各单位生产、管理、运行情况，推进重大问题及时解决，印发《关于实行生产管理运行重大信息周报告制度的通知》，实行生产、管理、运行重大信息周报告制度。截至2018年年底，编制周报告16份。循序推进管理创新成果的管理。借鉴上级主管部门和同行业先进经验，梳理、起草、制定集团公司管理创新成果管理办法。推荐申报各级企业管理现代化创新成果奖，累计向全省冶金行业、全省国企国资系统、中国钢铁工业协会推荐优秀成果106篇。其中，《科技创新体系的研究与实践》等88篇成果分获一、二、三等奖和优秀奖。

【信息化管理】 坚持“统一规划、统一标准、统一平台、统一管理”的信息化工作原则，加强信息化顶层设计，统筹规划“互联网+”模式下智慧型企业的建设蓝图，制定并发布集团公司《信息化发展规划（2018—2022年）》与《智能制造发展规划（2018—2022年）》。充分利用山钢集团内外部资源，推进智慧山钢建设；通过集团共性系统建设，实现对集团管控目标和集团协同效应的有效支撑。按计划推进信息化、智能制造发展规划，打造智能新动能。以持续构建完善的信息化体系架构和应用系统体系架构为抓手，试点推进智能制造试点示范工程，探索大数据开发应用，实现“产业智慧化、智慧产业化”。参与年度山东省智能制造试点示范项目评选活动，山钢股份《炼钢—连铸全流程智能制造示范线》和日照公司《新一代钢铁智能制造工厂示范项目》两个项目被确定为2018年山东省智能制造试点示范项目。1月24日，集团公司与浪潮集团签订战略合作协议。在战略合作协议框架下，山信软件与浪潮集团合作实施《山钢集团私有云平台实施项目》，让“山钢云”实现集团公司范围内数据资源的汇聚、流通、共享及挖掘应用，将数据变为信息、知识和决策依据，推动集团公司的数字化转型和信息化建设模式创新。贯彻工业和信息化部两化融合工作部署，组织权属公司申报两化融合管理体系贯标试点企业。集团公司获得2018年度山东省两化融合优秀企业称号。

（撰稿：牛玉波　审稿：孙日东）

财务管理

【综述】 财务部是集团公司财务管理的职能部门，主要职能为：负责建立健全集团公司财务制度及体系；负责建立完善并实施集团公司会计核算体系；负责全面预算管理；负责经济活动的财务分析；负责资金管理、担保管理和税收管理；负责机关、工会和研究院财务管理；负责企业资产、融资租赁、债务重组管理；负责外派财务总监业务管理；负责生产经营统计与分析等。截至2018年年底，共有职工18人。其中，高级会计师6人，高级经济师1人，高级统计师1人，会计师7人，助理会计师3人；研究生6人，大学本科12人。

【财务状况】 2018年，集团公司实现营业收入1558.57亿元，比上年增加206.24亿元，增幅15.25%；利润总额70.18亿元，比上年增加30.98亿元，增幅79.03%；净利润45.45亿元，比上年增加27.88亿元，增幅158.68%。资产总额3164.43亿元、负债2644.18亿元、所有者权益520.24亿元，与上年分别增加177.88亿元、118.65亿元、59.22亿元，增幅分别为5.96%、4.7%、12.85%。经营性现金净流入256.5亿元，比上年增加288.43亿元；投资活动现金净流入-186.15亿元，比上年减少71.86亿元；筹资活动现金净流入-59.3亿元，比上年减少195.8亿元；现金及等价物净增加额12.99亿元，比上年增加23.01亿元。资产负债率83.56%，流动比率1，速动比率0.85，营业利润率4.24%，总资产报酬率4.54%，应收账款周转率16.88次/年，存货周转率4.36次/年。

【会计工作】 按月编制集团公司月度报表；组织完成2017年度财务决算工作，关注资产负债率等重点指标；加强集团公司、集团公司工会、机关工会和研究院会计核算与管理；按山东省国资委要求，完成山钢集团年度、半年报及季度的财务等重大信息公开工作；定期报送国家税务局“千户集团信息采集”和山东省财政厅、山东省国资委、中国钢铁工业协会月度快报；把财务基础核算纳入月度考核范畴，以内外部审计整改为契机，夯实会计基础核算工作。

【财务决算】 2018年财务决算涉及法人单位223家，管理级次达到6级。其中一级子公司12户，分别为山东钢铁股份有限公司、济钢集团有限公司、莱芜钢铁集团有限公司、山东钢铁集团财务有限公司、山东钢铁集团国际贸易公司、山东钢铁集团矿业有限公司、山钢金融控股（深圳）有限公司、山东工业职业学院、山东钢铁集团淄博张钢有限公司、山东耐火材料集团有限公司、山东省新力冶金实业公司、山东钢铁集团永锋淄博有限公司。

【预算管理】 通过预算管理信息系统的升级，按照"模板运行"的要求，分板块设定预算模板，并整理完善，共涉及二级单位17家，三级单位148家；重新赋权约510个用户，共14个用户组。统一、规范、细化预算编制及预算执行模板，对预算分析、填报系统进行提升，建立207个模板，每月表格数量达5669张。完善预算系统数据接口，通过科目映射、公司映射进行数据的抓取，完成109家公司的自动获取合并报表数据，335个会计科目的映射，在现有条件下，最大限度地实现数据交互共享，减少重复录入。优化分析模板及系统功能，实现系统数据的钻取追溯，提升决策分析质量。通过流程梳理和调整，满足"垂直归口管理"的需要，督促各单位、各部门真正参与到预算编制的过程中，提升"全面"水平。为助力集团契约化改革工作的顺利推行，制定适当、合理的契约化目标，配合、协助各相关单位对自身"家底"进行梳理。在理清"家底"的基础上，按照"聚焦净资产规模和净资产收益率"的原则，剔除历史遗留问题影响，对各相关单位的净资产进行逐户、逐项分析、梳理和测算，还原各单位经营范围内所能掌控的"主责净资产"，列清历史遗留问题清单，以此作为契约化签订及考核成员单位负责人的依据，在保证有效资产创效增利的同时，避免"新官不理旧账情况"的出现。深化全面预算改革，突出归口管理。规范各预算编制单位全面预算管理工作，树立"全面"理念，按照垂直归口管理的原则系统编制年度预算，并进一步推进全员参与。充分发挥各专项预算部门在全面预算中的作用，各负其责，专人专责，做好对各专项预算的编制、审核、把关及全面预算信息系统中相关专项预算的填报组织，确保各专项预算按照规定时间及要求报财务汇总测算。

【亏损企业治理】 以《深入推进亏损企业治理工作方案》及《关于对〈深入推进亏损企业治理工作方案〉补充修订的通知》为依据，对内定期跟踪亏损企业治理情况，结合集团改革，推进亏损企业治理工作，客观、合理评价各单位治亏工作效果。对外做好与国资委相关部门的对接，并将企业面临的现实情况向国资委做了汇报。2018年，剔除"三供一业"移交、"僵尸"企业处置等特殊因素影响，基本完成国资委考核目标。

【资金管理】 按照"三重一大"等有关规定，加强日常资金调度、结算管理；信用等级保持AAA级评级，大力开展直接融资，保障资金链安全，全年累计在银行间市场发行短期融资券335亿元，归还270亿元，发行中期票据50亿元，归还50亿元，发行非公开定向债务融资工具6亿元；发行境外美元债券6亿元，余额13亿美元；首次发行保险债权计划12亿元；按照集团公司降杠杆要求，在银行间市场发行可计入权益的50亿元永续中期票据（含权）；与金融机构加强沟通合作，增加银行授信和用信规模，截至2018年年底，银行授信总额3330.48亿元，占用1297.01亿元，剩余2033.47亿元；2018年年末，集团公司为成员单位提供内部借款余额308.21亿元，提供担保余额451亿元。在外部考察和内部调研基础上，制定《深化资金集中统一管理方案》，并经集团公司第40次总经理办公会和第68次党委会审议通过，在全集团范围内组织实施。严格执行收支两条线管理，资金一个口进一个口出，全面实现资金可视化和留痕；打通资金预算系统和资金结算系统，健全和完善覆盖全级次的预算刚性管控机制，保证集团管理意志的落地；按照年、月和周预算进行管控，其中周预算明细到客户和供应商（个人），动态分析资金余缺，对资金头寸实施科学管理，提高资金使用效率。制定并下发《关于开展2018及2019年度应收款项压减专项活动的通知》，成立压减工作领导小组，领导小组分督办工作小组和追责工作小组。

【资产质量清查】 按照山东省国资委关于省属企业资产质量清查工作会议要求，组织召开全集团会议传达省国资委会议精神，分析总结资产管理方面可能存在的问题，明确资产质量清查的意义，提出资产清查工作实施方案，界定各单位职责与分工，制定工作进度计划，提出具体工作要求，下发《山东钢铁集团有限公司关于开展资产质量清查工作的通知》。8月2日，全面完成集团公司资产质量清查结果的认定及上报工作。

（撰稿：赵伟田　审稿：杨再昌）

资本运营管理

【综述】 资本运营部是集团公司资本运营管理的职能部门，主要职能为：负责研究改革改制政策和制定改革改制方案；负责产（股）权管理和运作；负责对外股权性投融资管理和资本市场运作管理；负责企业重组、产业整合等工作；参与研究实施公司总体战略、产业定位及发展、战略新兴产业等的规划、培育和管理工作。截至2018年年底，共有职工10人。其中，高级职称5人，中级职称5人；研究生2人，大学本科8人。

【改革改制】 指导权属企业混合所有制改革，明确企业拟混改实施层次、混改方向，进行适应性调整和优化。重点研讨淄博张钢资产重组方式，编制形成淄博张钢改革方案；研究完善淄博锚链改革方案；根据山东省国资委整体部署，编制集团公司《深化所有制改革三年（2019—2021年）工作计划方案》，明确集团公司混改的总体思路、基本原则、重点任务等。研究推进鲁冶瑞宝、济钢磁材实施混改。鲁冶瑞宝项目已经履行完集团公司内部决策程序；济钢磁材项目待集团公司董事会审批后实施。积极推进日照公司员工持股试点工作。完成山东冶金烟台宾馆公司制改制。

【股权投资】 2018年山钢集团实际实施股权投资504945.96万元。按照产业板块分类，钢铁产业完成投资208112.07万元，金融产业完成投资224000万元，房地产产业完成投资12411.89万元，环保新材料产业完成投资30000万元，耐火材料产业完成投资3272万元，其他产业完成投资27150万元。按照产权关系分类，山钢集团本部完成投资200000万元；二级企业中，济钢完成投资35100万元，山钢金控完成投资19000万元，山钢房地产完成投资12258.89万元；三级及以下企业完成投资238587.07万元。按照资本投入形式分类，现金投资501673.96万元，资本公积转增3272万元。按照投资地域分类，完成省内投资270487.07万元，占总投资的53.57%；完成省外投资234458.89万元，占总投资的46.43%。按照投资类别分类，新设项目完成投资42903万元，占总投资的8.50%；增资项目完成投资462042.96万元，占总投资的91.50%。

【股权转让】 全年完成产权转让项目3宗，分别是济南鲍德炉料有限公司将持有的济南鲁新新型建材股份有限公司60%股权及享有的权益，无偿划转至济钢集团有限公司；山钢金融控股（深圳）有限公司协议受让山东钢铁股份有限公司持有的青岛济钢经贸有限公司100%股权及享有的权益；山钢金融控股（深圳）有限公司公开挂牌转让持有的山东石油天然气股份有限公司562.5万股股权。资产处置方面，集团公司董事会于2018年5月4日审议通过济钢产能调整固定资产处置方案并下达批复意见，共涉及10家关停单位和10家存续单位，涉及固定资产账面原值总计为383.58亿元，账面净值为239.42亿元。权属公司间协议转让方面，济钢内部子公司间完成协议转让的资产743项，账面净值约3000万元。

【"僵尸"企业处置】 2018年年初，根据山东省国资委要求计划处置7家"僵尸"企业，全年实际处置完成7家，完成省国资委的任务目标。同时，按照省国资委关于"僵尸"企业处置工作计划，2016年至2018年处置完成47家"僵尸"企业，完成省国资委下达的工作任务。

【"三供一业"移交】 积极推进"三供一业"等办社会职能分离移交工作，按照时间节点完成"三供一业"分离移交，其他企业办社会职能移交稳步推进，取得阶段性成果。截至2018年12月底，集团公司权属企业已累计基本完成移交户数占任务总户数的比为100%，已经完成省国资委下达的年度任务目标。集团公司"三供一业"维修改造资金拨付到位金额占应拨付金额比为58%，管理职能移交户数占总户数比为100%，完成资产划转户数占总户数比为100%，维修改造完成户数占总户数比为41%。市政设施11个，已经移交3个，完成率27%；社区管理28个，已移交24个，完成率86%；教育机构17个，其中关闭撤销2个，移交地方2个，多元主体、社会化办学的11个，继续举办2个，完成率为100%；医疗机构10个，其中关闭撤销2个，移交地方或政府办公立医院1个，已通过托管不再直接管理医疗机构2个，已改为面向企业内部职工服务的医务室3个，完成率80%。

【产权基础管理】 严格把关产权登记管理审核，并向山东省国资委上报58户企业产权登记申请，其中完成登记并发放产权登记表39户。优化集团公司权属企业产权结构信息。定期组织开展产权结构调查表的梳理、更新工作，形成《山钢集团产权结构表》《山钢集团产权结构图》，及时报送省国资委、公司领导和有关部门。做好上市公司和金融类企业股权管理。组织相关二级单位开展国有股东界定标识和国有控股上市公司信息采集工作，完成集团公司及权属企业国有股东界定及标识工作；根据省国资委要求，分别组织权属企业开展持有银行类企业股权情况、发起设立私募股权投资基金情况调研，形成山钢集团《关于参股银行情况的汇报》《关于私募股权投资基金情况的汇报》及相关统计表。

【产权层级优化】 2018年，按照计划继续推进集团公司《产权结构优化实施方案》，与"僵尸"企业处置工作相结合，重点以注销、破产等方式压减法人单位。2018年权属法人单位数减少30家，四级企业减少30家，五级企业减少5家。

（撰稿：吴玉峰　王景艳　刘　晨
李　青　刘翔宇　审稿：王其成）

人力资源管理

【综述】 人力资源部与党委组织部、机关党委合署办公，是集团公司人力资源管理的职能部门，主要职能为：负责编制、实施集团公司人力资源发展规划；负责人力资源配置；负责劳动合同管理、劳动争议处理和劳动保障年检；负责专业技术职务评聘；负责集团人才发展和高层次人才的引进、选拔、推荐和评选；负责职工教育培训；负责“五险一金”管理；负责人力资源信息统计；负责人力资源管理信息化建设等。

【薪酬管理】 编制集团公司2018年工资总额及人工成本预算。按照山东省国资委考核结果批复，编制集团公司领导2017年度薪酬分配方案并上报省国资委备案后组织兑现。根据集团公司确定的所属各单位主要负责人2017年薪酬总额，计算并确定各单位负责人薪酬总额，备案后由各单位组织兑现，各企业按照层级管理的原则，逐级核定薪酬，严禁自定收入。完成集团公司各单位国务院国资委薪酬调查工作。解决历史遗留问题，莱钢职工医疗保险纳入社会统筹。2018年集团公司在册职工发放工资总额434721万元，人均工资77938元。截至12月末，集团公司离休人员384人，累计发放统筹外费用2044万元；退休人员46090人（不含改制单位），累计发放统筹外费用36604万元。

【“三定”工作】 根据集团公司发展战略及总部职能定位，为进一步理顺管理关系，提高管理运行效率和总部管控能力，系统梳理总部部门职责，对集团总部部门机构设置、职责界定和人员编制进行优化调整。协调推进各单位“三定”工作，先后完成金岭铁矿、山钢国贸、山钢地产、财务公司等15家单位“三定”方案批复工作，各单位竞争上岗工作也都基本完成。

【人才发展体制机制改革】 围绕“魅力山钢”建设战略部署，坚持党管人才与市场化配置有机结合，持续深化人才发展体制机制改革，构建具有市场竞争力的人才制度体系。针对集团人才队伍建设存在的不足和短板，研究制定《关于深化人才发展体制机制改革的意见》及5个配套制度文件，健全“集团化”的人才管理体制，赋予权属单位用人自主权，推行“岗位化”聘用、“契约化”管理、“动态化”使用的人才管理方式，构建“市场化”人才引进机制、“系统化”培养机制、“科学化”评价机制和“多元化”激励机制。在人才市场化引进、系统化培养、科学化评价、多元化激励等多个方面深化改革，激发人才动力活力，打造人才竞争优势。

【高层次人才引进培养】 创新专业技术和技能人才培养模式，制定山钢集团首席专家、首席技能大师选拔管理办法，坚持拔尖人才带动，引领技术、技能人才培养。制定多通道建设指导意见，指导产业公司建立人才多通道职业发展体系，推动各类人才与企业同发展、共进步，日照公司、山钢股份莱芜分公司、山钢地产等单位结合自身特点，建立人才多通道发展体系。注重人才梯队建设和青年人才选拔培养，为事业发展注入源头活水。2018年，全集团积极培育申报省级及以上人才工程，新增享受国务院颁发政府特殊津贴、全国技术能手、中华杰出工程师等国家级人才5人，省突出贡献中青年专家、齐鲁首席技师、齐鲁大工匠、省突出贡献技师等省级人才工程43人次，新增数及累计数均居省属企业前列。坚持市场化原则，不求所有、但求所用，实施“高端和急需紧缺人才集聚工程”，建立高端和急需紧缺人才分类目录，出台集团层面8条招才引智基本支持政策，加快招才引智工作。积极参加山东省委、省政府举办的“齐鲁之约”海外人才招聘、“山东—名校直通车”、“海洽会”等高端人才招聘推介活动，让广大人才了解山钢集团良好发展态势和环境，企业认可度不断提升。集团公司各单位全年引进（含签订合作协议）各类高端和急需紧缺人才33人，包括中国工程院院士5人，青岛“院士港”外籍院士1人，国家级杰出人才2人、领军人才2人，职业经理人10人，高级轧钢、冶金材料专家5人，博士等紧缺急需人才8人。集团公司博士后工作站成功获批，全集团已设立博士后工作站4个。连续两年推荐日照公司、山钢股份莱芜分公司申报省级技师工作站成功获批，合计设立省技师工作站4个。

【人力资源优化配置】 对集团各单位人力资源现状进行调研，全面梳理、系统分析人力资源现状，提出“当前集团公司人力资源问题已经从总量富余转化为人员数量可控，但结构不合理，职工年龄老化、劳动效率低等矛盾日渐突出”的全新判断，引导全集团人力资源配置工作重心由总量控制为主转向结构优化为主。以劳动生产率提升为目标，以科学“三定”为基础，以工资总额控制为杠杆，推动形成各用人单位用工总量控制自我约束机制；构建员工正常流动机制，盘活人力资源存量，提高人力资源使用效率；按照因企制宜、依法操作、分类实施的原则，做好改制企业、处置“僵尸”企业职工安置及劳动保障有关工作，稳妥做好济钢九羊项目人员安置工作，做好山镁等“僵尸”企业处置职工安置方案审定；突出急需紧缺专业，适量招聘高等院校毕业生入企。人力资源总量继续得到合理控制，人力资源结构逐步优化，劳动效率持续提升，实现三年行动计划2018年人均产钢目标。严格遵守有关劳动法律法规，自觉维护企业和职工双方的合法权益，协调处理永锋淄博劳动关系理顺事宜，全面梳理集团总部职工劳动合同管理，规范整理劳动合同签订、续签、变更、解除等情况，做到及时备案，依法用工，构建和谐劳动关系。

（撰稿：张传友　魏　鹏
审稿：陈茂文）

绩效内控管理

【综述】 人力资源部负责集团公司绩效内控管理工作。主要职能是：负责集团公司绩效考核与薪酬管理，对集团公司权属企业和总部各部门的组织绩效进行评价与考核，对集团公司党委管理的权属企业负责人经营业绩进行评价与考核，组织对集团公司重点工作绩效进行评价与考核，对新旧动能转换重大工程、亏损（僵尸）企业治理（处置）等集团公司专项工作绩效进行评价与考核。

【完善机构设置】 进一步健全集团公司薪酬和考核管理体制。2018年2月，成立山钢集团薪酬与考核委员会，严格贯彻落实国家、省委省政府、省国资委关于企业薪酬管理和绩效考核的决策部署和方针政策，研究拟定集团公司对权属二级单位、直属机构、总部部门组织绩效考核办法和职工薪酬管理办法，审定组织和个人绩效考核评价意见。山钢集团薪酬与考核委员会办公室设在集团公司人力资源部，主要职责是研究提出需山钢集团薪酬与考核委员会决策的建议方案，落实委员会决策事项，督查落实委员会议定事项，提出权属二级单位、直属机构、总部部门负责人考核办法建议和考核方案建议。

【制度体系建设】 印发《2018年绩效考核与薪酬管理方案》，系统建立绩效考核框架。从企业发展方向、历史遗留、资产状况和企业实际等出发，实行“一企一策”，分别确定科学合理的考核指标评价体系。针对淄博张钢和耐材公司实施超考核目标盈利部分，优先用于职工工资增长；对山钢金控和财务公司执行“底薪+提成”、上不封顶的考核体系。印发《新旧动能转换专项考核办法》，贯彻落实山东省新旧动能转换重大工程各项部署，着力推动集团公司新旧动能转换工作。从引进高新技术项目，企业与央企、世界知名企业、品牌的合作，“四新”收入占营业收入的比重，资产证券化率，高端人才引进培养，人均创利等六个方面，对集团公司权属二级企业主要负责人实施以正激励为主的绩效评价办法。印发《权属二级企业负责人绩效考核和薪酬管理办法》，突出责任和贡献双聚焦，“赛马”和“挣薪酬”双基本理念，岗位意识和责任意识双强化，能增能减双方向，实施市场和跑赢大盘双评价，履职保证金和延期支付双措施，实现当前绩效和长远发展双并重，经营质量、防控风险双提升。负责人收入多少不再按职务高低和企业规模决定，从绩效考核上彻底打破按级别计发薪酬的“官本位”模式。印发《驻境外工作人员境外补贴规定》，根据驻外人员薪酬和福利待遇问题的反馈意见，进一步规范集团公司及权属公司驻境外工作人员境外补贴，加强薪酬管理指导，公平合理确定补贴标准，有效调动境外人员的工作积极性。

【绩效考核实施】 围绕集团公司三年行动方略计划和年度重点工作，积极推进新旧动能改革，坚持以经营绩效为核心的考核导向，实行多劳多创多得的原则，积极完善市场化的绩效考核和薪酬分配体系，为集团公司完成各阶段性目标提供机制保障。严格执行工资总额批复制度，依据财务部提供绩效考核口径数据和对标先进行业部分经营数据，按季度对12家权属单位进行绩效评价，对完成指标好的单位执行上不封顶政策，让各单位享受到市场变化和集团公司改革带来的红利，大部分单位职工收入同期对比有了较大幅度的提升。完善部分企业组织绩效个性化考核方案。对于职工收入偏低的单位，在完成公司预算目标的前提下优先兑现职工工资的鼓励政策，即通过降本增效超过目标值部分，全部用于职工工资增长，当职工工资增长超过10%后形成的利润再按25%提成，确保职工工资收入合理增长，对安抚职工情绪起到了较好的促进作用。严格管控各单位工资总额。根据集团公司核批工资总额，与各单位实发工资进行月对比，季度分析，及时掌控各单位工资发放情况，做到闭环管理。针对累计超发工资的单位下达通知或函件进行过程提醒，并要求其说明原因，合理剔除客观原因，对出现年度超发工资现象的单位纳入负责人年度考核。

【负责人薪酬管理】 根据《关于申报省管企业负责人2017年度经营业绩考核结果的通知》《关于确认省管企业负责人2016—2018年任期及分年度经营业绩考核目标的通知》(鲁国资考核字〔2016〕15号）和《关于调整省管企业负责人2017年度经营业绩考核目标的通知》(鲁国资考核字〔2017〕16号）等文件要求，从生产经营、体制机制改革、产业机构调整、工程进度、纪检党建、安全管理和治亏扭亏等方面，全面总结山钢集团2017年度经营绩效完成情况，向省国资委提交《山钢集团2017年度经营业绩分析报告》和《山钢集团2017年新旧动能转换重大工程考核完成情况报告》。客观分析影响山钢集团经营业绩的因素，全面总结山钢集团所做的大量工作，积极争取理解和支持。根据审计确认的绩效目标完成情况，严格执行考核办法，完成了2017年权属企业负责人绩效考核，核定单位主要负责人薪酬标准。按照考核办法严格考核，兑现了对2016年度亏损（僵尸）企业治理（处置）绩效的考核结果。

【契约化指标审核】 积极推动权属企业负责人市场化选聘、契约化管理，建立市场化和契约化的薪酬管理与绩效考核体系，逐单位审核确定契约化考核指标、薪酬基数、考核内容和考核方式，修改完善审核方案文本，确保责任绑定、风险绑定、利益绑定。全面推进山钢地产、山信软件、济钢、莱钢、营销总公司、淄博张钢、山东耐材、新力公司、金岭铁矿等9个单位的经理层契约化指标体系建设，指导开展职业经理人制度体系建设；研究制定子公司董事长的契约化指标，完成山信软件、山东耐材、淄博张钢、新力公司4个单位董事长契约化指标设计，试点董事长岗位契约化管理。

【中长期激励试点】 根据国资委实施中长期激励暂行办法（指导意见）要求，针对符合条件的非上市公司，采取项目跟投、超额利润提成等激励方式，组织开展中长期激励试点申报工作。研究政策，严格审查把关环节，将山信软件、山钢地产、济钢集团所属的济钢国际和冶金研究院4家单位作为山钢集团非上市公司中长期试点单位提报省国资委，组织完善试点方案，顺利通过国资委专家组评审。

（撰稿：孙淑辉　朱碧桃　李小权
审稿：李金怀）

安全环保管理

【综述】 安全环保部是集团公司安全环保管理的职能部门。主要职责为：研究国家、省有关安全生产、职业卫生、环境保护、节能减排等方面的政策，并贯彻执行；负责安全生产、职业卫生的监督管理和检查、考核工作；落实国家、省有关安全生产、职业卫生的法规、政策和标准；负责环境保护的监督管理和检查、考核工作；落实国家、省有关环境保护的法规、政策和标准；负责集团公司能源管理、节能减排的监督管理和督导、考核工作；落实国家、省有关能源管理、节能减排的法规、政策和标准；贯彻国家、省有关消防的法规和政策，督促各单位火灾、交通事故的分析、统计和上报。截至2018年年底，共有职工8人。

【管理指标】 2018年集团公司建设项目安全、职业卫生“三同时”执行率达到100%；特种设备安全技术状况检测率100%；特种作业人员持证上岗率100%；职工及相关方安全培训教育率100%；接毒接害岗位人员查体率100%；工作场所职业病危害因素检测率100%；全年发生职工伤亡事故6起，造成2人死亡、4人轻伤。全年综合能源消费量1323.82万吨标准煤；钢铁板块吨钢综合能耗572千克标准煤，比上年降低5.8千克标准煤，吨钢耗新水2.91立方米，比上年降低0.09立方米，发电自供率52.3%，比上年提高1.95个百分点，水重复利用率97.74%、废水处理率100%、废气处理率100%，约束性指标二氧化硫、氮氧化物、化学需氧量、氨氮含量及排放总量均完成与地方政府签订的目标责任书进度要求。

【主体责任落实】 集团公司召开安委会和安全生产工作会议，对2018年安全生产工作进行全面部署，与16个子公司签订《安全生产目标责任书》，与10个子公司签订《环境保护目标责任书》。按季度印发《季度安全环保工作要点》，部署和推进安全环保主体责任落实。及时召开安保稳定、事故通报及汛期安全生产、生态环境保护及安委会等专业会议6次，分析安全环保形势，强化阶段性重要工作内容。修订、制定《安全生产监督管理办法》《党政领导干部生态环境损害责任追究办法》《消防安全责任制实施办法》等7项制度，进一步健全了安全环保制度体系。安全环保投入不断加大，全年投入安全费用2.5亿元、环境治理费用8.7亿元，本质化安全环保水平持续提高。各单位认真贯彻落实当地政府和集团公司安全环保工作部署，严格遵守安全环保法律法规，全面履行安全生产主体责任，为集团公司安全环保形势稳定向好提供了坚强支持。

【绿色发展】 2018年，集团公司全面落实生态环保工作主体责任，首次召开生态环境保护大会，提出“率先达到钢铁超低排放标准，按时执行第四时段排放标准，建成绿色低碳环保生态园林工厂，引领山东省钢铁企业绿色转型发展”战略目标。对标钢铁行业超低排放标准和国内先进企业治理水平，编制印发《绿色发展行动方案（2019—2020）》。

【安全基础建设】 强化《负责人安全责任履职清单》制度，以关键少数带动全员安全生产责任制落实。积极开展安全生产风险分级管控和隐患排查治理“两体系”建设，将风险点辨识、风险评价和分级控制、隐患排查治理贯穿和融入到安全管理的全过程。全集团共辨识风险点6838个，其中一级风险点72个，二级风险点344个，有针对性地制定完善风险分级管控清单和应急处置措施。集团公司63家单位（含三级单位）开展双重预防体系建设工作，已有33家单位通过第三方验收，验收比例达到52.4%。山钢股份、山东耐材王铝分公司积极承担并圆满完成省应急管理厅委托的全省冶金、矿山企业双重预防体系建设咨询和评估工作任务。集团公司持续加强班组安全基础建设，与双重预防体系深度融合，持续提升班组自主管理能力。各单位全年验收班组1643个，验收合格1604个，达标比例97.6%。

【隐患排查治理】 认真贯彻落实山东省安委会和省国资委安全生产工作要求，持续开展隐患排查治理活动。重点突出冶金煤气、矿山、金属冶炼等重点领域和危险区域动火、有限空间等危险作业，高频率、多层次开展安全检查整改，全年各单位共查改一般安全隐患16355项，重大隐患11项，淘汰禁用工艺设备1套。集团公司先后组织季度、半年度、年度安全环保综合检查以及安全费用、“三同时”、相关方管理等专项检查，共查出不符合543项，全部实现闭环管理。集团公司党政领导先后多次带队督导检查山东耐材、淄博张钢、永锋淄博、金岭铁矿、日照公司等单位安全环保工作。

【关键事项风险管控】 高度重视“两节”“两会”、上合组织青岛峰会、中央环保督察“回头看”、庆祝改革开放40周年等特殊时段安全稳定工作，实行日报告制度，集团公司开展全覆盖、多轮次的安全环保专项督查，共查改问题282项；各单位将责任和措施落实到岗到人，严格执行领导带班值守规定，加大监控力度，实时保持信息交流，第一时间处置有关问题和反馈整改落实情况，确保重要时段安全环保形势稳定。集团公司党政主要领导多次赴省政府、省环保厅就日照钢铁精品基地项目环评变更问题进行沟通协调，争取政策支持；日照公司和总部有关部门积极与国家和省政府有关部门沟通、汇报，及时获得变更环评批复，保证了一期一步工程依法合规。对山东耐材王村铝土矿水源地划界问题，集团公司总部、耐材公司争取政府主管部门支持，并组织权威专家开展水源地现场勘察、论证等工作；永锋淄博公司完成卫生防护距离内敏感点搬迁，消除环保风险。

【安全教育培训】 集团公司以单位主要负责人、安全管理人员、特种作业人员教育培训为重点，始终坚持把提升全员安全素质作为安全管理的重要内容，确保单位主要负责人、安全管理人员、特种作业人员持证上岗，岗位职工具备应有的安全技能、自我防范和应急能力。2018 年，集团公司举办了安全管理素质提升培训班，97 人参加学习；组织 10 个单位安全分管负责人参加了省属企业安全生产骨干培训班；组织开展安全生产月、节能宣传周、世界环境日、全国低碳日等专题宣传教育活动。各单位积极开展安全环保技术、政策法规培训和对标交流，举办各类安全环保培训班 742 个，培训人员 65804 人次；开展应急演练 1357 场次，38414 人参加；14600 余人参加全省安全生产网络知识大赛，营造了浓厚的安全环保文化氛围。日照公司开展环保大讲堂，组织参加全国钢铁行业环保知识竞赛，获得团队优胜奖。

【职业健康管理】 强化职业病危害因素日常监测、定期检测，确保职业病防护设施正常运行，教育、监督职工正确使用个人劳动防护用品，持续改善职工劳动条件；加强职业健康监护管理，突出做好高温、严寒等异常天气下的职业健康防护，积极采取岗前检查、岗中联保互保等措施，关心职工身体状况。依法依规做好个体防护用品配备、职业健康培训、职业健康查体等工作，不断提高职业危害防护水平。全年开展接害职工查体 23667 人，发现疑似职业病 15 例，确诊 3 例，妥善安置职业禁忌症人员，做到早预防、早发现、早治疗，持续改善职工劳动条件和职业危害防护水平。

（撰稿：杨富廷　邹方敏　赵玉潮
刘　磊　审稿：张省军）

档案管理

【综述】 办公室负责集团公司档案管理。主要职能为：贯彻执行国家和省档案法律法规及有关部署要求，统筹规划集团公司档案工作；制定集团公司文件材料归档和档案鉴定、整理、保管、统计、利用等有关规章制度；负责集团公司总部部门档案的收集、整理、保管、鉴定、统计和提供利用工作；指导集团公司总部部门文件材料的积累、整理及归档工作；监督、指导、检查各单位和各直属机构的档案工作；依照有关规定向国家档案馆或有关单位移交档案。

【组织制度建设】 贯彻执行《全国档案事业统计年报制度》，按照山东省档案局统计工作要求，组织各单位填报 2017 年度档案统计年报，审核汇总后及时上报省档案局，并荣获全省档案统计工作先进单位称号。持续加强对各单位档案工作的监督、检查和指导，针对存在的问题，制定印发《关于进一步做好文件材料归档工作的通知》。指导济钢做好产能调整过程中档案管理工作，指导日照公司开展日照钢铁精品基地项目档案归档、验收准备工作。进一步加强档案利用的规范化管理，制定印发《山东钢铁集团有限公司档案利用规定》，充分发挥档案为山钢集团各项工作服务的作用。集团公司及各下属单位在组织机构调整后，及时调整、充实档案工作领导小组和档案管理网络，明确管理责任。

【基础设施建设】 不断投入资金扩建、改造档案馆（室），截至 2018 年年底，全集团馆（室）总面积达到 3.2 万平方米。其中济钢因产能调整，钢铁主业全线停产，部分分厂档案室撤销。

【资源建设】 始终把档案资源建设作为档案工作的基本任务来抓，列为年度检查的重点内容，提出明确要求；认真总结加强档案资源建设的好经验、好做法，在集团内部推广学习。各单位通过采取有力措施，加强各类档案的收集，库藏档案门类、内容不断丰富。截至2018年年底，全集团库藏档案总量达到130.7万卷、46.5万件。

【信息化建设】 强化档案信息系统应用，推进档案目录数据库、全文数据库和声像档案数据库的建设。协调档案软件公司开发OA系统与档案系统的接口，确保OA系统内文件的归档。截至2018年年底，拥有机读案卷目录43.6万条、文件级目录98万条，原文电子档案3469.8GB。加强档案信息安全管理，严格按照档案类别和用户权限利用档案。及时对档案数据进行备份，脱机保存，确保重大灾难后全部数据的可恢复。加强档案信息系统服务器和网络系统的管理，保障操作安全、接入安全和应用服务安全。

【培训与交流】 创新档案工作培训方式，注重理论与实践相结合。组织参加省、市档案局举办的业务培训班，系统学习档案理论知识，档案人员的业务素质和专业水平明显提高。

【开发利用】 围绕企业的中心工作，发挥档案资源优势，开展档案利用服务工作，全集团共提供利用档案1.3万人次、3.1万卷次。为省委第十二巡视组巡视山钢、省纪委党风廉政建设检查、省委组织部专项检查等查阅提供大量档案。济钢根据产能调整中固定资产处置方案，重点做好档案处置工作。配合日照钢铁精品基地建设，做好济钢4300毫米宽厚板产线档案移交和复制工作。

（撰稿：于　华
审稿：李学玉　徐　峰）

外事管理

【综述】 办公室负责集团公司外事管理，主要职能为：负责集团公司外事工作的计划汇编、组织实施、指导协调、总结考核；国家外事政策、方针的宣传贯彻；集团公司"走出去"及相关战略的研究与推进；集团公司外事管理制度的制定与执行；集团公司驻境外有关机构、人员的日常管理和服务；外事和外经贸翻译；负责集团公司因公出国（境）访问、考察、培训的审批与管理；组织参加国际会议与国际展会；邀请和接待国（境）外来访；出国（境）证照的申办、签注等工作。

【出访团组审批申办工作】 全年共审批并申办因公出国（境）团组105批、386人次，其中自行审批出国（境）团组57批、205人次；办理一年多次往返团组5批、18人；邀请外国人来访21批、65人次；新增办理因公护照195本，港澳通行证38本；出访涉及英国、德国、意大利、美国、澳大利亚、新西兰、俄罗斯、印度、塞拉利昂、巴西、智利、新加坡、日本、韩国、越南、马来西亚、印度尼西亚、乍得等18个国家和地区。团组任务涉及对外交流与合作、商务洽谈、投融资调研、投资工程项目建设、技术培训、项目设备和技术引进、进出口贸易等。各出国（境）团组都圆满完成出访任务。

【来访团组接待工作】 全年接待国外公司、机构来访共计12批次，主要涉及12个国家或地区。来访团组访问目的主要包括：公司高层之间的礼节性互访及交流；就双方合同履行情况进行动态跟踪；就合同约定的相关设备、技术开展交流与合作；对合同标的物进行监造、验收、商务谈判等。

对应邀来访的外国经贸人员情况认真建档备案。对于涉及敏感性国家安全问题的来访及时上报省国家安全厅。严格遵守外事纪律和保密工作的要求，未发生任何违反外事纪律或泄露国家、企业商业秘密的事故，保障了集团公司对外技术交流、项目合作、市场开发、原燃料采购及设备引进等业务的顺利开展。

【重要外事活动】 10月29日至11月7日，集团公司董事长、党委书记侯军率团赴香港、新加坡、英国进行为期9天的美元债发行路演。这是山钢集团2018年第二次在境外公开发行债券。侯军一行在香港、新加坡及伦敦地区共参加14场路演会议，与摩根士丹利投资管理、高盛资产管理、汇丰环球投资管理、瑞银财富管理、博时基金管理、富达国际投资等48家重要投资人会面。10月15日至10月19日，集团公司总经理、股份公司董事长陶登奎率团赴日本参加世界钢铁协会第51届年会，了解东南亚、亚洲至全球地区的钢材市场前景，会见世界钢铁协会总干事巴松，参观JFE京滨工厂及其工艺流程，拜访GS GLOBAL钢材贸易公司及伊藤忠丸红钢材贸易公司，就双方合作帮助山钢集团扩大海外市场达成一致意见。

（撰稿：郑　玮
审稿：李学玉　李波涛）

行政监察工作

【综述】 监察部是集团公司监察工作的职能部门，与纪委、巡察办合署办公。主要职能为：负责贯彻落实公司党政关于监察工作的决定、决议和有关要求；负责监察党和国家路线方针政策的贯彻执行情况，以及各单位遵守公司规章制度、执行公司决定与决议情况；负责受理各单位和职工对各级管理人员的检举、控告，受理各级管理人员和职工的申诉；调查处理管理人员违反国家政策、法律法规和行政纪律的案件，查处违反公司决定决议和管理制度的行为；审查批复各单位监察部门报送的案件；负责对监察工作和公司制定的政策规定及有关问题进行调查研究，拟定监察制度规定。对有关规章制度提出修改、补充意见或建议；对各单位企业管理情况的效率效能效果进行监督监察，围绕公司中心工作开展效能监察；根据公司领导批示，督促相关单位落实效能监察意见，督促有关部门办理处理处罚事项；协助组织人事部门做好对领导班子及成员的监督、考察、考核工作；负责公司各单位监察工作的指导、协调、监督；协助有关部门做好对监察干部的管理，组织好监察干部的培训。

【效能监察】 立足“监督的再监督”定位，紧盯各项改革举措的落地实施加强监督检查。先后以建议书的形式向集团公司和集团公司党委就加强干部交流和培养、完善绩效评价体系、规范制度建设等方面提出27项意见建议，督促从体制机制上深化国企改革，堵塞管理漏洞。督促开展“压减应收款项”专项治理，明确追责问责方案。坚持把效能监察作为推动企业重大经营决策贯彻的重要举措，围绕产业转型、混合所有制改革、资产处置等重点工作，组织全集团选题立项249个，避免和挽回经济损失近亿元，修订完善制度236项，废止18项，助推企业减亏增盈。

【廉洁风险防控】 坚持监督发现问题与推进解决问题相结合，治标与治本相结合，因地制宜、因势利导，加大分类指导力度，强化廉洁风险防控。济钢集团成立监督委员会，发布实施《监督管理体系手册》，组织排查风险点，评定风险等级，制定防控措施；山钢股份莱芜分公司针对高风险岗位创建102个“廉洁建设示范点”，在全公司聘请186名监督员，进一步织密廉洁防控网络；日照公司发布实施40个廉洁从业规程，逐步构建程序规范、制度严密的廉洁风险防控体系。

【案件查处】 重点查处违规选人用人、监督责任缺失、失职渎职、违反财经纪律和生产经营管理规定、利用职务之便收受礼品礼金和回扣、领导干部兼职取酬等方面存在的问题，对相关责任人进行严肃问责，对37人给予行政处分，对违纪所得进行收缴。

（撰稿：司乔磊　审稿：王景洲）

法律事务管理

【综述】 法务部/公司律师事务部是集团公司法律事务、律师事务管理职能部门，主要职能为：参与公司决策，提供法律咨询意见；负责法律风险防控管理，诉讼纠纷管理，工商事务和知识产权管理，合同管理及通过法律途径清收的债权管理，公司品牌管理，公司律师管理等各项管理工作；负责法律宣传、教育与培训工作。截至2018年年底，共有职工32人。其中，具有法律职业资格/律师资格23人，具有企业法律顾问资格13人；高级经济师10人，经济师8人，助理经济师3人，政工师1人，工程师1人；研究生8人，大学本科24人。

【法治山钢建设】 2018年是集团公司“法治山钢落实年”，法治山钢建设和法律风险防控工作被列入集团公司2018年重点工作，各项任务细化分解，配档推进。制定《山钢集团主要负责人履行推进法治建设第一责任人职责规定的实施办法》及职责分工配档表，深度落实党政主要负责人法治建设第一责任人的职责；莱钢制定“法治莱钢建设落实年”实施方案及配档表，启动“法治莱钢建设落实年”的实施工作；日照公司按照“法治山钢落实年”精神指引，持续开展、落实法治国企建设，打造“123N法治工程”。经过集团公司申报，2018年山钢集团莱钢法律教育培训基地被评选为山东省“法治宣传教育示范基地”。

【参与重大经营活动】 聚焦集团中心工作，服务集团重大事项。全年共出具法律意见（书）264份，为公司决策提供了有力的法律支撑，实现法律事务与公司商务的深度融合。在济钢转型、日照钢铁精品基地建设、重组改制、对外投融资、股权转让等重大经营事项决策中发挥作用。保障济钢资产处置依法合规，对济钢资产各类处置办法、流程文件进行法律审核，先后参与济钢产能调整资产处置方案、资产评估结果论证及资产交易合同签订等多项重点工作，提出法律风险防控意见；深度参与莱钢所属企业混合所有制改革、“僵尸”企业处置、企业办社会职能移交等各项改革改制工作；推进新疆公司破产清算，避免产能指标被无偿核销的风险。

【妥善处理重大诉讼】 积极推进历史遗留重大法律风险的处理与化解，重大历史遗留法律纠纷处理督导得力。2018年，督导处理重大法律诉讼和风险60件，标的额29.52亿元。其中，结案26件，标的额7.88亿元，减少损失5.72亿元。

【风险防控工作】 围绕公司改革发展中心任务，落实法律风险分级管理制度，实施法律风险信息动态监控、重大法律风险预警及法律风险专项治理等管理方式，强化风险管理，提升法律风险管理水平。印发《关于进一步规范法人治理防控法人人格混同风险的意见》等制度文件，开展关联公司混同风险专项治理工作，适应集团改建国投公司需要，规范法人治理；印发《关于开展合同文本规范化工作的通知》，对在用合同进行全面梳理和规范，系统性防范合同法律风险；发布三批合作异常名录，对风险实施源头防范；预判济钢 EMC 项目合同及其项目资产处置主要风险，提出风险化解方案；针对日照公司采购等环节可能出现的法律风险，提前介入，通过提示合同履约风险等方式，有效预防纠纷法律风险。

【工商管理及商标管理工作】 在完成集团公司二级单位党建写入公司章程工作的基础上，进一步完成 115 家三级及以下权属企业党建工作写入章程工作，规范党组织在各级权属公司法人治理结构中的地位和作用；按时办结集团公司、股份公司年度工商信息公示工作，指导督促完成所属企业的年度工商信息公示，办理工商变更和备案事务 40 余件。大力推进山钢品牌建设，集团公司 139 枚注册商标实现跟踪管理，及时完成 19 枚涉及 15 个国家和地区的境外商标续展工作。

（撰稿：宋　哲　审稿：罗文军）

审计管理

【综述】 审计部是集团公司审计管理职能部门，主要职能为：负责领导干部任期经济责任审计；负责财务收支、管理效益、对外投资、工程项目等各类审计工作；负责资金管理专项审计；负责内部控制管理设计和执行有效性审计与评价；负责组织和协调政府审计部门、社会中介机构开展的各类审计业务；负责全面风险管理的组织与协调；负责专项风险管理报告的程序性复核与备案；承担董事会风险管理与审计委员会办公室工作；负责指导、协调、监督和检查各单位的内部审计和风险管理工作。11 月 26 日，根据《山东钢铁集团有限公司关于设立财务总监管理办公室和外派监事管理办公室的通知》规定，审计部的“承担外派监事工作办公室工作”职责划入监察部。审计部设济南分部、莱芜分部、日照分部。截至 2018 年年底，共有职工 46 人。其中，高级职称 22 人，中级职称 19 人；注册会计师 2 人，国际注册内部审计师 9 人，注册企业风险管理师 1 人，国家注册一级建造师 1 人，注册造价工程师 4 人，注册税务师 1 人，山东省高端会计人才 1 人；研究生 4 人，大学本科 38 人。全年共实施审计项目 4667 项。其中，财务收支审计 19 项、绩效审计 33 项、经济责任审计 25 项、工程审计 4507 项、内部控制审计 9 项、风险管理审计及其他审计 74 项。提出建议意见被采纳 2629 条，新制定或修订完善制度 144 项，收回资金或挽回损失近亿元。

【制度建设】 着眼长效机制建设，坚持从促进审计科学发展的需要出发，重点解决制度缺失等问题，先后印发集团公司《2018 年度审计工作要点》《境外投资审计管理办法（试行）》《关于加强审计整改工作的意见》《审计整改督查工作实施办法（试行）》等制度和文件，促进了各项审计管理的顺利开展。

【资产经营责任及亏损企业治理审计】 对纳入 2017 年度财务预算经营考核的 16 家单位子公司以及莱钢、济钢、山钢股份所属 48 家子公司及直属单位、32 家销售子（分）公司组织开展资产经营责任审计，客观评价各单位的经营绩效，堵塞管理漏洞，为公司年度绩效考核、兑现薪酬及干部考核提供了客观依据；重点揭示被审计单位在资金管控、投资管理、资产管理、资本运作等方面存在的问题114项，提出审计整改措施125条。对77家亏损企业治理情况开展审计，一企一策，分类施治，明确导致企业亏损的各类因素，分析形成原因，准确核实经营成果，有针对性地提出审计整改意见和建议。经审计，49家企业完成集团公司下达的治亏目标。

【经济责任审计】 严格执行集团公司《任期经济责任审计规定》，坚持“离任必审、不留死角”，重点围绕领导干部履职用权情况，对淄博张钢，济钢集团所属济钢商贸公司、山东球墨铸管公司、济南钢城矿业公司，莱钢集团所属泰东公司、淄博锚链公司等25家单位原主要负责人的经济责任履职情况进行审计，客观评价离任者经济责任履行情况，全面清查被审计单位的资产和财务状况，规范领导干部经营管理行为，加强对领导干部行使权力的制约和监督。

【工程审计】 组织开展对济钢板材公司、莱芜分公司技措技改、大中修等工程结算审核，工程投资审计效益显著。全年完成工程结算审计5.85亿元，审减额1234万元，有效降低了工程投资成本；加大日照钢铁精品基地建设过程审计监督力度，通过融入招投标文件审查、招评标过程监督、合同文本审查、现场签证等项目管理的关键业务环节，共提出各类审计建议2850条，降低投资3790万元，有效防范项目管理风险。

【专项审计】 开展日照公司一期一步建设项目专项审计，重点针对工程项目建设、投资项目经营效益、资金筹集及使用、工程招投标等进行审计，揭示经营和管理风险，为集团公司加强固定资产投资建设和管理提供有益参考；开展济钢产能调整第一阶段情况专项审计，着力围绕资产处置、专项资金收支管理、社会职能移交、职工安置、“四新”产业园及转型发展项目建设等六个方面开展审计评价，揭示风险，有针对性地提出建设性意见和建议；开展对新疆公司资产质量及运营情况专项审计、淄博张钢泰成冶金公司资产质量专项审计、山东国铭球墨铸管科技有限公司资金成本专项审计等，揭示问题和风险，为推动企业健康规范运营提供决策依据。

【审计整改】 7月9日，集团公司人力资源部批复同意审计部增设整改督办室，定员2人，主要负责审计整改综合协调、督促落实、检查考核、审计线索移送等工作。9月20日，印发《关于对2017年度资产经营责任和亏损企业治理审计中发现问题的整改意见》，按单位分解落实审计发现问题整改责任。11月8日，印发《关于对2015年以来审计发现问题进行整改的通知》，要求各单位对近三年审计发现问题的整改情况进行系统梳理，检验审计整改成效。建立审计整改台账，实现“挂号整改、上网督办、销号管理”；对审计过程中发现的重大时效性问题及时下发《审计整改通知书》，第一时间采取措施减少损失。

【队伍建设】 高度重视审计干部队伍的专业化培养，全年共派员参加内外部举办的财务、审计培训30余人次；在全集团审计系统中策划开展以“提升审计专业化、规范化和信息化水平，加强党风廉政和作风建设”为主要内容的“三提升一加强”主题实践活动，较好地弥补了审计管理和工作中的短板。

【荣誉与成果】 加强审计管理创新，多篇成果在山东省国资委、省内审协会组织的优秀论文评选中获奖，其中，《内审要坚持企业发展的中心工作》专访文章在《中国审计报》发表，《内部审计在国有大型钢铁企业亏损企业治理中的应用与实践》荣获山东省内部审计师协会2018年度“山钢杯”优秀内审论文一等奖，《建立重大风险预警指标体系路径探索》在《冶金财会》发表；《A公司经营绩效综合审计报告》被山东省内部审计师协会评为全省审计报告质量提升优秀审计报告、被中国内审协会评为全国审计报告质量提升优秀成果，《突出山钢特色，强化“五个坚持”，为企业转型发展保驾护航》在全省内部审计工作会议上做经验交流，并刊登在山东省审计厅网站。组织编写的《国有企业监事会制度研究与实践探索》一书由山东城市出版传媒集团·济南出版社出版。年内，审计部被授予“全省内部审计工作先进单位”称号，1人荣获“全国内部审计工作先进者”称号，1人荣获“全省内部审计先进个人”称号。审计部党总支被集团公司党委和机关党委评为先进党总支，22人被集团公司评为2018年度审计工作先进个人。

（撰稿：李　琦　审稿：徐亮天）

风险管理

【综述】 审计部是集团公司风险管理职能部门，主要职能为：负责集团公司风险管理工作的组织与协调；负责落实风险管理委员会有关工作安排；负责指导、协调、监督和检查各单位风险管理和内部控制评价工作；组织风险管理和内部控制专题培训。

【年度风险评估】 印发《关于风险管理有关工作安排的通知》，指导各单位完成年度风险辨识和评估工作。编制集团公司年度风险评估调查问卷，组织集团公司风险评估问卷调查，共收回问卷184份，评估结果以专项报告的形式提交集团公司。对报告中提出的8项重大风险，指导责任部门完成风险应对方案和措施。首次引入“风险地图”概念，直观反映了权属各单位风险状况，为各级管理层快速决策提供了重要支撑。

【风险管理报告】 按照山东省国资委《关于2018年省属企业开展全面风险管理工作有关事项的通知》文件精神，组织各单位开展风险管理报告的编写工作。4月3日，集团公司董事会以书面形式审议并通过《山东钢铁集团有限公司2018年全面风险管理报告》。4月19日，集团公司印发《关于呈报〈2018年全面风险管理报告〉的报告》，按要求报送至省国资委。

【专项风险评估】 落实《专项风险评估管理暂行办法》，优化专项风险评估操作流程，各权属单位严格履行重大事项专项风险评估程序，积极吸纳各领域专家人才参与重大事项风险评估，建立风险评估责任追溯机制，不断提升风险评估报告质量。指导各单位建立重大风险预警管理机制和专项风险评估工作，参与济钢、莱钢、日照公司、山钢金控、山钢地产等单位重大决策事项风险评估报告程序性审批，组织专业部门对济钢集团与九羊集团合作事宜提出意见建议，该事项提交山钢集团决策经各专业部门组织风险评估，认为该项目的合作方存在合规、政策、法律等风险问题，最终决定暂停该项目合作。

【境外投资风险管理】 印发《境外投资财务管理办法》《境外投资审计管理办法（暂行）》《境外股权投资管理暂行办法》等制度，加强境外投资风险防控和监督管理。指导境外投资企业落实山东省审计厅专项审计整改意见，提升境外投资企业管理水平。

【历史遗留重大风险化解】 历史遗留重大风险化解逐个破题，推动塞拉利昂矿业公司处置、新疆公司处置取得实质进展，亏损企业治理成效显著，厂商银、COA等重大法律风险案件化解进展顺利。

（撰稿：徐　晨　审稿：徐亮天）

外派监事管理

【综述】 11月26日，集团公司印发《关于设立财务总监管理办公室和外派监事管理办公室的通知》，设立外派监事管理办公室，与监察部合署办公，负责集团公司外派监事业务管理工作。审计部的“承担外派监事工作办公室工作”职责，划入外派监事管理办公室。外派监事管理办公室主要职能为：负责制定监事管理制度；负责研究分析监事工作报告及有关建议，并向集团公司提出意见和建议；负责监事履职、指导、监督考核；负责监事日常管理。截至2018年年底，共向13家权属单位委派专职监事11人。其中，高级职称7人，中级职称4人；山东省高端会计人才2人，注册造价工程师1人；研究生5人，大学本科6人。

【基础管理】 印发《山东钢铁集团有限公司外派监事工作办公室外派监事工作管理制度（试行)》，为外派监事行权履职提供了制度保障。建立外派监事工作例会制度，定期通报外派监事会工作监督检查情况，交流工作经验，安排部署工作任务。外派监事日常检查、年度检查、专项检查三结合的工作格局基本形成，事前、事中、事后相结合的监督机制基本具备，具有山钢特点的国有企业监事监督工作的思路、工作规范基本形成。

【监督检查】 召开山钢集团外派监事2018年度工作会议，总结交流监督检查工作，分析存在问题。印发实施《山东钢铁集团有限公司外派监事工作办公室2018年外派监事工作要点》。组织专兼职监事撰写2017年度监督检查报告，汇总形成综合报告并向集团提出管理建议，得到公司领导好评。外派监事通过定期现场办公，深入企业开展调研，参加派驻企业有关会议等形式，对派驻企业生产经营情况、财务状况、关联交易情况、重大投资情况、高管层和重要岗位人员履职情况进行监督检查，帮助派驻企业查找存在问题，及时与派驻企业决策层有效沟通和交流，认真撰写月度工作总结和季度监督检查报告。抽调部分监事做好集团公司2018年度巡察工作，对涉及审计相关的重点和疑点问题进行分析并提出相应的解决思路，为巡察工作提供有力支撑。

【自身建设】 充分利用“山钢外派监事之家”微信群、审计网站等平台，为专职监事学习法规和业务、加强沟通、依规履职提供保障。注重管理创新和对外宣传，涉及外派监事管理多项管理创新成果在全省内审系统交流。组织撰写的《突出山钢特色，强化“五个坚持”，为企业转型发展保驾护航》一文在全省内部审计工作会议上做经验交流，并刊登在山东省审计厅网站。组织编写的《国有企业监事会制度研究与实践探索》一书由山东城市出版传媒集团出版。

（撰稿：李宪华　审稿：王景洲）

科 研 管 理

【综述】 集团公司研究院与科技创新部复合设置。研究院是集团公司战略经济研究和战略技术研发机构，是集团公司“一院多中心”研发体系的核心和枢纽，主要职责是负责集团公司战略研究、经济研究、产业研究、商业模式研究、信息研究；集团公司前沿战略技术、关键共性技术研究；产业界面技术、产业绿色智能制造工艺技术研究；战略性产品研发；新材料新技术研发；客户应用技术开发；发挥内外部创新资源整合平台作用，对集团下属各产业公司研发（研究）机构进行业务指导、组织研发业务协同等。科技创新部是集团公司科技管理部门，主要职责是负责集团公司科技管理、项目管理、对外合作、平台建设、智库管理、专利成果管理等。截至2018年年底，共有职工58人。其中，博士研究生7人，硕士研究生8人，大学本科43人；高级专业技术职务47人，中级专业技术职务11人。

【科技创新体系建设】 制定发布《山东钢铁集团有限公司科技创新项目管理办法（试行）》《山东钢铁集团有限公司专利管理办法（试行）》《山东钢铁集团有限公司科技成果管理办法（试行）》《山东钢铁集团有限公司研究院科技创新项目管理办法（试行）》《山东钢铁集团有限公司科技创新项目研发费用管理办法》等规章制度，有效规范科技创新管理，建立健全科技创新制度体系。

【科技创新项目管理】 按照“统筹管理、分级负责、全面预算、权益结合”的原则，对集团公司科技创新项目进行管理，将全集团科技创新项目划分为重大项目、重点项目和一般项目。全年开展科技创新项目共458项，其中新立项405项，结题验收222项；集团公司承担的有外部资金支持的项目共6项，集团公司申报的《高端制造装备用高品质稀土特殊钢关键技术研究及产业化》被列入2018年山东省厅市会商及新旧动能转换支持项目，并获得1000万元财政支持资金。

【编制技术研发指南】 编制《山东钢铁集团有限公司技术研发指南（2019年版）》，共分七部分，包括矿产、钢铁、钢结构建筑、耐火材料、智能制造、绿色制造和新材料板块，确定107项技术研发方向。《山东钢铁集团有限公司技术研发指南（2019年版）》根据各产业公司工艺装备情况，按照“特色化、精品化、高端化、绿色化”原则，确定研发方向，体现行业前沿技术，为集团公司科技创新项目管理工作由“问题导向”向“问题导向+目标导向”转变提供导向指引。

【专利管理】 对集团公司专利实行分类管理，探索建立以应用为导向的专利管理模式，提升对生产经营的支撑作用。全年集团公司主要权属公司新申请专利753件，其中发明专利412件；新获授专利权451件，其中发明专利184件。截至2018年年底，累计有效专利2237项，其中发明专利1288项。

【成果管理】 对各权属公司科技成果进行全面统计，引导科技成果第三方评价向标准化、产权化方向发展。2018年各单位共登记科技成果188项，其中通过第三方评价的105项，获得科技奖励98项，其中获市级及以上科技奖励47项。“海洋工程用耐低温高韧性系列热轧型钢开发”项目获2018年度山东省科学技术进步奖二等奖；“高速铁路电气化接触网支柱用H型钢制造关键技术研究与应用”“易焊接高性能耐磨钢的研发与应用”“基于激光炉气分析转炉炼钢智能控制系统开发应用”“高强韧易焊接中厚钢板热轧在线淬火技术基础研究与应用”等4个项目获2018年度中国钢铁工业协会、中国金属学会冶金科学技术奖三等奖。

【标准管理】 完成标准制定修订项目19项，其中国家标准3项、行业标准16项。起草山钢标准化管理现状调研报告，完成《铁精矿》企业标准的审核发布。

【研发费用和研发投入管理】 制定《规范研发费用财务核算管理意见》《规范研发投入统计口径的管理意见》等文件，在集团范围内开展研发费用和研发投入管理提升活动。通过分解目标、调研学习、改进措施、落实责任等管理措施，集团公司的研发费用和研发投入管理取得了显著成效。全年完成研发投入14.31亿元，占营业收入的1.17%；完成研发费用共5.35亿元，占营业收入的0.36%，研发费用较上年2.67亿元增加2.68亿元，增幅达100.4%。

【学术交流】 组织参加48次学术会议，累计参会147人次；协助中国科学技术协会、中国金属学会举办钢铁工业绿色制造发展高端论坛暨2018年全国冶金能源环保会议。先后邀请殷瑞钰、干勇、王国栋、毛新平4位院士到集团公司进行学术讲座，与翟同广、林垚、张立峰3位国家“千人计划”专家进行学术交流，聘请北京科技大学唐荻教授、冶金经济研究发展中心石洪卫教授作为顾问。全年累计邀请21位国内专家到集团公司进行学术交流咨询。

【智库建设和专家推荐】 聘任284名集团内部智库专家，为集团公司重大规划、产业发展、投资、融资、资本运作等重大事项提供意见和建议。建立200余人的外部专家库，对外推荐专家28人，其中向中国金属学会钢铁近终形制造技术分会推荐委员1人、山东省经信委入库专家1人、冶金企业管理现代化创新成果审定专家1人、山东省科技厅入库专家17人。

（撰稿：马佐仓　刘　平　李　赛
审稿：马光亭）

企业文化

【综述】 企业文化部与党委宣传部合署办公，是集团公司企业文化建设管理的职能部门，主要职能为：在企业文化建设管理委员会领导下，负责企业文化建设发展规划和具体实施；负责研究制定集团公司企业文化理念识别系统、视觉识别系统、行为识别系统等；负责企业文化管理，组织文化活动，推动文化融合；负责制定集团公司对内、对外企业文化应用和宣传规范，并监督执行。

【“共赢文化”体系】 坚持高起点规划、高标准定位、高质量实施，坚持在继承中创新，在融合中提升，在实践中发展，培育形成了具有山钢特色的“共赢文化”体系。站在新起点，集团公司擘画以“四优四有”为基本内涵的魅力山钢建设新蓝图，提出“企业文化优秀”目标要求，以山钢核心文化理念体系统一全集团思想行动，完善提升山钢文化内涵，强化文化导向、激励、凝聚功能，打造“利益共同体、事业共同体、命运共同体”协同运行机制。

【企业文化管理】 深化“共赢文化”建设，组织开展企业文化问卷调查，了解山钢企业文化融合现状，广泛征求干部职工对完善提升山钢企业文化、推进文化融合落地的意见建议，共收到调查问卷3019份。在此基础上，组织修订《山钢企业文化手册》。组织开展系列文化活动，包括：山钢誓词征集活动，共征集誓词300多条，经汇总、提炼，形成誓词初稿；开展“魅力山钢”图片征集活动，设计制作《魅力山钢》画册、《魅力山钢》宣传片，展示魅力山钢建设新风采。各单位在山钢文化的总体框架下，不断丰富自身的个性文化，推进文化导入，开展丰富多彩的文化活动，营造学习、践行山钢文化的良好氛围，唱响“山钢一家，和谐共赢”主旋律。

（撰稿：王利峰　任晓华
审稿：田玉山　周传勇）

山钢年鉴 *2019*

山钢集团
SD STEEL

党群工作

山钢集团
SD STEEL

山钢文化

核心理念

山钢核心价值观：共创、共进、共赢

综　　述

【概况】 集团公司党委隶属山东省国资委党委管理，实行常委制，党委常委8人，其中党委书记1人，党委副书记2人。实行“双向进入、交叉任职”的领导体制，集团公司董事长兼任党委书记，总经理兼任党委副书记；党委常委中有4人按照法定程序进入董事会；董事会中符合条件的4人进入党委会。集团公司党委设有办公室（与保卫部合署办公）、组织部（与人力资源部合署办公）、宣传部/企业文化部、工会/团委、纪委/监察部（纪委实行常委制，纪委常委7人、纪委委员15人，其中书记1人、副书记2人，纪委机关与监察部、巡察办合署办公）等党群机构；下设15个二级单位党委（凡设党委均设纪委）、3个直属党总支，其中山钢股份党委、日照公司党委、矿业公司党委、国贸公司党委、地产公司党委、金控公司党委、山信软件党委、鲁银集团党委（2018年5月16日划转山东国惠党委）、机关党委、财务公司党总支、新力公司党总支、研究院党总支等党组织关系隶属于集团公司党委，济钢集团党委、莱钢集团党委分别隶属于济南市委、莱芜市委；山东耐材党委隶属于淄博市委；淄博张钢党委、永锋淄博党委隶属于淄博市经信委党委；职业学院党委隶属于淄博市高校工委。二级单位党组织班子配备齐全，大部分党组织书记、董事长一肩挑，并配备1名专职副书记。截至2018年年底，全集团共有86个基层单位党委，66个党总支，1000个党支部，党员总数23605人；集团公司第一届工会委员会委员有38人，其中主席1人、副主席2人；集团公司团委有委员5人，设书记1人。

【巡视工作】 按照中共山东省委巡视工作统一部署，从10月11日开始，省委第十二巡视组对山东钢铁集团有限公司党委开展巡视。集团公司党委高度重视，迅速成立省委巡视山钢集团党委协调领导小组，确定了与巡视组对接的工作机构、机制和责任人员，召开巡视动员会，积极主动配合，全力保障巡视工作顺利开展。

【党的建设】 8月18日，召开集团公司党委一届二次全会，审议通过《中共山东钢铁集团有限公司委员会关于深入学习贯彻习近平总书记视察山东重要讲话精神的意见》《中共山东钢铁集团有限公司委员会常务委员会履行全面从严治党主体责任清单》《中共山东钢铁集团有限公司委员会建设“幸福和谐新山钢”行动方案》《中国共产党山东钢铁集团有限公司第一届委员会第二次全体会议的决议》。集团公司党委常委带头履行管党治党责任，分别带队对二级单位党建工作责任制落实情况进行集中检查督导，对改革发展和党的建设集中调研，对党支部建设、发展党员工作开展专项检查。制定《关于加强集团党委常委会自身建设的意见》，提高常委班子政治定力、履职能力和领导水平。“两学一做”学习教育常态化制度化深入推进，“大学习、大调研、大改进”工作扎实开展。加强基层党组织建设，以“党支部建设年”为载体，通过召开交流推进会、编发《过硬党支部建设指导手册》、举办党支部书记示范培训班、开展“建设过硬支部，铸就坚强堡垒”主题党日活动等形式，深入推进党支部规范化建设，推动创建过硬党支部，莱钢集团银山型钢公司板带厂带钢车间党支部等5个党支部被评为省属企业首批过硬党支部示范点。修订《中国共产党山东钢铁集团有限公司止委员会常务委员会议事规则》，制定《党组织工作经费管理办法》《关于加强境外单位党建工作的指导意见》，不断健全完善党建工作制度体系。建好用好“灯塔—党建在线”综合管理服务平台，开展业务骨干专题培训。严格标准程序，做好发展党员工作，组织2期发展对象培训班，完成122名党员发展工作。

【领导班子和干部队伍建设】 坚持干部人事制度改革的市场化方向，继续推进自上而下的“三定”和全员公开竞争上岗，年内所有权属公司均完成业务部门管理岗位“三定”和管理层级过渡。深入推进经营管理人员契约化管理，山钢地产、济钢集团、莱钢集团、山钢股份营销总公司、山信软件5家权属公司完成经理层人员市场化选聘和契约签订工作，山东耐材、山信软件、淄博张钢、新力公司4家权属公司试点董事长（执行董事）契约化管理，进一步压实经营管理责任，激发市场开拓潜力。在市场化选聘、契约化管理的权属公司经理层人员和山钢研究院、淄博张钢、山信软件日照分公司试点岗位管理，推动选人用人视野的进一步拓宽。持续加强领导班子和领导人员队伍建设，调整完善济钢集团、莱钢集团、山钢地产、淄博张钢、山东耐材、山信软件等权属公司法人治理结构，充实部分权属单位领导班子成员，全年共调整领导人员职务125人次，其中10人提拔任职。结合济钢产能调整，统筹各权属公司安置25名济钢中层管理人员，其中9人为过渡性临时超编制安置。强化选人用人及干部管理监督，坚持年度述职述德述廉、干部选拔任用“一报告两评议”和离任审计等干部监督制度。开展选人用人及干部管理监督专项检查，深入查找各权属单位选拔任用程序不规范、标准要求不严格、选人用人不正之风的问题。建立干部监督综合举报平台和举报受理查核制度，受理反映权属单位选人用人有关问题线索8件。查核上级主管部门移交的选人用人问题线索5件，3名领导人员受到党纪处分，1人取消提拔任职资格。

【宣传思想工作】 把学习贯彻习近平新时代中国特色社会主义思想和党的十九大精神，贯彻落实习近平总书记视察山东重要讲话、重要指示批示精神作为首要政治任务，在学深弄通做实上持续用力。集团公司党委理论学习中心组组织学习17次，学习内容80多项；举办3期专题培训班；组织开展党的十九大精神知识竞赛，27529名党员职工参加线上答题。加强党委思想政治工作研究，90余篇研究成果在省级及以上政研会评审中获奖，2人获山东省优秀企业思想政治工作者、2人获山东省优秀政研会干部、25人获山东省冶金优秀政研会干部荣誉称号。大力宣传集团公司第一次党代会精神，编印《山钢集团第一次党代会精神学习辅导读本》；开展“建功新时代，建设新山钢”系列学习展示，近2万人次参与网上知识竞赛、征文、书法展等活动；开展“中国梦·新时代”暨“魅力山钢”职工宣讲活动，累计宣讲30余场次。深入推进精神文明建设，倡树新风、弘扬正气，16家省级文明单位、26家省属企业文明单位全部通过复审，1家单位新增为省级文明单位，4家单位新增为省属企业文明单位。制定《山钢文化体系完善提升和深度融合总体方案》，以企业文化“文本化”“故事化”“仪式化”为主线，统筹推进企业文化建设。强化舆论引导，开展“聚焦动能转换，推动高质量发展”主题宣传。加强应急处置，严控网上舆情风险。《山东钢铁报》取得国家刊号，山钢电视新闻、“厚道山钢”新媒体传播力、影响力不断加强。积极参与山东省“中国梦·新时代”百姓宣讲活动，承办在永锋淄博公司的巡回宣讲，1人获宣讲比赛故事类一等奖、1项作品获视频类三等奖，扩大了山钢的影响力和美誉度。

【统战工作】 组织开展统战工作基本情况调查摸底统计，建立完善集团公司统战工作基础信息资料。2 人当选第十二届山东省政协委员，推荐 4 名无党派代表人士为山东省无党派人物库人选，推荐 2 人为山东省党外知识分子联谊会二届会员人选，1 名党外人士推荐到济南市科技部门挂职。在全省统战工作会上做典型发言，相关经验在《山东统一战线》刊发。

【反腐倡廉建设】 从严正风肃纪，紧盯“四风”问题新动向新表现，制定《集中整治形式主义、官僚主义的工作方案》，修订《关于在公务交往中收受礼品实行登记上缴有关规定》；组织开展集中整治行动，突出抓好节日期间的明察暗访，分层次组织 110 余人次进行 28 次突击检查。严格监督执纪问责，开展案件问题线索大起底专项排查活动，坚决“遏增量”“减存量”，全年立案 36 起，纪律处分 62 人次，组织处理 128 人次。加大对违规违纪人员通报曝光力度，印发《违规违纪案件通报曝光管理规定》，点名道姓通报曝光 4 批 55 人次。制定《问责管理办法（试行）》，细化 45 项问责情形，以强力问责倒逼责任落实。深入开展巡察工作，实现了对集团公司 17 家单位巡察全覆盖。根据巡察移交线索，集团公司两级纪检监察部门立案 12 起，党政纪处分 23 人次，诫勉谈话 16 人次，函询 3 人次，组织处理 1 人次，谈话提醒 2 人次，批评教育 3 人次，收缴违纪款 569.52 万元。强化巡察成果运用，编发《巡视巡察问题热点透视国企“三大怪论”“六大怪象”》文章，列入各级党组织民主生活会和组织生活会对照检查内容。整合审计、法务、财务等监督资源，建设跨部门大监督信息化平台，推动大监督体系向深处实处做。分层分级分类实施“七个一”措施，开展“知敬畏、存戒惧、守底线”专题纪律教育。高频次组织开展警示教育活动，10 余家单位 1300 余名党员干部到山东省反腐倡廉教育基地接受“廉洁过节”专题教育，组织 18 家单位 3200 余名党员领导干部和专兼职纪检监察干部在五大片区分批次集中观看警示教育片和专题教育片；开展“廉政党课月月讲”“廉洁共建”“廉洁家访”等活动，构建了线上线下立体化教育网；命名表彰 4 个反腐倡廉宣传教育品牌；组织 10985 名党员和关键岗位人员参加德廉知识考试。理顺纪检监察队伍领导体制，集团纪委由委员制调整为常委制，明确常委分工，印发议事规则。选优配强纪检监察干部队伍，进一步优化了知识结构和年龄结构。

【群团工作】 召开集团公司第一次党的群团工作会议，印发《关于进一步加强和改进党的群团工作的实施意见》。启动集团公司第一届职工代表大会第一次会议筹备工作，民主选举职工代表 159 人，组成 15 个代表团。集团公司工会主席卢彤书当选中国工会第十七次全国代表大会代表；9 名正式代表、2 名特约代表参加山东省工会第十五次代表大会。进一步规范基层工会组织建设，权属单位全部建立健全工会组织。“互联网+群团”平台上线运行。强化民主管理厂务公开工作，组织召开厂务公开、民主管理座谈会，倾听基层声音，交流工作经验，观摩示范材料，厂务公开、民主管理工作整体水平实现提升。深入开展“加快动能转换，建功魅力山钢”主题劳动竞赛，调动广大职工岗位建功、创优创效的积极性。加强劳模（工匠/高技能人才）创新工作室建设工作，开辟服务中心工作新平台。评比表彰山钢集团劳模（工匠/高技能人才）创新工作室 10 个，专项发放劳模创新工作室建设资金 10 万元。“幸福和谐新山钢”建设全面启动，确定首批幸福和谐企业试点单位。完善职工帮扶救助体系，为2000余名困难职工建立帮扶档案。深入开展“送温暖”“送清凉、保健康、保安全”等活动。分3批次组织200名6级以下岗位职工开展疗休养工作。集团公司慈善工作站积极开展“慈心一日捐”活动，18个单位和部门2216名职工共计捐款142220元。建立集团总部各单位职工之家，设立职工图书室、心理咨询室、健康服务室等。健全完善女工委组织，推选女工委委员。开展“巾帼心向党，建功新时代”主题教育活动，举办第一届“书香三八，魅力女工”读书活动、“庆‘三八’暨女职工读书成果展示”活动，2项表演作品荣获一等奖并在北京进行全国女职工读书成果现场展示，3个单位荣获全国第六届“书香三八”读书活动优秀组织单位称号，38件女职工读书作品在全国获奖。规范和加强团组织建设，完成基层团干部团员青年信息录入，指导、推动山信软件、山钢矿业、日照公司、永锋淄博建立共青团组织。开展青年成长成才大调研活动，对1090人进行问卷调研。开展“山钢十大杰出青年”评选活动，推报2人参选第二届山东省青年“互联网+”十大领军人物活动。

（撰稿：孙亚宁　审稿：李学玉）

党委综合事务管理工作

【综述】 党委办公室是集团公司党委综合事务管理部门，与集团公司办公室、保卫部合署办公，主要职能为：审核、起草和制发以集团公司党委（党委办公室）名义发布的各类文件和领导讲话、会议报告等综合类文稿，承办和管理上级党组织及其有关部门和集团公司各单位党组织来文来电；负责集团公司党委有关会议的筹备、会议记录、纪要整理等工作，负责集团公司党委领导公务活动的组织安排、集团公司党委重大活动的组织筹备和重大接待活动的组织协调；组织实施并督促检查集团公司各单位党组织对集团公司党委有关管理制度、公文、会议决定事项及领导要求的贯彻落实；负责集团公司党委部署的调查研究工作；负责集团公司党委机要保密和印信管理工作，党委保密委员会、密码工作领导小组、外事工作领导小组的日常工作；做好信访和稳定工作，处理信访日常事务。

【文秘调研】 起草集团公司加快新旧动能转换工作推进暨“大学习、大调研、大改进”动员部署会议讲话、集团公司党的群团工作会议领导讲话、集团公司庆“七一”表彰大会领导讲话、集团公司党委开展履行全面从严治党责任和抓基层党建工作专题会领导讲话，集团公司党委巡视整改专题民主生活会对照检查材料，集团公司领导班子工作总结和领导干部述职述德述廉报告等；起草或审核把关集团公司党委上报上级部门以及党委领导参加公司外部会议材料等。做好集团公司党委理论中心组集中学习、书记办公会、党委常委会等重要会议的记录和纪要。做好集团公司党委领导调研相关协调工作和党委文件审核工作。

【机要保密】 印发集团公司保密委2018年工作要点，召开保密委扩大会议，对年度保密工作进行安排部署。将保密工作纳入集团公司党委中心组学习。认真开展保密自查自评工作，10月29日至30日，对总部12个部门进行保密督查；12月6日至14日，对15个二级单位进行现场督查。经过检查，有7个单位被评为优秀等级，8个单位被评为合格等级。开展保密宣传教育，参加上级主管部门组织的业务培训，参加范围扩大到济钢、莱钢、山钢股份等二级单位有关保密人员；将保密知识培训纳入8月下旬举办的集团公司第七期中青年干部培训班；组织开展保密知识答题活动，参加人员范围为总部全体人员，各单位科级及以上干部和涉密人员，山钢集团被评为优秀组织单位。安排部署计算机保密检查，对山钢股份莱芜分公司、日照公司、山钢地产、永锋淄博、山东工业职业学院、山东耐材等6个二级单位进行了网络安全及保密工作检查。认真做好信息发布保密审查。按时按要求清退涉密文件。起草印发有关保密工作专项管理制度。

【信访稳定】 认真贯彻落实习近平总书记、李克强总理对信访工作重要批示精神和山东省委、省政府、省国资委关于做好和加强信访稳定工作的一系列部署和工作要求，在充分把握新一轮国有企业改革的重大历史机遇、抢抓供给侧结构性改革加快新旧动能转换、深入推动各项改革措施落地过程中，始终把信访工作的立足点放在为群众解决实际问题上，把着力点放在夯实基层基础上，把切入点放在落实领导责任制上，提高政治站位，树牢“四个意识”。全年集团总部和设立在济钢集团的山钢接访点共受理职工群众来信来访、上级交办信访事项、网上系统转送信访事项361件次，累计938人次。其中中央巡视组交办14件，中央扫黑除恶督导组交办4件，山东省委第十二巡视组巡视山钢集团党委交办25件，省级政务热线交办4件，省国资委督办1件。层层压实信访责任，加大矛盾纠纷排查与化解，落实信访维稳主体责任，成功化解多起重点信访事项。维护“全国两会”和“上合组织青岛峰会”等特殊时段稳定和谐大局，制定下发《关于上合组织青岛峰会安全稳定工作方案》和《关于做好上合组织青岛峰会期间隐患排查的通知》。印发《关于在集团公司开展“转观念、转方式、转作风、化解信访积案”攻坚战工作方案》《关于开展信访矛盾化解攻坚战活动的通知》，在集团公司开展“转观念、转方式、转作风、化解信访积案”攻坚战，拓宽工作思路，全力攻坚化解。深入摸排梳理，超前预防化解，避免矛盾升级。补充人员力量，进一步落实网上信访工作责任，提高网上信访办理效率，切实做到“件件有着落，事事有回音”。

（撰稿：孙亚宁　刘　宁　张海明
宋玉前　审稿：李学玉）

组织工作

【综述】 党委组织部与人力资源部、机关党委合署办公。主要职能为：负责集团公司党组织建设和党员管理，领导班子建设和干部管理，老干部管理与服务，组织机构优化调整及人员编制管理，人力资源规划、配置管理，薪酬福利管理，绩效考核管理，承担机关党委日常工作。截至2018年年底，共有职工19人。其中，教授级高级政工师1人，高级经济师6人，高级政工师3人，经济师1人，政工师3人，工程师5人；研究生5人，硕士2人，大学本科12人。

【“两学一做”学习教育常态化制度化】 将深入学习贯彻习近平新时代中国特色社会主义思想和党的十九大精神，特别是学习贯彻习近平总书记视察山东重要指示精神作为首要政治任务，党委主要领导讲专题党课，举办3期专题培训班，137人参加培训。将“用习近平新时代中国特色社会主义思想武装头脑，把党的政治建设摆在首位”作为第七期中青年干部培训班的开班“第一课”。组织开展“灯塔—党建在线”党的十九大精神知识竞赛，27529名党员职工参加线上答题。抓好“三会一课”和主题党日制度落实，制定《关于规范党内组织生活的实施意见》，配套《党员手册》，规范党支部活动和党员记录。扎实开展“大学习、大调研、大改进”。

【组织建设】 从严从实履行管党治党责任。制定《关于加强集团党委常委会自身建设的意见》，提高常委班子政治定力、履职能力和领导水平。2018年11月，成立中共山东钢铁集团有限公司委员会党校，侯军任党校校长。结合新时代党的建设总要求，研究修订《党建工作责任制》。抓好党组织书记抓基层党建述职评议，层层签订党建工作责任书。8位党委常委分别带队对党建工作责任制落实情况进行集中检查督导，并结合“大学习、大调研、大改进”工作安排，对改革发展和党的建设进行集中调研。开展党支部建设，发展党员工作专项检查。召开山钢集团党委一届二次全会，审议通过《常务委员会履行全面从严治党主体责任清单》，细化固化管党治党责任。以过硬党支部建设为目标，不断推进党支部规范化建设。围绕“党支部建设年”周密组织实施方案，召开交流推进会，编印发放《过硬党支部建设指导手册》。举办2期党支部书记示范培训班，204名党支部书记参训。8位党委常委发挥示范表率作用，深入支部抓支部，所在支部和联系点支部全部率先建成过硬党支部。突出宣传重点、亮点，营造浓厚创建氛围，在《山东钢铁报》、山钢电视新闻、“厚道山钢”微信公众号等媒体开设“建设过硬支部，铸就坚强堡垒”专栏，宣传推广基层党组织推进过硬党支部建设的先进典型和经验做法。5个党支部被评为省属企业首批过硬党支部示范点。不断提高党建基础工作规范化水平。认真做好中央巡视反馈意见整改落实工作，切实抓好省委巡视组指出的企业党组织未按期换届、组织生活不严肃不规范等问题整改，督导各单位巡察反馈党建问题整改落实。修订《党委常委会议事规则》，推进党委决策的规范化、制度化。研究制定《党组织工作经费管理办法》，确保经费使用勤俭节约、规范有效。研究出台《关于加强境外单位党建工作的指导意见》，切实规范和加强境外单位党的建设。抓好软弱涣散党组织整顿、退役士兵组织关系转接等工作。建好用好“灯塔—党建在线”综合管理服务平台。严肃发展党员工作，组织2期发展对象培训班，严格标准，保证质量，全年发展党员122人。

【老干部工作】 加强基础制度建设，制定《离退休干部党组织工作经费管理办法》《离退休干部党组织负责人工作补助发放办法》，进一步完善离退休干部党组织考评办法。协助指导莱钢集团成立离退休职工管理服务部党委，指导9个离退休党支部进行调整规范。为5名老干部申领离休干部及遗属专项救助金共23000元。开展“面对面、户户到”走访调研和离休干部名录编纂工作，完成1932名离休干部信息录入。协助原烟台标准件厂成功申报省直特困企业。组织老干部参加省委老干部局“我亲历的改革”主题征文活动，上报文章9篇。组织莱钢老年合唱团参加第二届全省离退休职工合唱比赛，获得大赛金奖和优秀组织奖，莱钢老年合唱团被评为全省优秀老干部文体团队。

【领导班子和干部队伍建设】 坚持正确的用人导向，加强领导班子和领导人员队伍建设。树立德才兼备、以德为先、注重实绩、群众公认的用人导向，将政治素质、工作实绩作为考察识别干部的重要标准，拓宽选人用人视野，组织选拔与市场化选聘并重，调整完善了济钢集团等6家权属公司法人治理结构，充实部分权属单位领导班子成员，全年共调整领导人员职务125人次，其中10人提拔任职。结合济钢产能调整，统筹安置25名济钢中层管理人员。强化选人用人及干部管理监督，严明选人用人工作纪律。坚持年度述职述德述廉、干部选拔任用“一报告两评议”和离任审计等干部监督制度。开展选人用人暨干部管理监督专项检查，深入查找各权属单位选拔任用程序不规范等问题，督促抓好整改落实。健全干部监督举报受理渠道，加大对问题线索查核。全年共办理集团公司管理干部因公出国（境）备案57人次。

【干部人事制度改革】 深入推进干部人事制度改革。结合中央巡视反馈问题整改和落实《国企十条》督查反馈意见问题整改，扎实推进去行政化的管理岗位设置改革。组织召开推进“三项制度”改革专题座谈会，进一步提高思想认识、明确改革重点、规范工作程序。继续推进权属公司生产经营单元管理岗位向层级管理过渡，莱钢集团等4家权属公司完成了所有管理岗位的层级管理过渡，山信软件等6家单位正在按计划推进。完成14家权属公司管理业务部门的“三定”方案批复，核定4家权属公司中层管理人员职数，部门同口径精简11.94%，人员同口径精简24.3%。在山钢研究院、淄博张钢、山信软件日照分公司试点岗位管理的基础上，对市场化选聘的权属公司经理层人员全面实施岗位管理。深化人才发展体制机制改革。推进实施高管人员契约化管理。按照市场化原则，将指标挺在前面，科学确定契约化指标目标、薪酬基数和考核办法。指导山钢地产等6家权属公司完成经理层人员的市场化选聘和契约签订，山东耐材等4家权属公司试点董事长（执行董事）契约化管理，进一步压实经营管理责任，激活管理要素，激发经营潜力，实现责任绑定、利益绑定、风险绑定。到2018年年底，14家权属二级公司中，已有10家实行了经理层契约化管理。

（撰稿：张怀鹏　张　岳
审稿：来现民　李勇实）

宣传思想工作

【综述】 党委宣传部与企业文化部合署办公，主要职能为：负责统筹协调意识形态工作，组织协调意识形态工作责任制落实情况、日常监督检查；负责策划、组织集团公司舆论宣传工作，统筹管理、联系协调内、外新闻媒体，组织开展舆情应对工作；负责加强、改进和创新思想政治工作，做好职工形势任务教育和干部理论学习工作；负责精神文明建设，组织开展群众性的精神文明创建活动和道德教育实践活动；负责统一战线工作，全面贯彻党的统一战线方针政策，发挥民主党派、无党派人士参政议政和民主监督作用。截至2018年年底，共有职工4人。其中，教授级高级政工师1人，高级政工师3人；研究生2人，大学本科2人。

【理论武装】 坚持把深化理论武装，增强政治定力放在首要位置，持续深化习近平新时代中国特色社会主义思想和党的十九大精神的学习宣传和贯彻落实，以理论学习中心组学习为主平台，及时部署学习新理论新知识，以科学理论武装干部职工头脑，引领改革发展方向。认真落实完善党委中心组学习制度，年初制定印发全年党委理论学习中心组学习计划，统筹安排全年的学习任务，学习计划性、指导性、实用性更强。其中，集团党委理论学习中心组通过集体学习、邀请专家辅导、举办讲座论坛等形式共组织学习17次，学习内容

80多项。加强党建思想政治工作研究，全集团有90多篇研究成果在中国冶金政研会、山东省政研会、省冶金政研会等研究成果评审中获奖，2人获山东省优秀企业思想政治工作者、2人获山东省优秀政研会干部、25人获省冶金优秀政研会干部荣誉称号。

【宣传教育】 大力宣传集团公司第一次党代会精神，编印《山钢集团第一次党代会精神学习辅导读本》，印发到全集团15000多名在职党员和每个离退休党支部。组织开展“建功新时代，建设新山钢”系列学习展示，全公司20000余人次参与网上知识竞赛、征文、书法展等活动，在全集团唱响“加快动能转换，建设魅力山钢”的主旋律。聚焦集团年度工作会、季度工作会等重要会议，围绕新旧动能转换、全面深化改革、商业模式创新等重点，以及集团党委主要领导提出的一系列重要理念、核心观点，采取负责人访谈、系列评论、组织座谈会等多种形式，广泛宣传解读，统一思想，凝聚力量，有力推动了中心工作。组织开展“中国梦·新时代”暨“魅力山钢”百姓宣讲活动，全公司共宣讲30多场次，百余名职工宣讲员用平实的语言讲述自己的故事、讲述身边的典型，引起强烈共鸣。集团公司在省属企业宣传思想工作会上作职工思想教育的典型发言；承办山东省“中国梦·新时代”百姓宣讲团在永锋淄博公司的巡回宣讲；在全省“中国梦·新时代”百姓宣讲比赛中，集团公司1名宣讲员获故事类一等奖、1件作品获视频类三等奖，得到省委讲师团的通报表扬。

【精神文明建设】 以社会主义核心价值观为引领，以文明单位创建和道德模范评选为主载体，深化精神文明建设，不断提升职工思想道德素养和企业文明水平。坚持选树标杆宣传典型，弘扬新风正气，不断提升企业文明程度，通过组织收看红色主旋律电影《党员登记表》，开展向“时代楷模”王传喜学习、“学习黄大年先进事迹，争做科技创新先锋”、改革先锋典型示范宣传等，使广大职工学有榜样、赶有标杆，形成“一个典型一面旗帜，一批典型带动全局”的良好局面。推进群众性精神文明建设，在落细落小落实上下工夫，提升文明单位创建工作的积极性主动性。集团公司26家省属企业文明单位、16家省级文明单位全部通过复审，新申报的9家省属企业文明单位、3家省级文明单位中，有4家新增为省属企业文明单位、1家新增为省级文明单位。集团公司获评文明单位数量继续排在省属企业前列。

【舆论引导和舆情监控】 坚持“党管宣传，党管意识形态”，坚持团结稳定鼓劲和正面宣传为主方针，始终把握正确舆论导向，开展“聚焦动能转换，推动高质量发展”主题宣传活动，开展“新旧动能转换在行动”“全面持续深化改革再出发”集中采访，开办“落实年里话落实、魅力山钢开好局”“提速提质提效，狠抓工作落实”“说说山钢”等系列宣传栏目，唱响主旋律，传播正能量，激发干部职工团结奋进力量。持续深化新闻媒体改革，印发《关于加强新闻宣传管理工作的意见》，修改完善《新闻宣传工作管理规定》，修订印发《网络舆情管控处置实施办法》，牢固占领意识形态主阵地，掌握意识形态工作主动权，壮大主流舆论声音，消除杂音和噪声，不断提升新闻宣传工作绩效。集团公司新闻传媒中心以“六新”为目标做强做优各类媒体产品，《山东钢铁报》、山钢电视新闻覆盖面越来越广，“厚道山钢”新媒体“朋友圈”持续扩大，对外宣传的质量和数量有新提升，融媒体平台建设稳步推进，新闻舆论的传播力、引导力、影响力、公信力得到加强。集团公司新闻传媒中心共有40多篇报纸、电视、新媒体作品获全国冶金记协好新闻奖、山东省新闻奖等省级以上新闻奖项。

（撰稿：王利峰　任晓华
审稿：田玉山）

统一战线工作

【综述】 党委宣传部负责集团公司统一战线工作，主要职能为：负责宣传、贯彻党的统一战线工作的路线、方针、政策，掌握统战成员的基本情况，准确把握统战成员的思想动态，发现问题及时妥善解决；负责民主党派工作；负责党外人士及党外后备干部队伍建设工作；负责归侨、侨眷、台胞、台属、少数民族和留学回国人员的工作；负责宗教有关工作等。截至2018年年底，山钢集团共有各类统战成员1768人，约占职工总人数的3.8%。有党外知识分子代表650人；少数民族327人；民主党派成员84人，其中担任省政协委员的1人；信教职工77人；出国和归国人员42人；侨眷5人。

【组织领导工作】 认真学习宣传习近平新时代中国特色社会主义思想和党的十九大精神，贯彻中央、省委、省国资委统战工作部署要求，坚持融入中心抓统战，团结带领统战成员在企业的科研、管理、生产、经营、建设等各领域扮演重要角色，推动集团公司改革转型发展。以学习宣传贯彻党的十九大精神为主线，立足学深弄通做实，在全体统战成员中迅速掀起学习宣传贯彻热潮。支持和协助统战团体加强思想建设，通过开展主题教育引导统战成员深入了解党史、国史和统一战线历史，进一步增强政治意识、大局意识、核心意识、看齐意识。开展“建功新时代，建设新山钢”系列学习展示、“中国梦·新时代”百姓宣讲等活动，凝聚“加快动能转换、建设魅力山钢”的力量。其中，在厚道山钢微信开展的十九大精神、集团公司党代会精神、全面深化改革知识竞赛活动，答题人数超过14000人，其中统战成员参加人数实现全覆盖。集团公司统战工作做法在全省统战工作会上做典型发言，同时在《山东统一战线》杂志上刊发。

【基础建设工作】 适应企业改革的新情况，针对产能调整、机构改革、人员变化等，对全公司统战工作和统战成员情况进行全方位的摸底调查，建立完善集团公司统战工作基础信息资料，全面、准确掌握统战工作基本情况，对统战成员情况进行动态管理，及时了解和掌握统战成员的政治表现、思想状况、工作情况及诉求，解疑释惑，凝聚共识。认真组织并积极关注“山东统一战线”微信公众号，进行线上学习，做好提升推广工作，及时了解全省统一战线工作最新动态，扩大统一战线工作的影响力。

【民主党派工作】 持续加强党建带群建，支持民主党派加强党派思想建设、组织建设。在民主党派中深入学习贯彻习近平新时代中国特色社会主义思想和党的十九大精神，提高政治觉悟，增进政治共识，用新思想武装头脑、指导实践，推动工作。1名民主党派成员当选第十二届山东省政协委员。

【党外知识分子工作】 在党外知识分子中开展“弘扬爱国精神，建功立业新时代”和“学习黄大年先进事迹，争做科技创新先锋”活动，以典型示范引领统战成员主动担当，积极作为。加大党外知识分子培养力度，搭建人才培养平台，选派一名青年骨干到省级党外代表人士实践锻炼基地挂职锻炼，选派一名党外知识分子参加全省无党派代表人士培训。

【宗教工作】 认真组织开展贯彻落实全国全省宗教工作会议精神情况暨宗教工作自查和自查督查“回头看”工作，以学习贯彻《中共中央国务院关于加强和改进新形势下宗教工作的意见》和党的十九大关于宗教工作的决策部署为主线，组织对信教职工和邪教组织进行调查摸底统计，进一步摸清信教职工底数，做到信教职工底数清、宗教团体和宗教界代表人士队伍底数清、邪教组织活动情况底数清，不断提高和统一各级领导干部、统战工作人员对宗教工作的思想认识，引领信教职工把智慧和力量凝聚到建设魅力山钢的奋斗目标上来，坚决抵御非法宗教传播和邪教势力渗透。

（撰稿：任晓华　审稿：田玉山）

纪律检查工作

【综述】 中共山东钢铁集团有限公司纪律检查委员会，在中共山东省纪律检查委员会和中共山东钢铁集团有限公司委员会的双重领导下开展工作，是集团公司党内监督的专责机关。主要任务为：维护党的章程和其他党内法规，检查党的路线、方针、政策和决议的执行情况，协助党的委员会推进全面从严治党，加强党风建设和组织协调反腐败工作。对党员进行遵守纪律的教育，做出关于维护党纪的决定；对党的组织和党员领导干部履行职责、行使权力进行监督；检查和处理党的组织和党员违反党的章程和其他党内法规的比较重要或复杂的案件，决定或取消对这些案件中的党员的处分；进行问责或提出责任追究的建议；受理党员的控告和申诉；保障党员的权利。截至2018年年底，共有管理人员9人。其中，具有高级专业技术职务6人，中级3人。

【协助党委落实主体责任】 集团公司纪委把协助党委落实主体责任作为首要职责，深化落实新时期全面从严治党要求，将2018年定为纪委“问责年”。督促党委严格落实主体责任，层层签订责任书，理清责任链条。细化责任清单12项56个考核指标，牵头组织对18家二级单位党组织“两个责任”落实情况开展监督检查，评定优秀等级4家、良好等级13家、合格等级1家，检查结果纳入薪酬考核严格兑现。对全年无自办案件、无情况通报、无典型问题、无人员处理的“四无”单位党委书记、纪委书记进行约谈。集团公司党委常委认真履行“一岗双责”，分工督导纪律监督、巡察监督等发现的问题整改，举一反三，以点带面，层层压实管党治党责任。

【落实纪委监督责任】 集团公司纪委立足“监督的再监督”定位，紧盯各项改革举措的落地实施加强监督检查。先后以建议书的形式向集团公司党委、集团公司就加强干部交流和培养、完善绩效评价体系、规范制度建设等方面提出3项意见建议，督促从体制机制上深化国企改革，堵塞管理漏洞。综合运用监督执纪“四种形态”，坚持抓早抓小，强化日常监督，针对存在倾向性、苗头性问题的干部，及时约谈提醒。对能力不足、履职不力、震慑不够、该问责而不问责或轻问责的“四不”纪委书记、副书记严肃约谈。协助党委出台问责管理办法，细化45项问责情形，全年追责问责36人次，以强力问责倒逼责任落实。

【作风建设】 坚持严字当头、一严到底，驰而不息纠“四风”。印发实施意见和工作方案，集中整治形式主义、官僚主义。分层次组织110余人次开展28次突击检查，深挖细查节日期间“四风”问题。修订业务交往礼品礼金登记上交和处置管理规定，组织开展落实中央八项规定精神、违规取酬限期整改、违规配备使用公车、滥发津补贴、违规公款吃喝、违规收送礼品礼金等专项治理和监督检查。查处违反中央八项规定精神问题17起，党纪处分17人，组织处理20人，收缴违规发放的津贴补贴590余万元。

【执纪审查】 在全集团开展案件问题线索大起底专项活动，积极“减存量”，坚决“遏增量”。2018年，全集团共受理信访举报302件，立案45起，党政纪处分67人次，其中开除党籍11人，组织处理148人次，移送司法机关3人，监察机关留置2人。运用第一种形态处理147人次、第二种形态处理56人次、第三种形态处理4人次、第四种形态处理15人次，追回涉案财物1900余万元。与往年相比，线索处置和案件查办效率大幅提升。印发《违规违纪案件通报曝光管理规定》，先后对47个典型案件56名违规违纪人员进行公开通报曝光，形成有力震慑。

【纪律教育】 在全公司党员干部中开展“知敬畏、存戒惧、守底线”专题纪律教育，分层级开展大讨论。突出抓好新修订《中国共产党纪律处分条例》的宣传贯彻，协助集团公司党委制定分工方案。印发通知，督促各级党委理论学习中心组将《条例》纳入专题学习，举办专题培训班进行权威解读。深入开展“廉洁教育”品牌建设，评选表彰宣教品牌。组织全体党员和关键岗位人员共计10985人参加德廉知识测试，1300余名党员干部到反腐倡廉教育基地接受“廉洁过节”专题教育，3200余名党员领导干部和专兼职纪检监察干部分批次集中观看警示教育片。坚持教育常态化，各级纪委充分利用教育专刊、内部网络和微信平台及时推送反腐倡廉重要资讯，构建了线上线下立体化教育网。

【纪检监察干部队伍建设】 组织深入学习习近平新时代中国特色社会主义思想和十九大精神，树牢“四个意识”，坚定“四个自信”，做到“两个维护”，提高政治站位，增强监督执纪能力。为落实全面从严治党要求，强化监督执纪问责，印发《关于进一步加强纪检监察干部队伍建设的实施意见》。加强纪检监察组织建设，先后为权属公司调整、配备纪委书记、副书记6人，新增专职纪检监察干部12人。印发加强纪检监察队伍建设的实施意见，建立工作写实、学习考试、考核评价、轮岗交流等制度。通过自主办班、参加省纪委和高校培训班等方式组织320余人次参加业务培训，纪检监察干部责任担当意识和综合履职能力得到普遍增强。不断加强自我监督，敢于向自己亮剑，对违规违纪的4名纪检监察干部进行了严肃处理，严防“灯下黑”。

（撰稿：司乔磊　审稿：王景洲）

巡察工作

【综述】 集团公司党委巡察工作领导小组负责对巡察工作的组织领导、任务安排、听取巡察情况汇报、研究巡察成果运用等工作。巡察工作领导小组下设办公室（简称巡察办），作为其日常办事机构，与集团公司纪委合署办公。巡察办负责提出巡察工作计划和建议；处理巡察工作日常事务，承担与巡察工作相关的政策研究、制度建设等工作；组织对巡察工作人员的培训；配合做好巡察工作人员的考核、监督和管理；负责对巡察移交和反馈问题整改落实情况的督办和巡察成果的转化。根据工作需要，设立若干巡察组，在巡察工作领导小组领导下承担巡察任务。巡察组实行组长负责制，副组长协助组长工作，由巡察工作领导小组根据巡察任务确定，一次一授权。截至2018年年底，巡察办共有管理人员8人。其中，高级专业技术职务4人，中级4人；研究生2人，大学本科6人。

【组织巡察】 集团公司党委坚决贯彻落实中央和省委关于巡视巡察的决策部署，结合集团公司严峻的反腐败工作形势，持续推动巡察工作向纵深发展。在2017年集团公司党委对6家二级单位党组织巡察的基础上，2018年分两轮抽调80余人次派出6个巡察组对济钢集团、山钢地产、新力公司、永锋淄博、淄博张钢、山钢矿业、职业学院、山钢金控、财务公司、山信软件、山东耐材、机关党委、冶金总公司等13家党组织进行了全面巡察。截至2018年年底，集团公司党委利用一年半的时间在省属企业中率先实现巡察全覆盖。在首轮巡察全覆盖中，集团公司党委加强对巡察工作的组织领导，集团公司党委副书记、董事苏斌，集团公司党委常委、纪委书记赵文友，集团公司党委常委、组织部部长刘秀元，集团公司党委委员、工会主席卢彤书，集团公司党委委员、调研员吕正平分别担任相关巡察组组长。

【巡察成效】 坚持把保障国有资产保值增值上升到政治高度，切实维护国有资产安全。高度关注巡察发现的国有资产流失问题，达到“发现一个问题，堵塞一批漏洞，防范一类风险”的效果。首轮巡察全覆盖关注和揭示的重大风险和问题涉及资金141.56亿元，通过巡察整改，新建、修订、废止制度851项，避免和挽回经济损失6.8亿元。

【成果运用】 首轮巡察全覆盖共发现问题421项。巡察工作领导小组从体制机制等方面，向集团公司党委、集团公司提出建议24项。截至2018年年底，各单位扎实开展整改工作，共新建制度332项，修订制度226项，废止制度61项，依规治企、依法经营的水平不断提升。以巡察整改为落脚点，严把整改方案审核关，紧盯整改推进节点，创新实施“两对照四坚持”督导法，划定“五个不能替代”红线，对问题整改全程把“关”定“尺”，确保巡察反馈问题事事有回音、件件有着落。巡察发现的问题线索已经成为纪检监察部门获取问题线索新的重要渠道。首轮巡察全覆盖合计移交问题线索131项，纪检监察部门根据移交线索立案16起，党政纪处分30人次，组织处理15人次；“第一种形态”处理74人次，其中诫勉谈话34人次；收缴违纪款569.52万元。移交地方监委、司法机关3人次，形成强大震慑。

【队伍建设】 坚持把巡察作为锻炼培养干部的重要平台，加强巡察人才库建设，及时补充更新巡察人才库，强化巡察人员培训。巡察期间成立临时党支部，组织开展政治理论、党规党纪和巡察业务学习。经过集中培训、巡察历练，抽调人员的政治素质、能力水平不断提升。加强对巡察人员的教育、管理和监督，每轮巡察结束，对抽调人员出具《鉴定意见》，均为优秀等级。

（撰稿：王　勇　审稿：高凤娟）

机关党群工作

【综述】 机关党委下设3个党总支（宣传部/新闻传媒中心党总支、法务部党总支、审计部党总支）、8个直属党支部（办公室党支部、战略发展部党支部、财务部党支部、资本运营部党支部、组织部/人力资源部党支部、工会/团委党支部、纪委/监察部党支部、安全环保部党支部），共有19个党支部，213名党员。年内新成立宣传部/新闻传媒中心党总支、工会/团委党支部；撤销新闻传媒中心党总支、党群部党支部。7月，配备专职机关党委书记。

【机关党建工作】 落实全面从严治党要求，持续加强和改进机关党建工作。笃定“全面过硬，走在前列”机关党建目标，制定“全面履职、全面规范、全面提升”落实措施。党委中心组学习扩大到两委委员，集中学习13次。召开全面从严治党工作会议，层层签订责任书。组织开展党组织书记履行全面从严治党责任暨抓基层党建述职评议。组织机关党支部书记培训，参培率100%。机关90%以上党组织建立党建园地。党委委员每月集中督导一个党（总）支部，采取“听、查、问、谈”方式现场调研，推进党支部规范化建设，建成过硬党支部7个，集团公司党委常委所在支部率先建成过硬党支部。修订完善《党委会议事规则》等4项制度。建立健全机关党组织按期换届、委员增补提醒督促机制，审批党（总）支部委员46人，书记14人。落实领导干部双重组织生活制度，集团公司党委常委带头在党支部“主题党日”活动讲党课，带头在组织生活会上开展批评和自我批评。两委委员参加联系点支部组织生活，指导民主生活会和组织生活会，把关会议质量。表彰2017~2018年度机关先进党支部6个，优秀共产党员24人，优秀党务工作者12人。做好发展党员工作，对“发展党员档案不规范”问题进行专项自查整改；全年发展党员4人，预备党员按期转正4人。抵制非法宗教传播和邪教渗透，全面排查，组织全体党员签订《不信仰宗教承诺书》。推进离岗党员组织关系转社区，11名退休、离职党员组织关系全部转到社区党组织。推进社区共驻共建，与舜泰社区党支部多次联合开展主题党日活动。加强对群团工作领导，专题听取机关群团工作汇报。拨专款购买职工书屋“党建书架”书籍。机关党委组织开展的“委员全面履职”“党建集中督导”“月度工作计划”“支部廉洁家访”“统一《党员手册》”等特色做法，促进了机关党建工作全面提升。

【机关能力作风建设】 配合巡视巡察工作，开展全面从严治党自查自纠。落实巡视巡察反馈问题整改，立行立改“差旅费管理”“季度收缴党费”等问题，制定《关于规范党内组织生活的实施意见》、配套《党员手册》，规范党支部活动和党员记录。推进“两学一做”常态化制度化。抓好“三会一课”和主题党日制度落实。扎实开展“大学习、大调研、大改进”工作。在党员中开展“亮身份、践诺言、作表率、树形象”主题活动。组织参加“灯塔—党建在线”——党的十九大知识竞赛，党员参与率、答题成绩在全公司名列前茅。学习贯彻习近平新时代中国特色社会主义思想和党的十九大精神，扎实开展形势任务教育，组织“转作风、提能力”大讲堂4期。

【党风廉政建设】 落实集团公司党委“知敬畏、存戒惧、守底线”专题纪律教育部署，组织观看《失衡的代价》等专题片4部，坚定正风肃纪反腐决心。组织开展违反中央“八项规定”精神问题专项检查，针对公务接待、差旅费管理等方面存在的问题开展自查自纠。机关纪委组织开展就餐、公务用车等专项检查，坚定不移纠治“四风”。做好党规党纪和德廉知识考试，6级以上人员参加省里组织测试，7级以下人员也全部采用计算机闭卷考试。对拟提拔干部，征求所在党（总）支部意见，出具廉洁自律鉴定材料，党委书记、纪委书记双签字。认真落实“廉洁家访”制度，强化八小时之外监督，全年党委、纪委委员和部门负责人上门走访机关党员干部40余人。利用典型案例进行警示教育，组织对新修订的《中国共产党纪律处分条例》学习考试，开展“廉洁过节”主题教育及明察暗访等活动，增强总部机关党员的敬畏意识、纪律意识。

【群团工作】 扎实开展“改革转型我担当”大讨论活动、“讴歌新时代·贯彻新思想·展现新作为”主题征文活动、“铸精英总部，做改革先锋”劳动者风采展示活动。为深化改革、转型发展献计献策，组织开展合理化建议活动，参与率达99%以上。关爱困难职工，建档的36名困难职工均实现脱困。坚持节日走访慰问、困难救助、丧事抚慰、住院探望、生日祝福等制度。丰富职工业余文化生活，组织参加第一届“幸福和谐山钢杯”乒乓球团体比赛，获得体育道德风尚奖。组织开展“幸福山钢健步行”活动。成立读书协会、乒乓球协会、摄影协会。创建“职工之家”，建成职工图书室，实现藏书4000余册。加强组织建设，探索“机关工会牵头，兼职委员全员参与”运行模式。制定下发《关于收缴和使用工会会费的通知》等规章制度，推进工作制度化、规范化。开展机关青年工作调研，推进机关共青团组织建设。

（撰稿：李　霞　审稿：马晋宇）

新闻传媒工作

【综述】 新闻传媒中心负责集团公司新闻宣传工作，职能定位是：坚持“党管宣传，舆论先行”，围绕集团公司改革发展大局，传播好声音，凝聚正能量，逐步拓展媒体经营业务，建立起党管宣传与媒体经营稳步拓展的新机制。主要职能为：负责集团公司内部新闻宣传，系统策划组织对外宣传；做好日常舆情信息收集整理和应对引导；汇总整理并实时发布时政、经济类新闻信息；逐步开展相关经营业务。新闻传媒中心共设综合管理部、报纸采编部、电视采编部、新媒体部、信息舆情部、总编室6个部室。截至2018年年底，共有职工40人。其中，本科及以上学历38人，具有中级及以上职称31人。

【基础管理工作】 新闻传媒中心坚持重大主题宣传有新提升、重大典型宣传有新亮点、舆论监督有新突破、对外宣传有新作为、媒体融合有新进展、市场化运作有新成效的工作思路，不断与时俱进，改革创新。在思想上，坚持用习近平总书记提出的“四向、四做”教育引导职工不忘初心，坚持“走转改”活动，鼓励记者深入基层采访。在业务上，坚持走出去、引进来，加强业务学习和交流，提升职工业务素质，加强各种培训、导师带徒、业务研讨、好新闻评选等活动，积极推进新闻采编人员跨界与融合，提升专业水平。2018年有7名采编人员获得记者证，10人获得职称晋升。积极推进媒体融合，搭建完成了省内企业媒体首家融媒体平台，不断完善全媒体采编机制。打造内部充满活力、有凝聚力和战斗力，对外形象好、工作业绩突出，深受各级管理者和广大职工群众信赖、在行业有较强影响力的新闻传媒品牌。在集团公司组织的2018年度新闻宣传工作先进集体、先进个人评选中，新闻传媒中心获得先进集体称号，5名采编人员被评为先进个人，30件作品获得好新闻奖，其中7件作品获一等奖。在全国冶金记协2017年度好新闻评选中，山钢各媒体斩获25个奖项，其中一等奖4项，二等奖7项，三等奖14项；在2017年度山东省新闻奖评选中，山钢各媒体报送的15件作品获奖，其中一等奖3篇，二等奖3篇，三等奖9篇。

【报纸采编工作】 《山东钢铁报》以宣传党和国家的方针政策、全面报道企业生产经营建设和改革转型发展过程中的重大新闻事件为重点，通过系列评论、解读、典型报道、深度报道等形式，及时将集团公司的重大决策部署传达到基层。围绕落实年度、季度工作会议及持续全面深化改革会议精神，加快新旧动能转换、建设魅力山钢等主题进行深入宣传，撰写刊发重要评论、评论员文章20余篇，总部部门和权属单位负责人访谈近20篇，专题报道稿件40余篇。开辟“落实年话落实”“打造过硬支部，铸就坚强堡垒”“说说山钢”“学习黄大年　争做科技先锋”等专栏，组织“新旧动能转换在行动”“全面深化改革再出发”“提速提质提效　狠抓工作落实”“落实年里抓落实　魅力山钢开好局”等系列报道。对山东省新旧动能转换综合试验区建设中的山钢机遇、山钢方案、山钢行动进行深度报道，刊发相关稿件50余篇。组织永锋淄博混改、山钢金控和山钢国贸市场化选聘和契约化管理、山钢股份莱芜分公司智能制造、蔺红霞、张红瑞等各类典型报道近100篇。针对党委巡察组巡察等重要工作及时刊发评论员文章。2018年《山东钢铁报》出版98期，累计刊发文章4300余篇，380余万字。

【电视采编工作】 围绕集团党委和集团公司重大会议精神，紧贴企业中心工作，聚焦改革发展大局，准确传递决策声音，精准解读改革文件，从集团和各产业公司两个维度深入挖掘新闻线索，推出部门负责人访谈，对重要新闻配发评论或短评，增强新闻引导性。策划播出“加快新旧动能转换”系列解读、“聚焦动能转换　推动高质量发展”系列访谈；先后开办“新山钢新征程”“建功新时代　建设新山钢”“我奋斗我幸福”“最美山钢人”“深化改革再出发”“动能转换在行动”“说说山钢”等栏目。坚持“走转改”活动，深入一线，用真实、生动、鲜活的山钢故事讲述山钢变化，策划播出“我的2017”系列报道、永锋淄博混改系列报道、记者走基层“走近高烤下的山钢人”系列报道。不断创新传播方式，满足观众需求。借助“厚道山钢”微信公众号和“厚道山钢”APP，让传统的电视新闻插上了新媒体的翅膀，把《山钢新闻》覆盖到了网络所能触及的地方。从用户角度出发，把整期新闻拆分成单条新闻上传“厚道山钢”APP和山钢集团门户网站，实现了受众点播式看新闻的目的。全年共制作播出《山钢新闻》98期，时长超过1470分钟。获得中国电视艺术家协会企业电视分会最佳企业电视台荣誉称号；在2018年全国企业电视好新闻评选中，获得一等奖1项，二等奖1项，三等奖2项。

【新媒体工作】 新媒体围绕集团公司党委和集团公司中心任务，先后开设了“加快动能转换　建设魅力山钢”“两学一做　强根固魂”“署名文章”“部门访谈”“党旗飘飘”“全面深化改革再出发”“新旧转换在行动”　“说说山钢”等栏目。其中，“说说山钢”栏目围绕三季度工作会议精神，以“改革带来的变化与期盼”“人才”“客户”等话题开展了与基层一线职工的互动，参与热情很高。“厚道山钢”公众号创新传播形式，在企业内外部影响力不断扩大，2018年微信公众号在国务院国资委官微“国资小新”联合清华大学新闻研究中心发布的中国企业新媒体指数榜中持续保持钢铁企业官微月度排名前列，关注人数增长至39808人，同比提高20%。“厚道山钢”新闻客户端（APP）自2016年12月8日正式运行以来，其活跃指数一直处在行业APP前列。截至2018年年底，共发布稿件3139篇，阅读量172254次，下载注册用户已达13966人，分享转发22973次。上述“厚道山钢”两个产品成为山钢舆论宣传的主阵地之一。“厚道山钢”被评为2018年全国企业电视十大有影响力公众号。

【信息舆情工作】 围绕集团公司改革、发展、生产、建设等重点任务，以服务改建国有资本投资公司、全面深化改革、转型发展、新旧动能转换、产业协同等重点工作为主线，加强选题策划，深入调研分析，聚焦典型案例，不断提高舆情信息收集的广度、深度和准度，为集团公司改革稳定提供高质量信息服务。注重把握新形势下网络舆情工作规律，做好紧急敏感网络舆情的监测、跟踪和汇总分析，着力提高网络舆情监测和处置的预见性、针对性和时效性，在提供辅助决策方面发挥重要作用。特别是在涉及境外投资项目、新疆公司产能挂牌交易、安全生产事故处理等重要敏感事项的监控服务上，实行“7×24”连续跟踪，及时报送动态信息，得到了领导的充分肯定。9月，在冶金行业媒体联盟年会上做了题为《新媒体环境下信息舆情工作的实践与体会》的发言交流。全年编发《信息参考》51期，舆情信息日报110期、周报30期、月报12期、专报14期，《信息直报》10期，合计227期。其中，舆情信息日报和周报为2018年新增加项目。

【外宣工作】 围绕山钢制造、山钢创造、山钢成就、山钢人风采，找准点位，适时适度强化对社会媒体的宣传。2018年，新华网、人民网、大众网、《中国冶金报》《山东国资》等外部媒体共刊发山钢稿件552篇。以庆祝改革开放40周年为契机，配合山东电视台《筑梦之路》拍摄活动，在《中国冶金报》《山东国资》等媒体宣传山钢改革发展成就。其中，山钢全面深化改革、新旧动能转换、高端产品应用、济钢转型发展等报道受到中央和省级媒体关注。

【党务工作】 2018年1月，根据集团公司组织机构及人员岗位的调整组建宣传部/新闻传媒中心党总支，隶属山钢集团机关党委，下设3个党支部，截至2018年年底，有党员40人。党总支以“党支部建设年”活动为契机，持续提升各项工作的科学化规范化水平。完善党员档案，建立党员活动室，举办党务工作调度推进及交流共享会，共同推进党建工作。在机关党委2017~2018年度考核评比中，宣传部/新闻传媒中心党总支被评为机关先进党组织。总支所辖3个支部，1个支部达到过硬党支部标准，2个支部达到规范党支部标准。

（撰稿：李洪江　刘志飞
审稿：田玉山）

工会工作

【综述】 山东钢铁集团有限公司工会（以下简称山钢集团工会）2017年11月正式成立，与共青团山东钢铁集团有限公司委员会合署办公，主要职能为：负责组织建设、民主管理、生产保护、职工权益保障、职工教育、职工文化建设、先模选树、女工及慈善工作站等工作。截至2018年年底，共有职工7人。其中，教授级高级政工师1人，高级经济师1人，高级政工师3人，政工师2人；研究生4人，大学本科3人。山钢集团工会下属基层工会18个，会员5.6万人。

【主题劳动竞赛】 成立劳动竞赛委员会，建立“党委领导、行政主导、工会主抓、部门协同、全员参与”的运行体制机制。制定下发《关于开展“加快动能转换，建功魅力山钢”主题劳动竞赛方案》，组织各单位对照方案内容进一步完善本单位劳动竞赛内容，并通过编发劳动竞赛简报、中期督导调研、召开竞赛推进现场会等形式，切实抓好劳动竞赛的过程管控工作，确保劳动竞赛活动更加聚焦新旧动能转换，更好融入改革转型发展大局。权属单位采取年度专题竞赛、季度夺杯竞赛、短期专项竞赛、即时记功竞赛等形式，使劳动竞赛有效聚焦核心指标、关键项目、安全环保、技能提升、科技创新、管理提效，极大调动了广大职工岗位建功、创优创效的积极性。强化劳模（工匠/高技能人才）创新工作室建设，开辟服务中心工作新平台。下发《关于创建“劳模（工匠/高技能人才）创新工作室”的指导意见》，评比表彰山钢集团劳模（工匠/高技能人才）创新工作室10个，专项发放劳模创新工作室建设资金10万元，聚焦山钢集团高技能人才队伍建设和自主创新能力提升。发挥组织优势，先后3次组织召开职工新旧动能转换座谈会，征集职工意见建议75条，整理下发会议纪要，反馈至各职能部门，并加强工作调度，切实保证被采纳的职工意见建议得到落实。

【“幸福和谐新山钢”建设】 认真落实第一次党代会决策部署，全面启动建设“幸福和谐新山钢”工作。经集团公司第59次党委常委会议、党委一届二次全体会议审议通过，印发了《山东钢铁集团有限公司建设“幸福和谐新山钢”行动方案》，建立“幸福和谐新山钢”领导组织机构，明确了建设原则和基本目标，按照两步走的建设路径，确定首批幸福和谐企业试点单位，实现“幸福和谐新山钢”建设的平稳起步。举办首届“幸福和谐山钢”职工乒乓球比赛，丰富职工的文化体育生活。

【民主管理厂务公开工作】 成立厂务公开工作领导小组和厂务公开工作监督小组，制定下发《厂务公开实施办法》《关于推进厂务公开建立公开事项清单制度的通知》，明确厂务公开工作原则、形式、程序及公开事项等内容，夯实厂务公开工作基础，为加强各级民主建设，保证职工民主监督权利，充分调动和保护职工参与民主管理的积极性、主动性、创造性，提供了有力保障。组织召开厂务公开、民主管理座谈会，倾听基层声音，交流工作经验，观摩示范材料，促进厂务公开、民主管理工作整体水平的提升。

【集团公司第一届职工代表大会第一次会议筹备工作】 10月底，集团公司工会正式启动集团公司第一届职工代表大会第一次会议筹备工作。11月19日，制定《集团公司第一届职工代表大会第一次会议筹备方案》，11月23日，分别向集团公司党委和山东省总工会上报《关于召开山东钢铁集团有限公司第一届第一次职工代表大会的请示》，得到集团公司党委和省总工会同意答复后，集团公司工会下发了《关于征集集团公司第一届第一次职工代表大会提案的通知》《关于选举集团公司第一届职工代表大会代表的通知》，民主选举职工代表159人，组成15个代表团，设立了民主评议监督、提案工作、职工权益保障、生活福利4个专门委员会。12月6日、27日，集团公司第一届第一次职代会筹备领导小组办公室两次召开筹备工作会议，推进职代会筹备工作。至年底，职代会筹备工作全面落实到位。

【工会组织建设】 中国工会第十七次全国代表大会于10月22日至26日召开，集团公司党委委员、工会主席卢彤书当选为中国工会第十七次全国代表大会代表并参加会议。山东省工会第十五次代表大会于12月9日至12日召开，山钢集团共有9名正式代表、2名特约代表参加。集团公司党委委员、工会主席卢彤书，莱钢集团党委副书记、工会主席李茂岭在山东省工会第十五次代表大会上当选为山东省总工会第十五届委员会委员；山钢股份莱芜分公司党委副书记、工会主席孙成玉当选为经费审查委员会委员。在山东省总工会第十五届委员会第一次全体会议上，卢彤书当选为山东省总工会常委。以筹建山钢集团工会为契机，进一步加强基层工会组织建设，指导未组建工会单位按照工会建会标准建会，对已建会但组织建设尚不完善的单位严格按民主程序规范基层组织建设。截至2018年11月25日，18个权属二级单位全部建立健全工会组织。

【职工维权帮扶工作】 完善职工帮扶救助体系，全集团工会系统为2000余名困难职工建立了帮扶档案。深入开展春节期间“送温暖”活动。按照夏季安全生产工作要求，在全集团开展“送清凉、保健康、保安全”活动，先后赴日照公司、济钢集团、山东耐材、永锋淄博、淄博张钢、莱钢集团、山钢股份莱芜分公司等单位开展“岗位送清凉”走访慰问工作。突出精准帮扶，围绕供给侧改革中的职工维权，争取支持，集团拨付专项资金，加大专项救助力度。按照上级有关文件要求，指导各单位落实节日期间职工集体福利发放和困难职工走访相关工作。面向一线，分三批次组织200名6级以下岗位职工开展职工疗休养工作。积极组织开展“慈心一日捐”活动，财务公司、国贸公司、山钢地产、山信软件、山钢矿业总部及集团总部各部门共计18个单位部门的2216名职工捐款142220元，全部上交省慈善总会。

【工会自身建设】 召开集团公司第一次党的群团工作会议，下发《关于进一步加强和改进党的群团工作的实施意见》。开展“大学习、大调研、大改进”，强化基层调研频次和力度，实现工会工作“群众的事情群众办，大家的事情商量着办”。活用互联网、视频会议等新型工作手段，利用视频会议形式召开了工会一届三次全委会和部分单位落实职代会精神座谈会，提高了工作效率。积极推进“互联网+群团”平台建设，实现上线运行。举办首期工会干部、女工干部培训班，邀请省总相关部门领导和省内著名专家学者为全集团100余名工会、女工干部授课。强化职工之家建设，指导各单位工会持续强化建家工作。建立集团总部职工之家，驻集团总部各单位联合设立职工图书室，通过社会资助、各单位工会联合购买、会员捐赠等方式汇集图书4200余册。

【女职工工作】 健全完善女工委组织，推选女工委委员。组织开展“巾帼心向党，建功新时代”主题教育活动，引领广大女职工坚定不移听党话、跟党走。组织开展第一届“书香三八，魅力女工”读书活动，举办“庆‘三八’暨女职工读书成果展示”活动，两项表演作品荣获一等奖，并在北京进行全国女职工读书成果现场展示，山钢集团工会、莱钢集团工会、莱芜分公司工会荣获全国第六届“书香三八”读书活动优秀组织单位称号，38件女职工读书作品在全国获奖。扎实开展女职工维权行动月活动，女职工维权工作更加规范，女职工法律意识和维权意识不断增强。

（撰稿：孙　霞　审稿：卢彤书）

共青团工作

【综述】 集团公司团委与集团公司工会合署办公。主要职责是：指导和监督集团公司各级团建工作，抓好青年思想教育和形势任务教育工作，开展青春建功工作，做好青年成长成才、青年维权和服务青年各项工作。集团公司团委下属二级团组织 14 个、青工委 2 个，团员 2512 人、青年 1.2 万人。

【思想教育】 加强青年思想引导，举办党的十九大精神青年干部专题培训，组织开展青年大学习活动，深入学习习近平总书记在团中央重要讲话精神，指导基层团组织以专题团课、主题团日等活动开展专题学习，实现了团员青年对党的十九大精神学习宣贯全覆盖。

【岗位成才】 参加全国钢铁行业共青团工作指导和推进委员会二届三次全委会暨第 29 次青年工作年会，与行业团组织横向沟通，相互交流学习。有 57 个先进青年集体和个人获得全国钢铁行业青年安全工作荣誉。开展青年成长成才大调研活动，对 1090 人进行问卷调研，摸清集团公司各层级青年成长现状，梳理青年人才培养工作存在的问题，形成青年成长成才调研报告，为后期集团公司研究制定有关青年人力资源开发方面的政策提供了第一手资料和参考依据。开展“山钢十大杰出青年”评选活动，推报侯世杰、牛春波参选第二届山东省青年“互联网+”十大领军人物活动。

【组织建设】 规范和加强团组织建设，开展群团组织信息摸底统计工作及智慧团建录入工作，按照上级团组织要求完成基层团干部团员青年信息录入，指导和推动山信软件、山钢矿业、日照公司、永锋淄博建立共青团组织。

（撰稿：崔中晔

审稿：卢彤书　张海鹰）

山钢集团
SD STEEL

山钢股份

山钢集团
SD STEEL

山钢文化

核心理念

山钢经营宗旨：

精品赢得市场，诚信创造未来

公司简况

山东钢铁股份有限公司（以下简称山钢股份）是山钢集团实际控制并参与管理的上市公司。2009年，山钢集团拉开钢铁主业资产重组序幕，酝酿钢铁主业整体上市。至2011年12月30日，山钢集团对旗下两家钢铁上市公司的整合方案得到中国证券监督管理委员会批准，莱芜钢铁股份有限公司以换股方式并入济南钢铁股份有限公司；2012年2月27日，济南钢铁股份有限公司作为存续上市公司，更名为山东钢铁股份有限公司，同时设立济南、莱芜两个分公司，分别负责济南、莱芜区域生产经营。重组完成初期，为充分发挥原有集团管理的优势，减少重组对公司生产运营的影响，济南分公司和莱芜分公司分别由济钢集团有限公司和莱芜钢铁集团有限公司运营管理。2014年开始，山钢股份运营管理逐步强化，配套改革举措频繁出台。2014年7月，山钢股份加强对钢铁产业管控，济南分公司和莱芜分公司分别从济钢集团、莱钢集团分离，实现独立运营。2015年7月，山钢股份控股山钢集团日照有限公司。2016年8月，山钢股份全面启动总部机关“三定”及全员竞岗工作，总部机关与集团公司机关不再合署办公；同月，山东省政府正式批准《济钢产能调整和山钢转型发展工作总体方案》，济南分公司产线进入停产准备阶段。2017年5月，在济南分公司即将全面停产背景下，为进一步深化改革、实施扁平化管理，根据集团公司意见，山钢股份对总部机关部室作出调整，并决定与莱芜分公司机关复合设置，除董事会办公室/监事会办公室/证券部留在济南办公以外，其余机关部室办公地点均在莱钢；同年6月29日，济南分公司全线停产工作正式启动，到7月8日，各主体工序全部实现安全、环保停产；当年底，日照公司一期一步工程主体建设项目，以及动力能源、节能环保等公辅配套设施全面竣工并全线热试成功。至此，山钢股份核心钢铁生产区集中到莱芜、日照两地。

截至2018年年底，山钢股份拥有从焦化、原料、烧结、球团、炼铁、炼钢到轧钢完整的生产工艺系统，所有钢铁生产设施已全部通过了工业和信息化部钢铁企业规范准入审查，日照公司装备居世界先进水平。其中，5100立方米高炉、3200立方米高炉、210吨转炉生产系统、4300毫米中厚板生产线、2050毫米热连轧生产线、2030毫米冷连轧生产线、大型特钢棒材生产线、H型钢生产线、特钢100吨电炉生产线等工艺装备已达到国内领先水平。钢材品种主要有中厚板、热轧板卷、冷轧板卷、H型钢、优特钢、热轧带肋钢筋等，是全国著名的中厚板板材、齿轮钢和H型钢生产基地。其中，低合金结构钢热轧H型钢获2016年国家冶金产品实物特优质量奖，船舶及海洋工程结构钢热轧宽厚钢板、非调质机械结构钢等7类产品荣获2016年国家冶金产品实物质量金杯奖，钢筋混凝土用热轧带肋钢筋获得中国钢铁工业协会2018年度冶金产品实物质量“金杯优质产品”、冶金行业“品质卓越产品”荣誉称号；高强度抗震钢筋、高寒地区耐低温型钢、大规格超临界电站锅炉用钢、高强度高精度叉车门架用型钢等4个产品获得“2018年度山东名牌产品”称号。公司产品广泛应用于汽车、石油、铁路、桥梁、建筑、电力、交通、机械、造船、轻工、家电等多个领域，远销英国、德国、日本、韩国等几十个国家和地区。

山钢股份秉承发展循环经济和科技节

能减排的理念，通过技术创新，进一步强化结构节能、技术节能和管理节能，深化资源的梯级和循环利用，节能减排、循环经济工作成效显著。公司所属主体单位先后获得国家有关部委、行业协会授予的“国家环境友好型企业”“全国绿化模范单位”“全国信息化与工业化融合促进节能减排试点示范企业”“全国资源综合利用十佳企业”“中国钢铁工业清洁生产环境友好企业”和“绿色工厂”等称号。

（撰稿：张金良　审稿：刘晓军）

2018年工作综述

【经营指标】 全年累计生产生铁910.9万吨、钢1031.4万吨、钢材1000.7万吨；实现营业收入559亿元；实现归属上市公司股东净利润21.07亿元。截至2018年年底，公司总资产719.06亿元，股东权益291.3亿元。

【生产运行】 莱芜分公司严格落实“炼铁保稳定、炼钢破瓶颈、轧材提效能”的要求，全面增强精益生产能力，不断提升系统运行效率，订单保证能力大幅提升，铁钢材产量超额完成年度计划。日照公司充分发挥高端产线设备及工艺技术优势，实施全过程订单驱动、柔性制造，以实单投产，开创了国内钢铁企业的先例。山信软件深入推进智能远程运维平台建设，为各生产单元稳定高效运行提供了强力支撑。全年各生产单元总体运行情况良好，生产、安全、设备保持稳定，其中莱芜分公司风险分级管控与隐患排查治理富有成效，“双重预防体系”建设走在全省前列。

【降本增效】 强化全面预算管理，深化产线系统对标，严把原料采购、炉料优化、指标提升等关键环节，努力挖掘降本增效潜力。莱芜分公司在保持高炉长周期稳定顺行条件下，坚持低成本配矿方案，结合市场形势和内部库存变化积极抢抓采购时机，加大原燃料质量管控力度，不断扩大生铁成本行业领先优势，吨铁成本领先行业平均水平140元，行业排名由第6位上升至第3位；全年可比产品成本降低率达到2.3%。日照公司建立成本核算模型，优化招标管理流程，降低采购成本2亿元以上。

【结构优化】 坚持以市场和用户需求为导向，产销研紧密衔接、协同配合，大力拓展高端市场。莱芜分公司全年累计开发耐低温H型钢、高端齿轮钢、高品质履带钢等新产品58项，一批优势产品打入AGPP、港珠澳大桥、雄安新区地下管廊等国内外重点工程；品种优化与结构增效取得实效，吨材售价与行业平均水平差距同比缩小150元，吨材利润领先行业平均水平100元以上；热轧带肋钢筋、汽车大梁钢等产品获得冶金产品实物质量金杯奖。日照公司全年累计开发高强结构钢、车轮钢、双相钢、家电板、汽车板等30余个品种的产品，其中高表面质量冷轧镀锌产品填补了省内空白；第一批试订单成功打入欧洲宝马、中国一汽等汽车生产线。

【精益管理】 按照“固化、细化、强化”的工作要求，统筹策划、纵深推进“运营转型、精益管理”。莱芜分公司关键项目累计实现对比收益18亿元；组织开展能源拉网速赢诊断及进厂大宗原燃料物资专项诊断，确定改进措施260项，挖掘现场改善潜力9300万元；基层自主诊断重点突出、成效明显，拓宽了绩效改善空间；炼钢—宽厚板钢轧一体化诊断及公司信息化诊断全面完成，为信息化、智能化建设打下了坚实基础。日照公司精益运营体系转入实施阶段。山信软件持续推进“五个标准化”体系建设，建立标准起草、审核、发布、定期复审更新机制，促进了精益运营水平的提升。

【项目建设】 日照公司加大施工过程管控力度，在建项目节点完成率达到95%以上，工程实物质量验收合格率保持100%。2018年年底，一期一步项目建设进入档案竣工验收阶段，一期二步项目建设整体进入设备安装关键阶段，部分项目已提前组织试生产。2号5100立方米高炉、4300毫米宽厚板生产线、3号焦炉和炼钢3号转炉工程全面竣工，为2019年各产线高效生产创造了良好条件。

【市场开拓】 扎实推进营销管理模式创新，强化客户意识和服务理念，加大高端市场开拓力度，企业品牌价值与市场影响力不断提升。莱芜分公司钢材平均销售价格4404元/吨，同比提高520元/吨。日照公司紧盯重点品种，积极推进产品市场开发，全年累计销售钢材280.53万吨（另销售钢坯19.61万吨、生铁9.49万吨）。山信软件与中国科学院、阿里云等开展协同合作，山钢云平台初步建成投运，工业机器人、无人化研究应用实现突破；研究构建以产品为核心的营销体系，新型炉顶成像系统、烟气氧含量分析仪等产品成功打开市场，全年新产品合同额1403万元。

【改革创新】 持续优化和完善组织架构、管理流程和执行体系设计，加强全面风险管理，公司规范运作水平持续提升。莱芜分公司“三定”及竞争上岗工作全面完成，岗位设置和人员配置得以优化，实现了年人均产钢1000吨目标；职业发展通道更加完善，形成了管理、技术、操作“纵向贯通、横向联通”的发展路径；薪酬制度改革稳步推进，职工薪酬结构更加合理；内部市场化运营持续深化，有力调动了干部职工干事创业的积极性。日照公司打通三个晋升通道，为管理、技术、技能人才的有序竞争提供了舞台。山信软件深入推进“三项制度”改革，率先实现了经营决策层契约化管理，在各单位实施岗位管理，按需设岗、以岗定薪。

【和谐企业建设】 认真履行社会责任，严格按照环保新标准新要求，策划实施环保提升方案，持续深化环境深度治理。坚持以人为本，充分保障职工参与、监督企业管理的各类权益，保持了和谐稳定的经营环境和可持续发展环境。莱芜分公司高炉配套除尘改造等一批环保治理项目顺利实施，区域环境质量不断改善；全年自发电量创历史新高，国家循环经济标准化试点项目顺利通过验收，企业绿色发展水平进一步提高。日照公司污染物全部达标排放，部分指标达到超低排放标准。全公司认真履行集体合同，切实保障职工劳动报酬、工作时间、休息休假、劳动安全卫生、保险福利等各项权利；积极回应职工诉求，妥善化解各类风险矛盾；多渠道开展职工教育培训，全面提升职工队伍素质；加强社会治安综合治理，严厉打击各类违法行为，努力营造和谐稳定的发展环境。

（撰稿：叶　华　审稿：刘晓军）

2018年山钢股份大事记

1月

6日 莱芜分公司2018年安全生产工作会议在公司办公楼召开。罗登武总经理出席会议并讲话。会上，莱芜分公司及莱芜分公司工会与各单位签订《2018年安全生产绩效考核责任书》。

● 营销总公司召开年度工作会议暨党

风廉政建设大会。

● 中国金属学会在北京组织召开由银山型钢有限公司和北京科技大学完成的“易焊接高性能耐磨钢的研发与应用”科技成果评价会。经质询、讨论，项目评价委员会认为该项成果整体达到国际先进水平，其中NM450级别的40~50毫米厚度方向的硬度均匀性控制达到国际领先水平。

9日 山信软件召开公司2018年安全生产工作会议。

11日 莱芜分公司召开“三定”暨管理岗位竞争上岗工作启动会，公布管理岗位竞争上岗工作实施方案，以及莱芜分公司和银山型钢公司组织机构设置，并对竞岗工作提出具体要求。

12日 山信软件召开第一次工会会员代表大会暨一届二次职工代表大会。

13日 山东工会系统学习党的十九大精神劳模宣讲团巡回报告会在莱芜分公司炼钢厂大学堂举行。

18日 在山东省总工会第十四届委员会第九次全体会议上，山钢股份莱芜分公司工会与莱钢集团工会实施的《构建“全时空、零距离、无缝隙”服务网 莱钢“精准帮扶+普惠服务”催生幸福之花》项目荣获2017年度山东省工会工作创新奖。该奖项为全省工会工作最高奖项。

● 日照钢铁精品基地海水淡化项目正式开工建设。

19日 莱芜分公司召开2017年度表彰大会、政治工作会，表彰先进，总结2017年度政治工作，安排部署2018年工作任务。会上，分别签订了《党风廉政建设主体责任责任书》《党风廉政建设监督责任责任书》。

20日 时风集团公司董事长刘成强一行访问莱芜分公司。山钢集团党委书记、董事长侯军，党委副书记、总经理陶登奎，党委常委、山钢股份总经理罗登武，山钢股份副总经理、营销总公司总经理王广连在莱芜分公司办公楼与刘成强一行座谈。

24日 北京科技大学副校长臧勇一行访问莱芜分公司。莱芜分公司党委书记、总经理罗登武在办公楼与客人座谈。

26日 山东省总工会副主席王星海一行到莱芜分公司看望困难职工。莱芜分公司党委副书记、工会主席孙成玉陪同。

29日 聊城经济技术开发区党工委委员、管委会副主任吕广华带领9家钢管制造商访问营销总公司。双方针对制管行业所需特钢产品的品种、规格及合作前景进行了深入洽谈。

31日 安徽工业大学副校长葛芦生一行访问莱芜分公司。山钢股份副总经理，营销总公司党委书记、总经理王广连在办公楼与客人座谈。

● 日照钢铁精品基地2030毫米冷轧工程酸轧生产线第一卷成功下线。

本月 山钢股份被确定为国家《钢材仓储管理规范》行业标准主要编制单位之一。

● 莱芜分公司职工网上培训平台获中华全国总工会“全国职工教育培训示范点”荣誉称号。

● 莱芜分公司首台整车计量式动态衡器通过国家检定并投入运行。

● 莱芜分公司“智慧团建”系统一期试点工作顺利通过团中央验收。

2月

6日 莱芜分公司通过俄罗斯阿穆尔气体处理厂项目用型钢供应商评审。

● 日照钢铁精品基地球团工程顺利热试，一期一步炼铁主体工程基本建设完成。

7日 莱芜分公司召开党委领导班子2017年度民主生活会。山钢集团党委副书记、董事苏斌参加并指导。

• 山信软件召开 2017 年度党员领导干部民主生活会。

9 日　莱芜分公司召开党组织书记履行全面从严治党责任暨抓基层党建工作述职评议会议。会上，公司党委与各单位党组织书记签订 2018 年党建工作责任书，并安排部署下一步履行全面从严治党责任和抓基层党建工作。

• 山信软件召开 2017 年度党组织书记履行全面从严治党责任和抓基层党建工作述职评议暨党风廉政建设工作会议。

3 月

2 日　山钢集团副总经理王向东一行到莱芜分公司调研。莱芜分公司副总经理王培文在办公楼汇报工作。

6 日　贝斯济钢（山东）钢铁有限公司董事长格雷格·艾伯特一行访问莱芜分公司。山钢股份副总经理，营销总公司党委书记、总经理王广连在莱芜分公司办公楼与客人座谈。

8 日　莱芜分公司炼钢厂 1 号异型坯连铸机超薄异型坯非平衡布流技术首次现场热试取得成功，标志着承担的国家重点研发计划“长型材智能化制备关键技术”项目取得关键性进展。

15 日　日照钢铁精品基地 2030 毫米冷轧工程 2 号连退生产线一次性热负荷试车成功。

16 日　山钢集团党委副书记、总经理陶登奎一行到莱芜分公司调研集团公司系列会议精神贯彻落实情况和新旧动能转换工作。莱芜分公司党政领导罗登武、孙成玉、王培文在办公楼汇报工作。同日，陶登奎到营销总公司调研，山钢股份副总经理，营销总公司党委书记、总经理王广连汇报了营销总公司相关情况。

20 日　山钢集团党委副书记、董事苏斌率队到莱芜分公司检查督导党建工作责任制和党风廉政建设责任制落实情况。莱芜分公司党委书记、总经理罗登武，党委副书记、工会主席孙成玉，党委委员、纪委书记赵智珠在办公楼汇报工作。

21 日　山钢集团工会主席卢彤书一行到莱芜分公司调研“幸福和谐新山钢”规划启动建设情况。莱芜分公司党委副书记、工会主席孙成玉在办公楼与卢彤书一行座谈。

• 先进钢铁制造产业基地发展规划调研会在莱芜片区召开。中国冶金规划院副院长肖邦国及部分专家，山钢集团党委常委、山钢股份总经理，莱钢集团公司党委书记、董事长，莱芜分公司党委书记、总经理罗登武，山钢集团副总经理王向东，莱钢集团公司党委副书记、总经理王学德，山东省发展改革委、莱芜市发展改革委等有关人员参加会议。

23 日　山钢集团董事、财务总监刘德华一行到山信软件开展工作调研。

29 日　营销总公司承办的第二十七届采购信息交流会在莱钢新兴大厦召开。山钢股份副总经理，营销总公司党委书记、总经理王广连出席会议并讲话。首钢、河钢、鞍钢、本钢、安阳钢铁的原燃料采购部门负责人应邀参加交流会。

本月　莱芜分公司板带厂 620 毫米窄带线、1500 毫米宽带线先后一次成功试轧 1.5 毫米、1.8 毫米极限薄规格产品，刷新该厂薄规格轧制纪录。

4 月

2 日　莱芜分公司召开会议，传达山钢加快推进新旧动能转换工作暨“大学习、大调研、大改进”工作动员部署会议精神。

3 日　山信软件召开会议，传达山钢加快推进新旧动能转换工作暨“大学习、大调研、大改进”工作动员部署会议精神。

12日 山信软件被评为山东省“2017年度最具影响力物联网单位”。

16日 莱芜分公司中心实验室氧氮分析项目顺利通过中国合格评定国家认可委员会（CNAS）委派审核专家扩项现场评审。

17日 国家级循环经济标准化试点验收评估会在莱芜分公司办公楼召开。专家组在对煤气发电等环节进行了现场调研并听取项目汇报后，经过查验资料和质询，认为莱芜分公司符合《国家循环经济标准化试点考核评估方案（试行）》的要求。

19日 莱芜分公司通过IATF TS16949汽车用钢质量管理体系标准换版审核。

20日 山东省人大常委会副主任、党组书记于晓明带领省人大常委会第一检查组就《中华人民共和国大气污染防治法》和《山东省大气污染防治条例》到莱芜片区开展大气污染防治“一法一条例”贯彻实施情况执法检查。山钢股份总经理，莱钢集团公司党委书记、董事长，莱芜分公司党委书记、总经理罗登武，山钢股份、莱芜分公司副总经理邵明天陪同检查。于晓明对莱钢的大气污染防治工作给予肯定，并指出存在的不足。

28日 日照钢铁精品基地2号5100立方米高炉工程提前32天顺利封顶，热风炉工程提前41天顺利封顶。

● 日照钢铁精品基地4300毫米宽厚板工程粗轧机成功完成热试第一板。

5月

3日 日照钢铁精品基地2030毫米冷轧工程热镀锌产线热试成功暨第一卷产品顺利下线，以高端汽车板和家电板为产品定位的冷轧工程全线贯通。

25日 山信软件自主研发的“智慧远程运维系统V2.0”和“知识管理系统V1.0”被评为2018年山东省首版次高端软件产品（第一批）。

29日 山信软件发布“中小企业一体化信息化管理平台”“热风炉自动燃烧控制系统”等6项新产品。

6月

21日 中国冶金报社发布“2018绿色发展十大优秀企业”和“2018绿色发展十大先进企业”名单，山钢股份莱芜分公司荣获“2018绿色发展十大先进企业”称号。

28日 莱芜分公司召开庆“七一”暨党内先进四好班子表彰大会。

29日 山信软件党委召开庆“七一”表彰大会暨专题党课。

7月

12日 《人民日报》新闻协调部主编刘文波一行就贯彻落实《新时期产业工人队伍建设改革方案》及取得成效到莱芜分公司进行专题采访调研。

16日 莱芜分公司召开2018年半年工作会议。党委书记、总经理罗登武做题为《加快动能转换 推进做强做优 努力开创企业高质量发展新局面》的讲话。

18日 中国机冶建材工会副主席毛迎春、郑九强一行在山东省冶金工会主席刘纯玉陪同下到莱芜分公司调研。

本月 莱芜分公司申报的热轧带肋钢筋和银山型钢公司申报的船板钢顺利通过“冶金行业品质卓越产品”现场评审。

● 由莱芜分公司主持制定的《船用热轧H型钢》《电动葫芦轨道用热轧型钢》和《抽油机用热轧H型钢》3项行业标准正式发布。

8月

12日 日照钢铁精品基地2050毫米热轧产线1.2毫米极限薄规格调试取得成功，标志着该产线具备轧制极限规格的能力。

17日 莱芜分公司召开贯彻山钢集团生态环境保护大会精神暨环境深度治理推进会。

27日 北京首钢郎泽新能源科技公司总裁董燕一行访问莱芜分公司，副总经理邵明天在办公楼与客人座谈，双方围绕钢铁工业尾气再利用展开交流。

9月

1日 莱芜分公司第二届职工职业技能竞赛暨青工技术比武在莱钢党校/培训中心举行。

3日 莱芜分公司2018年“质量月”活动启动。

6日 山东高速集团党委委员、副总经理，山东高速股份董事长赛志毅一行访问莱芜分公司。莱芜分公司党委书记、总经理罗登武，党委副书记、工会主席孙成玉在办公楼与客人座谈。

● 山信软件召开党委领导班子巡视整改专题民主生活会。

7日 莱芜分公司召开党委领导班子巡视整改专题民主生活会。

● 山东省政协主席、党组书记付志方一行到莱芜片区调研。莱芜分公司党委书记、总经理罗登武汇报了相关工作情况，省政协、莱芜市及钢城区有关领导陪同调研。

● 山钢集团副总经理王向东率调研组就研发费用和研发投入专项管理提升活动到莱芜分公司开展专题调研。莱芜分公司副总经理邵明天、尉可超在办公楼与调研组一行座谈。

13日 山钢集团党委副书记、总经理，山钢股份董事长陶登奎，山钢集团副总经理张相军，先后到莱芜分公司焦化厂、型钢炼铁厂进行现场调研。山钢集团党委常委、山钢股份总经理罗登武陪同调研。

18日 山东省冶金行业职工职业技能竞赛决赛闭幕式在莱钢新兴大厦举行，莱芜分公司获得高炉炼铁工和转炉炼钢工团体第一名，莱芜分公司职工张金波、刘谦分别获得高炉炼铁工、转炉炼钢工冠军。

19日 山钢集团党委书记、董事长侯军到山信软件银轧运维事业部党支部参加主题党日活动。

29日 莱芜分公司型钢1号65兆瓦发电项目顺利并网发电。

10月

8日 山钢集团第三巡察组巡察山信软件工作动员会召开。

9日 莱芜分公司党委书记、总经理罗登武到联系点炼钢厂炼钢四车间党支部参加“建设过硬支部、铸就坚强堡垒”主题党日活动。

24日 莱芜分公司召开精益TnPM体系建设启动大会。副总经理王培文出席会议并讲话。

26日 江苏省第四检查组到莱芜分公司开展钢铁行业重大隐患专项整治行动省级交互核验检查。莱芜分公司副总经理王培文在办公楼与检查组一行座谈。

31日 日照钢铁精品基地3号焦炉顺利点火烘炉。

本月 莱芜分公司供美国田纳西州约塞米工厂项目系列钢板顺利投产。

● 莱芜分公司成功研发超低磷钢 LF2 钢，并实现批量化生产。

● 莱芜分公司开发的 50 毫米×185 毫米横梁钢在安徽合力成功进行台架试验和首次应用。

11 月

12 日 莱芜分公司收到来自中海油公司的业务合作确认函，正式成为中海油公司合格供应商。

● 首批供美国约塞米工程用大规格热轧 H 型钢开发试制成功并实现批量生产。

26 日 营销总公司获得埃克森美孚在美国得克萨斯州约塞米烯烃回收项目两个标段的供应权，莱芜分公司美标型钢成功打入美孚公司。

30 日 莱芜分公司首批出口维斯塔斯公司的宽厚板产品成功交付。

● 山钢股份顺利通过 QESEn 管理体系现场认证审核。

12 月

6 日 莱芜分公司顺利通过为期两天的荷兰萨塞瓦特大桥项目供应商现场审核。

7 日 莱芜分公司 4 个六西格玛项目获全国优秀项目。

17 日 中共山东钢铁股份有限公司莱芜分公司第一次代表大会召开。大会选举产生了中共山东钢铁股份有限公司莱芜分公司第一届委员会和纪律检查委员会。

21 日 中共山东钢铁集团日照有限公司第一次代表大会召开。

27 日 中华全国总工会副主席、书记处书记、党组成员石岱，中国机械冶金建材工会主席陈杰平，中华全国总工会女职工部部长徐微一行在山东省总工会副主席王际仓的陪同下到莱芜分公司调研。山钢集团党委副书记、总经理陶登奎，山钢集团党委常委，山钢股份总经理，莱芜分公司党委书记、总经理罗登武在办公楼与石岱一行座谈。座谈结束后，石岱一行先后到莱钢精神展馆、中国机械冶金建材工会、山东省总工会职工网上练兵系统运行维护中心进行了现场参观考察。翌日，石岱、陈杰平、徐微一行在王际仓陪同下到莱芜分公司实地考察并走访慰问困难女职工。山钢集团党委书记、董事长侯军，党委常委罗登武陪同。

● 莱芜分公司三届一次职工代表大会在炼钢厂大学堂召开。总经理罗登武做了题为《加快动能转换，打造比较优势，奋力开启做强做优钢铁产业的新征程》的工作报告。

28 日 山信软件举行董事长、总经理契约化签约仪式，与山钢集团签订《山信软件董事长经营目标责任书》。

29 日 山信软件举行经营管理团队契约化签约仪式，与经营管理团队签订《聘用协议》和《经营目标责任书》。

（注：● 与上面日期相同）

（撰稿：叶　华　审稿：刘晓军）

机构与人事

中共山东钢铁股份有限公司委员会

常务委员	侯　军	陶登奎	苏　斌
	陈向阳	赵文友	徐有芳
	罗登武	刘秀元	
书　　记	侯　军		
副 书 记	陶登奎	苏　斌	

山东钢铁股份有限公司
董事会

董　　事　陶登奎　陈向阳
　　　　　徐有芳（4月18日止）罗登武
　　　　　薄　涛（4月19日任）
　　　　　王国栋　徐金梧　胡元木
　　　　　刘　冰　马建春
董 事 长　陶登奎
副董事长　陈向阳
董事会秘书　金立山

山东钢铁股份有限公司
监事会

监　　事　孙成玉（职工代表）
　　　　　杨再昌　王景洲
　　　　　陈明玉（4月19日任，
　　　　　　11月21日止）
　　　　　孙永和（职工代表）
监事会主席　孙成玉

山东钢铁股份有限公司
经理层

总 经 理　罗登武
副总经理　邵明天
　　　　　王广连（7月13日止）
　　　　　尉可超　王培文
财务负责人　尉可超

中共山东钢铁股份有限公司
纪律检查委员会

书　　记　赵文友
副 书 记　王景洲　高凤娟

山钢股份总部各部门

董事会办公室/监事会办公室/证券部

董事会办公室/监事会办公室
主　　任　金立山
副 主 任　郭允义
证券部
经　　理　金立山
副 经 理　郭允义
　　　　　张金鹏（4月28日任）

办公室/党委办公室

主　　任　刘晓军
副 主 任　刘振海

财务部

经　　理　曹孟博（9月25日止）
　　　　　董永峰（11月30日任）
副 经 理　冉宏国（11月30日止）
　　　　　高相南
　　　　　董永峰（11月30日止）

党委组织部/人力资源部/机关党委

党委组织部
部　　长　齐登业
副 部 长　莫盛春　吕登高
人力资源部
经　　理　齐登业
副 经 理　莫盛春　吕登高
机关党委
党委书记　莫盛春

纪 委 书 记 莫盛春

运营管理部/招标中心

运营管理部

副 经 理 陈秀昌（5 月 23 日止）
韩应战 孔凡强

招标中心

经 理 韩应战

生产管理部

经 理 李玉林

副 经 理 申景霞 李兴义

安全生产部

经 理 陶教祥

副 经 理 苗仲元

能源环保部

经 理 商福成

副 经 理 窦建亮 孙建军

机械动力部/计控处/计量检测中心

副 经 理 何福生
马世国（3 月 30 日止）
傅守滨

风险管理部

经 理 朱 慧

技术中心

经 理 王中学

副 经 理 高俊庆 董 杰 杜显彬

杨 军（10 月 30 日止）

品质保证部/中心实验室

经 理 孙业华

副 经 理 付常林 王可昊

供 应 部

经 理 周宪海

副 经 理 尚庆国 王 骞

物流中心

经 理 王兖军

副 经 理 杨庆修（8 月 15 日止）
林 强

宣传部/统战部/企业文化部

宣传部/统战部

部 长 许家明

副 部 长 苏加庆

企业文化部

经 理 许家明

副 经 理 苏加庆

山钢股份所属分公司

莱芜分公司

总 经 理 罗登武

副总经理 邵明天
王广连（7 月 13 日止）
尉可超 王培文

总经理助理 曲为壮

安全总监 王培文

总法律顾问 王培文

党委委员 罗登武 孙成玉 赵智珠
邵明天（12月17日止）
王广连（7月13日止）
尉可超（12月17日止）
王培文（12月17日止）
齐登业（12月17日任）
刘晓军（12月17日任）
党委书记 罗登武
党委副书记 孙成玉
纪委书记 赵智珠

营销总公司

总经理 王广连（7月13日止）
刘立华（12月29日任）
副总经理 刘立华（12月29日止）
高传华 刘庆祯 宋尊国
党委书记 王广连（7月13日止）
尉可超（12月29日任）
党委副书记 刘立华（12月29日任）
王振海
纪委书记 刘烈涛

（撰稿：刘旭隆 审稿：齐登业）

证券事务管理

【综述】 董事会办公室/监事会办公室/证券部是山钢股份证券事务主管部门。主要职责是：负责修订、完善公司章程，董事会、监事会工作制度、管理办法、议事规则，完善公司法人治理结构；负责处理股东大会、董事会、监事会、董事会各专门委员会的日常事务及相关业务培训；负责股东大会、董事会、监事会、董事会各专门委员会的会议组织、材料审核、记录、纪要，监督落实会议决议、决定；负责与董事、监事、高级管理人员的联系，并在其履职或检查时提供相关服务；负责组织编制公司定期报告、临时报告，以及董事会、监事会工作报告的起草；负责投资者关系管理和信息披露，与证券监管、交易、中介等机构的联系、沟通及相关事务处理；负责股权事务管理及公司股权激励的策划和实施；负责组织协调资本市场融资和企业兼并重组等工作；负责董事会、监事会、证券事务的公文、档案和印信管理。截至2018年年底，董事会办公室/监事会办公室/证券部共有职工12人，其中具有高级专业技术职务9人，研究生6人，大学本科6人。

【公司治理】 规范公司重大事项决策程序，发布《山东钢铁股份有限公司董事会重大事项党委常委会前置研究管理办法》，明确了党组织研究讨论是董事会决策重大事项的前置程序；根据2018年修订的《公司法》《上市公司治理准则》及相关监管制度规则变化，对《公司章程》《股东大会议事规则》《董事会议事规则》和《监事会议事规则》进行了系统、全面的梳理、评审，按程序对《公司章程》及相关法人治理管理制度进行了修订；梳理、制定《营销类子（分）公司重大决策流程》，进一步规范了营销类子公司重大事项的决策流程；研究制定《议案审核与信息披露风险内部控制管理办法》，进一步加强了对议案编制、信息披露的过程风险防控。按程序组织召开董事会、监事会、股东大会及各类专业会议31次，审议通过议案98项；完成董事会、监事会换届选举并对董事会秘书、经理层进行了选聘；按要求组织公司董、监、高参加监管部门举办的公司规范化培训。

【投资者关系管理】 充分利用上证“e互动”等平台做好与投资者的交流；受理投资者来访来电450余人次，及时为投资者解疑释惑。全年开展16场路演，召开2次投资者说明会，提升了公司的市场形象，增进了投资者对公司发展的信心。积极与上海证券交易所、山东证监局、上市公司协会进行沟通、协调，及时回复各类调研问卷、问题咨询，严格落实监管要求，营造和谐融洽的监管环境。

【信息披露管理】 按照“真实、准确、完整、及时、公平”原则，做好全年董事会、监事会、股东大会决议事项和公司重大资产重组、债券发行、股东股权变动等应披露事项的披露工作，全年披露发布各类公告信息88项。根据相关法律法规、《公司章程》及上交所的规范要求，按节点高质量、高标准、高效率完成公司2017年度报告、中期报告、季度报告等定期报告编制工作，及时在相关媒体和上交所网站进行公告。

【再融资和资本运营】 主动与银行、券商等机构进行沟通、协调，完成公司债合计三期的发行工作，累计发行额度50亿元。充分利用国家金融政策，快速推进绿色公司债的申报工作，至年底已提交上海证券交易所审批。按规范要求履行重大资产重组相关信息披露义务，按时间节点及时申请股票停牌并发布相关进展公告，合规履行终止、复牌程序，并与上海证券交易所进行了充分沟通与交流。

（撰稿：吴　昊　审稿：张金鹏）

山钢股份股东大会、董事会、监事会会议内容简介

【2018年第一次临时股东大会】 1月11日，山钢股份2018年第一次临时股东大会在公司办公楼四楼多媒体会议室召开，出席本次会议的股东及股东代理人共23人，代表股份6027529747股，占公司总股本的55.0632%。出席会议的董事有陶登奎、罗登武。会议由公司董事会召集，董事长陶登奎主持，审议通过了《关于华泰证券（上海）资产管理有限公司（代工银投资—华泰山钢债转股定向资产管理计划）增资日照公司暨公司同比例增资的议案》《关于修订〈公司章程〉的议案》。

【2017年年度股东大会】 4月19日，山钢股份2017年度股东大会在山钢总部办公楼四楼多媒体会议室召开。出席本次会议的股东及股东代理人共23人，代表股份6007707184股，占公司总股本的54.8821%。出席会议的董事有陶登奎、罗登武、徐金梧、胡元木、马建春。会议由公司董事会召集，董事长陶登奎主持，审议通过了《2017年度董事会工作报告》《2017年度监事会工作报告》《关于2017年度独立董事述职报告的议案》《关于公司2017年年度报告及摘要的议案》《关于公司2017年度财务决算及2018年度财务预算的议案》《关于公司2017年度利润分配的议案》《关于公司2017年度公积金转增股本的议案》《关于修订和签署日常关联交易协议的议案》《关于公司2017年度日常关联交易协议执行情况及2018年度日常关联交易计划的议案》《关于山东钢铁集团日照有限公司协议受让山东钢铁集团济钢板材有限公司4300毫米宽厚板生产线相关资产的议案》《关于聘任会计师事务所的议案》《关于2018年度公司董事、监事及高级管理人员年度薪酬的议案》《关于选举董事的议案》《关于选举独立董事的议案》《关于选举监事的议案》。

【2018年第二次临时股东大会】 6月26日，山钢股份2018年第二次临时股东大会在山钢总部办公楼四楼多媒体会议室召开。

出席本次会议的股东及股东代理人共82人，代表股份306840200股，占公司总股本的5.8700%。出席会议的董事有陶登奎、罗登武、薄涛、胡元木、马建春。会议由公司董事会召集，董事长陶登奎主持，审议通过了《关于公司重大资产重组继续停牌的议案》。

【2018年第三次临时股东大会】 10月29日，山钢股份2018年第三次临时股东大会在山钢总部办公楼四楼多媒体会议室召开。出席本次会议的股东及股东代理人共26人，代表股份5721387568股，占公司总股本的52.2665%。出席会议的董事有陶登奎、罗登武、薄涛、刘冰、马建春。会议由公司董事会召集，董事长陶登奎主持，审议通过了《关于终止发行2017年山东钢铁股份有限公司绿色债券并申请发行2018年山东钢铁股份有限公司绿色债券的议案》。

【第五届董事会第二十六次会议】 1月26日，山钢股份第五届董事会第二十六次会议以现场和通信相结合的方式召开。出席会议的董事有陶登奎、陈向阳、徐有芳、罗登武、王国栋、徐金梧、胡元木、刘冰、马建春。会议由公司董事长陶登奎主持，审议通过了《关于为控股子公司山东钢铁集团日照有限公司提供担保的议案》《关于控股子公司山东钢铁集团日照有限公司向日照港山钢码头有限公司增资的议案》《关于公司2018年度生产经营计划的议案》《关于公司2017年度固定资产投资完成情况及2018年度固定资产投资计划的议案》。

【第五届董事会第二十七次会议】 3月28日，山钢股份第五届董事会第二十七次会议以现场方式召开。出席会议的董事有陶登奎、陈向阳、徐有芳、罗登武、王国栋、胡元木、刘冰、马建春；独立董事徐金梧因公务未能参加会议，书面委托独立董事胡元木代为行使表决权。会议由公司董事长陶登奎主持，审议通过了《2017年度董事会工作报告》《2017年度总经理工作报告》《2017年度独立董事述职报告》《关于日照钢铁精品基地项目建设情况的报告》《关于公司2017年年度报告及摘要的议案》《关于公司2017年度财务决算及2018年度财务预算的议案》《关于公司2017年度利润分配的议案》《关于公司2017年度公积金转增股本的议案》《关于修订和签署日常关联交易协议的议案》《关于公司2017年度日常关联交易协议执行情况及2018年度日常关联交易计划的议案》《关于山东钢铁集团日照有限公司协议受让山东钢铁集团济钢板材有限公司4300毫米宽厚板生产线相关资产的议案》《关于会计师事务所从事2017年度公司审计工作的总结报告的议案》《关于续聘会计师事务所的议案》《关于公司2017年度内部控制自我评价报告的议案》《关于公司2017年度社会责任报告的议案》《关于公司董事会换届选举的议案》《关于2018年度公司董事、监事及高级管理人员年度薪酬的议案》《2018年度董事会经费预算计划的议案》《关于召开2017年度股东大会的议案》。

【第六届董事会第一次会议】 4月19日，山钢股份第六届董事会第一次会议以现场和通讯相结合的方式召开。出席会议的董事有陶登奎、陈向阳、罗登武、薄涛、王国栋、徐金梧、胡元木、刘冰、马建春。公司董事陶登奎被推举为本次董事会召集人并主持了会议，审议通过了《关于选举公司董事长的议案》《关于选举公司副董事长的议案》《关于确定公司第六届董事会专门委员会的议案》《关于聘任公司总经理的议案》《关于聘任公司董事会秘书的议案》《关于聘任公司副总经理的议案》《关于聘任公司财务负责人的议案》《关于聘任公司证券事务代表的议案》《关于推举部分子公司（包括合资公司）董事、董事长及其他职务人选的议案》《关于注销全资子公司西安济钢经贸有限公司的议案》。

【第六届董事会第二次会议】 4月26日，山钢股份第六届董事会第二次会议以通讯方式召开。出席会议的董事有陶登奎、陈向阳、罗登武、薄涛、王国栋、徐金梧、胡元木、刘冰、马建春。会议由公司董事长陶登奎主持，审议通过了《关于公司2018年第一季度报告及摘要的议案》《关于向山东钢铁集团有限公司支付担保费的关联交易议案》。

【第六届董事会第三次会议】 5月2日，山钢股份第六届董事会第三次会议以通讯方式召开。出席会议的董事有陶登奎、陈向阳、罗登武、薄涛、王国栋、徐金梧、胡元木、刘冰、马建春。会议由公司董事长陶登奎主持，审议通过了《关于前期会计差错更正的议案》。

【第六届董事会第四次会议】 5月24日，山钢股份第六届董事会第四次会议以通讯方式召开。出席会议的董事有陶登奎、陈向阳、罗登武、薄涛、王国栋、徐金梧、胡元木、刘冰、马建春。会议由公司董事长陶登奎主持，审议通过了《关于公司重大资产重组继续停牌的议案》。

【第六届董事会第五次会议】 5月31日，山钢股份第六届董事会第五次会议以通讯方式召开。出席会议的董事有陶登奎、陈向阳、罗登武、薄涛、王国栋、徐金梧、胡元木、刘冰、马建春。会议由公司董事长陶登奎主持，审议通过了《关于贝斯山钢（山东）钢板有限公司增加注册资本的议案》。

【第六届董事会第六次会议】 6月8日，山钢股份第六届董事会第六次会议以通讯方式召开。出席会议的董事有陶登奎、陈向阳、罗登武、薄涛、王国栋、徐金梧、胡元木、刘冰、马建春。会议由公司董事长陶登奎主持，审议通过了《关于公司重大资产重组继续停牌的议案》《关于召开2018年第二次临时股东大会的议案》。

【第六届董事会第七次会议】 7月31日，山钢股份第六届董事会第七次会议以通讯方式召开。出席会议的董事有陶登奎、陈向阳、罗登武、薄涛、王国栋、徐金梧、胡元木、刘冰、马建春。会议由公司董事长陶登奎主持，审议通过了《关于成立山钢股份济南销售分公司的议案》《关于推荐部分子公司（包括合资公司）董事、执行董事及其他职务人选的议案》《关于为山东钢铁集团日照有限公司在济宁银行股份有限公司日照分行办理银行承兑汇票提供担保的议案》《关于为山东钢铁集团日照有限公司在日照银行办理短期借款提供担保的议案》。

【第六届董事会第八次会议】 8月13日，山钢股份第六届董事会第八次会议以通讯方式召开。出席会议的董事有陶登奎、陈向阳、罗登武、薄涛、王国栋、徐金梧、胡元木、刘冰、马建春。会议由公司董事长陶登奎主持，会议审议通过了《关于终止重大资产重组事项的议案》。

【第六届董事会第九次会议】 8月15日，山钢股份第六届董事会第九次会议以通讯方式召开。出席会议的董事有陶登奎、陈向阳、罗登武、薄涛、王国栋、徐金梧、胡元木、刘冰、马建春。会议由公司董事长陶登奎主持，审议通过了《关于公司2018年半年度报告及摘要的议案》《关于调整2018年固定资产投资计划的议案》《关于转让全资子公司青岛济钢经贸有限公司股权的议案》《关于为山东钢铁集团日照有限公司在莱商银行日照分行办理短期贷款提供担保的议案》。

【第六届董事会第十次会议】 9月3日，山钢股份第六届董事会第十次会议以通讯方式召开。出席会议的董事有陶登奎、陈向阳、罗登武、薄涛、王国栋、徐金梧、胡元木、刘冰、马建春。会议由公司董事长陶登奎主持，审议通过了《关于为山东钢铁集团日照有限公司在兴业银行日照分行办理5亿元银行承兑汇票提供担保的议案》。

【第六届董事会第十一次会议】 10月12日，山钢股份第六届董事会第十一次会议以通讯方式召开。出席会议的董事有陶登奎、陈向阳、罗登武、薄涛、王国栋、徐金梧、胡元木、刘冰、马建春。会议由公司董事长陶登奎主持，审议通过了《关于终止发行2017年山东钢铁股份有限公司绿色债券并申请发行2018年山东钢铁股份有限公司绿色债券的议案》《关于审议〈山东钢铁股份有限公司绿色债券管理制度〉的议案》《关于召开2018年第三次临时股东大会的议案》。

【第六届董事会第十二次会议】 10月29日，山钢股份第六届董事会第十二次会议以现场和通讯相结合的方式召开。出席会议的董事有陶登奎、陈向阳、罗登武、薄涛、王国栋、徐金梧、胡元木、刘冰、马建春。会议由公司董事长陶登奎主持，审议通过了《关于公司2018年第三季度报告及摘要的议案》《山东钢铁股份有限公司关于向控股子公司提供借款的议案》。

【第六届董事会第十三次会议】 12月7日，山钢股份第六届董事会第十三次会议以通讯方式召开。出席会议的董事有陶登奎、陈向阳、罗登武、薄涛、王国栋、徐金梧、胡元木、刘冰、马建春。会议由公司董事长陶登奎主持，审议通过了《山东钢铁股份有限公司关于莱芜分公司"三供一业"及医疗保险等企业办社会职能分离移交的议案》《山东钢铁股份有限公司关于与山东钢铁集团日照有限公司作为共同承租人开展融资租赁业务的议案》。

【第六届董事会第十四次会议】 12月28日，山钢股份第六届董事会第十四次会议以通讯方式召开。出席会议的董事有陶登奎、陈向阳、罗登武、薄涛、王国栋、徐金梧、胡元木、刘冰、马建春。会议由公司董事长陶登奎主持，审议通过了《关于山东钢铁集团为日照有限公司在民生银行济南分行办理1.6亿元综合授信提供担保的议案》。

【第五届监事会第十三次会议】 3月28日，山钢股份第五届监事会第十三次会议以现场方式在山钢总部办公楼四楼多媒体会议室召开。出席会议的监事有孙成玉、杨再昌、王景洲、陈明玉、孙永和。会议由公司监事会主席孙成玉主持，审议通过了《2017年度监事会工作报告》《关于公司2017年年度报告及摘要的议案》《关于公司监事会换届选举的议案》《关于公司2017年度财务决算及2018年度财务预算的议案》《关于公司2017年度利润分配的议案》《关于公司2017年度公积金转增股本的议案》《关于2018年度公司董事、监事及高管人员年度薪酬的议案》《关于修订和签署日常关联交易协议的议案》《关于公司2017年度日常关联交易协议执行情况及2018年度日常关联交易计划的议案》《关于山东钢铁集团日照有限公司协议受让山东钢铁集团济钢板材有限公司4300毫米宽厚板生产线相关资产的议案》《关于公司2017年度社会责任报告的议案》。

【第六届监事会第一次会议】 4月19日，山钢股份第六届监事会第一次会议以现场方式在山钢总部办公楼四楼多媒体会议室召开。公司监事孙成玉被推举为本次监事会召集人并主持了会议。会议审议通过了《关于选举公司监事会主席的议案》。

【第六届监事会第二次会议】 4月26日，

山钢股份第六届监事会第二次会议以通讯方式召开。出席会议的监事有孙成玉、杨再昌、王景洲、陈明玉、孙永和。会议由公司监事会主席孙成玉主持，审议通过了《关于公司2018年第一季度报告及摘要的议案》。

【第六届监事会第三次会议】 5月2日，山钢股份第六届监事会第三次会议以通讯方式召开。出席会议的监事有孙成玉、杨再昌、王景洲、陈明玉、孙永和。会议由公司监事会主席孙成玉主持，审议通过了《关于前期会计差错更正的议案》。

【第六届监事会第四次会议】 8月13日，山钢股份第六届监事会第四次会议以通讯方式召开。出席会议的监事有孙成玉、杨再昌、王景洲、陈明玉、孙永和。会议由公司监事会主席孙成玉主持，审议通过了《关于终止重大资产重组事项的议案》。

【第六届监事会第五次会议】 8月15日，山钢股份第六届监事会第五次会议以通讯方式召开。出席会议的监事有孙成玉、杨再昌、王景洲、陈明玉、孙永和。会议由公司监事会主席孙成玉主持，审议通过了《关于公司2018年半年报及摘要的议案》。

【第六届监事会第六次会议】 10月29日，山钢股份第六届监事会第六次会议以现场方式在山钢总部办公楼四楼多媒体会议室召开。出席会议的监事有孙成玉、杨再昌、王景洲、陈明玉、孙永和。会议由公司监事会主席孙成玉主持，审议通过了《关于公司2018年第三季度报告及摘要的议案》。

（撰稿：吴　昊　审稿：张金鹏）

山钢股份2018年财务指标完成情况表

指标名称	计量单位	2018年	2017年	同比增加
营业收入	万元	5590846.36	4789837.79	801008.57
营业成本	万元	5003440.33	4430611.63	572828.70
营业税金及附加	万元	34487.33	19370.77	15116.56
销售费用	万元	36978.70	29838.65	7140.05
管理费用	万元	120075.88	74062.13	46013.75
财务费用	万元	60145.33	42500.21	17645.12
其中：利息支出	万元	58535.92	44671.61	13864.31
利润总额	万元	245622.58	198997.69	46624.89
净利润	万元	233867.30	196075.20	37792.10
利税总额	万元	411860.78	318689.65	93171.13

续表

指标名称	计量单位	2018 年	2017 年	同比增加
营业收入净利率	%	4. 18	4. 09	0. 09
营业收入利税率	%	7. 37	6. 65	0. 72
成本费用利润率	%	4. 70	4. 35	0. 35
实现税费总额	万元	205064. 67	119691. 97	85372. 70
资产总额	万元	7190618. 95	5700412. 75	1490206. 20
负债总额	万元	4278066. 23	3117990. 24	1160075. 99
资产负债率	%	59. 50	54. 70	4. 80
流动资产合计	万元	2681299. 97	2009418. 37	671881. 60
流动负债合计	万元	3292348. 17	2892565. 69	399782. 48
流动比率	%	81. 44	69. 47	11. 97
速动资产	万元	2126406. 76	1621656. 46	504750. 30
速动比率	%	64. 59	56. 06	8. 53
固定资产原值	万元	4172243. 01	2787180. 80	1385062. 21
累计折旧	万元	1568635. 44	1474860. 12	93775. 32
固定资产净值	万元	2603607. 57	1312320. 69	1291286. 89
应收账款平均余额	万元	24343. 60	58329. 24	-33985. 63
应收账款周转率	次	229. 66	82. 12	147. 55
存货平均余额	万元	471327. 56	351424. 68	119902. 88
存货周转率	次	10. 62	12. 61	-1. 99
总资产周转率	次	0. 87	0. 86	0. 01
总资产净利率	%	3. 63	3. 52	0. 11
流动资产周转率	次	2. 38	2. 55	-0. 16
总资产报酬率	%	4. 72	4. 37	0. 35
所有者权益合计	万元	2912552. 72	2582422. 51	330130. 21
其中：归属于母公司所有者权益	万元	2016667. 95	1808359. 14	208308. 82

（撰稿：张　锋　审稿：董永峰）

山钢股份2018年度部分制度文件目录

文件编号	标　题
山钢股份运营字〔2018〕1号	山东钢铁股份有限公司关于下达2018年生产经营计划的通知
山钢股份运营字〔2018〕2号	山东钢铁股份有限公司关于印发《新旧动能转换三年行动计划》的通知
山钢股份运营字〔2018〕3号	山东钢铁股份有限公司关于下达2018年固定资产投资计划的通知
山钢股份运营字〔2018〕4号	山东钢铁股份有限公司关于印发《2018年绩效考核方案》的通知
山钢股份运营字〔2018〕5号	山东钢铁股份有限公司关于印发《2018年专业管理考核细则》的通知
山钢股份运营字〔2018〕6号	山东钢铁股份有限公司关于开展网络安全专项检查及整改工作的通知
山钢股份运营字〔2018〕7号	山东钢铁股份有限公司关于印发《QESEn管理体系管理评审报告》的通知
山钢股份运营字〔2018〕11号	山东钢铁股份有限公司关于印发《2018年度QESEn管理体系内部审核报告》的通知
山钢股份运营字〔2018〕14号	山东钢铁股份有限公司关于下达2018年固定资产投资调整计划的通知
山钢股份运营字〔2018〕15号	山东钢铁股份有限公司关于下达莱芜分公司特钢事业部中型轧钢生产线升级改造项目投资调整计划的通知
山钢股份运营字〔2018〕16号	山东钢铁股份有限公司关于下达莱芜分公司焦化厂煤场筒仓一期建设项目立项实施计划的通知
山钢股份运营字〔2018〕17号	山东钢铁股份有限公司关于下达银山型钢有限公司炼铁厂400m^2及265m^2烧结机原料场环保封闭及智能化改造项目立项实施计划的通知
山钢股份运营字〔2018〕18号	山东钢铁股份有限公司关于下达莱芜分公司高端制造装备用高品质稀土特殊钢关键技术研究及产业化配套项目立项实施计划的通知

续表

文件编号	标　题
山钢股份风险字〔2018〕2号	山东钢铁股份有限公司关于下达2018年度全面风险管理工作计划的通知
山钢股份风险字〔2018〕3号	山东钢铁股份有限公司关于印发《2018年度全面风险管理工作报告》的通知
山钢股份财字〔2018〕14号	山东钢铁股份有限公司关于印发《绿色债券管理制度》的通知
山钢股份人字〔2018〕1号	山东钢铁股份有限公司关于营销总公司部分业务调整的通知
山钢股份人字〔2018〕4号	山东钢铁股份有限公司关于转发《山东钢铁集团有限公司新旧动能转换专项考核办法》的通知
山钢股份函〔2018〕1号	关于调整山东钢铁集团财务有限公司董事的函
山钢股份办字〔2018〕3号	山东钢铁股份有限公司办公室关于山钢股份档案管理工作有关事宜的请示
山钢股份党字〔2018〕1号	中共山东钢铁股份有限公司委员会关于成立保密委员会的通知
山钢股份党字〔2018〕2号	中共山东钢铁股份有限公司委员会关于开好2017年度党员领导干部民主生活会的通知
山钢股份党字〔2018〕3号	中共山东钢铁股份有限公司委员会转发《山钢集团开展“大学习、大调研、大改进”的实施方案》的通知
山钢股份党字〔2018〕4号	中共山东钢铁股份有限公司委员会转发《中共山东钢铁集团有限公司委员会关于印发〈“党支部建设年”实施方案〉的通知》的通知
山钢股份党字〔2018〕5号	中共山东钢铁股份有限公司委员会转发《中共山东钢铁集团有限公司委员会关于印发〈党组织工作经费管理办法〉的通知》的通知
山钢股份党字〔2018〕7号	中共山东钢铁股份有限公司委员会关于印发《信息公开保密审查管理办法》的通知
山钢股份党字〔2018〕8号	中共山东钢铁股份有限公司委员会转发山钢党委有关管理规定的通知
山钢股份党字〔2018〕9号	中共山东钢铁股份有限公司委员会关于印发《山东钢铁股份有限公司董事会重大事项党委常委会前置研究管理办法》的通知

续表

文件编号	标　题
山钢股份党字〔2018〕10号	中共山东钢铁股份有限公司委员会关于同意召开中国共产党山东钢铁股份有限公司莱芜分公司第一次代表大会的批复
山钢股份党字〔2018〕12号	中共山东钢铁股份有限公司委员会关于中国共产党山东钢铁股份有限公司莱芜分公司第一次代表大会选举结果的批复
山钢股份党字〔2018〕13号	中共山东钢铁股份有限公司委员会关于罗登武等同志职务任免的通知
山钢股份党字〔2018〕14号	中共山东钢铁股份有限公司委员会转发《中共山东钢铁集团有限公司委员会关于开展2018年度党组织书记抓基层党建述职评议考核工作的实施方案》的通知
山钢股份党字〔2018〕15号	中共山东钢铁股份有限公司委员会关于尉可超等同志任职的通知

（撰稿：杨建东　审稿：刘晓军）

莱芜分公司

公司概况

山东钢铁股份有限公司莱芜分公司（简称莱芜分公司）位于山东省济南市钢城区，是山东钢铁股份有限公司重点骨干企业，成立于2012年2月27日，前身为莱芜钢铁集团有限公司下属莱芜钢铁股份有限公司。莱芜钢铁股份有限公司是经山东省人民政府批准，由国家国有资产管理局确认，并经山东省国有资产管理局批复，采用募集方式向社会公开发行股票创立的股份有限公司。2008年3月，山东钢铁整合重组，莱芜钢铁集团有限公司隶属于山钢集团有限公司。2011年，山钢集团启动重大资产重组，决定由济南钢铁股份有限公司以换股方式吸收合并莱芜钢铁股份有限公司。同年5月18日，莱芜钢铁股份有限公司第一次临时股东大会审议通过吸收合并方案；12月30日，中国证券监督管理委员会核准本次换股吸收合并事项。2012年3月，换股吸收合并完成后，济南钢铁股份有限公司作为山钢集团下属钢铁主业上市公司，更名为山东钢铁股份有限公司。同时，莱芜分公司成立，其机关各部门与莱钢集团公司相应部门复合设置。2014年7月份，山钢集团实施钢铁业务管理规范化、专业化、聚焦发展等改革调整举措，将钢铁业务从莱钢集团公司中分离出来独立运营，原莱钢集团公司旗下从事钢铁生产的银山型钢有限公司、新疆有限公司及3200立方米高炉生产业务，以托管形式由莱芜分公司统一运营管理，莱芜分公司与莱钢集团公司从机关机构、管理职能、业务人员等方面实现彼此独立运作，莱芜分公司集中精力发展钢铁业务。2017年5月，在山钢股份济南分公司停产背景下，山钢股份对机关业务部门做出调整，莱芜分公司机关业务部门/直属机构与山钢股份相应业务部门复合设置，山钢股份机关部门（除董事会办公室/监事会办公室/证券部）办公地点由山钢集团济南总部迁至莱芜市钢城区。截至2018年年底，莱芜分公司（含代管单位）拥有总资产543.49亿元，在岗职工16111人；具备年产1300万吨钢综合生产能力，钢铁产品涵盖型钢、板带、优特钢、棒材四大系列。

（撰稿：叶　华　审稿：刘晓军）

2018年工作综述

【生产经营】 全年生产生铁1193.2万吨、钢1198.1万吨、钢材1164.1万吨，同比分别增长2.17%、2.99%和3%；累计实现销售收入754.16亿元、利润38.89亿元，同比分别增长97.9亿元、15.69亿元，上缴税金14.66亿元。铁钢材产量均实现新的较大提升，利润总额创历史最好水平，各项经营指标超额完成山钢考核目标要求。

【运行管理】 严格落实“炼铁保稳定、炼钢破瓶颈、轧材提效能”的要求，统筹优化资源配置，着力消除制约瓶颈，提升系统运行效率，保持了稳产高产良好态势。积极应对设备集中年修和阶段性环保限产等不利影响，重污染天气下生产开停有序、应对有度；全面增强精益生产能力，订单保证能力大幅提升；采购供应、物流运输保障有力，动力能源调配平衡有序；全员设备管理体系建设稳步推进，精益点检水平不断提升，设备平稳运行基础更加扎实；“双重预防体系”建设走在全省前列，保持了安全生产良好态势。

【降本增效】 强化全面预算管理，深化产线系统对标，狠抓原料采购、炉料优化、指标提升等关键环节，努力挖掘降本增效潜力。全年吨铁成本1995元，领先行业平均水平140元；全年可比成本降低7亿元，降低率2.3%。

【产品结构优化】 坚持以市场和用户需求为导向，产销研紧密衔接、协同配合，一批优势产品打入AGPP、港珠澳大桥、雄安新区地下管廊等国内外重点工程。全年累计开发耐低温H型钢、高端齿轮钢、高品质履带钢等新产品58项，销售184.5万吨，新产品比例15.91%，型钢实现美标、俄标系列化；累计结构优化增效3亿元，折合吨材增效28.47元；吨材售价与行业平均水平差距同比缩小150元，吨材利润领先行业平均水平100元以上；热轧带肋钢筋、汽车大梁钢等产品获得冶金产品实物质量金杯奖。

【精益管理】 按照“固化、细化、强化”的工作要求，统筹策划、纵深推进运营转型、精益管理。搭建“5+7+*N*”项目架构，加大项目管控力度，累计实现对比收益18.9亿元；开展能源拉网速赢诊断及进厂大宗原燃料物资专项诊断，挖掘现场改善潜力9300万元；全面完成炼钢—宽厚板钢轧一体化诊断及公司信息化诊断，为企业信息化、智能化建设打下坚实基础；计量双体系支撑力度加大，模块建设有效落地，业绩管理深入基层，内训师队伍引领带动作用明显。

【节能环保】 系统策划实施环保提升方案，深化环境深度治理，高炉配套除尘改造等一批污染治理项目顺利实施；加快环保突出问题整改，全年累计环保投资4.95亿元，区域环境质量明显改善；扎实推进《能源诊断、优化和节能专项规划》，型钢65兆瓦高温超高压发电项目建成投运，能源综合利用效益不断提升；全年实现自发电量27.6亿千瓦·时，同比提高6.2%，创历史最好水平；国家循环经济标准化试点项目通过验收，企业绿色发展水平进一步提高。

【改革创新】 系统梳理管理流程，修订完善规章制度，QESEn管理体系有效运行；打造“五位一体”协同机制，顾客满意度继续提升；不断加强全面风险管理，风险防控水平得到提升；完成“三定”及竞争上岗工作，岗位设置和人员配置进一步优化，队伍结构更加合理，实现年人均产钢1000吨目标；建立完善管理、技术、操作“纵向贯通、横向联通”的发展路径，职工职业发展更加顺畅；持续深化内部市场化运营，干部职工干事创业积极性主动性不断增强。

【和谐企业建设】 深入推进“两学一做”学习教育常态化制度化，扎实开展“大学习、大调研、大改进”，党员干部作风能力和精神风貌持续改善；从严从实做好巡视巡察反馈问题整改，全面从严治党向纵深发展；探索实施“党政融合、双责一体”管理模式，党的建设与生产经营结合更加紧密；持续加强过硬党支部建设，党群品牌影响力继续扩大；加大形势任务教育和宣传引导力度，精神文明创建成果丰硕；“双五十条”有效落实，精准帮扶、维权服务更加到位；“智慧团建”成效显著，青年生力军作用凸显；稳步推进“幸福女工”试点工作，女职工队伍整体素质不断提高；顺利完成职工医疗保险社会化工作，企地融合发展取得新成效。

（撰稿：张金良　审稿：刘晓军）

机构与人事

中共山东钢铁股份有限公司莱芜分公司委员会

委　　员　罗登武　孙成玉　赵智珠
邵明天（12月17日止）
王广连（7月13日止）
尉可超（12月17日止）
王培文（12月17日止）
齐登业（12月17日任）
刘晓军（12月17日任）

书　　记　罗登武

副 书 记　孙成玉

山东钢铁股份有限公司莱芜分公司经理层

总 经 理　罗登武

副总经理　邵明天
王广连（7月13日止）
尉可超　王培文

总经理助理　曲为壮

安全总监　王培文

总法律顾问　王培文

中共山东钢铁股份有限公司莱芜分公司纪律检查委员会

委　　员　赵智珠
周光军（3月2日任）
朱　慧（12月17日任）
焦卫东（12月17日任）
张　黎（12月17日任）

书　　记　赵智珠

副　书　记　王训达（3月2日止）
　　　　　　周光军（3月2日任）

山东钢铁股份有限公司莱芜分公司工会委员会

主　　　席　孙成玉
副　主　席　高淑军　常红玮
常务委员　孙成玉　高淑军　常红玮
　　　　　　陈润海　季立飞

莱芜分公司机关部室

公司办公室/党委办公室

主　　　任　刘晓军
副　主　任　刘振海
　　　　　　陈　振（2月10日任，4月28日止）

组织部/人力资源部/机关党委

组织部
部　　　长　齐登业
副　部　长　莫盛春（2月10日止）
　　　　　　吕登高
　　　　　　刘　楚（2月10日任）
人力资源部
经　　　理　齐登业
副　经　理　莫盛春（2月10日止）
　　　　　　吕登高
　　　　　　刘　楚（2月10日任）
机关党委
党委书记　莫盛春（1月27日止）
　　　　　　齐登业（1月27日任）
纪委书记　莫盛春（1月27日止）
　　　　　　齐登业（1月27日任）
工会主席　莫盛春（1月27日止）
　　　　　　齐登业（1月27日任）

运营管理部/招标中心

运营管理部
经　　　理　孔凡强（1月27日任）
副　经　理　陈秀昌（2月10日止）
　　　　　　韩应战（2月10日止）
　　　　　　孔凡强（1月27日止）
　　　　　　董书岐（2月10日任）
　　　　　　李家波（2月10日任）
　　　　　　谈贵峰（2月10日任）
招标中心
经　　　理　韩应战（管理6级，2月10日止）
　　　　　　董书岐（管理6级，2月10日任）

财务部

经　　　理　曹孟博（9月25日止）
　　　　　　董永峰（11月30日任）
副　经　理　冉宏国（11月30日止）
　　　　　　高相南
　　　　　　董永峰（11月30日止）

能源环保部

经　　　理　商福成
副　经　理　窦建亮　孙建军

生产管理部

经　　　理　李玉林
副　经　理　申景霞（2月10日止）
　　　　　　李兴义
　　　　　　高志刚（2月10日任）

安全生产部

经　　　理　陶教祥（1月27日止）
　　　　　　于仁波（1月27日任）
副　经　理　苗仲元
　　　　　　李　涛（2月10日任）

机械动力部/计控处/计量检测中心

机械动力部
经　　　理　傅守滨（1月27日任）

副　经　理　傅守滨（1月27日止）
　　　　　　何福生
　　　　　　马世国（2月10日止）
　　　　　　张化宾（2月10日任）
　　　　　　张　宁（2月10日任）
党总支书记　何福生（管理6级，4月10日止）
　　　　　　傅守滨（管理5级，4月10日任）

计控处

经　　　理　傅守滨（1月27日任）
副　经　理　傅守滨（1月27日止）
　　　　　　何福生
　　　　　　马世国（2月10日止）
　　　　　　张化宾（2月10日任）
　　　　　　张　宁（2月10日任）

计量检测中心

经　　　理　傅守滨（1月27日任）
副　经　理　傅守滨（1月27日止）
　　　　　　何福生
　　　　　　马世国（2月10日止）
　　　　　　张化宾（2月10日任）
　　　　　　张　宁（2月10日任）

风险管理部

经　　　理　朱　慧
副　经　理　刘武修（2月10日任）

技术中心

经　　　理　王中学
副　经　理　高俊庆（兼，1月27日止）
　　　　　　董　杰（管理5级，1月27日止）
　　　　　　杜显彬
　　　　　　杨　军（2月10日止）
　　　　　　姬光刚（2月10日任）
　　　　　　杜传治（2月10日任）
党总支书记　高俊庆（管理5级，4月10日止）
　　　　　　王中学（管理5级，4月10日任）

能源管控中心

（1月10日公布莱芜分公司组织机构设置，能源管控中心与能源动力厂复合设置）

供应部

经　　　理　周宪海
副　经　理　尚庆国　王　骞
党总支书记　周宪海

物流中心

经　　　理　王兖军（1月27日止）
　　　　　　高俊庆（1月27日任）
副　经　理　杨庆修（2月10日止）
　　　　　　林　强
　　　　　　荣　沛（2月10日任）
党总支书记　王兖军（管理5级，4月10日止）
　　　　　　高俊庆（管理5级，4月10日任）

纪委/监察部

（7月3日内设机构优化调整）

纪　委

书　　　记　赵智珠
副　书　记　王训达（3月2日止）
　　　　　　周光军（3月2日任）

监察部

部　　　长　王训达（3月2日止）
　　　　　　周光军（3月2日任）
副　部　长　昝永清（2月10日止）
　　　　　　焦卫东
　　　　　　张　黎（2月10日任）

宣传部/统战部/企业文化部

宣传部/统战部

部　　　长　许家明
副　部　长　苏加庆

贾鲁峰（2月10日任）

企业文化部

经　　理　许家明

副 经 理　苏加庆

贾鲁峰（2月10日任）

工会/团委

（7月3日内设机构优化调整）

工　会

主　　席　孙成玉

副 主 席　高淑军　常红玮

女职工委员会主任　常红玮

武装部长　陈润海（2月10日任）

团　委

书　　记　季立飞（管理6级）

副 书 记　李　锐（管理7级）

品质保证部/中心实验室

品质保证部

经　　理　孙业华

副 经 理　付常林

王可昊（2月10日止）

丁玉献（2月10日任）

卢　峰（2月10日任）

党总支书记　王可昊（管理6级，4月10日止）

孙业华（管理5级，4月10日任）

中心实验室

经　　理　孙业华

副 经 理　付常林

王可昊（2月10日止）

丁玉献（2月10日任）

卢　峰（2月10日任）

莱芜分公司生产厂、事业部

焦化厂

经　　理　王元顺（1月27日止）

姜世远（1月27日任）

副 经 理　姜世远（兼，1月27日止）

杜富仁（2月10日止）

李普庆　李树华

刘建迅（2月10日任）

党委书记　姜世远

党委副书记　王元顺（兼，2月10日止）

李树华（2月10日止）

杜富仁（2月10日任）

纪委书记　李树华（2月10日止）

杜富仁（2月10日任）

工会主席　李树华（2月10日止）

杜富仁（2月10日任）

炼铁厂

经　　理　孙建设

副 经 理　董书歧（2月10日止）

张　明　姜兴军

贾友剑（2月10日任）

罗公明（7月23日任）

党委书记　孙建设

党委副书记　庞瑞年

纪委书记　庞瑞年

工会主席　庞瑞年

炼钢厂

经　　理　郭伟达

副 经 理　袁本明　王　键　李强笃

党委书记　郭伟达

党委副书记　荣　波（2月10日止）

吕富强（2月10日任）

纪委书记　荣　波（2月10日止）

吕富强（2月10日任）

工会主席　荣　波（2月10日止）

吕富强（2月10日任）

特钢事业部

经　　理　李丰功

副 经 理　彭敦远（2月10日止）

徐锡坤　刘茂文　杨振国
党委书记　李丰功
党委副书记　高洪亮（5月24日止）
纪委书记　高洪亮（5月24日止）
工会主席　高洪亮（5月24日止）

棒材厂

经　　理　关中华
副 经 理　王志强（7月23日任）
杨风滨　孙颖军
孙圣刚（2月10日任）
党委书记　关中华（7月23日止）
王志强（7月23日任）
党委副书记　关中华（7月23日任）
王其昌
纪委书记　王其昌
工会主席　王其昌

型钢厂

经　　理　吕智勇
副 经 理　李夕平　郑国防　魏光兵
党委书记　吕智勇
党委副书记　李开祥（2月10日止）
王可昊（2月10日任）
纪委书记　李开祥（2月10日止）
王可昊（2月10日任）
工会主席　李开祥（2月10日止）
王可昊（2月10日任）

能源动力厂/能源管控中心

（1月10日公布莱芜分公司组织机构设置，能源动力厂与能源管控中心复合设置）

经　　理　袭建富
副 经 理　李佩和　李克海　吕德玉
李传瑾（2月10日任）
党委书记　袭建富
党委副书记　刘文仓（2月10日止）
徐　乔（2月10日任）
纪委书记　刘文仓（2月10日止）
徐　乔（2月10日任）
工会主席　刘文仓（2月10日止）
徐　乔（2月10日任）

运输部

经　　理　韩树森
副 经 理　孙兆华（兼，1月27日止）
朱　亮　段崇义
徐永福（2月10日止）
翟大强（2月10日任）
党委书记　孙兆华（1月27日止）
韩树森（1月27日任）
党委副书记　韩树森（兼，1月27日止）
徐永福（2月10日任）
纪委书记　徐永福（2月10日任）
工会主席　徐永福（2月10日任）

（撰稿：刘旭隆　审稿：齐登业）

专业管理

行政综合管理

【综述】 莱芜分公司办公室与党委办公室合署办公，负责公司综合事务、督查督办、文秘管理、公文印信、会务管理、接待管理、应急管理、保密管理、外事管理、企地协调及信访管理，与莱钢集团有限公司对口衔接治安保卫、综合治理、反邪教工作、档案史志、后勤服务、物业管理、卫生防疫、计划生育、抗震防灾、房产土地、环境与公辅设施管理等代管业务。设综合室/应急管理室、秘书室/信息调研室、督查室、对外联络室、信访协调室。2017年5月，按照山钢股份公司机关机构改革要求，莱芜分公司办公室/党委办公室与山钢股份公司办公室/党委办公室复合设置。截至2018年年底，在岗职工15人，其中具有高级专业技术职业资格12人、中级3人。

【综合服务】 强化精益服务，扎实做好会议和公务活动管理工作。完成公司政治工作会议、年度表彰大会、职代会、钢铁主业成本分析会暨月度运营绩效评价会、半年工作会议、总经理办公会、公司领导慰问一线职工等重要会议活动组织，协调各专业部门做好股份公司和莱芜分公司层面各类会议活动；配合中共山东省委第十二巡视组延伸巡视，完成巡视组接待联络等系列任务。全年累计组织公司及各专业会议活动800余次，办理公司处级干部请销假手续557次。做好公司内外部沟通联络，为公司提供有价值的外部信息。

【应急管理】 严格落实应急管理工作责任，坚持节假日和重大活动部门领导带班制度，指导、监督、检查全公司办公室系统做好节假日值班工作，完善应急预案体系和应急体制、机制建设，督促各单位、各部门抓好应急体系、应急信息管理平台建设等工作，保证特殊时段应急调配顺畅，应对各类突发事件发生。落实各项防控措施，协调参加应急演练，提高应对风险和防范事故的能力。

【文秘信息调研】 发挥以文辅政职能作用，研究提炼公司领导班子在动能转换、精益运营、做强做优方面的管理思路与创新措施，融入各类文稿之中，推动高层管理智慧与生产经营实践紧密结合。全年撰写、修改、整理领导讲话、致辞、汇报材料、署名文章、会议纪要、公文等各类文稿210余篇，共计160余万字。结合“大学习、大调研、大改进”工作，深入开展调查研究，形成《以新旧动能转换为核心的创新管理》《莱芜分公司2018年总体运行情况的调研》等多篇管理创新成果和调研成果，为领导科学决策提供参考依据。发挥《运营转型精益管理工作简报》交流共享作用，广泛传播精益理念，挖掘典型经验，展示工作亮点，促进企业向精益转型。强化综合信息管理，加大公司生产经营管理亮点的宣传交流力度，向山钢等上级部门报送企业综合信息300余篇。

【督查督办】 重点围绕山钢集团年度工作会议、公司职代会等重要决策部署，强化责任分解、过程管控、跟踪督办等措施，保证各项工作落到实处。全年累计下发督办通知23期，督办事项227项，形成督办报告26份。做好巡视巡察反馈问题整改情况的督导落实，起草下发违反中央八项规定精神问题整改工作方案，牵头对差旅费、公务接待等方面的问题进行自查梳理，修订完善公务用车制度改革实施方案，推动问题有效整改落实。

【公文、印鉴管理】 按要求规范各单位公文格式，提高公文办理效率和质量。全年办理各类文件2304份，审核印发各类公文731份；刻制启用印章27枚，用印章22575个无差错；形成银山型钢董事会议案、决议34份。

【接待工作】 贯彻落实中央八项规定精神、山钢正风肃纪“十条禁令”及公司党风廉政建设一系列要求，进一步完善公务接待、公务接待物品出入库登记台账，严格接待标准，严控费用支出，业务招待费实现同比降低。全年接待来宾156个单位、566人次，其中省部级领导1人次，厅局级领导32人次。认真做好外事管理工作，完成赴德国、奥地利团组出访任务。

【企地关系协调】 以“共建、共享、共兴、共荣”为目标，深化融合理念，创新融合机制，着力构建企地合作新格局。稳妥推进里辛村、陶家岭、安家岭旧址残余房屋、新旧动能转换项目征地等事宜，协调钢城区政府启动该区域地面附着物拆迁补偿工作，协调相关专家做好金矿采空区稳定性及工程建设影响评价，妥善解决影响企地协同发展的各类问题和矛盾，为公司持续健康发展提供保障。全年累计协调各类企地问题70余起；受理地方政府提报事项文件42份，处结率99%。

【托管业务】 秉承“优势互补、利益共享、责任同担”理念，配合莱钢集团公益事业部、保卫部等专业部门，协调解决厂区道路维修整治、区域环境绿化美化、食堂浴室还建修缮等涉及民生的诸多问题，妥善做好土地纠纷问题处理、“三供一业”移交等工作；配合开展治安保卫行动，严厉打击盗窃物资、掺杂使假、扰乱治安等各种违法犯罪行为，推动形成部门联动、全员参与、打防结合的常态化工作机制。健全档案管理网络，进一步提高档案管理工作科学化、制度化、规范化水平。按时完成2017年度公文整理、归档工作，归档各类文件资料2426份。完成《山钢年鉴》《莱芜年鉴》《莱钢年鉴》及上级要求的其他史志类书籍供稿任务，参与编辑《山钢年鉴》《莱钢年鉴》。

（撰稿：叶　华　审稿：刘晓军）

运营管理

【综述】 莱芜分公司运营管理部与莱钢银山型钢公司运营管理部复合设置，与招标中心合署办公。主要职能：负责战略规划制定及管理，设计管理，总图管理，研发项目管理，固定资产投资计划管理，投资项目管理，年度、季度生产经营计划编制与管理，生产经营综合统计分析评价，金属平衡，大宗原燃料、产成品、在产品库存盘点及评价，公司行政规章制度管理，顾客满意度测评，星级现场评审，QESEn管理体系认证，绩效管理与考核，公司运营改善，管理创新，学习型组织创建，信息化管理，招标管理、监督、审核、信息发布及招标交易平台维护。负责与莱钢集团公司对口衔接综合统计工作。2月，公司安排8位5级、6级管理干部到运营管理部，主要负责公司督察工作。7月，根据《关于运营管理部/招标中心内设机构优化调整的批复》（山钢股份莱人字〔2018〕145号），运营管理部/招标中心内设机构由12个科调整为10个室，分别为运营策划室、规划管理室、制度管理室、经营管理室、运营改善室、经营考核室、项目建设室、招标管理室、招标监督室、信息化管理室。截至2018年年底，在岗职工48人。其中，管理岗位32人，专业技术岗位16人。

【战略规划】 按照集团公司“突出沿海、优化内陆，精品与规模并重”的战略思想，制定新旧动能转换三年行动计划。编制《智能制造绿色发展提升本质化运营水平白皮书》，以“智能制造、绿色发展”为理念，聚焦以客户为中心，坚持产、销、研、客户、人才“五位一体”的商业模式创新，为实现集团公司“跻身全国钢铁强企前列”发展目标贡献智慧。策划、协调煤炭消耗及指标争取方案，加强相关政策研究，积极与市、区对接，对公司煤炭消费指标情况进行说明，努力争取煤炭消费指标，协调内部各单位全力做好煤炭消费压减工作。

【新旧动能转换及重点项目建设】 加强与规划、发改、经信、国土等政府主管部门汇报沟通，11月28日，山东省工信厅下发《山东钢铁股份有限公司莱芜分公司新旧动能转换系统优化升级改造工程实施高炉及转炉产能置换的批复》，正式拉开公司新旧动能转换项目建设序幕。紧紧抓住用地规划新政策出台前的最后时机，完成用地控制规划，有效规避了延期风险。加强国家政策利用研究，1号65兆瓦高温超高压发电，5号、6号焦炉荒煤气显热回收利用项目通过国家发展改革委评审，实现政策增效1418万元。加强投资计划管控，计划安排固定资产投资250130万元（含新旧动能转换项目70000万元），实际完成176617万元，剔除政府延迟审批影响项目，年计划完成率为98.05%。配合能源环保部对74大项354小项环保项目制定推进网络和考核方案，加快项目研讨、计划下达。全年下达环保类项目30项，投资81914万元。深入开展项目前期工作，对《120万吨链箅机—回转窑生产线恢复生产改造》等168个项目进行研讨、论证，累计审减投资6000余万元。加强重点项目实施过程管控，型钢区1号65兆瓦高温超高压发电、特钢中型轧钢生产线升级改造、型钢炼铁厂原料场封闭、焦化厂煤场筒仓一期建设等重点项目按照网络计划节点推进实施。焦化厂2号生化系统改造，6号焦炉脱硫脱硝，5号、6号焦炉煤气显热回收利用等3个BOT项目相继投入运行。

【运营转型精益管理】 按照“固化、细化、强化”的工作要求，统筹策划、纵深推进运营转型、精益管理。加大项目管控力度，狠抓“5+7+*N*”关键项目攻关，累计实现对比收益18亿元。组织开展能源（电）拉网速赢诊断及进厂大宗原燃料物资专项诊断，确定改进措施260项，挖掘现场改善潜力9300万元。在公司、部室、产线三个层面开展深度对标提升，赴安阳钢铁、邯郸钢铁、三明钢铁等企业对标学习，发现改进机会34项，形成《深度对标改进机会重点事项配档表》并组织推进；按季度组织部室开展对标课题共享汇报会，扩大改善提升空间；产线16项KPI较2017年取得进步，其中棒材高效产品比例等15项指标实现对对标杆企业的“反超”。深化模块构建，初步形成以精益管理为基础，涵盖公司生产、设备、能源、质量、安全、研发等主要专业的模块管理体系。

【生产经营】 围绕全年任务目标，制定并分解年度生产经营计划，根据当期形势，优化季度计划，抢抓市场机遇，全力以赴提产增效。全年累计生产铁1193万吨、钢1198万吨，材1138万吨，各项产量均实现历史性突破。强化库存资金占用控制，从信息掌控、库存盘测、库存考核、长期库存处理等方面，研究挖掘库存控制空间，确保库存资金占用处于控制目标范围内。全年处理长期积压材1.6万吨，减少资金占用6000余万元。销售可利用材21108吨，对比废钢价格创效1917万元。全年组织9次大宗原燃料盘点，消化120料场护坡煤无效库存约1万吨，针对盘点问题开展深入研究，及时消除趋向性、渐进性的问题。编制2019年度生产经营计划。积极推进产业协同，协调完成济钢废酸消纳工作，项目建设、备件及原材料采购招投标协同额达到5.28亿元。

【制度建设】 策划组织第三方用户满意度测评，2017年用户满意度89.7分，忠诚度90.3分，达到2008年开始测评以来最高分。开展产品外在质量、内在质量、服务质量三个方面的系统诊断提升工作，制定整改措施120余项，并组织落实。开展QESEn管理体系年度内审，审核覆盖18个部门和11个生产单位，管理体系有效运行。通过管理体系外部审核，对发现的问题和不符合项，全部整改完毕，实现持续改进。开展业务流程梳理及规章制度集中审查，对公司在用的280多个制度、公司审批事项逐一梳理，全部修订完成后，形成公司管理制度汇编。组织两化融合管理体系新版标准和信息安全等培训，通过两化融合管理体系第二次监督审核。

【项目后评价与技术研发】 完成《特钢事业部50吨电炉余热锅炉更新改造》等4个项目后评价，对项目的立项决策、工程建设和运行情况等各个方面进行整体评价，总结经验教训，对问题和改进方向提出建议。加强研发项目管理，下达研发项目计划80项，计划费用2196.5万元；组织62个研发项目和11个再评价项目验收，审减研发薪酬28.7万元。

【绩效考核】 优化考核体系，激发人力资源内生动力。制定公司年度绩效考核方案，印发专业管理考核细则，实施各单位经营成果与绩效工资挂钩联动。高度重视巡察问题整改，针对“单项奖名目繁多、控制不严”的问题，对公司单项奖进行系统梳理，提出整改措施，印发《绩效考核管理规定》，规范绩效考核工作。根据公司“三定”及员工岗效工资制改革需要，制定2019年绩效考核方案，确保公司改革政策及时在绩效考核中得以体现。

【统计分析】 编制、上报和发布产品产量、进出口、综合经营指标、固定资产投资等生产经营各类定期报表，完成对国家、市、区统计局，中钢协，省、市经信委，省冶金总公司，山钢等有关部门及企业内部各类季度、月度、旬报表60余种，完成2017年钢铁工业统计年报编制工作，完成山钢股份统计工作的承接，组织对日照公司进行统计业务培训，同时与济南市统计局进行对接，确保统计工作顺利开展。配合政府部门完成投入产出调查，第四次经济普查清查，欧盟保障调查等工作。

【管理创新】 组织审定公司管理创新与进步获奖项目50项，其中一等奖5项、二等奖10项、三等奖23项、优秀创新案例12项。从获奖成果中选优报送中钢协、山东省冶金工业总公司，获中钢协管理创新成果二等奖、三等奖各1项，获省冶金总公司一等奖3项、二等奖5项、三等奖7项。加强信息搜集，把握宏观经济、政策法规和行业竞争态势，编发《一周行业聚焦》45期，《莱钢管理》6期。

【信息化管理】 全面开展信息化及智能制造现场诊断，结合对标考察等方式，对公司信息化系统进行全面梳理排查，形成诊断报告。组织东方国信等10余家企业到公司进行技术交流，到宝钢等多家先进企业考察学习，借鉴国内外信息化智能制造先进经验，编制《宽厚板钢轧一体化智能制造示范产线总体推进方案（2018—2020）》。做好信息化建设顶层设计，编制《信息化和工业化融合建设规划（2019—2021）》。加强ERP系统管理，全年运行稳定，完成2017年度结算和2018年每月的财务月度结算，实现了公司各类生产经营数据口径一致和唯一。智慧物流系统通过验收，现场应用达到预期效果。

【招标管理】 按照生产商优先原则，开展中间供应商清理，中间供应商由408家减至216家，比例由17.5%降至9.5%。完成电子交易平台升级改造，增加供应商公开入围评选、招标后评价等功能，有效提高了网络及系统运行速度，增强了系统安全性。加强招标监管，强力打击围标、串标等恶性竞标行为，积极与纪委、法律事务部等监督部门沟通协调，对重大招标项目全程监督。与钢城区检察院联合开展供应商行贿犯罪档案查询，全年查询招标项目979个，查询3668家供应商，保证了招投标环境的公平公正。全年组织招标采购项目4596个，标底金额133.81亿元，中标总金额109.60亿元，节支22.21亿元，节支率18.09%，所有采购项目均通过电子交易平台实施，上线率达到100%。

（撰稿：冯　丽　徐　龙
审稿：孔凡强）

财务管理

【综述】 莱芜分公司财务部按照工作职责，设置综合管理室、预算管理室、会计信息室、资金管理室、经营管理室、材料核算室、资产管理室、税收管理室、资金结算中心、费用管理室、炼铁成本室、钢轧成本室、型钢炼铁成本室、型钢钢轧成本室、辅助生产成本室、合同稽核室、工程预算室共17个室（中心）。截至2018年年底，在册职工89人，其中在岗81人、离岗休养8人。

【主要指标】 全年莱芜分公司（含银山型钢公司）实现营业收入754.16亿元，同比增加97.89亿元，增幅14.92%；利润总额38.89亿元，同比增加15.69亿元。2018年末资产总额543.49亿元，负债总额401.33亿元，所有者权益总额142.17亿元，资产负债率73.84%。

【预算管理】 坚持预算引领，强化预算指标的分解和落实，持续完善多维度、全覆盖、横到边、纵到底的预算管理体系。在确保年度预算目标刚性的基础上，以月度滚动预算会为平台，动态调整预算指标，按月测算、编制下达销售价格、原燃料采购价格和配料结构预算，每月将预算目标逐项细化分解落实到各部门及各工序1000多个品种中，有效提升了预算指标的精细化和科学化。每月以运营绩效评价会为平台，对上月各单位预算执行情况进行详细对比、分析和评价，从原燃料采购成本及结构、钢材销售价格及结构、技术能源指标、生产性及非生产性费用等各方面进行对比分析，及时揭示问题，提出建议，有效助推了公司经营绩效的持续提升。

【会计核算】 根据企业会计准则，规范会计核算，细化核算流程，夯实会计基础，完善财务制度，开展财务核算和会计信息监督检查；统一规范财务报表格式，提高报表编制效率，提升会计信息质量，完成了季报、中报、年报会计信息的披露工作；开展应收款项压减工作，2018年末外部应收款项比2017年末降低1.92亿元；加强协调，积极配合，完成了内控审计、年报审计以及绩效审计等工作；提升财务管理信息化水平，优化升级子分公司财务核算系统，拓展ERP系统财务模块功能，优化存货收发存报表、存货现有量报表；规范生产物资成本核算，优化产线平台定义，不断满足财务核算需求，实现了核算统一、规范；加强会计档案管理，修订完善《会计档案管理办法》，充分保护和利用会计档案。

【成本管理】 以“可比产品成本降低率提升”项目为抓手，引导各工序深挖潜、降成本；持续开展日标准成本统计核算，强化成本核算准确性、精细性；坚持成本管理重心下移，加大财务人员驻厂频次，及时跟踪、分析成本变化，协调跨工序、系统性成本事项；加强对标工作，每月整理、分析各产线对标执行结果及精益管理项目推进成效，提出改进措施，有效降低工序成本；注重费用源头管控，严格执行费用承包定额标准，实行单据审核无遗漏，确保费用有效控制。

【资金资产管理】 坚持“以收定支、收支平衡”的总体原则，合理平衡和调度资金，提升资金使用效率，确保公司资金链的安全接续。逐笔测算现汇采购优惠金额，最大限度享受采购政策优惠；加大一级市场融资力度，累计发行3期私募公司债券50亿元，各期发行利率均为同类型企业的最低成本水平；优化公司资本结构，防范流动性财务风险；强化存货定额控制，动态调整存货定额指标，实时监控跟踪存货变动情况，在保障生产需求的同时，各项库存均控制在合理范围以内。

【工程预算管理】 严格执行《工程预结算管理办法》《建设工程现场签证管理办法》和工程造价标准，细化和规范现场签证流程，按照“初审、复审、稽核”的三审流程，严格工程施工现场审查复核和预结算审核把关。全年审核工程项目540个，审减工程造价金额7431万元，审减率20.11%。

【财税政策应用】 紧抓国家深化“放管服”改革有利时机，跟踪研究、对接、利用财税政策，力争优惠政策应享尽享。收回即征即退增值税款4381万元，取得出口退税款625万元。充分发挥税收管理职能，坚持合法、合规的原则，开拓税收筹划空间，综合利用企业所得税有关优惠政策，减免企业所得税5705万元。

（撰稿：张　锋　审稿：董永峰）

风险管理

【综述】 风险管理部设风险管理室、审计管理室、法务管理室3个室。主要职责为：负责全面风险管理、内部控制管理，对发展战略规划、对外投资、固定资产投资、融资、重大资产处置及债务重组、重大关联交易、生产经营计划、生产经营活动重大事项进行风险评估，出具风险评估报告，跟踪落实风险控制措施；负责审计管理，对公司发展规划、经济责任、财务收支、管理效能、对外投资、工程项目、内部控制、风险管理等业务进行审计，负责审计发现问题的督促整改落实；负责合同管理、债权清收管理、破产债权申报及债务清偿等法律事务管理，对公司投资、融资、担保、租赁、资产转让、招投标等重要经济活动提出法律意见，负责工商事务、知识产权、诉讼纠纷管理等业务衔接。截至2018年年底，共有在册职工10人，其中高级会计师2人、高级经济师2人、高级工程师2人、工程师1人、经济师1人。

【全面风险管理】 梳理公司风险管理及内部控制流程，健全公司全面风险管理体系和制度体系。将风险管理融入日常经营管理和业务活动中，强化源头和过程风险管控。加强以风险管理为导向的内控体系建设，建立重大风险预警及应急处置机制，实现对重大风险的动态管理和有效管控。对风险管理的有效性进行测试评估。制定下发公司《风险管理专项考核管理办法》，对各单位全面风险管理体系建设和运行情况进行动态考核，强化风险责任落实。对投资风险、现金流风险、市场价格风险、环境保护风险等九项重大风险进行重点防控。推进公司全面风险管理信息系统建设，组织各单位开展2018年度风险信息收集、风险辨识和风险评估工作，形成了公司重大风险事件清单和重大风险解决方案。开展专项风险评估，持续强化对股权管理、关联交易等重要事项的专项风险评估，先后对聊城加工配送中心少数股东股权转让、贝斯钢板公司增资及续签合作协议等事项出具风险评估报告；参与部分营销子（分）公司减资、注销等事项，并发表风险管理意见；组织对银山型钢公司体制变化的研究论证，结合银山型钢公司经营成果变动，从企业所得税缴纳、融资担保、上市公司大股东有关承诺等方面对其由子公司改为分公司事项进行可行性分析并提出意见，为公司决策提供依据。

【审计管理】 加强年度绩效审计、经济责任制审计等工作，针对公司重点管理领域和关键环节积极开展相关专项审计。高度重视审计整改工作，健全完善审计整改台账，加大督办和考核力度，通过督促责任单位分析原因、制定措施、限期整改，堵塞管理漏洞，确保审计发现的问题整改到位。组织协调公司内部控制外审和内审自评价工作，下发关于开展内部控制自评价和外部审计工作的通知，召开内控审计启动大会，对各项工作进行周密安排和部署，并将内控外审报告和自评价报告呈报公司董事会予以审议。组织开展绩效审计工作。

参与山钢集团组织开展的2017年绩效审计、领导干部离任审计以及煤化工实业部、大锻件、天元气体等3个自主经营单位的绩效审计。

【法律事务管理】 进一步健全法律风险防控机制和体系，组织各单位识别、分析、评价各业务流程和管理活动中存在的法律风险，制定法律风险防控方案，编制《法律风险控制清单》，确定需重点管控的法律风险29项，严格落实各单位的法律风险防控责任。参与重要合同谈判及供应商资质预审，监督招投标工作，优化合同评审流程，及时提出法律修改意见，实现合同风险源头把控。梳理合同文本，开展合同管理调研工作，提出进一步完善标准合同文本、建立合同文本一致性承诺制度、建立合同履约担保机制、增加廉洁条款等11条建议，并将其修订到《合同管理办法》中，进一步规范、完善合同管理。跟踪、监督重大合同履行情况，及时出具法律风险评估报告，防范业务经营法律风险。组织办理破产企业债权申报、债务清偿事宜，配合各地法院办理协助执行、调查取证工作。

（撰稿：王彦彬　审稿：朱　慧）

生产管理

【综述】 莱芜分公司生产管理部与莱钢银山型钢公司生产管理部复合设置，具体职责是：全公司的生产组织指挥，热线生产的组织、指挥、协调、控制和信息发布；水、电、风、气（汽）等动力能源的日常动态运行管理；根据年度、季度生产计划，编制和组织实施月、旬、日生产计划和入库计划；生产管理与考核；厂内倒运管理；外委劳务和承包管理；工艺技术管理与考核，包括工艺技术过程控制管理、铁前物料平衡和配比结构调整管理、质量计划管理、工艺纪律的检查等；技术经济指标管理；工艺技术及岗位操作规程管理；新技术、新产品、新工艺、新材料的推广应用；全公司生产调度系统业务建设的指导工作。生产管理部下设生产运行控制中心、生产管理室、计划管理室、铁前工艺室、钢轧工艺室。截至2018年年底，共有职工32人（含退居二线1人，内部退养2人），其中管理人员（在职）15人、技术人员（在职）14人。

【增产增效】 在2号1880立方米高炉非计划大修119天、特钢6号转炉事故停炉大修22天和采暖季限产、重污染天气控产的双重压力下，积极把握市场机遇，加强生产组织，极致发挥现有产能，产能利用率达到93%的全国先进水平。各主要产品产量多次打破日产、月产纪录，铁、钢、材最高日产分别达到37755吨（9月2日）、38089吨（8月27日）、41613吨（9月29日），最高月产分别达到111.4万吨（8月）、108.2万吨（10月）、108.6万吨（10月），生产保持了长期高水平的稳产高产，铁、钢、材分别提前7天、5天、5天完成年度计划，超额完成山钢下达的奋斗目标。

【生铁成本】 2018年生铁综合成本累计低于行业平均140元/吨铁，超额完成扩大优势30元/吨铁的目标。生铁综合成本行业排名由2017年的第六名上升至第三名，跨入行业领先水平的行列。

【节铁增钢】 积极协调各单位克服铁水阶段性不足的困难，对炼钢工序分不同炉型、不同区域精准实施极致节铁增钢方案，不断拓展节铁增钢新空间，全年使用废钢111万吨，置换铁块22万吨，弥补了铁水缺口，提高了钢产量。节铁增钢和废钢置换铁块合计效益达到2.7亿元。全年累计生产钢1198.1万吨，完成年度计划的101.54%，同比增加34.8万吨，创历史最好水平。

【品种钢生产】 制定《品种钢提高产量攻关活动实施方案》，针对影响钢产量较大的精轧螺纹、履带钢、中型塞棒包钢和窄带品种钢的生产，专题组织攻关，取得显著效果。履带钢产量提高13%，达到125吨/小时；中型塞棒包钢产量达到900吨/包；窄带优碳钢中间包寿命达到18小时；精轧螺纹拉速提高到2米/分钟；窄带低合金钢单包产量最高达到4800吨以上，年增加钢产量约30000吨，均实现攻关目标。

【预案管理】 全年共制定各类生产平衡和应急预案54项，其中《烧结机检修期间烧结矿平衡及使用优化方案》《分公司炼铁厂4号高炉年修及型钢炼铁厂2号高炉停炉期间生产平衡预案》《2号1880立方米高炉开炉后高效生产平衡预案》《分公司炼铁厂6号高炉大修期间第一阶段生产平衡预案》等纲领性预案，为各类生产模式下的稳定顺行提供了坚实保障。

（撰稿：张永生　孔德勇
审稿：李玉林）

安全生产管理

【综述】 安全生产部负责全公司的安全生产管理、消防管理、安全督查管理、特种设备检验、职业卫生管理与监测评价等工作。截至2018年年底，安全生产部内设综合管理室、安全生产管理室、消防管理室、督查管理室、特种设备检验站、职业卫生管理室等6个室（站）；共有职工23人，其中研究生2人、大学本科学历19人、专科学历2人，中共党员22人。

【指标完成情况】 全年以“双重预防体系”建设为核心，以保障全国“两会”、上合组织青岛峰会等特殊时段安全稳定为重点，以“大学习、大调研、大改进”为抓手，狠抓安全生产主体责任落实，实现职工重伤及以上生产安全事故为零的奋斗目标。

【安全生产主体责任落实】 层层签订《安全生产绩效考核责任书》，形成了“层层负责、人人有责、各负其责”的安全生产责任体系；加大职工安全责任保障力度，在已办理工伤保险的基础上，为全体职工购买了安全生产责任保险，为安全生产稳定提供了保障。

【“双重预防体系”建设】 制定下发《关于推动“双重预防体系”信息平台运用的意见》，组织专业力量对全公司运行情况进行内部评估，修正确定风险点1281个，危险源4428个，进一步完善管理、工程技术、培训教育、个体防护和应急五大管控措施，提高熔融金属和部分危险作业的风险级别和管控层级，合理确定各层级的隐患排查责任和排查频次，隐患排查治理工作得到进一步提升。

【安全生产基础工作】 修订完善《重大危险源安全管理规定》等10项规章制度；完成焦化厂煤场筒仓建设等项目的安全、职业卫生“三同时”手续办理，保障了工程建设项目的合规性；完成8家单位4个单元安全生产标准化二级企业评审工作；开展班组标准化建设达标验收工作，共验收通过达标班组707个；修订完善各层级应急预案148部，组织各类演练886次，15671人次参加，提升了职工应急响应和处置能力；完成全省30家钢铁企业“双重预防体系”评估，起草编制了《山东省冶金行业应急救援队伍建设规范》《钢铁行业化解过剩产能安全生产工作调研报告》《全省冶金企业全员岗位安全培训教材和考核题库》，得到了山东省有关部门肯定和好评。

【隐患排查治理】 组织开展综合性和专业性督查56项，针对重要风险下达《隐患整改指令》《风险告知书》《检查通报》23份；

接受国务院、山东省人大、省安委会、省国资委、莱芜市等各级政府及山钢集团安全检查22次，排查隐患266项，集中解决了部分煤气在线监测系统失效、熔融金属吊运区域存在热修工位等较大隐患；组织开展“鉴事故、强管理、重治理”专项行动，大力推进安全模块化建设，组织专业力量，以熔融金属、煤气系统、危险化学品等为重点，排查整改各类隐患6250余项，解决了一批设备配备先天不足、安全防护装置缺失等问题，提升了公司本质安全化程度。

【重点环节管控】 抓好相关方安全管理，制定下发《关于进一步规范其他相关方安全协议的通知》；做好特殊时段的安全管控，排查治理隐患80余项，确保了全国“两会”和上合组织青岛峰会期间公司的安全生产形势稳定；针对焦化厂煤场筒仓建设、特钢中型升级改造等重点工程，制定督查方案，坚持每天紧盯现场，确保施工项目安全受控；检验起重设备和厂内机动车辆344台，消除隐患248项；组织40期2479人次特殊工种取证和复审培训；完成四年一次的国家特种设备换证复审工作。

【职业卫生和劳动保护】 实施分公司炼铁厂4号1080立方米高炉配套除尘改造等治理项目；组织完成9946名接毒接害岗位职工健康监护查体，调离并妥善安置职业禁忌人员32人，签订职业危害告知书71份，职工健康权益得到保障；完成职业危害因素检测6014点次，出具检测报告书57份；开展《职业病防治法》宣传周和车间主任谈职业病防治活动，提高职工防治意识和防护能力；完成三年一次的职业卫生检测机构资质复审工作。

【消防管理】 坚持源头管控、综合治理，以防火灾、防爆炸、防破坏、防灾害事故为重点，加大对重点单位、要害部位、主要岗位的监督检查力度，共排查整改各类消防安全隐患274余处。狠抓消防安全教育培训，举办119消防安全宣传日活动，组织灭火应急疏散演练11次，发放宣传教育材料2000余份，培训人员8000余人，提高了职工的自防自救和应急逃生能力，实现了重大火灾为“零”的目标。

【安全文化建设】 倡导“安全是企业的生命线”等理念，以“安全生产月”为契机，围绕活动主题，举办单位负责人/安全生产管理人员、双重预防体系等培训班10期，1400余人次参加；开展“重法制，强责任，提意识”安全生产专题系列活动，汇总下发《国内安全生产事故汇编》，组织开展事故反思教育和案例分析座谈会，强化法制观念，提升安全意识；编辑《安全管理》电子期刊12期，宣传政策，形成上下贯通、人人参与的安全文化氛围。

（撰稿：孟继庆　赵　莹
审稿：于仁波）

设备动力与计控计量管理

【综述】 莱芜分公司、银山型钢公司机械动力部/计控处/计量检测中心复合设置，是两公司设备动力和计控计量管理的职能部门。负责生产设备运行管理、固定资产管理、设备与工业建筑大中修和技措技改计划项目工程管理、改建新建及公辅工程项目等管理、动力管理、机电设备与备品备件采购供应、仓储配送管理、计控管理、计量器具的检定和管理、能源量和物资量计量数据的出具及异议处理、电讯业务管理等。截至2018年年底，内设机构15个，分别为：信息综合室、设备管理室、检修管理室、动力管理室、设备技术室、状态监测站、计划合同室、工程管理室、设备采购室、计控管理室、电器备件室、机械备件室、仓储配送站、数据检测站、物资计量站。在岗职工共218人。其中，管理5级1人、管理6级3人、管理7级14人、管理8级14人，高级主任师2人、主任师9人、区域师35人、主管师26人、主管技师2人，大学及以上学历100人，中共党员90人。

【主要技术经济指标】 全年无重大、特大设备事故；公司设备综合作业率94.93%，轧机作业率68.45%；定修命中率96.32%，4小时以上设备事故35起，较上年减少27起，创历史最好水平；设备维修费支出10.63亿元，吨钢维修费88.9元/吨；总用电量54.31亿千瓦·时，电费支出21.1亿元，综合购入电价0.683元/千瓦·时；吨钢综合水耗4.08立方米/吨；设备及备品备件采购计划完成率96.39%；产品计量差错率低于0.2‰，均优于公司管控目标。莱芜分公司被中国计量协会评为“冶金计量标杆单位”，并获得“山东省设备管理优秀单位”“山东省工业计量标杆单位”等荣誉称号。

【设备管理】 组织开展“查隐患、强管理、保稳定”设备改善活动和全员设备管理反思活动，查找管理漏洞，杜绝习惯性违章，消除潜在事故苗头。开展现场督查活动，分季度组织工业建筑、液压润滑、动力管线等专项大检查，做好冬夏两季“设备四防”，实现了季节性设备事故为零的目标。全公司119个车间全部实现了点检模块落地，完成年度100%全覆盖目标。组织关键设备检测诊断工作，全年精密诊断247次，累计发现并处理设备隐患1799起，及时处置特钢事业部小型550轧机齿轮箱轴承窜动、焦化厂3号干熄焦循环风机叶轮磨损等公司级重大设备隐患8起，公司主体关键设备处于可控状态。10月24日，莱芜分公司召开精益TnPM体系建设启动大会，正式导入全面规范化生产维护体系。

【设备检修】 优化检修管理机制，与莱钢集团设备检修中心签订新的检修框架协议和区域维保协议，进一步明确双方管理职责。建立月度维检协调机制和检修质量报告制度，为双方沟通协调搭建了公正、公开的平台。组织实施完成分公司炼铁厂4号1080立方米高炉大修、型钢炼铁厂2号1880立方米高炉大修和分公司炼铁厂6号1080立方米高炉大修三轮钢铁主业集中年修工程。型钢1号65兆瓦高温超高压发电、型钢炼铁厂原料场大棚封闭、特钢事业部中轧升级改造、焦化厂煤场筒仓一期建设等四大技改工程项目稳步推进，其中型钢1号65兆瓦高温超高压发电项目9月29日成功并网试运行，10月11日正式开机并网发电。顺利完成公司设备及工业建筑集中防腐、型钢炼铁厂2号1880立方米高炉配套除尘设施改造、2号265平方米烧结机翻车机控制系统升级等一批重点工程项目。

【动力管理】 组织实施公司供电系统拉网诊断，确立194个重点改进项目，年化收益9597万元。跟踪研究国家电力交易政策，完成直购电交易14.38亿千瓦·时，节支效益1294万元。密切关注国家电力收费政策调整情况，公司报备的10台自备发电机组，获准免收政府性交叉补贴及系统备用费，减少电费支出2100万元。顺应公司满负荷高强度生产要求，做好发、输、配电负荷分配，策划实施电力系统专项隐患治理，开展电力电缆改造、开关柜升级改造、SVC及综保系统改造等27项重点项目。超前谋划，积极协调，做好公司供水、供气、供暖管控工作。通过调整用水量审批计划，解决水资源税考核问题，确保公司生产用水安全和经济。组织完成新区1号1880立方米高炉氧气阀门更换、老区4号TRT阀组移位改造、转炉煤气回收系统改造等工作，消除了动力管线的重大隐患。组织发电机组的检修消缺，签订新的供暖协议，保证了冬季供暖的正常进行。

【备件管理】 积极协调公司财务部门，解决多年维修费不足带来的一系列历史遗留问题，设备备件付款周期缩短为 3 个月，检修项目报决速度加快为 2 个月。针对 1.84 亿元仓储备件，开展压库利库活动，分三批次组织完成账目处理和实物出库。依托系统平台，规范计划管理和招标议标，制定下发《备件固化采购管理办法》《加强备件质量管理的通知》《强化备件合同履约执行的通知》等制度文件，完成两轮次备件固化招标，清理中间商 145 家。

【计控计量管理】 严格按照测量管理体系和 17025 校准实验室管理体系要求，制定年度质量目标及改进措施，组织实施计量确认竞赛及专项审核，以山钢集团名义申请 6 项计量标准，完善 19 项校准办法，形成较为完备的量值传递和溯源体系。修订下发 2 项管理制度，梳理了 6 大项、26 个子项的计量管理流程。按照“配齐、管好、有效”的原则，做好能源计量器具管理工作，一级、二级、三级计量器具配备率分别达到 100%、99.12%、98.64%，测量设备检定校准，周期受检率达到 100%。推进实施汽车衡 IC 卡自助计量项目，实现焦化、银前、鲁中物流区域进出厂物资自助计量全覆盖。改造公司轨道衡、汽车衡和计量设备信息系统，测量设备采取二维码统一管理，实现了计量确认、测量过程管理的标准化。

（撰稿：朱　炜　审稿：傅守滨）

质量管理

【综述】 品质保证部/中心实验室是公司质量管理职能部门，主要职责为全面质量管理、六西格玛质量管理、质量目标指标管理、质量信息数据及分析管理、质量改进方法的推广应用及管理、产品认证及生产许可证管理、假冒产品的鉴别和品牌保护管理、质量异议分析处理、产品实物质量监督检查、IATF16949 汽车用钢质量管理体系，ISO/IEC 17025 中心实验室运行和管理，以及山钢股份莱芜分公司炼钢用合金和炼钢辅料的取制样、化验分析，高炉铁水的取样和化验，转炉钢水成分化验，焦炭成分检验，焦炭（供型钢）热性能检验等。截至 2018 年年底，内设综合管理室、质量管理室、质量监督认证室、设备材料室、理化检验室、质量监督检查站、炼钢化验室、银前化验室、型钢化验室 9 个科级机构。在职职工 119 人。其中，管理人员 21 人，技术人员 17 人，操作人员 81 人；具有高级专业技术职务的 28 人，中级 11 人；高级技师 4 人，技师 11 人，助理技师 13 人。

【质量管控】 以新版质量管理体系标准导入为契机，对重点产品、关键设备工装的质量风险实施专项管控，提高质量风险管理水平，产品实物质量稳定提升。通过推行质量模块运行，结合用户满意度整改，开展全线质量诊断活动，完成钢轧五厂诊断报告并组织实施，形成了一套可以快速发现问题、有效解决问题的质量工作方法。2018 年钢材产品综合合格率累计达 99.77%，钢材产品物理性能一次检验合格率 99.33%、高炉生铁硅含量、连铸坯综合合格率等指标较上年同期均有不同程度的提升；钢轧各单位共制定质量改善措施 205 项，实施完成 183 项；不良质量成本损失总额为 4238.8 万元，累计不良质量成本损失为 3.64 元/吨材，超公司计划指标 0.56 元/吨材。质量异议损失为 0.40 元/吨材，同比减少异议起数 119 起，异议损失降幅达 43.6%，创近年来最好水平。围绕“提高产品质量，培育发展新动力”这一主题，组织开展了产品表观质量诊断、质量模块试点车间督导、用户专项走访、全面质量知识竞赛答题等丰富多彩的“质量月”活动，获得中国质量协会全国企业员工全面质量管理知识竞赛优秀组织奖。加大质量问题整改效果的跟踪督导、验证评价工作力度，全年累计组织公司内部常规督查238次，专项督查21次，外部督查6次（其中港口督查3次），发现严重不符合1项，一般以上不符合14项，轻微不符合84项，经过验证，97项不符合整改关闭，2项后期关注。深化原燃料检验质量管控，制定《进厂包芯线现场抽检管理办法》，加强进厂包芯线准确检验、有效把关；开发及运行铁合金条码传递系统，使合金从组批、取样、制样到检验全流程实现条码化的信息传递和关键信息的有效隐蔽，提高合金检验的规范性及效率；开展进厂合金包芯线二次抽查工作，提升取样代表性，全年发现10余批质量严重不合格的原料，给予退货处理；对铁前单位开展检验比对和检验督查工作，及时发现制样、检验操作等方面的问题，下发实施纠正整改指令，均采取有效措施予以改进，进一步规范进厂原料把关检验工作。

【产品认证】 完成H型钢日标三年定期换证审核、100毫米厚度钢板的中国船级社扩证、IATF16949质量管理体系标准换版审核、韩标钢筋三年定期换证审核等24项认证审核工作；完成了韩标KS企业经营管理人员三年定期管理培训，应营销销售克罗地亚大桥紧急订单要求完成了欧标S460N钢板的CE紧急扩证审核；参与俄标型钢、钢板两方审核，策划现场检验与质保书开具协调，实现AGPP项目交货1.42万吨；完成船板、型钢及锚链圆钢第三方检验10.27万吨。

【品牌创奖】 完成了莱芜分公司企业品牌价值评价报告以及2017年度莱芜分公司质量信用报告的编写工作。高强度抗震钢筋、高寒地区耐低温型钢、大规格超临界电站锅炉用钢、高强度高精度叉车门架用型钢、船舶及海洋工程用高强度结构钢板、风力发电塔用结构钢板、汽车大梁用高强度热轧钢带、工程机械用高强度调质钢板、高塑性轮毂用钢带9个产品获得“2018年度山东名牌产品”荣誉称号。低合金结构钢热轧厚钢板、锅炉和压力容器用钢板、汽车大梁用热轧钢带、钢筋混凝土用热轧带肋钢筋被中国钢铁工业协会认定为2018年度冶金产品实物质量“金杯优质产品”。船舶及海洋工程用结构和热轧带肋钢筋被评为冶金工业质量经营联盟冶金行业“品质卓越”产品。热轧带肋钢筋通过了国家年度监督抽查，轴承钢、热轧带肋钢筋、焦化苯、焦化二甲苯通过了省级年度监督抽查，抽查合格率100%。

【中心实验室管理】 开展年度满意度调查工作，客户满意率达到99.62%。3月，顺利通过中国合格评定国家认可委员会（CNAS）的批准，取得换证复评认可证书，继续维持认可资格；5月，以零不符合项成功通过CNAS氧氮扩项评审，公司正式成为俄罗斯AGPP项目用型钢的合格供应商。通过组织人员参加外部专家讲授的ISO/IEC 17025：2017新版标准培训，8人考取内审员持续资格证书；开展ISO/IEC 17025：2017新版标准转换内容自查，对照新标准在金属材料、化学检测领域应用说明进行核查，并采取相应措施，满足CNAS认可要求，提升实验室管理水平。全年开展三轮十次技术比武活动，覆盖认可范围内的全部化学检测能力，促进职工业务能力提升。新增德国斯派克光谱仪M12型一台。全年共有3个认可范围内检测方法标准发生了变更，分别为GB/T 231.1—2018《金属材料布氏硬度试验》、GB/T 230.1—2018《金属材料洛氏硬度试验》、GB/T 8363—2018《钢材落锤撕裂试验》，全部获得 CNAS 批准更新认可能力。制定下发《能力验证项目实施管理办法》，对能力验证项目实施控制和管理，并组织参加了北京中实国金国际实验室能力验证研究有限公司开展的硅锰合金中化学成分、钢中氧氮含量、热轧带肋钢筋、金属平均晶粒度和山东省冶金科学研究院测试中心的铁矿石中化学成分共 5 项能力验证国际比对，均获得“满意”的评价结果。

【六西格玛管理及群众性质量管理活动】 公司 4 个黑带项目获得中质协“全国质量技术奖优秀六西格玛项目”称号，25 篇群众性创新成果获山东省冶金系统优秀成果；7 个班组获得山东省冶金系统质量信得过班组称号。创新推进六西格玛管理工作，共计 18 人通过了全国黑带注册考试，通过率在全国各类企事业单位中名列前茅；《提高异型线钢板桩（PU400x170）合格率》等 19 个黑带项目、《提高烧结矿碱度稳定率》等 22 个绿带项目在重点质量改进领域，实现了流程优化、质量损失降低。

（撰稿：管庆刚　审稿：孙业华）

科学技术管理

【综述】 技术中心是莱芜分公司科技创新、技术研发的职能部门。截至 2018 年年底，共设 18 个科级管理和技术研发机构。共有职工 137 人。其中，博士学位 7 人，硕士学位 58 人；中级以上职称 119 人，其中工程技术应用研究员 6 人、高级工程师 90 人；中试测试操作人员 6 人，其中高级技师 1 人、技师 4 人。

【产品研发】 全年试制开发 AGPP 项目用俄标耐低温 H 型钢、高品质履带钢、德标高端齿轮钢等新产品 58 项，新产品累计销售 184.5 万吨，新产品比例 15.91%，对比增效 15004.31 万元。型钢线以两个“十三五”国家重点专项课题为依托，加快超薄异型坯非平衡布流技术和非对称冷却技术的研究应用，加快大规格高强度海洋工程用型钢等品种钢的开发与市场推广。成功通过俄罗斯 AGPP 项目工程用型钢第二方认证审核，边研发边生产，完成该项目 70 余个规格俄标耐低温热轧型钢的开发，与板带产品配套累计供货 3 万余吨。陆续开发 L3W216 等多个规格及 25CrMnB 材质高品质履带钢，并实现批量稳定供货，年销量增加 2.29 万吨。特钢线以齿轮钢、轴承钢产品升级为重点，做好汽车用钢、工程机械用钢、工模具钢、石油管线用钢开发。汽车用钢顺利通过 IATF 16949 汽车用钢质量体系换版认证审核及美国德纳公司二方认证审核，累计销售 3.5 万吨。成功开发江苏天淮彤大口径石油套管用 30Mn6V 连铸圆坯，累计销售 7000 余吨。供郑煤机矿山机械用钢产品质量升级，批量供货9000 余吨。出口欧洲 42CrMoS4H/42CrMoS4HH 高性能调质钢力学性能稳定，累计销售近 1.4 万吨。厚板线借助产线智能制造示范点契机，加快热处理产品产量攻关，持续提升耐磨、高强、海洋工程、风电用钢等核心特色产品市场占有率。首次开发耐低温超高强韧 NM400E 钢板，实现高强度、高韧性的完美匹配，NM 系列、BIS 系列及其他个性化耐磨钢板累计销售 6 万余吨。首次开发 50~60 毫米厚 Q890D 高强钢板，成功克服了厚规格强度和冲击功大幅衰减难题，高强度工程机械用钢板产量连续增长，Q460 及以上级别高强钢板销售 21 万余吨。攻克了压缩比小于 3 无法实现特厚板生产的行业技术瓶颈，实现了易焊接、高强韧 100 毫米特厚 EH36Z35 钢板的生产，DH36 钢板应用于三峡新能源 30 万千瓦海上风电场项目和国华东台四期 30 万千瓦海上风电场项目，DH32 以上级别造船及海洋工程用钢板累计销售 3.8 万吨。

完成维斯塔斯风电产品的工厂审核认证并顺利接单生产，风电用钢板累计销售近33万吨。板带线立足提升品种钢比例，打造区域竞争优势。窄带开发了A36、S275JR等特殊用途专用钢，Q400W等高强度煤矿支架用钢销量稳步提升，SK5、Sup6、62Si2Mn、41Cr4等特殊钢带成功试制并小批量供货。宽带完成了1.8～3.0毫米Q235B、Q345B、A36等超薄规格产品开发，月均销量在1000吨左右；SPHC、SAE1006等冷轧基板也实现2.5毫米及以下极限薄规格批量生产。冷轧线开发出DC04-N深冲钢，190MPa、240MPa级结构用冷轧钢带。棒材线重点优化工艺降低钢筋生产成本。开展“以铌代钒”工艺技术研究，解决了制约含铌钢筋生产的无屈服平台难题，已具备批量生产直径20毫米、直径25毫米规格加铌HRB400/400E的条件。PSB830产品质量提升工作进展顺利，各项力学性能达到新标准GB/T 20065—2016要求。

【工艺技术研究】 围绕成本降低、高端品种钢开发、钢材生产质量稳定性、节能环保等做好工艺技术研究。系统开展铌微合金化工艺技术研究，在型钢线采取分步实施、重点突破，逐步完善铌微合金化生产工艺，实现中型线所有规格H型钢成功试轧，并完成H200毫米×200毫米等多个规格批量生产。对老区炼钢1号机Q345B进行铌、钒复合微合金化成分调整，满足窄带低合金钢高效生产要求，吨钢成本降低约19元。通过异型坯新型布流技术数值模拟以及物理模拟分析，完成中间包塞棒机构、中间包本体、结晶器、扇形段以及下水口等工艺设计及相关改造，大型线利用非平衡布流全保护浇铸技术完成了BB2、BB1断面异型坯含Al钢的生产，实现型钢工艺新突破。开展铁钢界面铁水三脱新工艺研究。实验室完成新型高效铁水净化剂开发，已进行了十余罐铁水的工业化试验，试验效果良好符合预期。焦炉在线陶瓷焊补技术在焦化厂继续工程化应用，全年共焊补窜漏炭化室112个，看火孔238个，实施焊补的焦炉烟气SO_2排放浓度均降低至50毫克/立方米以下，完全实现达标排放。

【科技创新管理】 全年各单位提报技术研发项目141项。组织召开技术研发项目专研会25次，专研项目121项，通过99项。组织召开技术研发项目延期审查会9次，审查项目27项，经审查，决定延期21项，终止2项，暂停4项。召开科学技术委员会11次，审查技术研发项目101项，审查通过可下达计划的97项。组织研发项目招标21次，招标项目89项，竞标89人，中标89人。组织科研保障提档升级项目专研会4次，专研项目7项，通过5项。申报中国钢铁工业协会、中国金属学会冶金科学技术奖3项，申报山东省冶金科技进步奖29项，申报山东省科技进步奖2项。组织中国金属学会科技成果评价会1次，省级鉴定会3次，鉴定项目21项；组织公司级鉴定会17次，鉴定公司级项目71项。申请专利456项，其中发明224项；授权345项，其中发明129项。兑现发明人奖励总额为85.2万元，获得山东省专利专项资助金57.4万元，获莱芜市专利资助金19.1万元。推荐优秀发明专利项目参加山东省专利奖和莱芜市专利奖的评选，《一种低成本屈服强度700MPa级非调质处理高强钢板及其制造方法》获得山东省专利奖三等奖。《耐低温H型钢及其生产方法》获得莱芜市2018年度专利奖一等奖。

【科协工作】 莱芜钢铁集团有限公司科学技术协会（以下简称莱钢科协）成立于1983年7月。2014年山钢集团机构调整后，莱钢科协业务由山钢股份莱芜分公司代管。莱钢科协下设科协办公室，设在技术中心。组织参加第十届中国国际钢铁大会、第四届电磁冶金与强磁场材料制备年会及第六届磁流体力学学术研讨会、2018年炼铁全面对标与新工艺、新技术研讨会及第二届高性能耐候桥梁用钢及应用国际论坛、材料基因工程关键技术高级研修班、中国金属学会新技术新工艺论坛——炼钢专场、2018年可持续发展炼钢技术国际研讨会等会议。完成2017年度优秀调查站点补助工作。参加中国科协在成都举办的2018年全国科技工作者状况调查站点培训学习。组织完成科协网络承受压力、家庭和工作生活方式和科技工作者职业发展状况等三次调查问卷，提报4篇有效站点信息，完成科协年度任务。

（撰稿：王文生　审稿：王中学）

能源环保与循环经济管理

【综述】 能源环保部是公司节能降耗、环境保护和循环经济管理工作的职能部门。根据2018年7月3日下发的《莱芜分公司关于能源环保部内设机构优化调整的批复》等文件精神，能源环保部内设机构调整为信息综合室、能源管理室、循环经济室、环境保护室、环境能源监测站等5个科级机构，定员25人。截至2018年年底，共有在岗职工24人。其中，高级职称15人，中级职称5人。

【主要指标】 本部全年总能耗703.85万吨标准煤，吨钢综合能耗完成587.45千克标准煤，比上年度下降3.99千克标准煤，同比节约4.78万吨标准煤。按可比口径计算，剔除价格因素影响吨钢能源增效完成25.94元；吨钢新水消耗2.96吨；COD排放量0.01千克/吨钢，颗粒物排放量0.504千克/吨钢，二氧化硫排放量0.525千克/吨钢；固废资源综合利用率99.74%，含铁资源闭路利用率76.68%，分别比计划提高0.64个百分点、2.08个百分点。

【能源管理】 加强能源管理与考核，实施精益能源管控，修订2018年度《专业管理考核细则》，编制实施《2018年提高能源增效水平实施方案》《能源系统降本增效课题吨钢能源增效20元实施方案》《2018—2019年度采暖期能源平衡和发电量提升方案》。全面落实《能源管理模块化方法论》，重点推进的27个能源管理模块深化推进车间精益管理水平和绩效明显提高。围绕《山钢股份莱芜分公司能源系统诊断、优化与节能规划》，全面落实24项管理类项目。结合新旧动能转换升级改造规划，识别提出的55个技术类改善性项目，建成投运10个，重点完成型钢1号65兆瓦高温超高压高效发电，分公司6号高炉热风炉板式预热，型钢1号至3号锅炉烟气余热深度回收利用，5号、6号焦炉上升管荒煤气余热回收等关键节能项目，热风炉、锅炉、加热炉、加压站等智能控制技术已下达投资计划。全年发电量27.34亿千瓦·时，创历史最高水平，增效8663万元；吨钢综合电耗421.15千瓦·时，同比增加2.05千瓦·时。强化能源利用现场检查，特别是在采暖期，建立即时通报跟踪整改机制，围绕节水、蒸汽利用开展重点检查，促进能源管理水平提升。积极开展能源培训，全年累计组织能源管理体系运行、能源模块化建设、钢铁企业碳管理及碳交易能力建设培训会、能源管理模块落地现场经验交流会等各类培训班8场次，194人次参加。10月，配合莱芜市经信委对公司进行节能专项监察。12月，委托莱芜市泰达锅炉节能服务有限公司对全公司443台耗能设备进行能源利用检测。

【环保管理】 以达到山东省第四时段大气污染物排放标准和钢铁行业超低排放要求为目标，制定实施《山钢股份莱芜分公司绿色发展三年行动方案（2018—2020）》，形成《环境深度治理推进方案》，筛选重点环保项目74个，以点带面，重点突破。全年完成投资4.95亿元，实施重点环保项目20余个。确定了烧结机/球团、焦炉烟气治理工艺路线，锅炉、加热炉脱硝技术试验按计划开展，完成烧结原料和成品工序环境除尘改造，分公司4号高炉矿槽和出铁场除尘改造随高炉主体同步完成检修，6号焦炉脱硫脱硝项目顺利投运并不断优化。轧机除尘试验项目、厂区雨污分流、炼铁工序及制氧噪声监测调研和治理项目按计划推进。修订公司及二级单位环境应急预案并完成备案，组织突发环境应急事件培训，提高应急管理水平和实战能力。制定和落实《重污染天气应急减排方案》，在中央环保督察“回头看”“一带一路”高峰论坛、重污染天气、节假日等重要时段应急减排措施得当，环境空气质量稳定。开展危险废物规范化管理专项检查、隐患整改专项行动、放射源及射线装置应急演练，环境应急响应能力和风险管控水平不断提高。降低环境税支出2000万元，争取国家环保支持资金1360.1万元。完成料场封闭、煤场筒仓化改造、1号265平方米烧结机脱硫脱硝、烧结环境除尘等项目环评手续。开展环保宣传月活动，组织环保教育培训、污染治理技术交流、应急预案演练完善等活动，提升全员环境意识和技能。

【环境能源监测】 以精益管理思想为指导充分整合内外部资源，突出重点污染源和BOT项目监督性监测，强化技改项目跟踪监测。落实排污许可证制度，制定并完成《2018年度企业自行监测方案》，全年累计提供非连续监测数据15203个，其中工业废水3688个、废气10994个、噪声386个、降尘84个、降水51。监控污染源在线监测数据约120万个。落实《土壤污染防治行动计划》(国发2018〔31〕号)，配合山东省环保厅、莱芜市环保局对焦化区域土壤取样，监测52项土壤指标。完成分公司4号高炉、特钢100吨电炉区域废钢切割除尘、型钢2号高炉罐位除尘、矿槽除尘等环保设施升级改造验收监测。落实山东省辐射环境安全监管要求，完成所有放射源和射线装置环境影响监测。开展烧结机漏风率、除尘风机效率等测试，完成板带厂620窄带、冷轧、型钢炼钢连铸3号水口能源利用检测，为能效提升研究提供支持。开展环境监测创新和技术交流，完成管理创新与进步课题《落实排污许可证制度，提升企业自行监测能力》；参加监测新仪器新方法技术交流，与青岛大学等高校科研机构合作开展厂区噪声监测与诊断分析；配合山东省环保厅开展β射线法(湿)烟气中颗粒物测试方法验证工作。加强环境监测质量管理。加强仪器设备维护保养，更新淘汰老旧仪器，测量设备配备率99%以上，周期受检率100%；完善服务方名册、资质及满意度评价；严格落实化验室管理、质量控制管理等各项管理制度，完善危化品管理台账。参加第二次全国污染源普查清查技术培训、重点监控企业自行监测技术与排污许可证制度管理培训、计量知识培训等业务培训，提高全员监测技术。

【循环经济管理】 加强资源综合利用新技术、新工艺、新装备研究与推广，全面提升资源综合利用水平。加强固废资源综合利用专业管理，修订《固体废物管理办法》，制定下发《2018年固废资源回收利用指标计划》，强化专业管理和考核，将固废综合利用指标纳入公司节能减排目标责任书，推进固废管理整体上水平。结合生产及市场情况，及时调整固废资源关联交易价格，利用价格杠杆，提高各单位利用的积极性，合理调整固废资源利用流向，保证生产主线稳定顺行。组织对除尘灰尤其是含有害元素较高的除尘灰利用问题进行专项考察，开展外排除尘灰处理工艺优化改造研讨，制定外排除尘灰精粉返厂利用技术要求，研究制定除尘灰利用专项考核办法，强力推进除尘灰利用；组织对炼钢除尘灰压球工艺及利用进行考察，提出并实施炼钢工序自用方案；加强转底炉消纳除尘灰工艺研究，电炉灰返转底炉利用取得成功，进一步提高转底炉消纳含锌粉尘的能力。积极推进型钢区域除尘灰密闭运输改造，2018 年 11 月，改造方案通过公司论证。针对公司固废资源处理现状及国家环保政策收紧的形势，结合公司新旧动能转换项目，适时启动莱钢片区固废资源综合利用整体规划升级项目，系统规划各类固废利用和处置，各类固废资源全部合规化、资源化处理，实现经济效益、环境效益、社会效益的统一。国家循环经济标准化试点顺利通过国家主管部门验收。循环经济标准化试点创建工作历经三年多，共梳理、制修订国家、行业、地方、企业标准 841 个，通过标准试点创建，促进了公司循环经济水平提升。对 2017 年签订节能减排循环经济目标责任书的 27 个单位和部室目标指标完成情况进行考核，兑现责任奖励 127.14 万元，占考核计划的 84.9%；完成 2018 年度《节能减排循环经济目标责任书》修订及签订工作。

（撰稿：杨永和　周亮文　王须革　魏光平　李海霞　审稿：商福成）

材料供应管理

【综述】 供应部是公司主管材料供应的职能部门。主要负责废钢、生铁，小合金、电极、耐火材料、冶金辅料、酸碱盐、水处理材料、劳保护品、各类钢材（坯）、金属制品、建筑材料、保温材料、装饰材料、润滑油脂、橡胶制品、工业气体、化工涂料、五金交电、工器具、杂品、办公用品、铁路配件、工程建设辅助材料等物品的采购、供应管理。下设综合业务室、采购管理室、炉料耐材室、生铁废钢室、化工橡胶室、五金材料室、劳保护品室、第一供应站、第二供应站 9 个科级单位。截至 2018 年年底，共有在职职工 143 人。其中，管理人员 21 人，专业技术人员 43 人，操作人员 79 人；研究生 1 人，大学学历 69 人，大专学历 35 人；具有高级专业技术职务的 13 人，中级 46 人，助级 4 人；助理技师 17 人，高级工 47 人，中级工 11 人。

【采购供应指标】 全年组织实施招标 1464 次，其中公开招标 376 项，邀请招标 389 项，议标 262 项，询比价采购 429 项，紧急采购 7 项，跟标 1 项。采购原材料 492.15 万吨，其中冶金辅料 388.87 万吨，废钢、氧化铁球 83.42 万吨，合金电极 3.29 万吨，酸碱盐 6.81 万吨，钢材 6.21 万吨，以及化工产品、橡胶制品、五金交电、办公用品、劳保护品等 1 万余个品种规格的材料，年度采购金额共计 58.75 亿元，同比增加 16.31 亿元，增长 38.43%。

【采购供应管理】 坚持以市场为导向、以需求为导向、以问题为导向，研究趋势、把握局势，把控市场能力、抢抓市场机会、防范市场风险能力不断增强。本着扩大公开招标范围，提高生产加工类供应商比例的原则，供应商准入线上、线下预审相结合，积极引入新供应商，严格执行淘汰机制，提高生产制造商比例，全年引入新供应商 133 家，淘汰剔除 111 家，供应商结构不断优化。参与制定下发 12 项企业内控标准，制度建设不断完善；废钢拆包机、金属分析仪、检尺过磅的运用，质检验收手段进一步丰富；跟踪进货配送，联合质检验收、职工代表监督、后期评价等，拓展质量管控范围，质量管理得到不断深化。

【稳定供应】 把促产增效摆在首位，积极应对市场变化，适时调整采购策略，强化供需平衡衔接，优化仓储库存结构，冶金辅料、油品等供应克服阶段性停产限产影响，满足了生产需要。落实公司“节铁增钢”部署，外购废钢 82.94 万吨，实现增产增效 3 亿元。紧盯以 4 号 1080 立方米高炉、2 号 1880 立方米高炉、特钢中轧改造等重点大修工程建设，实施“日看板、周调度”管理，满足了大修工期节点要求，其他材料实现了零差错、零失误供应。

【精益管理】 3 个公司级精益管理项目成效显著。实施废钢置换铁块增效，外销铁块 22 万吨，实现增效 1521 万元；提升高镁石灰石使用比例实现替代增效，高镁石灰石使用量同比增加 26 万吨，降低生产成本 3021 万元；支付方式采取“双固化”实现“双提升”，降低采购成本 1405 万元。8 个自主管理改善项目实现降本增效 2860 万元。其中，针对石墨电极和煅煤增碳剂市场变动，适时调整采购策略，及时调整招标周期，降低采购成本 627 万元；根据高炉炉缸整体浇筑方案，与供应商展开多轮次磋商议价，降低采购成本 86.94 万元；细分标段及招标方式，实施输送带“差异化采购”，建立使用周期追踪机制，实现降本 76 万元。

【安全与仓储管理】 持续推进“双重预防体系”建设，规范“工前五分钟”活动，强化班组安全标准化建设，加大相关方管理力度，安全管理得到深化细化。先后组织全面检查、专项检查 7 次，整改隐患 49 项。实施废钢场照明改造、行车扶梯除锈防腐、铁区值班室规划修整、合金库道路维修等，及时整改安全隐患，确保安全平稳受控。

【党风廉政建设】 深入推进“两学一做”学习教育常态化制度化，落实全面从严治党要求，开展“知敬畏、存戒惧、守底线”专题纪律教育，坚持抓好《每月一例》、观看廉洁电教片、“两个常态化”教育和时点“两个提醒”，自觉增强廉洁自律意识和拒腐防变的能力；开展“党支部建设年”活动，以党建活动为载体，抓责任制落实，抓党员学习教育，抓党员量化考评，全面推进过硬党支部建设；贯彻落实“大学习、大调研、大改进”，以“提高招标比例”“扩大直购减少中间商”“提高废钢符合度”三大课题为抓手，公开招标比例提升 4.11%，清理中间商 45 家，废钢符合度达到 98.97%。开展“魅力山钢走在前，做强做优更精益”主题系列活动，组织“四杯”竞赛，全年 16 次对有关科室进行了奖励，激发了职工干事创业热情。

（撰稿：张　洋　审稿：周宪海）

物流管理

【综述】 物流中心负责港口进口原燃料、出口材港口仓存、集港、发运管理，原燃料进厂、生产过程、产成品出厂、水渣销售及物流资源、费用、信息等各类物流活动的计划、运力组织、管理、调度、协调和营运等。按照“三定”工作的要求，将港口业务、水渣销售业务职能并入营运管理室，物流中心内设机构由 7 科 1 站调整为 5 室 1 站，即综合业务室、营运管理室、铁路运输室、汽车运输室、储运管理室、储运配送站。截至 2018 年年底，在岗职工 70 人。其中，女职工 21 人；区域师 2 人，主管师 17 人，业务主管 3 人，业务员 7 人；区域技师 1 人，岗位技师 4 人；党校研究生 3 人，大学本科 39 人，大学专科16人；中共党员40人。另外，科级干部退二线7人，离岗休养1人、内部退养2人。

【指标完成情况】 全年完成进口矿运输1536.1万吨。其中，铁路运输1208万吨，汽车运输328.1万吨，铁运比78.64%；完成钢材发运1085万吨；销售水渣479万吨，销售收入8.2亿元。

【营运管理】 推进运营转型，实施精益管理。围绕物流计划组织、铁路运输、汽车运输、港口管理、水渣销售、仓储运输等专业，修订完善制度，梳理管理流程，优化进、出向物流，精益管控物流成本。特别是克服高炉非计划大修、青岛上合峰会、型钢炼铁原料场封闭等不利因素影响，加强运输组织，满足高炉稳产高产需要。推进智能物流信息化建设，做好物流统计分析、合同管理、费用审核，加强安全生产、设备管理，做好运输保产工作。动态掌握长协矿船舶到港、贸易矿采购、港口发运、厂内卸车、炉料配比变化、生产用料临时需求、运输市场动态变化趋势等全方位信息，优化港口布局，做好进口矿货源组织和出口材发运组织。全年接卸进口矿1474.15万吨，同比减少98.27万吨。组织发运出口材77.52万吨，同比多38.35万吨。加强市场研判，做好水渣销售发运管理，水渣销售价格最高达到256元/吨。

【铁路运输】 2月至3月，邀请中铁济南局专家组对铁路运输系统进行诊断、优化，对查找出的13项问题进行了整改，卸车能力由原来840车提高到1063车，具备1100车的卸车能力。3月29日，组织大功率机车牵引整列重车进厂试验获得成功。根据国家保电煤政策，协调济南局货运部门审批计划，组织焦煤、无烟煤运输及厂内卸车，保证生产用料需求。11月21日，铁路集装箱运输焦炭项目试验获得成功。铁路运输螺纹钢、型钢等出口材工作进展顺利。参与公司新旧动能转换编组站场、翻车机铁路平面规划设计。

【汽车运输】 针对大气环境整治，及时调整运输模式、优化运输通道，做好装车、运输、卸车等环节管控。根据市场情况，动态调整汽运价格。及时了解掌握进口矿装车、发运信息，不定期对港口至厂内进口矿承运车辆途中货物保全情况进行检查，堵塞管理漏洞，使车辆运输全过程纳入监督、监控，避免公司财产损失。

【储运业务】 按照“防风险、堵漏洞、全覆盖”的思路，研究分析莱芜以外自提客户存在的深层次原因，制定更加个性化服务机制。6月30日起，莱芜以外40余家客户纳入送货模式。6月份，莱芜分公司车辆智能管理平台（车旺智运管车平台）正式上线运行，汽运车辆进出厂实现“进可控、行可录、出可查”管理目标。配合做好国家钢材行业标准的制定，起草《钢材仓储管理规范》等3个国家行业标准。做好产成品发运组织和库存控制，2018年末库存13.03万吨，创历史较好水平。全年型钢中转库吞吐量5.53万吨；通尺材入库2.0519万吨，出库2.0506万吨，年末库存0.0113万吨。

（撰稿：李　铁　审稿：高俊庆）

人力资源管理

【综述】 莱芜分公司人力资源部与党委组织部、机关党委合署办公，与银山型钢公司人力资源部合署办公。主要负责领导班子与干部队伍建设、专业人才管理、人力资源开发与配置、职工培训与技能鉴定、机构编制与定员管理、职工薪酬与社会保险管理、人事档案管理等工作。下设综合管理室/机关党委办公室、干部人才室、组织室、规划编制室、员工管理室、薪酬保险室、培训开发室/职业技能鉴定办公室7个科室。截至2018年年底，在岗职工22人。其中，部长1人（兼机关党委书记、工会主席、纪委书记），副部长2人，管理7级及以下职工19人，均为大学及以上文化程度；具有高级专业技术职务资格18人、中级4人。

【领导班子和干部队伍建设】 优化完善公司中层领导班子和领导干部考评办法，坚持“会议通报、书面反馈、自我剖析、全面整改”的反馈整改机制，增强年度考评的针对性和实效性。组织完成28个公司中层领导班子和104名中层领导干部2017年度综合考评，确定A级班子13个、B级班子14个、C级班子1个，A级干部34人、B级干部69人、C级干部1人。改革管理岗位设置，变行政职级管理为岗位层级管理，实施管理岗位竞争上岗，干部队伍结构进一步优化，活力进一步增强。全年共调整任免中层干部66人次，其中提拔33人、退出现职12人、内部退养6人、调入3人、调出6人、平调6人。

【编制定员管理】 积极落实集团公司改革发展要求，深化“运营转型、精益管理”，提高工作效率和效益，严格按照集团公司主管部门核批的定员总量和管理技术岗位占比控制，稳妥推进莱芜分公司（含银山型钢公司）“三定”及全员竞争上岗工作。优化调整公司组织机构，先后到多家同类型企业学习考察，结合各单位、岗位实际，“一厂一策”逐岗位分析，压缩内设机构，精干管理岗位和一线非生产岗位，制定适合企业自身特点的编制定员，下达了各单位“三定”方案编制定员总量，并由各单位细化分解到岗，为“三定”工作的全面深入开展奠定了坚实的基础。修订《组织机构设置与编制定员管理办法》。

【人力资源配置】 按照《关于进一步提升劳动效率的实施意见》，注重发挥运营、生产、技术、物流、设备管理等部门力量，通过对标挖潜、管理流程优化、工艺优化、设备升级改造、自动化信息化水平提升、人员素质提升等手段，不断优化岗位设置和人员配置；利用提前退休、内部退养（离岗休息）、外部调出转移、非在岗清理、人力资源储备、解除劳动合同等人员分流渠道，全年在岗人员净减少611人，完成年人均产钢1000吨任务目标。做好2018年高校毕业生招聘工作和新入职大学生的引导和培养工作，引进岗位急需高校毕业生127人。制定下发《实习生管理办法（暂行）》，加强实习生管理。

【培训管理】 印发《2018年能力提升支撑精益运营培训实施方案》，确定ABC类培训项目1294个，编印《精益管理全员能力提升推进手册》。注重过程管控和效果评价，抓实“到岗、到人、到作业”，下发精益管理全员能力提升考核情况通报12期，增强培训工作的针对性和实效性。加强精益运营“三支队伍”建设，做好公司内训师选拔和聘任，全年聘任公司中级内训师30人、初级内训师50人。邀请普锐特（奥钢联）冶金技术专家单国新博士到炼钢厂开展连铸技术指导，邀请北京知为先项目管理咨询专家李京斌到公司开展管理业务流程梳理、产品研发管理模块培训，组织2018年高校毕业生入职培训和“金蓝领”技师培训。代表山钢股份参加“首钢杯”第九届全国钢铁行业职业技能竞赛，选派4名选手参加了金属轧制工、高炉炼铁工、天车工、电焊工4个工种的比赛。金属轧制工王万松获第9名，高炉炼铁工胡亚涛获第12名，山钢股份获团体总分第17名。

【人才队伍建设】 制定《员工职业发展管理办法》，建立管理、专业技术、操作三个序列职业发展通道。管理岗位实行6个层级管理，按各层级设置的岗位竞聘，不再聘任职称；专业技术岗位实行7个层级管理，按各层级设置的岗位竞聘，职称资格只作为竞聘的条件；操作岗位实行6个层级管理，可竞聘各层级设置的岗位，职业技能等级只作为竞聘上岗的条件。构建各序列、各层级之间“纵向贯通、横向联通”的职业发展格局，进一步调动全体人员的积极性和创造性。下发《全员竞争上岗工作实施方案》，在全公司范围内组织实施管理、专业技术和操作岗位的全员竞争上岗。发挥博士后工作站的引领和推动作用，经山东省院士和博士后办公室批准，与东北大学邓志银博士签订《博士后科研工作协议书》，成功引进博士后1名。公布2017年度山东省突出贡献技师（1人）；公布2018年度齐鲁首席技师（1人）、山东省突出贡献技师（2人）；公布山东省冶金行业优秀青年技能人才（13人）；公布山东省有突出贡献的中青年专家（1人）；公布第三届杰出工程师青年奖（1人）。

【薪酬管理】 进一步改革完善薪酬管理制度，制定实施《员工岗效工资制方案》，依据操作岗位价值评估结果，印发《操作岗位岗次划分标准》。印发《关于规范各类单项奖励发放程序的通知》，对公司各类单项奖励的发放流程进行明确和规范。完善《处级干部年度奖励方案》，并依据考核结果严格兑现。对人力资源管理信息系统（HR系统）进行升级，实现了职工工资发放等主要人力资源管理业务的网络化管理。根据绩效考核结果，按月审批各单位工资总额。莱芜分公司（含银山型钢公司）全年主业总产值劳动生产率382.5万元/(人·年)，同比提高29%；累计产钢1198.14万吨，主业实物劳动生产率1005吨，同比提高11%；职工人均收入实现稳步增长，全年增幅15%以上。

【社会保险工作】 完成了17266名职工2018年社会保险缴费基数的统计、转换工作。及时为离退休、工伤伤残人员、工亡职工供养直系亲属等人员调整兑现有关待遇。积极与当地社会保障部门沟通协商，为公司争取“节能减排困难企业”享受50%的稳岗补贴优惠政策，共申领2017年度企业稳定岗位补贴6350171.48元。申报办理正常退休606人、因病退休及退职8人，审核办理内部退养96人、离岗休息9人。申领拨付工伤费用1593人次，申领拨付生育费用421人次。提交上报工伤认定、鉴定申请材料135人次，配合劳动保障部门组织完成了工伤认定、劳动能力鉴定工作，根据鉴定结论及时办理了费用的申领兑付。协助当地社保部门，办理参保女职工产前检查备案140人次、生育备案7人次。对公司离退休职工活动经费进行审核。各项社会保险缴费缴纳、返还工作运作规范，全年公司（含代管单位）共缴纳社会保险费52762万元（其中，养老保险费36350万元、医疗保险费12583万元、失业保险费1398万元、生育保险费1398万元、工伤保险费1033万元）。

（撰稿：亓 静 审稿：齐登业）

行政监察管理

【综述】 监察部是公司的行政监察部门，与纪委合署办公，业务工作由山钢集团公司监察部进行指导，行政工作受公司总经理直接领导。其主要职责是：监督监察对象执行国家法律、法规和政策以及决定、命令的情况；监督监察对象贯彻公司规章制度、经理的决定和指令的情况；受理单位和个人对监察对象违反国家的法律法规以及公司的规章制度行为的检举、报告；调查处理监察对象违纪行为，受理监察对象不服行政处分的申诉以及法律法规规定的应当受理的其他申诉；教育监察对象遵纪守法、廉洁高效等。在履行监督检查职责时，行使一定的检查权、调查权、建议权和处分权。公司监察部的监察对象是直属和代管各单位行政领导班子及其成员，机关各部室领导及其管理人员。各直属和代管单位根据不同情况设立专门监察机构或专职监察员，负责本单位的行政监察工作。

【案件检查】 围绕生产经营建设中心，坚持把查办案件作为第一位的任务，紧扣监督执纪流程，严格规范程序标准，坚决查处违规违纪问题，切实维护了党纪政纪的严肃性。扎实开展案件大起底工作，对近年来问题线索进行系统梳理，对违法违纪党员全面排查摸底，确保纪律处分执行到位。全年全公司立案 4 起，其中严肃查处了违反中央八项规定精神的案件 5 起，给予 4 名当事人党纪政纪处分。

【效能监察】 坚持把效能监察作为促进企业重大经营管理活动的重要举措，坚持融入中心、融入大局，健全制度，规范流程，努力打造依法合规经营的良好环境。全年全公司共立项 32 项，结题 30 项，提出监察建议 180 条，建章立制 36 项，查堵漏洞 197 个，共节约和增加经济效益 1400 余万元。加大原燃料稽查工作力度，完成大宗原燃料现场诊断项目，提出改进项目 70 项。定期开展原燃料稽查工作“回头看”，加大对合金、辅料、溶剂等入厂原燃料的抽查力度，督促有关部门创新合金把关模式、优化石灰取样方式、提高废钢检查拆包批次，进一步堵塞管理漏洞。全年稽查组共发现异常信息和不合格产品 46 批次，提出整改建议 11 条，将 1 起矿粉掺杂使假案件移交有关部门，通过稽查避免和挽回直接经济损失 400 余万元。积极推进中间商的规范和清理工作，全年共清理中间商 123 家。加大招投标监督力度，继续推进有关部门运用全国行贿犯罪档案库和信息查询平台，完善供应商招标后评价体系，组织职工代表参与招标监督，实现了招标过程的事前、事中、事后全过程监督。

（撰稿：伊　瑞　审稿：周光军）

企业文化管理

【综述】 企业文化部是公司主管企业文化建设的职能部门，与党委宣传部、统战部合署办公，下设企业文化室。主要职责是：构建和完善企业文化体系，加强企业文化考评管理，组织企业文化教育培训，开展企业文化交流，营造企业文化氛围，展示企业良好形象，提升企业管理、发展品质。

【企业文化建设】 贯彻落实公司《关于深化企业文化融合的指导意见》，深入学习宣传山钢文化，组织开展企业文化实践活动，促进山钢文化与莱钢传统文化、莱芜分公司倡导的新理念更好的融合。推进精益文化培育和建设，制定下发《关于加强精益文化建设的意见》，总结提炼精益理念，策划设计“精益践行规范”，完善精益文化体系。大力宣传精益文化，引导职工践行精益文化，营造浓厚的精益文化氛围，推动运营转型、精益管理。

（撰稿：王玉军　审稿：许家明）

党群工作

概　述

【基本情况】 截至 2018 年年底，莱芜分公司党委下设党委 13 个，党（总）支部 288 个，党员 7086 人（其中在职党员 5418 人，非在职党员 1668 人）。党群机构设党委办公室、组织部、宣传部、统战部、纪委、工会、团委、机关党委8个部室，其中党委办公室和公司办公室，组织部、机关党委和人力资源部，宣传部、统战部和企业文化部，纪委和监察部，工会和团委分别合署办公。党委办公室、组织部、宣传部/统战部分别与山钢股份党委相应机构复合设置。

【党建工作】 以政治建设为统领，强化创新理论武装，引导各级党组织和广大党员干部职工筑牢“四个意识”、坚定“四个自信”，坚决做到“四个服从”，坚持“两个维护”；贯彻新时期好干部标准，完成“三定”及竞争上岗工作，干部队伍整体素质大幅提升；实施“党政融合、双责一体”管理模式，狠抓责任清单落实，生产经营与党群工作结合更加紧密；加强过硬支部建设，落实党建工作经费保障，推动党的一切工作到支部，50%以上党支部达到过硬支部标准；扎实推进党组织书记抓党建工作述职评议考核和党建工作突破项目，各级党组织书记的主责意识和履职绩效有效提升。

【“大学习、大调研、大改进”】 严格贯彻落实上级党委部署要求，精心谋划实施方案，不分阶段、不设环节，同时推开、同步推进。坚持顶层设计与基层实践相结合，确立“统领、贯穿、融合”的基本原则，提出“紧跟、合拍、做实”的基本要求，形成“以小循环推动大循环”的工作方法，切实把“大学习、大调研、大改进”贯穿到生产经营建设及党建思想政治工作各个方面。深化学习研讨，突出学思践悟，党员干部党性观念、理论素养和综合能力明显提升；深入调查研究，准确掌握实际情况，形成了一批高价值的调研成果；深度整改提升，解决了许多影响生产经营和改革发展的重点难点问题，有力地推动了企业经营发展上水平。

【党风廉政建设】 层层压实管党治党责任，推动全面从严治党向纵深发展。严格贯彻落实中央“八项规定”精神和山钢正风肃纪“十条禁令”，党员干部精神状态和作风能力明显改善；开展重点领域专项整治活动，改进监督执纪方式，加大执纪问责力度，全年累计开展监督检查15次，发现问题50余项；扎实开展“纪在心中、廉心廉行”专题教育活动，建立健全教育惩防机制，党员干部廉洁自律意识有效提升；狠抓巡视巡察反馈问题整改，把严的要求落实到党建工作和企业管理的各个方面；建立纪委书记述责述廉制度，聚焦主责主业，集中力量监督执纪问责，强化了不敢腐的震慑。

【思想政治工作】 以“形势任务微讲坛”为载体，强化形势任务和改革发展教育，开展“中国梦·新时代”百姓宣讲活动，广泛凝聚改革发展正能量。围绕落实山钢重要部署及“三定”等改革举措，先后编发2000多篇教育材料，开展教育活动1700多场次；开展“魅力山钢走在前，做强做优更精益”主题系列活动，累计实施项目攻关3000多个，整改问题5700多项，发现和消除浪费6900多处。强化职工思想动态管控，完善人文关怀与心理疏导机制，职工队伍思想保持稳定；坚持开展文明单位创建、“钢铁榜样”评选、“双十佳”争创等活动，大力弘扬社会主义核心价值观，营造了文明和谐的氛围。企业文化建设取得新成绩，公司荣获山东省“厚道鲁商”品牌企业称号。

【群团工作】 贯彻落实“双五十条”，加大职工维权和普惠服务力度。精益管理进班组持续深化，主题劳动竞赛广泛开展，形成了“大比武、大练兵、提素质、强本领”的良好氛围。加强劳模创新工作室建设，有序推进劳模疗养休养，职工获得感增强。青年人才队伍建设扎实推进，青年岗位建功成效明显，公司团委被授予“山东省红旗团委”“全国钢铁行业五四红旗团委标兵”等荣誉称号；“工惠在线”正式上线运行，“幸福女工”试点进展顺利，女职工队伍整体素质不断提高。

（撰稿：张金良　审稿：刘晓军）

党委办公室综合管理工作

【综述】 党委办公室是莱芜分公司党委的综合办事部门，与公司办公室合署办公。承担信访民调、机要保密及党委日常事务服务协调工作，主要包括组织筹备党委综合性会议活动，起草党委文件和综合文字材料，审核把关机关党群各部门以党委名义起草的文件、文字材料和以党委主要负责人名义撰写的讲话、文章等，收发、承办中共中央、山东省委、济南市委、莱芜市委、山钢党委及公司党委的各类文件，组织协调党委系统开展调查研究工作，搜集、整理党群系统信息。

【综合事务】 牵头组织公司政治工作会议、年度表彰大会、第一次党代会、党委会、政治工作暨稳定工作例会、党政领导学习会、党委主体工作推进会、庆“七一”暨党内先进四好班子表彰大会、公司领导走访慰问活动安排等重要会议活动，并按要求完成了相关文稿起草，重要会议记录、纪要等工作。积极配合中共山东省委第十二巡视组延伸巡视，完成了巡视组接待联络等系列任务。围绕党建思想政治工作重点开展调查研究，为公司党委决策提供有效参考。专项督办公司党委重要会议决定事项，跟踪督办领导批办交办事项。制定党委履行全面从严治党主体责任清单，印发《政工暨稳定工作例会管理办法》，组织开展党建征文等活动，促进了公司党建思想政治工作水平提升。

【信访工作】 畅通信访渠道，加强信息预警和应急处置，超前化解矛盾纠纷，维护公司稳定大局。全年公司共受理职工群众来信来访231件次，办结率达到100%，未发生影响稳定的重大群体信访案件。贯彻落实上级安保维稳精神，保证了全国“两会”、上合青岛峰会、庆祝改革开放40周年、新旧动能转换项目控规方案公示期间的信访稳定。加大信访业务培训力度，组织开展信访工作基础知识测试及问卷调查等活动，基层信访工作人员业务水平进一步提高。

【保密工作】 调整公司保密委员会成员，完成保密自查自评、2018年度网络安全及保密工作检查工作，开展科级及以上干部保密答题活动，增强保密意识，防止企业商业秘密泄漏，维护企业合法权益。全年未发生失泄密事件。

（撰稿：叶　华　审稿：刘晓军）

纪律检查工作

【综述】 中共山东钢铁股份有限公司莱芜分公司纪律检查委员会在中共山东钢铁集团有限公司纪律检查委员会和中共山东钢铁股份有限公司莱芜分公司委员会的领导下开展工作。主要职责是：主管公司党的纪律检查工作，协助党委加强党风建设和组织协调反腐倡廉工作，负责贯彻落实上级机关和公司党委关于加强党风廉政建设的决定、决议，维护党的章程和其他党内法规。纪委与监察部合署办公，下设综合室、纪检监察室、信访审理室。截至2018年年底，共有在职管理人员10人。其中，公司副职1人，管理5级、6级干部3人，科级及以下干部6人；具有高级职称8人，中级职称2人。公司直属和受托管理的13个二级单位均建立了纪检监察组织，配备纪检监察干部28人。

【落实党风廉政建设责任制】 积极协助党委抓好党风廉政建设主体责任的落实，同时认真履行监督责任，逐级签订党风廉政建设责任书，组织每名党员领导干部制定“一岗双责”履职计划责任书，印发《述责述廉管理办法（试行）》和《党风廉政建设先进单位评选办法》，定期开展廉洁提醒谈话、讲廉政党课、专题培训，压紧压实管党治党责任。开展“廉洁建设示范点”创建工作，针对廉洁风险较高的关键岗位和部门设立102个示范点，召开现场会，命名表彰先进示范点，不断推动全面从严治党向基层延伸。强化上级巡视巡察反馈意见的整改，山钢集团党委巡察组反馈的17类51个问题全部得到有效整改。

【干部作风建设监督检查】 认真贯彻落实中央八项规定精神，狠抓正风肃纪，不断巩固和拓展作风建设成果。强化党内监督，完善“信、访、网、电”四位一体的信访举报平台，探索建立基层党风廉政监督员机制，成立巡察办，建立巡察制度，形成了纪律监督、监察监督、巡察监督三位一体的监督格局。狠抓重点领域专项治理，扎实开展办公用房、违规发放薪酬、形式主义和官僚主义等专项整治活动，收缴各类违规违纪所得48.9万元。大力推进移风易俗，深入整治大操大办婚丧喜庆事宜和“升学宴”，全年查处2起典型问题，给予2名党员党内严重警告处分。建立完善《礼品礼金登记制度》，全年共有62人次主动上交了无法退回的礼品礼金，价值达11.1万余元。突出监督重点，印发《关于在新旧动能转换工作中强化监督执纪问责工作方案》，严把“三定”选人用人廉政意见回复关。扎实开展落实中央八项规定精神“回头看”活动，密切关注“四风”隐形变异新动向，紧盯重点节点，加大明察暗访力度，全年开展各类督查19次，干部队伍作风形象明显提升，职工群众对党员干部队伍作风建设的满意度达99.2%。

【反腐倡廉宣传教育】 扎实开展“纪在心中、廉心廉行”主题教育月活动，通过普纪教育、廉洁谈话、警示教育、讲廉政故事、签订廉洁从业承诺书等活动，提高党员干部纪律意识、廉洁意识。开展“知敬畏、存戒惧、守底线”专题纪律教育活动，编写党员党规党纪手册，开展廉政征文，参观反腐倡廉教育基地，举行廉政宣誓，党员干部遵规守纪意识明显增强。组织收看《失衡的代价》《“象牙塔”里的蜕变》《弄潮儿向涛头立》《失控的“雅好”》《重拳反腐　保驾护航》等警示教育片，对“三定”上岗的党员干部进行岗前廉洁教育，筑牢廉洁自律防线。强化“互联网+廉洁教育”，组织党员网上廉洁知识测试，党员参与率100%。加强“一微一网一刊”建设，利用党群信息系统、《明镜》期刊、“廉洁莱钢”微信公众号开展形式多样的宣传教育活动，全年共开展各类廉洁教育活动1920场次，71200余人次接受了廉洁从业教育，公司“廉心廉行，清风莱钢”反腐倡廉教育品牌在山钢组织的评选中荣获第一名。

【惩防体系建设】 坚持标本兼治，推进廉洁风险防控工作，组织各单位开展岗位廉洁风险再辨识、再评价，细化工作流程，完善廉洁风险防控措施。加强对廉洁效能管理体系运行的动态监控，定期监督检查，每月下发情况通报，指导各单位加强体系建设，廉洁效能管理体系有效运行。认真实践监督执纪“四种形态”，在充分运用第一种形态上下功夫，对苗头性、倾向性问题及时开展谈话提醒、约谈函询，对不如实汇报问题的严肃进行处理。深入贯彻落实山钢纪委“问责年”工作部署，充分发挥问责利器，健全问责机制，加大通报曝光力度，坚决查处违规违纪问题。全年共建立完善问责制度13项，问责16人次，开展提醒谈话2680人次，通报曝光3起违规违纪案件。

（撰稿：伊　瑞　审稿：周光军）

组织工作

【综述】 莱芜分公司党委组织部是公司党建工作的职能管理部门，与人力资源部、机关党委合署办公，主要负责公司领导班子建设、干部队伍建设、党的基层组织建设、党员队伍建设、出国人员政审及人事档案管理等工作。截至2018年年底，莱芜分公司党委所属二级单位党委13个，党（总）支部288个；党员7086人，其中在职5418人、非在职1668人。

【主体责任落实】 积极推进“党建入章”工作，进一步厘清党组织同其他治理主体的权责边界，促进党的领导和公司治理结构实现有机统一。压实管党治党主体责任、党建第一责任人职责，坚持“书记抓、抓书记”，层层签订党建工作责任书，开展党组织书记抓基层党建工作述职评议考核，制定下发《履行全面从严治党主体责任清单》，确定27项责任清单事项，构建全面覆盖、责任清晰、任务明确的党建工作责任体系，促进管党治党责任有效落实。强化督导检查，建立“会议推进+督查督办”工作机制，通过月度政工例会、季度党委主体工作推进会、年度政治工作会议等，定期总结、推进、督查、督办党建工作，确保工作落实落地。坚持问题导向，实施党组织书记抓基层党建突破项目，公司各级党组织书记认领并完成突破项目294项，有效解决了一批基层党建问题。

【党建基础工作】 扎实推进党组织按期换届工作，组织召开公司第一次党代会，174个基层党组织按期进行换届选举。落实省属企业组织工作重点任务，完成2013年以来党费收缴使用管理、补交党费使用管理、发展党员、退役军人党组织关系转接、党建工作入章程、党员教育培训工作规划落实以及失联党员等七项工作全面排查整改。强化基层基础保障，制定印发《党组织工作经费管理办法》，2018年度公司下拨纳入管理费用的党组织工作经费1499万元。规范党内政治生活，严格执行党内政治生活若干准则，组织开展巡视整改专题民主生活会、年度民主生活、组织生活会和民主评议党员等工作，认真落实“三会一课”制度，开展主题党日活动，党内政治生活质量得到提升。加强党员队伍建设，健全完善党员教育培训机制，扎实做好发展党员工作，全年发展党员110名。做好“灯塔—党建在线”综合管理服务平台使用维护建设工作，组织广大党员参与“灯塔—党建在线”党的十九大精神学习竞赛活动，代表莱芜市参加山东省总决赛。

【“两学一做”学习教育常态化制度化】 健全完善学习长效机制，引导党员学习党章党规、习近平总书记系列重要讲话精神和党中央治国理政新理念新思想新战略，夯实思想根基。拓展学习载体，坚持“线上”学与“线下”学相结合、送出去和请进来相结合、正向激励与警示教育相结合，通过集中辅导、专家授课、专题研讨、红色教育等形式，提升学习教育的吸引力、针对性和实效性。充分发挥先进典型示范激励作用，积极开展“学习全国优秀共产党员郑德荣等7名同志先进事迹”“学习宣传《中国共产党山东历史》”等学习教育活动。坚持问题导向，推进学做结合，重点围绕民主评议党员和组织生活会查摆出的问题，制定整改措施，逐条整改落实，建立查找解决问题长效机制。推动学习教育与中心工作深度融合，建立践行“四个合格”长效机制，细化合格党员标准、搭建党员发挥作用载体、完善党员量化考评体系，组织开展形式多样的党性实践活动，广大党员干部担当作为、干事创业的积极性主动性创造性显著增强。

【“大学习、大调研、大改进”】 召开专题启动会，制定印发《关于开展“大学习、大调研、大改进”实施方案》，把“大学习、大调研、大改进”作为开展各项工作的统领，贯穿到生产经营、建设发展、深化改革及党建思想政治等各个方面，融入动能转换、精益运营，以及党建、巡察等各项具体工作之中，确保工作取得实实在在成效。强化理论学习，将《习近平新时代中国特色社会主义思想三十讲》等新思想新理论新方法列入必学内容，全年公司两级党委召开理论中心组学习300余次。深入调查研究，全年共开展各类调研1300余次，形成调研报告700余篇。持续改进提升，两级党委通过日常调度、季度检查、重点调研、跟踪督查等方式，常态化调度指导工作开展。坚持问题导向，针对查摆出的问题，制定整改措施，稳步扎实整改，有力推动了公司各项任务目标的完成。

【过硬党支部建设】 制定印发《关于加强和推进党支部全面落实规范化建设要求打造过硬党支部的实施意见》，按照“两步走，先规范再过硬”工作思路，组织实施“五抓五促”，筑牢过硬党支部建设根基，有效提升支部建设科学化水平。选优配强支部班子成员，加强支部书记教育培训，组织开展党支部书记专题培训，持续提升党支部书记的知识储备和能力水平。多形式多载体加强党员常态化教育，健全完善党员量化考评制度，扎实推进党性实践活动，引导广大党员立足岗位创新创效。严格党内组织生活，通过修订完善制度、优化工作流程、统一台账记录、举办模拟党务会等措施，推动组织生活规范化、制度化。严格落实党建工作经费保障，加强各类学习阵地建设，2018年度先后下拨党组织工作经费900余万元。坚持严格督导，采取“月度报告+季度督导+年度考评”相结合的方式，加强过硬党支部建设督导管控，提升过硬党支部建设实效。坚持典型引路，广泛开展互动交流、现场观摩、经验分享、专题研讨等活动，科学选育过硬支部建设先进典型，积极挖掘和推广好经验好做法，以点带面推动公司党建工作全面提档升级。截至2018年年底，公司所有支部普遍达到规范化要求，50%以上支部达到过硬支部标准，2个支部跻身省属企业首批50个过硬支部示范点行列。

（撰稿：张　蕾　审稿：齐登业）

宣传思想工作

【综述】 宣传部是莱芜分公司党委主管的意识形态领域的职能部门，与党委统战部、企业文化部合署办公。主要职责是：负责党的路线方针政策宣传教育、对内对外新闻宣传、党委中心组学习、政治理论教育、党员教育、学习型党组织建设、法制宣传教育、形势任务教育、思想政治工作、精神文明建设、网络文化建设和管理工作、社科联工作。下设综合科/新闻网络科、宣传教育科2个科，综合科、新闻网络科合署办公。2018年10月，公司“三定”改革后，改为综合室/新闻网络室、宣传教育室2个室，综合室、新闻网络室合署办公。

【理论学习】 深入学习贯彻党的十九大精神，利用中心组学习、专题培训、研讨交流等形式，把学习贯彻党的十九大精神推向深入。组织开展“中国梦·新时代”百姓宣讲活动，在山钢宣讲比赛中，获得一等奖；一名选手代表山东省国资委参加全省宣讲比赛，获得一等奖第一名，并参加全省巡回宣讲，得到省委讲师团领导高度评价。

【主题系列活动】 紧紧围绕中心任务，深入开展“魅力山钢走在前，做强做优更精益”主题系列活动。全公司共树立先进标杆2151个，开展精益培训1378场次，实施项目攻关3014项，征集合理化建议4510项，整改问题5732项，消除浪费6915处，为推进中心工作提供了有力支撑。

【“三型”党组织建设】 贯彻落实《关于加强学习型服务型创新型党组织建设的意见》，对全公司“三型”党组织建设进行部署并抓好督导。公司党委重点突破项目《创新“三型”党组织建设方法载体，探索党组织和党员发挥作用的有效途径》获得山钢党组织书记抓基层党建突破项目一等奖、山东省国资委二等奖。经省国资委推荐，该突破项目参与国务院国资委党建研究课题评选。

【形势任务教育】 以“形势任务微讲坛”为主载体，通过编写材料、面对面宣讲、学习反思、讨论共享等途径方式，开展富有针对性、时效性、实效性的教育。编写公司层面的宣讲教育材料60余篇，各基层单位编发材料2242篇。搭建“书记讲坛”“一线宣讲”“主任讲堂”等多种形式的面对面宣讲平台，各单位开展教育活动3421场次，受教育职工68200人次，撰写反思体会12735篇。组织2017年度“形势任务微讲坛”优秀宣讲材料评选，编辑出版《怎么看　怎么办　形势任务面对面》(冶金工业出版社）一书。

【思想政治工作】 完善思想政治工作创新立项机制。实施“先立项、后评审”的办法，确定实施26项思想政治工作创新项目，并给予专项经费补贴。做好职工思想动态管控。围绕“三定”改革等热点，实行职工思想动态周报制度。做好心理疏导中心管理运行工作，坚持每周二心理疏导师坐班咨询制度，拓展网上心理咨询阵地，实现全天候的心理健康帮助。做好调查研究，一批优秀研究成果得到外界认可，10余篇论文在全省、全国冶金政研会评选中获奖。

【精神文明建设】 深入开展“钢铁榜样”评选活动，全年共评选表彰40组钢铁榜样。抓好文明单位创建，制定《2018—2019年文明单位建设规划》，修订《文明单位建设管理规定》，完成省级、省管企业、山钢文明单位复审推荐工作。深化“双十佳”争创活动，开展“优化服务流程、提升服务水平”活动。抓好文明素养提升，下发“文明倡议书”，策划编辑文明手册。做好“厚道鲁商”申报工作，12月份，公司成功进入省级“厚道鲁商”品牌企业榜，成为2018年度莱芜市、山钢集团唯一一家获得“厚道鲁商”品牌企业（五星级）的单位。

【新闻宣传】 认真贯彻执行党的新闻宣传路线，坚持正确的舆论导向，紧紧围绕公司的生产经营发展目标，创新思路，服务大局，加强管理，精准发力，取得了新闻宣传的新突破。公司生产经营、精益运营、党建思想政治工作等经验先后在《中国冶金报》《大众日报》《济南日报》、山东新闻联播、人民数字网等媒体刊播。

【网络文化建设管理】 加强“莱芜钢铁”微信建设，构建公司新闻发布平台、舆论引导平台、行业资讯平台、企业文化传播平台和职工互动服务平台，已发布微信840余期，2300多条，单条新闻点击率高达10万多次，关注量高达24000多人。深化公司“互联网+党建思想政治工作”品牌建设，推进公司党群信息管理系统升级改造，对公司主页面、党群各部门页面、二级单位党委页面、党支部页面等进行全面升级。加强“职工快线”的建设和管理，对“职工快线”进行完善和升级，全年“职工快线”共审核问题3500多条，三个工作日内回复率保持在99.5%以上。加强网上舆情管控，关注网上职工思想动态，及时汇总、分析，形成舆情简报上报公司党政领导。组织“最美绿色钢城”评选，公司获得“2018绿色发展十大先进企业”称号。

（撰稿：王玉军　审稿：许家明）

统一战线工作

【综述】 统战部是莱芜分公司党委主管统一战线的职能部门，与党委宣传部、企业文化部合署办公，设部长1人，下设统战科。其主要职责是：负责全公司统战、侨务、对台、民族、宗教等工作。贯彻执行党的统一战线政策，协调统一战线内部各方面的关系，发挥统一战线优势，调动一切积极因素，促进企业和谐发展。统一战线成员包括党外知识分子、民主党派成员、归侨侨眷和港澳台眷属、少数民族职工、信教群众，驻企的省、市、区政协委员和党外人士代表。2018年10月，公司“三定”改革后，统战科改为统战室，与宣传部综合室、新闻网络室合署办公。

【党外知识分子工作】 坚持党外知识分子联络员制度，加强与党外知识分子联络员的经常性联系。全面调查统计公司党外代表人士情况。筹备召开公司党外各界人士座谈会，组织市区两级政协委员就企业与地方发展进行专题研究、献计献策。

【民主党派工作】 贯彻落实《中共中央关于坚持和完善中国共产党领导的多党合作和政治协商制度的意见》，支持民主党派成员参政议政，进一步推进多党合作事业。

【民族宗教工作】 贯彻执行党的民族宗教政策，落实《山东省民族工作条例》，加强对信教人员的宗教政策教育，引导信教职工依法开展宗教活动。建立健全民族宗教工作制度，建立了三级宗教信息网络体系，每月收集分析宗教活动信息。

【政协工作】 加强社科联工作，及时上报省人文社科课题。组织政协委员参加政协会议，支持其反映社情民意。一些有价值的建议和提案，受到各级政府及有关部门的重视并采用。

（撰稿：王玉军　审稿：许家明）

机关党委工作

【综述】 莱芜分公司机关党委与组织部/人力资源部合署办公。主要职责：宣传执行党的路线、方针和政策，贯彻落实上级党组织和公司党委各项决议、决定；负责机关党的政治建设、思想建设、组织建设、作风建设、纪律建设和制度建设；负责机关党的建设、思想政治工作和精神文明建设规划的制定、实施、检查、考核、评比、总结等工作；负责机关各党（总）支部班子建设、党员队伍建设；领导公司机关工会、共青团、女职委等群众组织工作。机关党委共有委员5人，其中书记1人。下设机关党委办公室，与组织部/人力资源部综合管理室合署办公，综合管理机关组织、纪检、宣传、工会、女工、共青团等各项工作。截至2018年年底，全机关（含直属机构）在职职工904人。机关党委下设党总支6个、直属支部10个，共有党员621人，约占在职职工的68.69%。

【党的组织建设】 贯彻落实全面从严治党要求，制定《履行全面从严治党责任清单》，明晰责任，强化落实。下发年度工作要点，签订党建工作责任书，完善党建考核评价机制，季度自查整改，半年督导检查，年度综合考评，实行动态管理，工作推进和监督更加规范。按照组织原则和程序，选优配强支部班子。指导任期届满的党（总）支部按期换届选举，并督导“三定”工作完成后委员发生变动的支部及时组织改选。加强基层党组织建设，全年投入47.81万元，开展党员培训和支部阵地建设。贯彻落实《中国共产党支部工作条例（试行）》，加大党支部规范化标准化建设力度，紧扣领导班子、党员队伍、党内生活、基础保障、功能发挥、工作绩效六个方面，强化过程控制，严格落实标准，积极指导推进，机关支部普遍达到规范化要求，45%的党支部达到过硬标准，完成了公司确定的2018年度不低于30%的支部达到过硬标准的建设目标。严格按照党章党规，全过程从严从细抓好发展党员工作，全年新发展党员9人，转正党员11人。组织召开机关党代表会议，选举产生了出席公司第一次党代会代表，并按要求组织参加公司第一次党代会。开展“学习先进典型，发挥模范作用”主题党日活动，以全国优秀共产党员为标杆，积极发挥先锋模范作用。组织党员干部赴红色教育基地接受现场教育。利用新媒体，组织全部党员参加“灯塔—党建在线”党的十九大精神知识学习与测试，党员答题率达到100%。选派23名党组织书记参加“过硬党支部建设”专题集中轮训。深入开展“大学习、大调研、大改进”工作，全年共召开务虚会193次，主题党日426次，开展调研337次，查找问题356项，制定整改措施416项，取得较好效果。

【党风廉政建设】 制定机关党建工作考核细则，将党风廉政建设和反腐倡廉责任制延伸到机关全体人员，层层签订《党风廉政建设责任书》和《廉洁从业承诺书》，确保党风廉政建设党委主体责任、纪委监督责任和班子成员“一岗双责”落实到位。加强作风建设，严格执行中央八项规定、山钢集团正风肃纪“十条禁令”，持之以恒纠正“四风”，通过开展廉洁谈话、党委（总支、支部）书记上党课、“知敬畏、存戒惧、守底线”专题纪律教育、观看专题教育系列片、开展党纪法规和德廉知识学习测试活动，以及结合“廉心廉行、清风山钢”反腐倡廉教育品牌创建等工作，教育广大党员干部职工筑牢思想道德防线，自觉抵制不良风气，推动作风建设持续深入开展。开展“廉洁建设示范点”创建及党风廉政监督员队伍建设工作，强化党内监督制约，选树并推荐窗口单位、班组申请创建“廉洁建设示范点”，选聘推荐20名党风廉政监督员，建立了涵盖机关各部室的党风廉政监督员队伍。对廉洁风险苗头做好防控，抓好信访举报的调查落实，以举报线索做深度剖析，防患于未然，年度内公司机关没有人员因违规违纪受到处分或处理。

【思想政治工作与精神文明建设】 深入学习贯彻习近平新时代中国特色社会主义思想和党的十九大精神，扎实开展形势任务教育，借助形势任务微讲坛，传递改革发展正能量，凝聚了改革攻坚、创新超越的强大动力。修订完善“双十佳”考评体系，持续开展“双十佳”争创活动，在提高队伍素质、管理水平、工作质量、服务质量、塑造形象等方面发挥了积极作用。1个单位被公司授予“十佳文明服务窗口”荣誉称号，2个单位被授予“十佳文明服务窗口争创活动先进单位”荣誉称号，2名职工被授予“十佳文明服务职工”荣誉称号，1名职工被授予“文明服务职工奖章”。

【工会工作】 开展“魅力山钢走在前，做强做优更精益”主题劳动竞赛。全年先后为绩效突出的机关部室记一等功10次，二等功18次，三等功21次，表彰创建“精益科室”先进集体86个，命名“精益管理/优质服务明星”88人次。全面完成机关学习型班组评审验收工作，推进和深化5S

管理、精益管理理念在学习型班组建设中的有效落地。培植精益管理班组典型，推广先进班组创建经验，向公司工会推荐5S管理试点班组3个。依托公司“十大工匠”“工人先锋号”选树和网上练兵、网上读书等活动，着力打造“爱岗敬业、技能精湛、作风踏实、绩效突出”的工匠能手和“一流工作、一流服务、一流业绩、一流团队”的先进集体，1名职工获得公司“十大工匠”荣誉称号，1个科室被命名为“工人先锋号”，100余人次在公司网上练兵和网上读书等活动中受到表彰。做好职工帮扶救助工作，建立困难职工档案49个，困难遗属档案1个，全年通过送温暖、金秋助学等活动为困难职工提供各类救助金75000余元。组织和鼓励职工积极参加公司层面的文体活动，有针对性地开展适合机关特点、广大职工喜闻乐见的机关集体活动，鼓励和支持各部室自行开展小型多样、丰富灵活的群众文体活动。

【女工工作】 关心女职工生活，引导女职工树立积极向上的生活方式和健康观念。组织女职工100余人次参加各类健康知识讲座，帮助女职工增强健康意识，掌握健康知识，提高自身预知、预防和预控疾病能力。组织机关在职和退休女职工400余人按时参加每年一次的妇科查体活动。组织女职工积极参与各级劳动竞赛、岗位练兵、群众性技术创新、网上读书、幸福教练培训等活动，引导女职工提高业务技能，建功立业。先后有25名女职工在机关劳动竞赛中获得“精益管理/优质服务明星”荣誉称号，40余名女职工作为主要负责人或骨干人员参与21项群众性技术创新项目并在公司获得多个奖项，24名女职工在公司年度网上练兵活动中获得表彰。

【共青团工作】 加强青年教育引导，充分运用“青年之声”网络平台、微信交流群等载体，教育引导广大团员青年坚定理想信念，提升理论素养。组织开展趣味运动会、社区便民服务、五四青年节系列活动，丰富团员青年文化生活。持续推进青年素质提升，先后组织7人参加公司青年骨干培训班，深化“导师带徒”工作，助力青年成长成才。围绕公司深化精益运营，组织团员青年积极投身精益管理“五深化、五支撑”工作实践，深入开展青年改善攻关项目，公司级立项5项，1项获得公司二等奖，4人获得优秀项目导师。搭建青年岗位建功平台，开展青年岗位能手评选活动，1人获得公司2018年度“杰出青年岗位能手”荣誉称号，11人获得公司2018年度“青年岗位能手”荣誉称号；开展青工技术比武、青春立功竞赛等活动，3个团支部先后获得公司青春立功竞赛优胜团支部称号。

（撰稿：亓　静　审稿：齐登业）

工会工作

【综述】 山东钢铁股份有限公司莱芜分公司工会（以下简称莱芜分公司工会）机关设综合业务室、生产保护室、组织民管宣教文体室和权益保障女工室，下辖机关及各下属单位工会（含新疆公司工会）13个，车间（科室）工会184个、工会小组1159个，拥有会员17191人，专职工会工作者30人（其中莱芜分公司工会机关8人）。

【贯彻“双五十条”】 深化“双五十条”宣贯解读，通过组织职工宣誓、集中学习、知识竞赛等活动，营造讲“依靠”、抓“当好”的浓厚氛围。坚持制度先行、精准发力，从企业和职工两个角度建章立制，促进“双五十条”各项规定落地见效。“双五十条”成果荣获山东省工会工作创新奖。棒材厂第二轧钢车间工会、能源动力厂型钢热电车间工会荣获全国模范职工小家称号。

【职工素质提升】 上线运行“工惠在线”APP，打造集素质提升、维权帮扶、普惠服务、幸福女工等功能于一体的网络平台。组织网上练兵活动，评选网上练兵优秀组织单位、优秀答题职工，激发职工学习提素的积极性。2018年网上练兵活动共101个工种上线，1.4万名职工参与，累计闯关677万人次，掀起了“百个工种同上线，万名职工大练兵”的热潮。开展网络读书活动，9300余名职工参与，发表读书心得4500余篇。依托网上练兵模拟仿真系统，开展各种技术比武、技能培训活动，实现了职工理论学习和技能培训的网络化。组织公司第二届职工职业技能大赛，504名职工参加决赛，评选出31名技术状元、219名技术能手。组织参加山东省冶金行业职工职业技能竞赛，高炉炼铁工、转炉炼钢工均包揽前三名。

【职工创新创效】 开展“魅力山钢走在前，做强做优更精益”主题劳动竞赛活动，全年共为二级单位记功118个次、车间记功166个次、班组87个次、个人240人次。参加全国大型钢铁企业节能降耗对标竞赛，型钢炼铁厂3200立方米高炉荣获全国“冠军炉”。开展职工技术创新竞赛活动，全公司评选表彰技术创新成果1700余项。深化劳模创新工作室创建，命名9个公司级工作室，2个工作室被山东省冶金工会命名。加强“安康杯”竞赛活动，莱芜分公司和焦化厂荣获全国“安康杯”竞赛优胜单位称号。成功承办全国钢劳联第34次年会。

【学习型班组建设】 推进“精益管理进班组”活动，编发《学习型班组典型案例集》。坚持“动态考评、能升能降”的原则，开展班组年度考评工作，17个班组升级，15个班组降级。截至2018年年底，全公司3A级以上班组覆盖职工6000余人。加强班组安全标准化建设，22个班组获山东省冶金行业安全生产标准化班组称号。公司班组建设经验在全国钢铁行业、有色行业班组建设推进会上做典型发言，并在《班组天地》上专题刊发。

【厂务公开民主管理工作】 开发“职工代表直通车”，8个模块有效运行，答复落实职工代表建议195条，实施网上公开内容1200多项。坚持为职工办实事，对全公司10座澡堂、15座食堂逐一进行现场调研，汇总整理具体问题38项，督导有关部门落实解决。

【职工维权帮扶】 筹备召开公司党委和谐企业建设推进会，推动和谐企业建设再上新水平。落实劳模福利待遇，组织公司劳模、女杰、一线职工共200余人参加疗休养活动。制定实施《职工食堂和浴室专项督查制度》，下大力气改善职工的工作生活环境。以“五条保障线”为依托，对困难职工进行精准帮扶、托底帮扶，全年救助各类困难人员2672人，发放救助金878万元。举办暑期爱心托管班，成为全国100个示范性班级之一。实施职工健康改善行动，提高职工健康意识。

【职工文化建设】 开展大讨论活动、主题征文活动、“当好主人翁，建功新时代”职工文化微系列活动，弘扬真善美，凝聚正能量。举办第六届文化体育节各类赛事20余项，丰富职工业余文化生活。职工拔河队勇夺世界拔河锦标赛公开赛冠军，为国家争得了荣誉。

【女职工工作】 启动“心灵护航三年行动计划”，培养幸福教练61人，举办各类培训班次60场。召开庆“三八”表彰会，举办巾帼岗位技能擂台赛，深化巾帼志愿服务。举办女职工骨干培训班，提高女职工能力素质。开展“学习十九大　悦读进万家”读书活动，参加全国“书香三八”读书活动，15件作品获奖，其中《我家的香椿树》荣获一等奖，公司女职委荣获全国“书香三八”读书征文优秀组织奖。

【学习型工会建设】 加强学习型工会建设，不断赋予学习型工会新的内涵和外延，更好地体现工会工作的政治性、先进性、群众性。根据对各单位“三型工会”创建和工会整体工作的综合考评情况，表彰“学习型工会建设示范单位”11个，同时授予“模范职工之家”称号；表彰“学习型工会建设先进单位”2个、“优秀工会工作者”51人、“优秀工会积极分子”71人。

（撰稿：李　汀　审稿：高淑军）

共青团工作

【综述】 共青团山东钢铁股份有限公司莱芜分公司委员会下设基层团委13个，基层团支部（总支）133个，团员215人，专兼职团干部149人。莱芜分公司团委设组织建设部、宣传网络部、青年发展部3个职能部室，负责团委的日常工作。

【青年思想引领】 深入学习宣传贯彻习近平新时代中国特色社会主义思想，通过开展专题学习、读书分享、岗位实践等活动，引领青年坚定不移听党话、感党恩、跟党走；广泛开展学习宣传贯彻党的十九大、团十八大精神系列活动，开展“青年之家·学习社”纪念马克思诞辰200周年专题活动，组织“践行新思想，建功新时代”团十八大知识竞赛，3000余名青年参与。开展“青年大学习”网上主题团课活动，团员参与率达到100%，连续5期位列全省大企业团委第一名。聚焦“三定”、职业发展、岗位薪酬等系列改革举措，通过微宣讲、主题团日、网络新媒体等形式和载体，广泛开展青年形势任务教育活动。举办“喜迎党代会，青春创时代”演讲比赛；开展青年创意微视频大赛，展播微视频12部；加强“网上共青团”、团委网站等平台建设和管理，扩大了运用新媒体吸引凝聚青年覆盖面。

【青年岗位建功】 持续深化青年改善项目攻关活动，发布2017年度优秀青年改善项目，编印《优秀青年改善项目汇编》。召开2018年度项目启动会，围绕现场诊断项目落地、内部市场化推进等工作重点，立项并实施100个青年改善项目，项目累计创效4000余万元。开展“魅力山钢走在前，做强做优更精益”青春立功竞赛活动，表彰优胜团委26个次、优胜团支部43个次、先进团支部64个次。推进“青年创新工作室”建设，评审命名6个“青年创新工作室”。联合安全生产部开展“十佳青年安全生产示范岗”评选活动，棒材厂第二轧钢车间轧钢班、焦化厂回收二车间鼓冷脱硫班荣获“全国青年安全生产示范岗”称号。联合能源环保部开展“携手节能低碳、共建绿色企业”主题团日活动，表彰优秀团日活动23个。开展青年突击队等活动，引导团员青年主动承担各种急难险重任务，促进公司生产经营稳定顺行。

【青年成长发展】 开展青年成长发展专题调研活动，访谈120人，网络调查问卷1743人，针对青年基本现状、思想动态、关注的热点问题进行调研和分析，并提出对策与建议。召开庆“五四”暨青年岗位能手表彰会，表彰青年岗位能手118人、明星师徒29对，新命名青年文明号21个。联合公司党委组织部举办两期青年骨干培训班，培训青年骨干90人。组织开展公司第二届职工职业技能竞赛暨青工技术比武，239名青工参与了31个工种的比赛，17名青工获得“技术状元”。组织青工积极参与网上练兵、网上读书活动，促进青年技能水平提升。举办“青春飞扬，梦想起航”迎新晚会、“快乐星期六”青年趣味文化活动，增强了新入职高校毕业生获得感和企业归属感。

【青年志愿者行动】 广泛开展“志愿服务进岗位”活动，各级团组织结合生产经营实际，组织开展了卫生清扫、水沟清污、工器具整理等服务活动。开展社区集中便民志愿服务活动，500余名青年志愿者走进社区为广大居民提供服务。创新开展“护航梦想，爱心助考”志愿服务活动，为广大考生和家长提供服务和帮助。依托线上线下开展“青春扶贫，益暖齐鲁”捐款活动，得到团省委高度称赞。开展“青年文明号助千家”结对帮扶脱贫活动，组织青年志愿者开展爱心护苗、走进福利院、环境保护等社会公益活动，为促进和谐企业建设贡献力量。

【团的自身建设】 制定印发《“三联四促一落实”活动实施方案》，深入开展青年“大学习、大调研、大改进”活动，推动团的工作真正贴近青年、走进青年。开展样板团支部评选活动，召开“样板团支部”建设推进会，命名公司级“样板团支部”7个。“智慧团建”作为团中央工作试点单位，在全省率先完成了基层团委、团支部组织信息以及团员团干部信息录入工作，完成率和信息准确率均达到100%。加强团干部协管工作，开展基层团委书记述职评议，邀请团员青年对各单位团委工作进行评价，激发了团干部队伍活力。规范基层团支部团费收缴、管理、使用，增强了团员组织观念和先进性。建成公司“青年之家”，打造了集学习、体验、会议、活动为一体的多功能青年活动阵地。加大公司共青团工作宣传力度，共青团新闻联播、中青在线、《中国青年网》等报刊媒体分别对公司共青团重点工作进行了报道。编发《团青风采》12期，微信公众平台推送信息60期。2018年，全公司有17个青年集体、19名个人受到省级及以上团组织表彰。公司团委荣获全国钢铁行业五四红旗团委标兵、山东省“红旗团委”、全国钢铁行业“青安杯”竞赛优秀组织单位等荣誉称号。公司团小组会视频作为团中央《三会两制一课》视频公开课，在全团推广发布。公司“三位一体”青年创新创效工作经验在中央团校全国重点国有企业团委班子成员培训班上做典型发言。

（撰稿：李　晨　审稿：季立飞）

各生产厂分述

焦化厂

【概况】 焦化厂拥有JN43-80型焦炉2座，JN60-6型焦炉6座（55孔×2、60孔×4）及相应的配煤、化产回收及其深加工等装备。具备生产焦炭410万吨，焦炉煤气18亿立方米，煤焦油加工10万吨，轻苯深加工10万吨能力。设有办公室、机动设备室、技术环保室、安全生产室、政工室/人力资源室等5个室，备煤车间、炼焦一车间、炼焦二车间、炼焦三车间、炼焦四车间、干熄焦车间、运焦车间、回收一车间、回收二车间、化产精制车间、动力车间、质检站12个生产车间和生产调度中心/市场营销中心、人力资源储备中心、设备点检中心等3个中心（其中人力资源储备中心、设备点检中心分别与政工室/人力资源室、动力车间复合设置）。截至2018年年底，共有职工1354人。其中，管理技术人员129人，具有高级专业技术职务52人、中级54人、初级9人。

【主要指标】 全年共生产优质焦炭374.47万吨、焦炉煤气16.49亿立方米、煤焦油18.22万吨、轻苯4.97万吨。主要经济技术指标转鼓指数M40为87.47%、M10为6.56%，热态强度为67.38%，煤焦油收率为3.65%，轻苯收率为1%，硫铵收率为1.08%。

【生产经营】 系统优化管理流程，逐项攻克制约瓶颈，精益生产能力不断增强。积极开发优质原料煤市场资源，加强原料煤进厂质量把关，保障煤源质量稳定。探索最优配煤结构，保证配煤准确率，提高焦炭成焦率，实现焦炭质量稳定提升。加强焦炉热工管理，提高职工标准化操作要求，有效提升焦炉综合管理水平。建立焦炉单产数据分析模型，完善“配煤—产量—质量”数据库，实现焦炉生产稳定。完善干熄焦保障体系，强化干熄焦系统与炼焦系统的生产衔接配合，提高干熄率和蒸汽发生量。优化化产系统工艺指标，确保化产品收率稳定提高。加大化产品市场研判力度，提高化产品直销和原料直购比例，产品盈利空间不断扩大。

【精益管理】 细化工作措施，强化薄弱环节，固化成果经验，实现运营能力根本性提升。以内部市场化为基础，进一步激发职工主动性，为精益管理全面推进持续加力。深入开展现场诊断，完成能源（电）拉网速赢诊断、进厂大宗原燃料专项诊断2个公司级重点诊断项目和提升焦炭质量、粗苯产量、脱硫效率、焦炭产量等4个自主诊断项目，做好措施落地和跟踪推进。搭建“3+*N*”精益项目管控体系，开展关键、专业、自主诊断项目共38项，挖潜增效3820万元。细化模块化构建推进措施，强化新模块方法论应用，实现模块化构建与专业管理和标准化推进的充分融合。开展产线对标，挖掘确立改善点19项。

【安全管理】 加强安全标准化建设，修订完善安全规章制度59项。深化“双重预防体系”建设，识别风险点493个，制定措施、分级管理、各负其责。推进重点危险源管控，全年开展季度综合检查4次，安全专项检查87次，消防专项检查12次，排查治理一般安全隐患871项，消防隐患513项。实行相关方施工区域负责制，确保生产、施工界面清晰、管理规范。加大安全现场监督与管控力度，狠抓相关方施工全过程管理。加强安全文化建设和防护技能提升，全年组织开展厂级培训24学时，车间自主培训80学时，培训人员14160人次。强化职业危害源头治理，保障职工职业健康，职工查体率达到100%。

【设备管理】 推进全员设备精益管理体系建设，加强设备管理主体责任落实，实现设备安全、健康、高效运行。建立完善设备检修模型，稳步推进设备检修模块建设，有效提高检修命中率。加快备件管理模块建设，建立备件信息管理系统，有效提高备件使用效率。广泛应用设备点检子模块建设成果，加强设备预防性检测，及时排查处理设备隐患，提高在役设备健康运行水平。推进精益TnPM体系建设，开展设备钢结构防腐和建（构）筑物外观维护，厂区环境得到改善。完成再生塔等设备不锈钢一期改造、老区二系统循环水改造等技改技措项目，全厂装备水平有效提升。做好修旧利废工作，全年累计修复备件1288件次，节约成本667.82万元。

【节能环保】 加强环保设施的规范管理，坚持环保设备与生产设备同步检修。细化各工序环保管控标准，重点对厂区扬尘、焦炉无组织排放、废气废水排放进行治理，实现在线监测数据稳定达标。加强焦炉冒烟冒火问题管控，提升焦炉热工管理水平，有效杜绝焦炉污染物无组织排放。结合环境治理行业对标，强力推进“17+*N*”环保项目建设，先后完成2号生化深度处理改造、6号焦炉脱硫脱硝、化产系统地面防渗、老区循环水系统改造等项目，推进筒仓建设、脱硫脱硝、炉门除尘、煤气精脱硫等环保项目。完善能源管理体系建设和运行管理，提高能源综合利用效率。全年工业水重复利用率97.4%，环保设施同步运行率99.4%，各项环保指标均实现达标。

【和谐企业建设】 学习贯彻习近平新时代中国特色社会主义思想和莱芜分公司第一次党代会精神，实现党的建设与企业中心工作的深度融合。落实全面从严治党要求，开展“规范+品牌+突破”三型党组织建设，推进过硬党支部建设，全面部署实施“大学习、大调研、大改进”工作，持续推进“两学一做”学习教育常态化制度化，党建科学化水平不断提升。严格落实“两个责任”，强化履职担当，完善“五防三控”“三色预警”“三项监督”廉洁风险防控机制，深入开展“廉韵焦化”廉政品牌、廉洁示范点建设，党风廉政建设扎实有效。优化人力资源配置，完成“三定”及竞争上岗工作，畅通职业发展渠道，加强薪酬发放监督，现代企业制度更加健全。

（撰稿：穆允生　鞠　玲
审稿：姜世远）

炼铁厂

【概况】 莱芜分公司炼铁厂拥有6座1080立方米高炉、3台105平方米烧结机、1台265平方米烧结机、1座60万吨链箅机—回转窑，具备年产生铁540万吨、烧结矿600万吨、球团矿100万吨的生产能力。拥有高炉一车间、高炉二车间、高炉三车间、原料一车间、原料二车间、供料车间、烧结一车间、烧结二车间、球团车间、喷煤车间、运行动力车间、除尘车间、生产准备车间、原燃料供应站、原料质检站、生产调度中心等16个车间（站）；机关设安全生产室、机动设备室、生产技术室、政工室/人力资源室、办公室等5个室。共有在职职工2178人。其中，具有高级专业技术职务86人、中级111人、初级22人，工人高级技师34人、技师157人、助理技师421人，中共党员962人（在职党员675人），共青团员18人，女职工536人。

【主要指标】 全年生产生铁588.44万吨，提前13天完成全年生产任务；烧结矿636.78万吨，提前21天完成全年生产任务。其中，2号、4号、5号高炉分别比计划提前15天、42天、27天完成，二区烧结比计划提前34天完成，吨铁综合成本与行业平均水平优势扩大61.63元。

【生产组织】 准确把握公司生产节奏，按照“系统稳定、高炉顺行、指标优化、设备保障”十六字生产组织方针，强化过程管控，做好矿料、炉料结构优化及平衡工作，逐步降低烧结配料料种到12种以内，经济料配比保持在35%，高炉块矿配加比例平均达到19%，在炉况稳定基础上积极推进低硅控硫工作，全厂高炉连续10个月平均硅含量均小于0.4%，2号高炉连续19个月无号外炉次，再次刷新历史纪录。

【安全管理】 全面开展风险分级管控与隐患排查治理“双体系”建设，严格落实“一岗双责，党政同责”和“三严四不”的要求，进一步强化安全生产主体责任落实，牢固树立“红线”意识和“底线”思维。全厂累计排查整治风险点61个，危险源148个，累计开展炉缸烧穿、煤气救护、火灾、触电等事故应急演练196场次，共计3966人次，修订应急预案66个，职工健康查体1169人次。

【精益管理】 按照“固化、细化、强化”的“三化”要求，重点围绕“项目管控、产线对标、内部市场化运营和建立业绩管理体系”开展工作，谋求精益管理新举措、新突破、新成效。深化产线对标活动，通过对标管理促进各项指标提升，吨铁综合成本与行业平均水平优势扩大61.63元。

【技术管控】 围绕高炉稳定顺行这一中心，

强化高炉操作过程管控，实现高炉长周期稳定顺行、高效低耗。完成“高炉长寿技术的研究与应用”等3项省级成果鉴定，专利技术授权8项、获山东省冶金科技进步奖2项。加强外出考察学习，破解制约新动能成长和传统动能改造提升的思想障碍，做好升级改造技术储备。

【降本增效】 严把进厂原燃料质量、验收、检验、现场管理等各个关口，深入开展“运营转型、精益管理”效能监察，全厂累计实现原燃料把关效益1.18亿元。做好动力成本管控工作，全厂累计节约动力成本1983.89万元。强化原燃料倒运管控流程，实现汽运煤焦直卸量达80万吨，降低倒运费490万元、途耗成本850万元。全年修复大宗备件30余台，合计修旧利废1206件（套），节约资金313.5万元。

【环境治理】 全厂整改环保各类问题2216项。开展防风抑尘网封闭、料堆覆盖、料场喷淋、车轮清洗、现场绿化“五位一体”管理工作，构建“大现场”管理格局，形成“烟尘无异常、噪声不外传、输料抑扬尘、废水零外排”的常态化工作模式。把脱硫脱硝、除尘治理作为环境保护工作的重中之重，研究探索新型脱硫脱硝工艺，寻求除尘设施超低排放的新措施。全厂绿化面积达到61.8万平方米，绿化覆盖率达46.2%，申报并通过了“全国绿化模范单位”专家组审核评估。

【设备管理】 强化设备自主点检维护，降低故障隐患，提高设备可靠性，确保整个生产系统平衡稳定。组织实施高炉定修42次，烧结机定修35次，总计实施检修项目10089项，均实现了“四保”目标；加大烧结机漏风率治理，与上年相比，老区烧结机漏风率由43%降至40.7%，银前烧结机漏风率由44%降至40%以下，达到国内同行业领先水平。以“智能制造、绿色发展”为标准，致力于新旧动能新设备、新技术的实地考察学习，加快推进新旧动能转换，增强发展内生动力。

【思想政治工作】 利用“形势任务微讲坛”“科学炼铁”微信平台，引导广大职工树立信心、激发斗志。推进“两学一做”学习教育常态化制度化，开展“大学习、大调研、大改进”工作，探索“党建+互联网”模式，加强党建信息化建设；构建完善“1+3+*N*”服务平台模式，不断满足在职和离退休职工不同层次的现实需求和心理诉求。

（撰稿：刘　冰　审稿：孙建设）

炼钢厂

【概况】 莱芜分公司炼钢厂占地面积38.54万平方米，工业建筑面积18.44万平方米。固定资产原值142155.65万元，净值25800.2万元。共有设备762台（套），装机容量59193.5千瓦。主要设备有转炉4座，连铸机4台，混铁炉2座，精炼炉3座，1套铁水预处理设备。设有炼钢一车间、炼钢二车间、连铸一车间、连铸二车间、精炼一车间、原料一车间、行车一车间、运转一车间，以及质量检查站、设备点检维护中心等10个生产车间；设有办公室、政工室/人力资源室（人力资源储备中心与政工室/人力资源室复合设置）、生产调度中心、机动设备室、安全生产室、生产技术室等6个管理科室。在职职工1038人。其中，女职工223人；大专以上学历426人，占职工总数42%。

【主要经济技术指标】 全年生产转炉钢362.02万吨，完成公司计划的101.12%，同比增加5.29万吨。转炉钢坯综合合格率99.994%。转炉日历利用系数47.23吨/(吨·天)。重点生产线的日历作业率：转炉90.639%，连铸机91.513%。连铸平均连拉炉数222.973炉/次。转炉钢铁料消耗（实物量）为1065.147千克/吨钢。转炉电耗为5.552千瓦·时/吨。转炉耐火砖消耗为0.19千克/吨。转炉炉衬平均寿命为14211炉。转炉工序能耗为-14.607千克标准煤/吨钢。

【精益管理】 建立与永锋、唐钢、迁安、沙钢、永钢等企业常态化对标机制，形成全力追赶、缩小差距直至超越的对标格局；在积极配合公司能源（电）拉网速赢诊断、智能产线诊断的基础上，产能提升、产品质量提升、设备稳定运行诊断全面完成，挖掘改善点98个；专业模块高效运行，分层级业绩对话深入实施，关键项目快速转化，智慧办公平台、内部市场化“一键式”考核平台正式运行。加快推进智能制造，小吨位转炉实现烟气分析控制下的智能炼钢。

【人力资源管理】 落实“三定”方案，“管理、技术、操作”三条职业通道完全畅通。通过竞争上岗，新提拔管理人员25人，7级、8级管理人员平均年龄由48岁降至43岁。以精益管理为主线，实施精益管理全员能力提升，通过聘请专家、内训师教学方式，强化领导干部、班组长和内训师队伍等重点人群的能力提升培训。根据不同序列、不同岗位、不同层次，进行职业生涯规划及课程开发，累计开展精益培训831场次，受培24250人次。

【生产经营】 狠抓产能提升，加快推进产能提升现场诊断成果转化，品种钢塞棒包单包连拉炉数、窄带线单浇次产量大幅提升，实现了稳产高产目标。狠抓降本增效，全力实施“5+20+*N*”降本增效项目，转炉终点精准控制、少渣冶炼、能源优化提升等效果明显，转炉石灰消耗、总渣量分别降低3千克/吨钢、2千克/吨钢。工序成本较上年降低7284.77万元，超额完成公司预算指标。

【设备管理】 围绕精益TnPM体系建设，深入抓好意识提升、“六源”辨识、现场“四要素”整改及全优润滑管理，进一步推动全员设备管理。加快推进设备更新改造，精炼1号双梁电动葫芦更新升级为双梁通用桥式起重机，完成煤气柜区域4台单梁吊合规性改造。自主研发脱硫铁水自动取样系统，实现了铁水逐罐自动定深取样功能。自主研发自动测温取样设备，在4号转炉实现了自动测温取样。与设备检修中心一起完成了4座炉机及2座混铁炉的年修任务。主要设备故障停机率为0.027%，同比降低4%。

【质量控制与技术研发】 抓好产品质量控制，成功开发S355JR、A992、S355J0-YB1等20个新钢种，继稳定供应亚马尔项目后，C345、SM490YB等系列钢种成功打入AGPP项目、南海油田FPSO高端工程。“转炉高效低成本冶炼集成技术研究与应用”“高裂纹敏感性钢铸坯表面质量的研究与应用”科技进步项目分别获山东省冶金科技进步二等奖、三等奖。全年获授权专利8件，其中发明专利5件。

【安全管理】 以重点危险源管控为重点，深化风险分级管控和隐患排查治理建设；夯实车间与班组基础管理和标准化建设；优化落实应急管理，提升现场5S水平，抓好职业病防治和相关方管理，提升安全本质化水平。完成了“煤气加压机进出口软连接安全本质化改造”“自用煤气系统安装低压快速切断装置”等安全本质化项目。累计消除威胁安全生产、危害职工健康的各类问题320余项。

【能源管理与环境保护】 实施转炉污水处理板框压滤机升级改造，新建连铸污水处理板框压滤机一套。实施烟尘排放达标治理，对全厂布袋除尘系统采用覆膜高效布袋。完成4号转炉二次除尘系统安装烟气在线监测系统，并实现与莱芜市环境监测监控系统联网。主要环保投资共计299万元，其中炉料区域废钢切割烟尘治理项目投资179万元，4号转炉二次除尘增上烟气在线监测系统项目投资9万元，污水板框压滤机升级改造投资96万元，覆膜除尘布袋更换投资15万元；污染物综合排放合格率100%，实现工业废水零排放，工业水重复利用率97.36%，同比提高0.32%。

【党建工作】 加快推进明心工程，坚持以大学习武装头脑、以大调研谋划举措、以大改进检验成效，队伍建设取得新成效；加快推进中心工程，围绕生产经营任务，创新主题系列活动载体，各项指标取得突破性进展。加快推进核心工程，党支部建设实现清单化管理。加快推进净心工程，“廉洁示范点”及党风廉政监督员效果明显，形成了廉洁从业的良好氛围。加快推进凝心工程，着力发挥五条保障线的作用，努力推动发展成果全员共享，实现了精准帮扶、职工收入大幅增长。

（撰稿：牛　芳　审稿：郭伟达）

特钢事业部

【概况】 特钢事业部拥有两条电炉炼钢生产线、两条转炉生产线、四条轧钢生产线和两条精整生产线，具备年产360万吨钢、200万吨钢材以上产能，是山东省重点规划建设的优特钢精品生产和研发基地。新旧动能转换项目新中型轧材生产线，正在设备安装阶段。截至2018年年底，共有在职职工2058人。其中，女职工466人，管理岗位人员69人，技术岗位人员115人，操作岗位人员1869人；具有高级专业职务资格人员90人，中级99人，初级24人；高级技师54人，技师179人，助理技师385人。

【生产经营】 深挖各产线潜能，优化产品结构，细化生产组织，强化工艺革新，严抓过程管控，产品产量稳步增长。全年生产钢352.68万吨，完成计划的101.06%，同比增产11.2万吨。其中，电炉钢131.65万吨，转炉钢221.03万吨。生产钢材200.03万吨（包括商品坯25.73万吨），同比增产8.35万吨。以加快组织、工艺、产品结构调整为主线，紧贴市场形势，优化产品结构，稳健提升创效水平，产品结构增效为吨钢51元，累计完成9700万元，同比增长10.9%。突出全面预算、产线对标，增强成本控制能力，可比成本降低率达到3.06%，连续10个月突破3%。全年累计销售钢材200.6万吨，销售收入96.5亿元。

【精益管理】 全面深化现场诊断、模块构建、风险管控、内部市场化、星级车间创建等工作。全年确立30个运营改善项目，实现年挖潜收益1.3亿元。现场诊断实现结题，产品产量、工序能耗、钢水收得率等指标均实现新突破。内部市场化、QESEn体系、管理创新机制逐步完善。模块建设加快，其中质量管理、设备管理、能源管理等模块措施全面落地。推进星级车间创建工作，根据车间基础，分层次、分阶段制定创建计划、培育清单。

【质量提升】 强化质量意识教育和品牌建设，积极开展新产品技术研发，严格工艺控制，严格执行质量标准，提升操作稳定性及质量管控能力。落实“质量强化年”“质量月”等专项活动，发挥技术进步的支撑作用，主要技术指标稳定受控。各产线产品氧含量、成品成分、低倍和高倍合格率均优于目标要求。完成船用锚链钢圆钢等10余项权威认证。7项科研成果达到国内领先，申报4项省级冶金技术成果，其中《超临界电站锅炉用大规格管坯钢的研究》定为国际领先，列为省科技进步奖备选；《高品质齿轮钢开发》等重点课题取得阶段性成果。

【安全生产和设备管理】 以重大风险管控为主线，以“双体系”建设推进为抓手，系统开展各类隐患排查治理，落实管控措施，强化重点危险源管控，开展“安全生产月”“鉴事故、强管理、重治理”等专项活动，抓好安全标准化培训，强化项目施工监管，实现了轻伤及以上事故为零（含相关方）的安全生产目标。落实《全员设备精益管理活动实施方案》，加快设备模块建设，优化备品备件管理，加强费用管控，做好设备点检定修，加强全员、全流程设备管理，及时消除生产隐患，提升设备管理水平。

【产线升级】 抢抓新旧动能转换重大机遇，配合公司开展产品定位、工艺选择、物流运输等优化调整，提前规划中型生产线升级改造等工作，积极开展信息化及智能制造现场摸底诊断。开展 TnPM 体系建设，体系规划培训、推进方案制定等工作步伐加快。银前脱硫除尘风机变频改造等 10 项技改技措项目已逐步展开。中型升级改造项目土建施工、厂房建设、公辅设施已进入收尾阶段，设备制作、安装已逐步展开。主厂房及设备基础建设正分区域推进，房柱、吊车梁等厂房钢结构已基本完成，主体设备已开始砌筑安装，管道支架逐步铺设，轧线及精整线设备完成选型、订货。12 月 5 日，加热炉成功点火，12 月 18 日，主轧跨 5. 3 米平台全面贯通，为下一步热试工作奠定坚实基础。

【节能环保】 不断细化过程工艺监督管理、量化工艺参数控制，转炉综合氧气消耗、50 吨电炉主要能耗、100 吨电炉钢铁料消耗等指标均好于上年同期。加强环境能源在线检测和现场督察，加强环保设施运行和维护管理，持续提升电炉、转炉环保除尘设施、余热系统运行质量，实现工艺系统节能减排和废弃物达标排放。紧盯钢铁工业超低排放和山东省大气污染物综合排放第四时段标准，提前规划，100 吨电炉废钢切割除尘等 8 个改善项目已提交公司审批，确保按时间节点实现合规排放。加强厂区绿化建设，组织环境建设义务劳动 10 余场次，全年植树面积超过 2 万平方米，移栽各类花草苗木 14 万株，厂区环境持续改善。

【党建工作】 抓好“四好”领导班子建设、支部规范化建设，深化党性实践活动和党员绩效管理，开展“大学习、大调研、大改进”工作和“精益运营比贡献，做特做优我争先”主题劳动竞赛，强化形势任务、深化改革教育，顺利完成“三定”工作，优化机构设置和岗位人员编制，职工职业发展更加畅通完善。严格落实党风廉洁建设责任制，落实“两个责任”，强化正风肃纪，抓好廉洁从业教育，开展效能监察和专项督察，推进监督执纪问责方式方法创新和效果落地。

（撰稿：王　彬　审稿：李丰功）

棒材厂

【概况】 棒材厂占地面积 31. 57 万平方米，工业建筑面积 13. 01 万平方米，固定资产原值 128985. 98 万元，净值 19887. 87 万元。拥有 4 条轧钢生产线和 1 条锻造生产线，设备 937 台，总重 12445. 22 吨。用电设备容量 112959. 9 千瓦。全厂生产单位设中小型车间、小型车间、第一轧钢车间、第二轧钢车间、水压机车间/大锻件实业部、运转车间、生产运行车间、储运车间、质量检查站、生产调度中心、设备维护点检中心共 8 个车间 1 站 2 中心；机关设 5 室，分别是办公室、安全生产室、政工室/人力资源室/人力资源储备中心、机动设备室、生产技术室。截至 2018 年年底，在岗职工930人。其中，正高专业技术职务1人，高级专业技术职务54人，中级42人，初级8人；高级技师46人，技师117人，助理技师209人；大专及以上学历424人。

【主要经济技术指标】 全年入库钢材287.38万吨，超计划1.38万吨，其中出口钢材6.72万吨；入库高效产品227.07万吨，占比79.01%，同比提高7.03%。实现边际效益28.78亿元，完成公司年计划的134%，连续两年成为公司盈利大户。全厂工序成本比预算降低100万元，同比降低2960万元。钢材综合成材率101.622%，同口径对比提高0.05%。综合电耗61.5千瓦·时/吨，同比降低1.11千瓦·时/吨。职工平均收入同比增长10%以上。

【新产品开发】 完成4号角钢产品的工艺试制和细牙锚杆产品试轧工作。做好HRB600钢筋产品推广应用，组织直径32毫米规格钢筋试制，产品各项性能满足标准要求。主动探索降低产品合金成本新方法，组织铌铬成分优化试验，先后实施直径20毫米、直径25毫米、直径12毫米3个规格试制。加强新工艺研究应用，组织直径25毫米规格低温开轧工艺试验和PSB830直径32毫米规格精轧螺纹工艺试验。认真开展产品复评认证创奖工作，HRB400（E）、500（E）全规格产品继续保持冶金行业品质卓越产品荣誉。按照钢筋新国标生产要求，严格过程控制，新国标和新内控标准钢材按期顺利生产。全面推进工艺技术创新，开发了大截面锻件、超长锻件、高硬度锻件等新产品新工艺。全年生产锻件7361吨，同比增长31.3%。

【专业管理】 深化精益管理工作，建立涵盖KPI体系分解、指标设定、业绩跟踪、业绩对话、标准化在内的业绩管理体系，形成了规范的业绩管理机制。重点围绕能源（电）、生产效率提升、质量改善等开展现场诊断，梳理重点落地项目115个，制定措施，快速改进，55项诊断成果落地实施，实现落袋效益600万元。围绕吨钢降本10元目标，加强成本过程管控，推进日成本管理，密切关注成材率、煤耗、电耗等关键指标变化，对未完成指标的单位及时通报考核，实施系统分析，查找原因，制定整改措施。扎实做好对标挖潜工作，分产线与永锋公司开展对标工作，促进了关键指标提升。全年工序成本同比降低10.3元/吨，可比产品成本优于永锋2.95元/吨，居全国同行业第4名，实现了由追赶到领先的新跨越。开展“质量强化年”活动，强化质量过程管控，注重技术方法应用，最大限度降低质量异议损失。发挥质量子模块功能作用，推进质量模块落地见效。开展“设备管理规范年”活动，梳理完善各项管理制度，规范备件信息传递流程。推进设备改造项目实施，先后完成中区分级供水项目改造、二轧车间中轧改造项目、一轧车间传动系统升级改造项目与成品跨行车道轨梁安全隐患治理工作。精益TnPM体系建设全面启动。以“安全管理深化年”活动为主线，强化隐患排查治理，深化安全管理各项措施，保持了稳定的安全形势。推进现场管理星级车间创建工作，建立创建路径，实施标杆引领，星级车间创建水平得到提升。

【人力资源管理】 持续推进小型车间、储运车间内部劳务输出作业，提高人力资源利用效率。扎实推进“三定”及竞争上岗工作，严格落实每个环节，管理、技术、操作三个序列竞争上岗工作完成。抓好职工培训教育，组织开展课堂培训、现场诊断、专题竞赛和技术比武等培训教育，全年举办各类培训班40期，培训3392人次，外送培训296人，培训计划完成率100%，全员能力得到提升。

【党群工作】 学习贯彻习近平新时代中国特色社会主义思想和党的十九大精神，以政治理论武装党员干部头脑。运用精益管理理念和方法指导党建工作，“互联网+精益党建”工作全面深化。推进“两学一做”学习教育常态化制度化，开展“大学习、大调研、大改进”，深化“三型”党组织建设和过硬党支部建设，党员干部作风能力和精神风貌持续改善。主题系列活动融入中心，助力降本挖潜指标完成。全面落实“一岗双责”，廉洁效能管理体系持续完善，群众监督阵地和“廉洁示范点”建设扎实推进，党风廉政建设得到加强。社会治安综合治理和平安建设工作得到巩固，实现厂区治安稳定。扎实开展群众性经济技术创新、合理化建议征集、标准化操作进班组等活动，群团工作全面推进。“幸福棒材”活动形成品牌，主题活动成为常态。

（撰稿：李文光　审稿：关中华）

型钢厂

【概况】 型钢厂拥有大型、中型、小型、异型4条生产线，下设大型轧钢车间、中型轧钢车间、小型轧钢车间、异型轧钢车间、生产准备车间、运行车间、储运车间、精整车间、质量检查站、生产调度中心等10个车间级单位，机关设生产技术室、机动设备室、安全生产室、政工室/人力资源室、办公室等5个室。截至2018年年底，共有正式职工1051人。其中，具有高级专业技术职务的76人，中级75人，初级16人；工人高级技师24人，技师87人，助理技师215人；本科以上学历281人，专科学历387人，中专及高中学历的347人；中共党员299人，共青团员38人。

【主要经济技术指标】 全年共计生产合格型钢254.79万吨，其中大型线117.9万吨、中型线88.91万吨、小型线23.11万吨、异型线24.87万吨；产品综合成材率96.76%，其中大型线97.03%、中型线98.86%、小型线94.5%、异型线90.68%；工序能耗57.88千克/吨，其中大型线62千克/吨、中型线39.59千克/吨、小型线75.79千克/吨、异型线87.36千克/吨；煤气消耗1.54吉焦/吨，其中大型线1.61吉焦/吨、中型线1.06吉焦/吨、小型线1.97吉焦/吨、异型线2.49吉焦/吨；电耗58.47千瓦·时/吨，其中大型线55.31千瓦·时/吨、中型线78.7千瓦·时/吨、小型线68.54千瓦·时/吨、异型线99.41千瓦·时/吨；综合水耗0.22吨/吨，其中大型线0.15吨/吨、中型线0.22吨/吨、小型线0.27吨/吨、异型线0.48吨/吨。

【改革工作】 将“三定”改革作为发展动力，落实公司改革要求，积极推进符合型钢厂实际的人事制度改革；实行组织结构调整，建立四线模拟市场化运行矩阵结构；组织管理、技术、操作三大序列全体职工竞岗，修订完善市场化管理运行机制、激励考核办法，全厂内生动力充分释放。

【市场开拓】 积极推进“四个在线”微信群运行，加强互动交流，倾听用户心声，实地走访用户120余次，用户满意度不断提高。强化产销研运行管理，狠抓订单评价、产品试制、接单兑现等环节工作，全厂上下对接把握、科学应对市场的能力不断提升。落实“常规产品差异化、高效异型产品集中化”战略，各类高效产品、定制化产品订单兑现能力不断增强，与合力叉车、上海龙工、中建钢构等诸多客户的战略合作关系愈发坚固。以YAMAL、AGPP、美标、俄标等为代表的产品市场辐射效应不断放大，国际市场不断拓宽。

【效率提升】 落实OEE效率提升模型，强化“三预一致”计划管理，坚持三级共识会制度，四线效率得到持续提升。突出预算管理，强化坯料、动力消耗等资源协调，狠抓作业计划控制，效率提升条件得以保证。狠抓设备、工艺保障，基于“两源互动、三维协调”的运行机制更加成熟，TnPM 管理全面启动，设备、工艺稳定性明显提高。深化“四线动车”管理，完善以调度日报表为“仪表盘”的过程控制协调管理系统，细化四线模拟市场化绩效考评办法，扎实开展“四线动车”劳动竞赛、“爆米花+鲜花”锦标竞赛，职工的积极性充分调动。全年月月完成公司预算目标，OEE 指标同比明显提升，创历史最好水平。

【质量管理】 开展“零质量异议攻坚年”活动，系统开展四线质量诊断，不断完善全流程质量管控体系，质量控制日趋严谨、规范。实行三级“轮值质量官/CQO”管理，明确责任担当，严肃日常考核，全员质量意识不断增强，质量缺陷自纠自改能力不断提升，客户抱怨创历史新低。加大关键质量“顽疾”攻关力度，开展履带钢、门架槽钢、钢板桩、海洋石油平台用钢等品质提升，产品质量明显改善。扎实推进创奖认证工作，顺利通过了 CE、JIS、JQA、AGPP、Yosemite 等评审。

【精益管理】 全年确定厂级关键精益改善项目 9 项，专业及车间改善项目 112 项，实现落袋收益 9916 万元。专业诊断全面铺开，《班组管理手册》初具雏形，5S 党建智联社区工作流程明确，各专业工作朝着更加规范化、科学化的方向加快推进。现场管理持续加强，“摆把整齐、清扫干净、标识清楚、账物相符”的 4S 管理落地生根、成效明显，异型轧钢车间顺利通过公司“现场管理五星级车间”评审。全年对标改善机会 27 项，立项整改 17 项。异彩币、精益币、型钢币“三币”管理日臻完善，全员争币热情不断高涨。

【降本增效】 推进 MECE 模型优化和运用，建立“总额控制、放权管理、产线负责、人人有责”的成本管理体系，落实“月初计划、分规格控制、旬预警、月末总结”的成本管控要求，宏观控制与微观挖潜有机结合，各专业费用实现精准控制。全年开发新品种 111 个，其中美标产品 51 个，俄标产品 38 个，均实现系列化开发；累计生产门架槽钢 5.9 万吨、钢板桩 8.7 万吨、履带钢 6.2 万吨，AGPP 产品 2.5 万吨，高效产品比例达 32.56%，同比提高 2.6%，实现结构增效 6870 万元。

【安全管理】 落实 10000 工时互保联保制度和安全员奖金对赌制度，职工自查自纠、互查互纠意识显著增强。开展危险源、风险点深度辨识，加大安全管理资金投入，累计投入专项资金 400 余万元，风险分级管控清单更加合理完善。强化特殊时段管理，“两会”“上合青岛峰会”时段的安全工作平稳有序，屋面施工、工业防腐、年修等时段的安全管控更加得力。开展安全生产培训教育及演练活动，开展各类应急演练 20 余次，职工安全技能不断提升。班组安全标准化建设有序推进，全厂 32 个班组验收达标，顺利通过“轧钢标准化二级企业复审”专家组评审。环保工作全面加强，污染物外排严格控制，加热炉脱硝、冷锯降噪、轧机除尘等项目加快实施。

【党建思想政治工作】 坚持“融入中心，发挥作用”，贯彻“党政融合、双责一体”，开展“大学习、大调研、大改进”，推进过硬党支部建设，启动 5S 党建智联社区建设工作；开展精神文明建设，推进思想政治工作；做好劳模创新工作室建设，深化和谐型钢建设，各级党组织、广大党员先进性充分发挥，职工幸福感、获得感不断提高。

（撰稿：张　建　审稿：吕智勇）

能源动力厂

【概况】 能源动力厂主要承担企业热线生

产所需冷风、蒸汽、煤气、电、水等能源动力介质的生产、转供和生活用水以及采暖供应工作。厂区占地面积66.67万平方米，其中，老区占地面积15.59万平方米，银山前区占地面积10.54万平方米，黄前区占地面积20.5万平方米，动力区占地面积20.04万平方米。工业建筑面积8.15万平方米。拥有固定资产原值432356.91万元、净值198494.78万元。重点设备2619台（套）。下设供电车间、供水车间、锅炉车间、汽机车间、电气车间、燃气车间、化水车间、热力车间、热能车间9个车间；机关设生产技术室、安全生产室、机动设备室、政工/人力资源室、办公室5个室，以及生产调度中心、设备点检维护中心（与机动设备室复合设置）、人力资源储备中心（与人力资源室复合设置）3个中心。能源管控中心与能源动力厂复合设置，机关设置能源管控室（与厂生产技术室复合设置）、生产调度中心（与厂生产调度中心复合设置）。截至2018年年底，在岗职工965人。其中，具有高级专业技术职务57人、中级62人、初级6人，工人高级技师20人、技师99人、助理技师251人，在岗中共党员283人，共青团员2人。

【能源供应】 服务公司生产大局，针对公司高负荷生产状态，系统思考，强化管控，能源利用效率和效益不断提升。全年累计转供电力55.2亿千瓦·时，供新水5249万吨，分别完成年度计划的110.3%、110.5%；供应冷风71.7亿立方米，转供煤气6373万吉焦，分别完成年度计划的101%和102.32%。

【发电组织】 科学调配能源，优化发电模型，创新发电组织，全年累计实现自发电量24.8亿千瓦·时，提前37天完成年度计划，同比增幅6.3%，多创效益6900万元。日发电量2次刷新日产纪录，最高814.35万千瓦·时。年度发电量和日发电量双双创历史最好水平。实现吨铁发电量212千瓦·时，同比增加11.19千瓦·时。获得电网功率因数奖励963.8万元，同比增加89.4万元，实现了发电效益最大化。

【精益管理】 完善综合信息管理平台，深入开展现场精益诊断，着力生产技术难题攻关，认真组织精益管理“回头看”和半年精益论坛，构建能源动力特色的精益管理体系框架。强化三级管控，确立厂级项目12项、车间级项目41项、班组级自主推进项目105项，累积实现创效2689万元。依托综合信息化平台，内部市场化取得实质性进展，实现了职工业绩由月度评价逐步向考核定量分析转变。以精益管理现场推进会和精益论坛为抓手，形成厂级模型65个。稳步推进标准化建设，修订关键标准化作业卡85项。以能源拉网诊断为突破，诊断发掘问题340项，年化潜力900万元。

【安全管理】 坚持目标导向、问题导向、责任导向相统一，坚持安全教育、安全标准化、安全督查相结合，着力安全“双基”建设。顺利通过《冶金企业煤气安全标准化》申报评审和省市“双重预防体系”执法检查、标杆企业验收。持续开展安全专家现场检查，发现隐患371项，整改率达98%。完善风险管控体系，配备岗位风险和职业危害因素告知牌。签订外委相关方施工安全协议251份，接受安全教育和考试2398人次，检修施工作业现场督察1199场次。

【设备管理】 强化在线点巡检建设、设备隐患整治、设备技术创新、设备费用管控，突出项目管控等工作，提升设备工艺装备水平。完成股份4号高炉、型钢2号高炉等配套设施大修工作，大中修完成率100%；完成两级定修179项，定修命中率98.75%。岗位点检到位率97.63%，关键设备稳定高效，主体设备连续运行时间

8147小时，主要设备有效作业率99.17%，故障停机率0.033‰。设备现场服务诊断270次，发现问题167项，成功诊断并处理重大隐患113项。持续开展设备隐患排查整治，发现隐患748项，整改率91.18%。季节性活动开展有序，有效落实冬夏季“四防”措施，整改缺陷607项。修复备件1142件，节约成本1156万元，外委施工费用科学有效受控。

【技术管理】 持续对标挖潜，完善指标体系，细化目标分解，强化动态管控，关键指标迈上新台阶，实现环保设施同步运行率100%。推进锅炉烟气脱硫脱硝改造、煤气排水器集水池改造等项目，杜绝污染物异常排放，环保绩效稳定受控。加大能源管控力度，高炉煤气、焦炉煤气、氧气放散率分别为0.5%、0.015%、1.76%，均保持了稳定向好态势。技术监督执行有序，34台热力设备鉴定达二类评价标准，全厂工艺技术参数合格率99.36%，汽水品质合格率99.54%，油品污染等级合格率93.08%。举办第八届科技周活动，积极推进技术创新工作，8项成果通过公司鉴定。

【人力资源管理】 实施“一个中心”人才发展战略，制定优秀技术、技能人才管理办法，选拔优秀技术技能人才68名。稳步推进“三定”及竞争上岗工作，顺利组织完成管理、技术、操作三大序列的竞岗工作。完善中层骨干人员绩效考核管理办法，突出“有问题必担责”的考核导向，充分激发骨干人员的责任意识、担当意识。组织开展ABC类培训项目79个，培训3322人次。

【思想政治工作】 “两学一做”学习教育常态化制度化、“大学习、大调研、大改进”、过硬党支部建设、主题系列活动、党风廉政教育等工作扎实推进，党员干部作风能力和精神面貌持续改善。严格监督执纪问责，党风廉政建设得到新加强。高效落实“双五十条”，精准开展困难职工帮扶，持续深化精益管理进班组，扎实开展劳动竞赛和群众性经济创新活动，丰富职工文体活动，和谐企业建设取得新进展。

（撰稿：姜　杰　侯文娟
审稿：袭建富）

运输部

【概况】 运输部主要承担莱芜分公司及银山型钢公司进厂原燃材料和厂内成品、半成品的铁路运输及外发任务。建筑面积8.96万平方米，拥有固定资产原值7.74亿元，净值3.4亿元。设备总重1.63万吨，拥有内燃机车32台，车辆468辆，铁路线路102公里，道岔317组。机关设5个室，即运输生产室、机动技术室、安全生产室、政工室/人力资源室、办公室，设生产调度中心、设备点检维护中心、人力资源储备中心，分别与运输生产室、机动技术室、政工室/人力资源室复合设置。基层设7个段，即车务一段、车务二段、机务段、机车段、车辆段、电务段、工务段。截至2018年年底，在职职工910人。其中，具有高级专业技术职务的56人，中级51人，初级4人；具有大专以上学历的380人；中共党员321人。

【主要经济技术指标】 全年完成货运量3642.24万吨，货运周转量32739.12万吨·公里，同比分别增加6.05%和6.5%。其中，铁路到达284409车，同比增加11.30%；铁水跨区调运161.31万吨，同比增加11.48%；型钢区“一罐到底”直上率65%，同比提高2个百分点；列车正点兑现率和货物检斤率均为100%。

【保产运输】 加强运输组织，积极配合公司提产增效，为公司稳产高产提供可靠运输保障。主动适应热线生产形势变化，严格落实铁水温降改善措施，高效组织铁水平衡调运，全力配合热线设备检修、节铁增钢、铸铁增效，保产运输服务质量持续提高。密切装、卸、排工序衔接，积极应对“公转铁”增量，到发运输效率大幅提升。加强应急运输组织，及时启动应急预案，较好完成了异常情况下的应急运输，保障了公司生产稳定有序。全年受公司表扬和嘉奖36次，车台日产量同比提高8.3%。

【精益管理】 深入推进精益管理“五深化、五支撑”，实现“点”上落地提升、“面”上融合突破。强化业绩管理，细化重点任务指标。加强对标管理，主导完善中钢协《冶金物流统计年报处理系统》，与同行28家企业建立常态化对标关系，确立标杆和赶超措施。开展现场诊断课题3项，共发现重点改善机会18个，确定改进措施57项。深入推进内部市场化运营，加强经验交流与共享，进一步完善三级、四级市场体系，职工工作积极性有了较大提高。全年实施改善项目27项，实现落袋效益333.46万元。

【设备保障】 坚持问题导向，强化服务前置和专业管控，加大检修投入，努力为运输生产提供可靠充足设备保障。加强设备管理制度建设，提高设备管理规范化水平。加强设备运行管控和点检维护，推进隐患整治和消缺，完善机车检修体系建设，加强技术研究和能力提升，顺利通过铁路局机车中修资质鉴定，首次实施完成GK_{D1A}型机车中修。加强施工组织和监理，对颜莱干线和50吨电炉走行线首次进行破底清筛以及轨枕加密和方枕。全年设备故障总次数同比降低15.46%，实现设备责任事故为零。

【安全生产】 贯彻落实“安全第一，预防为主，综合治理”的工作方针，推进安全生产精益管理，安全生产总体稳定。推进“四个标准化”建设和双重预防体系建设，提高安全管理水平。加强现场督查与视频检查，安全管控能力得到提升。推进班组安全基础建设，夯实安全管理基础。修订消防安全管理制度，消防安全管理得到加强。强化安全培训教育，提升职工安全意识与技能。落实相关方安全管理要求，确保相关方作业安全。全年排查治理安全隐患123处，促进了由被动处理事故向主动消除隐患的转变，实现安全生产“五为零”的目标。

【人力资源管理】 打造“一专多能”职工队伍，缓解人员紧张压力，提升劳动效率，确保各项任务顺利完成。加强新进高校毕业生入职管理，落实试用期管理要求，推行双师带徒制度，实施人文关怀，保障新进高校毕业生健康发展。加强劳动纪律管理，按规定解除长期旷工职工的劳动合同。完成职工医疗保险和离退休人员基本养老保险转移地方工作，并为符合条件人员办理特殊医疗证。积极争取有关政策提高待遇，稳定运铁工和劳务外包工队伍。全年劳动生产率同比提高8.6%，全面完成公司下达的定员目标。

【创新发展】 全面完成“三定”及管理、技术和操作岗竞争上岗工作，精简了机构设置，推进了干部队伍年轻化，完善了职工职业发展通道；开发运用翻卸车网签软件，精简岗位定员6人；改革部调岗位班制，压减定员2人。持续加强管理创新，新铁区实现机车无替代加油，降低了运输成本；新区首次从重车线穿过翻车机挂空车，保证了施工运输两不误；启动并推进精益TnPM体系建设，促进设备管理水平提升；推行工程机械使用定期公示制度，探索工程领域阳光管理；创新预备机车状态日通报机制，推行DF型机车专项整备保养，改善了机车保养和维修质量。开展技术创新，完成国内冶金企业首条无缝化铁路线路改造，实施道岔砼枕重轨化改造17组，道口整体化改造3处；推进大功率机车运用研究和试验，迈出了机车换代升级新步伐。全年完成技术创新成果81项。

【党建思想政治工作】 学习贯彻党的十九大精神和习近平新时代中国特色社会主义思想，深入基层开展专题宣讲，组织党员参加“灯塔—党建在线”学习竞赛。深入推进“两学一做”学习教育，实现党员学习教育常态化制度化。扎实推进“大学习、大调研、大改进”工作，开展调研课题27项。加强过硬党支部建设，开展党建品牌创建活动，组织党支部联组学习，进一步提升党建工作水平。围绕“公转铁”新政和“三定”改革，扎实开展形势任务教育，确保职工队伍思想稳定。开展“知敬畏、存戒惧、守底线”专题纪律教育活动，为生产经营和改革发展提供有力的纪律和作风保障。

（撰稿：赵士链　审稿：韩树森）

莱芜铁路运输分公司

【概况】 莱芜铁路运输分公司于2014年4月9日挂牌成立，隶属于山东钢铁股份有限公司，由莱芜分公司代管。主要承担莱芜分公司及银山型钢公司进厂原燃材料和厂内成品、半成品的运输及外发任务。建筑面积8.96万平方米，拥有固定资产原值7.74亿元，净值3.4亿元。设备总重1.63万吨，拥有内燃机车32台，车辆468辆，铁路线路102公里，道岔317组。机关设5个室，基层设7个段。截至2018年年底，在职职工910人。

【保产运输】 以“运营转型、精益管理”为总抓手，加大运输保产、精益管理、改革创新、设备管理、安全生产等工作力度，圆满完成各项生产经营计划，保持了和谐稳定的发展局面。全年完成货运量3642.24万吨，货运周转量32739.12万吨·公里，同比分别增加6.05%和6.5%，其中铁路到达284409车，同比增加11.3%。

【车务一段】 承担4座高炉铁水调运，3座高炉水渣倒运以及4台翻车机、4条轧材线、8条散装货物线的取送对位和莱钢站的到发运输任务。截至2018年年底，共有职工146人。其中，高级职称2人，中级职称2人，技师7人，助理技师31人，大专及以上学历47人。辖编组区、钢铁区两个作业区。全年完成货运量1536.3万吨，货运周转量11857.05万吨·公里。坚持以用户需求为导向，深入推进“运营转型、精益管理”工作，积极落实优化大纲措施，动态适应热线生产形势变化，持续优化运输组织，加强与外部联系，提高运输效率，较好地完成了各项铁路运输任务。扎实做好日常安全教育、季节性安全教育和重点岗位安全教育，不断提高职工安全意识；深化“四个标准化”和“双体系”建设，突出标本兼治，不断提高本质化安全水平。全年发现和治理较大隐患32项，防止事故11起，稳步提升了铁路运输保障能力。

【车务二段】 承担5座高炉铁水调运，6座高炉水渣倒运以及3台翻车机、9条轧材线的取送对位和颜庄站的到发运输任务。截至2018年年底，共有职工185人。其中，高级职称2人，中级职称2人，初级职称1人，高级技师1人，技师5人，助理技师38人，大专及以上学历65人。辖银前区、轧钢区、新钢区、新铁区、特钢区5个作业区。全年完成货运量2105.94万吨，货运周转量20882.07万吨·公里。合理调配运用机车，动态衔接铁钢生产节奏。实施新铁区7台机车大循环作业，提高了运输效率，保障了铁钢界面精益诊断项目措施的高效落地。积极应对“公转铁”到发运输量增加等生产形势变化，服从调度指挥，优化运输组织，加快机车解编分流，较好满足了原燃料进厂和产品外发需求。首次实现新区1号、2号翻车机自重车线挂空车，保证了施工运输两不误。强化精益管理，推进内部市场化运行，提高了职工的积极性。

【机务段】 负责莱芜铁路运输分公司所有机车、吊车和通勤轨道车的运行及日常维护。截至2018年年底，共有职工221人。其中，高级职称3人，中级职称3人，高级技师2人，技师30人，助理技师34人，山东省首席技师2人，齐鲁首席技师1人。共有机车32台，救援吊车1台，通勤轨道车1台。各型号机车数量分别为GK_{1F}9台，GK_2 3台，GK_{1C} 5台，DF_{10D} 6台，DF_{4DD} 5台，GK_{D1A} 4台。封存机车5台。优化机车配置方案，增强机车动力，不断提升运输保障和应变能力。加强定检维护，实施机车保养评定考核机制和机车故障日分析机制，推广先进设备应用，配备录像手电、手机，机车装配电子添乘、运行监控。推进降低机车燃油消耗精益管理项目，压缩燃油成本。实行内部市场化管理，根据劳动量强弱程度，将作业区划分为5个层次，采用不同作业区薪酬系数，各乘务组按完成工作量计发考核薪酬。

【机车段】 负责莱芜铁路运输分公司32台内燃机车、1台救援吊车和1台通勤轨道车的检修。截至2018年年底，共有职工69人。其中，高级职称4人，中级职称9人，初级职称2人，技师5人，助理技师16人。下设辅修班、临修班和大修班3个业务班组。全年共完成机车大中修7台，项修5台，辅修81台次，中检16台次，临修765台次。实施GK_{D1A}型内燃机车中修，填补了公司机车检修的空白。不断完善内部市场化运营，实施段内人力资源再优化，提高职工工作积极性，提升机车检修效率和质量。加强HXN3B机车检修技术学习，为HXN3B机车在工矿企业运用奠定了基础。全年完成科技进步项目3项，技术创新项目32项。

【车辆段】 负责莱芜铁路运输分公司所有自备铁道车辆的点检、检修。截至2018年年底，共有职工61人。其中，高级职称2人，中级职称4人，高级技师4人，技师3人，助理技师15人。设修车班、修配班、炼钢列检、大型列检4个生产班组和日勤班。全年大修车辆17辆，段修375辆，自备车列修点检16.6805万辆次。深化精益管理，全力保障快节奏运输条件下的车辆状态，切实履行好优修保运的职责。加强检修任务时间维度和过程维度管控，用好设备点检系统，结合内部市场化对现场点检工作进行激励，提高了职工的积极性。设立质量验收员到现场进行专业点检15次，共计50余天，普查车辆600余辆，强化了车辆状态管控。

【电务段】 负责莱芜铁路运输分公司铁路信号、电力、通信等379套（组）设备的运行维护和故障处理。截至2018年年底，共有职工71人。其中，高级职称4人，中级职称12人，高级技师2人，技师3人，助理技师13人。下设4个生产班组。全年共完成设备检修4472台次，完成道岔清扫74646台次，检修计划完成率100%，设备点检率在95%以上。完成特钢100吨电炉信号楼及站场改移还建电务设备安装工程。实施铁路照明灯具换型升级，完成编组配电室升级改造，既降低了能耗，又提高了电力保障可靠性。推进平面无线调车系统数字化升级改造工程。推广应用道岔电加热融雪装置，为进一步确保铁路运营安全高效提供了有力的技术支持。

【工务段】 负责莱芜铁路运输分公司102公里线路、317组道岔的大修、日常巡检和维修管理。截至2018年年底，共有职工73人。其中，高级职称4人，中级职称7

人，高级技师1人，技师10人，助理技师17人。全年共完成线路维补修83.3公里，道岔维补修336组，钢轨探伤467.3公里，整修铁路道口40处。更换伤损钢轨、尖轨166根、重伤叉心24组、枕木2962条。完成4项大修任务。以“线岔隐患分级管控”为抓手，全年隐患整改率达97%。推进精益TnPM体系建设。完善内部市场化运营，确保薪酬考核机制运行平稳。大力开展技术创新，完成国内冶金企业首条无缝化铁路线路改造，实施道岔砼枕重轨化改造17组，道口整体化改造3处。

（撰稿：赵士链　审稿：韩树森）

营销总公司

【概况】 山东钢铁股份有限公司营销总公司（以下简称营销总公司）主要负责山钢股份整体营销战略制定与实施，总体策划和实施营销协同和管理，山钢股份国内钢铁产成品销售和大宗原燃料物资采购业务，授权范围内大额资金收支、结算和调度使用，整合区域营销资源和开展贸易经营，实施物流管控，以及推进钢材加工配送业务等。截至2018年年底，营销总公司有纪委、综合部、党群工作部、营销策划部、财务绩效部、销售管理部、采购管理部、风险管控部、物流管控部、济南客服中心、莱芜客服中心、板材销售公司、型钢销售公司、特钢销售公司、钢带销售公司、建材销售公司、项目销售公司、加工配送中心、省内区域管理部、省外区域管理部、济南驻厂中心、莱芜驻厂中心、煤炭采购公司、炉料采购公司、结算部、日照营销公司等26个内设部门，代管区域销售公司30家。

【营销情况】 全年销售钢材1440.37万吨，完成年度计划的100.54%。其中，莱芜区域销售钢材1159.85万吨，同比提升4.19%；日照区域销售钢材280.53万吨。吨材售价达到4369元/吨，超年度预算711元/吨。其中，莱芜区域为4404元/吨，同比提升13.39%；日照区域为4208元/吨，与行业平均价格水平比，改善了140元/吨。采购煤炭1049万吨，焦炭126万吨，铁矿石421万吨，铁合金21万吨，完成保供任务。区域销售公司实现利润6447.1万元，比上年增长4.97%。

【营销管理】 制定《2018年营销方案》，建立营销工作月度滚动推进机制，促进各项任务目标有效落实。成立商业模式创新和耐磨钢研究所，策划研究推进方案，推动“五位一体”协同机制运行。快速推进营销决策支持系统建设，区域销售公司ERP模块上线运行，实现营销信息联通共享。加强内部审计和督导，开展内部督导检查3次，进一步规范管理程序，提升风险防控能力。积极采取措施，加强风险化解，完成应收账款梳理工作。完善激励措施，采取“一般绩效指标适度激励、关键绩效指标重点激励”的考核模式，激发干部职工积极性。拓宽信息收集渠道，提升信息加工质量，编发信息通报300余篇。强化重点部位安全防范，加强环境因素辨识控制，安全、环保形势保持稳定。

【销售业务】 持续优化产品结构，莱芜区域高端钢板、齿轮铬钼钢、型钢高端产品、低合金钢带、高级别螺纹钢等实现品种和销量历史性突破，吨材增效28.47元，结构增效达到3.07亿元。针对不同品种，科学调整市场开发策略，不断优化渠道结构，深化战略合作关系，产品进入壳牌、山东重工、龙工叉车以及深圳会展中心、雄安新区地下管廊工程等国内外知名企业和重大项目，直供渠道更加稳固。借助亚马尔、AGPP项目影响力，拓展国际渠道，带动外标产品销量大幅提升。日照区域找准市场切入点，迅速拓展高效、高价产品市场，普碳以外产品占比大幅增加，累计增效1.2亿元以上。紧盯高端产品，提前布局终端市场，以成熟中档产品为“敲门砖”，与美的、海尔、海信、中国重汽、三一重工等家电、汽车一线品牌开展合作，品种钢销量稳步提升。区域销售公司整合服务和营销资源，集中发力挖掘区域市场潜力，终端销售比例达到70%以上，净资产收益率10.17%。

【采购业务】 深入市场终端，多方搜集资源信息，可替代资源储备明显提升，完成特殊时期保供任务，争取各类优惠政策和招标采购创效4.73亿元。积极抢占高性价比资源，科学配置渠道结构，推进购销联动，探索股权融合，战略采购比例始终保持在70%以上。视生产单元为客户，坚持“让现场走进市场、使市场贴近现场”理念，与生产厂密切互动，构建成本优化和渠道优化模型，满足生产需求。

【党群工作】 深入学习贯彻习近平新时代中国特色社会主义思想和党的十九大精神，扎实推进“两学一做”学习教育常态化制度化，完善日常学习长效机制和“四个合格”长效机制。落实“一岗双责”，组织二级领导班子和领导人员考核、党建工作和党风廉政建设责任制检查。开展“大学习、大调研、大改进”，确定调研课题20项，取得阶段性成果。围绕中心主题，宣树先进事迹和优秀典型，先后在《山东钢铁报》《莱钢报道》等新闻媒体发表各类稿件80余篇。贯彻落实中央八项规定精神和集团公司党委正风肃纪“十条禁令”，认真开展落实中央八项规定精神自查。综合运用监督执纪“四种形态”，抓早抓小，提前防范，党员干部的纪律规矩意识进一步增强，干部作风明显好转。成立营销总公司工会，召开第一次工代会，健全工会委员会、女工委员会等工会组织。

（撰稿：陈俊科　董　良
审稿：刘立华）

全资和控股子公司

莱芜钢铁冶金生态工程技术有限公司

【概况】 莱芜钢铁冶金生态工程技术有限公司主营业务为：转底炉直接还原工程及冶金新技术工程的研究、设计、设备供应、施工及总承包，技术咨询、服务；机械设备及配件、机电设备及配件、耐火材料、炉料的批发零售。

【生产经营】 2018年，按照山钢统一部署，与山钢股份莱芜分公司同步实施了“三定”及竞争上岗。完善公司的运营、考核激励及费用控制等各项管理制度，更好满足市场化运营要求；实行经理层契约化管理和项目经理负责制，公司经理通过市场化选聘，各业务板块由项目经理负责；建立以利润为中心的激励导向机制和规范的费用管控体系，强化经营绩效考核，调动职工创新增效的积极性。积极拓展高新技术产业项目，取得发明和实用新型专利3项。

（撰稿：刘运丽　审稿：张思勋）

山东莱钢环友化工能源有限公司

【概况】 山东莱钢环友化工能源有限公司于2006年7月成立，注册资本3亿元，为山东钢铁股份有限公司的全资子公司，由莱芜分公司代管。机关科室与莱芜分公司焦化厂机关复合设置，设有苯加氢深加工车间，共有职工36人。

【生产经营】 完善内部市场化体系，深入做好现场诊断，完成能源（电）拉网诊断和轻苯质量提升诊断项目，自主开展标准化作业诊断及降低焦油水分诊断项目，促进车间专业管理规范化水平提升。加大粗苯采购力度，扩展粗苯采购业务范围，逐步减少贸易粗苯采购，确保粗苯采购盈利水平。完善化产品价格预测分析模型，动态分析国内外和周边地区化产品市场环境，提高化产品市场预判准确性。建立多元化定价和调整模式，及时掌握上下游企业的采购和销售实况，提高化产品定价的准确性和可执行性，灵活调整营销策略，保持化产品盈利能力。加大新客户特别是直供户的开发，提高化产品直销和原料直购比例，不断扩大产品盈利空间。加强客户信息规范化管理和售后跟踪服务，提高公司整体服务质量和水平。全年生产纯苯3.36万吨、轻苯4.97万吨、甲苯6400吨、二甲苯2620吨、非芳烃1870吨、重质苯1150吨、C8+715吨、炭黑油1.01万吨、沥青1.15万吨、工业萘2970吨、蒽油1575吨、洗油2580吨、硫酸铵5.37万吨。

【专业管理】 严格落实安全生产责任制，层层压实安全生产主体责任。深化风险分级管控和隐患排查治理“双重预防体系”建设，实施风险点分级管控。全年完成安全隐患整改112条，完成一般隐患整改项目14项，组织现场应急处置演练24次，有效提升职工安全事故预防和应对能力。实行相关方施工区域负责制，明确生产、施工界面。加大安全现场监督与管控力度，狠抓相关方施工全过程管理，严格落实安全防范措施，提升安全生产本质化水平。持续推进全员设备精益管理体系建设，加强设备管理主体责任落实，实现设备安全、健康、高效运行。推进精益TnPM体系建设，实施现场环境深度治理，开展设备钢结构防腐和建（构）筑物外观维护，区域环境得到改善。细化完善检修自营价目表，每月提取近两万元用于岗位自营检修奖励，岗位替代外委项目占比达20%。加强能耗指标分解和管控，全年完成能源改善项目6项，系统加工能耗实现连续两年降低，达到历史最好水平。加大环保设施运行管理和跑冒滴漏治理力度，全年环保设备与生产设备同步运行率达100%，废气排放达标率100%。优化化产系统工艺指标，确保化产品收率稳定提高。严把原料进厂、产品出厂关口，加强生产过程工艺指标管控，实现外发化产品质量综合合格率≥99%。

（撰稿：穆允生　鞠　玲
审稿：姜世远）

莱芜天元气体有限公司

【概况】 莱芜天元气体有限公司主营工业用氧气、氮气、氩气、液氧、液氮、液氩、粗氪氙、粗氖氦及瓶装气体和医用液氧、气氧等产品。主要为山钢股份莱芜分公司及莱钢集团银山型钢有限公司的冶炼生产提供产品服务，同时面向社会经营销售气体产品。2018年7月，报废一套9000立方米/小时制氧机组后，共有7套制氧机组、1套150吨/天氧氮液化装置，其中12000立方米/小时制氧机组2套、22000立方米/小时制氧机组4套、60000立方米/小时制氧机组1套。公司注册总资本50581.14万元。机构设置生产运行部、机动设备部、综合业务部/市场销售部及安全生产科，生产运行部下设运一作业区、运二作业区，机动设备部下设电气作业区。截至2018年年底，共有职工230人。其中，具有高级专业技术职务的10人，中级8人，初级1人；工人高级技师9人，技师33人，助理技师（含一专多能人员）11人；本科以上学历62人，专科学历77人，中专及高中学历的78人。

【主要经济技术指标】 全年实现销售收入8.4亿元，外销产品利润8069.35万元；生产氧气12.05亿立方米，外供氧气11.73亿立方米，外供氮气10.13亿立方米，外供氩气430.78万立方米，分别完成全年计划的108.2%、108.1%、111.3%、119.7%，同比分别增长6.3%、7.5%、8.3%、0.9%；综合电耗实际完成0.474千瓦·时/立方米，较计划低0.008千瓦·时/立方米；综合水耗实际完成9.854吨/万立方米；氧气放散率实际完成1.76%。

【精益管理】 强化KAI、KPI指标优化和日常管控，优化7号、8号、9号、10号及60000立方米/小时制氧机的经济运行模型，为每台制氧机建立运控模型档案，形成制氧生产的有效指导性文件。梳理分析制氧操作规程、工艺规程，制定关键性操作标准化作业卡8项，提高职工操作的安全可靠性，保障制氧机安全稳定运行。协同莱芜分公司机械动力部、山信软件对各用户单位保供管网管道进行现场排查，发现较大计量问题16项。针对60000立方米/小时制氧机进水总管水量超出正常范围、计量不准确等问题进行攻关，组织技术骨干对管道上的计量设计进行改造，解决了用水量偏大计量不准的问题。年初确立的38个精益管理项目已全部结题，取得经济效益2700余万元。

【技术创新】 分别对10号、7号制氧机分子筛吸附剂改型升级和氮压机排气余热回收进行技术改造，节电率分别达到65.7%和74%，年节电创效210余万元。《一种双向机械阀门》等4项实用新型专利获国家知识产权局授权。

【设备管理】 利用热线停产检修时机，分别完成各制氧机的定修和年修等工作。优化设备点检信息系统，提高点检质量，全年平均点检完成率95.7%，发现设备较大隐患90项，奖励点检明星96人次。强化特种设备管理，老区院内1号、2号氧气球罐压力容器、安全阀、行车等特种设备定期检验完成。加强供气管网隐患排查治理，全面巡检排查外部氧氮氩管道，消除外部供气管道隐患21处。每月定期组织召开制氧专业诊断会，全年诊断消缺105项。

【安全环保】 修订完善《安全生产责任制》，优化完善风险点分级管理手册和隐患治理清单，顺利通过莱芜市安监局双重预防体系评估专家组的评估验收。将安全标准化班组创建和《安全生产标准化证书》到期复审工作有机结合，按标准要求全面梳理排查短板，落实安全管控措施，顺利通过了山东省化工院专家组安全生产标准化二级企业复审验收。加强设备年修、定修、抢修等现场工前危险源辨识，特别是动火、受限空间、高空、吊装、抽堵盲板等特殊作业，严格执行安全确认制，全年办理动火证166次，受限空间作业证18次。落实职业病危害防治主体责任，组织接噪岗位110名职工进行健康查体。

（撰稿：修志武　王晓妍
审稿：袭建富）

受托管理单位

莱芜钢铁集团银山型钢有限公司

概　况

【综述】 莱芜钢铁集团银山型钢有限公司

（简称型钢公司）成立于2003年12月26日，为莱芜钢铁集团有限公司的全资子公司。2011年4月，莱芜钢铁集团有限公司与济南钢铁股份有限公司签署《莱芜钢铁集团银山型钢有限公司股权托管协议》，型钢公司交由济南钢铁股份有限公司托管。2012年2月27日，济南钢铁股份有限公司更名为山东钢铁股份有限公司，托管协议由山东钢铁股份有限公司继续履行。2012年6月，型钢公司以股权信托方式向山东省国际信托有限公司融资30亿元，莱芜钢铁集团有限公司和山东省国际信托有限公司分别占实收资本的70%和30%。融资完成后，型钢公司由独资公司变更为有限责任公司。2014年7月，山钢集团实施钢铁业务整合，型钢公司由山东钢铁股份有限公司莱芜分公司代管。2017年8月，山钢股份公司党委研究决定，组建型钢公司党委、纪委，型钢公司党建工作得到强化，治理结构更趋合理，运营管理更加规范。截至2018年年末，型钢公司资产总额220.07亿元。

【机构设置】 型钢公司下设炼铁厂、炼钢厂、板带厂、宽厚板事业部、能源动力厂/能源管控中心。机关设办公室/党委办公室、组织部/人力资源部/机关党委、风险管理部、运营管理部、财务部、生产管理部、安全生产部、能源环保部、机械动力部、技术中心、品质保证部、供应部、物流中心、宣传部/统战部/企业文化部、纪委/监察部、工会/团委，分别与莱芜分公司相关部室复合设置。

【主要装备】 拥有2座265平方米烧结机、1座400平方米烧结机、1座120万吨氧化球团链箅机—回转窑、2座1880立方米高炉、1座3200立方米高炉，3座120吨顶底复吹转炉、1座脱磷炉、4座LF精炼炉、2座RH精炼炉、3台板坯连铸机、1台异型坯连铸机、1条620毫米窄带生产线、1条1500毫米中宽带生产线、1条4300毫米宽厚板生产线、1条1500毫米冷带生产线等，具备年产1010万吨烧结矿、120万吨氧化球团、640万吨铁、470万吨钢、100万吨窄带、200万吨中宽带、180万吨宽厚板、40万吨冷轧薄板生产能力。

【主要指标】 全年生产烧结矿925.2万吨，同比增加21.5万吨，同比增长2.38%；生铁604.8万吨，同比增加5.3万吨，同比增长0.88%；钢483.4万吨，同比增加18.3万吨，同比增长3.93%；商品坯材421.9万吨，同比增加24.1万吨，同比增长6.06%。实现主营业务收入259.73亿元，同比增加39.73亿元；实现利润总额19.86亿元，同比增加14.16亿元。

（撰稿：叶　华　审稿：刘晓军）

机构与人事

银山型钢有限公司董事会

董　　事　罗登武　邵明天
　　　　　王广连（7月13日止）
　　　　　尉可超
　　　　　王培文（职工代表）
董 事 长　罗登武

银山型钢有限公司监事会

监　　事　孙成玉
　　　　　王训达（3月2日止）
　　　　　周光军（3月2日任）
　　　　　高淑军（职工代表）
主　　席　孙成玉

银山型钢有限公司经理层

总 经 理　罗登武
副总经理　邵明天
　　　　　王广连（7月13日止）
　　　　　尉可超　王培文

中共莱芜钢铁集团银山型钢有限公司委员会

委　　员　罗登武　孙成玉　赵智珠
　　　　　邵明天（12月17日止）
　　　　　王广连（7月13日止）
　　　　　尉可超（12月17日止）
　　　　　王培文（12月17日止）
　　　　　齐登业（12月17日任）
　　　　　刘晓军（12月17日任）
书　　记　罗登武
副 书 记　孙成玉

中共莱芜钢铁集团银山型钢有限公司纪律检查委员会

委　　员　赵智珠
　　　　　王训达（3月2日止）
　　　　　周光军（3月2日任）
　　　　　曹孟博（12月17日止）
　　　　　莫盛春（12月17日止）
　　　　　朱　慧
　　　　　昝永清（12月17日止）
　　　　　焦卫东
　　　　　张　黎（12月17日任）
书　　记　赵智珠
副 书 记　王训达（3月2日止）
　　　　　周光军（3月2日任）

银山型钢有限公司机关部室

（1月10日，银山型钢有限公司重新公布组织机构）

公司办公室/党委办公室

主　　任　刘晓军
副 主 任　刘振海
　　　　　陈　振（2月10日任，4月28日止）

组织部/人力资源部/机关党委

组织部
部　　长　齐登业（1月27日任）
副 部 长　吕登高（2月10日任）
　　　　　刘　楚（2月10日任）
人力资源部
部　　长　齐登业
副 部 长　莫盛春（2月10日止）
　　　　　吕登高
　　　　　刘　楚（2月10日任）
机关党委
党委书记　齐登业（1月27日任）
纪委书记　齐登业（1月27日任）
工会主席　齐登业（1月27日任）

运营管理部/招标中心

运营管理部
经　　理　孔凡强（1月27日任）
副 经 理　陈秀昌（2月10日止）
　　　　　韩应战（2月10日止）
　　　　　孔凡强（1月27日止）
　　　　　董书岐（2月10日任）
　　　　　李家波（2月10日任）
　　　　　谈贵峰（2月10日任）
招标中心
经　　理　董书岐（管理6级，2月10日任）

财务部

经　　理　曹孟博（9月25日止）
　　　　　董永峰（11月30日任）
副 经 理　冉宏国（11月30日止）
　　　　　高相南
　　　　　董永峰（11月30日止）

能源环保部

经　　理　商福成（1月27日任）
副 经 理　窦建亮（2月10日任）
　　　　　孙建军（2月10日任）

生产管理部

经　　理　李玉林
副 经 理　申景霞（2月10日止）
　　　　　李兴义

高志刚（2月10日任）

安全生产部

经　　理　陶教祥（1月27日止）
　　　　　于仁波（1月27日任）
副 经 理　苗仲元
　　　　　李　涛（2月10日任）

风险管理部

经　　理　朱　慧（1月27日任）
副 经 理　刘武修（2月10日任）

机械动力部/计控处/计量检测中心

机械动力部
经　　理　傅守滨（1月27日任）
副 经 理　何福生
　　　　　马世国（2月10日止）
　　　　　傅守滨（1月27日止）
　　　　　张化宾（2月10日任）
　　　　　张　宁（2月10日任）

计控处
经　　理　傅守滨（1月27日任）
副 经 理　何福生（2月10日任）
　　　　　张化宾（2月10日任）
　　　　　张　宁（2月10日任）

计量检测中心
经　　理　傅守滨（1月27日任）
副 经 理　何福生（2月10日任）
　　　　　张化宾（2月10日任）
　　　　　张　宁（2月10日任）

技术中心

经　　理　王中学（1月27日任）
副 经 理　杜显彬（2月10日任）
　　　　　姬光刚（2月10日任）
　　　　　杜传治（2月10日任）

供应部

经　　理　周宪海
副 经 理　尚庆国　王　骞

物流中心

经　　理　王兖军（1月27日止）
　　　　　高俊庆（1月27日任）
副 经 理　杨庆修（2月10日止）
　　　　　林　强
　　　　　荣　沛（2月10日任）

纪委/监察部

纪委
书　　记　赵智珠
副 书 记　王训达（3月2日止）
　　　　　周光军（3月2日任）

监察部
部　　长　周光军（3月2日任）
副 部 长　焦卫东（2月10日任）
　　　　　张　黎（2月10日任）

宣传部/统战部/企业文化部

宣传部/统战部
部　　长　许家明（1月27日任）
副 部 长　苏加庆（2月10日任）
　　　　　贾鲁峰（2月10日任）

企业文化部
经　　理　许家明（1月27日任）
副 经 理　苏加庆（2月10日任）
　　　　　贾鲁峰（2月10日任）

团　委

书　　记　季立飞（管理6级，2月10日任）

品质保证部

经　　理　孙业华
副 经 理　付常林
　　　　　王可昊（2月10日止）
　　　　　丁玉献（2月10日任）
　　　　　卢　峰（2月10日任）

银山型钢有限公司生产厂、事业部

能源动力厂/能源管控中心

经　　理　袭建富
副 经 理　李佩和　李克海　吕德玉
　　　　　李传瑾（2月10日任）
党委书记　袭建富（1月27日任）
党委副书记　徐　乔（2月10日任）
纪委书记　徐　乔（2月10日任）
工会主席　徐　乔（2月10日任）

炼铁厂

经　　理　刘元意
副 经 理　于仁波（兼，1月27日止）
　　　　　李京业
　　　　　刘汉海（2月10日任）
　　　　　王云术（2月10日任）
党委书记　于仁波（1月27日止）
　　　　　刘元意（1月27日任）
党委副书记　刘元意（兼，1月27日止）
　　　　　蔺增军
纪委书记　蔺增军
工会主席　蔺增军

炼钢厂

经　　理　郭伟达
副 经 理　袁本明　王　键　李强笃
党委书记　郭伟达（1月27日任）
党委副书记　吕富强（2月10日任）
纪委书记　吕富强（2月10日任）
工会主席　吕富强（2月10日任）

板带厂

经　　理　王化巨
副 经 理　张　健（兼，1月27日止）
　　　　　李海滨　刘洪成
　　　　　孙正旭（2月10日任）
党委书记　张　健（1月27日止）
　　　　　王化巨（1月27日任）
党委副书记　王化巨（兼，1月27日止）
　　　　　姜广忠（2月10日止）
　　　　　王俊生（2月10日任）
纪委书记　姜广忠（2月10日止）
　　　　　王俊生（2月10日任）
工会主席　姜广忠（2月10日止）
　　　　　王俊生（2月10日任）

宽厚板事业部

经　　理　姜　明（1月27日止）
　　　　　李　涛（1月27日任）
副 经 理　李　涛（1月27日止）
　　　　　单传东
　　　　　周　平（4月19日止）
　　　　　李庆华（2月10日任）
　　　　　于全成（6月11日任）
党委书记　姜　明（1月27日止）
　　　　　李　涛（1月27日任）
党委副书记　李　涛（1月27日止）
　　　　　姜广忠（2月10日任）
纪委书记　李　涛（1月27日止）
　　　　　姜广忠（2月10日任）
工会主席　李　涛（1月27日止）
　　　　　姜广忠（2月10日任）

（撰稿：刘旭隆　审稿：齐登业）

各生产厂分述

炼 铁 厂

【概况】 型钢炼铁厂生产系统主要包括烧结系统和高炉系统，主要设备有1座3200立方米高炉、2座1880立方米高炉，1台400平方米烧结机、2台265平方米烧结机、1座120万吨球团链箅机—回转窑、1座20万吨转底炉、2台57米铸铁机。固定资产原值751088.45万元，净值502403.14万元；其中，机械设备1322台套，工业建筑690项。下设5个科室，14个车间，3

个中心（其中人力资源储备中心与人力资源科复合设置）。截至2018年年底，共有在职职工1694人。其中，女职工432人；中共党员490人，共青团员9人；具有高级专业技术职务的67人，中级99人，初级18人；工人高级技师26人，技师92人，助理技师254人。

【主要指标】 全年共产生铁604.77万吨，烧结矿942.76万吨（其中外发122.38万吨），转底炉球团矿1.65万吨。生铁三类品率0.30%，铁水质量合格率100%。2座1880立方米高炉燃料比527千克/吨铁，入炉焦比为387千克/吨铁，煤比140千克/吨铁。3200立方米高炉燃料比512千克/吨铁，入炉焦比358千克/吨铁，煤比155千克/吨铁。2座1880立方米高炉全年生铁平均含硅量0.452%，3200立方米高炉生铁含硅量0.333%。

【成本管控】 围绕任务目标，强化全面预算管理，精心策划实施方案，深化精益项目和内部市场化管控，严把原燃料采购、炉料优化、能耗管控等关键环节，深度挖掘降本潜力，实现了劣势改善、优势扩大，成本不断降低，取得了历史性新突破。全年吨铁完全成本1942.13元，低于行业平均189.17元，较上年优势扩大68.33元。3座高炉成本综合排名位列全国三甲，3200立方米高炉成本排名全国第一，并获得全国重点大型耗能钢铁生产设备节能降耗对标竞赛“冠军炉”称号。

【精益管理】 深入开展“能源（电）拉网速赢诊断”等现场诊断，1880立方米高炉系统产线诊断项目获得公司优秀奖。推进“烧结矿稳质提产”等厂控项目，深化专业模块建设，开展星级现场评选活动，精益运营、自主改善能力得到显著提升。

【节能环保】 扎实推进环保综合治理，实现有组织排放达标，无组织排放杜绝。加强环保日常督查，增加环保督查力量，强化督查效果；加大环保设施维护力度，对烧结、高炉除尘设备进行提效改造，提升除尘效果；加快推进环保治理项目，全面展开原料场封闭工程，B5大棚竣工，其他各料场大棚施工有序推进。

【安全管理】 完善“党政同责、一岗双责、齐抓共管、失职追责”的安全生产责任体系建设，重新修订《安全生产责任制》。扎实开展“双重预防体系”建设，加大隐患排查治理力度，全面开展“鉴事故、强管理、重治理”专项行动，突出督导和检查双重任务，不断夯实基础管理工作。加大检修现场管控力度，加强相关方安全管理。安全生产总体稳定，圆满完成全年安全生产各项任务目标。

【设备管理】 有计划组织设备定修、大修，设备隐患得到有效控制，技术状况不断改善。组织1号、2号1880立方米高炉，400平方米烧结机大修，均实现“四保”目标。扎实推进120万吨球团复产的设备整改工作，为复产打下坚实的设备基础。

【人力资源管理】 根据公司“三定”工作具体部署和相关文件要求，结合自身实际，认真开展“三定”工作，取得预期效果。机构优化调整后职责更加规范，分工更加明确；通过全员竞岗工作，广大职工的危机意识和竞争意识得到增强。

【党群工作】 推进“两学一做”常态化、制度化；加强党建工作，深化“基础+品牌”创建，荣获公司创建“四好”领导班子先进集体荣誉称号；创新开展形势任务教育，扎实开展“魅力山钢走在前，做强做优更精益”主题系列活动，凝聚人心鼓舞士气，促进主要指标持续优化和精益管理落地生效；广泛开展网上练兵和各类劳动竞赛活动，为职工干事创业、成长成才搭建了广阔平台；加强反腐倡廉建设，营造风清气正的工作环境。

（撰稿：岳　刚　审稿：刘元意）

炼 钢 厂

【概况】 银山型钢有限公司炼钢厂占地面积16.65万平方米，工业建筑面积10.05万平方米。固定资产原值44.72亿元，净值23.91亿元。共有设备82台（套），装机容量18.02万千瓦。主要设备有3座120吨转炉、1座150吨脱磷炉、4台连铸机、4座LF精炼炉、2座RH精炼炉、6工位KR脱硫以及行车等。设有炼钢三车间、炼钢四车间、连铸三车间、连铸四车间、精炼二车间、行车二车间、原料二车间、运转二车间等8个生产车间。管理科室、质量检查站及设备点检维护中心与山钢股份莱芜分公司炼钢厂复合设置。截至2018年年底，共有在职职工846人。其中，女职工147人；大专以上学历338人，占职工总数40%；专业技术人员39人。

【主要经济技术指标】 全年生产转炉钢483.4282万吨，完成年计划的102.11%，同比提高21.93万吨。转炉钢坯综合合格率99.922%。转炉钢铁料消耗（实物量）为1066.307千克/吨钢，同比增加1.56千克/吨钢。转炉工序能耗-18.463千克标准煤/吨钢，同比降低0.89千克标准煤/吨钢。炼钢综合电耗71.014千瓦·时/吨，同比降低1.26千瓦·时/吨。转炉氧气消耗54.02立方米/吨钢，吨钢降低0.16%。转炉日历利用系数为25.97吨/(吨·天)，同比增加0.98吨/(吨·天)。重点生产线的日历作业率：转炉为84.452%，同比增加1.93%；连铸机为74.326%，同比增加2.75%。

【设备管理】 在精益设备管理基础上进一步导入TnPM体系。组织实施3号转炉、4号转炉、3号连铸机、4号连铸机、1号RH、2号RH、3号精炼、4号精炼及行车系统大修等。加快推进智能制造，实现了炼钢—连铸全流程智能制造，成为国内首条智能制造示范产线。

【质量控制与技术研发】 实施“五大工艺机理及十大技术创新课题”研究，全面提升质量控制水平和品种创效能力。超薄异型坯非平衡布流技术、转炉自动出钢控制技术、中间包吹氩冶金、旋流氧枪等多项新技术填补国内空白，倒角结晶器+角部钝化技术+三次冷却技术，提高了厚板铸坯热送率，为实现产品提档升级奠定了坚实基础。研究高效RH冶炼技术，优化真空环流模型，保证纯脱气时间，DDQ系列超低碳钢终点碳可控制在20ppm以内，H含量在2ppm以内，达到了国内领先水平。成功研发生产了Yosemite项目A992/M用钢、厚规格1PL121及MTW500高强钢、国家“十三五”重点研发计划课题HSS-1钢种、阿穆尔项目345-12-09G2S钢种、DC04-N特深冲用钢、AGPP项目C345系列钢种、GR.70压力容器压力容器钢、LG1200耐磨钢、V-N微合金化Q550D等多个品种，生产过程控制、铸坯质量稳定，产品各项指标均满足要求。

【能源管理与环境保护】 投资520万元实施KR脱硫及混铁炉布袋除尘器系统优化改造。新建一套布袋除尘器（设计风量20万立方米/小时），新建两条除尘管道，将地面料仓、散装料、1号皮带机区域除尘点接入除尘器，有效改善地面料仓散装料区域作业环境。污染物综合合格率100%；烟（粉）尘排放量0.026千克/吨钢，同比降低0.001千克/吨钢；环保设施同步运转率100%。主要环保指标均完成公司计划指标。

【安全管理】 抓好重点风险的辨识，实施重大生产安全事故隐患排查治理。重新梳理和完善双重预防体系清单、管控措施。

对56个班组进行安全标准化班组建设达标验收，发现和整改不规范性的问题236项。修订和制定《安全红线行为管理制度》《工前五分钟活动规范》等十余项安全管理制度。制定现场5S目视化管理规范，实施连铸系统现场改造。做好“三大危险源”风险管控工作，检查整改问题1017项。对186名特种作业人员和特种设备人员进行取证和复审培训。对相关方情况进行了全面梳理排查，对安全协议、安全手续、风险交底等进行了优化修订。进行职业卫生检测，监测粉尘个体51人次、定点95点次、噪声64点次、一氧化碳17点次、二氧化硫6点次、一氧化氮6点次、二氧化氮6点次、金属毒物18点次、高温24点次。

（撰稿：牛　芳　审稿：郭伟达）

板带厂

【概况】 板带厂占地面积63.14万平方米，工业建筑面积14.8万平方米。固定资产原值38.42亿元，净值21.36亿元。共有各类设备1420台（套），设备总重2.59万吨，装机总容量20.08万千瓦。全厂拥有620毫米全连续热轧带钢、1500毫米热轧带钢、1500毫米冷轧带钢3条板带材生产线，年设计生产能力340万吨。组织机构设办公室、政工室/人力资源室、安全生产室、生产技术室、机动设备室5个职能室；设立带钢车间、带钢运行车间、热轧车间、热轧运行车间、冷轧车间、冷轧运行车间、精整车间、质量检查站等8个车间（站）；设立生产调度中心、设备点检中心、人力资源储备中心（与政工室/人力资源室复合设置）。截至2018年年底，共有职工986人。其中，具备高级专业技术职务资格的59人，中级63人，初级6人；高级技师30人，技师83人，助理技师186人；高级工337人，中级工163人，初级工7人；本科及以上学历253人，专科学历316人，高中/中专/技校学历393人；中共党员（在职）262人；女职工232人。

【主要经济技术指标】 全年共生产合格带钢320.86万吨，完成公司年度计划的104.85%。其中，窄带81.42万吨，成材率98.32%，工序能耗45.77千克/吨；宽带入库230.97万吨，成材率97.87%，工序能耗60.79千克/吨；冷带入库35.46万吨，冷硬卷、退火卷成材率分别达到89.63%和90.31%，工序能耗分别为18.56千克/吨和26.77千克/吨。出口材发货量33.15万吨，同比增加22.19万吨。全厂实现边际贡献25.39亿元，完成预算的143.65%；实际总成本比年度预算降低3231万元。

【精益管理运营转型】 落实“五深化、五支撑”工作要求，形成了做实“两个细化”、打牢“三个固化”、突出“四个深化”、落实“九个推进”的模式，现场诊断、对标提升、精益攻关、能力素质提升、市场化运营等重点工作有序推进。完成三线用电拉网式诊断，确立29个改善课题，其中20个课题落地实施；大力推进精益攻关，确定39个精益管理项目，累计创效7650万元。

【提产增效】 落实《钢铁制造流程优化大纲》，强化生产组织协调，优化生产工艺，逐步释放产线升级改造能效。宽带线、冷轧线分别创出8751.32吨和2274.4吨的日产新高；9月30日，全厂日产带材13142.395吨，突破了近4年来的日产纪录。

【结构调整和质量提升】 着力提高产品增效能力，加速产线升级改造后的设备调试和工艺创新，做好1500毫米宽带后续升级改造工作。强化质量管控，汽车大梁用热轧带钢通过了中国冶金实物质量“金杯奖”评审。加大产品开发力度，窄带、宽带两条热线先后成功试轧1.5毫米、1.8毫米极限薄规格产品，刷新了薄规格轧制纪录；冷轧线成功试轧1320毫米宽幅冷轧带钢，打破了产品宽度尺寸纪录。全年窄带、宽带、冷带品种钢比例分别达到37.65%、41.72%、53.11%，超计划指标4.21%、12.64%、12.5%，实现结构增效3150万元。

【设备管理】 推行全员设备管理，实施“单机承包”“操检合一”维修模式，推进设备智能化平台建设，建成宽带线电气设备智能监控系统。强化设备管理模块落地运行，实现全厂故障模块全覆盖，设备精密点检和在线维保水平得到提升。开展集中设备隐患改善活动，全年治理设备隐患960余项，实际发生设备维修费用6204万元。

【安全管理】 深化“四个标准化”和“双重预防体系”建设，强化隐患排查治理，狠抓安全措施落实，全年累计开展厂领导带队检查21次、专项检查48次，查找整改各类安全不符合840余项。切实做好煤气、油库、高低配电、特种设备、高空作业、施工检修等重点区域、作业的风险管控，对145个作业项目执行危险作业审批。持续抓好安全教育培训，1025人次参加“双重预防体系”培训，组织开展各类安全应急演练32场次。加大消防隐患排查整改，检查整改不符合200余项，开展消防应急演练24次。本质化安全水平不断提高，实现了安全生产事故“六为零”的目标。

【环境保护】 按照新《环保法》要求，认真落实环境安全主体责任，加强环保制度体系建设，组织完成了环境管理体系文件修订和年度环境因素更新评价等工作。加大源头治理，投资700多万元开展酸再生烟气治理，酸洗生产环保水平进入国内先进行列。扎实开展环境隐患排查工作，强化环保设施运行监督管理，全厂各类污染物得到有效控制，环保设施同步运转率100%，固体废物综合利用率100%，污染物综合排放合格率100%。

【企业改革】 深化内部市场化运营，优化各级市场主体，完善预算、价格、考核、核算、计量五大体系，形成了“多劳多得、多省多得、多创多得”的内部市场化绩效考核体系。修订“创新市场、项目招标、劳务替代、修旧利废”等考核办法，有效地激发了创新增效基层活力。积极稳妥地推进“三定”工作，落实岗位公开、标准公开、程序公开、结果公开的竞岗流程，完成了全员“三定”工作，聘任7级、8级管理人员43人，高级主任师、主任师、区域师、主管师、业务主管共57人，主任技师、区域技师、主管技师、岗位技师共288人，调整后的7级、8级管理人员平均年龄从46.8周岁下降到40.9周岁。

【党群工作】 加强新形势下基层党建工作，推进过硬党支部和“三型”党组织建设，实施《“五抓五提一融合”，打造过硬党支部》党建突破课题攻关，过硬党支部建设经验做法荣获公司“全面加强党的建设，促进企业高质量发展”主题党建征文一等奖，1个党支部被山东省国资委评为省属企业过硬党支部示范点；深入推进文明单位创建，继续保持“山东省文明单位”“山东省省管企业文明单位”荣誉称号；强化党风建设和反腐倡廉工作，全面从严治党责任有效落实；大力推进“幸福板带职工之家”建设，全年累计帮助职工解决各类问题70余项，发放救助慰问金5万余元，为企业和谐稳定发展提供了强大助力。

（撰稿：杜　宇　翟世广
审稿：王化巨）

宽厚板事业部

【概况】 宽厚板事业部拥有4300毫米宽厚

板生产线1条、热处理生产线3条；轧钢线年设计生产能力150万吨、热处理线年处理能力38万吨。机关设办公室、政工室/人力资源室、生产技术室、安全生产室、机动设备室，车间单位设轧钢车间、精整车间、运行车间、储运车间、热处理车间、质量检查站/物理中心实验室、生产调度中心、设备点检维护中心（与机动设备室复合设置）、人力资源储备中心（与政工室/人力资源室复合设置）。截至2018年年底，共有在岗职工612人。其中，女职工167人；具有大学本科以上学历150人，大专207人，中专（包括技校、高中）255人；管理人员43人，技术人员46人，操作岗位人员523人；中共党员182人，共青团员24人。

【主要经济指标】 全年轧制原料量142.82万吨。入库成品138.03万吨，较上年增加4.89万吨。热处理线突破设计产能，年入库达到42万吨。产品综合成材率91.141%，同比提高0.01个百分点；合格率99.94%，同比提高0.01个百分点；工序带出品率1.12%，同比降低0.16个百分点。全年降本增效1406.8万元，完成公司吨钢降本10元目标；边际贡献完成16.32亿元（年度预算9.05亿元），超年度预算近7亿元。

【安全生产】 严格落实双体系建设，扎实推进班组安全标准化创建，强化相关方的管理和管控，持续做好危险源辨识工作，对现场排查的300余项管控危险源逐一查缺补漏，辨识补充18项，修订完善了安全生产责任制、危险作业等32项安全管理制度，全年31个班组通过了安全标准化班组验收。开展“鉴事故、强管理、重治理”安全生产专项行动，共排查整改临边作业隐患40项。全年共排查整治各类隐患1048余项，实现了安全生产“五为零”和四个100%的目标。

【生产组织】 按照“主轧线提产能、剪切线破瓶颈、热处理线提效能”的生产组织思路，外接市场协调订单，内连现场优化调度，工序衔接踏准节奏，产量高开高走，效率稳步攀升。2018年，轧制效率达到219吨/小时，同比提高7吨/小时；智能组板成功率达到75%以上，同比提高3.8个百分点。全年消化余材坯4.2万吨以上，现货板转期货1.06万吨。热送热装率达到51.69%，完成公司50%以上的攻关目标；热送实现率98.48%，同比提高0.84个百分点。利用阶段性待料时机，组织不锈钢复合板外加工生产业务，全年轧制外加工复合板5670吨，实现外加工收入227万元。合同兑现率达到81.56%，比公司计划提高1.56个百分点。全年轧线2次刷新日产纪录，最高达到5642吨；3次刷新月产纪录，最高达到125207吨；剪切线2次刷新日产、月产纪录，分别达到5046吨、104912吨；热处理线通过量7次刷新日产纪录，1次刷新月产纪录，分别达到1806吨、41446吨。

【技术质量】 扎实开展“质量强化年”攻关，全年共修订优化质量流程管理文件17份。开展产线质量诊断、表观质量诊断、长度不足专项诊断等现场诊断活动，形成46项快速落地项目，28项持续改进项目，全年异议损失降低0.01元/吨，不良质量成本5.72元/吨，同比降低0.94元/吨。DQ工艺钢板板形一次合格率突破90%大关。开发了S550Q、S690Q等欧标产品的DQ工艺。高表面钢板生产能力明显提升，一次合格率一直保持在98%以上。依靠科技创新驱动产品核心竞争力提升，全年共有6项技术进步项目通过莱芜分公司鉴定，有2项通过山东省冶金公司鉴定；申请专利20项，其中发明专利6项，实用新型14项；8项QC成果获莱芜分公司一、二、三等奖，2项QC成果获山东省冶金系统一等奖，《提高桥梁用钢板力学性能稳定性》获分公司六西格玛黑带项目一等奖。

【认证创奖】 船板钢获冶金行业品质卓越产品，Q345R容器钢、Q345系列低合金钢获冶金产品实物质量“金杯奖”，风电钢、高强钢和海工钢申报为“山东省名牌”产品。通过了美国船级社、挪威船级社船板钢换证现场审核，中国船级社质量管理体系新版标准换证审核，久益寰球的供应商认证复审，中海油供应商资质认证审核及CE和FPC、PED产品扩证和换证审核。

【产品结构调整与研发】 持续推进以耐磨钢、高强钢、车桥钢、欧标耐低温高强钢、海工钢等为代表的高端产品的产量提升、工艺优化和规格扩展工作，100毫米特厚EH36Z35海工钢攻克了小压缩比条件下钢板心部低温冲击韧性与强度匹配难的工艺瓶颈，顺利通过焊接试验并实现供货，欧标S550Q、S690Q高强钢首次实现DQ工艺生产，久益寰球1PL121高强钢最大供货规格由80毫米扩展到100毫米，NM400E、LG1200等低温冲击韧性耐磨钢批量生产，Q890D级别高强钢接单规格由40毫米提高到60毫米。稳步开发俄标、美标、欧标等国外大型项目建设用钢板，阿穆尔AGPP俄标钢板，维斯塔斯风电钢、欧标钢板，约塞米MEG美标钢板均实现销售。全年开发新产品16项，其中首次销售13项。

【设备管理】 扎实推进TnPM体系建设，日常点检精细到位、重点设备状态可控、关键设备参数群稳定，定修检修质量得到保证，机架辊、双边剪运输链、高压除鳞集管、炉底辊结瘤等易发、频发故障的设备问题明显减少。保质保量地完成了设备年修工作，共安排大小检修项目346个，粗精轧机主电机转子笼条断裂、热处理炉底辊磨损变形、加热炉换热器泄漏、粗轧机导卫开裂、轧机接轴磨损等较大的设备隐患得到了根治，粗精轧机、双边剪、MULPIC、抛丸机、轧机主传动等重点设备恢复了原始精度，为夺高产、稳高质、创高效提供了坚实的设备支撑。新增压力矫、自动喷号机、预矫直机，磨床等重点设备建成投入使用。全年主线设备故障率2.15%，同比降低0.7个百分点；生产维修费用35.94元/吨，比计划降低2.3元/吨；煤气吨耗1.67吉焦，电耗106.49千瓦·时/吨，新水消耗0.27吨/吨，均完成公司下达的能耗指标。

【精益管理】 扎实推进“运营转型、精益管理”，完善“吨钢绩效+成本提成”市场化运行模式。围绕轧线生产提效、能源降耗、热处理效能再提升、信息化智能化、质量提升等，开展全系统、全方位、全员性、立体式现场诊断。共形成自主诊断项目措施207项，其中车间科室自主改善项目150项，持续改善项目33项，事业部协调改善项目24项。智能制造示范线建设从论证到立项，5个项目进入实施阶段。

【党群工作】 围绕政治保障，事业部党委抓载体、搭舞台、建平台，党政融合、双责一体，过硬党支部建设、主题系列活动、党风廉政建设、和谐劳动关系建设协调发展。围绕改革创新，平稳、有序地完成了定岗、定编、定员工作，通过“三定”改革，职工队伍结构得到优化、知识层次明显加强，选人用人机制发生了根本性变革，广大职工对改革发展的承受能力显著增强。2018年，事业部首获山东省文明单位荣誉称号，山东省企业设备管理优秀（先进）单位荣誉称号；保持了省管企业、山钢集团、莱芜分公司文明单位荣誉称号；荣获了公司党建工作先进单位、“三型”党组织创建先进单位、工会工作模范单位、和谐劳动关系模范单位、劳动竞赛先进单位等荣誉称号。

（撰稿：薛升波　审稿：李　涛）

能源动力厂

【概况】 银山型钢有限公司能源动力厂承担银山型钢有限公司生产所需冷风、煤气、蒸汽、电、除盐水、软化水等热动能源介质的生产与转供任务。固定资产原值192307.64万元、净值110168.96万元。重点设备931台（套）。机关各室与莱芜分公司能源动力厂复合设置，下设型钢热电车间、型钢燃气车间2个车间。截至2018年年底，在岗职工251人。其中，具有高级专业技术职务3人，中级10人，初级3人；工人高级技师5人，技师23人，助理技师68人；在岗中共党员53人，共青团员5人。

【能源供应】 克服生产运行方式频繁调整等不利因素，理顺供需矛盾关系，坚守能源保供使命，满足了生产、生活能源动力供应需求。全年累计供应冷风73.3亿立方米，转供煤气3496万吉焦，分别完成年度计划的101.8%和101%。

【发电组织】 强化发电设备状态管控，合理组织发电设备检修，发电生产稳定高效。型钢1号65兆瓦高温超高压发电机组顺利投产。全年累计发电10.06亿千瓦·时，完成年度计划的105.67%，创造效益3.02亿元。

【企业管理】 强化生产组织，开展应急演练327场，制定生产组织预案和生产调度案例34篇，为稳定生产提供保障。有效控制工序成本，全面完成降本指标。对全厂1174台能源计量仪表进行重新梳理，绘制了计量网络图，能源计量器具配备率达到96.88%。液体产品售前检验率、产品合格率100%；能源用户满意度96.6%。

（撰稿：姜　杰　侯文娟
审稿：袭建富）

山钢集团莱芜钢铁新疆有限公司

【概况】 山钢集团莱芜钢铁新疆有限公司（以下简称新疆公司）位于喀什地区疏勒县艾尔木东乡，占地4424亩，曾是山东省产业援疆重点项目，公司注册资本8亿元。企业设计规模为年产生铁247万吨、钢260万吨、高强钢材240万吨。项目分期建设，其中一期建设100万吨铁、钢、材配套产能及相应的公辅设施，主要设施有：一台159平方米烧结机及配套原料场、一座1080立方米高炉、一座80吨转炉、年产50万吨的棒材生产线一条和年产50万吨的高线轧线一条。主要产品是建筑用钢筋和棒材，可以根据客户需要生产矿用锚杆钢、精轧螺纹钢筋，也可以生产美标、日标、英标、澳标等不同国家标准的螺纹产品。2018年是新疆公司停产的第四年，也是企业体制机制发生重要变化的一年，随着改制不成、整体转让遇阻和自治区政府不支持公司复产的意见出台，公司上下半年呈现出不同的工作性质：上半年探索整体转让，下半年配合破产清算。全年工作重点为“确保人员和资产安全、稳定职工队伍、配合改制及破产清算工作”三方面。组织完成了设备维护、审计评估、产能转移、债务债权确认、应对诉讼、企地协调、与意向方及管理人对接等工作，及时、精准、翔实提供各类材料，为上级公司决策做好支撑和参谋。根据第三方瑞华会计师事务所审计数据，以2017年3月31日为基准日，新疆公司资产总额347547.53万元，负债总额433358.47万元。全年平均从业人员51人，其中莱钢本部选派27人，自主招聘6人，劳务派遣18人。

【整体转让】 鉴于2017年10月25日莱钢

集团对新疆公司100%国有产权及32.94亿元债权转让公告期满，没有单位或个人对该产权交易项目提出受让申请的实况，经多方充分研究，莱钢集团于2018年2月1日至5月16日再次在山东省产权交易中心以10.00000001亿元的底价挂牌转让新疆公司，其中100%国有产权0.0001万元，转让方享有的对标的企业的债权32.94亿元，挂牌价格100000万元。其间有几家意向方响应，因种种原因终未达成。

【产能转移】 2018年6月26日，新疆维吾尔自治区人民政府给山东省人民政府回函，明确提出不支持新疆公司复产，并要求2018年年底向疆外转移产能。新疆公司配合相关方，积极做好产能转移工作。

【破产清算】 2018年10月19日，疏勒县人民法院做出受理新疆公司破产清算的裁定（新3122破申1号），并于10月21日发布公告（〔2018〕新3122民破1号），指定北京大成（乌鲁木齐）律师事务所为新疆公司管理人。新疆公司进入破产清算期。新疆公司迅速与管理人对接、紧密配合，全面交接53枚印章、公司档案及全部劳动合同、资料；协调本部外单位相关职工一起组织现场盘点；整理完成200余家设备供应商、工程建设单位账面明细；完成债权债务说明530余份；扎实做好450余家债权债务人的债权债务确认工作；及时客观出具财务报表，理顺新的财务流程，确保破产清算各项工作正常推进。12月28日，召开第一次债权人大会。

【党群工作】 公司党委时刻强化政治建设，落实“两个责任”，发挥政治统领作用。围绕上级巡察发现的问题，制定专项整改方案，做到即知即改、立行立改。加强廉洁教育，开展“运营转型、精益管理”党性实践活动和“改革转型我争先”大讨论活动。在全体职工中开展“稳思想、稳队伍，提责任、提素质”为主要内容的“双稳双提”活动。以第五届职工体育文化节为载体，全年共组织各类文体活动十余次。加强安保工作，确保人员和财产安全。以银山公安局/莱钢保卫部和山钢派出所为依托，对在疆职工打破单位界限，与山钢派出所建立治安联合巡逻、突发事件联动、治安案件合作处理等合作，新采取治安反恐防范措施10余项；每月组织防恐演练，坚持“日报平安”制度，进一步落实“三自”“四防”措施，全年治安稳定、秩序良好。

（撰稿：贾鲁峰　审稿：李　纲）

山钢年鉴 2019

山钢集团
SD STEEL

权属单位

山钢集团
SD STEEL

山钢文化

核心理念

山钢精神：信恒如山，创新超越

济钢集团有限公司

【概况】 截至2018年年底，济钢集团有限公司（以下简称济钢），在册职工11628人。济钢党委下辖178个基层党组织（其中党委14个，党总支1个，党支部163个），直属党组织22个（党委14个，党总支1个，党支部7个），党员总数5300人。年末资产总额342.24亿元，负债总额185.12亿元，所有者权益157.12亿元。

【生产经营】 面对钢铁主业停产之后，新与旧交替、破与立交织，大量历史遗留问题亟待解决的转型阵痛，面对新济钢蓄势起航，发展机遇与生存挑战并存的严峻考验，济钢以初心不变的定力、沉着应变的智慧和主动求变的勇气，团结带领广大干部职工，全面打响“六大攻坚战”，迎难而上，顽强拼搏，完成各项目标任务，朝着“二次创业，重塑济钢”的使命目标迈出了坚实步伐。全年完成营业收入147亿元，超考核目标26.31亿元；完成考核利润总额2.19亿元，超考核目标2.01亿元；完成考核归属母公司净利润0.68亿元，超考核目标1.39亿元。

【攻坚作战】 把“六大攻坚战”作为贯彻“九新”的实践平台，设立总指挥部，实行总指挥长轮值，准军事化管理，带领各攻坚团队上下联动，协同作战，合力攻坚。一季度“良好开局”打基础，二季度“跨越提升”增效益，三季度“提质提速”根本性突破，四季度“巩固提升”大干一百天，环环相扣、步步为营，夺取了攻坚战节节胜利。坚持“以奋斗者为荣”导向，强化过程和结果“双激励”，培养选树了冷弯型钢、城市矿产、济钢物流、冶金研究院等不同特点的攻坚标杆，示范引领各二级单位对标赶超、见贤思齐。开展年终评功授奖，打造一批精品示范典型，扩大辐射效应和影响力，带动形成自觉践行“九新”、主动攻坚克难的浓厚氛围。

【运营质效】 大力优化管控体系，持续规范经营管理，多措并举防控风险，千方百计挖潜增效，强力开拓市场空间，各项经营指标持续提升，营业收入每月保持在12亿元以上，10月份突破14亿元；利润水平大幅提高，提前2个月完成全年利润指标；16家存续子分公司全部实现盈利，其中环保材料、钢城矿业等10家单位完成利润奋斗目标。强化资金管控和调度，全面预算管理信息平台4月30日上线运行；逐步建立了以净资产收益率及各项资金成本为基础的EVA指标体系；年末资金周转率较年初提升11%；降低税负9112万元，完成了财务费用降低10%的目标。加强能源介质管理，减少支出1757万元。不断扩大产业协同业务规模和范围，全年协同业务量完成23.41亿元。新OA和手机APP上线启用，实现OA系统与山钢集团平台全面接轨。

【重点项目】 建立转型项目“六个一”推进体系，领导班子成员靠前指挥，强化协调，统筹推动专班、智库、规划、基金、联盟高效运作。重点转型项目相继落地。其中，顺行出租3月17日正式运营，车辆保有量达192辆，巡游车累计安全运营220万公里，成功服务首届儒商大会。渣土运输实现100辆车运行，每月收入保持在600万元以上、利润80万元以上，被济南市运输部门确定为渣土运输规范化管理标杆单位。多式联运6月16日集装箱班列首列开行，9月底实现一周三列运行。顺丰分拨中心6月28日揭牌，快件配送量达50余万件。创智谷首期300万元扶持资金到位，已入孵52家企业，获评山东省省级创业孵化基地。铁焦技术与青岛院士港合作，引进的纳米纱窗清新风项目实现创效。黄河基金小镇项目完成10家基金公司注册。环保新材料产业园获取一期520亩土地指标，正式开工建设；“四新”产业园获批建设用地指标300亩，完成征地补偿工作，建立16个入园项目储备库。

【资产处置】 建立制度体系，规范处置流程，创新处置思路，最大程度发挥资产的时间价值、盘活价值和及时回款价值。东2、东3、东5、东6号资产包实现一次摘牌，成交价8.32亿元；基本完成石河以东第三方资产处置；剩余物料全部处置完毕，盘活资金3.21亿元；全面开展闲置资产盘活，办理办公用品等资产内部转让约3100项。主动邀请职工代表监督，确保资产处置经得起审计、审查，经得起职工质疑。全年资产处置回收资金16.84亿元。签订主厂区13宗有证土地的《国有土地使用权收回合同》，初步确定保留工业遗存资产明细。“四供一业”移交标志性工作完成，走在省属企业前列。

【深化改革】 认真落实《国企十条》，健全完善公司法人治理结构，基本形成“三会一层”各司其职、各负其责、协调运作、有效制衡的治理机制。健全完善股东代表、外派董事、外派监事、财务总监等管理制度。完成子公司章程修改。加快推进产权结构优化，降低投资风险，完成冶金研究院、测温仪器厂和生产服务公司3家公司制改制和鲁新建材股权划转工作；推进鲁冶瑞宝股权合作项目，完成增资手续。开展“僵尸”企业治理、公司制改革，完成山钢集团考核目标。完成济钢经理层市场化选聘和中层管理岗位公开竞岗，成为山钢范围内首家完成经理层市场化选聘的A类公司；开展权属公司经理层人员市场化选聘、契约化管理工作，畅通企业管理人员与职业经理人转换通道。完成管理5级、6级中层干部层级理顺工作，全年干部交流率达到70%。秉持合作共赢理念，积极开展对外合作交流。先后与济南市历城区、高新区、章丘区，日照市岚山区，青岛市李沧区等政府机关，清华大学、复旦大学、山东大学等知名高校，华为、浪潮、重汽等领军企业，法国、英国、德国、日本等先进外企，开展战略对接与合作，济钢“朋友圈”不断扩大。

【安全稳定】 顺应公司管理新架构，快速建立安全管理责任体系，修订完善22个管理制度。纵深推进双重预防体系建设，有效提升风险分级管控和隐患排查治理水平。强化班组安全基础建设，对全公司104个班组实施全覆盖达标验收。构建资产处置安全环保全方位管控网络，开展资产处置现场安全督查，督促整改问题500余项。扎实开展“大快严”集中专项治理行动，持续提升本质安全水平。安全生产连续第4年实现“六个零”，环保全面达标。依法依规、妥善化解各类信访事项，实现信访稳定工作总体可控，全年未发生上级考核的信访事件。

【基层党建】 完成两级“两委”换届选举工作，召开济钢第六次党代会。建立完善全面从严治党责任清单和考评机制，开展年度党组织书记抓基层党建述职评议考核工作。推进“两学一做”学习教育常态化制度化，全面完成2018年过硬党支部建设目标，申报的36个党支部中，28个达到过硬标准。举办党费收缴、换届选举、组织关系转接等培训班，培训党务骨干和党支部书记300余人。开展“牢记使命，勇于担当”主题活动，拓宽了党员发挥先锋模范作用的途径，基层党建活力持续提升。

【廉政建设】 认真落实“两个责任”，压实“一岗双责”，持续完善党风廉政建设责任体系。加强廉洁教育，建设廉洁文化，党员干部廉洁从业自觉性明显增强。驰而不息纠治“四风”，深化落实中央八项规定精神、山钢正风肃纪“十条禁令”和济钢“七不准”，狠刹“四风”。深入推进“六查三严”“三检查五解决”专项监察；大力推进监督体系建设，实现监督到岗到人、全面覆盖。聚焦标本兼治，认真落实巡视巡察、环保督察、工作考核以及专项审计反馈问题整改，全部按节点完成整改任务。

【群团工作】 用心用情为职工办实事办好事，职工工作环境、工作条件持续改善，人均收入较上年提升13.7%；基本完成济钢新村“四供”改造，社区功能更加完善。坚持和完善以职代会为基本形式的民主管理、民主评议、民主监督制度，定期组织开展职工代表巡视活动。强化职工思想教育引领，多方位开展形势任务教育，弘扬主旋律，传播正能量。广泛开展“学‘九新’、用‘九新’，全面深化改革”大讨论活动，在全公司迅速掀起解放思想、转变观念新热潮。扎实开展扶贫帮困和老干部管理工作。广泛开展“使命与担当”主题活动，为生产经营和转型发展提供强劲动能。以建厂60周年为契机，回顾奋斗历程，展望美好前景，广泛凝聚起“续燃一团火，再造新济钢”的强大正能量。

（撰稿：邹玉萍　审稿：薄　涛）

莱芜钢铁集团有限公司

【概况】 截至2018年年底，莱芜钢铁集团有限公司（以下简称莱钢）共有职工8283人，其中在岗职工7872人。注册资本51.33亿元。其中，山东钢铁集团有限公司（以下简称山钢集团公司）出资41.33亿元，出资比例80.52%；福建兴银股权投资管理有限公司出资10亿元，出资比例19.48%。年末资产总额1864.07亿元，负债总额1498.47亿元，所有者权益合计365.6亿元。出资企业共38家。其中，拥有全资、控股和相对控股公司13家，辅业改制公司10家，参股公司15家。主要有钢结构建筑、冶金工程技术、冶金维保、钢材深加工、金融证券、粉末冶金及制品、工程设计咨询、节能环保、冶金辅料、钢渣处理、水泥及微粉熟料、运输物流等产业。

【生产经营】 按照新旧动能转换三年行动计划要求，坚持做强主打产业，加大亏损治理，深化改革转型，减轻历史负担，全力打响生存发展攻坚战，经营绩效、企业发展总体平稳。全年实现营业收入854.25亿元，同比增加86.57亿元；利润56.89亿元，同比减利3.14亿元。完成钢结构加工量50.5万吨，其中实际可控产线完成15万吨；生铁494万吨、钢材580万吨、粗钢604万吨（永锋公司）；铁精粉48万吨；球团157万吨，石灰粉166万吨，白云石（含石灰石粉）162万吨，水泥263万吨，微粉221万吨；耐火材料4.7万吨；无缝钢管21万吨。

【战略规划】 坚持一手抓当前、一手谋长远，着力推动企业向质量效益型、精益管理型、改革发展型转变，完成“十三五”规划中期优化评估，编制实施《发展战略规划》《钢结构产业发展规划》《全面提升本质化运营水平实施方案》，完善以战略为导向的绩效管理体系，强化对战略规划实施过程的管控，推进实施《做强莱钢钢结构产业行动方案》，及时做好战略规划动态调整和持续改进。以战略研究课题为主要载体，重点围绕钢结构建筑、冶金工程、资本运营等方面进行专题研究，研讨下达50项战略研究立项课题，为企业改革发展提供智力支撑。

【产业发展】 着力盘活存量、做优增量，升级改造钢结构建筑生产线，建成省内首条模块化装配式建筑生产线；开展产量提升成本优化攻关，推进“五个标准化”建设和信息化建设，项目管理模式持续深化；坚持高层营销，拓展百城营销，稳固重点区域市场；建成莱钢钢结构展馆，承办第六届高强建筑用钢及钢结构应用发展论坛，广泛推介莱钢装配式钢结构建筑体系，文昌嘉苑一期、临港国际创业园项目分别荣获中国钢结构金奖，T形痕对接安装技术被认定为省级先进工法；以莱芜、日照两大区域市场为重点，维检保障水平、区域竞争优势明显提高；冶金工程建设全面推行集体经营承包，承建的日照公司热风炉、莱芜市首个钢结构装配式建筑示范工程金水河学校项目按期交工。监理服务业务全力保证莱芜和日照区域以及鲁碧绿建等项目顺利投产，监理的青钢原料棚项目获冶金行业优质工程奖。

【改革调整】 坚持以市场机制倒逼经营机制变革、以市场化手段推动管理升级，完成“三定”工作，调整部分单位管理关系，优化组织机构，厘清业务流程，明确职责边界；实施莱钢经理层选聘，拉开了市场化选聘、契约化管理的序幕。机制公司破产清算加快推进，北京鲁钟大酒店资产依规办理，新疆公司处置取得阶段性成果，莱芜矿业、鲁南矿业、河南龙宇股权转让完成。重新修订博士后工作站管理办法，引进博士生、招录新职工，改善了人员结构。

【管理创新】 坚持多渠道融资、多途径降本，保证资金链安全接续。完善各类行政规章制度190多项，管理的针对性、有效性和系统性进一步提升。坚持存量盘活、增量创效，依法合规开展土地经营，清查公辅资产3000多项，转资、租赁、报废资产增收1.6亿多元。构建协同机制，共商共定钢材提货优惠政策，中标多个新旧动能转换项目，提升整体协同效益；加大对山东鲁碧建材有限公司和山东莱钢节能环保工程有限公司扶持力度，注册资本金分别增至2.52亿元和2亿元；全力支持中泰证券股份有限公司等公司加快上市进程。加大科技、管理创新力度，获得国家授权专利55项，荣获山东省冶金科技进步奖22项，6项管理创新成果在中国钢铁工业协会、山东省冶金系统获奖。住房公积金管理中心通过国家住建部、山东省住建厅“双贯标”工作联合检查验收。

【“三供一业”移交】 积极稳妥推进“三供一业”等社会职能分离移交工作。8月29日，莱钢与国网山东省电力公司莱芜供电公司签订供电分离移交协议；9月30日，与钢城区政府签订供水、供暖、物业分离移交协议；11月30日，与国网山东省电力公司莱芜供电公司签订了供电资产移交协议；2018年年底，与钢城区政府指定的接收单位莱芜民生实业有限公司签订供水、供暖、物业资产移交协议；与钢城区政府签订市政设施、社区管理分离移交协议。莱钢职工家属区“三供一业”管理职能和资产移交基本完成，市政设施、社区管理等移交工作有序推进。

【风险防控】 加强全面风险管理，规范评估机制，构建预警体系。莱钢层面共辨识各类风险事件65项，各子公司、直属机构共辨识各类风险事件166项。针对风险事项逐项制定管控措施，形成2018年度风险事件清单和风险管理工作报告。持续推进法治莱钢建设，创新实施风险防控项目责任制，做到纠纷案件存量压减、增量受控，风险防控闭环管理、全面覆盖。完成经营绩效、干部离任、工程项目结算等各类审计，强化责任落实、问题整改，提升企业管理水平。加大综合治理力度，查处治安案件480多起，整改火灾隐患240多处，为企业生产和职工生活创造良好环境。

【安全环保】 突出完善责任体系、基础建设、科技支撑、管理创新和隐患治理，落实安全环保主体责任，坚持相关方管理“四个一样”，双重预防体系建设和基础管理高效融合。按照全覆盖、零容忍、严查处、重实效的要求，排查的4200多项隐患全部整改，2100多个风险点全部受控，327个班组安全基础建设全部达标。认真落实节能环保政策，编制环保治理提升行动方案，投资1700多万元升级环保装备。做实安全教育培训，举办单位负责人/安全生产管理人员资格取证复审培训班，114人参加培训；举办特殊工种复审/取证培训班30余期，1300余人参加培训；对109名新进大中专毕业生进行三级安全培训教育；对160名班组长进行安全环保专题教育；组织开展8000余人次的春季安全教育培训。全员安全意识、操作技能、自我保护和事故预防能力持续提升。

【党建工作】 莱钢党委下属二级党委8个，党总支13个，党支部171个；共有党员4164人，其中在职党员2510人，非在职党员1654人。坚持把思想建设摆在首位，深入学习贯彻习近平新时代中国特色社会主义思想和十九大及十九届二中、三中全会精神，深化“两学一做”学习教育常态化制度化，加强两级党委中心组学习，举办党的十九大精神、党支部书记、青年骨干等各类培训，党员干部政治素质不断提升。扎实开展“大学习、大调研、大改进”活动，全面调研各单位经营情况，32项具体问题得到落实，62项调研课题转换成具体发展举措。升级党群信息管理系统，运用“灯塔—党建在线”，为基层党组织、广大党员搭建起了学习交流的平台。莱钢展馆接待学习团队50多次、5100多人次，起到了良好的教育传承效果。坚持把党委会研究讨论作为董事会、经理层决策重大问题的前置程序，累计召开党委会46次，把关定向“三重一大”事项160多项。主动将“把方向、管大局、保落实”融入中心工作，明确了发展新路径，形成了总体改革方案。深化“四好”班子和干部队伍建设，完成了基层换届。牢固树立党的一切工作到支部的鲜明导向，领导带头参加双重组织生活和联系点“主题党日”活动。扎实开展“党支部建设年”活动，推进过硬党支部建设，命名表彰“五星级党支部”13个，推广支部党建品牌10个。“改革转型增动能、魅力山钢作贡献”主题系列活动深入开展，全体党员查找问题2400多项，确立课题150多项，形成创新成果140多项。发挥党校优势，开发党建课程，承担省国资委以及部分省属国有企业的党建培训任务，夯实党建基础，扩大了莱钢影响。召开第六次党代会，选举新一届党委、纪委。

【宣传文化工作】 围绕产业发展、经营形势、职能移交等内容，编发形势任务教育材料37期；开展“落实、担当、创新、突破”大讨论宣讲，回应职工关切，凝聚发展共识。加强思想政治工作研究，3篇理论成果获山东省冶金政研会一等奖，1篇理论成果获中国冶金政研会一等奖。坚持社会主义核心价值观，深度融合山钢文化，大力表彰各类先进典型，“共创、共进、共赢”的企业价值观进一步树立，协同发展、改革发展、竞争发展的市场化理念进一步强化。

【从严治党】 认真履行全面从严治党主体责任，制定责任清单和日常工作推进表，明确全面从严治党的路线图。落实纪委监督责任，组织学习《中国共产党纪律处分条例》和廉德知识测试，开展“知敬畏、存戒惧、守底线”专题纪律教育，组织撰写心得体会60多篇。纪检、监察、法务、审计、财务、监事监督等联动施策，大监督体系初步形成。开展“问责年”活动，组织处理违纪干部13人。坚持把巡察问题整改作为重大政治任务，围绕山钢党委第一巡察组提出的7大类24项59条具体问题，莱钢党委成立巡察整改工作领导小组，建立工作调度例会制度，多次召开公司党委会、整改专题会，协调解决重大问题，推动整改工作落实，59条具体问题已整改51条，历史遗留问题正在逐步解决。

【和谐企业建设】 坚持全心全意依靠职工办企业，深化三级职代会建设，引导职工当好新时代企业主人。承办全国钢铁企业劳动保护工作联合会年会、山东省青年职业技能大赛，举办劳动竞赛90次、各类技能大赛111场。实施“青苗人才”培养计划，开展“导师带徒”、立功竞赛、创新登高等活动，为企业改革转型发展贡献青春力量。坚持“春牵红线、夏送清凉、金秋助学、冬送温暖”活动，走访慰问劳模，帮扶困难党员，救助困难职工，组织先模人物和基层艰苦岗位职工进行疗休养，形成精准服务体系，夯实权益保障基础。莱钢拔河队夺得世界室内拔河锦标赛中国代表团首枚金牌，荣获2018年全国拔河锦标赛5项冠军。深化“书香莱钢”读书活动，选送作品《以书为伴》荣获“书香三八·嘉年华”全国女职工读书成果展示表演类一等奖。离退休工作坚持抓管理、强服务、上水平，综治维稳工作保障有力、持续向好。积极参与地方“三城联创”活动，组织100名民兵参与寿光灾区救援。开展“慈心一日捐”活动，捐款168万元。

（撰稿：王立军　审稿：王庆山）

山东工业职业学院

【概况】 山东工业职业学院（以下简称学院）占地651.9亩，建筑面积23.184万平方米，其中教学行政用房面积12.31万平方米，图书馆藏书82.86万册（含电子图书），校内实训基地建筑面积10.61万平方米，建有数控操作实训室、电子技术实验室、现代控制系统实验室、高级电工实训室、耐火材料综合实训室、物流实训室、汽车驾驶与训练等169个实验实训教学场所。教学仪器设备总值累计17194万元，固定资产总值52587.74万元。有省级示范专业1个，省级重点特色专业6个，省级重点建设专业9个，省级精品课程34门，省级精品资源共享课16门，省级品牌专业群1个，省级现代学徒制试点专业2个，省级实训基地2个，省级教学团队7个，省级技艺技能传承创新平台2个，名师工作室1个，省级教学名师3人，省级青年技能名师3人。截至2018年年底，学院在校生总数11937人。其中，高职高专生10515人，中职生1422人；教职工395人，其中高级职称123人（正高级17人）、中级职称153人。

【师资队伍建设】 充分发挥教师发展中心作用，有针对性地开展师资培训；全面实施《杰出人才培育计划》，强化名师大师培育；制定《引进高层次人才实施暂行办法》，加大人才引进力度，2018年公开招聘工作人员29人，其中博士1人。通过内培外引，师资队伍层次获得提升。评选院级专业带头人14人，其中外聘专业带头人2人；院级名师3人，其中省级教学名师1人；院级青年技能名师4人，其中省级青年技能名师1人；聘请企业技能大师5人，设立大师、省名师、省技艺技能传承工作室9个；先后派遣86人次参加国培、省培和骨干教师培训，组织2批教师赴德国培训，组织专项培训12项、教学竞赛7项；参加山东省青年教师教学竞赛、职业院校教学能力比赛、高校体育教师基本功大赛、教师绘画大赛等，获一等奖1项、二等奖

5 项、三等奖 5 项。

【教科研工作】 学院将教科研工作作为内涵提升重要载体，完善科研创新机制，充分发挥名师引领作用，积极对接山钢科技体系创建和淄博市校城融合发展，与企业联合成功申报 2 个市级科技创新平台和 2 个教师科技成果创新项目，首次获批淄博市校城融合科技创新项目 4 项，获市财政专项科研经费支持 213 万元。组建教科研系列项目评审专家库，加强对教科研项目的指导和评价，全年教师教科研获奖 27 项；组织完成山东省高等学校科研计划项目等四类课题申报工作，立项 14 项、结题 7 项；发表科研论文 143 篇，获授权专利 17 项，编写出版教材 16 部。

【专业布局】 学院紧紧围绕山东省重点发展的十强产业，对接新旧动能转换重大工程，结合学院专业发展实际，瞄准技术前沿和人才需求，深入调研、系统规划，积极调整和拓宽专业服务面向。2018 年新申报幼儿发展与健康、无人机应用技术、通信工程设计与监理专业 3 个，调整设置专业 2 个。

【实践教学】 2018 年，学院投入 1800 万元新增实验实训室 21 个，建设智能制造实训中心、创新创业实训中心、西门子工业自动化技术联合实训中心、供配电实训室、新能源汽车实训室、大数据应用实训室等一批国内领先的实验实训室。首次承办山东省职业院校技能大赛［HTML5］赛项，获教育厅和参赛院校高度认可。全年组织学生参加各类技能大赛共获奖 100 余项，特别是学生在一类技能大赛中获奖 22 项，其中国家级二等奖 5 项、省级一等奖 2 项，获奖数量和质量均为历年之最。

【人才培养模式创新】 积极促进校企协同育人，借助国家和山东省现代学徒制试点院校（专业）优势，在更多专业试点推广，其模式创新成果获 2018 年山东省教学成果奖，顺利通过教育部国家现代学徒制试点院校年检。学院获批山东省首批学分制试点校，进一步完善学分制管理实施方案和系列管理制度，试点开展导师制、选课制、重修制等，为学生个性化培养和发展搭建良好平台。现代学徒制试点建设取得新进展，机电设备维修与管理专业（冶金）获批教育部现代学徒制试点专业，学院获批国家级现代学徒制试点单位。学分制改革稳步推进，编制完成学分制管理实施方案、教学管理实施办法、收费管理办法，修订完成基于学分制实施的专业人才培养方案，并报送教育厅备案，加入山东省高职院校学分制联盟。建成设施齐全、国内一流的高标准大学生心理健康教育中心，为学生提供全方位的心理健康咨询服务，大学生心理健康教育服务工作进入全新阶段。

【人事制度改革】 出台《岗位设置与首次聘用办法》，全面启动定岗定编工作，完成全院干部及部门人员选聘和专业技术职务评聘工作。实现人事管理与人社厅人事管理系统实质对接，人事工作规范化管理步入正轨。

【集团化办学】 积极探索集团化办学之路，形成集团化办学合力。2018 年学院牵头成立的山东冶金职业教育集团获批省骨干职业教育集团，学院与集团成员单位山东矿机集团股份有限公司合作的智能制造专业（群）通过第三批山东省校企一体化合作办学示范院校和企业评审。组织召开山东冶金职业教育集团 2018 年年会，承办教育部全国冶金产教融合论坛、全国冶金职业教育分会年会，来自全国 16 个省市近百家院校、企业及行业代表参加会议，进一步扩大学院影响力。

【国际合作】 与泰国博仁大学共建国际教育交流与合作基地，与泰国格乐大学、巴基斯坦无限工程学院等 7 所“一带一路”

沿线国家高校签订合作协议，三批教师赴德国、巴基斯坦等国家出访和交流学习，首批15名学生到泰国博仁大学研学。

【智慧校园】 围绕构建“教学、科研、管理和校园生活为一体的在国内具有示范引领作用的新型智慧化校园”的建设目标，完成校园网有线无线全覆盖，完成学院数据中心及新机房建设项目，打通现有系统间的数据壁垒，实现基础数据共享；学院一站式网上服务大厅初具规模，实现多个业务系统一键登入、无缝切换。拓展尔雅通识课、世纪大学城云、清华在线APP等优质教学和资源平台，完成12间智慧教室建设，为教师提供便捷的智能课堂服务，为学生营造新颖的智慧学习环境，实现教育教学与信息技术深度融合；学院作为山东省教育信息化试点学校通过省教育厅中期验收，全国数字化校园实验校年度报告获评优秀。

【争创省优质校工作】 学院将争创省优质校工作列在2018年十项重点工作首位，成立优质校创建领导小组，设立优质校申报办公室，组织精兵强将，凝练学院优势，制定建设方案，举全院之力完成优质校申报工作，成功入选第二批山东省优质高等职业院校建设工程立项建设单位。

【社会服务工作】 坚持学历教育与职业培训并举，充分发挥专业优势，努力打造培训品牌，联合政府、企业、行业协会积极开展技术服务、创新创业指导、职业培训和技能鉴定等工作。2018年学院高等学历继续教育在校生达341人，为桓台县交通局、石横特钢、鑫华特钢等政府企业开展社会和职工培训累计8000余人次；建设企业、行业专业知识在线学习平台，全国在线学习人数20余万人。申办山东省英语四、六级考点，承接各类社会考试10余次，收到良好社会和经济效益。

【德育工作】 制定《“第二课堂成绩单”制度实施办法》，完善相关配套制度，将“第二课堂”作为“第一课堂”的有机补充，为学生在校期间打造一份课业成绩之外的“第二课堂成绩单”，有效推进第二课堂与第一课堂互动互补、互相促进，打造了立德树人新模式。加强学生管理队伍建设。实施辅导员进公寓制度，充分发挥辅导员全过程育人作用，修订辅导员管理办法，通过专家讲座、外出学习、网络培训提升辅导员理论实践水平。通过开展知识讲座、知识竞赛、情景剧DV大赛、论文评选等特色活动，强化心理健康教育，学院在山东省大学生朋辈心理辅导技能大赛中取得专科组总分第一的好成绩，学院心理健康中心入选高校思想政治工作十大建设计划创新重点项目。充分发挥学院资助体系的育人功能，做好国家、山钢等各类奖助学金的评审工作，全年共发放各类奖助学金773.7万元。

【招生就业工作】 2018年共报到高职新生3928人，新生报到率达91.54%。就业方面，学院积极走访知名企业，全方位搭建就业信息平台，组织秋季大型供需见面会、50余场专场招聘会，吸引包括山东钢铁、南京钢铁等300余家全国大中型企业进校招聘，共有3200余名2019届毕业生与企业达成就业意向。2018年学院高职毕业生4073人，毕业生就业率达98.58%。

【新闻宣传工作】 学院官微全年推送文章200篇，总阅读量超过25万人次，在教育厅发布的2018年高职高专官方微信影响力排名榜上位列前20，学院荣获“2018年度山东新媒体教育政务先进单位”称号。在各类媒体上发表文章184篇，获得山钢好新闻奖项7个、个人奖2项，省高校校报好新闻奖4项。

【党建思想政治工作】 学院党委坚持以政治建设为统领，统筹推进党的政治建设、思想建设、组织建设、作风建设、纪律建设。严格落实“三会一课”制度，严肃党内政治生活。进一步优化基层党组织设置，成立党总支7个，重新设立党支部32个，选派思想过硬、业务突出的教师担任党支部书记，推进教师党支部书记“双带头人”培育工程。通过强化政治纪律和组织纪律，带动廉洁纪律、群众纪律、工作纪律、生活纪律全面严起来。落实党风廉政建设责任制，落实“一岗双责”，层层压实廉政责任，形成齐抓共管的廉政格局。强化监督管理，规范权力运行，加大对定岗定编、人员招聘、项目招标、物资采购和基建修缮等工作监管力度。大力推进廉政文化进校园，不断加强反腐倡廉教育，做好源头预防工作，通过开展党纪法规测试、德廉知识学习测试、反腐倡廉警示教育视频等手段，增强干部廉洁守法的主动性和自觉性，把廉洁文化建设作为校园文化建设的重要内容，营造风清气正的办学环境。以全国高校思想政治工作会议精神为指导，不断加强和改进学院思想政治工作，利用春季干部学习班、党委中心组理论学习、专题辅导报告、调研学习等形式，深入学习党的十九大精神，学习习近平总书记系列重要讲话精神，把党建工作与教学、科研、管理等基本办学环节紧密结合。通过“灯塔—党建在线”“学习强国”等网络教育平台，开展党性党务培训、党纪法规测试、德廉知识学习测试、观看系列警示教育片等活动，进一步加强对党员的教育和引领。组织召开职工思想政治工作研究会2018年年会，共收到政研论文75篇。

【领导班子和干部队伍建设】 坚持和完善党委领导下的校长负责制，进一步建立健全党委统一领导、党政分工合作、协调运行的工作机制。以“党要管党、从严治党”为主线，坚持思想教育从严、干部管理从严、作风要求从严、组织建设从严、制度执行从严，强化党员教育管理，加强服务型基层党组织建设和党员队伍建设。从严选好管好干部，不断完善干部选拔任用、考核评价机制，激发干部队伍的活力。完成干部全面选聘竞聘，提拔副处级干部9人，正科级干部15人，副科级干部22人，干部年龄结构、学历层次和职称结构得到改善。加大干部培训力度，举办2018年春季干部学习班，选派76人次参加省市高校工委、国资委和山钢党委组织的有关培训。加强日常监督管理，认真执行领导干部述职述廉、提醒谈话、诫勉谈话、函询谈话制度。加强干部因私出国（境）管理。干部队伍理论水平、道德修养和依法履职的能力得到进一步提升。

（撰稿：毛瑞萍
审稿：吕　铭　常生德）

山东钢铁集团矿业有限公司

【概况】 山东钢铁集团矿业有限公司（以下简称山钢矿业）下设办公室/党委办公室、财务部、党群部、纪委/监察部、生产技术部、安全环保部6个职能部室，拥有山东金岭铁矿有限公司（以下简称金岭铁矿）、山钢集团塞拉利昂矿业有限公司（以下简称塞矿公司）2家权属企业，持有莱芜矿业有限公司35%、鲁南矿业有限公司34%股权。截至2018年年底，共有职工7149人，资产总额75.96亿元。

【生产经营】 坚持精准施策，总部定战略、创环境，各权属单位突出重点抓落实。认真梳理彭集铁矿项目资料，进行实地考察，向集团公司上报《关于彭集铁矿项目处置工作的建议》。全体干部职工积极投身改革、融入改革，改革成效初显。金岭铁矿科学编排生产计划，优化生产组织，改进工艺技术，灵活采购矿石，满足选矿需求，生产稳定顺行；坚持主动出击、灵活营销，实现较好营销收益。莱芜矿业持续改进成本管控方式，全面加强责任成本管理，提高成本消耗与管理考核的精准度。鲁南矿业组建多元产业理事会，进一步理顺管理关系；选矿厂不断优化改造工艺流程，挖掘生产潜能，开展技术改造，加强设备故障和事故管理，创出年产精粉101.1万吨（含外矿加工）历史最高纪录；球团厂本着“稳定生产工艺，稳定设备顺行，力求排放达标”原则全力组织生产，实现球团日产和连续高产新纪录。总部部门探索实施内部二次分配，有效调动职工干事创业积极性。山钢矿业经营绩效积极向好，超额完成集团公司考核目标。全年共生产原矿510.33万吨、铁精粉269.01万吨、球团矿128.55万吨；实现营业收入27.2亿元，比上年增加1.87亿元；利润总额2441.17万元，比上年增加3.52亿元；净利润-3651.09万元，比上年增加3.52亿元；归属于母公司净利润-1.27亿元，比上年增加1.56亿元。资产负债率49.83%，比上年下降0.4%。

【干部人事】 坚持党管干部、党管人才原则，树立正确选人用人导向，认真履行干部选拔任用程序，在集团公司党委2017年度干部考核中，选人用人工作总体评价排名第二，其中执行选人用人工作政策法规和深化干部人事制度改革两项评价排名第一。着眼于提升板块经营质量、全面防控各类风险等改革发展大局，调整充实山钢矿业和金岭铁矿两级领导班子，班子结构显著优化。进一步完善《领导班子和领导干部年度考核评价办法》，强化结果运用。鼓励引导权属企业探索高管人员市场化选聘、契约化管理有效形式。选取金岭铁矿机械厂作为试点单位，公开选聘1名经理，由经理自主组阁，确定3名副经理，推行契约化管理。建立领导联系骨干人才制度，双向贯通组织与干部人才的交流渠道。在金岭铁矿采矿、选矿、地质测量等部分专业试点实行主任工程师制度，建立以量化考评为基础的绩效考核机制，以能力为竞岗基础，以创效为评价关键，以业绩为衡量标准，把真正有能力、会干事、能干事、干成事的人员聘任到相应岗位。加大技能人才培养力度。在金召矿业试点实施“一把手主抓，全员参与”的内部市场化运作，激发职工挖潜增效积极性，采矿成本同比降低4.39%。将劳动效率提高纳入年度考核，实行与企业效益、劳动效率联动的考核分配机制。以考核为抓手倒逼单位减员提质增效。截至2018年年底，公司劳动效率提升22%。

【安全环保】 分别与金岭铁矿、塞矿公司签订安全生产、环境保护目标责任书，制定并印发《安全生产责任制》《环境保护监督管理办法》《节约能源监督管理办法》等6个管理制度，建立健全公司安全环保能源管理体系。建立并完善安全风险分级管控和隐患排查治理双重预防机制，双重预防体系全部通过政府评审验收。金岭铁矿金召矿业、侯庄矿全年两次顺利通过省级评估认定，侯庄矿被淄博高新区确定为“两个体系”建设标杆企业。扎实推进安全生产标准化建设，强化风险管理和过程控制，有效提升安全生产工作的规范化、科学化和法治化，金召矿业、选矿厂、尾矿库通过二级标准化评审。7月，根据领导变动及时调整安全生产委员会和环境保护委员会成员。9月，召开上半年安全生产委员会和环境保护委员会工作会议，进一步加强对安全环保工作的组织领导。强化重要节点、敏感时期的安全环保管理，开展年度安全环保综合检查，全年共组织安全环保督导检查6次、专项检查2次。制定《绿色发展行动方案（2019—2020年)》，确定26个环保提标升级改造项目。全面完成2018年安全环保目标和指标，实现安全生产，公司被集团公司评为安全生产工作先进单位和环境保护工作先进单位。

【管理提升】 梳理党建、干部管理、财务管理等70余项制度，正式发布实施《党委会议事规则》《领导干部选拔任用工作暂行规定》等60余项管理制度。完成莱芜矿业、鲁南矿业股权划转，在前期签订股权转让框架协议基础上，完成股权变更工商登记。积极推进产权结构优化，确定将金岭矿业全部股权无偿划转至山钢矿业，为压缩管理层级奠定基础。落实省政府“三供一业”企业办社会职能移交部署，基本完成供电、供暖、供水、物业资产移交工作。坚持加强党的领导与完善公司治理相结合，明确党组织在公司治理结构中的法定地位，党委会、经理层权责清晰。在公司重大事项决策上，坚持党委会议事在前。规范履行股东职责，组织修订莱芜矿业、鲁南矿业《章程》，严格按照程序委派董事、监事、高管人员，进一步强化对参股单位监督管理。

【降本增效】 金岭铁矿实施全口径降本增效，抓好成本分析，全年铁精粉总成本比上年减少1130万元；加大物资内部调剂力度，加强修旧利废和废旧物资处理，创造价值476万元；优化资源配置，强化人员输出，降低人工成本，通过金鼎项目部安排人员282人，创收2896万元；加强税收筹划，全年减少增值税及相关附加税支出85.86万元，通过资源税减免备案，减少资源税支出289万元；通过强化对税务部门沟通，实现淄博铁鹰钢铁有限公司企业所得税退税1302万元。莱芜矿业积极回笼货款，提高资金使用效率，银行借款全年比上年减少1.99亿元，借款贴现利息比上年减少441.90万元；完成“僵尸”企业莱芜市远航生态工程有限公司的清算工作，抵减企业所得税款1264万元。鲁南矿业王峪基建工程历时6年，计划投资1.94亿元，经过充分优化、精心组织和高质量施工，实际投资约1.6亿元，节约3400万元，主体工程已基本建设完毕。全年山钢矿业应收款项压减1.13亿元，比上年减少14.74%。其中金岭铁矿比上年减少29.08%，个人欠款全部清零；莱芜矿业比上年减少2.24%；鲁南矿业比上年减少33.12%。受自然保护区政策影响，当地政府要求对新疆塔什库尔干县金钢矿业（以下简称金钢矿业）厂房构筑物及设备进行拆除，金钢矿业积极向政府提出诉求，为企业资产处置及治理争取时间。截至2018年年底，金钢矿业已完成所有资产拆除及处置。将“研究盘活彭集铁矿项目”列为公司重点工作，在前期整理项目资料基础上，着手制定盘活彭集铁矿资源相关措施，有序推进彭集铁矿项目处置。

【科技研发】 瞄准科技研发体制机制改革着力点，重塑研发体系，以山钢研究院矿业研发中心成立为契机，促进山钢矿业内部研发资源共享。发布实施《2019年技术研发指南》，促进科技研发方式由原来的问题导向型逐步转向“目标导向+问题导向”相结合阶段。开展“研发费用和研发投入专项管理提升”活动，实现研发组织与财务联动，进一步规范研发费用与研发投入统计，研发费用占营业收入比0.65%，研发投入占营业收入比1.37%，完成集团公司下达的研发费用目标。作为山东省重大科技创新工程，莱芜矿业主导的“膏体胶结充填技术”项目，最大限度减少地下开采对周边环境的影响，实现真正意义上的绿色开采和矿山本质安全生产；鲁南矿业东方管业有限公司被评为全国科技型中小企业；金岭铁矿省级企业技术中心通过主管部门复审。

【塞矿项目】 全力推进塞矿二期工程可行性研究，完成塞矿二期1200万吨/年采选工程设计、DSO尾矿、精矿Ⅱ及综合样悬浮磁化焙烧试验和相应可行性研究。制定工作推进计划并按时间节点推进各项工作；联系东北大学试验、可研工作团队和中冶北方设计团队，及时研究解决相关问题；4月25日，悬浮磁化焙烧试验报告通过评审验收；7月7日，通过中国冶金矿山企业协会组织开展的1200万吨/年初步设计、3180万吨/年和150万吨/年悬浮磁化焙烧可行性研究评审，为集团公司决策提供重要参考依据。

【党群工作】 紧紧围绕建设“魅力山钢”和“高质量发展新矿业”奋斗目标，围绕山钢矿业改革发展持续加强党组织建设，充分发挥党委领导核心、基层党组织战斗堡垒和党员先锋模范作用。健全组织、激发力量，统筹做好宣传思想政治工作、企业文化建设、文明单位建设和老干部管理、统战工作，各项工作基础全面夯实并不断开创新局面。将党建工作要求纳入企业章程；公司党委与所属单位党组织签订《山钢矿业党建责任书》，下发《党建责任制》和《党建责任制考核细则》，制定《山钢矿业党委关于加强自身建设的意见》；建立党建工作责任制落实长效机制及“每月一调度”制度；建立《党委中心组学习制度》，制定《党委中心组年度学习计划》《党员学习计划》，抓实“两学一做”学习教育常态化制度化；发布《党委会议事规则》《“三会一课”制度》《民主评议党员制度》《领导班子成员联系点工作制度》等多项制度；组织召开年度民主生活会和巡视整改专题民主生活会；组织实施《“大学习、大调研、大改进”实施方案》，制定《“大调研”问题处理清单》，逐项明确责任，推进问题改进；组织召开山钢矿业第一次党代会和第一次工代会，选举健全党委班子、工会班子；开展党组织书记述职评议工作，对二级单位党组织书记任职情况进行评议并反馈意见；抓细党支部规范化建设，创新实施党支部规范化建设“诊断提升”机制，基层党建全方位提升。贯彻落实集团公司党委《关于加强和改进群团工作的意见》，设立公司团委，各级工会组织、团组织、女工组织按照各自章程有序开展工作；通过多种载体持续加强党的十九大精神学习，“灯塔—党建在线”和“建功新时代、建设新山钢”知识竞赛答题成绩优异，选送参加集团公司“中国梦·新时代”百姓宣讲的3个作品全部获奖，被评为优秀组织单位；培育提炼矿业文化，培育“资源充足、安全绿色、质效双优、幸福和谐”的企业共同愿景和“廉洁高效谋求新作为，团结实干推动新发展”的企业团队精神；整合“山钢矿业金岭之家”公众号宣传平台，拍摄制作企业形象宣传片，加强企业形象宣传展示；落实文明单位创建工作，荣获山钢集团文明单位荣誉称号。

【纪检监察】 山钢矿业第一次党代会选举产生第一届纪律检查委员会，组建纪检监察组织机构，配备专职纪检监察人员。以“两个责任”为抓手，下发《中共山东钢铁集团矿业有限公司委员会履行全面从严治党主体责任清单》，督促各级党组织把落实“党委主体责任和纪委监督责任”作为分内之事、应尽之责。层层签订《党风廉政建设责任书》《企业领导人员廉洁从业承诺书》。严格按照上级党委要求落实巡视巡察整改。在全体党员中开展“知敬畏、存戒惧、守底线”专题纪律教育。组织党员、重点岗位人员到莱芜廉洁教育基地、鲁中监狱接受警示教育；组织观看《失衡的代价》《“象牙塔”里的蜕变》《失控的“雅好”》等警示教育片。组织开展党纪法规、《中国共产党纪律处分条例》学习、测试。充分利用微信公众号、微信工作群、简报、曝光台等平台、载体，构建线上线下立体化教育网，扩大纪律教育的覆盖面、影响力，以身边案例开展警示教育。严格贯彻落实中央八项规定精神和集团公司党委“正风肃纪”有关规定，开展违规取酬、滥发津贴补贴等专项检查，办公用房超标等问题得到纠正。开展廉洁风险防控工作，对照“六项纪律”辨识风险，制定防控措施，形成廉洁风险防控长效机制。

（撰稿：王　哲　审稿：刘长进）

山东钢铁集团日照有限公司

【概况】 截至2018年年底，山东钢铁集团日照有限公司（以下简称公司）在册职工4903人。其中，管理、技术人员957人，具有高级专业技术职务455人，中级及以下专业技术职务416人，高级技师131人，技师496人，高级工1192人，大学本科及以上学历1353人，中共党员1307人，共青团员759人，女职工549人。公司下设办公室/党委办公室、规划运营部等14个职能部室，能源环保中心等2个中心，焦化、炼铁、炼钢等7个制造部/项目部。

【工程建设】 坚持挂图作战，按第三版网络计划快速推进一期二步项目建设。加强设计审核及持续优化，严格控制设计变更。加大对总承包和施工单位的过程管控力度，多批次赶赴现场催交关键设备，以约谈高层等有效形式督促施工单位、供应商严格履行合同，调集精干力量力保质量、赶工期，在建项目节点完成率达到95%以上。截至年底，一期一步项目建设进入验收阶段，一期二步项目建设进入设备安装关键阶段，部分项目已提前组织试生产。4月28日，2号5100立方米高炉封顶，4300毫米宽厚板生产线第一张宽厚板下线。10月31日，3号焦炉点火烘炉。炼钢3号转炉提前进入试车调试阶段。推进做好主体工程项目安全“三同时”工作，督促BOO/BOT项目单位落实建设项目“三同时”要求，确保建设运营依法合规。在建设一期工程的同时，公司根据集团公司部署有序推进二期工程建设规划等前期筹备工作。

【生产经营】 2018年是公司生产经营的开局之年。公司统筹专业力量和管理、技术、操作团队，充分发挥高端产线设备及工艺技术优势和工程建设质量优势，科学合理组织生产，切实做好工序衔接及能源供应保障工作，紧紧抓住钢铁市场回暖的有利时机，生产经营实现新突破。焦化工序持续保持稳定顺行，炼铁工序开炉顺利，转炉产量提升、节铁增钢成绩突出，热轧卷板、中厚板成为拳头产品和创效主体，冷轧产品开发实现新突破；吨钢污染物排放指标达到国内先进水平。全年累计生产生铁322.5万吨、粗钢316.7万吨、钢材284.22万吨，实现营业收入122.05亿元，利润13.29亿元。

【管理提升】 公司管理架构、流程更加完善，党委审核成为行政重大决策的前置程序。精益运营体系转入实施阶段，人财物、产供销一级管控模式得到全面实施。质量、职业健康安全、环境、能源、测量、两化融合等管理体系通过认证。全员全过程严格监管安全生产，安全管理绩效良好。实施环境提升和保护方案，污染物全部达标排放，部分指标达到超低排放标准，受到社会各界认可。着眼全球平衡大宗原燃物料，按需供应生产物资，推进全供应链降本增效，开拓钢铁产品和副产品市场，销研产供实现一体化运营。以实单投产，开创国内钢铁企业的先例。全过程实施订单驱动、柔性制造，用户个性化服务能力显著提高。建立成本核算模型，坚持整体效益最大化原则，定期开展品种效益核算，实时指导生产经营。建立完善设备精益管理体系，扎实做好设备管理工作，为生产稳定顺行提供了保障。

【产品研发】 实施创新驱动战略，申请国家发明专利194件，已授权28件，主持制定行业标准2项。经山东省经信委评定，公司晋升为省级企业技术中心。组建包括3名中国工程院院士在内的钢铁研究院专家委员会，与钢铁研究总院等4家顶级钢铁材料研究机构签署战略合作意向书。按既定计划节点快速推进产品研发实验室建设。研究开发高强结构钢、车轮钢、双相钢、家电板、汽车板等品种的热轧、冷轧及中厚板产品155个。高表面质量的冷轧镀锌产品顺利下线，填补省内空白；第一批试订单成功打入欧洲宝马、中国一汽等汽车生产线。

【智能制造】 积极推广集中监控与无人化技术，原料场无人堆取料机、连铸坯库和成品库区行车自动驾驶正式投用，冷轧MES、4300 MES、热轧SPM MES等核心信息系统顺利建设上线，产销系统实现主要生产线全流程衔接贯通，热轧、炼钢、LNG成本系统上线。建立健全物流（TMS）系统，全面实现进出厂及厂内物流业务信息化独立运行，计划下达、调度分配、车船匹配、数据查询等功能全部线上运作，形成物流智能化新格局。《钢铁企业热轧智能制造产线试点示范》入选山东省智能制造试点示范项目。《基于流程再造管理的铁水自动调度管理》获全省冶金行业管理现代化创新成果三等奖。公司获得国家工信部评定的两化融合管理体系贯标试点企业称号、中国计量协会授予的全国产业计量标杆和冶金行业计量标杆示范企业荣誉称号。

【安全管理】 深入开展“安全生产基层基础建设年”活动，夯实安全生产基层基础。提升安全管理体系文件的适应性，修订、新增体系文件53项。开展班组安全标准化建设达标活动，班组自主安全管理能力不断提升。推进风险隐患双重预防体系建设，排查治理隐患2980项，隐患整改率100%。推进工程施工现场网格化安全检查，督促落实重点风险作业安全措施。严格落实项目热试投产安全条件确认制度，为热试投产创造良好条件。抓好安全教育培训，组织736名特种作业及特种设备操作人员复审培训及考试，实现持证上岗率100%。加强职业卫生和劳动保护管理，7月顺利通过职业健康安全管理体系认证。强化应急预案演练，修订完善各类应急预案48项。坚持日常防火巡查与季度专项检查相结合，全面排查治理火灾隐患，为生产作业检修及施工现场作业提供了安全保障。

【质量管理】 工程技术人员和监理单位严把质量关口，工程实物质量验收合格率保持100%。定期接受国家、省冶金质量监督站检查，工程建设质量通过审查并受到较高评价。启动工程创优创奖工作，推进申请鲁班奖、泰山杯等5个奖项。以质量管理体系认证为引领，修订完善公司级科技质量管理文件20项、起草发布2项。完成质量体系建设、质量管理体系认证工作，取得ISO 9001质量管理体系认证证书和IATF16949质量管理体系符合性证书。组建成立连铸坯气泡、热轧氧化铁皮、热轧产品性能提升、冷轧产品性能提升等10余个攻关团队，提升各产线质量指标和产品质量。截至年底，冷轧酸洗卷、冷硬卷、镀锌卷及中厚板等改判率明显降低。

【环境保护】 坚持绿色发展理念，干熄焦发电、烧结余热发电、高炉余压发电、饱和蒸汽发电、燃煤气发电等余热余能发电机组全部达效，累计发电量 4.59 亿千瓦·时，超计划 0.41 亿千瓦·时。全年用电避峰填谷收益 790 余万元。转炉煤气回收达到 0.8 吉焦/吨，达到国内领先水平。加强能源调度，基本实现废水“零排放”。环保设施同步运行率、排放数据达标率、同步检修率均达到 100%。吨钢污染物排放指标达到国内先进水平，主要大气污染物排放远低于排污许可量。4 月 10 日，《日照钢铁精品基地项目变更环境影响评价报告》获山东省环保厅批复。

【固定资产投资】 自开工建设至 2018 年年底，一期工程累计完成固定资产工程量投资 395 亿元，固定资产投资始终受控。2018 年核减工程进度款月报金额 19.71 亿元，结算核减金额 0.67 亿元，预算核减金额 5.01 亿元。优化招标管理流程，累计完成 631 项招标，78 项竞争性谈判，降低采购成本 2 亿余元。开辟融资渠道，筹措应急资金，力保资金链条安全。研究并用足用活政府政策，海水淡化、焦化余热利用等项目获国家补贴 3446 万元，研发费用享受税收抵免 750 万元，产品出口退税 1.09 亿元。

【队伍建设】 全面实施岗位管理，采用多种形式配置人员，从济钢、莱钢选调 612 人，引进高校毕业生 74 人，其中硕士研究生 19 人、本科生 55 人，配置高职实习生 119 人。通过公开招聘等方式，引进 5 名生产急需技术技能人才。设计形成管理、技术、操作三个序列职业发展通道，各通道实现互通互联，通道内各层级有序晋升。实施职业技能鉴定计划，全年 1057 名职工通过技能鉴定理论考试，1044 名职工技能鉴定实践成绩合格。602 名高级技师及技师论文答辩成绩合格，合格率达 98.8%。拓宽选人用人渠道，建立人才竞争机制，完成业务经理层、业务技术序列岗位公开竞岗。

【党建工作】 坚持推动党要管党、全面从严治党向纵深发展，党组织成为精品基地建设发展的坚强领导和推动力量。学习贯彻习近平新时代中国特色社会主义思想和党的十九大精神，线上答题竞赛获得集团公司集体第二名。研究创新企业党建思想政治工作，形成专项调研报告 30 余篇。坚持团结稳定鼓劲、正面宣传为主的方针，形成多维宣传大格局，全年在不同媒体公开发表稿件 1400 余篇，微信关注用户达到 1.6 万余人。规范召开两级党委班子年度民主生活会、巡视整改专题民主生活会、组织生活会，切实提高党内政治生活的政治性、时代性、原则性、战斗性。坚决抵制宗派主义、圈子文化、码头文化，营造形成海晏河清的政治生态。坚持党的建设和企业建设“四同步”原则，形成 9 个二级单位党委、68 个基层党支部的组织架构，实现党的组织和党的工作全覆盖。召开公司第一次党代会，选举产生新一届党委、纪委领导班子，完成二级单位党委换届选举。全年组织召开公司党委会 85 次，集体研究决策“三重一大”事项 828 项。全面推进党支部规范化建设，组建 105 支党员突击队，发展新党员 58 名。公司两级党委及 24 个基层党支部党员活动室正式投用。

【党风廉政建设】 聚焦廉洁工程建设，夯实“两个责任”，持续正风肃纪，为精品基地建设提供纪律保障。开展新任党委纪委工会领导班子成员、落实“一岗双责”集体谈话 11 次。以“知敬畏、存戒惧、守底线”专题纪律教育为主题，组织多种形式的反腐倡廉教育 286 场次，全体党员通过党纪法规和德廉知识测试。党员干部 69 人次登记上交无法拒收的礼品礼金 153 件。落实中央八项规定精神，实施 29 个效能监察项目，改进公务接待、薪酬发放、废钢质量验收等工作流程5项，制定完善规章制度72项，实现管理效益1210万元。开展廉洁风险防控，在22个单位和部门发布实施40个一级、二级廉洁风险岗位廉洁从业规程，防范违规违纪行为。

【群团工作】 落实人本管理思想，依法合规成立工会、团委、女职委等群团组织，建立职工代表大会制度，召开首次职工代表大会。深化省级重点工程劳动竞赛，涌现出1名富民兴鲁劳动奖状获得者、6名富民兴鲁劳动奖章获得者，10个省工人先锋号。开展“十大杰出青年”评选及形式多样的巾帼建功活动，充分调动团员青年及女职工工作积极性、主动性和创造性。

【和谐企业建设】 为职工办理十件实事好事，重要节日及日常走访慰问188名职工，发放各类救助金33.2万元，劳动关系更加和谐。经公司积极协调，截至年底锦钰佳苑生活区已交团购房1178套，927名职工子女随父母到日照市就读，36名教育医疗系统的职工家属结束了两地分居生活。在投产即盈利的大好形势下，积极为职工增收益、谋福祉，人均年收入同步增长。公司上下呈现出同心同向、干事创业、共谋发展的良好局面。公司被山东省国资委授予“省属企业文明单位”称号。

【年内要事】 4月28日，精品基地2号5100立方米高炉工程封顶。7月26日，精品基地焦化LNG项目成功生产液化天然气。10月31日，精品基地3号焦炉点火烘炉。11月16日，公司召开第一次团员代表大会。12月21日，中国共产党山东钢铁集团日照有限公司第一次代表大会召开。12月26日，公司召开一届一次职工代表大会。

（撰稿：李　林　审稿：陈向阳）

山东耐火材料集团有限公司

【概况】 截至2018年年底，山东耐火材料集团有限公司（以下简称山东耐材）在册职工2637人，其中专业技术人员386人。山东耐材占地348.6万平方米，总资产26.08亿元。公司主要产品有耐火原料、钢铁及非钢建设用耐材、钢铁生产消耗用耐材和非钢用耐材四大类。主要品种有焦宝石、莫来石料，铝硅系耐火制品、含碳制品、不定型材料、特耐制品等，产品种类比较齐全，除用于钢铁企业炼铁、炼钢工程建设及生产消耗外，还广泛应用于焦化、水泥、有色金属冶炼、碳素、石灰、铸造、垃圾焚烧等高温行业。年耐火原材料产能40万吨，其中耐火制品30万吨，耐火原料10万吨。

【生产经营】 克服外部环境带来的巨大挑战，全力维护生产经营正常运行，全年完成产量22.29万吨，比上年降低5.22%；其中钢铁及非钢建设用材料11.89万吨，钢铁生产消耗性材料1.3万吨，耐火原料9.1万吨；实现营业收入5.49亿元，比上年减少5.9%；实现利润总额-5620万元，含分摊“三供一业”费用4615万元；上缴税金7242万元，比上年增加29.71%；职工全年平均收入同比提高12.21%，实现较大幅度增长；压减应收账款3765余万元，缓解了资金不足的矛盾，较好保证了生产经营正常运行的需要。

【安全环保】 加强安全管控，认真开展安全生产风险分级管控和隐患排查治理双重预防体系建设，体系清单纳入全省信息平台管理。全年没有发生重大安全事故，千人负伤率为零。加强环保治理、装备改造提升等工作，完成6条隧道窑和9座竖窑节能改造、环保提升工作，二氧化硫、氮氧化物和颗粒物三项指标均达到淄博市污染物排放限值要求。公司被山钢集团评为年度安全生产先进单位。

【市场营销】 积极推进产品结构、市场结构调整，全年在订货量同比减少17.6%的情况下，订货值同比增加9.6%；其中出口产品订货量增长24.3%、订货值增长82%。产品竞争优势进一步显现，各生产单元订货饱满。抓住内部产业协同这一扩大山钢内部市场销售额的重要机遇，积极对接推进内部产业协同。8个产品系列入围山钢集团第二批产业协同内部市场准入名单。

【管理创新】 积极推进管理创新和技术创新工作。扎实推进劳模、工匠创新工作室创建和班组自主管理、自主创新，形成了许多行之有效、可推广复制的管理方法和管理成果。推进技术创新，全年完成技术创新项目75项，其中新产品、新技术研发项目37项，工艺优化及技术降成本项目38项，实现技术降本增效1070万元。

【转型发展】 青岛耐火材料厂土地和人员后续工作按照计划有序推进，已完成持有的青岛融海公司100%股权项目的资产评估工作，相应的工商、税务、产权等登记变更和移交工作正在进行中；在山钢集团主导下，恒欣镁业公司在多渠道寻求调整转型的基础上，重点围绕与莱州市政府合作事项开展工作，已经初步达成产权划转协议。通过积极与当地政府有关部门沟通及各相关业务单位对接交流，“三供一业”等办社会职能移交工作稳步推进，“三供一业”已全部和有关单位签订移交正式协议。

【党建工作】 以习近平新时代中国特色社会主义思想为指导，发挥国有企业政治优势，不断增强管党治党意识，强化政治自觉、思想自觉和行动自觉。落实全面从严治党主体责任清单，一级抓一级，层层抓落实。坚持党建与生产经营融合发展，围绕企业现状、产业定位、发展战略，研究谋划推动党建工作。认真贯彻《中国共产党支部工作条例（试行）》，扎实推进党支部规范化建设。规范党内组织生活，党员领导干部带头落实双重组织生活制度，自觉接受组织和群众的监督，以求真务实工作作风把党中央和上级党组织的决策部署落到实处。

【群团工作】 结合公司重点任务，开展“加快动能转换，建功魅力山钢、魅力耐材”系列主题劳动竞赛和技术比武活动。全年组织开展8次形式多样的劳动竞赛活动，组织开展17个工种的技术比武、技能竞赛活动；组织创建21个劳模、工匠工作室，完成31项成果，创效830万元，7个新产品技术获国家专利。举办班组长先进工作法现场推广会、班组优秀创新成果发布会，全年完成班组自主管理成果129项，完成质量改进92项，创效90余万元。开展困难职工帮扶救助工作，58名困难职工实现解困脱困。

（撰稿：刘玉鹏　审稿：李文亮）

山东钢铁集团永锋淄博有限公司

【概况】 山东钢铁集团永锋淄博有限公司（以下简称公司）位于淄博市桓台县经济开发区黄河大道9号，占地1800余亩，属淄博市工业50强企业，主要设备为1350立方米高炉1座，100吨转炉2座，100万吨高强度棒材生产线1条，60万吨高速线材生产线2条及相应脱硫、发电等配套设施。主要设备设计产能为铁水100万吨，钢坯200万吨，钢材220万吨。主要产品以建材（棒材、钢筋、线材）为主，同时具备焊线钢、钢绞线用钢、冷镦钢等品种钢生产能力。截至2018年年底，共有正式职工2039人。

【生产经营】 落实“稳铁保钢增材、降本低排增效”工作方针，克服采暖季错峰生产的影响，工作围绕市场干、措施跟着市场变，在提高效率、效益、效能上深耕提升，年初确立的各项任务目标顺利实现。全年生产铁142.92万吨、钢坯201.89万吨、钢材238.93万吨。牢固树立环保“红线”意识，致力于全面实现绿色生产，以打造“5A”级景区为目标，扎实推进环保整治提升和高铁沿线美化项目，累计铺设成品草皮6.82万平方米，种植草地6.6万平方米，全年环保投入达2.28亿元，厂区环境发生较大改观。牢固树立安全“底线”意识，狠抓安全培训，持续提升全员安全意识和安全技能，公司9级以上管理人员全部取得安全管理资格证书，212人取得特种作业证书，4200余人次参加双体系建设培训。持续开展安全检查活动，全年开展各种安全检查300余次，各类风险受控。

【降本增效】 围绕“吨钢降本增效200元”目标，建立指标看板，日跟踪日分析日整改提升、全成本与永锋钢铁进行对标，每周总结，及时纠偏，2018年实现吨钢降本增效204.97元。全年办公费、小车费、招待费同比降低16.12%。通过对煤粉、焦炭、合金等大宗原燃物料质量把关，挽回损失3800余万元。

【人力管理】 理顺职工劳动关系，畅通职工职业发展通道，实施管理岗位二次“三定”，积极推进人力资源变革，厂部级组织机构由18个压减至13个，压减比例28%；中层管理人员由52人压减至43人，压减比例17.3%；基层管理组织机构由100个压减至65个，压减比例35%；基层管理人员由183人压减至104人，压减比例43.17%。以美世项目团队进驻公司为契机，全方位加强人力资源挖潜工作，在炼钢厂开展了“深化转炉车间激发一线活力的联合小组模式”试点工作；对公司工程、固定资产投资决策及管理相关流程进行梳理分析，并制定项目/工程决策优化方案；针对部门间职责不清及界面衔接不畅的问题，进行梳理分析，并形成初步方案；开展人力资源管理知识培训，丰富管理骨干人力资源知识。

【精益管理】 围绕精益管理“六个一”目标和年度生产经营任务，以高炉稳产高效和全流程效率提升为重点，狠抓设备基础管理和工艺流程的标准化作业，各项工作取得新突破。全年实现降本增效3.63亿元；高炉实现稳产高效，炼钢厂9月份创出吨钢铁水消耗801千克的新水平；职工自主改善成为自觉行动，先后评选自主改善成果606项，评选现场管理提升一档成果8项、二档成果13项、三档成果5项；组织现场走线16次，查出并整改问题1012项，现场明显改善。

【民生工作】 发挥自身优势，强化与城市民生工程的融合，进一步提高余热供暖能力和供暖面积，提升供热和保障能力，建立排他性长期战略合作关系，积极协调争取到政府的政策支持。通过提升改造，2018年供热面积已达到120万平方米。

【党建工作】 坚持围绕生产经营、服务改革发展，积极开展系列活动，党建群团工作全面提升。召开公司第一次党代会、工代会，制定完善党的组织建设、作风建设、党风廉政建设和群众工作制度20余项，形成了完备的基层党组织体系和工作体系。落实党管干部原则，将干部管理原则贯穿于“三定”全过程，坚持实干导向、实绩导向和德才兼备、以德为先原则，将严密的组织原则与灵活的自主组阁有机结合，干部队伍的活力进一步迸发。扎实推进过硬党支部建设，党支部的战斗堡垒作用进一步发挥。注重在实践中锤炼党性，开展党员亮身份树形象、创建党员示范岗、组织党员义务劳动等活动，党员的模范带头作用充分发挥。强化执纪问责，在全体党员中开展“知敬畏、存戒惧、守底线”专题纪律教育，对晋升、新提拔管理人员、技术系列人员22人进行任前专题廉政教育和廉政谈话，筑牢廉洁防线。发布微信信息139期484条，及时传播好声音、传递正能量。开展送清凉活动，共为321名高温岗位职工送去降温茶和毛巾。组织开展职工子女升入本科院校助学活动，为41名升入本科院校的职工子女发放助学金12.3万元。围绕生产经营的重点、难点、薄弱环节，组织开展炼铁厂稳产高产劳动竞赛、主体工序增产增效劳动竞赛等“短平快”劳动竞赛6项次。轧钢厂赵海涛被推荐为全国钢铁工业劳动模范，有10名职工被评为公司劳动模范，102名职工被评为公司先进工作者。

（撰稿：倪　斌　审稿：逄晓男）

山东钢铁集团淄博张钢有限公司

【概况】 截至2018年年底，山东钢铁集团淄博张钢有限公司（简称张钢）资产总额72.59亿元，在册职工1174人。公司党委直辖8个基层党组织（党委2个，总支1个，党支部5个），在册党员1658人，其中在职党员277人。

【运营绩效】 全年实现营业收入2.91亿元，利润总额-5.27亿元，比预算提高1300万元，剔除消化潜亏和“三供一业”费用因素，其中5家运营单位实现利润-3318.5万元。职工人均收入同比增长10%。公司经营类二级单位全部实现盈利。冶金机械厂完成营业收入1.82亿元，利润147.8万元，实现营收和利润双提升。以产业协同为契机，与莱钢、日照精品基地协同对接，确定服务范围，与山钢股份莱芜分公司签署冷床加工合同2080万元，刷新内部协同新纪录。泰成冶金建设公司深化拓展与永锋淄博内部协同，开拓市场，实现经营利润大幅增长。湖田石矿保生存、谋发展，深挖内潜，提前完成年度目标。东方实验学校交付启用后，张钢房产教育配套优势凸显，东方星城·塾香园项目节点取得突破，开盘热销，实现合同销售额3.6亿元。物业公司规范运营，盘活资产新增收益75.32万元，实现城市服务定型成长。社区管理部水电费收取率显著提升。

【改革发展】 贯彻落实集团公司“三项制度”改革和“1+5”配套制度文件，公司经理层高管人员市场化选聘、契约化管理顺利推进。以张钢物业为试点，推行市场化选聘和契约化管理，自主组阁，建章立制，拓展商机，实现用工形式多样化。打通责任体系，优化管控模式和流程设计，推动实施公司“三定”工作，完成公司业务部门和二级单位中层管理岗位竞聘，中层管理岗位减少11.4%，业务部门人数减少25%，人力资源配置得到优化。践行“改革引领，资源驱动，着力打造四个一”发展思路，新旧动能转换全面起势。着手开展冶金机械厂有限公司混改框架搭建，以“三新”破“三局”。积极找出路、上项目，盘活湖田石矿土地资源，寻求转型项目落地。探索新业态发展模式，创新商业模式，扩大劳务输出规模，培育驾驶员培训业务，积极孕育以物业公司为载体的城市服务业。

【管理提升】 优化产权结构，强化亏损企业治理，梳理处置“僵尸”企业，完成铁鹰公司和香港公司税务注销手续。坚持市场化和自主经营原则，对子公司按市场化机制运作，强化对价值创造的契约化考核，机关部室强化服务职能和管理创新。贯彻落实“阳光采购”，全年组织招标20项，降低采购费用742.88万元。加强“四金”占用管理，个人备用金借款清收成效显著。推进公务用车改革，11台服务车辆拍卖处置，车辆运行费用同比下降137万元。建章立制，制度会签完成77项，占总量的80%。围绕物资采购、废渣石利用、闲置资产盘活、制度体系完善等内容，效能监察立项4项，补管理缺陷，增效676.7万元。落实主体责任，强化源头控制，全年安全生产实现“六个零”目标，生产工序环保达标排放。提升安全本质化水平，开展“大、快、严”安全整治集中行动，安全隐患整改率达到100%，“双重预防体系”完成阶段目标。实施“查保促”职工安康行动，8个标杆班组通过安全合格示范班组建设验收，公司荣获全国“安康杯”优胜单位称号。

【党建工作】 坚持抓实思想建设，完善党委理论中心组学习制度，党委中心组全年开展12次集体学习，党建专题研讨2次。落实“三重一大”集体决策制度，全年召开党委会34次，保证党委议事和决策的民主化、科学化、制度化。完善党建联系点制度和调查研究制度，增强党建工作针对性和实效性。落实全面从严治党主体责任，规范党内组织生活，基层党组织按期换届。推进“过硬党支部”建设，优化基层党组织架构，规范离退休党组织生活，调整成立11个离退休党支部。加强党性教育、宗旨教育和警示教育，举办党支部书记、组织员党务技能集中培训班，开展“不忘初心、牢记使命”党性体检。完善党员评议领导班子、党员党性分析和民主评议等制度。落实民主生活会“问题清单”，查漏补缺。落实巡视巡察反馈问题和《国企十条》督查问题整改，召开整改专题会议5次，全面梳理、压实责任、挂牌销号，各整改项按时间节点基本落地规范。建章立制，启动党建制度建设，修订完成20项，形成严格规范、有机衔接的党建制度体系。

【党风廉政建设】 细化修订《党风廉政建设责任制考核细则》，签订《党风廉政建设责任书》《“一岗双责”责任书》《廉洁从业承诺书》。强化理想信念和反腐倡廉教育，组织观看《失衡的代价》《失控的“雅好”》等系列专题片，开展“知敬畏、存戒惧、守底线”专题纪律教育。开展“纪律微考堂”网络答题，全体党员分三批进行党纪党规和德廉知识测试。强化廉洁风险防控，梳理和完善岗位廉洁风险点清单，严格落实党风廉政建设季度检查、党支部书记述职述廉等制度。加强选人用人监督，通报典型案件，以案明纪。巩固巡察反馈问题整改成果，强化制约监督，抓住元旦、春节、中秋、国庆等关键时间节点，多渠道开展“四风”问题警示提醒。采取明察暗访、交叉检查方式，严格公务接待监督检查。强化执纪监督，对巡察组移交的7件问题线索和山钢纪委交办的6件信访举报线索，全部调查处理完毕。加强权力运行监督，全年查处违反中央八项规定精神的问题2起，党纪处分3人次，组织处理7人次。

【思想政治工作】 推进“幸福和谐新张钢”建设，开展“大学习、大调研、大改进”“解放思想、深化改革”大讨论和“加快动能转换、建功魅力山钢”主题劳动竞赛，引导干部职工在量化价值创造、厚植发展优势上展现新作为。“凝心聚力、献策张钢”合理化建议转化落实120项，创效360余万元。推动党建资源共建共享，利用好“灯塔—党建在线”平台、微信公众号等媒介，实现党员教育和舆论宣传的全覆盖。把握正确舆论导向，传播“好声音”，全年企业微信公众号推送96期，在《中国冶金报》、山钢新闻媒体等发稿150篇。关注舆情信息，畅通职工参与管理渠道，27项职工诉求落实到位。坚持“送温暖”“金秋助学”等精准帮扶活动，实现帮扶救助工作的多元化、常态化。寓教于乐，开展“中国梦·劳动美”主题实践活动。推进劳模（高技能人才）创新工作室建设和职工技能提升，开展劳动模范、工人先锋号、巾帼标兵的评比表彰，发挥先模的示范引领作用。

【化解历史难题】 勇担责任，全方位化解历史遗留难题。清查资产，会诊把脉，摸清家底和资产质量，为完善产权管理、风险管控、管理流程等打下坚实基础。“三供一业”社会职能移交平稳过渡，完成供水、供电、物业移交改造正式协议签订，进入改造施工阶段。启动压减活动，加大对历史应收款项清缴力度，应收账款降低5.35%。落实重大法律纠纷督导机制，积极应对化解诉讼风险，妥善处理纠纷案件14起，一些“难啃的硬骨头”逐步消化，淄博钢联20余年的欠款2147万元得以收回。加强与淄博市政府部门沟通协调，落实湖田石矿生活区搬迁实施方案，加强协调沟通，解决搬迁用地选址难题，项目前期手续有序推进。

（撰稿：宋宪斌　审稿：王兴强）

山东省新力冶金实业有限公司

【概况】 截至2018年年底，山东省新力冶金实业有限公司（以下简称新力公司）共有职工86人，其中管理人员和专业技术人员21人。下辖新力公司冶金宾馆、济南金丰苑物业管理有限公司、山东泰山旅行社3个单位。主要经营范围包括餐饮、住宿、旅游、物资销售、物业管理、房屋租赁等。年末资产总额4943.84万元。

【生产经营】 实施营销创新，提升主业经营水平。强化冶金宾馆与重点客户合作关系，加大新客户开发力度，全年新增会议客户15家；发挥宾馆会议室齐全优势打造会议室品牌，会议室费收入比上年增长5.2%；拓展零客市场，建立前台服务员零客接待激励机制，提高零客收入；加强餐饮自营销，组织“美食品鉴日”活动，宴会、外卖收入比上年提高3%；加强网络营销，与美团、去哪儿、携程、艺龙等国内主要客房预订网站建立团购定房合作关系。冶金宾馆（含餐饮）全年实现销售收入1340万元，实现利润408万元。加强房屋资产管理，投资建设燕山社区大食堂二期工程，年增加租赁收入40万元；资产租赁做到应收尽收，实现国有资产保值增值。持续开展设备设施改造，增强市场竞争力。对冶金宾馆48套客房进行整修；对闲置车库、洗衣房、会议室进行改造，新建客房9套，增加客房床位23个；对地下餐厅进行修缮；对老旧变压器进行更换；对宾馆大院及楼层监控系统进行改造；全年固定资产投资达到200万元。加强欠款清收工作，应收账款比上年减少181.6万元。全公司全年实现销售收入8329万元，实现利润59万元。

【企业管理】 加强制度建设，结合落实集团公司党委对新力公司巡察整改意见，修订《新力公司“三重一大”事项议事规则》等10项制度，新建《新力公司自主用工管理办法》等7项制度。强化重点工作部署督察，建立重点工作周计划安排和月度绩效分析、安全环保、党群工作、计划管理4项例会制度；初步建立周五综合检查制度。加强财务管理，严格费用报销及财务付款程序；推行日清日结，加强过程管控；开展风险辨识，防范各类财务风险发生。加强人力资源管理，自上而下开展“三定”工作，对主管以上管理人员每季开展一次考核测评，实现人岗相宜、精简高效；开展自招工整顿，提高用工效率，规避用工管理风险。坚持深化改革，推动产权优化，顺利完成新力公司吸收合并山东省新力冶金物资有限公司工作。

【服务质量】 重视大型会议接待，按照“三星级”标准优化服务流程，提高服务质量，提升客户满意度；加强服务培训，派员参加济南市饭店协会客房技能培训班，组织人员到吉华大厦学习四星级酒店服务，定期开展会客接待实际操作培训、客房服务技能培训、楼层服务员铺床实际操作培训、总台接待培训以及微笑服务培训，全年开展各类培训36场次。完善前台会议接待、结账、交接班工作流程，减少客人等待时间。加强现场督导，及时解决各类投诉。常年坚持晨会制度，规范职工仪表仪容，对服务行为进行点评，保证服务工作落实到位。物业公司强化服务意识，加强保安、保洁工作力量，为业主提供主动服务，受到业主好评。

【降本增效】 持续推进节能减排。冶金宾馆商务楼加装太阳能热水器循环系统；将客房、公共区域及会议室普通照明灯更换为LED节能灯；对自来水管道及配套设施进行逐一排查，更换老旧管道部件，并定期巡检，避免跑冒滴漏现象出现。压实岗位责任，严格水电等能耗管理。公司全年能耗比降至5.7%，较上年呈现下降趋势。加强采购管理，实施阳光采购，保证采购质量；定期考察调研各类专业批发市场，把握价格走势，寻求市场供应和公司需求契合点，降低采购成本58万元。

【安全生产】 制定《岗位安全生产责任制》，以“消防安全”为中心建立公司安全管理体系，打造安全风险分级管控体系；强化隐患排查，坚持每周开展安全检查，发现问题限时整改；定期进行消防演练培训，参加驻地社区各项安全消防会议及活动，参与济南市旅发委酒店安全培训；规范夜间巡查程序，严格夜间值班经理制度；开展维修、施工、买卖等业务时注明安全条款，明确安全责任，保障相关方安全。全年公司召开安全例会12次，开展安全检查17次，进行消防培训、演练5次。全公司全年实现安全生产。

【党群工作】 强化党建工作责任落实，从严落实主体责任，逐级签订党建工作责任状，建立《履行全面从严治党主体责任清单》，压实责任分工。加强党建规范化建设，坚持每月“一计划、一例会”，全年制定党建工作及学习计划12份，召开党群例会12次，上专题党课6次。加强党的组织建设，完成新力公司党总支换届选举和公司第三党支部换届选举；加强“过硬党支部”建设，搭建“党员传帮带”和“党员突击队”2个平台。落实党务重点工作任务，抓好党费收缴、使用和管理；对失联党员进行处置；稳妥推进党建要求写入公司章程工作，完成两级企业章程修改。加强党风廉政建设，围绕重点工作抓监督、抓问责，处置工作失职案件1起；开展警示教育6次，做到警钟长鸣；全公司全年无违规违纪问题发生。深化民主管理和工会工作，组织开展“幸福新力、和谐新力”创建活动，动员职工参与“会议客户减少、我们怎么办”大讨论以及技能培训和劳动竞赛，干部职工提合理化建议近200条。加强精神文明建设，组织开展扶贫义购献爱心等活动，树立良好社会形象。自导自拍自演微视频《我们的故事》，荣获集团公司百姓宣讲活动三等奖。关心职工生活，开展夏季送清凉活动，为职工定做发放冬季工作服，组织退休职工进行免费健康查体，看望慰问困难党员。新力公司被集团公司授予“文明单位”荣誉称号。

（撰稿：赵　坤　审稿：姚　斌）

山东钢铁集团财务有限公司

【概况】 截至2018年年底，山东钢铁集团财务有限公司（以下简称公司）共有职工43人。其中，研究生16人，大学本科26人；高级职称16人，中级职称11人，初级职称5人。公司下设综合管理部、资金计划部、信贷业务部/国际业务部、营业部、风险管理部、审计稽核部、投资银行部、信息科技部、客户服务部等9个职能部门。

【经营情况】 面对社会资金面依然紧张、集团公司内部资金需求量大等复杂局面，公司深入贯彻集团年度工作会议精神，按照“落实年”工作部署，秉承“依托山钢，服务企业”的宗旨，深化产融结合，聚焦集团公司资金链安全，聚焦服务实体经济新旧动能转换，聚焦年度经营预算目标，抓好经营管理和改革发展各项工作的落实落地，得到集团公司和监管部门的高度评价和认可，被山东银监局授予“进走访”工作先进单位。在第三季度人民银行MPA考核中被评为A级。公司继续保持集团公司文明单位、财务工作先进单位等荣誉称号，并荣获省属企业文明单位荣誉称号。截至2018年年末，公司资产总额156.45亿元，负债总额119.17亿元，所有者权益37.28亿元。全年累计实现收入4.88亿元；实现利润3.53亿元，同比增加0.44亿元，增幅14.33%。公司不良资产率和不良贷款率均为零。各项指标符合监管规定，实现“三无两安全”目标。

【信贷业务】 坚持把服务成员企业、保证集团公司资金链安全作为首要工作，坚持“区别对待、有扶有控”原则，严格落实银监局“进走访”工作要求，做好“分类分策”工作，有力支持成员企业。截至2018年年末，通过办理贷款、贴现、转贴现、再贴现、委托贷款、电子票据承兑、担保等业务，累计为集团和成员企业提供表内表外信贷支持208.97亿元，信贷支持余额168.05亿元。按照集团公司新旧动能转换工作要求，保障集团公司重点项目资金需求，为济钢集团提供信贷支持23.4亿元，为日照公司开立电票13.82亿元，为济钢集团转型发展以及日照公司精品钢基地建设做出积极贡献。公司在做好流动资金贷款的同时，调整优化信贷结构，重点发展票据融资业务，增强资产流动性，关键时点助力集团公司资金链安全。主动研究人行信贷政策，拓宽外部创效渠道，办理再贴现业务1.93亿元，为金融服务增加了资金来源。

【资金归集】 落实集团公司深化资金统一管理专题会议精神，加大资金统管力度，梳理成员企业1145个银行账户，新增开立142家成员企业内部账户，并对现有金融管理服务平台进行技术改造，为集团公司强化资金预算管理、提升资金使用效率奠定了基础。通过资金归集领导包片制度、上门营销、归口管理、信贷业务带动、结算带动等措施，促进资金归集。公司年末归集资金余额106.98亿元，各项存款余额117.33亿元。

【降本增效】 继续实施让利政策，多方面让利成员企业，累计让利2亿余元。加强与商业银行的谈判协商，提升存放同业利率，全年累计实现同业往来收入2086万元，平均存放收益率1.98%。持续拓展保险代理业务，全年累计为成员企业代理投保资产余额475.35亿元；实缴保费3185.09万元，协助成员企业索赔到账2368.76万元，赔付率74.37%。充分运用有价证券投资资质，提升公司资金头寸收益，拓展盈利空间，全年实现投资收益4215.32万元，比上年增加3413.36万元，增幅425.63%，加权投资收益率5.61%。

【信息系统建设】 制定实施信息科技年度建设计划，有序推进纸电融合、反洗钱、征信、保理、即期结售汇、移动审批等项目。继续推进系统优化整改项目，保障和支撑业务稳定顺行。加强信息化制度建设，制定实施《采购定价管理办法》《信息系统用户、岗位、业务审批流授权操作规程》等制度，推进信息科技工作合规建设。公司系统未发生网络安全风险事件。

【“两转两提”活动】 继续开展转观念转作风、提素质提能力“两转两提”活动，强化学习培训，坚持“每周一学”，以考促学，检验学习效果，激发全员学习积极性。干部职工积极考取各类金融类资格证书，全年共计20人次通过考试，其中一名职工取得CFA（特许注册金融分析师）证书，一名职工取得资产评估师、税务师证书。

【风险管理和内部控制】 扎实推进整治银行业市场乱象和扫黑除恶专项工作，深入开展合规管理深化年活动和“七不准”“四公开”落实情况等专项自查工作，做到“四坚持”“四到位”，查摆6大类10项问题并全部整改到位，确保合规制度落实落地，得到银监局通报表扬。做好新修订印刷的《制度汇编》《员工轻微违规行为积分管理办法》等制度规定的学习贯彻，编制并落实《合规指南》，修订《工作人员轻微违规行为积分管理办法》，新增积分标准43条，截至年底达到389条。强化制度执行，发挥激励约束作用。落实《风险预警会议制度》和《重大事项报告管理办法》，召开信贷审查委员会会议13次，完成信贷产品的审批共计121笔，将风险防范关口前移，不断提高风险防控能力。强化内部审计，对业务部门进行审计，对违规行为积分，促进了问题整改。公司全年各项风险监管指标均符合监管标准和要求，无案件发生。

【精细化管理】 强化公司治理，组织召开股东会、董事会和监事会，审议通过新旧动能转换三年行动计划、总经理选聘实施方案、财务预决算方案和利润分配方案等多项议案，促进公司规范、健康、稳定发展。持续优化业绩评价考核，严格考核兑现，发挥激励导向作用。严格落实《6S管理评价办法》，推进公司运营管理各项工作规范化。

【人力资源管理】 印发《关于深化人才发展体制机制改革的意见》，深化人才发展体制机制改革，以人才优势打造创新优势、产业优势和发展优势。注重引进金融专业人才，引进投资银行方面专业人才1人，弥补公司投资银行领域空白。

【企业文化建设】 强化企业文化建设，加强《企业文化手册》的宣传贯彻，注重文化理念的内化于心、外化于行。将文化建设与公司经营管理有机结合，坚持以文化影响人、带动人、鼓舞人，引导干部职工解放思想、转变观念，敬业爱岗、团结奉献，在全公司营造风清气正、干事创业的良好环境和氛围。加强合规文化建设，贯彻合规文化理念，引导全员严格落实“按岗履职、按权履责”要求，营造合规经营氛围，促进安全稳健经营。注重公司文化与山钢文化的融合发展，参与集团公司组织的“中国梦·新时代”百姓宣讲等文化建设活动。积极开展文明单位创建活动，公司荣获2018年度省属企业文明单位荣誉称号。

【党群工作】 深入学习贯彻党的十九大精神和集团公司第一次党代会及系列工作会议精神，以大会精神统一思想、指导工作、推进实践。坚持重大问题集体研究、民主集中，组织召开14次党总支会议研究决策重大事项，发挥了“把方向、管大局、保落实”的作用。持续推进“两学一做”学习教育常态化、制度化，深入开展党支部规范化建设，组织召开“深化‘两转两提’建设过硬支部”动员会，促进创建工作扎实开展；实行党建工作季度检查考评，形成“学习、对标、提升”的良好氛围；实施党员目标管理，推进基层党建突破项目，不断加强党建基础工作，先后建立43项党建工作制度，编发《党建工作制度汇编》(电子版)，印制《党支部工作标准和工作制度》。落实“三会一课”等基本制度，利用公司党员活动室，组织形式多样的“主题党日”活动，提升了党建工作科学化水平。履行“两个责任”，强化党风廉政建设，开展“知敬畏、存戒惧、守底线”专题纪律教育，党组织管党治党能力不断提升。加强对工会换届工作的指导，引导群团组织广泛开展劳动竞赛、技术比武、文化体育等活动，凝心聚力，促进了中心工作的开展。

(撰稿：邵　蔚　审稿：杨士东)

山东钢铁集团国际贸易有限公司

【概况】 截至2018年年底，山东钢铁集团国际贸易有限公司（以下简称山钢国贸）总资产88.3亿元。拥有全资及控股公司6家。内设综合部、管理部、财务部、党群部/监察部4个管理部门，贸易部1个业务部门，下设济钢集团国际贸易有限责任公司、山东莱钢国际贸易有限公司、山东钢铁集团日照国际贸易有限公司、青岛悦丰物流有限公司、埃尔顿（香港）发展有限公司、齐鲁钢铁公司等子公司。共有职工170人。其中，研究生22人，大学本科136人；高级职称40人，中级职称94人，初级职称23人。

【保证供应】 提升服务增值能力，从传统保供转变为优质供应、经济供应。强化战略合作，确保优质供应。密切与BHP、力拓、Vale、罗伊山、FMG等主流矿山战略合作关系，稳妥推进长协合同谈判和执行工作，稳定主流矿种的供应。坚持“双贴”理念，密切联系生产单位，积极推介高效品种，克服钢铁主业高炉变料频繁、采购批次多、品种杂、时间紧、资金少等不利因素，高质量完成保供需求。优化资源配置，实现经济供应。发挥市场前哨作用，引导钢铁主业优化资源配置，调整品种结构，助力钢铁主业降本增效。与Vale签署虚拟混矿合同，全年发运高硅巴粗160万吨，满足钢铁主业对高硅巴粗的需求，降低采购成本1.2亿元；开发折扣资源代替塞矿，炉料结构不断优化，降低综合入炉成本。协调钢铁主业增加杨迪粉配比，有效降低炼铁成本；开发澳洲精粉替代乌克兰精粉，降低采购成本230万元。全年铁矿石（Fe62）平均价格低于普氏指数6.87美元/吨，为钢铁主业降低成本6.82亿元。

【经营业绩】 全年采购进口铁矿石2087万吨、煤炭37万吨，进口铁矿石在比2017年普氏指数低5.8美元/吨基础上，又降低1.07美元/吨。实现营业收入349亿元，完成计划的116%，同比增长36%。实现利润总额6648万元，完成计划的113%，同比增长29%。实现净利润5214万元，完成计划的118%，同比增长68%。完成铁矿石贸易量2466万吨，同比增加255万吨。出口钢材128万吨，完成计划的140%；其中主业出口110万吨，完成计划的120%；第三方出口18万吨，同比增长27%。

【产品出口】 贯彻落实集团公司国际化战略，推进生产、销售、出口内部协同，首次打破多年来出口低于全国平均水平的局面。改革出口营销模式，提升出口动力。通过公开竞聘、自主组建方式，按产品或市场，成立出口攻坚战队，模拟市场化运作。组建海外营销团队，积极发挥“先锋侦察兵”“后勤服务兵”“区域市场作战兵”作用，海外推介产品，抢抓订单。境内外团队联动，接单量大幅提升，海外市场触角不断延伸，市场布局持续优化。强化重点工作引领，推进出口上台阶。坚持问题导向，查短板、定措施，梳理了4大类、18项出口重点工作。重点培育主打产品，积极开发高端产品，成功将耐指纹镀锌卷出口至欧洲，与宝马供应商签约试订单合同，与沃尔沃达成合作意向，开启汽车用钢进军国际高端市场的新征程。深耕重点市场，在巩固日韩、东南亚等传统市场的基础上，积极开发“一带一路”沿线市场，成功中标老挝铁路建设项目，美标H型钢批量出口菲律宾。精准服务核心客户，与GS Global达成战略合作，借助其成熟的营销网络和丰富的市场经验，优化市场布局，提高出口效益。与麦钢开展全面商务合作，与环亚20余家终端用户建立直接联系，以“技术+营销+服务”方式，不断提升服务水平，巩固合作关系。创新提供增值服务，细分市场，延伸客户需求，开展定制化服务，推进外委圆钢热处理加工、热卷开平板、小卷重带钢等钢材出口，实现提量增效。探索出口结构性融资，加大出口资金支持。全年为钢铁主业出口钢材融资3.37亿元，缩短出口资金收款周期，有力缓解钢铁主业的资金困难，开辟出口创效的新路径。

【贸易物流】 深化产融结合、贸融结合、融汇结合的“三结合”经营模式。产融结合为主业融资创利，按照港口库存融资操作机制，在确保生产需求与合理库存基础上，抓住市场高位机会调整库存，外销富余库存60万吨，为主业回流资金3.5亿元，增利约1718万元；依托虚拟混矿，腾出生产富余的160万吨卡粉进行外销，实现利润440万元；抓住市场机遇，以高硅巴粗替换低铝毛粉，实现利润280万元。贸融结合为公司引入现金流，大力开展复合型代理业务。全年开展代理业务432万吨，为公司提供资金支持13亿元，创效3670万元。融汇结合为公司保证资金链安全，降低融资成本。积极与各大银行协调，新增授信额度22亿元，为主业办理融资107亿元，弥补钢铁主业资金缺口。全年综合融资利率4.57%，降低融资费用6312万元。采取出口对冲、增加人民币币种融资、美元锁汇等“稳健积极”策略，有效应对汇率大幅波动，降低汇兑损失约1.84亿元人民币。捕捉汇率、利率离岸、在岸机会，利用境外资金池和境外利差优势，在贸易链条上挖掘盈利点，获取融资利差和即、远期汇差等收益323万元。强化物流业务，增强物流与贸易协同性。成功争取到港口优惠政策，有效延长免堆期，节省港口费119万元；克服海关进口焦煤限制政策，多方协调，保证进口焦煤顺利通关；实行租船联动协作、保证金制度、对常规合同实行招标管理、提升自租船比例，降低海运成本，保证出口收汇。开展贸易合作，构建利益共同体。坚持开放性思维，构建“请进来、走出去”合作模式，与国内外多家钢企及贸易商开展贸易合作，取得双赢、多赢效果。利用品牌、资金流优势，代理河南能化煤炭业务，每月获得比较稳定的收益；与中钢贸易、摩科瑞、嘉吉、易大宗等单位合作，开展进口矿、煤炭贸易、代理开证等业务，实现资源、资金优势互补，拓展盈利空间；积极引入外脑外智，借助金融、期货等专业机构的运作经验和人才，开展多轮次专业培训和业务指导，提升市场分析水平和商机把握能力。拓展贸易新业务，打造新的利润增长点。培育钢材、煤炭、焦炭、合金等近钢贸易，尝试开展石油、化工产品等业务。开展钢材内销业务，全年内销钢材 2.4 万吨，实现利润 240 万元；备品备件业务稳步发展，全年实现营业收入 7600 万元，创利 380 万元，同比增长 40%。尝试合金贸易，取得较好成果；探索小批量钢材效益出口业务，呈现星火燎原之势。

【管理改革】 持续优化党委会、董事会、监事会、经理层等“三会一层”治理结构，规范“三重一大”决策程序，着力提升现代化企业运营效率。按照集团公司要求，如期完成青岛悦丰物流有限公司产权层级优化工作，由四级权属公司提升为三级。深化人事制度改革，在上年完成经理层契约化改革后，将契约化管理延伸到中层关键业务岗位，总经理与中层负责人签订《关键岗位目标责任书》，实现指标、收入、风险的统一。完善以市场化和价值化为导向的考核体系，引入“贡献度”考核，根据绩效贡献、指标权重、管理幅度及难度，区别制定薪酬基数；坚持刚性考核，提高激励和约束的时效性，有两个单位年初执行保底工资。加强风险防控，实现“零增量、降存量、提质量”目标。增强风险防控意识，深化“风控第一”经营理念，落实“法商融合、重在预防”的风控策略，聘请专业律师及同业先进友商进行法务知识、风险防控专业培训，组织风险管理考试，提高全员风险意识和风险辨识能力。健全风险防控体系，提升风险防控管理水平，修订、新增 17 项业务制度，总体上实现业务在制度体系内规范操作和运行。强化合同管理员管理，落实合同签署“业务、风控、财务”三审制度及责任，筑牢风险防控的坚固防线。大力开展历史风险化解，建立风险纠纷化解推进机制，督导推进历史遗留风险纠纷化解工作，彻底化解山钢国贸与淄博张钢风险案件，山东耀铄案、鲁银经贸欠款事项取得重大进展，全年清收回款 8385 万元；中玻案件取得阶段性进展。积极推进应收款项压减工作，全年降低历史存量 5728 万元，未出现新增逾期应收款项。

【党群工作】 按时完成三级权属企业党建工作要求写入公司章程工作，明确和落实党组织在公司法人治理结构中的法定地位。发挥党委把方向、管大局、保落实作用，严格落实党委会研究讨论前置程序要求，全面参与公司重大决策事项。聚焦党组织领导，落实党建责任制。党建工作情况纳入年度二级领导班子考核，实行“一票否决”。召开年度党组织书记抓基层党建述职述评会，制定《党建工作责任清单》《党委书记抓基层党建突破项目实施方案》。公司党委与班子成员、各支部书记，各支部书记与支部委员、党员逐级签订《党建工作责任制》，健全党建工作责任体系和考核办法。组织完成公司党员领导干部民主生活会、基层党组织生活会和民主评议党员工作。加强党员学习教育，落实“大学习、大调研、大改进”工作，推进“两学一做”学习教育常态化制度化。开展“活力国贸”理念主题实践教育，把主题教育与“魅力山钢”“活力国贸”建设结合起来，在服务主业、贸易经营中推进落实。推动“党员活动室”建设，在公司总部、日照国贸党总支、莱钢党总支建立党员活动场所。深入推进党支部规范化建设，制定下发《打造过硬党支部暨活力党支部实施方案》，规范党支部考核管理。做好党员发展管理工作，有6名入党积极分子发展为预备党员，1名预备党员转正。强化廉洁教育，春节前夕组织党员干部和关键岗位人员到莱钢党校反腐倡廉教育基地进行“廉洁过节”教育，充分利用公司纪委自办案件（耀铄案件）、上级纪委案例通报、观看警示教育片等形式开展警示教育。开展廉洁谈话，讲好廉洁从业党课，构建廉洁共建文化。加强效能监察与监督执纪，推进效能监察立项，自主立项效能监察项目5项。开展执纪审查工作，对山钢国贸与山东耀铄贸易纠纷风险中相关人员的涉嫌违纪问题，5月份立案审查，涉嫌违纪人员给予党内警告处分1人、行政警告处分1人、诫勉谈话3人和批评教育1人。协助配合集团公司纪委，收缴违规违纪款项17万元。开展内部专项巡察，对在商务接待、差旅费管理、公务用车和通信费管理等方面问题，明确整改措施，切实堵塞管理漏洞。推进幸福和谐国贸建设，制定实施《山钢国贸创建“幸福和谐国贸”实施方案》，开展职工喜闻乐见的活动，走访慰问困难职工，推动落实群团工作，山钢国贸被评为2018年度省属企业文明单位。

（撰稿：王　涛　审稿：朱玉廷）

山东钢铁集团房地产有限公司

【概况】 截至2018年年底，山东钢铁集团房地产有限公司（以下简称山钢地产）机关职能部门13个，分公司10个，权属法人公司27个（其中全资、控股子公司24个，参股公司3个）。在岗人员1462人。其中，公司领导班子9人，机关管理人员106人，房地产分、子公司管理人员421人，物业公司926人。山钢地产具有房地产开发一级资质，经营范围包括房地产开发、物业管理及相关业务咨询服务、建筑材料、建筑构配件销售。

【经营情况】 全年共销售房屋5156套，其中主房产3490套，储藏室、车位等附属房产1666套（个），销售面积50.71万平方米，销售合同额58.62亿元，回收资金49.68亿元，物业管理、商业管理等回收资金1.23亿元，合计回收资金50.91亿元。营业收入40.27亿元，完成考核利润3.97亿元，完成考核口径归属于母公司净利润2.67亿元。资金收入106.95亿元，资金支出112.08亿元，净现金流量-5.13亿元。资产总额190.24亿元，负债总额166.23亿元，净资产24.01亿元，账面资产负债率87.38%。

【战略规划】 根据集团公司批复意见，1月23日，印发山钢地产《新旧动能转换三年行动计划（2017—2019）》，成为指导公司创新转型、做强做优纲领性文件。6月26日，印发《新旧动能转换推进工作方案》，确定新旧动能转换工作方案和重点工作配档表。开展企业经营发展专题研究，全年编报11期《决策参考》。10月16日，聘请北京睿信致成管理顾问有限公司启动《山钢地产物业管理业务发展战略与实施方案》管理咨询，形成山钢地产物业板块整体战略规划报告。优化产业结构和资产结构，9月3日，获得集团公司《关于济南鲍德房地产开发有限公司公开转让新悦国际广场项目的批复》，12月29日，签订《资产交易合同》。

【产权管理】 健全产权管理体系，创新投资管理模式。获得《山东钢铁集团房地产有限公司2018年度授权管理方案》。5个股权投资项目获集团公司立项批复。设立上海鲁颂置业有限公司、日照山钢置业有限公司、上海尚北置业有限公司。推进混合所有制改革，完成对上海荣胜置业有限公司增资，获得该公司55%股权；完成章丘市碧桂园房地产开发有限公司对滨州市君朋房地产开发有限公司增资参股。优化产权结构，山东信莱物业管理有限公司收购济南德盛物业管理有限公司100%股权。完成“僵尸”企业处置任务，清算注销青岛莱钢建设房地产开发有限公司。根据集团公司批复意见，印发《山东钢铁集团房地产有限公司项目跟投管理办法（试行)》。

【财务管理】 发挥全面预算统领作用，深化预算管理工作，推进明源系统各业务模块升级，实现全面预算系统开发上线。统筹资金收支管理，严格执行收支两条线，坚持“以收定支、系统平衡”；积极应对金融政策变化，创新融资模式，拓展供应链融资，并成功在上海证券交易所备案发行物业费收入资产支持债券，成为山东省内首家成功发行物业费收入ABS的房地产企业；拓宽融资渠道，全年实现融资收入46亿元，年平均利率6.86%。制定应收款项压减工作管理制度，持续推进应收款项压减工作，实现应收款项压减10.44亿元。落实亏损企业治理工作，制定治理方案并稳步推进，提升企业运营质量，保质保量完成亏损企业治理目标。强化税收筹划能力，利用税收政策，加强与各项目当地税务局沟通，实现企业所得税、土地增值税及其他附加税退税2562万元；合理控制纳税节奏，全年节约资金成本1619万元。

【土地拓展】 在行业调控背景下，针对复杂多变的土地市场形势，创新拓展工作思路，调动和整合各类资源投入土地拓展工作。在资金异常紧张的条件下，有针对性地制定、实施拿地策略，全年共获取土地5宗，土地面积共计303.8亩，新增地上计容建筑面积40.3万平方米。

【设计管理】 完善设计管理制度，优化管理流程，合理安排计划，提高整体设计效率，设计管理全面提速、提效、提质。全年完成设计项目总建筑面积120.15万平方米，设计成果66个；设计关键节点计划指标完成率100%；以目标成本约束产品设计，推进对标管理、限额管理，设计优化实现建造成本减少约622.11万元；将日常设计管理工作全部纳入风险管理体系，全面排查设计风险，避免直接经济损失约1048万元；严格审查设计变更量计量准确性、取费合理性，审减设计变更费用168.69万元，增加销售收入约1806万元。

【开发计划管理】 开展项目运营提速提效，以项目开发计划为主线，通过优化开发流程、严控工作周期、制定主项计划，贯彻落实挂图作战；通过完善组织保障、健全运营会议体系、强化绩效考核、突出运营激励和提升ERP信息化系统应用水平，确保挂图作战落地。2018年，住宅类项目中自拿地至获取施工许可证周期最短的为9.2个月，保障房类项目中自拿地至施工至正负零周期最短的为8个月，分别较历史数据缩短5.6个月和7.3个月。

【招标采购管理】 优化供应链，推进内部产业协同，战略采购取得新突破。构建精细化管理，完善采购平台审批流程，落实提速提效。借助明源升级，构建核心竞争力，进行有效的管理体系宣贯，提升专业管理，深化阳光采购。全面落实预算管理，完成集中采购金额14.85亿元，与控制价相比节约采购成本4802万元。

【成本管理】 建立科学规范的成本管理体系，严格实施成本前置管理，推行专业化管理措施，强化“三全管理”意识，将制度流程表单化、工具化。推进挖潜增效，严控无效成本发生。全年通过控制价审核降低成本13282.93万元，审减率7.57%；

严格项目结算审核，共审减结算值7350.02万元，审减率3.29%；全年降低成本4386.20万元，成本降低率2.48%，实现综合成本降低率比上年低2%的目标。

【销售管理】 系统梳理销售流程，明源ERP销售管理系统全面升级，新增底价、面价双价格管理和认购书套打等功能。截至2018年12月，青岛东部新天地、济南锦绣华府、太原山钢铭著等多个案场成功上线销售移动客户端，保障销售来访、来电等信息实效性、及时性。创新营销方式，采用线上开盘、渠道拓客、公寓包销手段，打开销售局面，青岛凭海临风、温州奥体城、济南锦绣华府均实现“快去化，高回款”目标，其中凭海临风项目两次开盘两次售罄，创造单项目单次开盘推盘量、成交量、年度销售合同额和回款额历史最好水平。当年内共清理尾盘约9.58亿元，公司各项目住宅和公寓类尾盘均已全部清盘。科学管理，优化使用营销费用，营销费用费效比进一步提高。全年营销费用共支出8957.53万元，全年营销费用占比1.9%，优于行业标准。

【安全质量管理】 持续完善安全管理体系，做实安全履职，强化双体系建设，开展安全专项活动，严格落实环保政策，全年累计排查隐患636项，培训演练1500余人次，完成集团公司下达的各项安全生产目标。强化工程管理，突出工程管理策划，推行移动工具应用，做实工程季度巡查，重视经验总结积累，全年累计下发巡查通报16份，发现整改安全质量管理问题227项，有效推动公司产品品质提升。

【商业运营】 依托自持商业项目，发挥专业化、资源化优势，以商业项目前期策划定位、设计优化以及招商代理服务为龙头，与全国知名品牌家家悦集团、华住集团签订战略合作协议，并成功开业自营酒店，将自持商业中心、商务酒店、长租公寓、社区零售业态的运营作为主要盈利手段，最终实现商业物业增值。探索大宗物资贸易及商业公装等新型业务，拓宽盈利渠道。着力打造山钢地产旗下商业行业知名品牌。

【物业管理】 扎实开展标准化建设，提升管理水平与质量，不断塑造全新“山钢物业”品牌形象，实现行业品牌影响力。建立“地产项目承接、外部市场拓展、专项业务介入、集团资源整合、外部收并购与合作”的5+*N*多元化规模扩张方式，深耕济青沪核心城市不断开拓市场，持续培育电梯维保队伍核心竞争力。全年资金收入6444.63万元，利润突破1000万元，物业在管面积达580万平方米。

【干部人才管理】 抓住全面深化改革发展机遇，持续推进契约化管理工作。完成公司经理层人员市场化选聘、契约化管理及5家子分公司自主组阁、契约化管理工作。优化领导班子建设，全年共提拔调整领导干部88人次，其中高层管理人员1人，中层管理人员11人。全年招聘专业技术人员100人，内部调配30人次，接收济钢安置人员13人。强化干部人才培训力度，开展专业及管理类内外部培训31场，组织中高层管理人员10人次参加实战型房地产高级研修班。全面启动人才盘点工作，通过绩效管理及能力评估，全方位、多层次、立体化地梳理公司人才现状。

【综合管理】 建立服务器云平台系统，满足信息系统未来升级需求和公司长远发展需要，保障数据安全。进行网络安全加固，更新互联网出口防火墙，集成实现IDS、IPS、防毒防护等主要功能，切实保护公司内部网络安全。配合政府部门做好国家及青岛市重大会议期间网络安全保障工作。全公司年度归档案卷6624卷，文书档案953件，年度利用档案962人次。完成已注销的临沂分公司文件材料移交及整理归档。

【绩效考核】 优化绩效管理体系，突出重点指标考核，将利润、营业收入指标，分解、转化为销售合同额、销售回款、利润、关键节点计划等核心考核指标，实现经营指标分解传递。突出绩效考核导向作用，强化专业管理考核和公司重点工作绩效考核，将公司部门考核与子分公司业绩挂钩，落实提速提效专项考核，实现基于项目主项计划的捆绑激励，增强协同意识，激发内生动力。

【审计管理】 全年完成各项审计27项，其中年度绩效审计15项，项目绩效审计2项，任期经济责任审计6项，专项审计4项。聚焦结果和效益，拓展绩效审计深度和广度，准确鉴定各项指标，促进管理规范。强化经济责任审计工作，离任审计率达到100%。加强风险管理和内部控制审计，实现内控审计日常化、持续化，对项目开发前期流程控制、合同管理情况、采购管理情况、落实契约化管理情况实施专项内控审计。根据各类审计报告提出的建议，建立健全山钢地产制度18项，完善内部控制程序30余项。

【风险防控】 优化风险管理机构设置，设置风险管理办公室，将全面风险管理职能从计划财务部调整至审计部/法律事务部；组织修订《全面风险管理办法》，进一步完善全面风险管理体系，全面把控经营风险；组织各单位、部门对经营开发各个环节进行风险辨识、评估，形成2018年度风险管理清单，根据清单逐一把控风险点，落实风险管控措施，将风险管控责任落实到人，确保风险得到有效控制；针对土地拓展、对外投资、财务融资等方面开展专项风险评估工作，全年共出具风险评估报告8份，为公司决策提供支撑。强化法律风险管控，参与审核合同857份，标的额56.46亿元，对外投资、合作、担保、融资等重大经营决策事项的法律审核率达到100%。累计处理各类纠纷诉讼129起，标的额总计4100.82万元，挽回经济损失915.62万元。出具法律意见书及书面意见14份，审核、颁发授权委托书45份。采取法律手段开展债权清收工作，累计清理应收债权1929.9万元。

【纪检监察】 严格落实党风廉政建设责任制，层层签订《落实党风廉政建设主体责任书》《落实党风廉政建设“一岗双责”责任书》。做好集团公司党委巡察反馈问题整改，落实整改责任，促进巡察反馈问题整改目标任务完成。开展“知敬畏、存戒惧、守底线”专题纪律教育，筑牢党员干部拒腐防变思想防线。推进岗位廉政风险源辨识与风险防控工作，抓好重点岗位和重点人员廉洁风险防控，建立廉洁效能长效机制。坚持廉政巡察和工作调研制度，加大监督检查和执纪审查力度，失责必问、问责必严成为常态。深入开展效能监察，积极防范经营风险，为公司生产经营的顺利进行提供了坚强纪律保障。

【党建工作】 公司党委下属13个党支部，共有党员183人。召开公司第一次党代会，选举产生新一届党委会和纪委会。督促指导13个党支部按照规定程序完成换届选举工作。严格落实党组织在公司法人治理结构中的地位，完成24家权属公司“党建入章”工作。层层压实管党治党政治责任，制定下发《履行全面从严治党主体责任清单》，健全党建工作责任体系。统筹推进党支部规范化建设，5个党支部达到过硬党支部建设标准。加强党员教育管理，组织开展党支部书记培训班1期，发展新党员14人。加强党建思想政治工作理论研究，4篇论文成果分别在中国冶金政研会、山东省冶金政研会和集团公司获二、三等奖。加强形势任务教育，及时编发专题学习材料。深入开展精神文明建设，参加集团举办的“中国梦·新时代”百姓宣讲比赛，两项作品分获二、三等奖。

【群团工作】 坚持民主管理、民主监督，认真落实职工代表大会制度、厂务公开制度，职工的知情权、监督权、参与权得到有效保障。广泛开展群众性主题劳动竞赛，营造比学赶超浓厚氛围。坚持送温暖活动，完善困难职工帮扶救助制度，全年累计发放救济款47000余元。

（撰稿：郭　晖　审稿：张鲁兵）

山钢金融控股（深圳）有限公司

【概况】 2018年7月，山钢集团为山钢金融控股（深圳）有限公司（以下简称山钢金控）增资20亿元，增资后注册资本金为40亿元。11月，挂牌成立山钢研究院金融研究院。年内新设立舜泰商业保理（上海）有限公司（以下简称保理公司），受让青岛济钢经贸有限公司（以下简称青岛经贸）、山钢国际信恒有限公司。截至年底，山钢金控下辖山钢金控资产管理（深圳）有限公司（以下简称资管公司）、山钢金控互联网金融服务（深圳）有限公司（以下简称互金公司）、山东融鑫投资股份有限公司（以下简称融鑫公司）、济钢香港控股有限公司（以下简称香港公司）、济钢国际融资租赁有限公司（以下简称济钢租赁）、济钢新加坡有限公司等10个全资子公司；山钢金控融资租赁（深圳）有限公司（以下简称金控租赁）、山钢瀚信基金管理（深圳）有限公司（以下简称基金公司）、济南市钢城小额贷款股份有限公司（以下简称小贷公司）3个控股公司；光大银行、交通银行、泰山保险、齐鲁银行、莱商银行、济南机场、山东航空等16个参股公司。在册职工136人。其中，大学本科学历96人，占比71%；研究生以上学历39人，占比29%；高级职称29人，占比21%；注册会计师5人，CFA注册金融分析师2人，注册资产评估师2人，国际商务师2人，执业律师及法律从业资格7人，人力资源管理师2人，会计从业资格50人，基金从业资格51人，证券从业资格29人，期货、保险、小贷、银行、保理等从业资格共13人。

【战略规划】 搭建整体战略经营体系，持续推进“大金控、大资管、全牌照”战略方针，规划打造普惠金融、资产管理、融资租赁、海外平台四大商业战略板块。依托互联网金融和私募基金“两个轮子”实现弯道超车，建设供应链金融管理系统和以不良资产为核心的大资管平台“两个翅膀”助力公司发展。完成山东—上海—深圳—香港四地联动的布局，形成互为补充、优势联动的业务格局。先后取得了融资租赁、小额贷款、互联网金融、资产管理、私募基金、商业保理等牌照，基本形成类金融全牌照。

【改革创新】 按照集团公司战略部署，深入推进“市场化选聘、契约化管理”改革，成功打造五个层面的契约化管理体系，有效实现压力传导。深化人事制度改革，开展权属公司负责人自主组阁，引领权属公司自主制定约束和激励机制。共计出台关于契约化管理、自主组阁等相关制度办法16项，形成可复制推广的经验做法和制度体系，得到集团公司充分认可并全面推行。2018年引进各类人才27人，其中博士研究生2人，高端人才10人。推行工资总额控制与子公司自主分配相结合薪酬分配机制，赋予子公司应有的自主权，各子公司制定自主三定方案，确定职工工资发放方式与水平，动态调整岗位设置，合理增减人员。继续推进项目制团队平台建设，新立项项目3项，结题项目8项，累计创效7271万元。采取“平行跟投、风险共担”原则，建立项目跟投机制，全年创新跟投项目3个，项目累计投资额1.2亿元，投资收益预计621.67万元。

【产业发展】 发挥产融结合、贸融结合、网融结合及融融结合协同优势，全面完成绩效指标。四大商业板块协同发展。普惠金融板块：互金公司运营的“今来银网”网贷平台，年实现交易额5.5亿元，累计交易近11亿元，注册用户数12508人，平台逾期率、不良率持续为零，实现考核利润1594.76万元。11月，自主设计并开发的“诚融宜”系统上线，实现今来银网项目全周期流程化、标准化、智能化管理。小贷公司强化内部管理，积极开拓市场，全力清收不良，实现考核利润4468万元，完成预算目标136%。保理公司打破传统的银行授信渠道，创新业务模式，与马钢保理公司达成再保理业务合作框架协议，完成16笔保理业务、2笔再保理业务，年底存量保理资产2.79亿元，实现当年注册、当年开展业务、当年盈利。融资租赁板块：金控租赁全年实现营业收入8964.61万元，考核利润6139.96万元。坚持以内部业务为依托，大力拓展外部市场，全年完成外部项目投放2.1亿元，开展与银行、证券公司、同业融资对接工作，以投促融、以融促投，逐步提高自主融资能力。济钢租赁奠定面向文旅健康、公用事业、工业装备、基础建设等行业的外部市场基调，年业务投放额5.8亿元，实现考核利润4466万元。资产管理板块：基于引进人才效应的持续发挥，资产管理板块成为公司经营的创新引领，大量新的交易结构、业务模式成功落地。卓越地产项目成为山钢金控在深圳的第一单对外投资；煦国能源项目是山钢金控成立以来撬动社会资金最多、协同交易对手最多的首创性业务；山钢瀚信蓝海1号私募投资基金成为国内第一只创新用途私募基金产品，特别是在中基协强化监管的大环境下，又连续取得两个产品的备案。海外平台板块：香港公司积极协调各银行授信，完成内保外贷接续3.3亿港币；持续发挥存量融资优势，连续为租赁业务延续、互金业务代偿、资管业务开拓提供资金支持，发挥了融资工具作用；在深圳开立NRA账户并成功实现境外融资1.07亿港币，在交银香港、工银亚洲新增授信额度1亿美元。青岛经贸联动香港公司，发展贸融业务，加强内外联动。

【市场开拓】 内部市场持续巩固，客户布局更加契合集团公司战略发展方向，内部业务合作模式开始从单一型向复合型转变。外部市场开始发力，开发以卓越项目、万科供应链金匠项目为代表的高端客户，以龙湖水务、高密医院项目为代表的公用事业客户，以马钢再保理、攀钢互金业务联动为代表的同业合作；与山能重装、济南四建省市国企合作融资，多层次的市场化业务稳健起步。搭建完成山东—上海—深圳—香港四地联动布局。利用互联网集聚更多金融资源，海外联动租赁、资管协同小贷、基金撬动互金、贸易补充金融的“产融结合、贸融结合、融融结合、网融结合”的四位一体金融业态更加成熟。发挥类金融全牌照优势，基金拓展市场，资管设计结构，融鑫提供资金，小贷提供通道；主体提供资产，保理提供模式，互金建设平台多重工具多重模式组合创效，全牌照作用凸显。

【经营业绩】 全年实现营业收入69.65亿元，实现考核利润2.28亿元，考核净利润1.76亿元，考核归母净利润1.48亿元，预算完成率分别为：110.40%、97.7%、96.5%、99.4%，净资产收益率（ROE）7.27%，归母净资产收益率7.5%。截至2018年年末，山钢金控资产总额180.1亿元，负债总额135.96亿元，所有者权益44.14亿元。

【体制建设】 通过修订完善《党委会议事规则》《董事会议事规则》《总经理工作规则》以及《董事会审批事项清单（试行）》，实现公司治理结构分工明确，提升决策效率。完善风险管理体系，开启类金融企业全面风险管理的新开端。根据公司章程和发展战略，制定《业务经营原则与发展方向大纲（试行）》，作为公司开展业务经营应遵守的基本准则；制定《全面风险管理大纲（暂行）》，以规范和加强公司全面风险管理；制定《债权类业务审查标准指引（试行）》，以规范公司开展债权类业务的项目审查工作，并随标准下发风险评估报告模板，指导业务单位规范撰写风险评估报告全面揭示风险；结合公司已有的项目评审办法，制定《当前阶段业务送审范围及流程》，在原来的基础上规范完善业务评审流程，明确决策权限；出台《法律合规审查工作管理办法》，对法律审查内容，审查权限等内容进行规定，规范公司业务、法律文件等内容的审查；出台《项目抵押金跟投管理办法》，调动职工拓展项目的积极性，同时提高全员风险的意识。

【风控管理】 探索管控风险的新思路和新措施，逐步完善、落实各项风险管理工作。出台公司主要负责人履行推进法治建设第一责任人职责相关实施细则，通过构建良好的法人治理结构，加强对合规性法律风险的防控。继续推进年度公司重大经济业务的合同签订以及审核工作，全年线上审核合同706份，总标的额58亿元。在对外部市场的风控方面无论从审查的维度还是深度，都有所突破。全年共审查并出具项目风险评估报告66份，针对重大项目出具法律意见书43份。公司全年实现“零逾期，零违约，零风险”。

【纪检监察】 公司纪委充分发挥职能，推进制度落实，完善监督保障，全年参与人才选拔工作25人次，干部考察工作22人次；纪检监察人员参与公司招聘和权属公司招标监督工作；设立监督电话和邮箱，在节假日及特别时期分片区安排专人进行监督管理；开展专项业务情况排查、重点领域整治专项行动、中央八项规定精神落实情况专项检查、违规取酬专项检查、整治形式主义官僚主义突出问题等5次专项整治工作，全面查找问题，立整立改，落实整改工作；开展资产处置、合同履行管理、绩效考核等3个项目效能监察工作，监督业务合规运营；通过开展廉洁党课、参观廉政教育基地、观看警示教育片等方式教育引导党员知敬畏、存戒惧、守底线，提升党员干部规矩意识。通过“一微一网”信息平台，刊登警示教育、党纪法规解读文章，全面提升党员整治素养。围绕集团党委巡察反馈意见，逐条对照、逐项研究，制定整改方案，定期组织专题会议，督促落实整改工作；以整改促公司全面从严治党、党风廉政建设、作风建设和公司绩效目标实现。

【党群工作】 落实“三重一大”集体决策程序，修订公司党委会议事规则、董事会议事规则等制度，公司党委召开会议70次，参与234项公司重大决策，其中涉及人事70项、经营53项、战略12项、改革22项、党务48项，较好地履行了党委“把方向、管大局、保落实”的责任。抓好理论武装，通过领学、讲座、专题党课等形式，共组织党委理论中心组（扩大）学习13次。创新学习形式，通过参观聊城孔繁森纪念馆和赴枣矿、山钢股份莱芜分公司对标对表学等形式，强化学习效果。组织开展党建思想政治工作理论研究和实践探索，《完善党委领导下的公司治理结构》等3项政研成果在山东省冶金企业思想政治工作研究会组织的评选中获三等奖。

坚持党管干部、党管人才原则，严格执行组织流程。建立党委成员与高端人才联系制度，营造高端人才创新创业的良好环境。推行“一支部一特色一品牌”建设，所辖普惠金融党支部已申报省国资委过硬党支部示范点。加强党员队伍教育管理，严格发展党员程序，全年发展预备党员 5 人。加强思想文化领导，在全公司开展“责任创造价值”大讨论活动。充分发挥山钢金控“一微一网一刊”主阵地作用，全年通过公司内外部媒体共发布稿件 853 篇，其中微信订阅号共推出 182 期 445 篇。维护职工合法权益，促进和谐企业建设。成立了乒乓球、篮球协会，开展迎新春集体活动、三周年主题活动、“金融服务进社区”学雷锋志愿服务活动，丰富员工的文化生活。

（撰稿：刘　超　审稿：万宪刚）

山信软件股份有限公司

【概况】 山信软件股份有限公司（以下简称公司）注册资本 13976.67 万元人民币，经营范围包括：信息系统集成；物联网技术服务；自动化系统、信息化系统、工业电视监控系统的设计、集成、安装、调试；运行维护服务；软件开发与销售；互联网信息服务；互联网数据服务；计算机硬件及外围设备销售及租赁；信息处理和存储支持服务；信息技术咨询服务；仪器仪表、工业机器人制造与销售。公司设综合管理部、财务部、人力资源部、发展规划部、运营管理部/安全环保部、市场营销部、党群部 7 个职能管理部门，信息化事业部、网络事业部、智慧城市事业部、大数据事业部、商务中心 5 个事业部，济南自动化分公司、莱芜自动化分公司、日照自动化分公司 3 个分公司，莱芜钢铁集团电子有限公司 1 个权属法人公司。截至 2018 年年底，共有职工 1039 人。其中，高级及以上职称 386 人，中级职称 208 人，初级职称 40 人；硕士研究生及以上学历 144 人，大学本科 592 人。公司党委设有 2 个二级党委、3 个党总支，在职党员 439 人。

【生产经营】 公司大力推进新旧动能转换，着力培育核心竞争力，保持了持续健康稳定的发展态势。自动化、信息化设备故障停机率低于万分之三、信息安全事故为零。全年实现销售收入 4.35 亿元，同比增长 19.23%，其中项目收入 2.26 亿元，占比 52%；完成利润总额 2048 万元，净利润 1930 万元，净利润同比增幅 30%，净资产收益率实现 8.34%，全面完成年度预算指标。

【智慧山钢建设】 发布《新旧动能转换三年行动计划》，明确了以工业软件为主线，聚焦中高端工业软件开发、信息技术服务、智能装备制造三大业务板块的产业布局和发展路径。编制《山钢集团信息化发展规划（2018—2022）》《山钢集团智能制造发展规划（2018—2022）》。全年立项实施新动能研发项目 20 项、固定资产投资项目 9 项，费控系统等 7 套由山信投资建设的信息系统开始向用户提供服务，“山信投资建设+用户购买服务”的模式初步落地实施。山钢私有云平台于 2018 年 10 月正式上线运行，综合监督防控平台、邮件系统等 9 套信息系统完成云端部署。建成机器人实验室，初步具备工业机器人软件开发、图像识别、设计调试能力，连铸喷号机器人走进生产现场。无人行车具备现场应用条件；完成无人料场料堆三维建模功能设计。17 套软件通过了软件产品认证，“智慧远程运维系统 V2.0”和“知识管理系统 V1.0”入选 2018 年山东省首版次高端软件（第一批）名单，为国内首版次，逐步形成了M2ES、铸造行业信息系统等组成的软件产品序列。

【运维服务】 开展“提运维质量、保生产稳定”主题劳动竞赛，提升运维服务质量。加大信息网络安全防护力度，确保“双节”、全国“两会”等重要时段信息网络安全。济南自动化分公司等单位积极配合济钢集团转型发展，持续保障机房设备、信息系统稳定运行。莱芜自动化分公司加强与用户沟通，强化过程管理，以大中修项目为切入点，围绕21项课题开展技术提升，以高质量运维有力支撑了山钢股份莱芜分公司增产增效。日照自动化分公司秉持“战区运维”管理模式，协调各参战单位，大力开展技术攻关，运维水平持续提升，四季度总故障停机时间较一季度降低21%。信息化事业部等单位强化协调管理，保障了全集团信息系统安全稳定运行。各片区全年累计完成各类检修上千次，自动化系统计划检修兑现率、合格率保持100%，用户满意度保持在97.5%以上。

【市场营销】 开展“提动能、比贡献、促转型”主题营销劳动竞赛。在内部市场以保障钢铁主业项目建设和改造提升为重点，在日照片区，全力确保一期项目顺利投产，在莱芜片区实施大中修、技改项目27项，有效助力钢铁主业智能化水平提升。在外部市场，构建以产品为核心的营销体系，发布“中小企业一体化信息化管理平台”等6项新产品，多种渠道开展产品推介，建立产品与客户之间有效沟通的桥梁，新型炉顶成像系统、烟气氧含量分析仪等产品成功打开了市场。强化“板块突围带动”，积极拓展新兴领域，巩固优势领域。在铸造行业，以铸管整体解决方案为着力点，逐步向钢管、铸件等行业细分领域拓展。在能源环保领域持续发力，能源管理系统、热风炉自动燃烧系统、数据采集系统等在鑫华特钢、九羊等企业成功投用，市场份额显著提升。在轧线自动化市场的竞争优势进一步增强，成功承揽鲁丽无缝钢管轧线电气自动化调试技术服务、莱芜分公司特钢中型轧线升级改造和棒材厂中小型轧线电气自动化控制系统升级等项目。在中高端软件市场稳扎稳打，独立完成或正在实施日照公司产销系统一期二步、球墨铸管产销系统、莱钢粉末冶金产销一体化系统等新型工业软件项目。

【科技创新】 以市场为引领，按照“成熟一代、研发一代、储存一代”的递进模式，形成了以核心产品、新动能课题、技术研发课题构成的研发序列。14项新功能研发课题通过验收，《基于机器视觉引导机器人精准抓取物料的研究》《型钢二级系统研发》等课题形成成熟的解决方案和产品，推向了市场。挂牌成立信息技术研发中心及7个专业研究室，建设软件产品开发与测试平台，有效整合研发资源。积极开展协同创新，与中国科学院、阿里云等协同合作，在大数据、云计算领域持续发力；与浪潮集团联合申报工信部2018年度工业互联网创新发展工程“跨行业跨领域工业互联网平台试验测试项目”获批；以联合成立山东省工业互联网产业联盟为契机，着力构建行业工业互联网平台。科技创新工作成效显著。全年申报专利74件、软件著作权39件，已授权专利22件、计算机软件著作权38件；通过软件评测的软件著作权28件；有7项科技成果获得山东省冶金科技进步奖。通过CMMI ML3、ITSS四级、IDC、山东省安全技术防范工程设计施工资质壹级、AAA级重合同守信用企业、AAA级企业信用等级认证，通过国家高新技术企业、软件企业认定。荣获山东省物联网协会颁发的“最具影响力物联网单位”和山东信息协会颁发的“最具影响力企业”等称号。

【深化改革】 印发《董事会议事规则》《监事会议事规则》，进一步规范公司法人治理结构。积极推进“三项制度”改革，在集团范围内率先实行了包括董事长在内的经营决策层契约化管理，在日照自动化分公司试点实施岗位管理，按需设岗，以岗定薪，压缩管理层级，分公司副职兼任运维区域责任人。创新分配机制和激励导向，聚焦关键经营绩效指标，优化绩效考核办法。改革激励和人才开发机制，实施“百人人才”计划，62名技术骨干分别被聘为首席专家或专家。强化继续教育培训，开展职工教育培训200余场次，培训近3000人次。开展“创新沙龙”活动，职工综合素质得到有效提升。拓宽人才引进渠道，招聘院校应届毕业生95人，招录25名2019年将毕业的职业学院学生组建山信软件订单班；社会化招聘“即插即用”型员工20名和专业人才1名。职工平均年龄从42岁优化到38岁，人才队伍的知识结构、年龄结构进一步优化。

【专业管理】 开展“学习研究型、价值创造型、高效协同型”机关创建活动，强化机关职能，推动全员能力素质提高，培育市场意识、创效意识和协同意识，不断优化流程、整合资源，有效提升管理效能。完善管理创新课题评价体系，实施管理创新课题14项，7项管理创新成果获山东省冶金工业总公司“企业现代化创新成果”奖。开展QES内审，完成QES管理体系换证审核。开展质量管理活动，成立QC小组30个，完成攻关课题31项。加强重大风险预防监控，在各部门、各单位设立风险管理专责人员，完成123项风险分析与评价。开展应收款项压减专项活动，全年应收账款降低1853万元，其中外部应收账款较年初降低4203万元，降幅48%，无新增逾期应收账款。深化双重预防体系建设，辨识各类风险1724项，均制定控制和应急处置措施；排查整改隐患235项。班组安全基础建设水平全面提高，班组达标率达到97%。全年组织分公司级以上安全检查45次，查出问题430项，并建立督促整改台账。全年开展宣传教育、应急演练等活动53次。

【党群工作】 学习贯彻党的十九大会议精神，全年组织党委理论中心组集体学习12次，深入推进“两学一做”学习教育常态化制度化。修订《党委会议事规则》，全年召开党委会27次，较好履行党委“把方向、管大局、保落实”的职责。严格落实“三会一课”基本制度，建立“党员固定党日”制度，实施党员绩效评估。开展“支部建设年”活动，实行星级考核动态管理，命名首批9个规范化党支部，1个党支部被评为省属企业首批过硬党支部示范点。所属基层党委、直属党总支、党支部均召开党员大会或党员代表大会进行选举。建立“四个三”党建督查考核体系，有效推动企业党建工作任务落实到位。集团公司党委书记、董事长侯军到银轧运维事业部党支部参加主题党日活动时，对山信软件党建工作等给予充分肯定。印发《纪检监察工作要点》，层层分解落实党风廉政建设重点任务，推动重点工作压实到位。组织开展“知敬畏、存戒惧、守底线”专题纪律教育，强化廉洁文化建设。积极配合做好巡视、巡察工作，严肃认真抓整改、强管理、提素质。组织开展“三问三转”大讨论活动，有效促进公司上下思想解放、观念转变。启动“卓越山信之幸福和谐山信”建设，编制《卓越山信》电子期刊12期，开展厂务公开，强化民主管理。开展巾帼读书活动，引导广大女职工培育和践行社会主义核心价值观。

（撰稿：李兴旺　审稿：郭维河）

山钢年鉴 2019

山钢集团
SD STEEL

统计资料

山钢集团
SD STEEL

山钢文化

核心理念

山钢使命：
为客户提供满意的产品和服务

集团公司 2018 年主要生产经营指标完成情况表

指标名称	单位	2018 年	2017 年	同比增减/%
一、主要财务指标				
营业收入	亿元	1558.57	1352.33	15.25
利税	亿元	131.53	100.34	31.08
其中：利润	亿元	70.18	39.20	79.03
净利润	亿元	45.45	17.57	158.68
资产总额	亿元	3164.63	2986.55	5.96
其中：流动资产	亿元	1779.96	1416.49	25.66
非流动资产	亿元	1384.47	1570.06	-11.82
负债	亿元	2644.18	2525.53	4.70
其中：流动负债	亿元	1775.66	1539.08	15.37
非流动负债	亿元	868.52	986.44	-11.95
所有者权益	亿元	520.24	461.02	12.85
其中：归属母公司权益	亿元	166.14	121.15	37.14
二、主要生产指标				
工业总产值	亿元	926.17	782.13	18.42
其中：新产品产值	亿元	100.43	104.54	-3.93
工业销售产值	亿元	917.23	790.15	16.08
三、主要产品产量				
粗钢	吨	23209425	21678751	7.06
生铁	吨	22434649	21023227	6.71
钢材	吨	22624195	20731665	9.13
焦炭	吨	5097261	4989712	2.16
铁矿石成品矿	吨	2690100	2767129	-2.78
耐材制品	吨	179337	178360	0.55
四、出口指标				
出口创汇	万美元	69915	25687	172.18
出口钢材	吨	1173881	430913	172.42
其中：棒材	吨	76090	98497	-22.75
钢筋	吨	143427	28080	410.78
型材	吨	232854	128131	81.73
中厚板	吨	92636	32452	185.46
中厚宽钢带、热轧薄宽钢带	吨	549236	107460	411.11
冷轧薄宽钢带	吨	77303	9564	708.27
涂镀板（带）	吨	2335	26729	-91.26
五、固定资产投资指标				
投资完成额	万元	939200	1369683	-31.43
其中：建筑工程	万元	256608	297803	-13.83
安装工程	万元	165164	224398	-26.40
设备购置	万元	472424	814516	-42.00
其他费用	万元	45004	32966	36.52

（撰稿：郑　丽　胡　玉　于晓飞　马　骏　审稿：杨再昌　孙日东）

集团公司 2018 年钢材品种结构构成表

	计量单位	集团合计	山钢股份				莱钢集团		永锋淄博
			莱芜分公司	银山型钢	日照公司	附：上市公司	永锋钢铁	烟台钢管	
集团合计	**万吨**	**2262.42**	**716.48**	**421.93**	**284.22**	**1000.7**	**580.12**	**20.73**	**238.93**
一、热轧钢材	**万吨**	**2181.52**	**716.48**	**386.47**	**238.79**	**955.27**	**580.12**	**20.73**	**238.93**
大型型钢	万吨	206.82	206.82			206.82			
其中：H 型钢	万吨	206.75	206.75			206.75			
中小型型钢	万吨	47.98	47.98			47.98			
棒材	万吨	175.07	175.07			175.07			
钢筋	万吨	823.49	286.61			286.61	414.72		122.16
线材（盘条）	万吨	282.17					165.4		116.77
其中：高速线材	万吨	282.17					165.4		116.77
板材	万吨	154.73		137.08	17.65	17.65			
中厚宽钢带	万吨	338.13		141.31	196.82	196.82			
热轧薄宽钢带	万吨	50.98		26.66	24.32	24.32			
窄钢带	万吨	81.42		81.42					
无缝钢管	万吨	20.73						20.73	
二、冷轧（拔）钢材	**万吨**	**75.67**		**35.46**	**40.21**	**40.21**			
冷轧薄宽钢带	万吨	75.67		35.46	40.21	40.21			
三、镀涂层板（带）	**万吨**	**5.23**			**5.23**	**5.23**			
镀层板（带）	万吨	5.23			5.23	5.23			
其中：镀锌板（带）	万吨	5.23			5.23	5.23			

（撰稿：郑　丽　胡　玉　审稿：杨再昌）

集团公司 2018 年主要技术经济指标完成情况表

主要质量指标			主要消耗指标			主要效能指标		
指标名称	单位	指标值	指标名称	单位	指标值	指标名称	单位	指标值
一、转炉锭坯合格率	%	99.97	一、转炉钢铁料消耗	kg/t	1067.24	一、转炉日历利用系数	t/(t·d)	29.50
其中：山钢股份	%	99.97	其中：山钢股份	kg/t	1066.84	其中：山钢股份	t/(t·d)	29.81
永锋淄博	%	99.97	永锋淄博	kg/t	1069.81	永锋淄博	t/(t·d)	27.66
电炉锭坯合格率	%	99.90	转炉炼钢工序能耗	kgce/t	-8.17	转炉炉衬寿命	炉	10480
其中：山钢股份	%	99.90	其中：山钢股份	kgce/t	-7.89	其中：山钢股份	炉	10480
二、生铁合格率	%	99.89	永锋淄博	kgce/t	-10.00	永锋淄博	炉	—
其中：山钢股份	%	99.88	二、高炉综合焦比	kg/t	487.20	转炉氧枪寿命	炉	232
永锋淄博	%	100	其中：山钢股份	kg/t	487.70	其中：山钢股份	炉	226
生铁一级品率	%	83.88	永锋淄博	kg/t	482.27	永锋淄博	炉	310
其中：山钢股份	%	88.53	入炉焦比	kg/t	371.52	二、高炉有效容积利用系数	t/(m^3·d)	2.62
永锋淄博	%	37.61	其中：山钢股份	kg/t	370.07	其中：山钢股份	t/(m^3·d)	2.60

续表

主要质量指标			主要消耗指标			主要效能指标		
指标名称	单位	指标值	指标名称	单位	指标值	指标名称	单位	指标值
三、钢材合格率	%	99.52	永锋淄博	kg/t	386.05	永锋淄博	$t/(m^3 \cdot d)$	2.90
其中：山钢股份	%	99.45	炼铁工序能耗	kgce/t	389.70	人造块矿使用率	%	84.49
永锋淄博	%	99.95	其中：山钢股份	kgce/t	389.31	其中：山钢股份	%	85.07
四、烧结矿合格率	%	95.06	永锋淄博	kgce/t	393.55	永锋淄博	%	78.73
其中：山钢股份	%	96.13	三、钢材综合成材率	%	97.66	入炉矿品位	%	56.79
永锋淄博	%	83.74	其中：山钢股份	%	97.27	其中：山钢股份	%	56.52
五、球团矿合格率	%	100	永锋淄博	%	100.50	永锋淄博	%	59.48
其中：山钢股份	%	100	热轧综合成材率	%	98.03	喷煤比	kg/t	145.28
山钢矿业	%	100	其中：山钢股份	%	97.68	其中：山钢股份	kg/t	147.78
六、冶金焦合格率	%	100	永锋淄博	%	100.50	永锋淄博	kg/t	120.27
其中：山钢股份	%	100	轧钢工序能耗	kgce/t	54.37	三、轧机日历作业率	%	66.15
七、耐材制品合格率	%	94.06	其中：山钢股份	kgce/t	57.06	其中：山钢股份	%	63.45
其中：山东耐材	%	94.06	永锋淄博	kgce/t	38.74	永锋淄博	%	66.38

（撰稿：郑　丽　胡　玉　审稿：杨再昌）

2018年全国钢铁企业主要产品产量排序表（前10名）

（单位：万吨）

粗钢			生铁			钢材		
1	宝武集团	6742.94	1	宝武集团	6252.98	1	宝武集团	6460.54
2	河钢集团	4489.38	2	河钢集团	3968.42	2	河钢集团	4136.24
3	沙钢集团	4066.07	3	鞍钢集团	3475.67	3	沙钢集团	3954.13
4	鞍钢集团	3735.88	4	沙钢集团	3182.99	4	鞍钢集团	3491.13
5	北京建龙集团	2788.48	5	北京建龙集团	2589.69	5	首钢集团	2626.19
6	首钢集团	2734.22	6	首钢集团	2524.46	6	北京建龙集团	2351.65
7	**山钢集团**	**2320.94**	**7**	**山钢集团**	**2243.46**	**7**	**山钢集团**	**2262.42**
8	华菱集团	2301.17	8	华菱集团	1930.91	8	华菱集团	2151.86
9	马钢集团	1964.19	9	马钢集团	1800.39	9	马钢集团	1868.81
10	本钢集团	1589.68	10	本钢集团	1543.96	10	方大钢铁集团	1548.82

注：数据来源于中国钢铁工业协会。

2018年世界钢企20强粗钢产量排名表

（单位：百万吨）

名次	公司	总部所在地	产量
1	安赛乐米塔尔	卢森堡	96.42
2	宝武集团	中国	67.43
3	日本制铁株式会社	日本	49.22
4	河钢集团	中国	46.80
5	浦项制铁	韩国	42.86
6	沙钢集团	中国	40.66
7	鞍钢集团	中国	37.36
8	JFE钢铁	日本	29.15
9	建龙集团	中国	27.88
10	首钢集团	中国	27.34

续表

名次	公　　司	总部所在地	产量
11	塔塔钢铁集团	印度	27.27
12	纽柯钢铁公司	美国	25.49
13	**山钢集团**	**中国**	**23.21**
14	华菱集团	中国	23.01
15	现代制铁	韩国	21.88
16	马钢集团	中国	19.64
17	新利佩茨克钢铁公司	俄罗斯	17.39
18	京德勒西南钢铁公司	印度	16.83
19	伊朗矿业开发和革新组织	伊朗	16.79
20	印度钢铁管理有限公司	印度	15.93

注：数据来源于国际钢铁协会“世界钢铁统计数据 2019”。

2001～2018 年全国铁、钢、材历年产量表

（单位：万吨）

年份	2001 年	2002 年	2003 年	2004 年	2005 年	2006 年
生铁	15554	17085	21367	26831	34375	41245
粗钢	15163	18237	22234	28291	35324	41915
钢材	16068	19252	24108	31976	37771	46893
年份	2007 年	2008 年	2009 年	2010 年	2011 年	2012 年
生铁	47652	47824	55283	59733	64051	66354
粗钢	48929	50306	57218	63723	68528	72388
钢材	56561	60460	69405	80277	88620	95578
年份	2013 年	2014 年	2015 年	2016 年	2017 年	2018 年
生铁	71150	71375	69141	70227	71362	77105
粗钢	81314	82231	80383	80761	87074	92801
钢材	108201	112513	103468	104813	104642	110552

注：数据来源于国家统计局。

集团公司 2018 年职工队伍基本情况统计表

单位名称	年末职工人数	管理和专业技术人员				生产服务岗位人员					离退休人员		
		总数	其中：技术职称情况			总数	其中：技能等级情况				总数	其中	
			高级职称	中级职称	初级职称		高级技师	技师	高级工	中级工		离休人员	退休人员
合　计	55184	12118	4102	4891	2009	43067	1155	4645	18092	8251	46477	382	46095
1. 集团总部（含山钢研究院）	331	331	236	85	4	1					14		14
2. 山东钢铁股份有限公司	17853	3068	1349	1346	280	14785	358	1165	8022	2644	9129	116	9013
3. 济钢集团有限公司	11729	2189	611	1013	494	9540	444	2093	4855	1770	19646	154	19492
4. 莱芜钢铁集团有限公司	8220	2302	724	986	393	5918	133	465	2246	1927	4545	33	4512
5. 山东钢铁集团日照有限公司	4904	1032	401	329	110	3872	133	489	1122	778			
6. 山东钢铁集团矿业有限公司	3388	525	130	215	111	2863	12	119	721	287	3208	21	3187
7. 山信软件股份有限公司	1036	683	386	208	40	353	18	67	170	38	6		6
8. 山东钢铁集团房地产有限公司	1476	372	101	148	93	1104					22		22
9. 山东钢铁集团财务有限公司	42	42	13	7	5								
10. 山东钢铁集团国际贸易有限公司	170	170	40	94	23						2		2
11. 山钢金融控股（深圳）有限公司	147	147	30	55	55						1		1
12. 山东钢铁集团永锋淄博有限公司	2047	386	35	113	118	1661	17	83	190	528	2		2
13. 山东钢铁集团淄博张钢有限公司	1125	333	14	116	94	792	27	76	355	146	5222	24	5198
14. 山东耐火材料集团有限公司	2637	459	31	169	186	2178	13	88	411	133	4636	34	4602
15. 山东省新力冶金实业有限公司	79	79	1	7	3						44		44

注：1. 年末职工人数含内退人员，不含参股、改制、合并报表单位人数；
2. 不含山东工业职业学院。

（撰稿：张传友　审稿：陈茂文）

集团公司 2018 年专业技术人才基本情况统计表

项目		合计	女	少数民族	中共党员	博士	硕士	学历					年龄						专业技术职务			
								研究生	大学本科	大学专科	中专	高中及以下	35岁及以下	36岁至40岁	41岁至45岁	46岁至50岁	51岁至54岁	55岁及以上	高级	正高级	中级	初级
总计		11240	3112	130	6794	37	1000	727	7958	1875	531	149	2583	1866	1612	2512	1589	1078	3853	118	4704	1901
其中：1. 在管理岗位的		4029	657	39	3201	14	404	366	2771	628	215	49	558	778	751	1029	677	236	1947	102	1508	723
2. 有职业资格的		2676	1014	21	1579	3	154	143	1971	449	112	1	723	340	377	533	472	231	920	51	1260	486
专业技术职务	高级职务	3853	1037	34	3033	32	642	411	3220	218	4		129	674	677	1184	750	439				
	其中：正高级	118	18		106	13	52	38	77	3				2	10	28	45	33				
	中级职务	4704	1336	71	2515	4	264	219	3445	884	147	9	1277	889	648	907	583	400				
	初级职务	1901	537	18	898	1	38	35	970	597	267	32	817	220	203	298	196	167				
	未聘任专技职务	782	202	7	348		56	62	323	176	113	108	360	83	84	123	60	72				
专业类别	工程技术人员	7208	1464	90	4285	30	756	449	5130	1144	377	108	1972	1360	992	1453	905	526	2558	53	2884	1087
	科学研究人员	15	2		15	5	4	9	6						1	4	7	3	15	15		
	卫生技术人员	739	526	1	279		43	41	553	114	31		165	110	128	198	90	48	280	49	367	117
	教学人员	109	39	2	71		5	4	85	18	2		1	4	6	26	46	26	72	1	33	4
	经济人员	1616	477	22	1052	1	124	119	1079	320	66	32	234	203	260	419	263	237	347		872	303
	会计人员	627	314	7	281	1	28	23	450	124	29	1	139	99	103	132	86	68	142		269	196
	统计人员	80	55	1	42		1		43	30	7		2	6	11	26	26	9	15		45	19
	翻译人员	10	6		2		1	1	6	3			1		1	2	4	2	3		6	1
	图书档案人员	39	33	1	23		1		33	6			3	2	8	13	10	3	14		17	6
	新闻、出版人员	12	3		8		1	1	9	2			2	2	2	2	4		5		4	3
	体育人员	5			3					3	1	1				2		3	1		2	2
	艺术人员	11	3	1	3				4	3	3	1			2	5	3	1	1		8	2
	政工人员	769	190	5	730		36	80	560	108	15	6	64	80	98	230	145	152	400		197	161

注：不含山东工业职业学院。

（撰稿：张传友　审稿：陈茂文）

集团公司2018年获国家专利情况统计表

序号	专利类型	专利名称	发明人	申请日	授权公告日	专利号	专利权人
1	发明	一种密封装置和环冷机	刘元意　李京业　王立宝　王玉元	2016-08-17	2018-01-02	201610685837.3	山东钢铁股份有限公司
2	实用新型	一种球团生产工艺在线预控装置	贾友剑　徐春玲　李秀海　吕宏伟　王尚东	2017-06-13	2018-01-02	201720685888.6	山东钢铁股份有限公司
3	发明	一种板坯定尺测长方法及系统	蔡　森　田　斌　李凤巧　李玲美　闫仲科　秦昌国　李玉平	2016-02-16	2018-01-02	201610087984.0	山信软件股份有限公司
4	实用新型	一种齐头挡板装置	杨兆银　秦立丽　张　凯　陈会芬　安佰花	2017-06-22	2018-01-05	201720730557.X	山东钢铁股份有限公司
5	实用新型	一种水泵轴承箱的漏水夹紧装置	曲文超　孙瑞瑞　邹磊明　黄延青	2017-06-27	2018-01-05	201720759822.7	山东钢铁股份有限公司
6	实用新型	一种螺柱安装装置	杨兆银　孟令达　王军新　王元春	2017-07-04	2018-01-05	201720796569.2	山东钢铁股份有限公司
7	实用新型	一种轧线检测装置安装用机械臂	魏颖颖　尹　峰　谭业鹏	2017-03-22	2018-01-05	201720288282.9	莱芜钢铁集团有限公司
8	实用新型	炼铁高炉料车用辅助维修工具	周海成	2017-06-22	2018-01-05	201720728648.X	莱芜钢铁集团有限公司
9	实用新型	一种磁浮轨排接头及磁浮轨道	江代更　刘　强　姬生永　郑希增　李元才　梁　博　宋洪光	2017-04-21	2018-01-05	201720431403.0	山东莱钢建设有限公司
10	实用新型	一种具有冷却除尘功能的导卫装置	展宝磊　张　印　王宝进　郭静棣　孙永涛　黄文初　孙宪国　姜训波　张　童　赵　明	2017-04-21	2018-01-09	201720429581.X	山东钢铁股份有限公司

续表

序号	专利类型	专利名称	发明人	申请日	授权公告日	专利号	专利权人
11	实用新型	皮带打滑检测装置及皮带运输机	顾华杰	2017-05-12	2018-01-09	201720525935.0	莱芜钢铁集团有限公司
12	发明	一种棒线材轧后控冷装置	吴昌飞　刘艳芹　李　剑　苗增军　赵英亮　赵瑞明　武　剑　张　凯	2015-07-30	2018-01-12	201510459757.1	山东钢铁股份有限公司
13	发明	一种420MPa级H型钢及其制备方法	付常伟	2015-11-16	2018-01-12	201510788520.8	山东钢铁股份有限公司
14	发明	轧辊侧壁修复方法及轧辊	刘　铮　王京亮　佟松泽　石　山　杨洪勇　汪春蕾　梁玉萍	2015-11-23	2018-01-12	201510818703.X	山东钢铁股份有限公司
15	发明	一种含有含铁粉尘的转底炉生球制备方法	李建云　曾　晖　张　毅	2016-01-29	2018-01-12	201610065368.5	山东钢铁股份有限公司
16	发明	一种用于支撑辊安装的调整装置	孙吉才	2016-04-25	2018-01-12	201610259563.1	莱芜钢铁冶金生态工程技术有限公司
17	实用新型	一种加热钢水的RH精炼炉用浸渍管	刘洪银　杨　波　孙建卫　倪培亮　路　峰　王孝科　郝　帅　袁鹏举　亓伟伟　王奉县	2017-04-05	2018-01-12	201720348110.6	山东钢铁股份有限公司
18	实用新型	一种回收轧后钢材热量的转筒式冷床	刘洪银　路　峰　孙建卫　王孝科　郝　帅　袁鹏举　亓伟伟　王奉县	2017-04-11	2018-01-12	201720373549.4	山东钢铁股份有限公司
19	实用新型	一种用于烧结消化炼钢污泥系统	孙建设　王继永　侯纪宝　徐春玲	2017-05-12	2018-01-12	201720537193.3	山东钢铁股份有限公司
20	实用新型	一种新型烧结杯实验装置	周小辉　任　军　魏开庆　张　庆　周　林　庞师艳	2017-05-08	2018-01-12	201720501937.6	山东钢铁股份有限公司
21	发明	轧辊侧壁修复方法及轧辊	刘　铮　王京亮　佟松泽　石　山　杨洪勇　汪春蕾　梁玉萍	2015-11-23	2018-01-12	201510818703.X	莱芜钢铁集团有限公司
22	实用新型	一种液态钢渣快速冷却粒化设备	程志洪　穆艳春　张海山　谷海龙　蔡起良　程　宇　王永强　张　勃　井广敏	2017-04-28	2018-01-12	201720464579.6	济钢集团国际工程技术有限公司

续表

序号	专利类型	专利名称	发明人	申请日	授权公告日	专利号	专利权人
23	发明	闷渣坑板坯固定装置	程志洪 润建刚 穆艳春 张东力 陈以豹 叶书开	2015-12-11	2018-01-16	201510912875.3	济钢集团国际工程技术有限公司
24	实用新型	钢渣余热回收及加压闷渣系统	程志洪 润建刚 蔡起良 董振鲁 孙 璐 程 宇 王永强	2017-05-26	2018-01-16	201720600833.0	济钢集团国际工程技术有限公司
25	实用新型	一种吊具	王光成 王 宇 张继进 朱磊磊	2017-06-12	2018-01-19	201720677166.6	山东钢铁股份有限公司
26	实用新型	转炉副枪枪头更换专用套筒	薛 志 任科社 于亮涛 高志滨 胡增跃 王 强	2017-06-28	2018-01-19	201720760619.1	山东钢铁股份有限公司
27	发明	液压缸缸桶自动研磨装置	王思清 李 霞 马光磊 李庆杰 陈宪宏	2015-11-12	2018-01-19	201510776663.7	莱芜钢铁集团有限公司
28	实用新型	转炉副枪枪头更换专用套筒	薛 志 任科社 于亮涛 高志滨 胡增跃 王 强	2017-06-28	2018-01-19	201720760619.1	莱芜钢铁集团有限公司
29	发明	一种液压系统油液铁粉在线监测装置及使用方法	袁德宁 江龙宏 陶永革 张进坤	2015-10-27	2018-01-23	201510706496.9	山东钢铁股份有限公司
30	实用新型	积灰厚度测量和清理的装置	周海成	2017-07-14	2018-01-23	201720853861.3	山东钢铁股份有限公司
31	实用新型	一种转炉自动溅渣设备	王丽娟 王学恩 田 斌 康凤梅 蔡 森 陈贤辉 倪志国 孟 伟 陆会鑫 邢 敏 曹晓峥 祝 义 王 振 吴秀程 齐 凯	2017-07-14	2018-01-23	201720857019.7	山信软件股份有限公司
32	实用新型	一种智能型耙式吹灰器	李春雷	2017-07-14	2018-01-23	201720855584.X	山信软件股份有限公司
33	实用新型	一种转炉自动布料系统	王丽娟 田 斌 康凤梅 王学恩 蔡 森 陈贤辉 倪志国 孟 伟 陆会鑫 邢 敏 曹晓峥 祝 义 王 振 吴秀程 齐 凯	2017-07-14	2018-01-23	201720855581.6	山信软件股份有限公司

续表

序号	专利类型	专利名称	发明人	申请日	授权公告日	专利号	专利权人
34	发明	一种设有吹扫装置的剩余氨水除油器系统	陈　森　梁荣华　韩福建　魏化强　张　敏　慈新钢	2016-03-15	2018-01-23	201610147233. 3	山东钢铁股份有限公司
35	发明	一种以氨为碱源的 HPF 法脱硫液提盐废汽生产氨水的方法与系统	宁述芹　李训智　牛爱宁　刘　亮　杨　繁	2016-03-117	2018-01-23	201610157956. 1	山东钢铁股份有限公司
36	实用新型	一种管道夹具	亓文学　刘学猛　马　武　李庆杰　解秀霞　李　莲　魏继奎　亓观新	2017-04-01	2018-01-26	201720345111. 5	莱芜钢铁集团有限公司
37	实用新型	一种钢板五辊挤压设备	邹国顺　王泰来　陈传玉　周　勇　刘中成　郝延林　贾泽民　杨宏钰　闫　魁　秦利国	2017-03-22	2018-01-26	201722082381. 6	济钢集团有限公司
38	实用新型	一种柱塞泵润滑油自动补入装置	薛汝忠　薛秉睿　李永华　王凤千　曹锡全　刘金增	2017-07-06	2018-01-30	201720808674. 3	山东钢铁股份有限公司
39	实用新型	高炉取渣铁样工具	郭新超　朱明琦　李　强　回全平	2017-07-11	2018-01-30	201720837257. 1	山东钢铁股份有限公司
40	实用新型	浇钢用砖	王佑宝　王明刚　张传洪　高　蕊　韩文佳　刘永振　王成杰　李志杰　燕宿祥　沈子利	2017-07-14	2018-01-30	201720860577. 9	山东耐材集团鲁耐窑业有限公司
41	实用新型	一种混凝土生产中的粉料取样设备	曲丽娜　刘富增　邵明师	2017-07-27	2018-01-30	201720922923. 1	济南鲁新新型建材股份有限公司
42	实用新型	高炉除尘用可拆卸收集罩	周海成	2017-07-14	2018-02-02	201720853585. 0	山东钢铁股份有限公司
43	实用新型	加强型转炉裙板	赵立明　王　蕾　龙启雨　孙钦涛	2017-07-07	2018-02-02	201720820214. 2	莱芜钢铁集团有限公司
44	发明	一种平煤杆	李义超　刘海涛　于振东　常庆明　王华明　李　军　阎　峰	2015-09-08	2018-02-02	201510565276. 9	山东钢铁股份有限公司
45	发明	一种用于高炉原料的输送装置	李建沛　高新运　杨传举　朱　涛　谢超雄　魏　彤　李云雪　王径成　董良健　王鲁济	2015-09-18	2018-02-02	201510596881. 2	山东钢铁股份有限公司

续表

序号	专利类型	专利名称	发明人	申请日	授权公告日	专利号	专利权人
46	发明	一种大壁厚 X65M 管线钢板及其制造方法	刘晓东 韩启彪 刘志刚 牛延龙 夏佃秀 于 爽 杜 平 霍自美 赵慧杰 薛艳龙	2015-10-29	2018-02-02	201510716039. 8	山东钢铁股份有限公司
47	发明	一种正火船体用结构钢板及其制备方法	王焕洋 徐洪庆 刘晓东 李旺生 朱延山 王福同 贾希光 靳立山 张海民	2016-05-30	2018-02-02	201610367659. X	山东钢铁股份有限公司
48	发明	一种焊接性优良的低成本超低温正火型管线钢及其生产方法	邵正伟 刘金泉 成小龙 周兰聚 张尔康 王 杰 林 杰	2016-06-15	2018-02-02	201610419909. X	山东钢铁股份有限公司
49	发明	一种低碳特厚 TMCP 型 Q420qE 桥梁钢及其制造方法	杜 平 何绪友 宋国栋 薛艳龙 王 杰 孔 雅	2016-08-18	2018-02-02	201610667337. 7	山东钢铁股份有限公司
50	发明	卷取机侧导板衬板吊装工装	刘 健 王 晓 夏 杰 宋保国 裴俊元 许文强	2016-08-23	2018-02-02	201610704972. 8	山东钢铁股份有限公司
51	发明	一种高效低成本 610MPa 水电钢及其生产方法	孔 雅 宋国栋 薛艳龙 杜 平 程绍娟 李复磊 宋婷婷	2016-08-25	2018-02-02	201610721808. 8	山东钢铁股份有限公司
52	发明	一种用于合金钢板的高压水除鳞方法	侯登义 冯 勇	2016-08-25	2018-02-02	201610721811. X	山东钢铁股份有限公司
53	发明	一种低温韧性优异的厚规格 X80 管件钢管及其制备方法	牛延龙 刘晓东 刘志刚 韩启彪 于 爽 赵慧杰 李柏君 杜 平 薛艳龙	2016-08-30	2018-02-02	201610763904. 9	山东钢铁股份有限公司
54	实用新型	一种混凝土储罐	曲丽娜 刘富增 邵明师	2017-07-27	2018-02-02	201720921926. 3	济南鲁新新型建材股份有限公司
55	实用新型	履带钢低温矫正装置	吕龙臣 李雪涛 张 戈 孙 波 李山峰 李绪东	2017-04-06	2018-02-06	201720353641. 4	山东钢铁股份有限公司
56	实用新型	一种可调倒棱拨钢装置	杨振国 孙荣安 马启青 马 龙 郭 磊 许 锌 尹崇丽	2017-07-13	2018-02-06	201720847146. 9	山东钢铁股份有限公司
57	发明	液压缸修复稳定装置	王思清 李庆杰 李春建 李 莲 李 霞 穆振常	2015-11-11	2018-02-06	201510767416. 0	莱芜钢铁集团有限公司

续表

序号	专利类型	专 利 名 称	发 明 人	申请日	授权公告日	专利号	专利权人
58	实用新型	一种钢材物流管理系统	李 攀 吴德科 马 琳 王 迪	2017-07-14	2018-02-06	201720860560. 3	山信软件股份有限公司
59	实用新型	一种钒氮合金自动装料系统	杨洪春	2017-07-14	2018-02-06	201720855728. 1	山东济钢合金材料科技有限公司
60	发明	全螺纹钢筋的孔型设计	吴昌飞 刘艳芹 杨风滨 李 剑 赵瑞明 王慧玉 王 建	2016-05-24	2018-02-09	201610353058. 3	山东钢铁股份有限公司
61	发明	一种具有腹板偏心可调功能的万能轧机	霍喜伟 王中学 孙晓庆 孔令坤 纪进立 宋玉卿	2016-10-25	2018-02-09	201610939136. 8	山东钢铁股份有限公司
62	实用新型	一种开卷机卷筒装置	王光成	2017-06-21	2018-02-09	201720728828. 8	山东钢铁股份有限公司
63	实用新型	一种皮带调偏支架	李普庆 韩永吉 耿艳丽 刘士威 李 璐 李志坤 崔锦来	2017-07-26	2018-02-09	201720918196. 1	山东钢铁股份有限公司
64	发明	稀油润滑系统及其防止溢油滤芯	陈传盛 吕小波	2016-10-21	2018-02-09	201610921672. 5	莱芜钢铁集团有限公司
65	发明	一种用于转底炉中冷却、烘干同步的高效装置	李建云 张 毅 刘元意 曾 晖 罗 川 周 林 张 炯	2015-10-09	2018-02-13	201510649237. 7	山东钢铁股份有限公司
66	发明	一种热轧 H 型钢弯曲控制方法	李 超 杜传治 薛 英 杨 栋 田志灿 王京亮 赵培林	2016-07-08	2018-02-13	201610534651. 8	山东钢铁股份有限公司
67	实用新型	一种皮带更换辅助装置	李传铎 陈 伟	2017-04-20	2018-02-13	201720417899. 6	山东钢铁股份有限公司
68	实用新型	一种生产复合连铸坯的设备	刘洪银 郝 帅 孙建卫 王孝科 路 峰 袁鹏举 亓伟伟 王奉县	2017-06-07	2018-02-13	201720653182. 1	山东钢铁股份有限公司
69	实用新型	一种防溢尘的管道密封装置	徐春玲 付宏伟 刘 栋 吕立泉 赵 娜 毕欣成	2017-06-15	2018-02-13	201720699097. 9	山东钢铁股份有限公司

续表

序号	专利类型	专利名称	发明人	申请日	授权公告日	专利号	专利权人
70	实用新型	一种电子皮带秤的校核装置	孙建设 侯纪宝 徐春玲 付宏伟 吕立泉 毕欣成	2017-06-16	2018-02-13	201720702477.3	山东钢铁股份有限公司
71	实用新型	一种带有真空层的钢包	刘洪银 郝帅 孙建卫 王孝科 路峰 袁鹏举 亓伟伟 王奉县	2017-07-03	2018-02-13	201720791916.2	山东钢铁股份有限公司
72	实用新型	一种行车防撞装置	梁玉萍 李深 陈传盛 刘纯玉 汪定态 王中华 吕石君 杨鹏 任丽萍 林雅琴 魏颖颖 阴法亮 黄晨 邹元甲 王玉忠 陈旭 田茂桦 申波	2017-06-19	2018-02-13	201720710242.9	莱芜钢铁集团有限公司
73	实用新型	一种皮带运输系统急停保护装置	张志强	2017-08-07	2018-02-13	201720974243.4	莱芜钢铁集团有限公司
74	发明	一种便于安装和调整的支撑辊装置	孙吉才 姜雷 孙永波 闫小卫 张笃增 林敏	2016-07-25	2018-02-16	201610590852.X	莱芜钢铁冶金生态工程技术有限公司
75	发明	一种转炉用挡渣球	刘洪银 刘超 杨波 刘炳俊 袁鹏举 亓伟伟 郝帅 孙建卫 杨旭 王孝科 江洪广 路峰 王奉县	2016-07-27	2018-02-16	201610600307.4	山东钢铁股份有限公司
76	发明	一种保持 RH 钢包顶渣还原性的装置及方法	刘洪银 刘超 杨波 刘炳俊 袁鹏举 亓伟伟 郝帅 孙建卫 杨旭 王孝科 江洪广 路峰 王奉县	2016-08-01	2018-02-16	201610626059.0	山东钢铁股份有限公司
77	发明	一种在 RH 工位快速脱除炉渣中 FeO 的方法	刘洪银 陈永生 邹春锋 刘成宝 倪培亮 杨波 肖强 袁鹏举 亓伟伟 郝帅 孙建卫 杨旭 王孝科	2016-08-31	2018-02-16	201610783137.8	山东钢铁股份有限公司
78	发明	一种可拆卸型螺栓取出器	付常伟 荆承 徐尚富 王楠 吴强	2016-09-28	2018-02-16	201610860681.8	山东钢铁股份有限公司

续表

序号	专利类型	专利名称	发明人	申请日	授权公告日	专利号	专利权人
79	实用新型	高炉筑炉勾缝设备	殷忠力 汤登军 弭希雨 魏丰雷 房盼盼 郭新超 杨 雷	2017-06-21	2018-02-16	201720730102.8	山东钢铁股份有限公司
80	发明	扳手	邓 群 张兴佑 田茂林 李栓运 张国义 唐修金 薛暮庆	2015-08-14	2018-02-16	201510497852.0	莱芜钢铁集团有限公司
81	发明	卷扬松绳检测装置及卷扬输料系统	张海平 陈 峰 吕 凤 陈 新 程 昊 郑 杰	2015-08-21	2018-02-16	201510519107.1	莱芜钢铁集团有限公司
82	发明	机床的升降轨道的垂直度矫正用辅助组件及方法	马 武 王书涛 李 莲 亓文学 解秀霞 亓 斌 亓观新	2016-04-12	2018-02-16	201610225092.2	莱芜钢铁集团有限公司
83	发明	继电器更换用辅助装置	陈 峰 任燕玲 张海平 吕 凤 郑 杰 程 昊	2016-07-05	2018-02-16	201610524855.3	莱芜钢铁集团有限公司
84	实用新型	抱闸间距调整工具	陈 峰	2017-04-17	2018-02-16	201720398876.5	莱芜钢铁集团有限公司
85	实用新型	坡口切割装置	赵居新 李 千 李光军 王文勇 王志军 时庆永	2017-08-01	2018-02-16	201720947623.9	莱芜钢铁集团有限公司
86	实用新型	矿山井巷透水报警装置	王新刚 赵 帅 陈 进 江善清	2017-06-27	2018-02-16	201720760395.4	山东金岭铁矿股份有限公司
87	实用新型	多功能医用剪	王 霞 李为民 王美忠 陈 进	2017-07-14	2018-02-16	201720860476.1	山东金岭铁矿股份有限公司
88	实用新型	锤式破碎机反击板	李为民 陈 进 王新刚 刘青芬 江善清	2017-07-18	2018-02-16	201720877313.4	山东金岭铁矿股份有限公司
89	发明	一种储料仓	徐洪源 朱明琦 胥长城 毛友庄 郎达慧	2015-06-11	2018-02-23	201510319701.6	山东钢铁股份有限公司
90	发明	一种伸缩防护罩	孔凡魁 田现德 胥 波 潘新卿 王 军 赵 娟 金振宗 王作海 李 红	2015-10-14	2018-02-23	201510661059.X	山东钢铁股份有限公司

续表

序号	专利类型	专利名称	发明人	申请日	授权公告日	专利号	专利权人
91	实用新型	一种移动除尘装置	邱庆夏　贾友剑　白　玮　邢士建　来彬彬	2017-07-31	2018-02-23	201720945859.9	山东钢铁股份有限公司
92	实用新型	一种溶剂分离装置	张希隆　薛汝忠　刘　磊　李　忠　薛秉睿	2017-08-07	2018-02-23	201720981563.2	山东钢铁股份有限公司
93	发明	一种铁水预处理脱硅/脱磷剂及其使用方法	王小璞　王　博　张　佩　于亮涛　王　强　刘洪银　杜金科　贾崇雪　李鹏芸　张百庆	2015-10-16	2018-02-23	201510676813.7	山东钢铁股份有限公司
94	实用新型	一种耐冲击烧结机机尾导料箱	郑　波	2017-08-08	2018-02-23	201720984097.3	莱芜钢铁集团有限公司
95	发明	并联煤气压缩机放散装置	田茂林　孙晨曦　李　健　邓　群　张希隆　马进芝　李栓运　薛幕庆　唐修金	2015-12-02	2018-03-06	201510874366.6	莱芜钢铁集团有限公司
96	发明	一种皮带撕裂口扩张装置及方法	负建新　许贵成　卢利军　李　扬　于风军	2015-11-19	2018-03-09	201510801512.2	山东钢铁股份有限公司
97	发明	内燃机车机油滤芯提取装置	王　波	2016-06-27	2018-03-09	201610489631.3	山东钢铁股份有限公司
98	发明	一种在中间包内进行镁处理的装置及方法	刘洪银　陈永生　刘成宝　王　博　杨　波　肖　强　袁鹏举　亓伟伟　郝　帅　孙建卫　杨　旭　王孝科　江洪广　路　峰　王奉县	2016-08-31	2018-03-09	201610783020.X	山东钢铁股份有限公司
99	实用新型	一种主变中性点接地刀闸遥控电路	李传东　代永恒　尹　庆　何敬国　张化宾　王　敏　李传红　赵兴永　付兆升	2017-03-31	2018-03-09	201720331971.3	山东钢铁股份有限公司
100	实用新型	一种棒材倒棱机拨盘与螺旋辊同步装置	杨振国　马启青　孙荣安　马　龙　郭　磊　尹崇丽	2017-07-13	2018-03-09	201720846909.8	山东钢铁股份有限公司
101	实用新型	侧卷式玻璃幕窗体密封装置	张　戈　梁凯丽　李雪涛	2017-08-14	2018-03-09	201721012823.1	山东钢铁股份有限公司

续表

序号	专利类型	专利名称	发明人	申请日	授权公告日	专利号	专利权人
102	实用新型	侧开式玻璃幕窗体保温装置	张　戈　梁凯丽　李雪涛	2017-08-14	2018-03-09	201721013392. 0	山东钢铁股份有限公司
103	实用新型	翻转式窗体保温调光装置	张　戈　梁凯丽　李雪涛	2017-08-14	2018-03-09	201721013399. 2	山东钢铁股份有限公司
104	实用新型	开启式透明充气窗框保温装置	张　戈　梁凯丽　李雪涛	2017-08-14	2018-03-09	201721013379. 5	山东钢铁股份有限公司
105	实用新型	框架式透明充气窗框保温装置	张　戈　梁凯丽　李雪涛	2017-08-14	2018-03-09	201721013377. 6	山东钢铁股份有限公司
106	实用新型	上卷式 DOP 材料窗体密封装置	张　戈　梁凯丽　李雪涛	2017-08-14	2018-03-09	201721017506. 9	山东钢铁股份有限公司
107	实用新型	上卷式玻璃幕窗体密封装置	张　戈　梁凯丽　李雪涛	2017-08-14	2018-03-09	201721017820. 7	山东钢铁股份有限公司
108	实用新型	智能远程控制旋转窗体保温调光装置	张　戈　梁凯丽　李雪涛	2017-08-14	2018-03-09	201721013404. X	山东钢铁股份有限公司
109	实用新型	组合式框架透明充气窗框保温装置	张　戈　梁凯丽　李雪涛	2017-08-14	2018-03-09	201721012336. 5	山东钢铁股份有限公司
110	实用新型	组合圆柱体透明充气窗框保温装置	张　戈　梁凯丽　李雪涛	2017-08-14	2018-03-09	201721018107. 4	山东钢铁股份有限公司
111	发明	稀油润滑系统及其可增压的防止溢油滤芯	陈传盛　吕小波　魏光平　杨永和	2016-10-21	2018-03-09	201610920651. 1	莱芜钢铁集团有限公司
112	发明	稀油润滑系统及其防止溢油滤芯、泄油杆	陈传盛　熊双双　魏光平　杨永和　王远飞　刘汉余　邢　敏　刘化佳　梁　军	2016-10-21	2018-03-09	201610920464. 3	莱芜钢铁集团有限公司

续表

序号	专利类型	专利名称	发明人	申请日	授权公告日	专利号	专利权人
113	实用新型	电缆绕线器	陈　峰	2017-04-21	2018-03-09	201720429990. X	莱芜钢铁集团有限公司
114	实用新型	支撑装置及操作站支撑系统	李开伦　王书涛　胡广庆　齐文韬　冯经虞　袁广华　李晓宾　梁　栋	2017-07-17	2018-03-09	201720863049. 9	莱芜钢铁集团有限公司
115	实用新型	电缆挂架	王书涛　李开伦　胡广庆　齐文韬　刘学猛　冯经虞　李晓宾　梁　栋	2017-08-16	2018-03-09	201721023284. 1	莱芜钢铁集团有限公司
116	实用新型	一种倒棱机螺旋进钢装置	孙荣安　杨振国　马启青　马　龙　郭　磊　尹崇丽	2017-07-13	2018-03-16	201720846862. 5	山东钢铁股份有限公司
117	发明	一种干熄焦一次除尘水冷套管	白朝亮　陈　亮　张　伟　何　强　王裕龙　张　瑜　于志明　李红卫　潘　鹤	2016-03-04	2018-03-16	201610122959. 1	济钢集团国际工程技术有限公司
118	发明	具有双孔轧制孔型的带翼门架槽钢轧机	张　戈　王须革　李雪涛	2016-08-19	2018-03-20	201610695388. 0	山东钢铁股份有限公司
119	实用新型	一种带保温层的水口	刘洪银　郝　帅　杨　波　王孝科　路　峰　胡增跃　邹春峰　亓伟伟　孙建卫　袁鹏举　王奉县	2017-06-30	2018-03-20	201720783023. 3	山东钢铁股份有限公司
120	发明	一种无镍高韧性耐候钢板及其制造方法	高立福　王月香　罗君高　陈爱娇　吴德发　杨　波	2015-11-25	2018-03-23	201510830756. 3	山东钢铁股份有限公司
121	发明	一种用于冷床的输出翻钢装置	张继虎　张　剑　王建军　黄晓军　罗广新　王宝玲　吴茂勇	2016-11-16	2018-03-23	201611030762. 1	山东钢铁股份有限公司
122	实用新型	断路器及其接线装置	王林静	2017-05-12	2018-03-23	201720526602. X	莱芜钢铁集团有限公司
123	发明	地下铲运机停车制动减速器	刘远清　张乐元　郭　兵　扈本明　程永民　傅　挺	2016-02-25	2018-03-23	201610105106. 7	山东金岭铁矿股份有限公司

续表

序号	专利类型	专利名称	发明人	申请日	授权公告日	专利号	专利权人
124	实用新型	干熄焦一次除尘冲突壁	王希波 秦建涛 翟红军 李慧雯 庞启玉 翟 永 高配亮 付 卫 王红艳 邵 红	2017-07-14	2018-03-23	201720860574.5	山东耐材集团鲁耐窑业有限公司
125	发明	钢包精炼炉水冷炉盖及升降立柱的防倾覆装置	孙吉才 耿振岳	2016-06-06	2018-03-27	201610391631.X	山东钢铁股份有限公司
126	实用新型	一种连铸中间包条形气幕挡墙	武光君	2017-07-14	2018-03-27	201720856286.2	山东钢铁股份有限公司
127	发明	一种双向双驱动皮带的控制方法及控制系统	徐爱萍 李京业 卢宝松 亓玉杰 房盼盼 李潇岩 陈 灿 林晓辉 李 前 姜玉芹	2015-12-09	2018-03-30	201510907743.1	山东钢铁股份有限公司
128	发明	数控切割机、数控切割机的切割指令生成方法及系统	倪士军 于 敏 陈 健 孟繁亮 李 千 苗本松 孙继坦	2015-08-19	2018-03-30	201510512696.0	莱芜钢铁集团有限公司
129	发明	一种料仓加料控制系统及方法	李晖实 陈 明 张剑锋 于成龙 纪冬丽 赵艳敏 王 辉 罗 峰 于德荣 李海青 李 红 时俊杰 李晓峰 张佳华 韩梦云 李恩伟	2016-04-25	2018-03-30	201610265476.7	莱芜钢铁集团电子有限公司
130	发明	一种钢丝绳连接装置和更换行车钢丝绳的方法	刘 明 郭承勇 高志强 张丽华 吕 凤 韩 晶 卜祥伦 凤成龙 王 文	2015-10-29	2018-04-03	201510719503.9	莱芜钢铁集团有限公司
131	发明	一种加热炉板坯自动定位方法及系统	柳希泉 刘 珍 王 毅 郑 虹 于成龙 郭 群 李 青	2016-02-16	2018-04-03	201610087341.6	山信软件股份有限公司
132	发明	一种轧钢加热炉余热回收系统	侯卫军 臧传宝 陈 飚 赵海峰 王爱霞	2016-06-24	2018-04-06	201610465873.9	山东钢铁股份有限公司
133	发明	一种炼钢控氢的方法	马宝宝 于海燕 马海涛 刘雪丽 刘 飞 许维康 闫孝伟	2016-06-30	2018-04-06	201610506127.X	山东钢铁股份有限公司
134	发明	一种卷取机助卷辊辊缝自动标定及精度验证方法	赵 磊 张晶波 王克柱 李 文 柴永祥 曹金生 张 焱 王德志 李 扬 陈 飞	2016-08-25	2018-04-06	201610717383.3	山东钢铁股份有限公司

续表

序号	专利类型	专利名称	发明人	申请日	授权公告日	专利号	专利权人
135	发明	高压水除鳞喷嘴拆卸装置	毕永谦 丁 海 温 亮 梁志刚 刘同教 孙英东	2015-12-21	2018-04-10	201510969744. 9	山东钢铁股份有限公司
136	实用新型	电磁阀应急供电设备和高炉冶炼炉上料系统	陈 峰 吕 凤 程 昊	2017-09-20	2018-04-10	201721210561. X	莱芜钢铁集团有限公司
137	实用新型	电磁阀强制工具	陈 峰 焦红芳	2017-09-26	2018-04-10	201721238747. 6	莱芜钢铁集团有限公司
138	实用新型	行车吊钩检测器	陈 峰 张海平 程 昊	2017-09-26	2018-04-10	201721240522. 4	莱芜钢铁集团有限公司
139	发明	一种内韧外硬的特殊钢及其制造方法	马传庆 吴 兵 杨 波 孙永喜 李法兴 张君平 杨密平 刘金玲 赵冠夫 范夕荣 倪友来 周艳丽 于 辉 尚 华	2013-11-18	2018-04-13	201310583264. X	山东钢铁股份有限公司
140	发明	一种在线整理轧件的方法及装置	宁 勇 王军新 赵瑞明 苗增军 杨兆银 安佰花 刘英刚	2014-10-28	2018-04-13	201410588806. 7	山东钢铁股份有限公司
141	实用新型	一种大包长水口的双层密封装置	刘洪银 刘成宝 孙建卫 杨 波 王孝科 郝 帅 路 峰 袁鹏举 亓伟伟 王 毅 王奉县	2017-03-30	2018-04-13	201720325755. 8	山东钢铁股份有限公司
142	实用新型	一种脱硫喷枪	刘洪银 郝 帅 孙建卫 王孝科 路 峰 袁鹏举 亓伟伟 王奉县	2017-05-12	2018-04-13	201720528455. X	山东钢铁股份有限公司
143	实用新型	一种耐磨的一体化喷煤枪	宫文垒 曹 岸	2017-07-17	2018-04-13	201720868451. 6	山东钢铁股份有限公司
144	发明	一种内韧外硬的特殊钢及其制造方法	马传庆 吴 兵 杨 波 孙永喜 李法兴 张君平 杨密平 刘金玲 赵冠夫 范夕荣 倪友来 周艳丽 于 辉 尚 华	2013-11-18	2018-04-13	201310583264. X	莱芜钢铁集团有限公司

续表

序号	专利类型	专利名称	发明人	申请日	授权公告日	专利号	专利权人
145	发明	电缆桥架	陈　新	2015-12-04	2018-04-13	201510891693. 2	莱芜钢铁集团有限公司
146	发明	可调式机械止挡装置	陶洪伟　陶红芳　徐兴达　王国强　闫　晗　黄训建　吴明洋	2016-02-22	2018-04-17	201610096320. 0	山东钢铁股份有限公司
147	发明	具有平卧式双孔轧制孔型的带翼门架槽钢轧机	张　戈　孙相忠　李雪涛　田　莉	2016-08-19	2018-04-17	201610700625. 8	山东钢铁股份有限公司
148	实用新型	提升螺旋电子秤准确度的装置	吕　枭　田梦媛　曹　育　胡家铭　徐春玲　赵长安　侯纪宝	2017-07-25	2018-04-17	201720903097. 6	山东钢铁股份有限公司
149	实用新型	一种快速调整的限位装置	张继虎　王宝玲	2017-10-23	2018-04-17	201721361430. 1	山东钢铁股份有限公司
150	发明	翼缘轮系防啃轨装置	李雪涛　张　坤　张　戈　李发宏　李山峰　林雅琴　孙　波	2016-07-04	2018-04-17	201610523117. 7	莱芜钢铁集团有限公司
151	实用新型	一种用于切割高温型钢的防护罩	张继虎　王宝玲　王建军　黄晓军　吴茂勇　宁占龙　屈忠锋	2017-10-23	2018-04-20	201721361450. 9	山东钢铁股份有限公司
152	发明	钢包熔渣层厚度测量装置的测量方法	张冠锋　李华萍　王　博　刘洪银　马　琳　杨　州　郭跃华　刘　美　刘　超　周茂林　许　倩　孙会朝	2015-09-29	2018-04-24	201510256706. 9	山东钢铁股份有限公司
153	发明	一种用于环形炉体的上环的安装方法	姜　雷　孙吉才　孙永波　闫小卫　张笃增　林　敏	2016-08-08	2018-04-24	201610645129. 7	莱芜钢铁冶金生态工程技术有限公司
154	发明	钢包熔渣层厚度测量装置的测量方法	张冠锋　李华萍　王　博　刘洪银　马　琳　杨　州　郭跃华　刘　美　刘　超　周茂林　许　倩　孙会朝	2012-09-29	2018-04-24	201510256706. 9	莱芜钢铁集团有限公司
155	实用新型	一种连铸中间包环形气幕挡墙	武光君	2017-07-14	2018-04-27	201720856287. 7	山东钢铁股份有限公司

续表

序号	专利类型	专利名称	发明人	申请日	授权公告日	专利号	专利权人
156	发明	一种 SF6 断路器监测系统	尹　庆　李传瑾　李传东　赵晨光　和发波　张　帅　何敬国　李传红　付兆升　梁　军	2015-03-20	2018-05-01	201510122940. 2	山东钢铁股份有限公司
157	实用新型	一种风箱在线监控装置	张红彪　刘丰生　郑贤才　罗　勇　贾广凯　李　勇	2017-10-18	2018-05-01	201721343897. 3	山东钢铁股份有限公司
158	实用新型	一种边角清扫装置及圆辊给料机	郑贤才　刘丰生　罗　勇　张红彪　程继涛　常伟生	2017-10-18	2018-05-01	201721352425. 4	山东钢铁股份有限公司
159	实用新型	支撑装置及操作站支撑系统	李开伦　王书涛　胡广庆　齐文韬　冯经虞　李晓宾　梁　栋	2017-07-17	2018-05-01	201720863130. 7	莱芜钢铁集团有限公司
160	发明	一种低合金黑皮钢板生产方法	宋绪柯　董恩乐　王　喆	2016-08-30	2018-05-01	201610760441. 0	山东钢铁股份有限公司
161	发明	一种防堵型高炉顶压检测装置及检测方法	温　良　戚大波　周　涛　李芳坤　夏江波　崔国光　张　磊　金立坤　刘继峰　亓立军　袁望浪　王　萌　王起君　王　军　王　健	2016-08-30	2018-05-01	201610761329. 9	山东钢铁股份有限公司
162	实用新型	一种数控割炬垂直矫正装置	李　千　李恒昌　张庆魁　孟繁亮　倪士军　陈　建　赵居新	2017-10-27	2018-05-04	201721403719. 5	莱芜钢铁集团有限公司
163	实用新型	一种快速转移清理钢包的装置	郑　蕾　王常锋　李念龙　刘孝义	2017-11-07	2018-05-04	201721470650. 8	莱芜钢铁集团有限公司
164	发明	一种液压系统油箱液位动态监控装置及监控方法	赵培建　王京先　郭　强　胡淑娥	2014-07-14	2018-05-04	201410334238. 8	济钢集团有限公司
165	发明	一种挂吊到位提示机构	姜和信　康　鹏　冀传玖　陈树勇　张海东　赵文玉　王　平　张　健	2015-05-14	2018-05-04	201510245000. 2	山东钢铁股份有限公司
166	发明	一种调质型高低温韧性管线钢及制造方法	牛延龙　刘晓东　刘志刚　韩启彪　于　爽　赵慧杰　宋志超　李柏君　于彦飞　高　伟	2016-06-15	2018-05-04	201610418422. X	山东钢铁股份有限公司

续表

序号	专利类型	专利名称	发明人	申请日	授权公告日	专利号	专利权人
167	发明	一种热轧辊道分段延时停车方法	苏书惠 刘训孝 陈锦标 李英杰 许文强 王京先 王 帆	2016-06-21	2018-05-04	201610451393.7	山东钢铁股份有限公司
168	发明	一种钢铜复合基料用钢及其制造方法	夏茂森 郭占武 宋振官 蒋善玉 牛洪波 刘纪源 常大勇 李相前	2016-08-30	2018-05-04	201610763903.4	山东钢铁股份有限公司
169	实用新型	双母线隔离开关后台监控位置显示不对应故障查找方法	李传东 何敬国 朱 根 代永恒 李 倩 李传红 付兆升 赵兴永 梁 军 李 霞	2017-07-24	2018-05-08	201720897494.7	山东钢铁股份有限公司
170	实用新型	蒸汽伴热装置	穆建国 左庆爱 张世明 李平均 孙建胜 刘 坤 王 站 巩 鹏 尹茂建 王馨薇 王营营 尹鲁阳	2017-09-13	2018-05-08	201721170949.1	山东钢铁股份有限公司
171	实用新型	高压变频器及其控制箱	王林静	2017-05-12	2018-05-08	201720537123.8	莱芜钢铁集团有限公司
172	实用新型	皮带连锁控制电路	陈 峰 庄中晓 焦红芳	2017-10-24	2018-05-08	201721374893.1	莱芜钢铁集团有限公司
173	实用新型	电焊机接地极固定装置	陈 锋	2017-10-26	2018-05-08	201721394532.3	莱芜钢铁集团有限公司
174	发明	可调式空心雾化喷头	刘元意 李京业 王立宝 杨继刚 魏建立 王玉元	2015-12-01	2018-05-11	201510868246.5	山东钢铁股份有限公司
175	发明	丝锥加长杆套装工具	毕永谦 穆力波 张向阳 任 伟 张 富 吕英峰 王新华	2016-08-05	2018-05-11	201610643498.2	山东钢铁股份有限公司
176	实用新型	一种具有拖拽功能的冷床拉出小车	张继虎 郑国防 田 保 张 帅 黄晓军	2017-10-22	2018-05-11	201721361417.6	山东钢铁股份有限公司
177	实用新型	一种车轮轴承座	王光成 张继进	2017-10-22	2018-05-11	201721361419.5	山东钢铁股份有限公司

续表

序号	专利类型	专利名称	发明人	申请日	授权公告日	专利号	专利权人
178	实用新型	一种灭火防护小车	张继虎　王宝玲	2017-10-23	2018-05-11	201721361592. 5	山东钢铁股份有限公司
179	实用新型	一种转炉氧枪专用套管	薛　志　任科社　公　斌　康　乐　高志滨	2017-11-07	2018-05-11	201721471377. 0	山东钢铁股份有限公司
180	实用新型	一种异型钢矫直辊防松结构	李庆杰	2017-10-30	2018-05-11	201721414140. 9	莱芜钢铁集团有限公司
181	实用新型	一种数控机床回转工作台刹紧装置	陈　涛	2017-11-07	2018-05-11	201721471978. 1	莱芜钢铁集团有限公司
182	发明	一种电气设备散热装置	张富军　亓淑红　吴茂盛　王金鹏　孙　芳	2014-12-02	2018-05-18	201410716481. 6	山东钢铁股份有限公司
183	发明	翻车机重车调车机用电缆牵引拐臂	程　昊　李传铎　顾华杰　李新平　陈　峰　陈　新　郭　标　崔　凯　焦红芳　邵晓明　韩寿亮　刘　勇　李　彬	2016-08-25	2018-05-18	201610726642. 9	莱芜钢铁集团有限公司
184	实用新型	一种扁管柱-H 型钢梁连接节点	张海宾　李洪建	2017-09-15	2018-05-18	201721185375. 5	莱芜钢铁集团有限公司
185	实用新型	一种装配式钢管柱-预制带梁楼板钢结构	张海宾　李洪建　马强强　焦　伟	2017-09-22	2018-05-18	201721223088. 9	莱芜钢铁集团有限公司
186	实用新型	一种转炉砌炉装置	杜守虎　刘　燕　赵松林　段　伟　赵甲斌　王　永　王玉刚　王子颖　包　伟　高　军	2017-10-30	2018-05-18	201721415006. 0	莱芜钢铁集团有限公司
187	实用新型	一种机械设备的减震装置	胡广庆	2017-11-07	2018-05-18	201721471952. 7	莱芜钢铁集团有限公司
188	实用新型	轧机预应力杆用紧固螺母及专用扳手	李庆杰　刘海平　李开伦	2017-11-07	2018-05-18	201721471951. 2	莱芜钢铁集团有限公司

续表

序号	专利类型	专利名称	发明人	申请日	授权公告日	专利号	专利权人
189	发明	一种车轴轴头用钢及其制备方法	梁　娜　戈文英　吴德发　郭　磊　李浩秋　翟正龙　欧阳峥容　李金浩	2016-06-15	2018-05-22	201610429953.9	山东钢铁股份有限公司
190	发明	一种Ni微合金化石油钻铤用钢及其制备方法	欧阳峥容　刘　兵　翟正龙　闻小德　戈文英　郑桂芸	2016-07-06	2018-05-22	201610528904.0	山东钢铁股份有限公司
191	发明	一种高效清洁钢铁厂厂区路面的方法	李建云　吕宏伟　曾　晖　张　毅　张　炯　梁　军	2016-07-28	2018-05-22	201610604400.2	山东钢铁股份有限公司
192	实用新型	一种侧导卫可调节式导卫箱装置	孙晓庆　蒲红兵　霍喜伟　白光胜　孔令坤　陈　辉　谈群峰	2017-11-08	2018-05-29	201721480295.2	山东钢铁股份有限公司
193	实用新型	一种烧结配料的配料流量调解系统	贾友剑　吕　枭　徐春玲　吕宏伟　王洪连	2017-06-09	2018-06-05	201720671148.7	山东钢铁股份有限公司
194	实用新型	轧线除尘装置及其所应用的轧机设备	张　戈　梁凯丽　李雪涛　李发宏　林雅琴　孙　波　李山峰　李绪东	2017-11-23	2018-06-05	201721580989.3	山东钢铁股份有限公司
195	实用新型	一种高炉炉顶氮气输入量调节设备	汤登军　宫文垒	2017-11-23	2018-06-05	201721581007.2	山东钢铁股份有限公司
196	实用新型	热风炉炉壳定位装置	王　超　盛丽萍　傅大伟　郑希增　陈　静　张　晓　郑孝红　孙伟峰	2017-11-24	2018-06-05	201721590117.5	莱芜钢铁集团有限公司
197	发明	板带位置控制器灯管保护装置	张　杰　孙　凯　高文晖　李振山　翟　诺　曹永芹	2015-03-25	2018-06-08	201510133342.5	莱芜钢铁集团电子有限公司
198	发明	一种疏水装置	王　斌　陈传盛　高　伟　苏万成　滕新哲　王其盛	2017-03-31	2018-06-12	201710209545.7	山东钢铁股份有限公司
199	实用新型	一种步进式加热炉炉墙	张　印　孙永涛　姜训波　黄文初　孙宪国　王元春　郭高升	2017-11-23	2018-06-12	201721583194.8	山东钢铁股份有限公司
200	发明	一种用于棒材轧制的冷却器及水冷方法	赵瑞明　武　剑　张　凯　胡　杨　刘兆洁　李　健	2016-04-25	2018-06-15	201610259399.4	山东钢铁股份有限公司

续表

序号	专利类型	专 利 名 称	发 明 人	申请日	授权公告日	专利号	专利权人
201	实用新型	一种 RH 精炼炉用浸渍管	刘洪银 孙建卫 路 峰 王孝科 郝 帅 袁鹏举 亓伟伟 王奉县	2017-11-08	2018-06-15	201721480306. 7	山东钢铁股份有限公司
202	实用新型	一种快速组合式简易型扳手	赵 娜 李绪东	2017-12-02	2018-06-15	201721657213. 7	山东钢铁股份有限公司
203	实用新型	一种“Ω”型钢丝绳卡	王 玮	2017-12-02	2018-06-15	201721654792. X	山东钢铁股份有限公司
204	发明	一种转炉设备的检修方法	杜守虎 张 勇 张 媛 陈 超 高 军 倪 龙 王 永 龙启雨 张广鑫 王子颖	2015-12-30	2018-06-15	201511025686. 0	莱芜钢铁集团有限公司
205	实用新型	安全气焊车	陈 峰	2017-09-30	2018-06-15	201721283543. 4	莱芜钢铁集团有限公司
206	实用新型	一种液压插装阀阀芯抽取专用工具	曹少华 田遵超 宋程文 刘持波 邢 敏	2017-12-06	2018-06-22	201721684477. 1	山东钢铁股份有限公司
207	实用新型	热轧履带板尺寸测量工具	孙晓庆 张秀山 霍喜伟 李同敬 赵西义 任 伟 石荣浩	2017-12-12	2018-06-22	201721726383. 6	山东钢铁股份有限公司
208	实用新型	一种焦炉料杆侧炉门防尘装置	张 戈 梁凯丽 李雪涛 李发宏 李山峰 林雅琴 孙 波 赵 峥 陈国宝	2017-11-30	2018-06-22	201721637872. 4	莱芜钢铁集团有限公司
209	实用新型	一种磁致伸缩线性位移传感器防护罩	翟 诺 赵 琳 赵 卫 张 凯 马 平 曹永芹	2017-11-20	2018-06-22	201721554530. 6	山信软件股份有限公司
210	发明	一种换热器阀门自动控制方法及装置	杨锦华 赵 云 杨中国 李彦芹 马春霞 李志刚 赵金凤 王 辉 邢纹娜 张纪康 向兆永 吴秀芹 袁 蓉 李 红 张 燕 张国华 赵 洁 李学波 戴 军 王利昌	2016-05-10	2018-06-22	201610305677. 5	莱芜钢铁集团电子有限公司
211	实用新型	一种烟尘吸收装置	张 戈 梁凯丽 李雪涛 李发宏 林雅琴 李山峰 孙 波	2017-12-15	2018-06-29	201721763407. 5	山东钢铁股份有限公司

续表

序号	专利类型	专利名称	发明人	申请日	授权公告日	专利号	专利权人
212	发明	一种分子筛空气再生阀的自动控制方法及装置	吴晓峰 赵金凤 沙峰 陈春桥 马春霞 赵云 邢纹娜 王辉 向兆永 岳忠 吴秀芹 张燕 袁蓉 李志刚 张纪康 王利昌 戴军 李红 肖风英	2016-04-22	2018-06-29	201610257328.0	莱芜钢铁集团电子有限公司
213	实用新型	电动矿井安全门	谭克亮 潘晓明	2017-10-10	2018-06-29	201721298759.8	济南钢城矿业有限公司
214	发明	一种低磷-低钛-低硫钢的冶炼方法	勾新勇 孙永喜 于辉 王永强 王宝 陶洪伟	2016-06-24	2018-07-03	201610480900.X	山东钢铁股份有限公司
215	发明	一种烧结偏析防粘布料装置及其偏析布料方法	周小辉 王延平 梁栋 魏开庆 曾晖 王学斌 罗霞光	2016-06-24	2018-07-03	201610473912.X	山东钢铁股份有限公司
216	发明	一种烧结烟气捕集装置及方法	李强 李星宇 赵晨光 田梦媛 吕枭 徐春玲 侯纪宝	2016-11-24	2018-07-03	201611067893.7	山东钢铁股份有限公司
217	实用新型	钝角溜槽	刘宝铧	2017-07-17	2018-07-03	201720868410.7	山东钢铁股份有限公司
218	实用新型	一种液压缸驱动的速度位移传感器装置	曹少华 田遵超 刘持波 宋程文 邢敏	2017-12-11	2018-07-03	201721715925.X	山东钢铁股份有限公司
219	实用新型	一种棒材轧线用送料装置	王晓芳 宋伟	2017-12-15	2018-07-03	201721762765.4	山东钢铁股份有限公司
220	发明	一种光电管异常状态的检测方法及装置	吴晓峰 宋希光 石荣鹏 张丽 刘疆 吕霞 翟诺 王静 邱芳	2016-03-07	2018-07-03	201610128413.7	山信软件股份有限公司
221	发明	一种应用于焦炉液压交换机的集中监控系统及监控方法	赵斌 姬厚华 谢书霞 许明 李圣花	2015-09-18	2018-07-03	201510596416.9	山信软件股份有限公司
222	发明	一种宽厚铸坯的切割方法及装置	李风巧 蔡森 董跃华 张庆 康风梅 鲍红宾 张晓峰 刘海鲲 李克 孟伟 田斌 秦昌国 李玉平 刁君成	2016-11-23	2018-07-06	201611050026.2	山信软件股份有限公司

续表

序号	专利类型	专利名称	发明人	申请日	授权公告日	专利号	专利权人
223	发明	一种用于干熄焦系统的锅炉排污水处理装置及方法	郭　飞　李贤涛　朱振环　刘欣明　李树华	2016-02-22	2018-07-10	201610096544.1	山东钢铁股份有限公司
224	发明	一种机车制动缸的鞲鞴缓解弹簧拆卸的方法及装置	朱颖珍　韩树森　段崇义　邵　学　陈　兴	2016-11-15	2018-07-10	201611006655.5	山东钢铁股份有限公司
225	发明	大型转炉炉衬及砌筑方法	马宝宝　任志远　于海燕　闫孝伟　许维康　马海涛　佟圣刚　崔美棠　高靖超	2016-08-30	2018-07-10	201610769108.6	山东钢铁股份有限公司
226	发明	一种导向式收带机	郭洪卫　周道清　彭　勇　孙宗辉　楼建林　蒋雪军　李学付	2016-05-26	2018-07-10	201610363224.8	山东济钢合金材料科技有限公司
227	发明	连铸中间包密封吹氩保护的装置和方法	张学民　宁　伟　赵圣功　郭　达　梁景玥　苗金鹏　乔　明	2016-03-11	2018-07-13	201610140768.8	山东钢铁股份有限公司
228	实用新型	一种烧结烟气伞状旋转除颗粒物装置	李　强　田梦媛　吕　枭　侯纪宝	2017-12-11	2018-07-13	201721715960.1	山东钢铁股份有限公司
229	实用新型	一种定位销轴拆卸装置	段伦刚	2017-12-26	2018-07-13	201721843579.3	莱芜钢铁集团有限公司
230	实用新型	一种电动机联轴器装配装置	秦军强　王炳文　赵国锋　段伦刚　纪田宇　黄　伟	2017-12-26	2018-07-13	201721843637.2	莱芜钢铁集团有限公司
231	发明	厚规格耐磨钢板与高强度铸钢的焊接方法	麻　衡　周　平　马光亭　邓文磊　王纲一　吴鹏飞　魏承志　霍孝新	2015-11-04	2018-07-20	201510742053.5	山东钢铁股份有限公司
232	发明	C 型门架槽钢矫正装置	张　戈　李雪涛	2016-12-29	2018-07-20	201611247310.9	山东钢铁股份有限公司
233	发明	翼缘轮系跑偏抱闸装置	李雪涛　顾晓庆　李发宏　张　戈	2016-07-04	2018-07-20	201610524206.3	莱芜钢铁集团有限公司
234	发明	J 型门架槽钢矫正装置	张　戈　李雪涛	2016-12-29	2018-07-24	201611251225.X	山东钢铁股份有限公司

续表

序号	专利类型	专利名称	发明人	申请日	授权公告日	专利号	专利权人
235	发明	一种可大线能量焊接的海洋工程用钢板及其制造方法	李　敏　徐洪庆　王焕洋　朱延山　刘晓东　李旺生　王南辉	2016-08-19	2018-07-24	201610689982. 9	山东钢铁股份有限公司
236	实用新型	高炉热风风温监控装置	张红启　张　锐　曹　育　徐春玲　李　琳　于俊勇	2017-08-11	2018-07-27	201721001128. 5	山东钢铁股份有限公司
237	实用新型	深井潜水电泵打捞装置	吴　雪　和发波　胥晓云　范纪涛　莫海军　盛国锋	2017-12-18	2018-07-27	201721764734. 2	山东钢铁股份有限公司
238	实用新型	深井水下摄像装置	吴　雪　袭建富　和发波　范纪涛　胥晓云　莫海军　盛国锋	2017-12-18	2018-07-27	201721764743. 1	山东钢铁股份有限公司
239	实用新型	汽轮发电机盘车电机油封端盖	王继磊　田晓明　孙　峰　莫建春　禄　斌　任甲民　袭建凯　刘俊明　庞太同　王建文	2017-12-25	2018-07-27	201721833173. 7	山东钢铁股份有限公司
240	实用新型	一种连铸中间包吹氩冶金装置	武光君	2017-12-25	2018-07-27	201721830194. 3	山东钢铁股份有限公司
241	实用新型	一种弯管机顶弯装置	李庆杰	2017-12-26	2018-07-27	201721843639. 1	莱芜钢铁集团有限公司
242	实用新型	一种辊道水平度的测量装置	朱小波　吴玉军　李念龙　刘孝义　郑　蕾　崔希新	2018-01-18	2018-07-27	201820082836. 4	莱芜钢铁集团有限公司
243	实用新型	一种 C 型叉车门架热轧型钢	宋玉卿　纪进立　孔令坤　孙晓庆　吕晓峰　陈　雷　王元春	2017-11-10	2018-07-31	201721492462. 5	山东钢铁股份有限公司
244	实用新型	一种球扁钢的轧制装置	霍喜伟　孔令坤　孙晓庆　纪进立　宋玉卿　殷宝龙　肖　强　王　刚	2017-11-14	2018-07-31	201721511575. 5	山东钢铁股份有限公司
245	实用新型	一种球扁钢的万能轧制装置	霍喜伟　纪进立　孔令坤　肖　强　宋玉卿　王　刚　孙晓庆　殷宝龙	2017-11-14	2018-07-31	201721511571. 7	山东钢铁股份有限公司
246	实用新型	一种连铸机中间包浸入式水口插入深度的测量装置	肖　强　陈永生　王　刚　刘洪银	2017-11-22	2018-07-31	201721573276. 4	山东钢铁股份有限公司

续表

序号	专利类型	专利名称	发明人	申请日	授权公告日	专利号	专利权人
247	实用新型	一种门架槽钢内档宽度测量装置	高卓成　张守璞　曹玉红　刘云杰　张　翼　曹玉霞　高奇琛	2017-11-28	2018-07-31	201721615200.3	山东钢铁股份有限公司
248	发明	一种推焦车摘炉门用接焦油装置	于振东　李义超　刘海涛　王华明　罗维忠	2015-09-14	2018-07-31	201510580996.2	山东钢铁股份有限公司
249	发明	一种提高固体燃料利用效率的方法及其在烧结矿的生产工艺中的应用	刘振林　李丙来　李真明　万继成　周长强　林建峰　魏国庆	2016-06-23	2018-07-31	201610462068.0	山东钢铁股份有限公司
250	发明	一种高炉煤气除尘器卸尘装置	王成泉　张国营　贺秀丽　高照强　孙煜民　刘　欣　刘建斌　张雷忠	2016-08-26	2018-07-31	201610732072.4	山东钢铁股份有限公司
251	发明	一种钢卷夹钳	刘训孝　陈锦标　李英杰　苏书惠　许文强　李广义　李见明	2016-08-30	2018-07-31	201610760283.9	山东钢铁股份有限公司
252	发明	一种用于手动操纵液压换向阀的远程控制装置	娄海波　管襄华　吕化军　郭焕军　陈　钧　刘　标　王径成　谭　昕　董　庆　钱　刚	2016-08-30	2018-07-31	201610760453.3	山东钢铁股份有限公司
253	发明	一种块式制动器摩擦片报警装置	李玉杰　张拥军　李丙玉　吕　克　单为春	2016-08-31	2018-07-31	201610780245.X	山东钢铁股份有限公司
254	发明	一种钢包精确灌引流砂装置	杜泽国　于海燕　尹卫平　苗振鲁　李圣伯　宁知常　李宝琴　吉元晖　付庆林	2016-12-21	2018-07-31	201611192902.5	山东钢铁股份有限公司
255	发明	自清洁流量检测装置	王庆河　韩万鹏　毕立群　刘　萍　韩晓莹　戴兴中　房英翠　周　军	2015-11-26	2018-07-31	201510848861.X	山东钢铁股份有限公司
256	发明	一种热轧带钢精轧机的前导尺余量的控制方法	王　鹏　齐　磊　郝　灏　赵国岭　赵学雷　王风岭	2016-12-13	2018-07-31	201611146751.X	山东钢铁股份有限公司
257	实用新型	双母线供电的倒母线系统	李传东　代永恒　张　帅　李　倩　尹　庆　何敬国　李传红　赵兴永　付兆升　魏洪军	2018-01-11	2018-08-03	201820047591.1	山东钢铁股份有限公司
258	实用新型	滤油机计时控制系统	黄　伟　袁　峰　袁恒银　赵国锋　崔言宾　卢书凯　詹庆同　张　英　刘　鹏	2018-01-16	2018-08-03	201820071716.4	莱芜钢铁集团有限公司

续表

序号	专利类型	专利名称	发明人	申请日	授权公告日	专利号	专利权人
259	实用新型	一种高压保护系统	秦立丽	2017-10-17	2018-08-07	201721334335. 2	山东钢铁股份有限公司
260	实用新型	滑动轴承旋转轴支撑抬升装置	纪田宇 郭 燕 秦军强 黄 伟 李 波	2018-01-11	2018-08-07	201820041861. 8	莱芜钢铁集团有限公司
261	实用新型	滑动轴承轴瓦间隙测量装置	纪田宇 马义华 段伦刚 吕辉良 胥 华	2018-01-11	2018-08-07	201820041882. X	莱芜钢铁集团有限公司
262	实用新型	热连轧精轧机活套辊水平调整装置	李 岳	2018-01-12	2018-08-07	201820049359. 1	莱芜钢铁集团有限公司
263	发明	一种用于汽轮机主油泵的联轴器	尹继会 王 站 张 雷 孙之斌 李 强 任秀峰 杨立国 刘 村 王寒晖 宋 闯	2015-10-13	2018-08-10	201510657162. 7	山东钢铁股份有限公司
264	实用新型	汽轮机主油泵联轴器	张 雷 尹继会 孙之斌 王 站 杨立国 任秀峰 李 雯	2018-01-10	2018-08-10	201820039457. 7	山东钢铁股份有限公司
265	发明	辊道底座的连接孔孔位确定装置	朱小波 鞠军修 李念龙 吴玉军 谭清臻 原海燕 张 新	2015-11-12	2018-08-10	201510770860. 8	莱芜钢铁集团有限公司
266	发明	物料输送系统及炼铁生产设备	陈 峰 马 净 吕 凤 程 昊 张海平 郑 杰	2016-07-15	2018-08-10	201610555896. 9	莱芜钢铁集团有限公司
267	实用新型	一种剖分式薄壁轴套类零件装夹装置	胡广庆 贾世忠 苗兴泰 梁 栋 王利平 李开伦 孟繁亮	2018-01-19	2018-08-10	201820092276. 0	莱芜钢铁集团有限公司
268	实用新型	一种连续墙环向施工缝防水结构	王牧青 于存海	2018-01-13	2018-08-10	201820054505. X	山东莱钢建设有限公司
269	实用新型	一种装配式建筑钢筋砼构件	王牧青 于存海	2018-01-13	2018-08-10	201820054515. 3	山东莱钢建设有限公司
270	实用新型	一种快速灌注桩基混凝土装置	王牧青 于存海	2018-01-13	2018-08-10	201820054519. 1	山东莱钢建设有限公司

续表

序号	专利类型	专利名称	发明人	申请日	授权公告日	专利号	专利权人
271	实用新型	一种机械设备位置检测装置	张克鹏 于成龙 李 刚 郑 虹 李晓峰 刘文涛 李 红 刘 伟	2017-11-16	2018-08-10	201721534505. 1	山信软件股份有限公司
272	发明	一种测量钢包顶渣渣厚的装置及方法	江洪广 刘洪银 李雪峰 周振峰 倪培亮 王永刚	2015-09-23	2018-08-14	201510613000. 3	山东钢铁股份有限公司
273	发明	一种装煤车除尘系统保护装置	程绍良 戴孝佩 杨 鹏 王 鑫 王 伟 翟栋栋 刘建军 朱光顺 王 强 类维华 周俊宝 苗世云 吕 强	2016-02-05	2018-08-14	201610079890. 9	山东钢铁股份有限公司
274	发明	一种控制转炉炉型的溅渣护炉方法	高志滨 张 佩 温福新 于亮涛 高 山 张海波 王忠刚 胡连军	2016-05-27	2018-08-14	201610369092. X	山东钢铁股份有限公司
275	发明	一种铁矿熔滴用坩埚装置	周小辉 张红启 张 庆 崔 帆 王云术 安进博 任 军 梁 栋 曾 晖	2016-09-29	2018-08-14	201610865068. 5	山东钢铁股份有限公司
276	发明	一种风电中间轴齿轮渗碳用钢及其制备方法	郑桂芸	2016-12-08	2018-08-14	201611121598. 5	山东钢铁股份有限公司
277	发明	一种 LF 精炼炉的脱氧造渣方法	刘洪银 倪培亮 王永刚 孙建卫 郝 帅 路 峰 袁鹏举 亓伟伟 王奉县 王孝科	2016-12-14	2018-08-14	201611152152. 9	山东钢铁股份有限公司
278	实用新型	建筑用热轧不等边 H 型钢	付常伟 王中学 赵新华 任维杰 杨王辉	2017-12-06	2018-08-14	201721686736. 4	山东钢铁股份有限公司
279	发明	稀油润滑系统及其具有电磁铁的防止溢油滤芯	时元海 杨海燕 陈传盛 吕小波	2016-10-21	2018-08-14	201610920745. 9	莱芜钢铁集团有限公司
280	实用新型	一种铸铁机链带链板空心轴安装辅助装置	张志强	2018-01-18	2018-08-14	201820082814. 8	莱芜钢铁集团有限公司
281	发明	蒸发冷却器粗灰输送装置	周茂林 袁本明 吴 强 崔金强 曹玉峰 杨洪超	2015-09-01	2018-08-17	201510552144. 2	山东钢铁股份有限公司

续表

序号	专利类型	专利名称	发明人	申请日	授权公告日	专利号	专利权人
282	发明	一种连铸中间包弥散式透气环上水口座砖及其吹氩精炼方法	武光君 王中学 郭伟达	2016-08-04	2018-08-17	201610634270. 7	山东钢铁股份有限公司
283	发明	一种加长杆敲扳手	毕永谦 张富 王鹏 吕英峰 梁志刚 刘同教 王新华	2017-05-03	2018-08-17	201710304916. X	山东钢铁股份有限公司
284	实用新型	一种三爪卡钳	李金浩 张佩 欧阳峥荣 郑桂云 张海霞	2017-10-24	2018-08-17	201721379937. X	山东钢铁股份有限公司
285	实用新型	高压开关柜的柜门电磁锁闭锁控制系统	李传东 周鹏 盛国锋 杨爱华 李传红 赵兴永 和发波 周莉 邢忠 李霞	2018-01-11	2018-08-17	201820047487. 2	山东钢铁股份有限公司
286	实用新型	一种电极旋紧装置	杨密平 王丰巧 王建国 马传庆 赵冠夫 刘金玲 范夕荣 安杰	2018-01-22	2018-08-17	201820104458. 5	山东钢铁股份有限公司
287	实用新型	一种棒材轧机水平推拉的挂靠装置	陈会芬 张凯 李冰玉 杨兆银 景洪涛	2018-01-22	2018-08-21	201820099216. 1	山东钢铁股份有限公司
288	发明	制作具有圆弧形边缘的结构件的装置	刘明 高志强 吕凤 张丽华 郭承勇 韩晶	2015-11-17	2018-08-21	201510790591. 1	莱芜钢铁集团有限公司
289	实用新型	一种轧钢辊道电机用防护装置	程宇 张皓淳 谷海龙 杨景山 蔡起良 张海山 董振鲁	2018-01-15	2018-08-21	201820060423. 6	济钢集团国际工程技术有限公司
290	实用新型	一种具有均匀搅拌及反冲洗防沉积的 HPF 法脱硫加药装置	杨涛 桂玉明 张连斌 贾仕文 汪高春	2017-11-29	2018-08-21	201721626099. 1	济钢集团国际工程技术有限公司
291	实用新型	一种组合扁管柱	张海宾 李洪建	2017-09-15	2018-08-24	201721184874. 2	莱芜钢铁集团有限公司
292	实用新型	一种光电式板带位置检测器的光源接收器	翟诺 赵琳 张杰 张凯 马平 曹永芹 王卫芳	2017-11-16	2018-08-24	201721532957. 6	山信软件股份有限公司
293	实用新型	一种烧结机尾气处理装置	张戈 梁凯丽 李雪涛 李发宏 林雅琴 孙波 李山峰 李绪东	2017-12-15	2018-08-28	201721762484. 9	山东钢铁股份有限公司

续表

序号	专利类型	专利名称	发明人	申请日	授权公告日	专利号	专利权人
294	实用新型	一种轴箱拉杆检修工具	唐述俊 邵学 薛洪江 李传强	2018-01-17	2018-08-28	201820074790. 1	山东钢铁股份有限公司
295	实用新型	一种热风炉系统	宫文垒 李军	2018-01-17	2018-08-28	201820074861. 8	山东钢铁股份有限公司
296	实用新型	一种双环并行转底炉	曾晖 李建云 高山 张毅	2018-01-22	2018-08-28	201820104772. 3	山东钢铁股份有限公司
297	实用新型	一种 PT 的二次电压回路和高压开关柜	李传红 刘方虎 李传东 王庆柱 时鹏 王平安 卜祥伦 张志强	2018-01-24	2018-08-28	201820122303. 4	山东钢铁股份有限公司
298	实用新型	一种环缝捣打料铺设工具	殷忠力 郭新超 宫文垒 李强 回全平	2018-01-25	2018-08-28	201820129695. 7	山东钢铁股份有限公司
299	实用新型	一种铁水液位监测装置	孙延龙 刘元意 蒋学健 谢鹏 许海峰 曾晖 王宇	2018-02-01	2018-08-28	201820179840. 2	山东钢铁股份有限公司
300	发明	滑线巡点检用工具	程昊 陈峰	2016-05-09	2018-08-28	201610305048. 2	莱芜钢铁集团有限公司
301	发明	一种提高扣头钢板装钢效率的导向装置	冯文义 周平 陈传盛 李昌 魏军广 张长宏 邢长怀 刘军刚 高海军 李传鹏 路荣杰 李强 焦国修 谷荣坤	2017-02-28	2018-08-28	201710114735. 0	莱芜钢铁集团有限公司
302	实用新型	输液器及其莫非氏滴管	张琪 王琳 曹妮娜 高敏	2017-06-15	2018-08-28	201720699262. 0	莱芜钢铁集团有限公司
303	实用新型	一种平烧式烧结机翻料处的漏料回收装置	汪春蕾 李雪涛 张戈 林雅琴 孙波 李山峰	2017-12-27	2018-08-28	201721869783. 2	莱芜钢铁集团有限公司
304	实用新型	一种干熄焦车及其制动装置	宋健	2017-12-27	2018-08-28	201721867368. 3	莱芜钢铁集团有限公司

续表

序号	专利类型	专利名称	发明人	申请日	授权公告日	专利号	专利权人
305	实用新型	一种机架辊拆装工装	梁　栋　张瑞海　孟繁亮　吕云平　李开伦　马利永	2018-01-17	2018-08-28	201820078424.3	莱芜钢铁集团有限公司
306	实用新型	一种多功能运输装置及运输车辆	杜守虎　赵松林　刘　燕　林增钦　王景志　张　媛　高　军	2018-01-22	2018-08-28	201820104823.2	莱芜钢铁集团有限公司
307	实用新型	一种 PT 的二次电压回路和高压开关柜	李传红　刘方虎　李传东　王庆柱　时　鹏　王平安　卜祥伦　张志强	2018-01-24	2018-08-28	201820122303.4	莱芜钢铁集团有限公司
308	实用新型	一种卸卷小车	孙　凯　翟　诺　赵　琳　张　凯　曹永芹　丁修龙　杜　伟　李　强　王卫芳	2017-11-16	2018-08-28	201721534504.7	山信软件股份有限公司
309	实用新型	一种行车自动定位控制系统	孟祥彬　马世雷　亓鹏飞　张　彤　孟光振	2017-12-12	2018-08-28	201721718238.3	山信软件股份有限公司
310	实用新型	一种连铸过程中减少钢水铸余量的装置	刘洪银　孙建卫　路　峰　王孝科　郝　帅　王　利　袁鹏举　亓伟伟　王奉县	2018-01-13	2018-08-31	201820065582.5	山东钢铁股份有限公司
311	实用新型	断路器弹簧储能的控制监测电路	李传东　朱　根　周　鹏　李传红　赵兴永　付兆升　杨洪昌　陈晓霞　路　欣	2018-01-11	2018-08-31	201820047508.0	山东钢铁股份有限公司
312	实用新型	一种降低烧结固体燃耗的烧结设备	周小辉　安进博　张　庆　任　军　周匹富　庞师艳　孟令达　张惠凯	2018-02-08	2018-08-31	201820222310.1	山东钢铁股份有限公司
313	实用新型	更换炉底辊用工装	梁　栋	2018-01-12	2018-08-31	201820049376.5	莱芜钢铁集团有限公司
314	发明	一种稠化转炉终点渣的方法	黄珊珊　张　丽　王明杰　王　强　张　佩　于亮涛　胡增跃　温福新　邹春锋	2015-11-16	2018-09-04	201510786906.5	山东钢铁股份有限公司
315	发明	一种小压缩比抗 HIC 与 SSC 的管线钢板及制备方法	黄少文　于　驰　周　平　刘丰业　霍孝新　麻　衡　曹　静　孙雪娇　王月香　陈爱娇　张兆萍	2016-02-16	2018-09-04	201610086846.0	山东钢铁股份有限公司；东北大学秦皇岛分校

续表

序号	专利类型	专利名称	发明人	申请日	授权公告日	专利号	专利权人
316	发明	一种非接触式机械密封装置	朱向青　马月慧　董　杰　徐勤庆　韦瑞务	2016-06-02	2018-09-04	201610389947.5	山东钢铁股份有限公司
317	发明	一种用于支撑辊装置安装的测量辅助装置	孙吉才　姜　雷　孙永波　闫小卫　张笃增　林　敏	2016-07-25	2018-09-04	201610591143.3	莱芜钢铁冶金生态工程技术有限公司
318	发明	一种钢包内透气砖的吹气装置	李洪建　袁本明　郭伟达　陈　亮　马志海　侯风岭　高　山	2017-02-28	2018-09-04	201710114155.1	山东钢铁股份有限公司
319	实用新型	一种除尘装置	张　戈　梁凯丽　李雪涛　李发宏　林雅琴　孙　波　李山峰　李绪东	2017-12-15	2018-09-04	201721762482.X	山东钢铁股份有限公司
320	实用新型	一种以外轮廓为基准的划线装置	张　富	2018-02-02	2018-09-04	201820186422.6	山东钢铁股份有限公司
321	实用新型	一种高炉火渣粒化器及处理装置	孙延龙　梁　栋　周小辉　曾　晖　王学斌　刘汉海	2018-02-02	2018-09-04	201820182748.1	山东钢铁股份有限公司
322	实用新型	一种警示绳收放装置	梁玉萍　张　媛　李　深　邹元甲　李　斌	2018-01-15	2018-09-04	201820067262.3	莱芜钢铁集团有限公司
323	发明	一种钢坯计数装置和方法	蔡　森　蔡　悝　张晓峰　李凤巧　董跃华　鲍红宾　秦昌国　李玉平	2016-07-05	2018-09-04	201610524812.5	山信软件股份有限公司
324	发明	一种打捆机和打捆方法	赵瑞明　武　剑　张　凯　吴昌飞　胡　杨	2016-01-05	2018-09-07	201610004947.9	山东钢铁股份有限公司
325	发明	一种皮带清扫装置、皮带输送机	韩永吉　陈　勇　李　璐　管　兵　李志坤　郑文峰　续卫兵　王　勇　崔锦来	2016-06-12	2018-09-07	201610407934.6	山东钢铁股份有限公司
326	发明	一种连铸中间包透气陶瓷管上水口座砖及其吹氩精炼方法	武光君　王中学　郭伟达	2016-08-04	2018-09-07	201610634268.X	山东钢铁股份有限公司
327	发明	振动测量装置	李雪涛　张　坤　李振河　张　戈	2015-01-15	2018-09-07	201510020150.3	莱芜钢铁集团有限公司

续表

序号	专利类型	专利名称	发明人	申请日	授权公告日	专利号	专利权人
328	实用新型	料车轨道矫正装置	朱小波 李念龙 吴玉军 刘孝义 吴钦国 李金堂	2018-01-22	2018-09-07	201820097362.0	莱芜钢铁集团有限公司
329	实用新型	防跑车用挡车栏	李为民 边洪波 陈 进 刘青芬 江善清 王新刚	2017-12-28	2018-09-07	201721885083.2	山东金岭铁矿股份有限公司
330	实用新型	多矿仓自动卸料系统	李 健 韩西鹏 王雪梅 薛 明 孙文帅 张兴旺	2017-12-28	2018-09-07	201721887747.9	山东金岭铁矿股份有限公司
331	实用新型	破碎机锤头更换辅助装置	韩西鹏 孙文帅 陈永伟 张兴旺 李金梁 陈为强 张 伟	2017-12-28	2018-09-07	201721887631.5	山东金岭铁矿股份有限公司
332	实用新型	回转窑窑头窑尾密封罩防积水装置	刘 涛 李 娜 李秀海 赵 娜 曹继礼 李秀英 徐春玲	2018-02-05	2018-09-11	201820196004.5	山东钢铁股份有限公司
333	实用新型	轧辊轴承的拆卸装置	张 戈 梁凯丽 李雪涛 李发宏 李山峰 林雅琴 孙 波	2018-01-26	2018-09-11	201820141373.4	山东钢铁股份有限公司
334	实用新型	万向接轴的十字包拆卸装置	张 戈 梁凯丽 李雪涛 李发宏 李山峰 林雅琴 孙 波	2018-01-26	2018-09-11	201820141418.8	山东钢铁股份有限公司
335	实用新型	能够自导向的接头装置	孔 峰 邹清武 蒋海涛 王建军 马海涛 张 燕 尹建强 李发宏 林雅琴 孙 波 顾晓庆 马优钢 李山峰	2018-01-26	2018-09-11	201820141530.1	莱芜钢铁集团有限公司
336	实用新型	一种在转炉出钢口中喷吹碳粉的预脱氧装置	刘洪银 孙建卫 路 峰 王孝科 郝 帅 王 利 袁鹏举 亓伟伟 王奉县	2018-01-13	2018-09-14	201820065583.X	山东钢铁股份有限公司
337	实用新型	电压互感器二次计量电压并列电路	李传瑾 关彦华 李传东 尹 庆 何敬国 李传纪 穆建国 李传红 赵兴永 付兆升	2018-02-02	2018-09-14	201820186344.X	山东钢铁股份有限公司
338	实用新型	高炉水渣除铁装置	周小辉 安进博 张 庆 任 军 王云术 庞师艳	2018-04-10	2018-09-14	201820503762.7	山东钢铁股份有限公司

续表

序号	专利类型	专利名称	发明人	申请日	授权公告日	专利号	专利权人
339	发明	一种提高烧结矿冷却废气余热回收装置	孙雅文 董宝利 李 兵 翁旭霞 战立刚	2016-08-15	2018-09-14	201610667150.7	济钢集团国际工程技术有限公司
340	实用新型	一种应用于皮带输送机的带上在线翻料装置	李建云 杜玉婷 李 波 吕宏伟 毛友庄	2018-02-28	2018-09-18	201820282036.7	山东钢铁股份有限公司
341	发明	一种门箱线缆布线用辅助装置	程 昊 吕 凤 顾华杰 李新平 邵晓明 冯义平 陈 峰 焦红芳 杨 玲 陈 新 韩寿亮 刘 勇 李 彬	2016-08-29	2018-09-18	201610754339.X	莱芜钢铁集团有限公司
342	发明	一种球团生产工艺在线预控方法及装置	贾友剑 徐春玲 李秀海 赵晨光 吕宏伟 王尚东	2017-06-13	2018-09-25	201710441021.0	山东钢铁股份有限公司
343	发明	电缆穿线管	程 昊 韩寿亮 陈 峰 顾华杰 李新平 陈 新 刘 勇 李 彬	2016-07-29	2018-09-25	201610608525.2	莱芜钢铁集团有限公司
344	发明	一种药粉配液辅助装置	张 琪 赵艳敏	2016-08-25	2018-09-25	201610720802.9	莱芜钢铁集团有限公司医院
345	发明	分体式托圈及其制造方法	张庆魁 陈 健 倪士军 王文勇 孙继坦 李玉凤	2016-08-30	2018-09-25	201610761923.8	莱芜钢铁集团有限公司
346	发明	一种焦炉自动放散点火控制系统及控制方法	苑 路 徐光庆 郭 涛 李树华 隋明明 魏述亮 李彦芹 王 伟 刘 村 谭永彦 曹 毅	2015-10-29	2018-09-28	201510719259.6	山东钢铁股份有限公司
347	发明	一种双母线隔离开关操作闭锁电气回路	李传东 李传红 赵兴永 尹 庆 何敬国 杨爱华 朱 根 代永恒 李 倩 孙维龙 王 敏 付炳哲 付兆升	2016-07-15	2018-09-28	201610556101.6	山东钢铁股份有限公司
348	实用新型	一种皮带打滑的检测装置	石琳芳 刘晓兵 董建斌	2018-02-11	2018-09-28	201820247087.6	山东钢铁股份有限公司

续表

序号	专利类型	专利名称	发明人	申请日	授权公告日	专利号	专利权人
349	实用新型	一种安全更换高炉炉顶十字测温枪的专用装置	牛燕光 刘 磊 陆会鑫 孙 卫 张庆慧 蒲 昕 程 昊	2018-03-21	2018-09-28	201820383003.1	莱芜钢铁集团有限公司
350	发明	一种降低结晶器钢液过热度的装置及方法	刘成宝 刘洪银 杜显彬 王中学 王 毅 郭伟达	2016-08-24	2018-10-02	201610717364.0	山东钢铁股份有限公司
351	发明	一种高度可调节的导卫横梁装置	孙晓庆 霍喜伟 石荣浩 蒲红兵 田 伟 孔令坤 王 刚	2016-10-27	2018-10-02	201610955155.X	山东钢铁股份有限公司
352	发明	一种用于测量导卫箱内侧导板之间宽度的测量装置	孙晓庆 霍喜伟 任 伟 石荣浩 谈群峰 王 刚 蒲红兵	2016-11-21	2018-10-02	201611039139.2	山东钢铁股份有限公司
353	发明	一种冷床上卸钢辅助装置及方法	李永峰 李来中 王 莉	2015-12-07	2018-10-12	201510896567.6	山东钢铁股份有限公司
354	实用新型	连铸机中间包水口插入深度测量装置	肖 强 陈永生 王 刚 刘洪银	2018-03-01	2018-10-12	201820288972.9	山东钢铁股份有限公司
355	实用新型	一种新型烧结机台车上栏板	郑 波 杨士君 杨东安	2018-03-21	2018-10-12	201820385817.9	莱芜钢铁集团有限公司
356	实用新型	一种配电室内警示护栏	程 昊 张庆慧 刘 磊 蒲 昕 牛燕光	2018-03-21	2018-10-12	201820386561.3	莱芜钢铁集团有限公司
357	实用新型	球磨机出球装置	孙文帅 韩西鹏 陈为强 张海旺 李 健 王 涛 黄 芳	2017-12-28	2018-10-12	201721885073.9	山东金岭铁矿股份有限公司
358	实用新型	露天矿山地面沉降预警装置	刘夫晓 缑昆贞 张小笛 张兴旺 刘 清	2018-03-16	2018-10-12	201820365338.0	山东金岭铁矿股份有限公司
359	实用新型	露天矿山贫化报警装置	崔方宁 张晓煜 张兴旺 邵明国 边洪波	2018-03-16	2018-10-12	201820365288.6	山东金岭铁矿股份有限公司
360	发明	一种球团返矿再利用方法	叶 健 郑 强 孙兆胜 吴孔明 张德千 刘国防 吕明玺	2017-07-20	2018-10-12	201710594914.9	山东钢铁集团日照有限公司

续表

序号	专利类型	专利名称	发明人	申请日	授权公告日	专利号	专利权人
361	实用新型	一种不间断电源监测装置	白洪光 孙喜亮 叶 强 朱 磊 祝洪新 葛 颢 雍红星 闫 群 方 谊 金建炳	2018-03-14	2018-10-12	201820351340. 2	山东鲁冶瑞宝电气自动化有限公司
362	实用新型	一种卷取机夹送辊辊缝标定检验工具	赵 磊 刘树梅 王法国 刘建平 商汉军 王文勇 杜 鹏 高 涛 刘 岩 李厚国 孙喜亮 祝洪新	2018-03-16	2018-10-12	201820365605. 4	山东鲁冶瑞宝电气自动化有限公司
363	发明	移动式铁水折罐烟气捕集罩	周茂林 曹桂菊 袁本明 毛鲁波 于德荣 曹玉峰	2016-03-14	2018-10-16	201610144868. 8	山东钢铁股份有限公司
364	实用新型	单相接地故障线路监测系统	袭建富 逯 斌 李传东 尹 庆 王 站 赵兴永 李传红 付兆升	2018-03-29	2018-10-19	201820437793. 7	山东钢铁股份有限公司
365	实用新型	大圆坯连铸用引锭装置	赵冠夫 贺云鸿 杨密平 李玉华 狄云峰 马传庆 邵明海 范夕荣 刘金玲	2018-03-16	2018-10-19	201820362829. X	山东钢铁股份有限公司
366	实用新型	一种室外电力施工用护栏	刘 磊	2018-03-21	2018-10-19	201820385816. 4	莱芜钢铁集团有限公司
367	实用新型	用于代替鸡心夹头的前顶尖	梁 栋 姬 勇 李玉凤 张 新 张瑞海	2018-03-06	2018-10-19	201820306037. 0	莱芜钢铁集团有限公司
368	发明	H 型钢矫正装置	李雪涛 张 戈	2016-12-29	2018-10-23	201611251542. 1	山东钢铁股份有限公司
369	实用新型	一种横移台车行走和升降准确定位的方法及装置	郭秀辉 蔡 森 陈永生 杜 芳	2018-02-12	2018-10-26	201820253802. 7	山东钢铁股份有限公司
370	发明	一种冷轧加热装置及超低氮氧化物排放的控制方法	刘 丽 梁保国 徐卫国 陈庆军 刘义学 刘精华 郭 峰 孙道清	2017-04-27	2018-10-26	201710288962. 5	山东钢铁集团日照有限公司
371	实用新型	一种侵蚀引导型弧形炉底炉缸	王明磊 李兴廷 刘洪东 李 兵	2018-01-12	2018-10-26	201820052868. X	济钢集团国际工程技术有限公司

续表

序号	专利类型	专利名称	发明人	申请日	授权公告日	专利号	专利权人
372	实用新型	一种侵蚀引导型台阶形炉底炉缸	王明磊　李兴廷　刘洪东　李　兵	2018-01-12	2018-10-26	201820052518.3	济钢集团国际工程技术有限公司
373	实用新型	钢渣预处理装置	程志洪　蔡起良　张海山　程　宇　董振鲁　谷海龙　曹生前　张皓淳　孙　璐	2018-03-13	2018-10-26	201820337179.3	济钢集团国际工程技术有限公司
374	发明	一种焦炉荒煤气放散控制系统及方法	徐光庆　曹　毅　苑　路　郭　涛　王元顺　刘吉星　童利民　李彦芹　谭永彦　刘静怡　魏述亮	2015-10-29	2018-10-30	201510719381.3	山东钢铁股份有限公司
375	实用新型	一种热轧异型槽钢	方金林　李传振	2018-01-25	2018-10-30	201820127881.7	山东钢铁股份有限公司
376	实用新型	一种用于紧固的异型钢	方金林　李传振　武玉利	2018-01-25	2018-10-30	201820128519.1	山东钢铁股份有限公司
377	实用新型	一种用于紧固的凹型钢	方金林　李传振　武玉利	2018-01-25	2018-10-30	201820127045.9	山东钢铁股份有限公司
378	实用新型	一种带上混料装置	李建云　杜玉婷　李　波　吕宏伟　毛友庄	2018-02-28	2018-10-30	201820281493.4	山东钢铁股份有限公司
379	实用新型	烧结对比烧结杯实验装置	周小辉　安进博　周匹富　孟令达	2018-02-05	2018-10-30	201820195485.8	山东钢铁股份有限公司
380	发明	一种板材定尺系统及方法	阴法亮　吕　霞　汪定态　王中华　李雪涛　李绪东	2015-11-23	2018-10-30	201510818918.1	莱芜钢铁集团有限公司
381	发明	吊挂电缆夹	程　昊　韩寿亮　陈　新　顾华杰　李新平　陈　峰　刘　勇　李　彬	2016-07-29	2018-10-30	201610608618.5	莱芜钢铁集团有限公司
382	实用新型	用于处理焦化废水的高温熔渣粒化系统	周小辉　张　庆　安进博　任　军　周　林　庞师艳　张惠凯	2018-02-08	2018-11-02	201820221911.0	山东钢铁股份有限公司

续表

序号	专利类型	专利名称	发明人	申请日	授权公告日	专利号	专利权人
383	实用新型	一种高炉渣粒化及余热回收系统	周小辉 张庆 安进博 任军 周林 庞师艳 张惠凯	2018-02-08	2018-11-02	201820222321. X	山东钢铁股份有限公司
384	发明	一种用于板坯连铸中间包条形透气砖加罩吹氩精炼装置及氩气控制方法	武光君 郭伟达 王中学 张学民	2016-12-12	2018-11-06	201611141848. 1	山东钢铁股份有限公司
385	发明	一种用于生产 SPHC 钢种的吹氩精炼方法	武光君	2017-07-14	2018-11-06	201710576788. 4	山东钢铁股份有限公司
386	实用新型	水梁调换装置	孟令达 卢正臻 陈会芬 刘彬 滕新哲	2017-12-20	2018-11-06	201721797875. 4	山东钢铁股份有限公司
387	实用新型	一种铸坯连接装置	刁峰 杜逢慧 赵冠夫 李猛 刘利 刘鹏 刘超群 杨密平 韩永刚 吴涛涛	2018-03-27	2018-11-06	201820423013. 3	山东钢铁股份有限公司
388	实用新型	一种拆装工具	赵立明 王蕾 李一多 李刚 李红花 龙启雨	2018-01-17	2018-11-06	201820074788. 4	莱芜钢铁集团有限公司
389	实用新型	一种固定装置	陶峰 胡猛 张丽 赵亮 李海滨	2017-11-17	2018-11-06	201721548247. 2	山信软件股份有限公司
390	实用新型	一种转炉下料翻槽装置	王学恩 王丽娟 林敏 刘文凭	2018-03-20	2018-11-09	201820379056. 6	山东钢铁股份有限公司
391	实用新型	自动控制无检测装置的辊道启停的系统	郭秀辉 蔡森 杜芳 李超 段崇启 刘少斌	2018-03-21	2018-11-09	201820385745. 8	山东钢铁股份有限公司
392	实用新型	一种用于拉矫机断网后的应急处理系统	郭秀辉 蔡森 杜芳	2018-04-27	2018-11-09	201820616698. 3	山东钢铁股份有限公司
393	实用新型	汽轮机主汽门管道支架	田晓明 王继磊 李传瑾 莫建春 袭建凯 史红艳 任甲民 庞太同 刘俊明 孙峰	2018-04-11	2018-11-09	201820508552. 7	山东钢铁股份有限公司
394	实用新型	改进的用于机车柴油机的排烟烟囱	邵学 朱颖珍 刘强 孙英红 刘永强 王尚典	2018-04-19	2018-11-09	201820557217. 6	山东钢铁股份有限公司

续表

序号	专利类型	专利名称	发明人	申请日	授权公告日	专利号	专利权人
395	实用新型	高炉图拉法渣处理控制系统	程　昊　张庆慧　徐　峰　陈　峰	2018-05-11	2018-11-09	201820696410. 8	莱芜钢铁集团有限公司
396	发明	一种中高碳中高合金工具钢大圆坯的连铸方法	刘　兵　戈文英　李金浩　梁　娜　欧阳峥容　刘　利	2016-10-31	2018-11-13	201610931000. 2	山东钢铁股份有限公司
397	发明	一种高炉喷煤枪	陈艳辉　张凡敏　李　琳　赵红雨　张　明　姬光刚　李培言　潘　林　丁鑫志　张红启　徐春玲　刘　苗　唐凌剑　王　辉	2016-11-09	2018-11-13	201611035731. 5	山东钢铁股份有限公司
398	发明	一种连铸机结晶器振动伺服缸内泄检测装置及检测方法	袁本明　侯风岭	2017-03-06	2018-11-13	201710127913. 3	山东钢铁股份有限公司
399	发明	一种烧结配料的配料流量调解方法和系统	贾友剑　吕　枭　徐春玲　吕宏伟　王洪连	2017-06-09	2018-11-13	201710432134. 4	山东钢铁股份有限公司
400	发明	联轴器安装用找正装置	李雪涛　顾晓庆　张　坤　邹清武　张　戈　孔　峰　李山峰　李绪东	2015-09-30	2018-11-13	201510641121. 9	莱芜钢铁集团有限公司
401	发明	轧机及轧机的冷却装置	谭业鹏　张　媛　魏颖颖	2016-05-10	2018-11-13	201610307923. 0	莱芜钢铁集团有限公司
402	实用新型	测速电机接手	刘晓兵　石琳芳	2018-03-16	2018-11-16	201820362393. 4	山东钢铁股份有限公司
403	实用新型	轧钢用防干扰式电气元件放置箱	邹元甲	2018-05-15	2018-11-16	201820715936. 6	莱芜钢铁集团有限公司
404	实用新型	轧钢用自制冷式电气元件安装柜	邹元甲	2018-05-15	2018-11-16	201820722213. 9	莱芜钢铁集团有限公司
405	发明	一种火切机切割枪定位方法及装置	郭维河　蔡　森　张晓峰　李玲美　颜炳正　郭　群　周振峰　秦昌国　李玉平	2016-02-24	2018-11-16	201610101706. 6	山信软件股份有限公司

续表

序号	专利类型	专利名称	发明人	申请日	授权公告日	专利号	专利权人
406	发明	一种高炉渣浆输送系统及其控制方法	郭焕军 陈钧 朱涛 孙宗辉 卢峰 尹元生 楼建林 石文东 袁宪强 邢丽荣	2016-03-14	2018-11-16	201610142548.9	山东钢铁股份有限公司
407	实用新型	行车电机及制动轮辅助更换装置	徐钦国 赵莹 解玉涛 陈传盛 毕一 刘辉 周翔 岳后金	2018-05-02	2018-11-20	201820641809.6	莱芜钢铁集团有限公司
408	实用新型	带有减振装置的机械设备维修装置	刘海燕	2018-05-07	2018-11-20	201820670036.4	莱芜钢铁集团有限公司
409	发明	一种过桥装置	王红娟 齐小兵 李宪成 魏延涛	2016-03-01	2018-11-23	201610115912.2	山东钢铁股份有限公司
410	发明	一种皮带清扫装置、皮带输送机	韩永吉 李志坤 李璐 陈勇 曹毅 王勇 郑文峰 安冉 管兵	2016-06-12	2018-11-23	201610408122.3	山东钢铁股份有限公司
411	发明	一种结晶器结构、冷却装置及结晶器内部的冷却方法	刘洪银 陈永生 刘成宝 邹春锋 倪培亮 肖强 袁鹏举 亓伟伟 郝帅 孙建卫 杨旭 王孝科	2016-08-31	2018-11-23	201610790016.6	山东钢铁股份有限公司
412	发明	一种便于找正的装置	毕永谦 丁海 穆力波 左先仁 吕英峰 张富 王新华	2016-11-14	2018-11-23	201611002295.1	山东钢铁股份有限公司
413	发明	一种轧钢控制方法、装置及系统	秦立丽	2017-06-28	2018-11-23	201710504762.9	山东钢铁股份有限公司
414	发明	一种拆卸、安装电缆用辅助装置	程昊	2016-08-29	2018-11-23	201610753788.2	莱芜钢铁集团有限公司
415	实用新型	一种应用于变频器上的散热装置	乔希彬	2018-05-25	2018-11-23	201820786513.3	莱芜钢铁集团有限公司
416	实用新型	一种适用于高压真空断路器壳体的连接结构	乔希彬	2018-05-25	2018-11-23	201820785954.1	莱芜钢铁集团有限公司

续表

序号	专利类型	专利名称	发明人	申请日	授权公告日	专利号	专利权人
417	实用新型	一种大曲率蛇形管的制作工装	李　千　李恒昌　张庆魁	2018-04-09	2018-11-27	201820497921.7	莱芜钢铁集团有限公司
418	实用新型	一种割炬辅助装置	程　昊　张庆慧　刘　磊　蒲　昕　牛燕光	2018-04-16	2018-11-27	201820539714.3	莱芜钢铁集团有限公司
419	实用新型	一种低压配电柜	焦红芳　李　静　刘天菊	2018-04-25	2018-11-27	201820602775.X	莱芜钢铁集团有限公司
420	实用新型	滑角内六角螺栓拆卸扳手	刘　彬　卢正臻　孟令达　王　波　杨佃平　滕新哲	2018-05-10	2018-11-30	201820689983.8	山东钢铁股份有限公司
421	实用新型	一种高线自动打包机放线系统	卢正臻　孟令达　刘　彬　滕新哲　王　波　杨佃平　陈　斌	2018-05-04	2018-11-30	201820657841.3	山东钢铁股份有限公司
422	实用新型	一种高线自动打包机线坠导向装置	刘　彬　卢正臻　孟令达　王　波　滕新哲　杨佃平	2018-05-04	2018-11-30	201820658435.9	山东钢铁股份有限公司
423	发明	一种用于防止钢铁厂的料堆扬尘的覆盖剂	李建云　曾　晖　梁　栋　周　林	2016-08-26	2018-12-04	201610739004.0	山东钢铁股份有限公司
424	发明	一种高铁水比例电炉冶炼中高合金低磷钢方法	刘　兵　戈文英　李金浩　袁淑君　吕安明　谷　岩	2016-10-31	2018-12-04	201610930984.2	山东钢铁股份有限公司
425	实用新型	带钢步进梁的稳定装置	王　斌　王　伟　苏万成　高　伟　李之庆　滕新哲　亓　斌　黄治东	2018-05-09	2018-12-04	201820690408.X	山东钢铁股份有限公司
426	发明	一种行车防撞装置	梁玉萍　李　深　陈传盛　刘纯玉　汪定态　王中华　吕石君　杨　鹏　任丽萍　林雅琴　魏颖颖　阴法亮　黄　晨　邹元甲　王玉忠　陈　旭　田茂桦　申　波	2017-06-19	2018-12-04	201710462865.3	莱芜钢铁集团有限公司
427	实用新型	真空永磁圆筒过滤机密封系统	张建刚　王　兵　韩西鹏	2018-03-29	2018-12-04	201820435740.1	山东金岭铁矿股份有限公司

续表

序号	专利类型	专利名称	发明人	申请日	授权公告日	专利号	专利权人
428	实用新型	矿山井下运输道路多用信号系统控制电路	陈 进 赵 帅 王克刚 江善清	2018-03-30	2018-12-04	201820480802. 0	山东金岭铁矿股份有限公司
429	实用新型	电机车聚电弓系统	张雪峰 边俊青 刘 珂 边洪光 张言鹏 宫先太 周学飞 王 芳	2018-04-27	2018-12-04	201820622350. 5	山东金岭铁矿股份有限公司
430	实用新型	磁铁矿品位检测装置	崔方宁 张兴旺 郭 峰 张合国 谢风科	2018-05-15	2018-12-04	201820724935. 8	山东金岭铁矿股份有限公司
431	实用新型	高寒地区矿山地质灾害报警装置	张晓煜 崔方宁 谢风科 张兴旺 张合国	2018-05-15	2018-12-04	201820724008. 6	山东金岭铁矿股份有限公司
432	实用新型	一种高炉火渣处理装置	孙延龙 李京业 曾 晖 罗霞光 王金刚 梁 栋 王学斌 周 林	2018-02-02	2018-12-07	201820182839. 5	山东钢铁股份有限公司
433	实用新型	一种高炉火渣缓冲装置及处理装置	孙延龙 曾 晖 罗霞光 郭 东 周小辉 周生华 刘汉海	2018-02-02	2018-12-07	201820182749. 6	山东钢铁股份有限公司
434	实用新型	一种钢轨移动工具	李庆睦 李林灿 吕海新 杨 超 徐 杰 张动知 刘 明 高友忠	2018-03-06	2018-12-07	201820303417. 9	莱芜钢铁集团有限公司
435	实用新型	一种快速安装销轴的专用导入装置	牛燕光 刘 磊 陆会鑫 孙 卫 张庆慧 蒲 昕 程 昊	2018-04-25	2018-12-07	201820603131. 2	莱芜钢铁集团有限公司
436	实用新型	一种烧结鼓风带冷机通风装置	刘天菊 焦红芳 李 静	2018-04-25	2018-12-07	201820602772. 6	莱芜钢铁集团有限公司
437	实用新型	活塞环压缩器	邵 学 孙迎红 王尚典 段崇义	2018-05-04	2018-12-14	201820658944. 1	山东钢铁股份有限公司
438	实用新型	烧结机小矿槽料仓	郑 波	2018-04-23	2018-12-14	201820580668. 1	莱芜钢铁集团有限公司
439	实用新型	轧钢控制电缆隔热防护装置	邹元甲	2018-05-07	2018-12-14	201820668062. 3	莱芜钢铁集团有限公司

续表

序号	专利类型	专利名称	发明人	申请日	授权公告日	专利号	专利权人
440	发明	高炉风口中套更换装置	张晓澎	2018-05-30	2018-12-14	201820817476.8	莱芜钢铁集团有限公司
441	实用新型	运输带钢用步进梁的稳定装置	孙宁涛 张宗峰 王斌 孟凡禄 刘化佳	2018-05-09	2018-12-18	201820690410.7	山东钢铁股份有限公司
442	发明	土壤固化剂及其制备方法	曲丽娜 李培彦 郭永智	2016-08-18	2018-12-25	201610680066.9	济南鲁新新型建材股份有限公司
443	实用新型	主变压器的计量二次电流回路	李传东 何敬国 鉴曙光 赵兴永 李传红 王敏 付兆升 梁军 王鹏飞 邢忠 杨洪昌	2018-04-12	2018-12-28	201820516540.9	山东钢铁股份有限公司
444	实用新型	水冷铁沟盖装置	周小辉 庞师艳 周林 周匹富 何爱军	2018-06-04	2018-12-28	201820849606.6	山东钢铁股份有限公司
445	实用新型	水冷密闭渣沟	周小辉 王云术 安进博 张志铭 周林 任军 庞师艳 梁栋 张庆	2018-06-14	2018-12-28	201820919561.5	山东钢铁股份有限公司
446	实用新型	高炉渣池渣位监控装置	贾友剑 隋心玉 侯兴蓉 徐爱波 曾国锋 戴宪涛 徐春玲 李琳 刘苗	2018-06-25	2018-12-28	201820975235.6	山东钢铁股份有限公司
447	实用新型	高炉炉顶布料溜槽更换装置	牛燕光 刘磊 孙卫 陆会鑫 张庆慧 蒲昕 程昊	2018-04-25	2018-12-28	201820596186.5	莱芜钢铁集团有限公司
448	实用新型	一种钢丝绳皮带剥头可快换刀片的旋转刀盘	牛燕光 刘磊 陆会鑫 张庆慧 蒲昕 程昊	2018-06-12	2018-12-28	201820903151.1	莱芜钢铁集团有限公司
449	实用新型	一种转炉挡渣板及转炉	马利永 梁栋	2018-02-09	2018-12-28	201820242827.7	莱芜钢铁集团有限公司
450	实用新型	一种料仓仓满检测装置	陈峰 陈树典	2018-05-10	2018-12-28	201820695645.5	莱芜钢铁集团有限公司
451	实用新型	一种无背钢导轨结构	石荣翔	2018-05-08	2018-12-28	201820680348.3	莱芜钢铁集团有限公司

（撰稿：訾福莲　审稿：马光亭）

山钢年鉴 2019

山钢集团
SD STEEL

荣 誉

山钢集团
SD STEEL

山钢文化

核心理念

山钢愿景：
打造具有国际竞争力的钢铁强企

获全国荣誉的先进集体（以获奖时间排序）

获得荣誉单位	荣誉称号	授予单位	授予时间
莱钢青岛钢结构有限公司防腐班	全国青年安全生产示范岗	共青团中央、国家安全生产监督管理总局	2018-04
山东工业职业学院	“校园节水·安全供水·智慧管理”样板示范校	中国教育后勤协会	2018-04
山钢集团	中国十大优秀钢铁企业品牌	中国冶金报社	2018-05
山钢股份莱芜分公司焦化厂	焦化行业统计先进单位	中国炼焦行业协会	2018-05
山钢股份莱芜分公司型钢厂中型轧钢车间	全国工人先锋号	中华全国总工会	2018-05
山钢股份莱芜分公司	第五届全国冶金职工运动会突出贡献奖	中国冶金体育协会	2018-05
山钢股份莱芜分公司	2018 绿色发展十大企业	中国冶金报社	2018-06
山钢股份莱芜分公司焦化厂	2016~2017 年度全国“安康杯”竞赛优胜单位	中华全国总工会、应急管理部	2018-06
淄博张钢公司	2016~2017 年度全国“安康杯”竞赛优胜单位	中华全国总工会、应急管理部	2018-06
莱钢建设公司济南钢构公司铆焊五班	2016~2017 年度全国“安康杯”竞赛优胜班组	中华全国总工会、应急管理部	2018-06
山钢股份莱芜分公司炼钢厂行车一车间行车一班	2016~2017 年度全国“安康杯”竞赛优胜班组	中华全国总工会、应急管理部	2018-06
莱钢建设公司威海分公司团总支	全国钢铁行业五四红旗团支部标兵	全国钢铁行业共青团工作指导和推进委员会	2018-06
济钢合金科技公司机关团支部	全国钢铁行业五四红旗团支部标兵	全国钢铁行业共青团工作指导和推进委员会	2018-06
山钢股份莱芜分公司棒材厂第二轧钢车间团支部	全国钢铁行业五四红旗团支部	全国钢铁行业共青团工作指导和推进委员会	2018-06
山钢股份莱芜分公司团委	全国钢铁行业五四红旗团委标兵	全国钢铁行业共青团工作指导和推进委员会	2018-06
莱钢医院团委	全国钢铁行业五四红旗团委	全国钢铁行业共青团工作指导和推进委员会	2018-06
山钢股份莱芜分公司运输部	《冶金企业铁路技术管理规程》修订及规章体系编写突出贡献单位	中国钢铁工业协会	2018-07

获得荣誉单位	荣誉称号	授予单位	授予时间
山钢股份莱芜分公司炼铁厂	全国绿化模范单位	全国绿化委员会	2018-07
山东鲁冶项目管理有限公司青岛钢铁有限公司环保搬迁综合原料场	2018年度全国冶金行业优质工程奖	中国冶金建设协会	2018-08
莱钢拔河队	2018年全国拔河锦标赛公开女子500kg冠军	全国拔河锦标赛大会组委会	2018-08
莱钢拔河队	2018年全国拔河锦标赛公开男子640kg季军	全国拔河锦标赛大会组委会	2018-08
莱钢拔河队	2018年全国拔河锦标赛公开男子600kg亚军	全国拔河锦标赛大会组委会	2018-08
莱钢拔河队	2018年全国拔河锦标赛草地混580kg冠军	全国拔河锦标赛大会组委会	2018-08
莱钢拔河队	2018年全国拔河锦标赛公开男子560kg亚军	全国拔河锦标赛大会组委会	2018-08
莱钢拔河队	2018年全国拔河锦标赛草地男子600kg冠军	全国拔河锦标赛大会组委会	2018-08
莱钢拔河队	2018年全国拔河锦标赛草地混580kg亚军	全国拔河锦标赛大会组委会	2018-08
莱钢拔河队	2018年全国拔河锦标赛公开女子540kg亚军	全国拔河锦标赛大会组委会	2018-08
莱钢拔河队	2018年全国拔河锦标赛草地女子540kg冠军	全国拔河锦标赛大会组委会	2018-08
莱钢拔河队	2018年全国拔河锦标赛亚军	全国拔河锦标赛大会组委会	2018-08
莱钢拔河队	2018年全国拔河锦标赛体育道德风尚奖	中国拔河协会	2018-08
莱钢银山型钢公司炼铁厂400m^{2}烧结机	全国节能降耗对标竞赛优胜炉	中国机械冶金建材工会、中国钢铁工业协会	2018-08
莱钢银山型钢公司炼钢厂2号120t转炉	全国节能降耗对标竞赛优胜炉	中国机械冶金建材工会、中国钢铁工业协会	2018-08
莱钢银山型钢公司炼铁厂3200m^{3}高炉	全国节能降耗对标竞赛冠军炉	中国机械冶金建材工会、中国钢铁工业协会	2018-08
山东钢铁股份有限公司	“首钢杯”第九届全国钢铁行业职业技能竞赛优秀组织奖	中国钢铁工业协会	2018-09

获得荣誉单位	荣誉称号	授予单位	授予时间
山钢股份莱芜分公司	“中国梦、劳动美、点赞工匠”全国机械冶金建材行业职工摄影大展优秀组织奖	中国机械冶金建材工会	2018-09
山钢股份莱芜分公司棒材厂第二轧钢车间	模范职工小家	中华全国总工会	2018-09
山钢股份莱芜分公司能源动力厂型钢热电车间	模范职工小家	中华全国总工会	2018-09
中泰证券股份有限公司	助力脱贫攻坚杰出贡献奖	中国证券业协会、中国扶贫基金会	2018-09
山钢股份莱芜分公司	第四届钢铁行业教育培训工作先进单位	冶金工业教育资源开发中心	2018-09
日照公司	第四届钢铁行业教育培训工作先进单位	冶金工业教育资源开发中心	2018-09
山钢股份莱芜分公司焦化厂回收二车间鼓冷脱硫班	2017 年度全国青年安全生产示范岗	共青团中央、应急管理部	2018-10
山钢股份莱芜分公司棒材厂第二轧钢车间轧钢班	2017 年度全国青年安全生产示范岗	共青团中央、应急管理部	2018-10
山钢集团	2018 年度钢铁工业统计工作先进集体	中国钢铁工业协会	2018-10
莱钢团委	全国钢铁行业“青安杯”竞赛优胜单位	全国钢铁行业共青团工作指导和推进委员会	2018-10
山钢股份莱芜分公司团委	全国钢铁行业“青安杯”竞赛优秀组织单位	全国钢铁行业共青团工作指导和推进委员会	2018-10
山钢股份莱芜分公司炼铁厂团委	全国钢铁行业“青安杯”竞赛先进集体	全国钢铁行业共青团工作指导和推进委员会	2018-10
山钢股份莱芜分公司炼钢厂团委	全国钢铁行业“青安杯”竞赛先进集体	全国钢铁行业共青团工作指导和推进委员会	2018-10
莱钢建筑安装工程公司团委	全国钢铁行业“青安杯”竞赛先进集体	全国钢铁行业共青团工作指导和推进委员会	2018-10
莱钢建设公司济南分公司团总支	全国钢铁行业“青安杯”竞赛先进集体	全国钢铁行业共青团工作指导和推进委员会	2018-10
济钢冷弯型钢公司	全国钢铁行业“青安杯”竞赛先进集体	全国钢铁行业共青团工作指导和推进委员会	2018-10
济钢冷弯型钢公司纵剪机组	全国钢铁行业“青安杯”竞赛最佳青年安全监督岗	全国钢铁行业共青团工作指导和推进委员会	2018-10

获得荣誉单位	荣誉称号	授予单位	授予时间
莱钢建设公司上海分公司舜元钢结构项目部	全国钢铁行业“青安杯”竞赛最佳青年安全监督岗	全国钢铁行业共青团工作指导和推进委员会	2018-10
莱钢建设公司威海分公司牟平大都汇购物公园项目部	全国钢铁行业“青安杯”竞赛最佳青年安全监督岗	全国钢铁行业共青团工作指导和推进委员会	2018-10
莱钢建筑安装工程公司机电安装工程部	全国钢铁行业“青安杯”竞赛最佳青年安全监督岗	全国钢铁行业共青团工作指导和推进委员会	2018-10
莱钢绿建国际建筑工程有限公司下料车间	全国钢铁行业“青安杯”竞赛最佳青年安全监督岗	全国钢铁行业共青团工作指导和推进委员会	2018-10
莱钢设备检修中心型钢轧材检修部宽带机械班	全国钢铁行业“青安杯”竞赛最佳青年安全监督岗	全国钢铁行业共青团工作指导和推进委员会	2018-10
莱钢淄博钢结构有限公司第二项目部	全国钢铁行业“青安杯”竞赛最佳青年安全监督岗	全国钢铁行业共青团工作指导和推进委员会	2018-10
山钢股份莱芜分公司焦化厂化产精制车间苯加氢班	全国钢铁行业“青安杯”竞赛最佳青年安全监督岗	全国钢铁行业共青团工作指导和推进委员会	2018-10
莱钢银山型钢公司炼铁厂高炉三车间主控热风班	全国钢铁行业“青安杯”竞赛最佳青年安全监督岗	全国钢铁行业共青团工作指导和推进委员会	2018-10
山钢股份莱芜分公司型钢厂异型轧钢车间精整大班	全国钢铁行业“青安杯”竞赛最佳青年安全监督岗	全国钢铁行业共青团工作指导和推进委员会	2018-10
莱钢银山型钢公司板带厂冷轧车间精整丙班	全国钢铁行业“青安杯”竞赛最佳青年安全监督岗	全国钢铁行业共青团工作指导和推进委员会	2018-10
山钢股份莱芜分公司棒材厂第一轧钢车间轧钢班	全国钢铁行业“青安杯”竞赛最佳青年安全监督岗	全国钢铁行业共青团工作指导和推进委员会	2018-10
山钢股份莱芜分公司特钢事业部新区连铸车间连铸丁班	全国钢铁行业“青安杯”竞赛最佳青年安全监督岗	全国钢铁行业共青团工作指导和推进委员会	2018-10
山钢股份莱芜分公司型钢厂异型轧钢车间精整大班	全国钢铁行业青年安全生产示范岗	全国钢铁行业共青团工作指导和推进委员会	2018-10
莱钢建设公司上海分公司舜元钢结构项目部	全国钢铁行业青年安全生产示范岗	全国钢铁行业共青团工作指导和推进委员会	2018-10
山东鲁碧建材有限公司	全国第十六次水泥化学分析大对比“全优奖”	国家质检中心	2018-10
山钢股份莱芜分公司	冶金计量标杆示范活动标杆单位	中国计量协会冶金分会	2018-10
日照公司	冶金计量标杆示范活动标杆单位	中国计量协会冶金分会	2018-10
日照公司	产业计量标杆示范活动标杆单位	中国计量协会	2018-11
山东鲁碧建材有限公司	2018 中国建材企业 100 强	中国建筑材料企业管理协会	2018-11

获得荣誉单位	荣誉称号	授予单位	授予时间
山钢股份莱芜分公司	“太钢杯”全国冶金行业职工美术书法展览优秀组织奖	全国冶金文学艺术协会	2018-11
山钢集团	钢铁行业改革开放40周年功勋企业	中国冶金报社	2018-12
山钢集团	应对美国“337”调查重要贡献奖	中国冶金报社	2018-12
莱钢集团	第三届国际创新创业博览会优秀成果奖	中华全国总工会、共青团中央	2018-12
莱钢工会	全国第六届“书香三八”读书活动优秀组织奖	全国“书香三八”读书活动组委会	2018-12
山东省冶金设计院股份有限公司	商务诚信AAA级信用企业	中国国际电子商务中心	2018-12
山东工业职业学院	第五届“助学·筑梦·铸人”主题宣传活动优秀组织奖	教育部全国学生资助管理中心	2018-12

获山东省荣誉的先进集体（以获奖时间排序）

获得荣誉单位	荣誉称号	授予单位	授予时间
山钢集团	全省单位内部治安保卫工作先进单位	山东省公安厅	2018-01
山钢集团审计部	全省内部审计工作先进单位	山东省内部审计师协会	2018-01
莱钢团委	山东省红旗团委	共青团山东省委	2018-01
莱钢“建安火炬手”志愿服务团队	2016~2017年度山东省电力行业青年文明号	山东省电力行业团工委	2018-01
莱钢建筑安装工程公司第一建筑工程部	2016~2017年度山东省电力行业青年文明号	山东省电力行业团工委	2018-01
山钢股份莱芜分公司工会	2017年度山东省工会工作创新奖	山东省总工会	2018-01
山东鲁碧建材有限公司维修车间陈万法创新工作室	山东省示范性劳模和工匠人才创新工作室	山东省总工会	2018-01
济南莱钢钢结构有限公司组装班	山东省创新型班组	山东省总工会、省经济和信息化委员会、省科学技术厅等	2018-01
中泰证券股份有限公司登记结算部	山东省创新型班组	山东省总工会、省经济和信息化委员会、省科学技术厅等	2018-01

获得荣誉单位	荣誉称号	授予单位	授予时间
山钢股份莱芜分公司炼铁厂5号高炉主控热风班	山东省创新型班组	山东省总工会、省经济和信息化委员会、省科学技术厅等	2018-01
山东工业职业学院	2017年度省管企业文明单位	山东省省管企业文明委	2018-01
山钢股份莱芜分公司	2017年度全省安全生产工作先进企业	山东省人民政府安全生产委员会	2018-02
日照公司信息计量部	山东省工人先锋号	山东省总工会	2018-02
莱钢医院	山东省改善医疗服务示范医院	山东省卫健委	2018-02
济钢济南鲍德汽车运输有限公司轿车服务中心维修班	山东省钢铁黄金有色金属行业安全生产标准化示范班组	山东省冶金工会委员会	2018-02
莱钢建筑安装工程公司机电安装工程部电工二班	山东省钢铁黄金有色金属行业安全生产标准化示范班组	山东省冶金工会委员会	2018-02
莱钢设备检修中心特钢新区检修部轧钢机械班	山东省钢铁黄金有色金属行业安全生产标准化示范班组	山东省冶金工会委员会	2018-02
山钢股份莱芜分公司炼钢厂行车一车间行车一班	山东省钢铁黄金有色金属行业安全生产标准化示范班组	山东省冶金工会委员会	2018-02
山钢股份莱芜分公司焦化厂化产精制车间苯加氢班	山东省钢铁黄金有色金属行业安全生产标准化示范班组	山东省冶金工会委员会	2018-02
日照公司炼钢部	山东省钢铁黄金有色金属行业安全生产标准化示范班组	山东省冶金工会委员会	2018-02
山东金岭铁矿有限公司选矿厂检修工段电工组	山东省钢铁黄金有色金属行业安全生产标准化示范班组	山东省冶金工会委员会	2018-02
济钢商贸元康元食品餐饮公司冷食厂生产班	山东省钢铁黄金有色金属行业安全生产标准化班组	山东省冶金工会委员会	2018-02
济钢冷弯型钢公司制造部1200班组	山东省钢铁黄金有色金属行业安全生产标准化班组	山东省冶金工会委员会	2018-02
济钢标准件厂合金线车间合金线甲班	山东省钢铁黄金有色金属行业安全生产标准化班组	山东省冶金工会委员会	2018-02
莱钢设备检修中心炼铁检修部烧结机械二班	山东省钢铁黄金有色金属行业安全生产标准化班组	山东省冶金工会委员会	2018-02
莱钢设备检修中心型钢综合检修部钳工十班	山东省钢铁黄金有色金属行业安全生产标准化班组	山东省冶金工会委员会	2018-02
莱钢医院消毒供应中心	山东省钢铁黄金有色金属行业安全生产标准化班组	山东省冶金工会委员会	2018-02
莱钢医院肿瘤血液科	山东省钢铁黄金有色金属行业安全生产标准化班组	山东省冶金工会委员会	2018-02

获得荣誉单位	荣誉称号	授予单位	授予时间
莱钢建筑安装工程公司机电安装工程部仪表班	山东省钢铁黄金有色金属行业安全生产标准化班组	山东省冶金工会委员会	2018-02
莱钢建筑安装工程公司机械加工工程部铆焊班	山东省钢铁黄金有色金属行业安全生产标准化班组	山东省冶金工会委员会	2018-02
莱钢建设公司济南分公司铆焊六班	山东省钢铁黄金有色金属行业安全生产标准化班组	山东省冶金工会委员会	2018-02
莱钢建设公司信莱粉末压型车间烧结班	山东省钢铁黄金有色金属行业安全生产标准化班组	山东省冶金工会委员会	2018-02
山东鲁碧建材有限公司钢城分公司麦尔兹窑工段	山东省钢铁黄金有色金属行业安全生产标准化班组	山东省冶金工会委员会	2018-02
山东鲁碧建材有限公司矿山分厂采矿工段	山东省钢铁黄金有色金属行业安全生产标准化班组	山东省冶金工会委员会	2018-02
山东鲁碧建材有限公司水泥分厂球磨二工段	山东省钢铁黄金有色金属行业安全生产标准化班组	山东省冶金工会委员会	2018-02
莱钢金鼎公司中心社区凤凰园	山东省钢铁黄金有色金属行业安全生产标准化班组	山东省冶金工会委员会	2018-02
莱钢金鼎公司新兴市政工程处	山东省钢铁黄金有色金属行业安全生产标准化班组	山东省冶金工会委员会	2018-02
莱钢淄博锚链公司制链车间交验班	山东省钢铁黄金有色金属行业安全生产标准化班组	山东省冶金工会委员会	2018-02
山东金岭铁矿有限公司金召矿业运输工段-330m箕斗提升组	山东省钢铁黄金有色金属行业安全生产标准化班组	山东省冶金工会委员会	2018-02
山东金岭铁矿有限公司选矿厂碎矿工段一班	山东省钢铁黄金有色金属行业安全生产标准化班组	山东省冶金工会委员会	2018-02
山东金岭铁矿有限公司铁鹰公司球团车间丙班	山东省钢铁黄金有色金属行业安全生产标准化班组	山东省冶金工会委员会	2018-02
山东金岭铁矿有限公司机动部检修实验班	山东省钢铁黄金有色金属行业安全生产标准化班组	山东省冶金工会委员会	2018-02
莱钢鲁南矿业公司上河铁矿卷扬机班	山东省钢铁黄金有色金属行业安全生产标准化班组	山东省冶金工会委员会	2018-02
莱钢鲁南矿业公司选矿厂选矿作业区检修班	山东省钢铁黄金有色金属行业安全生产标准化班组	山东省冶金工会委员会	2018-02
莱钢鲁南矿业公司 110kV 变电站	山东省钢铁黄金有色金属行业安全生产标准化班组	山东省冶金工会委员会	2018-02
日照公司热轧部	山东省钢铁黄金有色金属行业安全生产标准化班组	山东省冶金工会委员会	2018-02

获得荣誉单位	荣誉称号	授予单位	授予时间
日照公司冷轧部	山东省钢铁黄金有色金属行业安全生产标准化班组	山东省冶金工会委员会	2018-02
日照公司能源环保项目部	山东省钢铁黄金有色金属行业安全生产标准化班组	山东省冶金工会委员会	2018-02
山钢股份莱芜分公司炼钢厂炼钢一车间生产丁班	山东省钢铁黄金有色金属行业安全生产标准化班组	山东省冶金工会委员会	2018-02
山钢股份莱芜分公司炼钢厂连铸二车间4号机拉钢丙班	山东省钢铁黄金有色金属行业安全生产标准化班组	山东省冶金工会委员会	2018-02
山钢股份莱芜分公司炼铁厂6号高炉车间主控室	山东省钢铁黄金有色金属行业安全生产标准化班组	山东省冶金工会委员会	2018-02
山钢股份莱芜分公司炼铁厂球团一车间甲班	山东省钢铁黄金有色金属行业安全生产标准化班组	山东省冶金工会委员会	2018-02
莱钢银山型钢公司炼铁厂高炉三车间主控热风班	山东省钢铁黄金有色金属行业安全生产标准化班组	山东省冶金工会委员会	2018-02
莱钢银山型钢公司炼铁厂供混二车间配料大班	山东省钢铁黄金有色金属行业安全生产标准化班组	山东省冶金工会委员会	2018-02
莱钢银山型钢公司板带厂冷轧车间酸洗甲班	山东省钢铁黄金有色金属行业安全生产标准化班组	山东省冶金工会委员会	2018-02
莱钢银山型钢公司板带厂热轧运行车间电气大班	山东省钢铁黄金有色金属行业安全生产标准化班组	山东省冶金工会委员会	2018-02
山钢股份莱芜分公司棒材厂中小型车间轧钢班	山东省钢铁黄金有色金属行业安全生产标准化班组	山东省冶金工会委员会	2018-02
山钢股份莱芜分公司棒材厂行车车间行车丙班	山东省钢铁黄金有色金属行业安全生产标准化班组	山东省冶金工会委员会	2018-02
山钢股份莱芜分公司型钢厂大型运行车间电工大班	山东省钢铁黄金有色金属行业安全生产标准化班组	山东省冶金工会委员会	2018-02
山钢股份莱芜分公司型钢厂大型生产准备车间预调大班	山东省钢铁黄金有色金属行业安全生产标准化班组	山东省冶金工会委员会	2018-02
山钢股份莱芜分公司特钢事业部新区炼钢车间烤包班	山东省钢铁黄金有色金属行业安全生产标准化班组	山东省冶金工会委员会	2018-02
山钢股份莱芜分公司特钢事业部大型成材车间生产作业甲班	山东省钢铁黄金有色金属行业安全生产标准化班组	山东省冶金工会委员会	2018-02

获得荣誉单位	荣誉称号	授予单位	授予时间
莱钢银山型钢公司宽厚板事业部运行车间电气运行班	山东省钢铁黄金有色金属行业安全生产标准化班组	山东省冶金工会委员会	2018-02
莱钢银山型钢公司宽厚板事业部质量检查站/物理中心实验室试样加工班	山东省钢铁黄金有色金属行业安全生产标准化班组	山东省冶金工会委员会	2018-02
山钢股份莱芜分公司能源动力厂生产运行部配电班	山东省钢铁黄金有色金属行业安全生产标准化班组	山东省冶金工会委员会	2018-02
山钢股份莱芜分公司能源动力厂供水车间清二级泵站	山东省钢铁黄金有色金属行业安全生产标准化班组	山东省冶金工会委员会	2018-02
山钢股份莱芜分公司焦化厂干熄焦车间 2 号中控班	山东省钢铁黄金有色金属行业安全生产标准化班组	山东省冶金工会委员会	2018-02
山钢股份莱芜分公司焦化厂炼焦二车间热调班	山东省钢铁黄金有色金属行业安全生产标准化班组	山东省冶金工会委员会	2018-02
山钢股份莱芜分公司运输部车务一段行车甲班	山东省钢铁黄金有色金属行业安全生产标准化班组	山东省冶金工会委员会	2018-02
山钢股份莱芜分公司运输部机务段 15 机组	山东省钢铁黄金有色金属行业安全生产标准化班组	山东省冶金工会委员会	2018-02
山信软件莱芜自动化分公司钢区运维事业部型钢制氧站	山东省钢铁黄金有色金属行业安全生产标准化班组	山东省冶金工会委员会	2018-02
山信软件莱芜自动化分公司网络及系统运维事业部综合运维班	山东省钢铁黄金有色金属行业安全生产标准化班组	山东省冶金工会委员会	2018-02
山钢股份莱芜分公司工会	全省“宣讲十九大精神，展示女职工风采”优秀组织奖	山东省总工会	2018-03
山钢股份莱芜分公司团委	2017 年度山东省红旗团委	共青团山东省委	2018-03
莱钢建设公司济南分公司铆焊一班	山东省共青团员先锋岗（队）	共青团山东省委	2018-03
莱钢工会	2017 年度山东省冶金行业工会工作先进单位	山东省冶金工会委员会	2018-03
莱钢建筑安装工程公司工会	2017 年度山东省冶金行业工会工作先进单位	山东省冶金工会委员会	2018-03

获得荣誉单位	荣誉称号	授予单位	授予时间
莱钢工会女职工委员会	2017年度山东省冶金行业女职工工作先进单位	山东省冶金工会委员会	2018-03
莱钢建设公司淄博分公司文昌嘉苑项目部	2017年度山东省冶金行业工人先锋号	山东省冶金工会委员会	2018-03
莱钢建设公司威海分公司铆焊班	2017年度山东省冶金行业工人先锋号	山东省冶金工会委员会	2018-03
财务公司	2018年山东辖区监管联席会企业文化建设典型	山东省银监局	2018-03
山钢股份莱芜分公司工会	山东省冶金黄金有色金属行业职工学习培训技能提升三年行动先进单位	山东省冶金黄金有色金属行业职工学习培训技能提升三年行动组委会	2018-04
山钢股份莱芜分公司焦化厂	山东省维护女职工权益先进企业	山东省企业联合会、山东省总工会、山东省企业家协会、山东省工业经济联合会	2018-04
莱钢建筑安装工程公司机电安装工程部	2017年度山东省青年安全生产示范岗	共青团山东省委、山东省安全生产监督管理局	2018-04
莱钢建筑安装工程公司机械加工工程部团支部	2017年度山东省电力行业五四红旗团支部	山东省电力行业团工委	2018-04
莱钢矿山建设有限公司	山东省“安康杯”竞赛示范单位	山东省总工会、山东省安全生产监督管理局	2018-04
莱钢医院团委	山东省五四红旗团委	共青团山东省委	2018-05
山钢股份莱芜分公司能源动力厂团委	山东省五四红旗团委	共青团山东省委	2018-05
莱钢建筑安装工程公司机械加工工程部团支部	山东省五四红旗团支部	共青团山东省委	2018-05
山钢股份莱芜分公司型钢厂异型轧钢车间团支部	山东省五四红旗团支部	共青团山东省委	2018-05
莱钢设备检修中心“二月风”爱心帮扶团队	山东省志愿服务先进集体	共青团山东省委	2018-05
财务公司	山东保险中介行业2017年度保险兼业先进集体	山东省保险中介行业协会	2018-06
山钢集团	山东企业100强	山东省企业联合会、山东省企业家协会	2018-07
山钢集团	山东省2018年度“安全生产月”活动优秀组织单位	山东省人民政府安全生产委员会	2018-07
山东莱钢永锋钢铁有限公司	山东省民营企业100强2018第31位	山东省工商业联合会	2018-07

获得荣誉单位	荣誉称号	授予单位	授予时间
莱钢医院护理部	第二届山东省医院品管圈大赛暨第六届全国医院品管圈大赛山东省预选赛优秀组织奖	山东省品质管理联盟	2018-07
莱钢医院消毒供应中心	2017年度山东省消毒供应质控指标先进单位	山东省消毒供应中心	2018-07
莱钢工会	山东省模范职工之家红旗单位	山东省总工会	2018-07
莱钢工会	“中国梦·劳动美——学习贯彻习近平新时代中国特色社会主义思想和党的十九大精神”全省职工演讲比赛最佳代表队	山东省总工会	2018-07
日照公司规划运营部	山东省工人先锋号	山东省总工会	2018-07
日照公司科技质量中心	山东省工人先锋号	山东省总工会	2018-07
日照公司党群工作部	山东省冶金行业工人先锋号	山东省冶金工业总公司、山东省冶金工会委员会	2018-07
日照公司人力资源部	山东省冶金行业工人先锋号	山东省冶金工业总公司、山东省冶金工会委员会	2018-07
日照公司生产部	山东省冶金行业工人先锋号	山东省冶金工业总公司、山东省冶金工会委员会	2018-07
日照公司办公室	山东省冶金行业工人先锋号	山东省冶金工业总公司、山东省冶金工会委员会	2018-07
日照公司设备管理部	山东省冶金行业工人先锋号	山东省冶金工业总公司、山东省冶金工会委员会	2018-07
日照公司市场部	山东省冶金行业工人先锋号	山东省冶金工业总公司、山东省冶金工会委员会	2018-07
日照公司炉卷项目部	山东省冶金行业工人先锋号	山东省冶金工业总公司、山东省冶金工会委员会	2018-07
山信软件股份有限公司	山东省冶金行业五一劳动奖状	山东省冶金工业总公司	2018-07
莱钢电子公司	山东省冶金行业五一劳动奖状	山东省冶金工业总公司	2018-07
莱钢建筑安装工程公司机械加工工程部技术组	山东省冶金系统2017年度质量信得过班组	山东省冶金工业总公司	2018-07
莱钢集团公司	2016~2017年度“守合同重信用”企业	山东省工商行政管理局	2018-08
山东莱钢永锋钢铁有限公司	2016~2017年度“守合同重信用”企业	山东省工商行政管理局	2018-08

获得荣誉单位	荣誉称号	授予单位	授予时间
济南鲍德冶金石灰石有限公司	2016~2017年度“守合同重信用”企业	山东省工商行政管理局	2018-08
中泰证券股份有限公司	2016~2017年度山东省思想政治工作优秀企业	山东省思想政治工作研究会	2018-08
莱钢鲁碧绿色建筑科技有限公司	2018年度优秀生产企业	山东省装配式产业技术创新联盟	2018-09
山钢股份莱芜分公司炼钢厂	全省群众体育先进单位	山东省体育局	2018-09
莱钢建筑安装工程公司团委	山东省抗灾救灾先进团组织	共青团山东省委	2018-09
山东中泰慈善基金会	爱心单位	山东省红十字会	2018-09
莱钢集团	2018年山东省冶金行业职工职业技能竞赛决赛优秀组织奖	山东省冶金工业总公司、山东省冶金工会委员会	2018-09
山钢股份莱芜分公司	2018年山东省冶金行业职工职业技能竞赛决赛优秀组织奖	山东省冶金工业总公司、山东省冶金工会委员会	2018-09
莱钢集团	2018年山东省冶金行业职工职业技能竞赛决赛（装配钳工）团体第一名	山东省冶金工业总公司、山东省冶金工会委员会	2018-09
山钢股份莱芜分公司	2018年山东省冶金行业职工职业技能竞赛决赛（装配钳工）团体第二名	山东省冶金工业总公司、山东省冶金工会委员会	2018-09
山钢股份莱芜分公司	2018年山东省冶金行业职工职业技能竞赛决赛（高炉炼铁工）团体第一名	山东省冶金工业总公司、山东省冶金工会委员会	2018-09
山钢股份莱芜分公司	2018年山东省冶金行业职工职业技能竞赛决赛（转炉炼钢工）团体第一名	山东省冶金工业总公司、山东省冶金工会委员会	2018-09
莱钢医院后勤保障科	最强后勤人竞赛维修项目团体二等奖	山东省医院协会	2018-09
莱钢医院后勤保障科	最强后勤人竞赛保洁项目团体优秀奖	山东省医院协会	2018-09
莱钢医院后勤保障科	最强后勤人竞赛餐饮项目团体优秀奖	山东省医院协会	2018-09
山钢集团	2017年度档案统计工作先进单位	山东省档案局	2018-10
山钢集团	2018年度《山东国资》优秀通联站	山东国资杂志社	2018-10

获得荣誉单位	荣誉称号	授予单位	授予时间
山东钢铁股份有限公司	2017 年度山东省节能先进单位	山东省人民政府	2018-10
济钢集团	2018 年度复审合格省级文明单位	山东省精神文明建设委员会	2018-11
济钢城市矿产科技有限公司	2018 年度复审合格省级文明单位	山东省精神文明建设委员会	2018-11
山钢股份莱芜分公司	2018 年度网络安全保护工作先进集体	山东省信息网络安全协会	2018-11
山钢集团	2018 年度山东省两化融合优秀企业	山东省信息化与工业化融合促进中心	2018-12
莱钢集团	山东省女职工权益保护专项集体合同规范化建设达标企业	山东省总工会	2018-12
山钢股份莱芜分公司	山东省女职工权益保护专项集体合同规范化建设达标企业	山东省总工会	2018-12
莱钢工会	山东省市级经费审查工作规范化建设一等奖	山东省总工会	2018-12
莱钢设备检修中心能源动力检修部电工二班	山东省工人先锋号	山东省总工会	2018-12
山钢股份莱芜分公司焦化厂化产精制车间苯加氢班	山东省工人先锋号	山东省总工会	2018-12
莱钢设备检修中心能源动力检修部电工二班	山东省创新型班组	山东省劳动竞赛委员会	2018-12
山钢股份莱芜分公司焦化厂化产精制车间苯加氢班	山东省创新型班组	山东省劳动竞赛委员会	2018-12
莱钢集团	2018 年度山东冶金行业统计先进单位	山东省冶金工业总公司	2018-12
山钢股份莱芜分公司	2018 年度全省冶金统计工作先进单位	山东省冶金工业总公司	2018-12
莱钢法律教育培训基地	全省法治宣传教育示范基地	山东省普法办	2018-12
山信软件莱芜自动化分公司	省级文明单位	山东省精神文明建设委员会	2018-12
山信软件股份有限公司	2018 年度省属企业文明单位	山东省省属企业精神文明建设委员会	2018-12
山信软件莱芜自动化分公司	2018 年度省属企业文明单位	山东省省属企业精神文明建设委员会	2018-12
财务公司	2018 年度省属企业文明单位	山东省省属企业精神文明建设委员会	2018-12

获得荣誉单位	荣誉称号	授予单位	授予时间
山东工业职业学院	2018 年度省属企业文明单位	山东省省属企业精神文明建设委员会	2018-12
山钢国贸	2018 年度省属企业文明单位	山东省省属企业精神文明建设委员会	2018-12
济钢城市矿产科技有限公司	2018 年度省属企业文明单位	山东省省属企业精神文明建设委员会	2018-12
济南钢城矿业有限公司	2018 年度省属企业文明单位	山东省省属企业精神文明建设委员会	2018-12
山东济钢环保新材料有限公司	2018 年度省属企业文明单位	山东省省属企业精神文明建设委员会	2018-12
山钢股份莱芜分公司	山东省设备管理优秀单位	山东省设备管理协会	2018-12
济钢国际工程技术有限公司董宝利创新工作室	山东省冶金行业劳模和工匠人才创新工作室	山东省冶金工会委员会	2018-12
莱钢设备检修中心郭承勇创新工作室	山东省冶金行业劳模和工匠人才创新工作室	山东省冶金工会委员会	2018-12
山钢股份莱芜分公司徐春玲创新工作室	山东省冶金行业劳模和工匠人才创新工作室	山东省冶金工会委员会	2018-12
山钢股份莱芜分公司王强创新工作室	山东省冶金行业劳模和工匠人才创新工作室	山东省冶金工会委员会	2018-12
山东金岭铁矿有限公司韩业胜创新工作室	山东省冶金行业劳模和工匠人才创新工作室	山东省冶金工会委员会	2018-12
山东耐火材料集团有限公司蔡国庆创新工作室	山东省冶金行业劳模和工匠人才创新工作室	山东省冶金工会委员会	2018-12

获全国荣誉的先进个人（以获奖时间排序）

姓　名	所在单位	荣誉称号	授予单位	授予时间
沈桂权	财务公司	2017 年度行业优秀通讯员	中国财务公司协会	2018-01
李小燕	莱钢医院	全国优秀共青团员	共青团中央	2018-04
季立飞	山钢股份莱芜分公司团委	全国优秀共青团干部	共青团中央	2018-04
李子高	莱钢银山型钢公司宽厚板事业部	全国五一劳动奖章	中华全国总工会	2018-05

姓　名	所在单位	荣誉称号	授予单位	授予时间
蒋淑艳	山钢股份莱芜分公司焦化厂	焦化行业统计先进个人	中国炼焦行业协会	2018-05
郑　毅	莱钢银山型钢公司板带厂	全国钢铁行业优秀共青团干部	全国钢铁行业共青团工作指导和推进委员会	2018-06
常　骁	山钢股份莱芜分公司型钢厂	全国钢铁行业优秀共青团干部	全国钢铁行业共青团工作指导和推进委员会	2018-06
邢　雪	山钢股份莱芜分公司炼铁厂	全国钢铁行业优秀共青团员	全国钢铁行业共青团工作指导和推进委员会	2018-06
高莹莹	莱钢建筑安装工程公司	全国钢铁行业优秀共青团员	全国钢铁行业共青团工作指导和推进委员会	2018-06
刘登第	济钢集团纪委监察部	全国钢铁行业优秀共青团员	全国钢铁行业共青团工作指导和推进委员会	2018-06
陈传盛	莱钢设备检修中心	全国青年岗位能手	共青团中央、人力资源和社会保障部	2018-07
吕新刚	山钢股份莱芜分公司运输部	全国青年岗位能手	共青团中央、人力资源和社会保障部	2018-07
李元秀	山钢股份莱芜分公司运输部	《冶金企业铁路技术管理规程》修订及规章体系编写先进个人	中国钢铁工业协会	2018-07
梅富卿	山钢股份莱芜分公司运输部	《冶金企业铁路技术管理规程》修订及规章体系编写先进个人	中国钢铁工业协会	2018-07
李振江	山钢股份莱芜分公司运输部	《冶金企业铁路技术管理规程》修订及规章体系编写先进个人	中国钢铁工业协会	2018-07
王　磊	山钢股份莱芜分公司运输部	《冶金企业铁路技术管理规程》修订及规章体系编写先进个人	中国钢铁工业协会	2018-07
李　闯	山钢股份莱芜分公司运输部	《冶金企业铁路技术管理规程》修订及规章体系编写先进个人	中国钢铁工业协会	2018-07
刘晓军	山钢股份莱芜分公司办公室	2018 年度优秀钢铁信息员	中国钢铁工业协会	2018-08
刘振海	山钢股份莱芜分公司办公室	2018 年度优秀钢铁信息员	中国钢铁工业协会	2018-08
张金良	山钢股份莱芜分公司办公室	2018 年度优秀钢铁信息员	中国钢铁工业协会	2018-08

姓　名	所在单位	荣誉称号	授予单位	授予时间
叶　华	山钢股份莱芜分公司办公室	2018年度优秀钢铁信息员	中国钢铁工业协会	2018-08
田方滨	莱钢集团办公室	2018年度优秀钢铁信息员	中国钢铁工业协会	2018-08
傅胜利	莱钢集团规划发展部/资本运营部	2018年度优秀钢铁信息员	中国钢铁工业协会	2018-08
孙丽琴	山钢股份莱芜分公司运营管理部	2018年度优秀钢铁信息员	中国钢铁工业协会	2018-08
栾雪娜	日照公司	2018年度优秀钢铁信息员	中国钢铁工业协会	2018-08
胡亚涛	莱钢银山型钢公司炼铁厂	全国钢铁行业技术能手	中国钢铁工业协会	2018-09
王万松	莱钢银山型钢公司板带厂	全国钢铁行业技术能手	中国钢铁工业协会	2018-09
甘　霖	山钢股份莱芜分公司炼铁厂	第四届钢铁行业教育培训工作先进个人	冶金工业教育资源开发中心	2018-09
孔德明	山钢股份莱芜分公司人力资源部	第四届钢铁行业教育培训工作先进个人	冶金工业教育资源开发中心	2018-09
刘　军	山钢股份莱芜分公司人力资源部	第四届钢铁行业教育培训工作先进个人	冶金工业教育资源开发中心	2018-09
齐登业	山钢股份莱芜分公司人力资源部	第四届钢铁行业教育培训工作先进个人	冶金工业教育资源开发中心	2018-09
秦　娜	山钢股份莱芜分公司人力资源部	第四届钢铁行业教育培训工作先进个人	冶金工业教育资源开发中心	2018-09
鞠洪建	日照公司	第四届钢铁行业教育培训工作先进个人	冶金工业教育资源开发中心	2018-09
林　阳	日照公司	第四届钢铁行业教育培训工作先进个人	冶金工业教育资源开发中心	2018-09
满生堂	淄博张钢公司	全国优秀工会工作者	中华全国总工会	2018-09
李茂岭	莱钢集团公司	全国优秀工会工作者	中华全国总工会	2018-09
何卫红	中泰证券股份有限公司	全国优秀工会工作者	中华全国总工会	2018-09
张立明	莱钢建筑安装工程公司	全国优秀工会之友	中华全国总工会	2018-09

姓　名	所在单位	荣誉称号	授予单位	授予时间
麻　衡	山钢股份莱芜分公司技术中心	第八届中国金属学会冶金先进青年科技工作者	中国金属学会	2018-09
李鹏鹏	莱钢设备检修中心	第十四届“振兴杯”全国青年职业技能大赛装配钳工第十二名	共青团中央委员会、人力资源和社会保障部	2018-09
季立飞	山钢股份莱芜分公司团委	全国钢铁行业“青安杯”竞赛最佳组织者	全国钢铁行业共青团工作指导和推进委员会	2018-10
陈文达	莱钢团委	全国钢铁行业“青安杯”竞赛最佳组织者	全国钢铁行业共青团工作指导和推进委员会	2018-10
赵彬尧	莱钢银山型钢公司宽厚板事业部	全国钢铁行业“青安杯”竞赛先进个人	全国钢铁行业共青团工作指导和推进委员会	2018-10
贾卫东	山钢股份莱芜分公司组织部/人力资源部	全国钢铁行业“青安杯”竞赛先进个人	全国钢铁行业共青团工作指导和推进委员会	2018-10
狄纯朴	莱钢医院	全国钢铁行业“青安杯”竞赛先进个人	全国钢铁行业共青团工作指导和推进委员会	2018-10
张　楠	莱钢设备检修中心	全国钢铁行业“青安杯”竞赛先进个人	全国钢铁行业共青团工作指导和推进委员会	2018-10
李长亮	济钢冷弯型钢公司	全国钢铁行业“青安杯”竞赛先进个人	全国钢铁行业共青团工作指导和推进委员会	2018-10
徐　强	山钢股份莱芜分公司焦化厂	全国钢铁行业“青安杯”竞赛最佳青安岗岗长	全国钢铁行业共青团工作指导和推进委员会	2018-10
胡亚涛	莱钢银山型钢公司炼铁厂	全国钢铁行业“青安杯”竞赛最佳青安岗岗长	全国钢铁行业共青团工作指导和推进委员会	2018-10
朱宏政	山钢股份莱芜分公司型钢厂	全国钢铁行业“青安杯”竞赛最佳青安岗岗长	全国钢铁行业共青团工作指导和推进委员会	2018-10
陈　朋	莱钢银山型钢公司板带厂	全国钢铁行业“青安杯”竞赛最佳青安岗岗长	全国钢铁行业共青团工作指导和推进委员会	2018-10
张健健	山钢股份莱芜分公司棒材厂	全国钢铁行业“青安杯”竞赛最佳青安岗岗长	全国钢铁行业共青团工作指导和推进委员会	2018-10
张　涛	山钢股份莱芜分公司特钢事业部	全国钢铁行业“青安杯”竞赛最佳青安岗岗长	全国钢铁行业共青团工作指导和推进委员会	2018-10
于　卉	莱钢设备检修中心	全国钢铁行业“青安杯”竞赛最佳青安岗岗长	全国钢铁行业共青团工作指导和推进委员会	2018-10
陈　伟	莱钢建设公司	全国钢铁行业“青安杯”竞赛最佳青安岗岗长	全国钢铁行业共青团工作指导和推进委员会	2018-10

姓　名	所在单位	荣誉称号	授予单位	授予时间
张启龙	莱钢建筑安装工程公司	全国钢铁行业“青安杯”竞赛最佳青安岗岗长	全国钢铁行业共青团工作指导和推进委员会	2018-10
刘仰贺	莱钢建设公司	全国钢铁行业“青安杯”竞赛最佳青安岗岗长	全国钢铁行业共青团工作指导和推进委员会	2018-10
姜　岩	莱钢建设公司	全国钢铁行业“青安杯”竞赛最佳青安岗岗长	全国钢铁行业共青团工作指导和推进委员会	2018-10
乔　萌	莱钢建设公司	全国钢铁行业“青安杯”竞赛最佳青安岗岗长	全国钢铁行业共青团工作指导和推进委员会	2018-10
刘洪志	济钢冷弯型钢公司	全国钢铁行业“青安杯”竞赛最佳青安岗岗长	全国钢铁行业共青团工作指导和推进委员会	2018-10
刘鲁伟	莱钢组织部/人力资源部	中国钢铁工业人事劳资年报统计工作建立十周年突出贡献个人	中国钢铁工业协会	2018-11
张　佩	山钢股份莱芜分公司技术中心	第三届杰出工程师青年奖	中华国际科学交流基金会	2018-11

获山东省荣誉的先进个人（以获奖时间排序）

姓　名	所在单位	荣誉称号	授予单位	授予时间
刘德华	山钢集团	全省内部审计先进个人	山东省内部审计师协会	2018-01
刘志刚	莱钢团委	山东省优秀青年工作者	共青团山东省委	2018-01
房增忠	莱钢保卫部	2017 年度山东省内部治安保卫工作突出个人	山东省公安厅	2018-01
宋洪焕	莱钢医院	山东省卫生计生系统护理技能竞赛优秀奖	山东省卫健委	2018-01
徐国良	莱钢培训中心	2017 年度山东省管企业培训与职工教育重点课题研究先进工作者	山东省职工教育协会	2018-01
王书涛	莱钢设备检修中心	山东省创新能手	山东省总工会、山东省经济和信息化委员会、山东省科学技术厅	2018-01
闻小德	山钢股份莱芜分公司特钢事业部	山东省创新能手	山东省总工会、山东省经济和信息化委员会、山东省科学技术厅	2018-01

姓　名	所在单位	荣誉称号	授予单位	授予时间
张启龙	莱钢建筑安装工程公司	山东电力行业优秀青年	山东省电力行业团工委、山东省电力企业协会	2018-02
王　众	济钢济南鲍德汽车运输有限公司	山东省钢铁黄金有色金属行业安全生产标准化示范班组优秀班组长	山东省冶金工会委员会	2018-02
刘志刚	莱钢设备检修中心	山东省钢铁黄金有色金属行业安全生产标准化示范班组优秀班组长	山东省冶金工会委员会	2018-02
于春峰	莱钢建筑安装工程公司	山东省钢铁黄金有色金属行业安全生产标准化示范班组优秀班组长	山东省冶金工会委员会	2018-02
李　强	山钢股份莱芜分公司	山东省钢铁黄金有色金属行业安全生产标准化示范班组优秀班组长	山东省冶金工会委员会	2018-02
薛汝忠	山钢股份莱芜分公司	山东省钢铁黄金有色金属行业安全生产标准化示范班组优秀班组长	山东省冶金工会委员会	2018-02
陈宝堂	日照公司炼钢部	山东省钢铁黄金有色金属行业安全生产标准化示范班组优秀班组长	山东省冶金工会委员会	2018-02
张　芳	金岭铁矿选矿厂	山东省钢铁黄金有色金属行业安全生产标准化示范班组优秀班组长	山东省冶金工会委员会	2018-02
齐朝阳	济钢商贸元康元食品餐饮公司	山东省钢铁黄金有色金属行业安全生产标准化班组优秀班组长	山东省冶金工会委员会	2018-02
肖海江	济钢济钢冷弯型钢公司	山东省钢铁黄金有色金属行业安全生产标准化班组优秀班组长	山东省冶金工会委员会	2018-02
孟学玲	济钢标准件厂	山东省钢铁黄金有色金属行业安全生产标准化班组优秀班组长	山东省冶金工会委员会	2018-02
刘永进	莱钢建筑安装工程公司	山东省钢铁黄金有色金属行业安全生产标准化班组优秀班组长	山东省冶金工会委员会	2018-02
王麦东	莱钢建筑安装工程公司	山东省钢铁黄金有色金属行业安全生产标准化班组优秀班组长	山东省冶金工会委员会	2018-02

姓　名	所在单位	荣誉称号	授予单位	授予时间
李　玲	莱钢医院	山东省钢铁黄金有色金属行业安全生产标准化班组优秀班组长	山东省冶金工会委员会	2018-02
李　霞	莱钢医院	山东省钢铁黄金有色金属行业安全生产标准化班组优秀班组长	山东省冶金工会委员会	2018-02
张　新	莱钢设备检修中心	山东省钢铁黄金有色金属行业安全生产标准化班组优秀班组长	山东省冶金工会委员会	2018-02
杨　鹏	莱钢设备检修中心	山东省钢铁黄金有色金属行业安全生产标准化班组优秀班组长	山东省冶金工会委员会	2018-02
王　伟	莱钢建设公司	山东省钢铁黄金有色金属行业安全生产标准化班组优秀班组长	山东省冶金工会委员会	2018-02
李修兰	莱钢建设公司	山东省钢铁黄金有色金属行业安全生产标准化班组优秀班组长	山东省冶金工会委员会	2018-02
张东营	莱钢淄博锚链公司	山东省钢铁黄金有色金属行业安全生产标准化班组优秀班组长	山东省冶金工会委员会	2018-02
张　强	山东鲁碧建材有限公司	山东省钢铁黄金有色金属行业安全生产标准化班组优秀班组长	山东省冶金工会委员会	2018-02
郭增华	山东鲁碧建材有限公司	山东省钢铁黄金有色金属行业安全生产标准化班组优秀班组长	山东省冶金工会委员会	2018-02
李加存	山东鲁碧建材有限公司	山东省钢铁黄金有色金属行业安全生产标准化班组优秀班组长	山东省冶金工会委员会	2018-02
张永刚	莱钢金鼎公司	山东省钢铁黄金有色金属行业安全生产标准化班组优秀班组长	山东省冶金工会委员会	2018-02
李焕峰	莱钢金鼎公司	山东省钢铁黄金有色金属行业安全生产标准化班组优秀班组长	山东省冶金工会委员会	2018-02
韩业胜	金岭铁矿有限公司金召矿业	山东省钢铁黄金有色金属行业安全生产标准化班组优秀班组长	山东省冶金工会委员会	2018-02

姓 名	所在单位	荣誉称号	授予单位	授予时间
朱永刚	金岭铁矿有限公司选矿厂	山东省钢铁黄金有色金属行业安全生产标准化班组优秀班组长	山东省冶金工会委员会	2018-02
曹 强	金岭铁矿有限公司铁鹰公司	山东省钢铁黄金有色金属行业安全生产标准化班组优秀班组长	山东省冶金工会委员会	2018-02
邓维庆	金岭铁矿有限公司机动部	山东省钢铁黄金有色金属行业安全生产标准化班组优秀班组长	山东省冶金工会委员会	2018-02
刘 英	莱钢鲁南矿业公司	山东省钢铁黄金有色金属行业安全生产标准化班组优秀班组长	山东省冶金工会委员会	2018-02
张德建	莱钢鲁南矿业公司	山东省钢铁黄金有色金属行业安全生产标准化班组优秀班组长	山东省冶金工会委员会	2018-02
翟慎锋	莱钢鲁南矿业公司	山东省钢铁黄金有色金属行业安全生产标准化班组优秀班组长	山东省冶金工会委员会	2018-02
孟祥瑞	日照公司热轧部	山东省钢铁黄金有色金属行业安全生产标准化班组优秀班组长	山东省冶金工会委员会	2018-02
梁保国	日照公司冷轧部	山东省钢铁黄金有色金属行业安全生产标准化班组优秀班组长	山东省冶金工会委员会	2018-02
范书昌	日照公司能源环保项目部	山东省钢铁黄金有色金属行业安全生产标准化班组优秀班组长	山东省冶金工会委员会	2018-02
郭庆军	山钢股份莱芜分公司炼钢厂	山东省钢铁黄金有色金属行业安全生产标准化班组优秀班组长	山东省冶金工会委员会	2018-02
薛秉霖	山钢股份莱芜分公司炼钢厂	山东省钢铁黄金有色金属行业安全生产标准化班组优秀班组长	山东省冶金工会委员会	2018-02
殷宝龙	山钢股份莱芜分公司炼铁厂	山东省钢铁黄金有色金属行业安全生产标准化班组优秀班组长	山东省冶金工会委员会	2018-02
王 勇	山钢股份莱芜分公司炼铁厂	山东省钢铁黄金有色金属行业安全生产标准化班组优秀班组长	山东省冶金工会委员会	2018-02

姓　名	所在单位	荣誉称号	授予单位	授予时间
李　军	莱钢银山型钢公司炼铁厂	山东省钢铁黄金有色金属行业安全生产标准化班组优秀班组长	山东省冶金工会委员会	2018-02
袁世福	莱钢银山型钢公司炼铁厂	山东省钢铁黄金有色金属行业安全生产标准化班组优秀班组长	山东省冶金工会委员会	2018-02
展希众	莱钢银山型钢公司板带厂	山东省钢铁黄金有色金属行业安全生产标准化班组优秀班组长	山东省冶金工会委员会	2018-02
王健春	莱钢银山型钢公司板带厂	山东省钢铁黄金有色金属行业安全生产标准化班组优秀班组长	山东省冶金工会委员会	2018-02
位绍波	山钢股份莱芜分公司棒材厂	山东省钢铁黄金有色金属行业安全生产标准化班组优秀班组长	山东省冶金工会委员会	2018-02
李学华	山钢股份莱芜分公司棒材厂	山东省钢铁黄金有色金属行业安全生产标准化班组优秀班组长	山东省冶金工会委员会	2018-02
李　深	山钢股份莱芜分公司型钢厂	山东省钢铁黄金有色金属行业安全生产标准化班组优秀班组长	山东省冶金工会委员会	2018-02
李山峰	山钢股份莱芜分公司型钢厂	山东省钢铁黄金有色金属行业安全生产标准化班组优秀班组长	山东省冶金工会委员会	2018-02
胡乃永	山钢股份莱芜分公司特钢事业部	山东省钢铁黄金有色金属行业安全生产标准化班组优秀班组长	山东省冶金工会委员会	2018-02
李延良	山钢股份莱芜分公司特钢事业部	山东省钢铁黄金有色金属行业安全生产标准化班组优秀班组长	山东省冶金工会委员会	2018-02
任永亮	莱钢银山型钢公司宽厚板事业部	山东省钢铁黄金有色金属行业安全生产标准化班组优秀班组长	山东省冶金工会委员会	2018-02
陈　彬	莱钢银山型钢公司宽厚板事业部	山东省钢铁黄金有色金属行业安全生产标准化班组优秀班组长	山东省冶金工会委员会	2018-02
亓效亮	山钢股份莱芜分公司能源动力厂	山东省钢铁黄金有色金属行业安全生产标准化班组优秀班组长	山东省冶金工会委员会	2018-02

姓　名	所在单位	荣誉称号	授予单位	授予时间
李　杰	山钢股份莱芜分公司能源动力厂	山东省钢铁黄金有色金属行业安全生产标准化班组优秀班组长	山东省冶金工会委员会	2018-02
赵明浩	山钢股份莱芜分公司焦化厂	山东省钢铁黄金有色金属行业安全生产标准化班组优秀班组长	山东省冶金工会委员会	2018-02
张　涛	山钢股份莱芜分公司焦化厂	山东省钢铁黄金有色金属行业安全生产标准化班组优秀班组长	山东省冶金工会委员会	2018-02
于祥友	山钢股份莱芜分公司运输部	山东省钢铁黄金有色金属行业安全生产标准化班组优秀班组长	山东省冶金工会委员会	2018-02
吕新刚	山钢股份莱芜分公司运输部	山东省钢铁黄金有色金属行业安全生产标准化班组优秀班组长	山东省冶金工会委员会	2018-02
张国华	山信软件莱芜自动化分公司	山东省钢铁黄金有色金属行业安全生产标准化班组优秀班组长	山东省冶金工会委员会	2018-02
郭　满	山信软件莱芜自动化分公司	山东省钢铁黄金有色金属行业安全生产标准化班组优秀班组长	山东省冶金工会委员会	2018-02
郭　磊	山东鲁碧建材有限公司	山东省富民兴鲁劳动奖章	山东省总工会	2018-03
郭　磊	山东鲁碧建材有限公司	2017 年度山东省建材行业职业技能竞赛机修钳工（建材）一等奖	山东省建材行业职业技能竞赛组委会	2018-03
许　雷	莱钢医院	2017 年度山东省药品安全检测先进个人	山东省食药局	2018-03
张　凯	莱钢医院	2017 年度山东省药品安全检测先进个人	山东省食药局	2018-03
蔺红霞	莱钢建筑安装工程公司	山东省冶金工匠	山东省冶金工会委员会	2018-03
徐爱波	山钢股份莱芜分公司炼铁厂	山东省冶金工匠	山东省冶金工会委员会	2018-03
安　铭	济南炼铁焦化服务公司	山东省冶金工匠提名奖	山东省冶金工会委员会	2018-03
李　博	山东耐火材料集团鲁耐窑业公司	山东省冶金工匠提名奖	山东省冶金工会委员会	2018-03

姓　名	所在单位	荣誉称号	授予单位	授予时间
祁丽萍	莱钢集团公司机关工会	2017年度山东省冶金行业优秀工会工作者	山东省冶金工会委员会	2018-03
刘传佳	莱钢建设公司	2017年度山东省冶金行业优秀工会工作者	山东省冶金工会委员会	2018-03
杜春峰	莱钢建筑安装工程公司	2017年度山东省冶金行业优秀工会工作者	山东省冶金工会委员会	2018-03
程　丽	莱钢医院	2017年度山东省冶金行业优秀工会工作者	山东省冶金工会委员会	2018-03
徐海春	莱钢设备检修中心	2017年度山东省冶金行业优秀工会工作者	山东省冶金工会委员会	2018-03
孙继先	日照公司	山东省劳动模范	中共山东省委、山东省人民政府	2018-04
王文涛	济钢规划发展部	山东省劳动模范	中共山东省委、山东省人民政府	2018-04
吕新刚	山钢股份莱芜分公司运输部	山东省有突出贡献技师	山东省人力资源和社会保障厅	2018-04
胡守良	山钢股份莱芜分公司炼钢厂	山东省技术能手	山东省人力资源和社会保障厅	2018-04
耿晓强	莱钢设备检修中心	山东省技术能手	山东省人力资源和社会保障厅	2018-04
陈传盛	莱钢设备检修中心	山东省青年岗位能手	共青团山东省委	2018-04
徐爱波	山钢股份莱芜分公司炼铁厂	山东省冶金行业网上学习标兵	山东省钢铁黄金有色金属行业职工学习培训技能提升三年行动组委会	2018-04
苏将梅	莱钢建筑安装工程公司	2017年度山东省电力行业优秀共青团干部	山东省电力行业团工委	2018-04
刘　文	山东工业职业学院	2017年度全省高校无偿献血工作先进个人	山东省文明委、省委高校工委、省红十字会	2018-04
罗登武	山钢股份莱芜分公司	山东省关爱职工优秀企业经营者	山东省总工会	2018-04
张　璐	山钢股份莱芜分公司炼铁厂	山东省关爱职工优秀企业经营者	山东省总工会	2018-04
罗登武	山钢股份莱芜分公司	山东省劳动模范	中共山东省委、省政府	2018-05
高明升	莱钢建设公司	山东省优秀共青团干部	共青团山东省委	2018-05
李　晨	山钢股份莱芜分公司团委	山东省优秀共青团干部	共青团山东省委	2018-05

姓　名	所在单位	荣誉称号	授予单位	授予时间
潘　超	莱钢银山型钢公司炼铁厂	山东省优秀共青团员	共青团山东省委	2018-05
刘　敏	山钢股份莱芜分公司炼钢厂	山东省优秀共青团员	共青团山东省委	2018-05
王　明	莱钢建设公司	山东省优秀共青团员	共青团山东省委	2018-05
喻　林	莱钢建设公司	山东省优秀共青团员	共青团山东省委	2018-05
刘登第	济钢集团纪委监察部	山东省优秀共青团员	共青团山东省委	2018-05
田振玉	山钢股份莱芜分公司焦化厂	山东省志愿服务先进个人	共青团山东省委	2018-05
周利娟	莱钢医院	山东省优秀护士	山东省护理协会	2018-05
王振芳	莱钢医院	山东省病毒性传染病防治工作先进个人	山东省疾控中心	2018-05
张　霞	莱钢医院	山东省病毒性传染病防治工作先进个人	山东省疾控中心	2018-05
张海波	山钢股份莱芜分公司炼钢厂	山东省冶金科技进步一等奖	山东省冶金工业总公司	2018-06
张　丽	山钢股份莱芜分公司炼钢厂	山东省冶金科技进步二等奖	山东省冶金工业总公司	2018-06
赵立峰	山钢股份莱芜分公司炼钢厂	山东省冶金科技进步二等奖	山东省冶金工业总公司	2018-06
高志滨	山钢股份莱芜分公司炼钢厂	山东省冶金科技进步三等奖	山东省冶金工业总公司	2018-06
种亚冰	山钢股份莱芜分公司炼钢厂	习近平新时代中国特色社会主义思想和党的十九大精神学习竞赛三等奖	中共山东省委组织部、中共山东省委宣传部	2018-06
张凡敏	山钢股份莱芜分公司炼铁厂	山东省冶金系统质量能手	山东省冶金工业总公司	2018-06
陈传盛	莱钢设备检修中心	山东省冶金系统质量能手	山东省冶金工业总公司	2018-06
赵玉国	莱钢医院	2017 年度山东省传染病信息与突发公共卫生事件管理先进个人	山东省疾控中心	2018-06
陈子平	莱钢医院	2017 年度职业病统计报告优秀个人	山东省职业病防治研究院	2018-06
刘爱华	财务公司	山东保险中介行业 2017 年度保险兼业代理十佳人物	山东省保险中介行业协会	2018-06

姓　名	所在单位	荣誉称号	授予单位	授予时间
李　岩	财务公司	山东保险中介行业2017年度保险兼业代理十佳人物	山东省保险中介行业协会	2018-06
王亚力	山东工业职业学院	山东省第三届高等学校体育教师基本功大赛田径（女子乙组）一等奖	山东省教育厅	2018-06
张伟克	莱钢医院	2017年度山东省优秀医保医师	山东省人力资源和社会保障厅	2018-07
王　倩	莱钢医院	第二届山东省医院品管圈大赛暨第六届全国医院品管圈大赛山东省预选赛优秀奖	山东省品质管理联盟	2018-07
王文娟	莱钢医院	第二届山东省医院品管圈大赛暨第六届全国医院品管圈大赛山东省预选赛优秀奖	山东省品质管理联盟	2018-07
单海敏	莱钢医院	山东省优秀工会积极分子	山东省总工会	2018-07
李洪珍	山东鲁碧建材有限公司	山东省优秀工会积极分子	山东省总工会	2018-07
李维永	山东鲁碧建材有限公司	山东省优秀工会积极分子	山东省总工会	2018-07
张润生	日照公司	山东省富民兴鲁劳动奖章	山东省总工会	2018-07
王　珩	日照公司	山东省富民兴鲁劳动奖章	山东省总工会	2018-07
靳其辉	日照公司	山东省富民兴鲁劳动奖章	山东省总工会	2018-07
孔令新	山钢股份莱芜分公司焦化厂	山东省冶金行业优秀青年技能人才	山东省冶金工业总公司	2018-07
毕贞斌	山钢股份莱芜分公司焦化厂	山东省冶金行业优秀青年技能人才	山东省冶金工业总公司	2018-07
朱宏政	山钢股份莱芜分公司型钢厂	山东省冶金行业优秀青年技能人才	山东省冶金工业总公司	2018-07
张金波	山钢股份莱芜分公司炼铁厂	山东省冶金行业优秀青年技能人才	山东省冶金工业总公司	2018-07
颜　磊	莱钢银山型钢公司宽厚板事业部	山东省冶金行业优秀青年技能人才	山东省冶金工业总公司	2018-07
刘　洋	莱钢银山型钢公司板带厂	山东省冶金行业优秀青年技能人才	山东省冶金工业总公司	2018-07
张　洋	莱钢银山型钢公司板带厂	山东省冶金行业优秀青年技能人才	山东省冶金工业总公司	2018-07

姓 名	所在单位	荣誉称号	授予单位	授予时间
张健健	山钢股份莱芜分公司棒材厂	山东省冶金行业优秀青年技能人才	山东省冶金工业总公司	2018-07
李 霞	山钢股份莱芜分公司棒材厂	山东省冶金行业优秀青年技能人才	山东省冶金工业总公司	2018-07
李刚林	山钢股份莱芜分公司特钢事业部	山东省冶金行业优秀青年技能人才	山东省冶金工业总公司	2018-07
胡守良	山钢股份莱芜分公司炼钢厂	山东省冶金行业优秀青年技能人才	山东省冶金工业总公司	2018-07
赵荣华	山钢股份莱芜分公司运输部	山东省冶金行业优秀青年技能人才	山东省冶金工业总公司	2018-07
刘春晓	山钢股份莱芜分公司运输部	山东省冶金行业优秀青年技能人才	山东省冶金工业总公司	2018-07
刘洪卫	莱钢设备检修中心	山东省冶金行业优秀青年技能人才	山东省冶金工业总公司	2018-07
赵世龙	日照公司	山东省冶金行业优秀青年技能人才	山东省冶金工业总公司	2018-07
杨增荣	日照公司	山东省冶金行业优秀青年技能人才	山东省冶金工业总公司	2018-07
范 旭	日照公司	山东省冶金行业优秀青年技能人才	山东省冶金工业总公司	2018-07
杨 雷	日照公司	山东省冶金行业优秀青年技能人才	山东省冶金工业总公司	2018-07
明 波	日照公司	山东省冶金行业优秀青年技能人才	山东省冶金工业总公司	2018-07
康 鹏	鲁冶瑞宝电气有限公司	山东省冶金行业优秀青年技能人才	山东省冶金工业总公司	2018-07
陈建磊	日照公司	山东省冶金行业五一劳动奖章	山东省冶金工业总公司、山东省冶金工会委员会	2018-07
张兆柱	日照公司	山东省冶金行业五一劳动奖章	山东省冶金工业总公司、山东省冶金工会委员会	2018-07
陈庆军	日照公司	山东省冶金行业五一劳动奖章	山东省冶金工业总公司、山东省冶金工会委员会	2018-07
廉 波	日照公司	山东省冶金行业五一劳动奖章	山东省冶金工业总公司、山东省冶金工会委员会	2018-07
赵洪荣	日照公司	山东省冶金行业五一劳动奖章	山东省冶金工业总公司、山东省冶金工会委员会	2018-07

姓名	所在单位	荣誉称号	授予单位	授予时间
刘培恩	日照公司	山东省冶金行业五一劳动奖章	山东省冶金工业总公司、山东省冶金工会委员会	2018-07
赵建顺	日照公司	山东省冶金行业五一劳动奖章	山东省冶金工业总公司、山东省冶金工会委员会	2018-07
毕衍涛	日照公司	山东省冶金行业五一劳动奖章	山东省冶金工业总公司、山东省冶金工会委员会	2018-07
王月聪	日照公司	山东省冶金行业五一劳动奖章	山东省冶金工业总公司、山东省冶金工会委员会	2018-07
林保国	日照公司	山东省冶金行业五一劳动奖章	山东省冶金工业总公司、山东省冶金工会委员会	2018-07
景　凯	日照公司	山东省冶金行业五一劳动奖章	山东省冶金工业总公司、山东省冶金工会委员会	2018-07
陈　民	日照公司	山东省冶金行业五一劳动奖章	山东省冶金工业总公司、山东省冶金工会委员会	2018-07
臧传宝	日照公司	山东省冶金行业五一劳动奖章	山东省冶金工业总公司、山东省冶金工会委员会	2018-07
王连昌	日照公司	山东省冶金行业五一劳动奖章	山东省冶金工业总公司、山东省冶金工会委员会	2018-07
徐卫国	日照公司	山东省冶金行业五一劳动奖章	山东省冶金工业总公司、山东省冶金工会委员会	2018-07
王树成	日照公司	山东省冶金行业五一劳动奖章	山东省冶金工业总公司、山东省冶金工会委员会	2018-07
张兰润	山钢集团	2016~2017年度山东省优秀（职工）思想政治工作研究会干部	山东省思想政治工作研究会	2018-08
崔建忠	中泰证券股份有限公司	2016~2017年度山东省优秀企业思想政治工作者	山东省思想政治工作研究会	2018-08
李茂岭	莱钢集团公司	山东省冶金系统2018年度优秀政研会干部	山东省冶金企业职工思想政治工作研究会	2018-08
王志刚	莱钢设备检修中心	山东省冶金系统2018年度优秀政研会干部	山东省冶金企业职工思想政治工作研究会	2018-08
陈　宇	山东工业职业学院	山东省冶金系统2018年度优秀政研会干部	山东省冶金企业职工思想政治工作研究会	2018-08
张　蕾	山东工业职业学院	山东省冶金系统2018年度优秀政研会干部	山东省冶金企业职工思想政治工作研究会	2018-08
吕仁波	济钢集团	山东省冶金系统2018年度优秀政研会干部	山东省冶金企业职工思想政治工作研究会	2018-08

姓　名	所在单位	荣誉称号	授予单位	授予时间
吴继华	济钢集团	山东省冶金系统2018年度优秀政研会干部	山东省冶金企业职工思想政治工作研究会	2018-08
庞瑞年	山钢股份莱芜分公司	山东省冶金系统2018年度优秀政研会干部	山东省冶金企业职工思想政治工作研究会	2018-08
苏加庆	山钢股份莱芜分公司	山东省冶金系统2018年度优秀政研会干部	山东省冶金企业职工思想政治工作研究会	2018-08
孙运利	日照公司	山东省冶金系统2018年度优秀政研会干部	山东省冶金企业职工思想政治工作研究会	2018-08
张荣海	日照公司	山东省冶金系统2018年度优秀政研会干部	山东省冶金企业职工思想政治工作研究会	2018-08
张庆祥	山钢股份营销总公司	山东省冶金系统2018年度优秀政研会干部	山东省冶金企业职工思想政治工作研究会	2018-08
沈桂权	财务公司	山东省冶金系统2018年度优秀政研会干部	山东省冶金企业职工思想政治工作研究会	2018-08
杨　阳	山钢金控	山东省冶金系统2018年度优秀政研会干部	山东省冶金企业职工思想政治工作研究会	2018-08
孟凡平	山信软件	山东省冶金系统2018年度优秀政研会干部	山东省冶金企业职工思想政治工作研究会	2018-08
杜文华	山钢矿业	山东省冶金系统2018年度优秀政研会干部	山东省冶金企业职工思想政治工作研究会	2018-08
张春成	金岭铁矿	山东省冶金系统2018年度优秀政研会干部	山东省冶金企业职工思想政治工作研究会	2018-08
亓　萌	山钢地产	山东省冶金系统2018年度优秀政研会干部	山东省冶金企业职工思想政治工作研究会	2018-08
宋宪斌	淄博张钢公司	山东省冶金系统2018年度优秀政研会干部	山东省冶金企业职工思想政治工作研究会	2018-08
杨　鑫	永锋淄博公司	山东省冶金系统2018年度优秀政研会干部	山东省冶金企业职工思想政治工作研究会	2018-08
郭佩佩	山东耐材	山东省冶金系统2018年度优秀政研会干部	山东省冶金企业职工思想政治工作研究会	2018-08
袁宏伟	山东耐材	山东省冶金系统2018年度优秀政研会干部	山东省冶金企业职工思想政治工作研究会	2018-08
田玉山	山钢集团	山东省冶金系统2018年度优秀政研会干部	山东省冶金企业职工思想政治工作研究会	2018-08
张怀鹏	山钢集团	山东省冶金系统2018年度优秀政研会干部	山东省冶金企业职工思想政治工作研究会	2018-08

姓　名	所在单位	荣誉称号	授予单位	授予时间
陈立志	山钢股份莱芜分公司运输部	山东省“安康杯”竞赛先进个人	山东省总工会、山东省安全生产监督管理局	2018-08
毕临旭	山钢股份莱芜分公司棒材厂	第十四届山东省青年职业技能大赛装配钳工二等奖	共青团山东省委、山东省人力资源和社会保障厅、山东省总工会	2018-08
张　坤	莱钢建筑安装工程公司	山东省抗灾救灾优秀共青团员	共青团山东省委	2018-09
王兆伟	莱钢设备检修中心	山东省抗灾救灾优秀青年志愿者	共青团山东省委	2018-09
黄治波	莱钢设备检修中心	第十四届山东省青年职业技能大赛装配焊工（组合件）一等奖	共青团山东省委、山东省人力资源和社会保障厅、山东省总工会	2018-09
李鹏鹏	莱钢设备检修中心	第十四届山东省青年职业技能大赛装配钳工（装配）一等奖	共青团山东省委、山东省人力资源和社会保障厅、山东省总工会	2018-09
田友成	莱钢设备检修中心	第十四届山东省青年职业技能大赛装配钳工（装配）一等奖	共青团山东省委、山东省人力资源和社会保障厅、山东省总工会	2018-09
王如思	莱钢设备检修中心	第十四届山东省青年职业技能大赛装配钳工（装配）一等奖	共青团山东省委、山东省人力资源和社会保障厅、山东省总工会	2018-09
毕鹏飞	莱钢设备检修中心	山东省冶金行业职工职业技能竞赛装配钳工一等奖	山东省冶金工会委员会、山东省冶金工业总公司	2018-09
刘化佳	莱钢设备检修中心	山东省冶金行业职工职业技能竞赛装配钳工一等奖	山东省冶金工会委员会、山东省冶金工业总公司	2018-09
庄彦响	莱钢设备检修中心	山东省冶金行业职工职业技能竞赛装配钳工二等奖	山东省冶金工会委员会、山东省冶金工业总公司	2018-09
高　正	山钢股份莱芜分公司炼铁厂	山东省冶金行业职工职业技能竞赛高炉炼铁工一等奖	山东省冶金工会委员会、山东省冶金工业总公司	2018-09
张金波	山钢股份莱芜分公司炼铁厂	山东省冶金行业职工职业技能竞赛高炉炼铁工一等奖	山东省冶金工会委员会、山东省冶金工业总公司	2018-09
刘化佳	莱钢设备检修中心	山东省冶金行业技术能手	山东省冶金工会委员会、山东省冶金工业总公司	2018-09
庄彦响	莱钢设备检修中心	山东省冶金行业技术能手	山东省冶金工会委员会、山东省冶金工业总公司	2018-09
孙光泽	莱钢设备检修中心	山东省冶金行业技术能手	山东省冶金工业总公司、山东省冶金工会委员会	2018-09

姓　名	所在单位	荣誉称号	授予单位	授予时间
张国明	山钢股份莱芜分公司焦化厂	山东省冶金行业技术能手	山东省冶金工业总公司、山东省冶金工会委员会	2018-09
高　超	山钢股份莱芜分公司焦化厂	山东省冶金行业技术能手	山东省冶金工业总公司、山东省冶金工会委员会	2018-09
庄新军	山钢股份莱芜分公司炼铁厂	山东省冶金行业技术能手	山东省冶金工业总公司、山东省冶金工会委员会	2018-09
张金波	山钢股份莱芜分公司炼铁厂	山东省冶金行业技术能手	山东省冶金工业总公司、山东省冶金工会委员会	2018-09
高　正	山钢股份莱芜分公司炼铁厂	山东省冶金行业五一劳动奖章	山东省冶金工会委员会	2018-09
刘化佳	莱钢设备检修中心	山东省冶金行业五一劳动奖章	山东省冶金工会委员会	2018-09
曹振科	山钢股份莱芜分公司运输部	山东省钢铁黄金有色金属行业技术能手	山东省冶金工会委员会	2018-09
赵　茂	山钢股份莱芜分公司运输部	山东省钢铁黄金有色金属行业技术能手	山东省冶金工会委员会	2018-09
崔　伟	山钢股份莱芜分公司运输部	山东省钢铁黄金有色金属行业技术能手	山东省冶金工会委员会	2018-09
张金波	山钢股份莱芜分公司炼铁厂	山东省富民兴鲁劳动奖章	山东省总工会	2018-09
张绪春	莱钢医院	职业病防治终身成就奖	山东省医院协会	2018-09
周　晓	莱钢医院	最强后勤人技能竞赛维修项目一等奖	山东省医院协会	2018-09
陈立志	山钢股份莱芜分公司运输部	2014~2017 年度全省群众体育先进个人	山东省体育局	2018-09
巩建学	山东工业职业学院	第十届山东省大学生科技节—“赛冠杯”第五届山东省大学生电子与信息技术应用大赛优秀指导教师奖	山东省科协、省教育厅、省发改委、省经信委、省人社厅	2018-09
田玉山	山钢集团	2018 年度《山东国资》优秀通联站长	山东国资杂志社	2018-10
王利峰	山钢集团	2018 年度《山东国资》优秀通联员	山东国资杂志社	2018-10
牛同训	山东工业职业学院	第十一届山东省高职院校教学名师	山东省教育厅	2018-10
李连武	莱钢医院	2018 年度山东省医学计量工作先进个人	山东计量测试学会	2018-11

姓　名	所在单位	荣誉称号	授予单位	授予时间
张立勤	莱钢医院	2018年度山东省医学计量工作先进个人	山东计量测试学会	2018-11
刘　薇	莱钢医院	山东省传染病防治个人优秀奖	山东省卫健委	2018-11
邢　强	山东莱钢永锋钢铁有限公司	山东省“技能兴鲁”职业技能大赛——2018年山东省特种设备“莱芜质量杯”起重装卸机械操作工职业技能竞赛总分第四名	山东省特种设备职业技能竞赛组织委员会	2018-11
王永华	莱钢设备检修中心	山东省“技能兴鲁”职业技能大赛——2018年山东省特种设备“莱芜质量杯”起重装卸机械操作工职业技能竞赛巾帼奖	山东省特种设备职业技能竞赛组织委员会	2018-11
王永华	莱钢设备检修中心	山东省“技能兴鲁”职业技能大赛——2018年山东省特种设备“莱芜质量杯”起重装卸机械操作工职业技能竞赛总分第一名	山东省特种设备职业技能竞赛组织委员会	2018-11
王华明	日照公司	2018年度齐鲁首席技师	山东省人民政府办公厅	2018-11
吕新刚	山钢股份莱芜分公司运输部	2018年度齐鲁首席技师	山东省人民政府办公厅	2018-11
王中学	山钢股份莱芜分公司技术中心	山东省有突出贡献的中青年专家	山东省人民政府	2018-12
王万松	莱钢银山型钢公司板带厂	山东省有突出贡献技师	山东省人力资源和社会保障厅	2018-12
康与峰	山钢股份莱芜分公司能源动力厂	山东省有突出贡献技师	山东省人力资源和社会保障厅	2018-12
蔺红霞	莱钢建筑安装工程公司	齐鲁十大工匠	山东省总工会	2018-12
张启龙	莱钢建筑安装工程公司	山东省创新能手	山东省劳动竞赛委员会	2018-12
张伟民	莱钢设备检修中心	山东省群众性安全生产竞赛优秀职工	山东省劳动竞赛委员会	2018-12
陈翠丽	莱钢建筑安装工程公司	2018年度山东冶金行业统计先进工作者	山东省冶金工业总公司	2018-12
杨瑞娟	莱钢建筑安装工程公司	2018年度山东冶金行业统计先进工作者	山东省冶金工业总公司	2018-12

姓　名	所在单位	荣誉称号	授予单位	授予时间
张新颖	莱钢建设公司	2018年度山东冶金行业统计先进工作者	山东省冶金工业总公司	2018-12
赵　辉	莱钢建设公司	2018年度山东冶金行业统计先进工作者	山东省冶金工业总公司	2018-12
时雪晶	莱钢金鼎实业公司	2018年度山东冶金行业统计先进工作者	山东省冶金工业总公司	2018-12
谷有坤	莱钢矿山建设公司	2018年度山东冶金行业统计先进工作者	山东省冶金工业总公司	2018-12
方　平	莱钢集团公司	2018年度山东冶金行业统计先进工作者	山东省冶金工业总公司	2018-12
洪　刚	莱钢集团公司	2018年度山东冶金行业统计先进工作者	山东省冶金工业总公司	2018-12
刘　扬	莱钢集团公司	2018年度山东冶金行业统计先进工作者	山东省冶金工业总公司	2018-12
孟凡禄	莱钢集团公司	2018年度山东冶金行业统计先进工作者	山东省冶金工业总公司	2018-12
宋　钰	莱钢集团公司	2018年度山东冶金行业统计先进工作者	山东省冶金工业总公司	2018-12
魏晨溪	莱钢集团公司	2018年度山东冶金行业统计先进工作者	山东省冶金工业总公司	2018-12
袭著强	莱钢集团公司	2018年度山东冶金行业统计先进工作者	山东省冶金工业总公司	2018-12
闫　帅	莱钢集团公司	2018年度山东冶金行业统计先进工作者	山东省冶金工业总公司	2018-12
张　燕	莱钢集团公司	2018年度山东冶金行业统计先进工作者	山东省冶金工业总公司	2018-12
朱　超	莱钢集团公司	2018年度山东冶金行业统计先进工作者	山东省冶金工业总公司	2018-12
潘世谦	山东鲁碧建材有限公司	2018年度山东冶金行业统计先进工作者	山东省冶金工业总公司	2018-12
钟月明	山东莱钢物流运输有限公司	2018年度山东冶金行业统计先进工作者	山东省冶金工业总公司	2018-12
崔希新	莱钢设备检修中心	2018年度山东冶金行业统计先进工作者	山东省冶金工业总公司	2018-12

姓　名	所在单位	荣誉称号	授予单位	授予时间
付德燕	莱钢泰东实业有限公司	2018年度山东冶金行业统计先进工作者	山东省冶金工业总公司	2018-12
吴恒迎	莱钢铁源炉料有限公司	2018年度山东冶金行业统计先进工作者	山东省冶金工业总公司	2018-12
林群力	莱钢烟台钢管有限公司	2018年度山东冶金行业统计先进工作者	山东省冶金工业总公司	2018-12
李凤祥	山东莱钢永锋钢铁有限公司	2018年度山东冶金行业统计先进工作者	山东省冶金工业总公司	2018-12
董　军	莱钢淄博锚链公司	2018年度山东冶金行业统计先进工作者	山东省冶金工业总公司	2018-12
刘　辉	日照公司	2018年度山东冶金行业统计先进工作者	山东省冶金工业总公司	2018-12
毕衍涛	日照公司	2018年度山东冶金行业统计先进工作者	山东省冶金工业总公司	2018-12
栾雪娜	日照公司	2018年度山东冶金行业统计先进工作者	山东省冶金工业总公司	2018-12
孔凡强	山钢股份莱芜分公司	2018年度山东冶金行业统计先进工作者	山东省冶金工业总公司	2018-12
董书岐	山钢股份莱芜分公司	2018年度山东冶金行业统计先进工作者	山东省冶金工业总公司	2018-12
谈贵峰	山钢股份莱芜分公司	2018年度山东冶金行业统计先进工作者	山东省冶金工业总公司	2018-12
刘增民	山钢股份莱芜分公司	2018年度山东冶金行业统计先进工作者	山东省冶金工业总公司	2018-12
陈豪卫	山钢股份莱芜分公司	2018年度山东冶金行业统计先进工作者	山东省冶金工业总公司	2018-12
亓健锋	山钢股份莱芜分公司	2018年度山东冶金行业统计先进工作者	山东省冶金工业总公司	2018-12
孙丽琴	山钢股份莱芜分公司	2018年度山东冶金行业统计先进工作者	山东省冶金工业总公司	2018-12
周　晓	莱钢医院	第二届齐鲁医学工程论坛演讲比赛三等奖	山东省医学会	2018-12
李志波	山东工业职业学院	山东省校企合作（产教融合）先进工作者	山东省职工教育协会、省校企合作指导委员会	2018-12

集团公司授予的各类先进集体

2017 年度审计工作先进单位

（山钢审字〔2018〕1 号　2018 年 1 月 4 日）

山东钢铁股份有限公司
山东钢铁集团日照有限公司
山东钢铁集团财务有限公司
山东钢铁集团国际贸易有限公司
山东钢铁集团房地产有限公司
山钢金融控股（深圳）有限公司

2017 年度安全生产工作先进单位

（山钢安字〔2018〕3 号　2018 年 1 月 16 日）

济钢集团有限公司
莱芜钢铁集团有限公司
山东工业职业学院
山东钢铁集团房地产有限公司
山东钢铁集团永锋淄博有限公司
山信软件股份有限公司
山东耐火材料集团有限公司
山东钢铁集团淄博张钢有限公司
山东钢铁集团有限公司办公室

2017 年度环境保护工作先进单位

（山钢安字〔2018〕3 号　2018 年 1 月 16 日）

济钢集团有限公司
莱芜钢铁集团有限公司
山东钢铁集团日照有限公司
山东工业职业学院
鲁银投资集团股份有限公司
山东耐火材料集团有限公司
山东钢铁集团有限公司战略发展部
山东钢铁集团有限公司安全环保部

2017 年信息报送工作优秀单位

（山钢办字〔2018〕8 号　2018 年 1 月 24 日）

新闻传媒中心
山东钢铁股份有限公司莱芜分公司
山东金岭铁矿有限公司
山东钢铁集团日照有限公司
莱芜钢铁集团有限公司
山东耐火材料集团有限公司
山东钢铁集团财务有限公司

2017 年度固定资产投资管理先进单位

（山钢战略字〔2018〕9 号　2018 年 2 月 8 日）

济钢集团有限公司
莱芜钢铁集团有限公司
山东钢铁股份有限公司
山东钢铁集团日照有限公司
山东钢铁集团永锋淄博有限公司
山东钢铁集团有限公司战略发展部

2017 年度信访工作先进单位

（山钢办字〔2018〕13 号　2018 年 2 月 11 日）

济钢集团有限公司
莱芜钢铁集团有限公司
山东钢铁股份有限公司莱芜分公司
山东钢铁集团日照有限公司
山东工业职业学院
山钢金融控股（深圳）有限公司
山东钢铁集团永锋淄博有限公司
山东钢铁集团财务有限公司
山东耐火材料集团有限公司
山东钢铁集团淄博张钢有限公司

2017～2018 年度先进基层党委（总支）

（山钢党字〔2018〕57 号　2018 年 6 月 27 日）

中共山东钢铁股份有限公司莱芜分公司委员会
中共山东钢铁集团日照有限公司委员会
中共济钢集团有限公司委员会
中共山东钢铁集团有限公司机关委员会
中共山东钢铁集团房地产有限公司委员会
中共济钢集团有限公司机关委员会
中共莱钢集团有限公司设备检修中心委员会
中共山东钢铁股份有限公司莱芜分公司焦化厂委员会
中共山东钢铁股份有限公司莱芜分公司棒材厂委员会
中共山东钢铁股份有限公司莱芜分公司品质保证部总支部委员会
中共山东钢铁集团日照有限公司炼钢部委员会
中共山东金岭铁矿有限公司侯庄矿总支部委员会
中共山东钢铁集团永锋淄博有限公司炼钢厂总支部委员会
中共山东耐材集团有限公司王铝分公司委员会
中共山信软件股份有限公司莱芜自动化分公司委员会
中共山东钢铁集团有限公司审计部总支部委员会

2017～2018 年度先进党支部

（山钢党字〔2018〕57 号　2018 年 6 月 27 日）

中共济钢集团组织部/人力资源部支部委员会
中共济钢集团办公室支部委员会

中共济钢集团工会/团委支部委员会
中共济钢集团规划发展部转型办支部委员会
中共冷弯型钢公司支部委员会
中共济钢集团国际工程公司第三支部委员会
中共济南鲁新新型建材有限公司支部委员会
中共济钢集团炉料公司机关支部委员会
中共济钢集团能源动力厂机关支部委员会
中共济钢集团青岛国际物流机关支部委员会
中共莱钢集团有限公司设备检修中心型钢综合检修部支部委员会
中共莱钢集团有限公司设备检修中心型钢轧材检修部支部委员会
中共莱钢集团建筑安装工程有限公司第二建筑工程部支部委员会
中共莱钢集团银山公安局/保卫部第十八支部委员会
中共莱钢集团有限公司医院门诊支部委员会
中共莱钢集团有限公司培训中心技能继续教育支部委员会
中共淄博莱钢钢结构公司施工支部委员会
中共山东钢铁股份有限公司莱芜分公司焦化厂炼焦三车间支部委员会
中共山东钢铁股份有限公司莱芜分公司炼铁厂运行车间支部委员会
中共山东钢铁股份有限公司莱芜分公司炼钢厂炼钢四车间支部委员会
中共山东钢铁股份有限公司莱芜分公司特钢事业部新区炼钢车间支部委员会
中共山东钢铁股份有限公司莱芜分公司型钢厂大型轧钢车间支部委员会
中共山东钢铁股份有限公司莱芜分公司棒材厂第一轧钢车间支部委员会
中共山东钢铁股份有限公司莱芜分公司能源动力厂供水车间支部委员会
中共山东钢铁股份有限公司莱芜分公司运输部车务二段支部委员会
中共莱钢集团银山型钢有限公司炼铁厂高炉三车间支部委员会
中共莱钢集团银山型钢有限公司板带厂带钢车间支部委员会
中共莱钢集团银山型钢有限公司宽厚板事业部热处理车间支部委员会
中共山钢集团莱芜钢铁新疆有限公司第二支部委员会
中共山东钢铁股份有限公司董事会办公室支部委员会
中共山东钢铁股份有限公司营销总公司省内区域第一支部委员会
中共山东钢铁股份有限公司营销总公司莱芜驻厂中心支部委员会
中共山东钢铁集团日照有限公司焦化部机关支部委员会
中共山东钢铁集团日照有限公司冷轧部酸轧支部委员会
中共山东钢铁集团日照有限公司炼铁部第一高炉作业区支部委员会
中共山东金岭矿业股份有限公司运输部支部委员会
中共山东钢铁集团矿业有限公司机关第二支部委员会
中共山东工业职业学院建筑与信息工程系支部委员会
中共山东钢铁集团淄博张钢有限公司东方星城置业有限公司支部委员会
中共湖田石矿矿物加工厂支部委员会
中共山东钢铁集团永锋淄博有限公司生产管理部支部委员会
中共山东钢铁集团永锋淄博有限公司审计监察部支部委员会
中共山东耐材集团王耐分公司硅砖分厂支部委员会
中共山东耐材集团鲁耐窑业有限公司粘土高铝分厂支部委员会

中共山钢国贸济钢集团国际贸易有限责任公司第一支部委员会
中共山钢金融控股（深圳）有限公司普惠金融支部委员会
中共山东钢铁集团房地产有限公司黄岛分公司支部委员会
中共山信软件股份有限公司莱芜自动化分公司银轧运维事业部支部委员会
中共山信软件股份有限公司济南自动化分公司传动控制事业部支部委员会
中共山东钢铁集团财务有限公司第四支部委员会
中共山东钢铁集团有限公司纪委/监察部支部委员会
中共山东钢铁集团有限公司组织部/人力资源部支部委员会

2018 年度财务工作先进单位

（山钢财字〔2018〕53 号　2018 年 12 月 26 日）

山东钢铁股份有限公司
济钢集团有限公司
莱芜钢铁集团有限公司
山东钢铁集团财务有限公司
山钢金融控股（深圳）有限公司
山东钢铁集团房地产有限公司

集团公司授予的各类先进个人

2017 年度审计工作先进个人

（山钢审字〔2018〕1 号　2018 年 1 月 4 日）

朱　慧　杜金环　董和玉　徐　晨　李　琦　董绪林　牛　斌　吴灿辉　唐玉璇
周长庆　杨爱红　滕　野　杨海菊　孟　强　王　锋　刘　殿　段晓民　禚世涛
郭利娟　于乐川　程方圆　王宝明　段艳春

2017 年度优秀监事

（山钢审字〔2018〕1 号　2018 年 1 月 4 日）

魏安庆　张金鹏　石本军　万　军

2017 年度安全生产工作先进个人

（山钢安字〔2018〕3 号　2018 年 1 月 16 日）

苗仲元　王元顺　韩玉庆　关中华　吕智勇　董　良　孙照源　杨八一　申志强
马印亭　刘自民　沈桂联　赵子平　席　超　王　胜　张国义　王兴璞　胡威武
刘新玉　王者堂　宋百京　伊继水　耿庆敏　宋绪松　林永新　常　升　张儒轩
陈兴华　吴国富　张　莹　柳凤海　李柱明　王励强　张　钢　朱大可　郭　斌

李善波　安　璐　司　鹏　张红瑞　齐　清　刘运广　王佑宝　范殿贵　马龙鹏
江　海　孙　波　邹仲平　邹方敏　袁乃收　于　奇

2017年度环境保护工作先进个人

（山钢安字〔2018〕3号　2018年1月16日）

孙建军　李树华　李京业　王　冰　盛培展　马光亮　张立明　王　蕾　杜宪伟
梅庆峰　李　胜　李　军　刘温聚　袁好杰　张跃如　张风光　毕云华　刘希山
王佑宝　刘玉明　徐兴旺　马　辉　李梅广　胡逢春　赵玉潮　刘　磊

2017年优秀信息员

（山钢办字〔2018〕8号　2018年1月24日）

高　敏　张金良　耿嘉鑫　李　林　田方滨　李乃亮　沈桂权

2017年度优秀法律顾问

（山钢法字〔2018〕4号　2018年2月1日）

王宝明　王洛波　刘海燕　杜　鲲　李冬荔　李贤伟　陆国豪　宋　正　宋　哲
张继承　张会菊　张克伟　张少杰　林　军　段旭飞　施　乐　赵宏宇

2017年度固定资产投资管理先进个人

（山钢战略字〔2018〕9号　2018年2月8日）

闫永章　贾法强　李　冲　于永胜　姜书奇　宋家来　欧伏岭　傅胜利　孔凡强
李海滨　王成铭　马丙涛　逯　斌　聂延忠　李俄东　林　进　李林凯　陈铁军
杨瑞山　陈　进　房启家　宁茂荣　文佳佳　王　奎　石效华　袁　勇　莫　磊
高传胜　李佰祥　张在职　张　颖　刘　晨　马　帅　杨富廷　李梅广

2017年度信访工作先进个人

（山钢办字〔2018〕13号　2018年2月11日）

丁爱忠　于广成　王丰祥　王京巨　尹东辉　任洪华　刘胜利　江永波　李文进
郭　勇　柳润民　曹学杰　尉荣强　董　波　董德鹏　王子钊　孙玉国　苗永政
刘晓军　张继军　陈俊科　荣　波　袭建富　李卫东　李效生　张波涛　殷建军
张正华　赵　丽　付师星　卢　娟　张清松　徐　军　杨玉晶　许名可　邱　博
李　珂　任玉宝　张　鑫　刘在胜　方　军　朱世保　孙启德　刘　彬　巩传义
陈　波　孙　波　任向兵　李　霞　贾元奎

2017~2018年度优秀共产党员

（山钢党字〔2018〕57号　2018年6月27日）

孟庆钢　刘树梅　魏　涛　魏信栋　蒋升华　郭洪卫　李　涛　董　波　高海港
王丰祥　方贻留　高岩军　高　勇　刘学燕　张永熙　李丙来　刘庆玉　倪守生
张玉华　赵传飞　潘爱武　姜和信　曹学杰　李　鹏　陈路明　衣玉志　王　锋
陈小新　鲁宏洲　王京巨　王玉莲　钟秀菊　聂清祥　许正业　姜　伟　山　峰
张云青　张　明　段　强　张丽华　梁光勤　宁世才　仪垂文　郑希颖　高　磊
张文东　于　沁　刘洪涛　姚光荣　乔茂东　强海燕　牛传波　张绍云　吴世秀
李学玲　王素霞　鉴继祥　王增英　单兆光　蒋海涛　陶务纯　侯继鹏　刘　静
高立军　赵洪雨　张加芹　赵传友　迟宝军　陈　军　王汝波　马　霄　张　伟
李瑞峰　李金举　邵长堂　高法宏　石荣山　任　琪　孙　斌　蒲红兵　张加宏
张志远　魏传波　亓德栋　鞠福道　张建光　王庆财　包文琦　杨继刚　赵兴永
田庆元　王　伟　杜　宇　张长宏　徐国强　张永生　潘爱东　石宝峰　王增强
李振涛　张凤武　田敬刚　董思慧　刘新玉　刘海涛　宋光鑫　李凯玉　韩建涛
张　伟　宁　革　周　强　柴光平　胡小龙　姚长新　马金宝　王　强　吕晓倩
耿　阳　房永贤　高春生　谢　薇　吕　静　郭忠新　王桂红　马在山　陈　波
耿庆桓　甲承文　崔亦刚　王佑宝　于德津　牛志亮　朱立香　毕于江　董艳明
张延明　孙兆刚　王　磊　葛　旭　付春钢　刘建华　张　浩　时红杰　刘在胜
马光亭　王利峰　蒋晓文　李　强

2017~2018年度优秀党务工作者

（山钢党字〔2018〕57号　2018年6月27日）

孙成玉　孙永和　薄　涛　卢彤书　王庆山（山钢地产）　徐西刚　柳润民
黄善兵　王文涛　邹国顺　李　兵　宋桂芝　吴继华　樊兆亭　孙爱国　傅国水
李泉城　王庆山（济钢）　郭晓光　赵子平　李建武　孟宪斌　白　旸　刘东华
刘纯玉　赵金超　徐洪基　赵玉国　张守忠　吴修伟　金立山　姜世远　关中华
孙业华　袭建富　焦卫东　张金良　李祥柱　吴子良　左炳伟　张秀荣　刘　伟
曲辉祥　莫海军　王春海　鲍永良　张振强　李　昌　王　波　高志新　张森修
王乃刚　王月聪　陈宝堂　刘玉良　陈克松　公茂海　张吉刚　耿庆敏　石光军
岳远龙　杨　鸿　薛倩倩　董绍全　丁　聪　李　勇　王道池　张　琨　张　钢
马金刚　王金海　刘玉明　吕　刚　刘玉鹏　刘　辉　李宪龙　闵宪金　王启明
李来实　郑汉超　丁光伟　孟凡平　王　轶　杜　伟　鹿凡伟　李　溋　李勇实
陈明玉　高凤娟　来现民　李　霞　张兰润

“中国梦·新时代”百姓宣讲比赛获奖者

（山钢党办字〔2018〕23号　2018年6月28日）

一等奖

刘　喆　石　妍　王红芝　祝金婷　于　沁　王　璟

二等奖

蔺红霞　王　菊　刘建勇　李　克　颜永健　王　静　高　燕　孙玥莹　耿景萍
支玉娟　庄　玲　亓　婷　张玲玉　刘军生　宋　雪

三等奖

李晓青　张连图　朱国栋　赵　坤　张　萍　刘小敏　涂光存　邵　蔚　陈立朋
逯　红　耿嘉鑫　吴莹莹

2018年度财务工作先进个人

（山钢财字〔2018〕53号　2018年12月26日）

于晓飞　荣国才　张文坛　苗雯雯　张丽云　崔宗讲　罗晓娟　马廷志　桑庆东
秦玉琴　杨国权　马鹏程　高　芳　刘　艺　马宝来　郭经纬　马　成　亓文爱
程志君　陈　烨　魏丛丛　张　红　柴茂蕊　耿　丽　谢　琴　禚世涛　何源昆
李传玲　张建明　张洪茎　王荣荣　高如宝　李　岩　毕　伟　张贵新　陈　永
范　玲　黄丽华

集团公司2018年获省级以上管理创新成果

成果类型	成果名称	获奖等级	授予部门	授予时间	获奖单位
冶金企业管理现代化创新成果	多炉型高炉经济冶炼模型的研究与应用	二等奖	中国钢铁工业协会	2018-12-04	山东钢铁股份有限公司
冶金企业管理现代化创新成果	互联网+时代的集团资金管理创新实践与探索	二等奖	中国钢铁工业协会	2018-12-04	山东钢铁集团有限公司
冶金企业管理现代化创新成果	基于广域网的钢铁行业技能知识网络竞赛平台开发与应用	二等奖	中国钢铁工业协会	2018-12-04	山东工业职业学院
冶金企业管理现代化创新成果	基于产业转型升级的全要素价值创造实践	三等奖	中国钢铁工业协会	2018-12-04	莱芜钢铁集团有限公司
冶金企业管理现代化创新成果	项目制团队管理创效平台的建立与应用	三等奖	中国钢铁工业协会	2018-12-04	山钢金融控股（深圳）有限公司
冶金企业管理现代化创新成果	以激发基层动能为导向的内部市场化机制构建	三等奖	中国钢铁工业协会	2018-12-04	山东钢铁股份有限公司
冶金企业管理现代化创新成果	以绿色发展为核心的节能减排管理	三等奖	中国钢铁工业协会	2018-12-04	山东钢铁集团日照有限公司
冶金企业管理现代化创新成果	铁水智能调运生产实践与应用	三等奖	中国钢铁工业协会	2018-12-04	山东钢铁集团日照有限公司
冶金企业管理现代化创新成果	钢铁企业产能调整期间财务管理的创新与突破	三等奖	中国钢铁工业协会	2018-12-04	济钢集团有限公司
全省国企国资系统2017年度优秀研究成果	山东钢铁集团有限公司科技创新体系的研究与实践	一等奖	山东省人民政府国有资产监督管理委员会	2018-11-06	山东钢铁集团有限公司
全省国企国资系统2017年度优秀研究成果	以五大体系为框架的内部市场化机制的研究与构建	三等奖	山东省人民政府国有资产监督管理委员会	2018-11-06	山东钢铁股份有限公司

续表

成果类型	成果名称	获奖等级	授予部门	授予时间	获奖单位
全省国企国资系统2017年度优秀研究成果	基于产业转型升级的全要素价值创造	优秀奖	山东省人民政府国有资产监督管理委员会	2018-11-06	莱芜钢铁集团有限公司
全省国企国资系统2017年度优秀研究成果	大型钢铁企业产能调整的研究与实施	优秀奖	山东省人民政府国有资产监督管理委员会	2018-11-06	济钢集团有限公司

集团公司2018年度获省级以上科技创新成果

成果类型	成果名称	完成人	获奖等级	授予部门	授予时间	获奖单位
冶金科学技术奖	高速铁路电气化接触网支柱用H型钢制造关键技术研究与应用	王中学、袁鹏举、李超、郭伟达、吕智勇	三等奖	中国钢铁工业协会、中国金属学会	2018-08-09	山东钢铁股份有限公司
冶金科学技术奖	基于激光炉气分析转炉炼钢智能控制系统开发应用	何平、郭伟达、王键、张学民、魏义胜	三等奖	中国钢铁工业协会、中国金属学会	2018-08-09	钢铁研究总院、山东钢铁股份有限公司、山信软件股份有限公司
冶金科学技术奖	易焊接高性能耐磨钢的研发与应用	王中学、周平、麻衡、武会宾、单传东	三等奖	中国钢铁工业协会、中国金属学会	2018-08-09	莱芜钢铁集团银山型钢有限公司、北京科技大学
冶金科学技术奖	高强韧易焊接中厚钢板热轧在线淬火技术基础研究与应用	李昭东、周平、孙新军、崔强、麻衡	三等奖	中国钢铁工业协会、中国金属学会	2018-08-09	钢铁研究总院、莱芜钢铁集团有限公司、南京钢铁股份有限公司
山东省科学技术进步奖	海洋工程用耐低温高韧性系列热轧型钢开发	王中学、杜传治、赵培林、李超、方金林、武玉利、尚国明、郭秀辉、赵传东	二等奖	山东省人民政府	2019-02-22	山东钢铁股份有限公司

集团公司2018年度获省级以上党建思想政治工作成果

成果类型	成果名称	获奖等级	授予部门	授予时间	获奖单位
2016～2017年度山东省企业思想政治工作优秀研究成果	建立“形势任务微讲坛”让形势任务更走心	二等奖	山东省思想政治工作研究会	2018-08-02	山钢股份莱芜分公司
	发挥党员示范作用促进企业科学发展	三等奖	山东省思想政治工作研究会	2018-08-02	山钢矿业金岭铁矿
2018年全国冶金思想政治工作优秀研究成果	新形势下企业突发重大事件舆情应急处置的探索与实践	一等奖	中国冶金职工思想政治工作研究会	2018-12-01	莱钢集团
	牢记初心使命，全面从严治党，为建设智能高效绿色高端钢铁精品基地提供坚强政治保障	一等奖	中国冶金职工思想政治工作研究会	2018-12-01	日照公司
	培育思想政治工作新动能，推动企业向高质量发展迈进	一等奖	中国冶金职工思想政治工作研究会	2018-12-01	山钢股份莱芜分公司
	深化“三型”党组织建设的实践与思考	一等奖	中国冶金职工思想政治工作研究会	2018-12-01	山钢股份莱芜分公司
	以“最美莱钢人”微电影为载体，创新企业思想政治工作方式的实践与探索	二等奖	中国冶金职工思想政治工作研究会	2018-12-01	山钢股份莱芜分公司
	新时期深化职工队伍建设的思考与实践	二等奖	中国冶金职工思想政治工作研究会	2018-12-01	莱钢集团
	塑造有用、有趣、有情、有颜值、有担当的媒体品牌	二等奖	中国冶金职工思想政治工作研究会	2018-12-01	新闻传媒中心
	践行“为民情怀职工福祉”信念追求，为魅力山钢建设提供强力支撑	二等奖	中国冶金职工思想政治工作研究会	2018-12-01	集团公司工会
	探索加强巡察监督助力全面从严治党	二等奖	中国冶金职工思想政治工作研究会	2018-12-01	集团公司党委巡察办

续表

成果类型	成果名称	获奖等级	授予部门	授予时间	获奖单位
2018 年全国冶金思想政治工作优秀研究成果	建立“四个三”督导考核评价机制，推动党建工作目标任务落实到位	二等奖	中国冶金职工思想政治工作研究会	2018-12-01	山信软件
	实施文化+战略提速转型升级——新时代金岭铁矿“共赢文化”建设的实践与思考	三等奖	中国冶金职工思想政治工作研究会	2018-12-01	山钢矿业金岭铁矿
	聚焦、创新、切入，努力打造全方位巡查监督体系	三等奖	中国冶金职工思想政治工作研究会	2018-12-01	莱钢集团
	实施三大变革推动高质量发展	三等奖	中国冶金职工思想政治工作研究会	2018-12-01	山钢股份莱芜分公司
	突出“七个统一”，培育勇闯市场、适应市场的诚信建安人	三等奖	中国冶金职工思想政治工作研究会	2018-12-01	莱钢集团建安公司
	利用微信公众号加强宣传思想工作的实践与思考	三等奖	中国冶金职工思想政治工作研究会	2018-12-01	山钢矿业金岭铁矿
	厚植主题活动优势促进企业科学发展	优秀奖	中国冶金职工思想政治工作研究会	2018-12-01	新闻传媒中心
	筑就坚强堡垒，永葆革命本色，加强改进新时代国有企业离退休干部党建工作	优秀奖	中国冶金职工思想政治工作研究会	2018-12-01	集团公司党委组织部
	新时代加强和改进党建工作的思考	优秀奖	中国冶金职工思想政治工作研究会	2018-12-01	山钢矿业金岭铁矿
	刍议“公平效应”原则在企业政工中的运用	优秀奖	中国冶金职工思想政治工作研究会	2018-12-01	山东耐材

山钢年鉴 2019

山钢集团
SD STEEL

附 录

山钢集团
SD STEEL

山钢文化

核心理念

山钢核心价值观：共创、共进、共赢

上级文件选录

山东省人民政府
关于加快七大高耗能行业高质量发展的实施方案

（鲁政字〔2018〕248 号　2018 年 10 月 29 日）

为深入贯彻落实省委、省政府关于实施新旧动能转换重大工程决策部署，进一步深化供给侧结构性改革，推动工业经济质量变革、效率变革、动力变革，制定本实施方案。

一、总体要求

（一）指导思想

以习近平新时代中国特色社会主义思想为指导，全面贯彻党的十九大和十九届二中、三中全会精神，坚决落实习近平总书记视察山东重要讲话、重要指示批示精神，坚定践行新发展理念，按照高质量发展的要求，认真落实中央打好三大攻坚战、加快调整“四个结构”、做到“四减四增”的决策部署，坚持“腾笼换鸟、凤凰涅槃”的思路，充分发挥国家新旧动能转换综合试验区优势，放眼未来 10 年产业发展趋势，对标世界一流水平，瞄准“新、特、优”方向，重拳倒逼落后产能市场出清，大刀阔斧推动产业布局调整，充分激发创新发展活力，高质量开展“双招双引”，努力实现高耗能行业结构合理、布局优化、质效提升，为实现“两个走在前列、一个全面开创”总目标提供强力支撑。

（二）基本原则

——高质高效、高端引领。坚持质量第一、效益优先，紧紧围绕提升供给质量水平，着力培育新兴、打造特色、做强优势，全面提升产业综合竞争力，加快构建现代产业体系；瞄准世界产业发展前沿，对标世界一流水平，积极抢占新一轮科技革命和产业变革制高点，加快构筑支撑产业高端发展的创新优势，牢牢掌握产业竞争的主动权。

——统筹布局、目标导向。充分发挥政府的推动作用，坚持全省“一盘棋”谋划，做好顶层设计，加快产业大调整、大布局、大优化；围绕实现高质量发展核心目标，既要立足实现近期目标，采取立竿见影的断然措施，又要着眼中长期发展，建立健全打基础、利长远的长效机制。

——优化整合、集约发展。对钢铁、地炼、焦化、电解铝等行业产能实施总量控制，坚决淘汰低效落后产能，提高产业集中度和亩均产出，确保能源消耗和排放总量只减不增；同时坚持去旧入新，用好淘汰旧产能腾挪的发展空间，及时注入新动能，真正实现“腾笼换鸟、凤凰涅槃”。

——标准倒逼、市场运作。制定实施严于国家要求的行业标准和产业政策，完善精准的企业分类综合评价体系，倒逼落后产能市场出清，加快企业转型升级步伐；发挥市场在资源配置中的决定性作用，鼓励企业通过产能置换、指标交易、股权合作等方式开展兼并重组，提高产业集中度，优化产业布局。

——一业一策、有序推进。把握产业发展趋势和市场运行规律，坚持科学论证、一业一策，分行业实施不同的转型升级路径和政策措施，增强针对性和可操作性；坚持以点带面、重点突破、分步实施，维护好企业权益，有序推进高耗能行业转型发展；加强风险预判，坚决守住安全环保和民生保障底线，保持经济增长处于合理区间，确保社会和谐稳定。

二、主要目标

（三）总体目标

立足我省产业基础和优势，重点推动钢铁、地炼、电解铝、焦化、轮胎、化肥、氯碱等七大高耗能行业高质量发展。通过大调整、大布局、大优化，高耗能行业产业集中度明显提高，能耗总量占全部工业的比重不断降低，资源环境压力有效缓解，劳动生产率水平大幅提升，土地利用率和要素投入产出效益明显提高，培育形成一批具有国际竞争力和世界先进水平的企业集团和产业基地，推动高耗能行业创新、集约、绿色、高效发展，加快打造现代化产业体系。

（四）钢铁行业转型升级目标

严控钢铁总产能，力争用5年左右时间，大幅压减转移京津冀大气污染传输通道城市和胶济铁路沿线资源环境承载压力较大地区的钢铁产能，在确保日照、青岛、临沂和莱芜、泰安空气质量完成国家和省下达目标和任务的基础上，将目前分散在12个市的钢铁企业和钢铁产能，逐步向日—临沿海先进钢铁制造产业基地和莱—泰内陆精品钢生产基地转移，到2022年，济南、淄博、聊城、滨州等传输通道城市钢铁企业产能退出70%以上，将青岛董家口、日照岚山、临沂临港等沿海地区钢铁产能占比提升到50%以上；到2025年，传输通道城市和胶济铁路沿线地区的钢铁产能应退尽退，沿海地区钢铁产能占比提升到70%以上。高端钢铁产品供给水平明显提升，海洋工程装备及高技术船舶、先进轨道交通装备、汽车及零部件、工程机械、能源装备等领域所需高端钢材品种的研发和产业化进步明显，到2025年，合金钢（含不锈钢）比重提高至20%以上。钢铁产业绿色发展水平不断提高，钢铁冶炼流程进一步优化，电炉短流程炼钢工艺得到推广，到2025年，电炉钢占比达到20%左右。行业综合竞争力明显增强，到2025年，省内产能排在前2位的钢铁企业（集团）产业集中度达到70%以上，钢铁企业劳动生产率翻一番，达到1500吨/(人·年)，初步形成结构优化、环境友好、质效提升、竞争力强的现代钢铁产业体系，实现从钢铁大省向钢铁强省的跨越。

（五）地炼行业转型升级目标

力争到2022年，将位于城市人口密集区和炼油能力在300万吨及以下的地炼企业炼油产能进行整合转移；到2025年，将500万吨及以下地炼企业的炼油产能分批分步进行整合转移，全省地炼行业原油加工能力由目前的1.3亿吨/年压减到9000万吨/年左右，成品油（汽煤柴）收率降至40%左右，烯烃、芳烃等基础原料和高端化工新材料保障能力显著提高，基础化工原料（产品）占比达到35%以上的国际先进水平；地炼行业区域集中度进一步提高，炼化一体化、规模集约化程度明显提升，初步形成全系列高端石化产业链，实现由“一油独大”向“油化并举”的转变，行业发展质量和竞争能力明显增强，培育形成具有国际竞争力的大型企业集团和炼化一体的精细化工、绿色化工和化工新材料世界级产业基地。

（六）电解铝行业转型升级目标

到2022年，电解铝吨铝电耗下降至

12800千瓦·时左右，电解铝省内精深加工率达到50%左右，吨铝附加值平均提升30%以上；到2025年，力争全部电解槽达到400千安及以上先进产能水平，电解铝吨铝电耗下降至12500千瓦·时左右。航空航天、高铁、汽车、消费电子、电力装备、轨道交通装备、船舶及海洋工程装备等领域中高端铝型材产品供给水平明显提升，铝板带箔、工业铝型材等高附加值产品占比达到60%以上，铝产业主营业务收入达到3500亿元左右，发展成为具有国内外重要影响力的铝产业集聚区和创新高地。

（七）焦化行业转型升级目标

控制焦化行业产能总量，合理配置资源，优化现有产能，严禁新增产能。到2020年，全省焦化企业户数由目前的56家压减到40家以内，单厂区焦化产能200万吨/年以上企业达到8家以上，煤炭主产区及钢铁企业集聚区焦化企业产能比重提高到50%以上，炭化室高度5.5米及以上焦炉产能比重达到75%以上；到2025年，全省焦化企业户数压减到20家以内，单厂区焦化产能100万吨/年以下的全部退出，引导形成千万吨级规模的煤焦化企业集团，在环保排放和能源消耗上达到国内领先水平，煤炭主产区及钢铁企业集聚区焦化企业产能比重提高到70%以上，炭化室高度5.5米及以上焦炉产能比重达到100%，骨干企业综合实力明显增强，行业节能减排效果不断提升。

（八）轮胎行业转型升级目标

到2020年，在整体产能基本保持不变的基础上，轮胎产业集中度、子午化率、品牌价值、质效水平明显提升。斜交胎产量由目前的3500万条降至2000万条，销售收入过100亿元的企业集团达到4家。轮胎产业加快向高端化、高附加值、高性能方向迈进，为中端以上乘用车、高端工程机械和航空的配套能力明显提升，低断面、超低断面、高速度级别的高性能轿车子午线轮胎成为主打产品，宽断面、无内胎、长寿命的载重子午线轮胎成为新的增长点，航空用高端轮胎开发应用实现突破，轮胎工业装备水平达到国际先进、国内领先水平，力争到2025年，培育8家销售收入过100亿元的企业，其中过200亿元的2家以上，1~2家企业进入全球轮胎行业前10位。

（九）化肥行业转型升级目标

到2022年，压缩合成氨产能200万吨，全省合成氨产能控制在650万吨左右，尿素产能控制在800万吨左右，洁净煤气化占合成氨总产能的比重由目前的37%提高到90%左右，固定床气化炉淘汰率达到90%以上，尿素生产企业固定床气化炉全部予以淘汰，氮肥行业基本实现第三代洁净煤气化，煤气化制氨和精细化学品工艺达到国际先进水平，全行业减少200万吨左右标准煤消耗，能耗总量减少20%；减少废气排放2680吨左右，排放总量减少50%，骨干企业综合实力跃居国内行业前列。

（十）氯碱行业转型升级目标

到2022年，电解单元吨碱能耗强度由360千克标准煤下降到325千克标准煤，对能耗达不到标准的电解槽予以淘汰，行业能耗总量减少10%左右；液氯就地消化率由目前的59%提高到85%以上，液氯道路运输安全风险明显降低；烧碱电解装备技术达到世界先进水平，膜极距改造率达到100%，综合竞争力继续保持国内领先地位。

三、实施路径和重点工作

（十一）推进钢铁行业布局优化、结构调整

打造“两大基地”。立足我省资源优势和行业发展潜力，通过政府推动、环保倒逼、标准严控、产能置换、兼并重组等手段，着力打造沿海和内陆两大钢铁产业基地。日—临沿海先进钢铁制造产业基地：以山东钢铁集团日照精品基地、日照钢铁控股集团、青岛钢铁集团为支撑，发挥好临沂临港地区的资源优势，大力推动内陆产能向沿海转移，重点发展高端精品钢、特钢和不锈钢，拉长钢铁产业链，提升产品品质。莱—泰内陆精品钢产业基地：以莱芜、泰安现有钢铁企业为依托，发挥已有特钢集群优势，满足内陆市场需求，在不增加产能的前提下加快区域整合，重点发展特钢、不锈钢等高附加值产品，建设高水平特种钢生产基地。培育骨干企业。支持山东钢铁集团发挥横跨沿海和内陆两大基地优势，整合转移产能，带动两大基地健康发展。支持日照钢铁控股集团发挥竞争优势，积极引入内陆转移特钢产能和技术，建设大容量高炉，提升高端产品比重，进一步提升竞争力。鼓励临沂临港地区利用海外镍矿资源和镍铁冶炼基础，通过产能置换方式联合重组，建设高端不锈钢集团，带动省内不锈钢产业发展，加快建设全国一流的不锈钢产业集群。鼓励其他钢铁企业发挥各自优势，瞄准市场需求，优化提升技术、装备和工艺水平，实现差异化、高端化发展。强化创新和配套支撑。完善技术创新体系，瞄准世界钢铁技术发展前沿，持续加大创新投入，推动各类研发平台建设，加快实现一批钢铁关键技术产业化。大力发展智能制造，建设一批智能工厂和数字化车间，推广个性化、柔性化产品定制新模式。推动服务型制造，培育一批钢铁行业服务化转型示范企业，引导企业向高附加值的服务链延伸。优化供应链服务保障体系，建设一批区域性钢贸交易中心、大型钢结构加工配送中心、专业化钢材物流园区，提供专业化运输、加工、存储、配送。积极开拓国际市场，利用好国际国内两个市场，加快推进从资源、贸易、制造到服务的全产业链布局。力争用5年左右时间，基本完成京津冀大气污染传输通道城市钢铁企业产能转移，2025年年底前完成企业重组转型。

（十二）加快地炼行业转型升级

按照“优化重组、减量整合、上大压小、炼化一体”的原则，推进全省500万吨及以下地炼企业炼油产能减量整合，在鲁北高端石化产业基地和省政府公布的炼化产业集中度较高、产能较大的化工园区，建设大型炼化一体化项目，打造高端石化产业和特色产业集群。在环保容量许可的情况下，分期分批实现规模集约化、产业园区化、炼化一体化发展。力争用3~5年时间，按照转型升级目标确定的产能压减比例，推进位于城市人口密集区和炼油能力在300万吨及以下地炼企业优化整合，规划建设3000万吨炼化一体化项目。同时，支持相关龙头企业牵头，按照国际一流水平，再规划建设3000万吨炼化一体化项目，项目建成投产后同步关停该批炼油产能。到2025年，按照转型升级目标确定的产能压减比例，基本完成炼油能力在500万吨及以下地炼企业的优化整合，规划建设适应我省化工产业高端发展需要的2000万吨国际领先水平的炼化一体化项目。形成“油头化尾”一体化产业模式，实现炼油与下游高端石化产品生产的平衡发展。对500万吨以上的地炼企业，强化政策支持，在符合产业园区布局和政策导向的基础上，按照转型升级目标确定的产能压减比例，引导和支持企业自主参与产能置换和整合重组，进一步提高产业集中度和竞争能力。

（十三）推动电解铝产业链条延伸

进一步提高电解铝液、铝加工材的精深加工比重，加快推动铝产业链 向终端产品和高端产品延伸。加大高端铝材推广应用力度，提升铝加工产业发展空间。支持高端铝材创新研发和推广应用，在航空航天、高铁、汽车、消费电子、电力装备、轨道交通装备、船舶及海洋工程装备等领域中高端铝型材产品供给上实现突破。支持滨州、烟台、聊城3大铝产业聚集区走特色化、差异化发展道路。瞄准铝加工产业链缺失环节、高端环节进行精准招商，引导国内外科研机构和企业投资建设铝精深加工项目和研发平台。

（十四）提升焦化行业集约化发展水平

按照控制产能总量、靠近煤炭资源、配套钢铁企业、减少物流成本的原则，不断优化焦化产业布局，提升装备水平，拉伸产业链条，提高产业集中度。通过关停并转、产能置换等方式，推动焦化产能向优势企业集聚，支持煤炭主产区和钢铁企业集聚区焦化企业和重点项目做大做强，做好钢铁企业集聚区的产业配套，提高焦化行业综合利用水平。

（十五）加快轮胎行业高端化发展

按照能耗、效益、亩均贡献、技术评价、质量标准等指标体系，对轮胎企业进行综合排序，通过提高行业标准和实施差别化产业政策，推动实现优胜劣汰；制定轮胎总产能控制和产能置换政策，鼓励优势骨干企业兼并重组、做大做强；着力推动轮胎生产智能化、装备数字化、管理信息化、营销网络化，有效提高企业全员劳动生产率和产品质量控制水平，积极发展高质量、高性能、高技术、高附加值、安全环保节能的绿色轮胎产品，提升为高端工程机械、中端以上乘用车和航空的配套水平。

（十六）对化肥、氯碱行业实施高端技术改造和兼并重组

强力推广先进生产工艺，出台扶持政策引导企业技术改造，降低行业能耗水平，加快产业优化调整。在化肥行业，采用先进的煤气化技术对现有固定床气化装置进行改造，新建一批洁净气化炉，鼓励企业通过开展煤制合成气体综合利用延伸产业链。优化氮肥企业布局，通过兼并重组等方式，推动合成氨能力较小、无法实施煤气化改造的企业，逐步调整产品结构，有序退出氮肥行业，实现产能向优势骨干企业集中，培育一批尿素产能100万吨以上企业。引导现有磷肥、复合肥企业在不增加产能的基础上，以市场需求为导向，调整产品结构，加大新型功能肥料的开发推广力度。在氯碱行业，提高单元吨碱能耗目标，倒逼企业对运行时间较长、能耗较高的膜极距电解槽进行改造，2022年年底前全部完成，不能达标的予以停产。拉长氯气产业链，减少液氯长距离道路运输带来的安全风险；围绕我省石油化工、煤化工产业发展，鼓励氯气产品企业内消化，发展盐化石化一体化、盐化煤化一体化产品，提高技术装备水平和产品附加值；到2022年，对仍不能实现氯碱平衡的企业，予以关闭或强制调整生产运行达到氯碱平衡。

四、推进措施和任务分工

（十七）研究提出配套措施

有关市要加强与省直有关部门的沟通对接，按照省里的统一部署和要求，研究制定钢铁、地炼、电解铝、焦化、轮胎、化肥、氯碱等高耗能行业转型升级的具体措施，进一步细化工作目标和时间进度，根据本地区行业和企业的不同情况，分别制定一企一策方案。省直有关部门要研究提出配套措施，对重点市、重点行业制定一业一策的支持政策。（省工业和信息化厅牵头，省发展改革委、省财政厅、省人力资源社会保障厅、省自然资源厅、省生态环境厅、省住房城乡建设厅、省

应急厅、省国资委、省市场监管局、省统计局、省地方金融监管局、人民银行济南分行和有关市政府按职责分工负责)

（十八）积极争取国家政策支持

发挥国家新旧动能转换综合试验区体制机制创新、政策先行先试的优势，争取国家对新上炼化一体项目、原油指标随迁统一调剂使用等方面的政策支持。统筹用好产能指标跨区域转移、能耗、排污总量、土地、财税金融等方面的政策。（省发展改革委牵头，省工业和信息化厅、省财政厅、省自然资源厅、省生态环境厅、省住房城乡建设厅、省商务厅、省地方金融监管局、省税务局、人民银行济南分行按职责分工负责）

（十九）建立完善倒逼机制

制定高耗能行业差别化电价、水价、能耗、水耗、污染物排放限值以及安全生产、技术质量标准，倒逼低端产能市场出清，确保跨区域产能转移顺利实施。承接产能转移的区域要严格落实“环境质量只能更好、不能变坏”的要求，通过各种措施削减区域内污染物排放量，为产能顺利落地创造条件。新建产能技术工艺、装备水平和节能减排指标必须达到国内先进水平以上。（省生态环境厅、省应急厅、省市场监管局、省发展改革委牵头，省工业和信息化厅、省能源局和有关市政府按职责分工负责）

（二十）发挥好产能置换政策作用

用好国家产能置换政策，研究制定我省钢铁、地炼、焦化等行业的产能置换及配套政策，鼓励支持企业通过产能指标交易、参股入股等形式开展兼并重组。支持大企业（集团）按照“上大压小”的原则实施产能整合，鼓励其联合有关企业出资入股、投资建设大型高端项目。（省工业和信息化厅牵头，省发展改革委、省财政厅、省国资委按职责分工负责）

（二十一）加大财税政策支持

对县（市、区）财源建设、转移支付、企业搬迁、职工安置、技术改造、兼并重组、土地收储等进行支持，实施“飞地经济”、财税分成等财税引导政策。引导山东新旧动能转换基金重点支持高耗能行业整合重组，吸引各类社会资本参与。研究实施财税激励政策，支持产能出清的企业转型升级，引导钢铁、地炼、电解铝等行业向深加工、精细化、高端化方向发展。（省财政厅牵头，省发展改革委、省工业和信息化厅、省自然资源厅、省税务局按职责分工负责）

（二十二）完善金融扶持政策

制定七大高耗能行业涉及企业“白名单”，引导银行机构实施有保有压差异化信贷政策，为企业转型升级提供多样化融资支持。支持符合条件的企业综合运用上市挂牌、发行债券、私募基金、风险投资等多种方式，进一步提高直接融资比重，降低企业融资成本和杠杆率，缩短融资链条。（省地方金融监管局牵头，省工业和信息化厅、人民银行济南分行、山东银监局、山东证监局和有关市政府按职责分工负责）

（二十三）切实防范金融风险

按照企业主体、政府协调、市场运作、依法依规的原则，省直有关部门配合各市排查企业资产负债状况和“担保链”“担保圈”情况，提前进行研判，制定针对性措施，切实防范金融风险。依法维护金融机构合法权益，妥善处理金融机构债权，落实企业贷款债权和贷款担保责任，打击恶意逃废金融债务违法犯罪行为，合力维护良好的金融环境。（省地方金融监管局牵头，省公安厅、人民银行济南分行、山东银监局、山东证监局和有关市政府按职责分工负责）

（二十四）盘活用好企业腾置土地

通过依法改变土地用途等手段，有效

盘活搬迁后的厂房和土地。退出后的划拨土地可依法转让或由地方政府收回，其土地出让收入可按规定通过预算安排支付退出企业职工安置费用。用好土地收储、土地熟化政策，对地炼、焦化等行业污染土地实行有效治理。实施差异化土地供应政策，对推进高耗能行业高质量发展成效显著的县（市、区），在用地指标上给予奖励。（省自然资源厅牵头，省工业和信息化厅、省财政厅和有关市政府按职责分工负责）

（二十五）妥善安置分流职工

全面摸清企业职工底数，统筹做好职工安置分流、生活保障、就业创业等工作。严格落实预防失业、促进就业、社会保障等托底政策，妥善做好职工分流、再就业帮扶、退养人员生活保障、劳动关系处理、社会保险转移接续等工作，切实保障企业职工合法权益。（省人力资源社会保障厅牵头，省工业和信息化厅、省医保局和有关市政府按职责分工负责）

（二十六）建立完善企业评价机制

实施高耗能行业高质量发展综合评价办法，加快建立对企业能耗、效益、亩均产出、税收、就业等指标的评价体系，配套实施差别化的用电、用水、信贷等资源要素配置政策，加快产业转型升级。（省工业和信息化厅牵头，省发展改革委、省财政厅、省人力资源社会保障厅、省自然资源厅、省统计局、省地方金融监管局、省税务局、人民银行济南分行和有关市政府按职责分工负责）

（二十七）推动运输结构调整

以推进货物运输“公转铁”为核心，加快构建多式联运系统，推进各种运输方式协调发展，提高综合交通运输体系组合效率。逐步调整大宗物料公路运输量，加快推动运输距离在400公里以上，且具备铁路或管道运输条件的煤炭、矿石、焦炭、石油等大宗货物，由公路运输转为铁路或管道运输。（省发展改革委、省交通运输厅牵头，省工业和信息化厅、中国铁路济南局集团有限公司按职责分工负责）

（二十八）营造良好舆论氛围

组织主流新闻媒体积极宣传高耗能行业加快供给侧结构性改革、坚定不移走高质量发展道路取得的成效，推出一批先进典型和经验做法，为推进高耗能行业高质量发展工作营造良好的舆论氛围。（省委宣传部牵头，省工业和信息化厅、省广电局和有关市政府按职责分工负责）

五、组织保障

（二十九）加强组织领导

将省化工产业安全生产转型升级专项行动领导小组更名为省化工产业安全生产转型升级专项行动和加快高耗能行业高质量发展工作领导小组，加强工作力量，增设专业小组，从成员单位抽调人员，具体负责统筹推进全省高耗能行业高质量发展工作。（领导小组成员单位按职责分工负责）

（三十）形成上下联动机制

坚持全省统筹、属地主责原则，进一步强化属地主体责任，稳妥有序推进产业调整、企业搬迁、土地盘活、整合重组、资金融通等工作。有关市要参照省里模式，建立相应工作机制，认真落实本方案要求，形成上下贯通、整体联动格局，推动任务落实。（领导小组成员单位和有关市政府按职责分工负责）

（三十一）建立考核督导机制

将高耗能行业高质量发展成效纳入各市经济社会发展综合考核指标和省委、省政府重点督查事项，对有关市推进高耗能行业高质量发展工作进行严格考核评定。配套建立完善评估考核、跟踪问效工作机制，定期开展督导考核、跟踪分析、效果评估，激发统筹发展活力，增强推进落实动力。（省委组织部、省工业和信息化厅按职责分工负责）

中共山东省国资委委员会
关于落实全面从严治党主体责任的实施意见（试行）

（鲁国资党〔2018〕6号　2018年10月23日）

为深入学习贯彻习近平新时代中国特色社会主义思想和党的十九大精神，进一步落实全面从严治党主体责任，推动管党治党不断向纵深发展，根据上级落实全面从严治党主体责任有关文件精神，结合省国资委党委实际，提出如下意见。

一、总体要求

（一）准确把握落实全面从严治党主体责任的指导思想

以习近平新时代中国特色社会主义思想为指导，深入学习贯彻党的十九大精神，全面落实习近平总书记视察山东重要讲话、重要指示批示精神，牢固树立“四个意识”、坚定“四个自信”，紧紧围绕新时代党的建设总要求，牢牢把握全国、全省国有企业党的建设工作会议精神，在推进国企国资改革发展中，坚持党的领导，加强党的建设，为省属企业深化供给侧结构性改革、加快新旧动能转换，实现我省国企国资党的建设和改革发展“两个走在全国前列”提供坚强的政治保证。

（二）进一步明确落实全面从严治党主体责任的基本原则

坚持和加强党的全面领导，坚持党要管党、全面从严治党，全面推进党的政治建设、思想建设、组织建设、作风建设、纪律建设，把制度建设贯穿其中，深入推进反腐败斗争，不断提高党的建设质量。坚持抓好党建是最大政绩的理念，牢固树立“抓党建是本职、不抓党建是失职、抓不好党建是不称职”的责任意识，严格落实全面从严治党主体责任，强化问题导向，着力解决党的领导、党的建设和全面从严治党中的突出问题。坚持领导带头、以上率下，带头维护核心对党忠诚，带头遵守政治纪律和政治规矩，带头严肃党内政治生活，带头接受党内监督，带头弘扬优良作风，发挥好“关键少数”示范带动作用，带头做到“四个服从”“五个过硬”，切实推进全面从严治党主体责任落实。

二、重点工作

（一）从严抓政治建设

坚持把党的政治建设摆在首位，将旗帜鲜明讲政治贯穿全面从严治党全过程。

坚决维护核心对党忠诚。切实发挥示范带动作用，带头学习党章、遵守党章、贯彻党章、维护党章，引导广大党员干部自觉向党中央看齐、向习近平总书记看齐、向党的理论和路线方针政策看齐、向党中央决策部署看齐，坚决维护习近平总书记党中央的核心、全党的核心地位，坚决维护党中央权威和集中统一领导。发挥党委领导作用，坚决贯彻落实党的基本理论、基本路线、基本方略，确保党中央政令畅通。

严肃党内政治生活。推动委机关和省属企业各级党组织严格执行党章和新形势下党内政治生活若干准则，严格执行民主集中制，健全完善党委议事规则和决策程序，严格落实“三会一课”、民主生活会、组织生活会、谈心谈话和民主评议党员等基本制度，开展好主题党日活动，用好批评和自我批评武器，让“红脸出汗”成为常态，不断增强党内政治生活的政治性、时代性、原则性、战斗性。委党委班子成员以普通党员身份参加所在党支部组织生活，每年至少参加和指导 1 个省属企业党委领导班子民主生活会、1 个基层党组织的组织生活会，至少在所在党支部讲 1 次党课。坚持和完善党代表会议、党内选举和党务公开等制度，切实落实党代表任期制，保障党员民主权利。建设正气充盈的党内政治文化，营造风清气正的良好政治生态。

持续完善制度机制。严格执行党章党规，根据中央部署和省委工作安排，每年年初，研究制定委党委党建工作总体规划、重点任务和推进措施；推动省属企业各级党组织层层压实党建工作责任，指导机关党委印发各党支部书记全面从严治党责任清单。每年召开不少于两次党委会议，专题分析研究全面从严治党、党风廉政建设工作形势，解决工作中存在的突出问题，做出工作安排部署。加强制度建设，健全完善推动制度落实的工作机制，加强对落实情况的监督检查，增强党内法规制度执行力。

（二）从严抓思想建设

把思想建设作为党的基础性建设，教育引导党员干部加强党性锻炼，坚定理想信念，补足精神之“钙”，筑牢思想之“魂”。

指导委机关和省属企业持续深入学习贯彻习近平新时代中国特色社会主义思想，着力发挥各级党委理论学习中心组示范引领作用，坚持读原著、学原文、悟原理，认真学习领会好《习近平谈治国理政》第一、二卷等权威读本，确保实现学习全覆盖。扎实组织开展日常学习、轮训培训、专题研讨、宣传阐释。把坚定理想信念作为党的思想建设的首要任务，完善党委理论学习中心组制度，扎实推进“两学一做”学习教育常态化制度化，认真组织开展“不忘初心、牢记使命”主题教育，用党的创新理论武装头脑、指导实践、推动工作。利用各类红色教育资源和党性教育基地，开展红色教育和革命传统教育，教育引导党员干部牢记党的宗旨，自觉做共产主义远大理想和中国特色社会主义共同理想的坚定信仰者和忠实实践者。深入实施理论惠民工程，推进党的理论知识普及进企业、入车间、到班组等，引导党员干部群众自觉践行社会主义核心价值观。坚持党管意识形态、党管宣传、党管媒体，严格落实中央办公厅印发的《党委（党组）意识形态工作责任制实施办法》和《山东省党委（党组）意识形态工作责任制实施细则》，定期召开专题党委会分析研判意识形态领域工作，牢牢掌握党对意识形态工作领导权。推动省属企业党委自觉将意识形态工作全面纳入领导班子民主生活会和述职述廉的重要内容，自觉接受监督和评议，认真对照检查，切实抓好整改。制定完善落实《关于进一步加强和改进意识形态工作的实施意见》，把意识形态工作纳入委机关和省属企业各级党组织党建工作考核，紧紧抓住“关键少数”，强化领导班子责任意识。加强阵地建设和管理，认真抓好意识形态领域重大问题处置，强化互联网思想理论引导，批驳错误思潮，巩固和发展主流意识形态，对发现的落实意识形态工作“一岗双责”不力的领导干部，按照有关规定坚决予以问责，不断增强意识形态领域主导权和话语权，确保意识形态安全和政治安全。

（三）从严抓纪律建设

把纪律挺在前面，运用监督执纪“四种形态”，坚持关口前移、抓早抓小，让“红脸出汗”成为常态，真正把纪律立起来、严起来。

严明党的政治纪律和政治规矩。加强纪律教育，强化纪律执行情况监督检查，教育和督促党员干部特别是领导干部不断提高政治觉悟和政治能力，严防“七个有之”，做到“五个必须、五个绝不允许”，坚决防止和反对个人主义、分散主义、自由主义、本位主义、好人主义，坚决防止和反对宗派主义、圈子文化、码头文化，坚决反对搞两面派、做两面人，始终把对党忠诚、为党分忧、为党尽职、为民造福作为根本政治担当，永葆共产党人政治本色。坚决纠正和查处违背党的路线方针政策的言行，特别是有令不行、有禁不止，阳奉阴违、结党营私、团团伙伙、拉帮结派，以及落实意识形态工作责任制不到位等问题。

严明党的组织纪律。督促党员干部摆正个人与组织的关系，自觉坚持和维护“四个服从”，自觉服从组织安排，在行动上坚决维护和执行党组织的决定，坚决维护党的集中统一。坚持民主基础上的集中和集中指导下的民主相结合，坚决纠正和查处违反组织原则、不服从组织安排，以及搞非组织活动等问题。

严明党的廉洁纪律、群众纪律、工作纪律和生活纪律。始终坚持一切出于公心、一切为了事业、一切按规矩办事，把党的廉洁纪律、群众纪律、工作纪律和生活纪律作为党员干部行为底线，督促党员干部克己自律、严守底线。以“零容忍”的态度对待违反各项纪律的行为，发现一起、查处一起，绝不姑息。

（四）从严抓干部队伍建设

坚持从严管理、从严教育、从严监督，把严的要求、严的措施、严的纪律贯穿领导班子和干部队伍建设始终。

突出选人用人政治标准和专业能力。坚持党管干部原则，坚持德才兼备、以德为先，坚持五湖四海、任人唯贤，坚持事业为上、公道正派，破除论资排辈、平衡照顾，打破条条框框、隐性台阶，认真落实信念坚定、为民服务、勤政务实、清正廉洁的好干部标准，坚持正确的选人用人导向，把忠诚干净担当和高素质专业化干部选出来、用起来。强化党委在干部选拔任用中的领导和把关作用，配好配强企业领导班子。坚持把政治标准放在第一位，完善适应中国特色现代国有企业制度要求和市场竞争需要的选人用人机制，建设对党忠诚、勇于创新、治企有方、兴企有为、清正廉洁的高素质专业化企业领导人员队伍，更好发挥企业家作用；加强企业领导人员的教育培养，办好企业高端人才培训，切实提升专业能力和专业素养。加强委机关干部队伍建设规划，完善委机关处级干部选拔工作流程，坚持按岗位需要选人，形成与委机关干部队伍实际相符合的干部选拔调整节奏，树立干事创业的鲜明导向。制定完善《山东省国资委机关公务员和处室考核办法（试行）》，加强平时考核，完善日常纪实，根据考核结果和平时掌握的情况科学评价使用干部。持续抓好委机关和省属企业干部双向挂职，加强对年轻干部的政治历练和实践磨炼，制定干部队伍结构优化规划方案，不断优化干部队伍年龄和专业结构。

营造风清气正的选人用人环境。结合工作实际，进一步健全完善干部选拔任用工作流程，落实“凡提四必”要求。严格执行干部选拔任用“一报告两评议”，定期开展企业选人用人专项检查，坚决防止干部“带病提拔”“带病上岗”。开展规范经理层成员契约化管理和建立职业经理人制度试点，建立职务能上能下、人员能进能出、收入能增能减的灵活机制。改进干部年度考核，推进日常考核，经常性、近距离、有原则接触，全方位、多渠道了解，注重把干部考核与业绩考核、日常考察、巡察、执纪监督、审计督察等工作有机结合，树立重实绩重实干用人导向，加强综合分析研判，防止简单唯票、唯分、唯年龄评价使用干部，大力选拔敢于负责、勇于担当、善于作为、实绩突出的企业领导人员。

从严教育管理监督干部。建立源头培养、跟踪培养、全程培养的干部素质培养体系，突出政治素质教育培养，把提高政治觉悟、政治能力贯穿教育培训全过程，坚持不懈加强党性教育和政德教育，注重政治训练、政治历练，使干部始终在政治上站得稳、靠得住、信得过。加大对机关干部和企业领导人员的日常监督管理，建立健全经常性提醒教育机制，强化预防在先、发现在早、解决在小的组织措施，发现苗头性、倾向性问题，及时提醒帮助。整合监督力量，及时掌握企业领导班子和领导人员综合考核评价、重大事项跟踪考察、党内政治生活表现考察、民主集中制和议事决策情况考察、双向约谈、巡察、经济责任审计、举报信访查处、个人有关事项查核等各方面情况，严格执行干部档案审核、个人有关事项报告、干部兼职管理、企业领导人员任职回避与公务回避等规定，把日常监督管理工作做实做细。

（五）从严抓基层基础

牢固树立党的一切工作到支部的鲜明导向，注重在打牢基础、补齐短板上下工夫，不断推进全面从严治党向基层延伸。

深入推进过硬党支部建设。以提升组织力为重点，突出政治功能，持续加强基本组织、基本队伍、基本制度建设，推动省属企业各级基层党组织围绕破解企业发展难题、完成急难险重任务、提升生产经营管理水平、实现企业高质量发展等中心任务，充分发挥党支部战斗堡垒作用和党员先锋模范作用。研究制定委机关标准化党支部建设实施意见，配套建立标准化党支部建设考评细则和日常考核办法，全面建设委机关过硬党支部。改进委机关党支部书记抓党建述职评议考核工作，健全完善委机关党建工作督查机制，每季度开展一次集中督查。

加强党员教育管理。以开展“不忘初心、牢记使命”主题教育和“大学习、大调研、大改进”为抓手，引导各级党员干部全面准确、深入系统地领会把握习近平新时代中国特色社会主义思想和党的十九大精神。发挥省国资委党校、省属企业党校等培训主渠道作用，利用好省内外红色教育资源和党性教育基地，实施素质提升工程，办好高质量示范培训班，不断提升党务工作者履职能力。坚持用好“灯塔省属企业智慧党建平台”，探索实施党员量化积分管理，不断增强党员教育管理的针对性和有效性。严格党员发展，加大在新兴产业、生产一线、高知识群体中发展党员比例，把各类骨干培养成党员，确保党员发展质量。

紧盯党建工作薄弱环节。抓好不同类型的企业党建工作，指导省属企业境外单位加强党建工作。全面总结省属企业驻外党建工作综合协作区工作经验，适时进行推广、提升，再组建一批驻外党建工作综合协作区，进一步提升境外、省外企业党建工作水平。重点抓好省属企业上市公司、二级及以下单位和混合所有制企业党建工作，对经营困难的企业、“僵尸”企业等软弱涣散的基层党组织开展党建工作专项治理，推动省属企业党建工作水平全面进步。

（六）从严抓作风建设

把作风建设作为永恒主题，坚持弘扬党的优良传统和作风，在常和长、严和实、深和细上下功夫，持之以恒改进作风，推动党风政风持续好转。

驰而不息纠治“四风”。认真贯彻落实中央八项规定实施细则和省委实施办法精神，深挖细查享乐主义和奢靡之风，严肃查处形式主义和官僚主义，重点关注省属企业公款吃喝、公款旅游、公款购买赠送礼品、违规配备使用公车、违规组织会议培训考察、违规发放薪酬、滥发福利和津贴补贴等行为，防范和查处各种隐形变异“四风”问题，把纠治“四风”抓深抓实。始终保持艰苦奋斗的精神，坚持勤俭办一切事业。坚决杜绝特权思想和特权现象，旗帜鲜明反对领导干部特殊化、搞特权。进一步畅通举报渠道，对巡视巡察、信访举报和执纪审查发现的“四风”问题线索专项处置，优先查处，优先通报。定期对委机关和省属企业执行中央八项规定实施细则精神和纠正“四风”问题进行抽查检查，对查出的问题进行通报，抓住典型，严肃处理。

激励党员干部忠诚干净担当。持续深入推动思想解放、观念变革，树立正确选人用人导向，落实省委《关于进一步激励广大干部新时代新担当新作为的实施意见》，健全完善正向激励机制、考核评价机制、容错纠错机制、澄清保护机制，激发干部担当作为、干事创业激情。加大对担当作为、干事创业企业和个人先进典型发掘、宣传力度，表现突出的进行表彰奖励、优先提拔使用，激励广大党员干部在遵规守纪中做出新表率。进一步健全国有企业企业家激励机制，强化正向激励，激发和保护企业家精神，更好发挥企业家作用。建立健全重要工作落实情况督促检查机制，加大“慵、懒、散、浮、拖”整治力度，加大对重要工作落实情况通报力度，强化担当作为干事创业导向。

巩固完善作风建设长效机制。持续推进“两学一做”学习教育常态化制度化，扎实开展“不忘初心、牢记使命”主题教育，把反对特权思想和特权现象作为构建作风建设长效机制的着力点，引导广大党员干部切实做到为民务实清廉。大兴调查研究之风，扎实开展“大学习、大调研、大改进”，不断改进联系服务群众方式方法，完善和落实领导干部定期接待群众来访、同干部群众谈心等制度。实施好委机关服务省属企业“一对一联络员”制度和“作风监督员”制度，及时帮助企业解决在深化改革、优化布局、新旧动能转换过程中遇到的大事、急事、难事和合理诉求，建立并逐步深化“一次办好”工作机制，进一步提高委机关干部担当意识和服务水平。

（七）从严抓党风廉政建设和反腐败斗争

把党风廉政建设和反腐败斗争作为重大政治任务，深化构建不敢腐、不能腐、不想腐的体制机制，坚定不移夺取反腐败斗争压倒性胜利。

强化责任落实。严格落实党风廉政建设责任制，抓好委机关和省属企业党风廉政建设统筹谋划、安排部署、制度建设、检查考核等工作。每年对全面从严治党任务进行细化分解，明确领导班子和领导干部的职责分工，推动责任落实。落实上级党委、纪委工作部署和要求，定期召开党委会，专题研究制定目标要求、工作计划和具体措施。健全完善管党治党责任清单，把党风廉政建设纳入党建工作责任考核体系，加强对“两个责任”落实情况的监督检查，推动工作延伸到基层、落实到基层。

强化执纪问责。全力支持驻委纪检监察组工作，不断加大监督执纪问责力度，严肃查处省国企国资系统党员领导干部违纪违法行为，做到有案必查、有腐必惩，始终保持惩治腐败高压态势。强化关键环节监督，重点关注干部选拔初始酝酿、“三重一大”事项决策、政策规定出台和监督对象的政治、工作、生活待遇和履职行为等事项，推动党委巡察、督查、财务总监等监督主体发挥好作用。深化运用监督执纪“四种形态”，重点在用好第一、二种形态上下工夫。支持驻委纪检监察组依纪依法履行职责，及时听取重要案件情况汇报，协调解决重大问题，为驻委纪检监察组依纪依法开展工作、履行职责创造良好条件。推动省属企业纪委持续“三转”，加强纪检监察干部队伍建设。加强反腐倡廉教育，用好正、反两方面典型案例，通过现场教学、警示教育等方式，不断增强委机关和省属企业党员干部拒腐防变意识。

强化巡察监督。建立健全巡察制度，突出政治巡察，着力发现党的领导弱化、党的建设缺失、全面从严治党不力，党的观念淡漠、组织涣散、纪律松弛，管党治党“宽松软”等问题，充分发挥政治“显微镜”和“探照灯”作用，确保对委党委管理班子的企业实现巡察全覆盖。强化巡察成果运用，认真做好巡察工作“后半篇文章”，加快巡察事项移交和办理进度，落实巡察整改责任，狠抓问题整改，放大和延伸震慑效果，增强巡察监督实效。着力加强巡察机构和干部队伍建设，设立巡察办公室，配备专门工作力量，建立巡察工作人才库，加强业务培训，不断提高巡察队伍的履职能力。指导省属企业党委探索对权属企业开展巡察工作。

三、责任内容

（一）党委领导班子责任清单

（1）树立“四个意识”，坚定“四个自信”，坚决维护习近平总书记党中央的核心、全党的核心地位，坚决维护党中央权威和集中统一领导，在思想上政治上行动上同以习近平同志为核心的党中央保持高度一致。（2）认真贯彻落实中央关于全面从严治党的部署和省委有关要求，每年召开不少于两次党委会议，专题分析研究全面从严治党、党风廉政建设工作形势和任务，制定工作计划、目标要求和具体措施。（3）完善和落实民主集中制的各项制度，按照“集体领导、民主集中、个别酝酿、会议决定”的原则，集体讨论决定“三重一大”决策等事项。（4）严肃党内政治生活，不断增强党内政治生活政治性、时代性、原则性、战斗性。（5）督促委机关和省属企业各级党组织认真落实全面从严治党主体责任，抓好党组织书记落实全面从严治党责任考核。（6）坚持党管干部原则，坚持好干部标准，树立正确选人用人导向，打造高素质专业化干部队伍。（7）严格落实党委理论中心组学习制度，每年至少安排12次专题学习。（8）加强作风建设，落实中央八项规定实施细则和省委实施办法精神，持之以恒反对“四风”。（9）坚持把纪律和规矩挺在前面，严格执行党内监督各项制度，强化对权力运行的制约和监督，从源头上防治腐败。

（二）党委书记责任清单

（1）带头履行管党治党责任，切实履行全面从严治党第一责任人职责。（2）每年主持召开专门研究部署全面从严治党工作的党委会议不少于两次，做到重要工作靠前指挥、具体主抓。（3）认真落实第一责任人职责，加强对委领导班子成员的日常管理监督，每年与委领导班子成员、委党委管理领导班子的企业党委书记分别进行一次廉政谈话，压实主体责任。（4）带头抓意识形态工作，带头管阵地把导向强队伍，带头批评错误观点和错误倾向。（5）认真贯彻民主集中制，严格执行党委会议事规则和“三重一大”集体决策等制度。（6）严格执行党内组织生活制度，按时组织召开委领导班子民主生活会，带头执行领导干部双重组织生活制度，带头开展批评与自我批评。(7) 加强对干部选拔任用工作的领导，坚持正确的选人用人导向。(8) 带头遵守党的纪律，特别是政治纪律和政治规矩，带头落实中央八项规定实施细则和省委实施办法精神，带头执行廉洁自律各项规定，管好配偶、亲属和身边工作人员，主动接受组织和群众监督，如实报告个人有关事项。(9) 主动接受和支持驻委纪检监察组的监督，支持驻委纪检监察组对发生问题的党员领导干部进行纪律审查，对问题比较严重的及时和驻委纪检监察组沟通，并向省委、省纪委报告。(10) 每年向省委报告委党委履行主体责任、本人履行第一责任人责任以及本人和其他班子成员廉洁自律等情况，接受监督和评议。

(三) 委领导班子其他成员责任清单

(1) 认真履行“一岗双责”，协助党委书记落实全面从严治党主体责任，对分管范围内落实管党治党工作负主要领导责任。(2) 将全面从严治党各项要求融入分管工作之中，对分管范围内的管党治党工作定期研究、部署、检查和报告，加强对分管处室党员干部的日常教育管理监督，每年对处级以上干部开展一次廉政谈话。(3) 督促指导分管处室结合实际制定加强纪律建设、作风建设、廉政教育、规范权力运行等具体措施，抓好各项制度措施的落实。(4) 加强对分管处室负责人履行党建职责情况的督促和检查，对履行责任不到位的及时约谈，问题比较严重的及时向委党委报告。(5) 严格党内组织生活，落实双重组织生活制度，深入开展批评和自我批评。(6) 严格遵守党的纪律特别是政治纪律和政治规矩，严格落实中央八项规定实施细则和省委实施办法精神，严格执行廉洁自律各项规定，管好配偶、亲属和身边工作人员，主动接受组织和群众的监督，如实报告个人有关事项。(7) 主动接受驻委纪检监察组的监督，支持纪检组对分管处室发生的问题进行纪律审查，对发现的问题线索及时按程序报告。(8) 每年向委党委述责述廉，报告执行政治纪律和政治规矩、履行“一岗双责”、推进党风廉政建设和反腐败工作以及执行廉洁纪律情况，自觉接受监督和评议。

(四) 党委工作部门责任清单

1. 党委办公室责任清单。(1) 根据党委书记和党委委员履行全面从严治党责任分工，协助抓好各项任务落实，配合起草履行主体责任情况的工作报告，协助组织安排履行主体责任的重要活动和重要会议，落实交办的全面从严治党方面有关事项。(2) 认真贯彻落实委党委关于全面从严治党工作部署，督办中央和省委、省政府交办事项以及委党委会决定事项等工作落实情况。(3) 结合实际，认真做好党委办公室全面从严治党工作的统筹谋划、安排部署、制度建设、检查考核等。

2. 组织部门责任清单。(1) 全面加强组织体系建设，统筹推进委机关和省属企业基层党组织建设和党员队伍建设；做好组织部门全面从严治党工作的统筹谋划、安排部署、制度建设和检查考核等。(2) 抓班子，强素质，落实好干部标准，选优配强机关干部队伍和企业领导班子；制定并落实干部教育培训规划，打造高素质专业化干部队伍；着力加强优秀年轻干部的发现储备和培养选拔，提高干部工作的战略性。(3) 坚持党管人才，深化人才发展体制机制改革，构建具有较强竞争力的省属企业人才制度体系。(4) 坚持严管和厚爱结合、激励和约束并重，激发党员干部干事创业积极性、主动性、创造性。

3. 宣传部门责任清单。(1) 加强理想信念教育，指导省属企业深入学习习近平新时代中国特色社会主义思想等党的理论创新成果，扎实开展中国特色社会主义和中国梦宣传教育。（2）严格履行意识形态工作责任制，充分发挥意识形态工作的职能作用，旗帜鲜明反对和抵制各种错误观点。（3）坚持正确舆论导向，运用多种手段，利用融媒体优势，指导协调做好新闻宣传工作，宣传省国资委党委和省属企业党组织加强全面从严治党的决策部署、进展成效和正反典型，巩固壮大主流舆论。有效做好舆情管控，扎实推进企业文化建设，为国企国资改革发展营造良好舆论环境。（4）做好宣传部门全面从严治党工作的统筹谋划、安排部署、制度建设、检查考核等。

4. 机关党委责任清单。（1）贯彻落实委党委关于全面从严治党工作部署和要求，统筹分析委机关全面从严治党面临的形势任务，认真抓好各项任务落实。（2）研究委机关全面从严治党工作计划、目标要求和具体措施，定期研究并向委党委汇报全面从严治党工作情况。（3）每年向委机关各党支部印发党支部书记全面从严治党责任清单，对各党支部责任落实情况进行督查和考核。（4）统筹推进委机关基层党组织建设和党员队伍建设，打造高素质专业化国企国资干部队伍。

四、保障机制

（一）严格报告述职制度

建立健全下级党组织每年向上一级党组织报告年度全面从严治党工作制度，委党委每年听取一次委机关和省属企业党建工作整体情况汇报。省属企业党委书记每年进行抓基层党建和落实全面从严治党主体责任述职，现场述职和书面述职相结合，并接受询问。各级党委班子成员结合年度述职述廉、民主生活会对照检查等方式，向所在党委报告个人落实全面从严治党主体责任情况。

（二）完善督导检查机制

发挥考核“指挥棒”作用，健全党建工作经常性督查考核机制，采取集中督导、积分考核、巡回检查、巡察问责、年底述职等措施，定期开展督导检查，及时通报发现的问题。强化考核结果应用，将党建考核结果与业绩、薪酬挂钩，并作为领导班子和领导干部奖励惩处、选拔任用的重要依据。委党委定期通过召开会议、印发通报、专题座谈等方式，调度工作推进和问题整改情况。

（三）健全责任追究机制

以《中国共产党问责条例》为依据，加大追责问责力度，对督导检查、述责述廉和述职评议考核中发现的问题，有关党组织必须认真抓好整改。对不履行或不正确履行全面从严治党责任、在党的建设方面出现重大问题的党组织领导班子及其成员进行严肃问责，既追究当事人责任，又追究相关领导责任。

山东省国资委
关于推进省属企业实施新旧动能转换重大工程的实施方案

（鲁国资规划字〔2018〕14号　2018年8月3日）

为全面落实省委、省政府关于实施新旧动能转换重大工程的决策部署，推动省属企业高质量发展，打造行业一流企业，增强省属企业活力、竞争力和带动力，充分发挥省属企业在全省新旧动能转换重大工程建设中的排头兵作用，制定本实施方案。

一、总体要求

指导思想：坚持以习近平新时代中国特色社会主义思想为指导，深入贯彻落实党的十九大和十九届二中、三中全会精神，认真落实习近平总书记在参加十三届全国人大一次会议山东代表团审议时重要讲话精神和视察山东重要讲话精神，全面落实新发展理念和省委、省政府决策部署，以推进省属企业高质量发展为主线，以改革、创新、开放为动力，聚焦新兴产业培育壮大、传统产业改造提升、功能性产业提档升级三篇文章，实施改革引领、创新驱动、投资带动、资本运营、人才强企、开放合作六大重点举措，持续提升省属企业核心竞争力和国有经济整体功能，围绕发展“十强”产业，优化国有资本布局结构，加快推动省属企业进入国内外一流企业行列，努力在全省新旧动能转换中走在前列。

主要目标：按照“一年全面起势、三年初见成效、五年取得突破”的总体要求，持续推进传统产业提质效、新兴产业提规模、跨界融合提潜能、品牌高端提价值，做强做优做大国有资本。到2022年，形成新动能主导国有经济发展的新格局。

——质量效益显著改善。到2022年，力争省属企业实现营业收入1.6万亿元，利润总额700亿元，贡献税费800亿元。企业社会责任模范履行，服务保障能力明显增强，社会效益同步提升。“四新”经济营收占比达到35%以上。资产负债率控制在70%以内。形成一批专业化水平高、服务保障能力强的功能性企业，一批创新能力强、质量效益优的行业领先企业，培育2~3家具有全球竞争力的世界一流企业。

——布局结构持续优化。70%以上的新增投资投向新兴产业和功能性产业，80%以上的国有资本集中在新兴产业、新兴服务业、重要能源资源、重大基础设施领域。二三产业资产占比调整至40%、60%。培育打造信息技术、高端装备、医养健康、新能源、新材料、海洋经济、现代金融、现代商贸物流、新兴服务业、综合交通等产业集群。新兴产业成为效益增长主引擎。按时完成钢铁、煤炭去产能任务。

——创新能力明显增强。力争研发费用、自主知识产权数量、新产品产值年均增长不低于10%，工业企业研发费用占营收比重达到4%。新增一批国家级科研机构、高新技术企业和国内外知名品牌。积极引进和培养一批科技领军人才、高水平创新团队，高级职称专业技术人才比例达到20%以上。在新兴产业和优势产业领域掌握一批具有自主知识产权的核心技术，创新型经济成为企业核心竞争力。

——体制机制更加完善。深入推进混合所有制改革，激发企业发展活力，规范企业法人治理结构。省属国有企业资产证券化率力争达到60%以上。重点产业跨企业重组整合取得实质性进展。规范完善的现代企业制度、灵活高效的市场化经营机制和职业经理人制度基本建立。推动企业新旧动能转换、高质量发展的组织协调机制、评价激励机制、容错免责机制和服务保障机制全面建立。

二、重点任务

坚持世界眼光、国际标准、山东优势、国企担当，立足省属企业产业优势、发展条件和资源禀赋，聚焦“十强”产业，以“四新”促“四化”实现“四提”为中心任务，推动新兴产业快成长、塑优势，推动传统产业提层次、强实力，推动功能性产业提档次、增功能，逐步形成品牌高端、技术领先、特色突出、协同发展的现代产业生态集群。

（一）培育壮大新兴产业发展新动能

以新一代信息技术、高端装备、新能源新材料、现代海洋、医养健康等新兴产业为重点，加快推动大数据、云计算、“互联网+”、人工智能等与实体经济深度融合，建立完善“工业云”生态体系，打造技术先进、融合互动、优质高效、行业一流的新兴产业发展高地。

新一代信息技术。全方位拓展信息经济新空间，着力突破大数据、云计算、关键元器件、高性能计算、高端软件等核心技术，深入推动新一代信息技术向各领域渗透应用，逐步形成智能融合互联的信息产业集群。充分发挥浪潮集团技术领先优势，加快推进浪潮云服务基地、青岛大数据产业园等项目建设，重点发展具有自主知识产权的高效能服务器和海量存储等终端基础设备，巩固浪潮集团高端服务器全球领先地位。深化山东国惠与ARM公司合资合作，加快ARM智能物联协同创新中心建设，打造“工业云”智能制造服务平台，推动芯片设计、物联网、人工智能产业快速发展。支持兖矿集团积极推进军民融合创新成果应用，构建“北斗+”智慧化产品服务体系。推动省属企业深入实施数字强企战略和“互联网+”行动，加快推动信息技术与智能制造、智能交通、智慧城市、智慧矿山等深度融合，促进传统产业向数字化、智能化转型升级。

专栏1　新一代信息技术重点项目

大数据和云计算。山东国投浪潮思科产业园、天元大数据产业基地、国家健康医疗大数据中心、浪潮云服务基地和云数据中心，兖矿集团大数据工程，山东高速“高速云”数据中心，水发集团鲁西南大数据中心，山东国投智能制造云平台。

智慧矿山和智能工厂。兖矿集团智慧矿山与智慧工厂项目、山东能源智能矿山建设，山东黄金国际一流示范矿山建设。

军民融合。兖矿集团北斗军民融合项目。

智慧城市。山东国投智慧城市运营产业基地。

高端装备。把握世界前沿技术和高端装备发展方向，集中力量攻克氢燃料电池、关键液压件、特种机器人、煤机成套装备等核心技术，推动制造业向高端、柔性、智能、绿色转型，建设国内一流的智能制造创新中心和高端装备制造基地。依托山东重工潍柴集团技术优势，着力突破新能源驱动电机制造、动力总成系统、氢燃料电池等关键技术，重点推进潍柴新能源动力产业园建设，打造世界一流的新能源动力装备制造基地。积极推进汽车产业资源整合，强化自主品牌建设和技术创新，大力推进新能源重型卡车、智能无线遥控推土机等高端装备研发和制造，山东重工逐步发展成为具有全球竞争力的装备制造企业。山东交工中通客车加大新能源客车产品研发力度，增强核心竞争力，成为新能源客车制造领先企业。依托山钢集团、山东特检等省属企业积极布局工业机器人、特种机器人，重点突破关键零部件制造技术，培育形成高端柔性机器人产业链。兖矿集团、山东能源、山东黄金等省属企业发挥产业协同优势，积极研发和引进新技术，以装备成套化、高端化、智能化为方向改造升级矿山装备制造产业，加快向价值链高端延伸，打造行业领先的成套装备制造基地。加快实施制造业智能化改造，建设智能工厂和智能制造中心，实现装备制造过程数字化、自动化，打造形成高端装备产业集群。

专栏2　高端装备重点项目

高端装备。山东重工新能源产业园、潍柴林德液压产业园，兖矿集团高端煤机装备、高端环保锅炉设备，山东能源煤机高端装备制造，山东黄金矿业装备制造莱州工业园，山东高速RTTSIII高铁轨道板。

智能制造和机器人。山钢集团济钢“四新”产业园、莱钢智能制造数字化车间，山东特检检测机器人。

新能源汽车装备。中通新能源汽车产能扩建。

新能源新材料。突出新能源新材料基础性、先导性、战略性作用，以绿色、高效、节能为主要方向，着力突破关键核心技术，大力发展氢能源、清洁煤、生物质发电、先进燃料电池、太阳能利用、风能发电等新能源产业，培育壮大特种钢铁、高性能合金、特种粉末、光电子材料等新材料产业。充分发挥省属企业富氢储氢优势，加快氢燃料电池关键技术攻关，探索建立氢燃料电池为核心的产业联盟。山东国惠等省属企业积极参与“中国氢谷”建设，打造氢能源综合利用示范区。兖矿集团加快突破清洁煤、高效节能绿色燃烧等关键技术，重点实施“蓝天”工程项目，积极构建煤炭清洁高效利用产业链。山东能源积极推动山东海上风电开发建设，打造山东千万千瓦级海上风电基地。山钢集团发挥钢铁材料基础优势，强化科技创新，重点突破轨道交通、船舶和海工装备等高品质钢材核心技术，加快推进日照钢铁精品基地和莱芜精品钢项目建设，推动企业综合竞争力进入行业前列。山东黄金加快贵金属战略资源储备，打造国际领先的黄金生产基地。兖矿集团加大新型高端铝型材技术研发，培育发展高端铝型材制造和集成服务基地。

专栏3　新能源新材料重点项目

新能源。兖矿集团蓝天工程，山东能源300MW海上风电，山东重工氢燃料电池项目、新能源动力试验测试中心，山东国惠中国氢谷项目，鲁华集团清洁能源项目，水发集团生物质热电联产项目等。

新材料。山钢集团日照钢铁精品基地、国家装配式建筑产业基地、济钢环保新材料产业园、淄博新一代高强度建筑钢材精品基地、高性能合金特种粉末材料，兖矿集团高端铝型材装备升级改造，华鲁集团工程塑料及生物基/可降解高性能材料，山东高速沥青路面再生技术与装备、山东盐业膜技术处理卤水技术改造，水发集团高端有机无机杂化分离膜，山东能源新材料产业园等。

海洋经济。积极融入海洋强省建设，提高经略海洋意识，培育形成海洋运输、海洋渔业、海洋生物、海工装备、海底探矿、海水综合利用、涉海金融、海洋旅游等现代海洋产业集群。依托山东重工、山东海洋发展海工装备，以自主化、高端化为主攻方向，打造大功率船用高端发动机、海工装备、游艇等制造基地，加快推进第七代海洋钻井平台、超大型海上油田设施一体化拆解装备等高端海工装备研发。山东海洋发挥海洋产业投融资、科技成果转化、资源整合平台作用，加快培育发展海洋战略性新兴产业。山东海运积极推进专业化、绿色化、智能化运营，建设商业模式领先、核心竞争力突出的现代化海洋运输物流企业。发挥渤海湾港口资源优势，大力发展临港经济和海洋物流，加快建设国际一流的海洋港口。中鲁远洋渔业积极深耕远洋捕捞、海洋运输、水产品精深加工业务，开发海洋渔业资源，不断增强持续发展能力，提高运营质量效益。山东盐业重点突破离子分离和低耗高效卤水增浓两大关键技术，加快推动海水淡化及浓海水综合利用项目建设，实现海水淡化规模化应用。支持有条件的省属企业积极发展海洋深加工，突破活性物质创新药物、海洋生物医用材料、海洋功能性食品、功能性材料等技术研发，推动海洋生物医药、生物制品等产业蓬勃发展。

专栏4　海洋经济重点项目

海工装备。山东海洋超大型海上油田设施一体化拆解项目。

海水淡化应用。山东盐业海水淡化及浓海水综合利用项目。

海洋渔业。山东国投中鲁远洋海洋牧场，山东海洋国家级海洋牧场示范区项目。

医养健康。抓住山东创建国家医养结合示范省的重大机遇，推进省属企业相关资源优化整合，组建医养集团，促进医药、医疗器械、养老、康复、保健等多业态融合发展，打造全方位、全周期健康服务产业链。浪潮集团积极参与国家健康医疗大数据中心建设。发挥新华制药、鲁抗医药、鲁商福瑞达等企业技术优势，依托国家综合性新药研发技术大平台，重点突破现代生物技术和制剂技术，大力发展高附加值特色原料药和制剂，提高产品竞争力，塑造医药高端品牌。新华医疗围绕数字化医疗、保健、养老需求，重点发展数字化诊疗设备、先进治疗设备、制药高端设备、健康监测设备、可穿戴医疗装备和医用机器人等新型医疗器械设备。积极整合省属企业医疗机构资源，有序发展养老、康复、养生服务产业，推动健康医疗与教育、旅游、休闲、养生融合发展。

专栏5　医养健康重点项目

医药工业。华鲁集团生物医药产业化、高新技术生物产业园、现代医药国际合作中心、大宗原料药智能制造改造、高端制剂及健康产业化，鲁华集团蚯蚓抗癌研究等新药研发项目。

医疗器械。山东能源生物制药装备、医学影像产品产业化、透析设备及耗材、医用耗材自动化车间项目。

医养结合。山东能源智城“医养健康”项目，国泰租赁烟台中医颐养小镇，水发集团医养结合养老中心，鲁华能源医养健康产业园。

（二）改造提升传统产业塑造新动能

坚持质量第一、效益优先原则，积极运用新技术、新设备、新工艺，全面提高产品技术、工艺装备、能效环保等水平，推动传统产业与物联网、人工智能深度融合，推动传统产业向产业链、价值链的高端集中，促进传统产业从规模数量型向质量效益型转变，形成支撑企业发展的新动能。积极稳妥化解过剩产能，果断淘汰劣势企业，为新兴产业发展腾出空间。引导资源赋存条件差、环境污染重、长期亏损的煤炭产能有序退出。

高端化工。坚持创新、安全、绿色、环保、精细化发展方向，以经济效益为导向，强化技术创新和管理提升，加快推进传统化工向新型化工转型升级，实现化工产业高端化、链条化、园区化发展。探索建立以煤为基、多元发展的化工产业联盟，掌握一批煤转化核心技术，拓展转化技术链条。兖矿集团充分利用鲁南化工园区资源协同优势，规划建设燃料乙醇、己内酰胺、聚碳酸酯等一批重点项目，实现由传统煤化工产业向高端精细化工、新材料产业转变。华鲁恒升加快实施百亿级绿色化工项目，延伸醋酸、氨醇产业链，发展成为行业领先的新型化工材料供应商。山东盐业积极发展盐化工，强化技术创新，拉长产业链条。

专栏6 高端化工重点项目

新型化工。华鲁集团乙二醇、高端己二酸、氨基树脂新材料单体、酰胺及尼龙新材料、丙烯腈项目，兖矿集团聚甲醛扩产改造。

高端盐化工。山东盐业溴系煤脱汞材料、溴系水处理剂材料、氢氧化镁环保材料。

现代金融。立足服务山东实体经济，积极稳妥布局全国性银行、证券、保险、信托、资产管理、期货、基金及财务公司等综合金融服务板块，规范发展小额贷款、融资担保、融资租赁，构建覆盖广泛、风险可控、竞争有序的现代综合金融服务体系。推动鲁信集团做大做强金融板块，力争控股一家全国性股份制银行，提升信托、金融资产管理、创投等综合性金融服务能力。中泰证券加快上市步伐，巩固壮大证券、期货等优势板块，提升直接融资服务能力，综合实力进入全国行业前列。支持省属企业财务公司稳健运营，有效发挥投融资作用。积极发挥山东产权交易中心、齐鲁股权交易中心等交易市场重要作用，打造专业化金融服务平台。省再担保充分发挥行业龙头作用，加快做优做大主业，服务中小微企业。充分发挥山东农担专业优势，推动农业担保服务全覆盖、担保业务上规模、担保服务精准化发展。实施“基金群”战略，支持具备条件的省属企业设立产业发展基金，促进主业发展。加快完善金融产品和服务模式，鼓励利用互联网、大数据、人工智能等，开展金融业务流程改造和产品创新。强化底线思维，健全金融风险防控体系，积极防控各类金融风险，促进金融业稳健持续发展。

专栏7 现代金融重点项目

证券期货。中泰证券股份有限公司、鲁证期货股份有限公司综合实力提升。

基金群。省属企业参与的新旧动能转换基金群。

现代商贸物流。把握商贸物流业转型升级新趋势，加大资源整合和商业模式创新，促进商贸、物流、金融一体化运营，打造现代商贸物流业产业集群。鲁商集团加快与网络营销巨头的深度合作，搭建特色线上线下融合服务平台，推进门店体验化、消费场景化、营销精准化，解决消费者吃住游购行等各类需求，做强“银座”品牌，不断增强多业态协同能力、综合运营能力和市场竞争力，打造国内现代服务业龙头。山东能源充分利用区位、资金和人才优势，打造2~3家集物流贸易、金融服务和产业链延伸等不同业务特色的物流贸易平台。支持具备条件的企业围绕核心业务和资源优势，建设一批综合性、智能化、具有创新引领作用的现代物流园区，规范发展现代物流业，形成新的利润源。严禁省属企业开展融资性贸易和“空转”贸易，严控省属企业开展非主业、低效益的贸易业务，防范各类贸易风险。

专栏8　现代商贸物流重点项目

现代商贸。兖矿集团现代物流贸易平台，山东重工全球配件分销中心，山东能源国际化工业品交易电商平台。

现代物流。鲁商集团现代物流园，山钢集团济钢现代物流园，山东机场航空物流园区，山东重工VMI库智慧仓储项目，水发集团净金公铁物流园，山东海洋冷链物流项目，鲁粮集团鲁中现代物流园。

新兴服务业。坚持市场化、信息化、融合化产业发展方向，培育壮大文化创意、精品旅游、科技服务、节能环保、商务等新兴服务业，形成新的优势业务板块。积极整合省属企业文化、旅游、酒店等资源，打造山东特色鲜明、商业模式先进的现代文旅产业集团。深度融入“好客山东”，抢占景区等核心资源，建设特色主体景区，创新旅游产品，延伸旅游产业链价值链，提升服务质量和运营效益。有关省属企业以满足科技创新需求和提升产业创新能力为导向，融合发展新业态，整合科技资源，打造一批服务模式新的科技创新型企业。加快搭建省属企业阳光采购服务平台，推动省属企业供应链再造，打造“阳光国企”。发挥山东特检专业优势，建设中检科泰山中心等项目，探索检验检测认证新业态新模式，推动特种设备、技术服务向品牌高端发展。发挥山科控股、山东种业等企业技术优势，实现产学研有机融合，孵化和培育具有自身特色的优势产业。支持有条件的省属企业通过资源整合和并购重组，创新科技服务+金融模式，利用闲置资源建设孵化器和加速器，打造具有产业特色的双创空间。山东国惠充分发挥新旧动能转换重大工程省级服务平台作用，创新运营和服务模式，重点在技术创新奖励扶持、科创园区建设管理、优质“双创”项目孵化、高端人才团队引进等方面提供服务支持。依托山钢集团、山东能源、山东省环科院等企业技术优势，积极拓展水环境、固废、土壤治理等节能环保业务，培育发展专业化的环境服务商。

专栏9　新兴服务业重点项目

精品旅游。鲁商集团沂蒙山精品旅游，山东黄金黄金生态城、淄博黄金城，山东地勘凤凰田园小镇。

科技服务。山东重工国家内燃机产品质量监督检验中心，山东国惠山东中科科技园、智能物联协同创新中心，山东特检中检科泰山中心，鲁商集团新动能科技城。

（三）提档升级功能性产业支撑新动能

充分发挥省属企业在全省基础设施建设中的主力军作用，以智能高效、功能完善、安全可靠为方向，以着力提升基础设施的智能化、网络化和现代化水平为目标，创新投融资和运营模式，加快建设公路、铁路、空港、港口、航运、水利等现代基础设施体系。力争到2022年，功能性产业营业收入突破1500亿元，新增高速公路通车里程3000公里，新增高速铁路通车里程1300公里，补齐基础设施建设短板，服务全省经济社会发展，实现经济效益和社会效益同步提升。

公路。发挥山东高速、齐鲁交通建设主体作用，围绕我省“九纵五横一环七连”高速公路网络建设目标，加快推进济青高速、京台高速等改扩建项目，新建文登至莱阳高速公路等重点项目，打造便捷高效的高速公路网络。

铁路。依托山东铁投集团，加快建设济青高铁、鲁南高铁、济莱高铁等重点项目，提高铁路建设运营管理专业化水平，在我省建设“三环四横六纵”快速铁路网络中发挥战略支撑作用。

空港。充分发挥山东机场建设主体作用，加快济南机场二期扩建工程建设，努力提升济南机场在全国空港中的地位。依托济南机场大力发展临空经济，建设空港经济区，培育成为经济社会发展新的动力源。积极推进省内机场资源整合，提高一体化运营水平和整体竞争力。山东航空创新商业模式，增加在济南、青岛、烟台的运力投放，夯实山东市场主导地位，不断增强服务山东经济发展的能力。

海港。依托山东渤海湾港口集团，加快构建渤海湾港地区以港口为枢纽的现代化集疏运体系，优化完善港口功能，实现优质资源集约高效利用，提高在国内外港口中的竞争水平。

水利。水发集团积极发挥省级水利投融资平台作用，加强省内水利基础设施建设，提高供水、节水和应急保障能力。

粮食储备。依托鲁粮集团，加强储备粮基地建设，大力发展粮食产业，打造现代粮食产业集团。

外电入鲁。山东能源、兖矿集团发挥资源优势，加快推进外电入鲁配套项目建设，为山东经济社会发展提供电力供应保障。

专栏10　功能性产业重点项目

公路。山东高速济南至青岛高速公路改扩建、京台高速公路泰安至枣庄（鲁苏界）段改扩建等，齐鲁交通京沪高速莱芜至临沂（鲁苏界）段改扩建工程、文登至莱阳高速公路、沾化至临淄高速公路，济南绕城高速公路二环线东环段等。

铁路。山东铁投集团济青高铁、鲁南高速铁路、济莱高速铁路、郑州至济南铁路濮阳至济南段等。

空港。山东机场航站区扩建北指廊工程、机场二期扩建工程。

水利工程。水发集团黄水东调应急工程二期等。

农业。水发集团现代农业科技园区。

三、实施路径

围绕未来五年目标任务，充分发挥企业主体作用，完善要素供给和制度供给，着力破除制约新旧动能转换的体制性矛盾、结构性矛盾和素质性矛盾三大矛盾，坚持转观念、转股权、转机制、转业态“四转”联动，实施改革引领、创新驱动、投资带动、资本运营、人才强企、开放合作六大重点举措，构建促进新动能加速崛起、旧动能改造升级的发展环境。

（一）实施改革引领，激发动能转换

全面贯彻落实省委、省政府《关于加快推动国有企业改革的十条意见》，按时完成各项改革任务。以党的政治建设为统领，充分发挥国有企业党组织的领导核心和政治核心作用，健全完善公司法人治理结构，全面落实企业决策主体和执行主体地位。进一步加大混合所有制改革力度，选取部分省属一级企业实施混改，在充分竞争领域权属企业全面推进混改，向投资者开放最优质的资源，吸引一批优质社会资本积极参与国企混改。研究制定国有资本投资运营公司运行规范，科学引导国有资本重点投向和领域。探索建立职业经理人制度，推动省属企业高管人员向职业经理人转变。推进符合条件的省属上市公司实施股权激励；采取试点先行、循序渐进的方式，稳步推进非上市企业实施中长期激励。

（二）实施创新驱动，激活内生动力

发挥企业创新主体作用，用好创新第一动力，以技术创新带动新旧动能转换，加快推动创新成果转化为现实生产力。积极探索“专业科技企业孵化器+特色园区”等发展模式，培育国家级及省级“双创”示范基地。实施企业创新创业协同行动，在氢能源、医养健康、煤化工、互联网金融、智能交通等领域组建技术创新联盟，实现对重大研究技术难题的突破，攻克一批前瞻性、原创性、颠覆性的关键核心技术。推动企业与中科院等科研机构、高等院校对接合作常态化，定期组织举办“走进中科院”、院士专利推介等活动。充分发挥中科院山东综合技术转化中心国资中心平台作用，加快推进中科科技园建设，促进科技成果转化，培育一批科技型上市公司。支持企业深度融入军民融合战略，建设军民融合创新平台。支持企业在全球范围内寻求创新要素、配置创新资源，鼓励具备条件的企业在海外设立海外科研机构，与欧美、以色列、日本等科技发达国家的创新机构及团队开展全面合作。建立省属企业创新投入预算资金正常增长机制，持续加大创新投入。与省科技厅等有关部门建立会商机制，加快落实《关于鼓励和支持省属企业实施科技创新促进新旧动能转换的六条措施》，推动企业科技创新能力持续提升。

（三）实施投资带动，做强做优主业

切实增强心无旁骛攻主业、奋力争先当龙头的战略意识，以投资结构调整带动产业结构调整，以增量优化带动存量调整，推动国有资本向前瞻性战略性产业和具有核心竞争力的优势产业集中，实现内涵式发展。修订省属企业投资管理办法，鼓励企业投资高新技术企业，获取研发创新资源，制定国有资本投资负面清单。研究制定省属企业加强主业管理的意见，引导企业聚焦主业开展投资活动，严控非主业、产能过剩领域、高风险业务、低端低效产业投资，坚决杜绝超出财务承受能力、盲目并购等非理性投资。支持企业发挥各自优势，有序开展联合投资，实现差异化错位发展和协同发展。加大省属企业产业结构调整力度，推动优质资源向主业领域倾斜。严格企业年度投资计划和预算管理，规范投资事中事后监管，强化投资后评估和项目审计，积极防范投资风险。开展省属企业国有资产保值增值情况摸底调查、境外国有资产集中督查和境外专项审计，推进建立投资信息共享与投后监督联动机制。

（四）实施资本运营，积极整合资源

坚持产业运营和资本运营“双轮驱

动”，通过资本运营，促进国有资本合理流动、有序进退，推动国有经济布局优化和结构调整，提高国有资本配置和运营效率。围绕做强做优“十强”产业，以汽车、医养、旅游等板块为重点，推动关联业务跨企业战略重组，组建特色产业集团。建立支持资产证券化工作机制，完善省属企业上市资源后备库动态管理制度，优先支持新旧动能转换重点企业改制上市、主业上市和整体上市。优化上市公司股权结构，加强市值管理。全面盘活省属企业土地、厂房、设备等存量资源，通过租赁、合资、联合开发及兼并收购等形式，实现与国内外资本嫁接合作。探索设立企业破产专项基金，专项解决“僵尸”企业即去产能企业破产启动经费和资产处置资金周转等问题。出台省属企业降杠杆意见，指导省属企业建立降杠杆目标体系，合理控制企业整体负债水平。充分发挥省属企业新旧动能转换等各类基金引导作用，吸引各类社会资本参与国企改制重组、“四新”经济发展。积极发挥新旧动能转换省级运营平台作用，科学引导资金投向，支持省属企业主业发展。

（五）实施人才强企，强化智力支撑

积极营造人才发展环境，发挥人才第一资源作用。督导省属企业完善人才工作中长期规划，储备一批高层次人才。面向国内外公开遴选一批优秀年轻企业经营管理人才。弘扬企业家精神，营造企业家干事创业的环境，大力实施“企业经营管理人才素质提升工程”，建立省属企业企业家后备人才库，对入库人选实行跟踪培养，定期开展业务培训，加强企业家队伍建设。围绕企业转型升级和动能转换方向，制定引进高端人才专项计划，引进一批国家“千人计划”、省“千人计划”领军人才，设立若干院士工作站。建立吸引科研院所、高等院校科研人员到企业任职兼职机制。支持省属企业建立首席科学家、首席经济学家、首席技师制度。稳步扩大“金蓝领”培训项目覆盖面和企业新型学徒制试点范围。落实企业人事权和分配自主权，在省属企业全面建成管理、技术、技能等多个序列并行的人才晋升通道和薪酬体系，畅通各类人才成长通道。赋予科技领军人才更大的人财物支配权、技术路线决定权。

（六）实施开放合作，拓展发展空间

适应发展更高层次的开放型经济要求，建立与世界500强、中央企业、优秀民营企业、行业领军企业的长效合作机制，明确招商引资、招才引智主攻方向，着力招引一批优质项目、高端人才和关键技术，推动产业向价值链高端跃升，在开放合作中实现共赢发展。积极推进省属企业与世界500强企业开展资本技术合作，争取更多的世界500强企业落户山东。全面深化与中央企业战略合作，建立常态化交流机制，进一步拓宽合作领域、提升合作层次、创新合作方式，促成更多的优质项目落地实施。引导省属企业根据战略需要，创新引资引技引智方式，加强与境内外优秀科技创新型企业、独角兽企业的合作，推动更多关键核心技术、产业高端龙头合作项目落地。加快推进鲁京、鲁沪、鲁深、鲁港新旧动能转换促进中心建设，积极搭建新旧动能转换平台，充分发挥“四地”在高新技术、人才、资金等优势，推进资本对接，助力招才引智。支持省属企业间开展合作，协同发展。支持省属企业深度融入“一带一路”建设，积极参与沿线国家基础设施互联互通项目及高端装备制造、信息技术、金融服务、高端化工、优质资源开发，提高企业跨国经营能力、风险防范能力。

四、保障措施

（一）健全统筹协调机制

省国资委建立实施新旧动能转换重大

工程领导小组和专项工作推进组，统筹推进省属企业新旧动能转换工作，完善省属企业新旧动能重大项目库，推动重大项目落地见效。对规划的重点项目，各企业要完善“一个项目一张表”工作机制，制定具体推进实施方案，明确任务目标和时间节点，细化分解落实责任。推动“放、管、服”改革再升级，加快职能转变，探索建立“首办负责处”制度，研究提出“一次办好”事项清单，建立完善“一对一”协调服务省属企业机制，全力打造“审批事项少、办事效率高、服务质量优”的发展环境。出台培育世界一流企业工作规划。建设省属国企国资大数据应用平台（国资云）。各省属企业要建立领导机构和工作专班，主要负责同志亲自研究部署，制定工作方案，落实目标任务，加大改革创新。

（二）建立考核激励机制

省国资委对省属企业新旧动能转换工作任务推进情况进行定期调度、通报和考核。落实《关于对省属企业实施新旧动能转换重大工程考核的意见》，将新旧动能转换纳入省属企业负责人考核体系，与经营业绩、薪酬挂钩。试点建立省属企业决策者和经营管理者项目跟投、风险抵押机制。鼓励企业对新旧动能转换作出突出贡献的团队、个人，按规定给予表扬奖励。

（三）落实容错免责机制

坚持“三个区分开来”原则，制定出台相关实施细则，建立健全省属企业新旧动能转换工作容错纠错和考核免责机制，对改革创新未能实现预期目标，但决策、实施行为符合法律法规和有关政策规定，且勤勉尽责的有关企业和个人，不进行追责。制定完善政治、精神、事业、物质等激励措施，建立健全对企业家的关爱关怀机制。

（四）完善舆论支持机制

各省属企业要围绕新旧动能转换重大工程实施，积极开展解放思想、更新观念大讨论活动，引导广大党员干部职工统一思想、凝心聚力，积极投身新旧动能转换重大工程。省国资委统筹各方宣传力量，充分发挥各类媒体优势和作用，大力宣传省属企业推进新旧动能转换的生动实践，及时总结推广先进典型，积极营造干事创业的良好氛围。

山东省国资委
关于进一步深化省属企业混合所有制改革工作方案

（鲁国资收益字〔2018〕53号　2018年8月1日）

为贯彻落实省委、省政府深化国企国资改革的重要部署，加快实施新旧动能转换重大工程，进一步深化省属企业混合所有制改革，不断增强国有经济的活力、控制力、影响力、抗风险能力，制定本方案。

一、指导思想

以习近平总书记视察山东重要讲话和重要指示为指引，认真贯彻落实全省国有企业改革发展工作会议精神，以推进实施我省新旧动能转换重大工程、建设海洋强省、乡村振兴战略，做强做优做大“十强产业”为核心，以培育世界一流企业为目标，坚决破除抱残守缺的思想，力求在更深层次、更大范围、更高水平上推进混合所有制改革，调整优化国有资本布局，激发国有企业活力和动力，发挥省属企业在全省经济社会发展中的骨干作用。

二、工作目标

将进一步深化混合所有制改革作为当前及今后一个时期省属企业国企国资改革的首要任务，从现在开始，利用三年左右的时间，省属企业混合所有制改革实现全面重大突破，实现“资本增量、技术增量、管理增量、品牌增量、人才增量”；省属企业公司治理更加完善、激励措施更加健全、主营业务更加突出、运行效率不断提高；国有经济的活力、控制力、影响力、抗风险能力明显增强。

三、推进方式

（一）制定混改工作三年计划

各省属企业在现有混改工作基础上，对集团及现有权属企业进行一次全面摸底和梳理，研究提出未来三年混改工作方案，特别是重点产业、重点企业，结合拟实施混改企业所处的行业及未来发展战略，确定进一步深化混改工作的目标任务、工作措施，分年度形成未来三年推进混改的工作计划。对未纳入三年工作计划的企业，要详细说明原因。

省属企业形成三年工作计划初稿后，省国资委将组织专门力量，逐户与省属企业对接，以省属企业为主，进一步明确每年的工作任务和目标。三年工作计划履行省属企业内部决策后报省国资委，其中，省属一级企业混改方案由省属企业董事会研究制定，经省国资委同意后报省政府决策。

（二）分层分类推进混改

进一步深化混改工作，不限企业层级，不限企业数量，省属一级企业，除国家和省明确要求省属国有全资外，主业处于充分竞争性行业或领域且没有实现整体上市的企业，原则上都要积极引入其他非省属企业国有资本或各类非公资本，实现股权多元化或混改。二级及以下重要子企业，原则上都要推进混改。暂不能推进混改的企业，须同步制定三年达到能够混改的措施。

（三）多措并举推进混改

省属企业要以资产证券化、引进高质量的战略投资者为主要混改方式，同步依法推进符合条件企业投资非公资本、实施员工持股。

四、保障措施

（一）强化组织保障

各省属企业是混改工作的责任主体，应当进一步提高对混改工作的认识，高度重视进一步深化集团及权属企业混改工作，严格依法依规推进。省国资委将全面做好督导、服务、培训工作，协助解决省属企业混改过程中存在的困难和问题，切实提高推进工作水平。省属企业要进一步健全完善混改工作机制，成立由主要领导负总责的混改工作领导小组。

（二）完善相关政策

在现有混改政策体系下，依据省政府企业改制职工安置政策，省国资委出台省属企业混改工作指南，明确混改操作程序，完善混改相关政策。研究出台鼓励支持省属企业培育和投资创新企业的指导意见，引导省属企业积极培育和投资“独角兽”“瞪羚”等创新企业，加快培育新经济、新动能。将混改工作纳入省属企业负责人年度考核，对完成年度任务较好的予以加分激励，对未按计划完成的给予扣分。对完成年度工作任务差距较大的省属企业，省国资委将采取多种方式，推进集团整体混改。

（三）建立与高端资本的常态对接机制

加强与国内外知名企业、知名投资机构、中央企业、世界500强企业、高新技术企业的联系和对接，促进省属企业与战略投资者的合资合作，提升混改的层级和力度。

（四）充分发挥各类基金作用

利用山东国惠改革发展基金和省新旧动能转换基金，撬动更多社会资本参与国企国资改革，通过市场化手段将更多的企业、更多的项目纳入基金支持范围。省属企业要按照做强做优做大“十强产业”要求，通过基金创新混改方式，加快结构调整、布局战略性新兴产业。

（五）营造非公资本参与混改的良好氛围

省属企业要切实增强推动高质量发展的紧迫感，进一步解放思想，健全完善国有资本与非公资本优势互补、深度融合的合作机制，切实发挥非公资本在完善公司治理结构、创新经营机制、提升运营效率、增强发展活力等方面的作用，吸引更多优质非公资本参与省属企业混改。

（六）严肃工作纪律

省属企业要按照国资监管法律法规，依法规范推进混改工作，进一步健全清产核资、审计评估、产权交易、登记确权等国有产权流转程序，完善资产定价机制，实施信息公开，加强监管，防止违法转让和侵吞国有资产、暗箱操作、利益输送、逃废债务等行为；要充分保障企业职工对混改的知情权和参与权，依法保护企业职工的合法权益。

内部文件选录

山东钢铁集团有限公司问责管理办法（试行）

（山钢党字〔2018〕58号　2018年6月22日）

第一章　总　　则

第一条　为推动全面从严治党向纵深发展，深入落实管党治党责任和企业管理职责，进一步规范和强化问责工作，根据《中国共产党章程》《中国共产党问责条例》，参照中共中央办公厅、国务院办公厅《关于实行党政领导干部问责的暂行规定》和《中共山东省委实施〈中国共产党问责条例〉办法》等法规制度，结合集团公司实际，制定本办法（以下简称《办法》）。

第二条　问责工作以习近平新时代中国特色社会主义思想和党的十九大精神为指导，围绕集团公司健康持续发展，坚持党的领导，加强党的建设，全面从严治党，做到有权必有责、有责要担当、失责必追究，落实党组织管党治党政治责任，督促各级党政领导干部践行忠诚干净担当。

第三条　问责工作坚持依规依纪、实事求是，权责一致、党政同责，失责必问、问责必严，惩教结合、重在预防，分级负责、层层落实的原则。

第四条　问责应当坚持“三个区分开来”：把在推进改革中因缺乏经验、先行先试出现的失误和错误，同明知故犯的违纪违法行为区分开来；把上级尚无明确限制的探索性试验中的失误和错误，同上级明令禁止后依然我行我素的违纪违法行为区分开来；把为推动发展的无意过失，同为谋取私利的违纪违法行为区分开来。

第五条　本《办法》所称问责，是指由党组织按照职责权限，追究在党的建设和企业管理工作中失职失责党组织和党政领导干部的主体责任、监督责任和领导责任。

问责的对象是集团公司各级党委（总支、支部）、纪委、党的工作部门（履行相应职责的机构）；各级党政领导干部，重点是主要负责人。

第六条　问责工作由集团公司党委统一领导。集团公司各级党组织按照管理权限负责管辖范围内的问责工作，必要时，可直接对下级党组织管理权限内的党组织或党政领导干部实行问责。

第七条　集团公司各级组织、部门负责提供问责线索并协助进行调查和责任认定。

第八条　问责应当分清责任。

（一）党组织领导班子在职责范围内负有全面领导责任。

（二）党政领导班子主要负责人和直接主管的班子成员承担主要领导责任。

（三）参与决策和工作的党政领导班子其他成员承担重要领导责任。

（四）对错误决策或者不当决策提出明确反对意见而没有被采纳的，不承担领导责任；错误决策或者不当决策由领导干部个人决定或者批准的，追究该领导干部个人的责任。

（五）党组织受到问责处理的，应当

根据履责情况，追究有关责任人员相应责任。

第九条　被问责的党政领导干部涉嫌违法犯罪的，移送有关国家机关依法处理。

第二章　问责情形

第十条　党组织和党的领导干部违反党章和其他党规党纪，不履行或者不正确履行职责，党的领导弱化，有下列情形之一，给党的事业、企业发展和职工利益造成重大损失或严重不良影响的，应当予以问责：

（一）对党的理论和路线方针政策、中央决策部署和省委、省国资委党委、集团公司党委工作要求，不传达贯彻、不检查督促落实，或者在贯彻执行中打折扣、做选择、搞变通的；

（二）在推动企业改革发展过程中领导不力，违规决定企业生产经营的重大决策、重要人事任免、重大项目安排和大额度资金运作等重要事项的；

（三）全面推进法治山钢建设不到位，法律风险防控缺失的；

（四）加强民主管理，落实统战、群团等工作不力的；

（五）培育和践行社会主义核心价值观、加强思想道德建设和推进企业文化建设不到位的；

（六）加强综合治理，推进平安建设工作不到位，维护社会稳定不力，职工群众诉求表达、利益协调、权益保障渠道不畅，对矛盾化解、处置不当的；

（七）对生态文明建设和安全生产工作领导不力，安全生产、保护生态环境和节约资源、节能减排等工作部署落实不到位，制度执行不严格的；

（八）在处置管辖范围内发生的重大问题过程中领导不力，处理不及时、不得当，特别是不按照有关规定或工作程序请示报告，甚至瞒报、迟报、谎报、漏报，出现重大失误或造成重大风险，致使国家和企业利益、职工合法权益受到不应有损害或产生严重不良影响的。

第十一条　党组织和党的领导干部违反党章和其他党规党纪，不履行或者不正确履行职责，党的建设缺失，有下列情形之一，党内和群众反映强烈，损害党的形象的，应当予以问责：

（一）不认真贯彻党的思想路线，不重视加强党的理论武装，党性教育特别是理想信念宗旨教育薄弱，精神文明建设、意识形态工作责任制落实不力，导致思想政治工作严重削弱，错误倾向、错误观点、错误言论得不到及时纠正，导致发生重大政治类舆情事件的；

（二）党的组织机构不健全，党内政治生活不正常，党的组织生活不规范，不认真、不严肃，表面化、形式化、娱乐化、庸俗化，党组织软弱涣散；

（三）作风建设流于形式，贯彻落实中央八项规定及实施细则精神不力，管辖范围内形式主义、官僚主义、享乐主义和奢靡之风等问题频发多发或屡禁不止的；

（四）党的制度建设明显缺失、滞后，制度执行不到位，特别是随意变通、恶意规避制度的；

（五）违反干部选拔任用有关规定，程序失规失范，用人失察失误，选人用人不正之风严重的。

第十二条　党组织和党的领导干部违反党章和其他党规党纪，不履行或者不正确履行职责，全面从严治党不力，有下列情形之一，造成严重后果或不良影响的，应当予以问责：

（一）主体责任落实不到位，管党治党失之于宽松软，把握运用“四种形态”不到位，党员干部日常教育监督管理缺失，该发现的问题没有发现，发现问题不报告不处置的；

（二）监督责任落实不到位，维护党章党规，党内监督乏力，不履行或不正确履行专职监督职责，在监督执纪问责方面失职失责的；

（三）领导责任落实不到位，班子主要负责人不认真履行第一责任人职责，班子成员落实“一岗双责”不力，对职责范围内苗头性、倾向性问题或轻微违纪问题没有抓早抓小，奉行好人主义、搞一团和气，不负责、不担当，不作为、慢作为、乱作为问题突出的；

（四）对巡视巡察、专项治理、审计等监督检查工作不支持不配合，对发现的问题不解决、不整改或整改不到位的；

（五）对失责不问、问责不严、问责决定不落实，该问责而不问责的。

第十三条 党组织和党的领导干部违反党章和其他党规党纪，不履行或者不正确履行职责，维护党的纪律不力，有下列情形之一，导致管辖范围内违规违纪行为多发或者问题突出，造成严重不良影响的，应当予以问责：

（一）维护党的政治纪律和政治规矩不力，存在有令不行、有禁不止，搞团团伙伙、拉帮结派，公开发表危害党的言论，妨碍党和国家的方针政策实施，破坏党的集中统一，对抗组织审查，组织或参加迷信活动，编造、传播谣言等问题的；

（二）维护党的组织纪律不力，存在违反民主集中制原则，未把党组织研究讨论作为重大问题决策的前置程序，独断专行，拒不执行或者擅自改变党组织重大决定，搞拉票贿选等非组织活动，侵犯党员权利等问题的；

（三）维护党的廉洁纪律不力，存在以权谋私，违规发放津贴补贴或者福利，违规收送礼品礼金、接受或提供服务，违规操办婚丧喜庆事宜或者借机敛财，违规从事营利活动，违反工作生活待遇规定，违规占有、使用公款公物，违反厉行节约反对浪费规定等问题的；

（四）维护党的群众纪律不力，存在对职工群众反映强烈的问题不认真对待，对其合理诉求应该解决而不解决，侵害或者漠视群众利益，在涉及职工群众利益问题上优亲厚友、显失公平，弄虚作假、欺上瞒下，侵犯职工知情权、表达权、参与权、监督权，破坏党群干群关系等问题的；

（五）维护党的工作纪律不力，存在工作不负责任或者疏于管理，对应当报告的事项不报告或者不如实报告，跑风漏气，泄露、扩散、窃取尚未公开事项或者其他应当保密的内容，违反出国（境）管理规定，违规干预和插手企业重大经营活动、工程建设、监督执纪等问题的；

（六）维护党的生活纪律不力，存在违背社会公序良俗和其他严重违反社会公德、家庭美德等问题的。

第十四条 党组织和党的领导干部违反党章和其他党规党纪，不履行或者不正确履行职责，推进党风廉政建设和反腐败工作不坚决、不扎实，有下列情形之一，造成严重后果或不良影响的，应当予以问责：

（一）对上级交办的党风廉政建设责任范围内的事项不传达贯彻、不安排部署、不督促落实或者拒不办理等问题突出的；

（二）不支持执纪执法机关依纪依法履行职责，甚至妨碍、阻挠、干扰执纪执法工作，影响案件及时查处的；

（三）对信访举报不按规定办理的；

（四）对管辖范围内党员干部违规违纪问题隐瞒不报、压案不查、执纪不严的；

（五）管辖范围内发生窝案、串案，或者发生区域性、系统性腐败案件的；

（六）整治和查处群众身边的不正之风和腐败问题不坚决不到位，损害群众利益的不正之风和腐败问题突出的。

第十五条 党组织和党政领导干部不负责任、消极应付，有下列情形之一，造成严重后果或不良影响的，应当予以问责：

（一）落实上级重要决策和统一部署，行动不及时，措施不到位，重点督办事项推进不力，牵头协调、协办事项不积极主动，影响改革发展大局的；

（二）对苗头性问题排查不及时、应对不力，致使事态恶化，职责范围内发生重大事故、事件、案件，或者在较短时间内连续发生较大事故、事件、案件的；

（三）对应当及时作出决策而久拖不决，职责范围内应当办理的事项故意刁难或拖着不办的；

（四）制定规章制度过程中，不认真、不严肃，因制度存在重大缺陷或漏洞导致实施后无法实现制定初衷的；

（五）在监督检查或日常管理中，对应当追究责任的问题线索，应发现而未发现，发现不处置或知情不报的。

第十六条 党组织和党政领导干部滥用职权、徇私舞弊、玩忽职守，有下列情形之一，应当予以问责：

（一）制定、印发、实施与上级政策规定相违背的文件、决定、决议，强令、授意实施违规违纪违法行为的；

（二）违规授权或者委托其他组织或个人行使职权，或者对受委托者行使职权的行为未进行有效监督，造成重大损失的；

（三）在选人用人、招标、监督执纪等工作中擅自变更规定条件、标准、程序，或者违规扩大自由裁量权，问题突出的；

（四）违规经营投资，造成重大损失或风险的；

（五）违反党务公开、厂务公开规定，在采购、销售、工程建设、资产处置等方面暗箱操作，造成重大损失或不良影响的；

（六）因内控制度缺失或执行、监管不到位，发生侵占、盗取、欺诈等事件，造成重大损失的；

（七）数据造假或者编报虚假工作成果，问题严重的；

（八）各类宣传阵地管理不严，出现重大疏漏，造成舆论导向严重错误或出现重大差错，产生严重负面影响的；

（九）违反集团公司市场禁入、产业协同内部市场准入等有关规定，人为制造矛盾、恶性竞争，造成重大损失或不良影响的。

第十七条 其他应当问责的失职失责情形。

第三章　问责方式及运用规则

第十八条 对党组织的问责方式包括：

（一）检查。对履行职责不力、情节较轻的，应当责令其做出书面检查并切实整改。

（二）通报。对履行职责不力、情节较重的，应当责令整改，并在一定范围内通报。

（三）改组。对失职失责，严重违反党的纪律，本身又不能纠正的，应当予以改组。

对党政领导干部的问责方式包括：

（一）通报。对履行职责不力的，应当严肃批评，依规整改，并在一定范围内通报。

（二）诫勉。对失职失责、情节较轻的，应当以谈话或者书面方式进行诫勉。

（三）组织调整或者组织处理。对失职失责、情节较重，不适宜担任现职的，应当根据情况采取停职检查、调整职务、责令辞职、降职、免职等措施。

（四）纪律处分。对失职失责应当给予纪律处分的，依照《中国共产党纪律处分条例》和集团公司职工违规违纪处理有关规定追究纪律责任。

上述问责方式，可以单独使用，也可以合并使用。

第十九条 实行问责要综合考虑问责事项的性质、造成损失的程度、造成影响的范围等情节，确定问责方式。

第二十条 对具有下列情节之一的，应当对党政领导班子主要负责人实行问责：

（一）对直接管理的下属违规违纪问题长期失察的；

（二）任职期间，领导班子成员多人或多次发生违规违纪问题受到处理的；

（三）直接管辖范围内，同类违规违纪行为反复发生的；

（四）需要整改的问题经多次督促仍未整改到位或短期内再次发生的；

（五）其他需要问责的事项。

第二十一条 具有本《办法》所列问责情形，并且具有下列情节之一的，可以从轻或减轻问责：

（一）对职责范围内发生的问题及时如实报告并主动查处和纠正，有效避免损失或者挽回影响的；

（二）主动发现违规违纪违法问题线索，及时移送有关组织、部门的；

（三）积极配合组织调查处理，主动承担责任的；

（四）认真整改成效明显的。

其他党内法规对从轻减轻情形有特别规定的，按照相关规定执行。

第二十二条 具有下列情节之一的，应当从重或加重问责：

（一）对职责范围内发生的问题不及时采取措施，导致危害后果扩大的；

（二）对职责范围内发生的问题进行掩盖、袒护的；

（三）对职责范围内发生的问题推卸、转嫁责任的；

（四）直接管辖范围内连续发生违规违纪违法问题或者发生窝案、串案的。

其他党内法规对从重加重情形有特别规定的，按照相关规定执行。

第二十三条 对失职失责性质恶劣、后果严重的，实行终身问责。不论其责任人是否调离转岗、提拔或者退休，都应当严肃问责，问责决定由当前对其有管理权限的党组织作出。

第二十四条 在办理问责事项时有滥用职权、徇私舞弊、玩忽职守行为的，依照有关规定追究相关人员责任。

第二十五条 在办理问责事项时执行回避制度。

第四章 问责程序

第二十六条 各级组织、部门应当积极主动地从以下渠道获取问责线索：

（一）上级移交；

（二）受理检举、控告；

（三）纪律审查；

（四）重大事故、事件暴露出的重大问题；

（五）巡视巡察；

（六）审计监督；

（七）法律监督；

（八）专项监督检查；

（九）日常管理发现；

（十）其他渠道。

第二十七条 各级组织、部门对问责线索进行研判，属于职责范围内的，应当进行初步调查并形成报告和建议，集体研究后，及时移送有管理权限的党组织或组织人事部门、纪检监察部门（履行相应职责的机构）；不属于职责范围内的问题线索，经主要负责人批准，直接移送有管理权限的党组织或组织人事部门、纪检监察部门（履行相应职责的机构）。

第二十八条 发现有本《办法》规定问责情形的，由有管理权限的党组织或组织人事部门、纪检监察部门（履行相应职责的机构），集体研究后，启动问责。根据职责权限、问题性质或者工作需要开展问责调查。

第二十九条　问责调查应当在一个月内完成，情况复杂的报有关领导批准后，可以适当延长，延长时间最长不得超过一个月。

第三十条　调查结束，形成书面问责调查报告，经集体研究后，正式向具有管理权限的党组织提交。

调查报告提交党组织研究之前，应当充分听取被调查党组织或党政领导干部的陈述和申辩，并且记录在案；对其合理意见，应当予以采纳，对其不同意见应一并向党组织汇报。

问责调查报告内容包括：建议予以问责的党组织或党政领导干部的基本情况；调查的简要情况；调查查明的事实及对性质的认定和责任划分；对问责的具体建议和依据；拟问责的党组织或党政领导干部的态度和意见；需要提供的其他材料。

第三十一条　接到问责调查报告的党组织，集体研究后，做出问责决定。

第三十二条　问责决定做出后，应当制作问责决定书，在一个月内向被问责党组织或者党政领导干部及其所在党组织宣布并督促执行。

问责决定书应写明问责事实、问责依据、问责方式、批准党组织、生效时间、当事人的申诉期限及受理党组织等，并加盖批准党组织的公章。

做出通报决定的，应当明确通报的方式、范围等。

问责决定的生效时间，以做出问责决定的时间为准。

第三十三条　采取纪律处分方式问责的，按照党章和有关党内法规规定的权限、程序和有关规定执行。

第三十四条　问责决定同时通报组织人事部门和纪检监察部门（履行相应职责的机构）。组织人事部门应及时将被问责党政领导干部的有关问责材料归入其个人档案；涉及组织调整或者组织处理的，一个月内办理完毕相应手续。

第三十五条　受到问责的党政领导干部在接到问责决定后，一个月内向做出问责决定的党组织写出书面检讨，并在民主生活会或者其他会议上做出深刻检查。

第三十六条　问责决定执行情况在6个月内报告做出问责决定的党组织。

第三十七条　受到问责的党组织和党政领导干部，取消当年年度考核评优和评选各类先进的资格。

第三十八条　被问责的党组织或者党政领导干部对问责决定不服的，可以自接到问责决定之日起15日内提出书面申诉。

受理申诉的党组织接到书面申诉后，应在一个月内作出申诉处理决定。申诉处理决定应以书面形式告知提出书面申诉的党组织或者党政领导干部及其所在党组织。

对申诉处理决定仍不服的，可以向上级党组织申诉。

第三十九条　被问责的党组织或者党政领导干部申诉期间，不停止问责决定的执行。

第四十条　问责决定应当纳入党务公开或厂务公开。对问责典型问题，按规定进行通报曝光。

第四十一条　做出问责决定的党组织应当及时跟踪回访问责对象，有针对性地开展教育管理监督。

第四十二条　集团公司各级党组织应当加强对下级党组织实施问责情况的监督检查，发现问题及时督促纠正。

第五章　附　　则

第四十三条　山东工业职业学院对管辖范围内的党组织和党政领导干部实行问

责，执行本《办法》。

第四十四条 集团公司及各单位其他规章制度涉及问责有关规定，凡与本《办法》不一致的，以本《办法》为准。

第四十五条 造成损失应当扣罚薪金的，按照有关制度执行。

第四十六条 本《办法》由集团公司纪委负责解释。

第四十七条 本《办法》自印发之日起施行。

山东钢铁集团有限公司厂务公开实施办法

（山钢党字〔2018〕71号 2018年7月26日）

为深入贯彻落实习近平新时代中国特色社会主义思想和党的十九大精神，坚持党对国有企业领导，坚持全心全意依靠工人阶级的根本方针，加强基层民主建设，确保职工民主管理、民主监督的权利，充分调动职工的积极性、主动性、创造性，促进企业改革发展稳定。根据《中华人民共和国工会法》《山东省厂务公开条例》《山东省国资委关于省管企业推进厂务公开建立公开事项制度》等有关法律法规要求，结合集团公司实际，制定本办法。

一、厂务公开工作组织机构及职责

（一）厂务公开工作领导小组

企业法定代表人或者负责人是实施厂务公开的主要责任人。集团公司建立由党委、行政、纪委、工会及有关部门负责人组成的厂务公开工作领导小组。

厂务公开工作领导小组工作职责：

（1）负责领导集团公司按照《山东省厂务公开条例》等有关法律法规要求开展工作；

（2）负责研究制定厂务公开工作的实施意见、措施、计划和有关重要事项；

（3）负责审批有关厂务公开的工作方案；

（4）负责协调解决厂务公开工作中遇到的重大问题，并对厂务公开工作作出考核奖惩决定。

（二）厂务公开工作监督小组

集团公司建立由纪委书记、工会主席、纪检监察干部、工会干部、职工代表组成的厂务公开工作监督小组。

厂务公开工作监督小组工作职责：

（1）负责监督和检查厂务公开内容的真实性、全面性，公开的及时性，程序的合法性；

（2）负责对厂务公开工作中不按民主程序办事、弄虚作假、打击报复等违反规定的问题进行调查核实，并将结果报纪委等有关部门予以追责；

（3）负责监督检查厂务公开档案记录的真实性等工作。

（三）厂务公开工作办公室

集团公司厂务公开工作领导小组下设办公室，办公室设在工会。具体由工会主席和副主席、相关部门负责人及职工代表组成，负责厂务公开的日常工作。

厂务公开工作办公室工作职责：

（1）负责按照厂务公开工作领导小组要求，公布职能部门职责与办事程序；

（2）负责厂务公开办法、方案等相关制度与措施的制定和实施；

（3）负责督促和检查各单位各部门厂务公开工作，并收集、整理职工对厂务公开工作的意见和建议，报厂务公开工作领导小组研究；

（4）负责组织职工对厂务公开工作进

行评议，并将职工意见反馈给有关部门，督促落实；

（5）负责向职工解释、解答涉及厂务公开与职工切身利益相关的问题；

（6）负责建立厂务公开台账、档案；

（7）负责完成厂务公开工作领导小组交办的有关事项。

二、厂务公开原则

（一）坚持遵循国家法律法规和党的方针政策的原则。实行党委统一领导、行政主体责任、工会组织协调、有关部门齐抓共管、职工群众广泛参与的办法。

（二）坚持维护职工合法权益和促进企业改革发展稳定相结合的原则。在确保公开内容的合法、真实、准确、严肃和及时的同时，注重实际效果，切忌形式主义。

（三）坚持与时俱进的原则。结合企业不同时期的工作重点和要求，不断调整和完善公开的内容、时间和形式，使厂务公开工作更具有时效性和时代性。

（四）坚持保守国家秘密、企业商业秘密的原则。

三、厂务公开内容

（一）集团公司中期、长期发展规划和生产经营重大决策；

（二）改制、并购、分立、合作、重组、租赁、承包、破产、拍卖方案，职工分流安置方案；

（三）年度生产经营目标以及完成情况，财务预算、决算、担保、捐赠、大额资金使用情况，工程建设项目招标、投标情况，大宗物资采购、产品销售情况；

（四）经济责任制落实情况，重要规章制度的制定落实情况；

（五）订立、履行和企业单方解除劳动合同的总体情况，订立、履行集体合同情况，执行工资分配制度、工资集体协商制度情况，职工提薪晋级、工资支付、福利分配、带薪年休假执行情况；

（六）职工招用、专业技术人员聘用情况，推荐劳动模范和评选优秀职工的条件、名额、结果，职工教育经费的提取、使用和培训计划的执行情况；

（七）企业缴纳社会保险费和住房公积金情况以及企业年金的提取情况；

（八）劳动保护、职业病防治措施，安全事故发生情况及其处理结果；

（九）职工代表大会或者职工大会民主评议单位高层管理人员情况，人事、审计、财务等重要岗位人员聘用和任用情况，中层以上管理人员工资、奖金、职务消费和兼职情况以及出国（境）费用支出情况，廉洁自律规定执行情况；

（十）业务招待费使用情况；

（十一）依照法律、法规规定应当公开的其他事项。

四、厂务公开形式

厂务公开除采取职工代表大会基本形式外，还可以采取下列形式：

（一）厂务公开栏、内部报刊以及新闻媒体等信息传播渠道；

（二）党政联席会、厂情发布会、职工代表团（组）长联席会、职工民主恳谈会等。

五、厂务公开程序

厂务公开工作应当按照制定方案、征求意见、审查审批、实施公开、监督检查、限期整改、通报情况和归档管理的程序组织实施。

六、厂务公开时限

厂务公开时限，应当依照下列规定执行：

（一）阶段性与年度性、专项性与综

合性公开的事项定期公开；

（二）直接涉及职工切身利益和依法应当公开的其他重大事项办理过程与结果随时公开；

（三）向职工代表大会或者临时职工代表大会公开的事项，应当将会议的议程和相关事项于召开会议7日前向职工公开，会议审议、通过、决定的事项应当于闭会后的3日内公开。

以上三款规定的公开时限不得少于15日。如有特殊要求的，按上级规定的公开时限执行。

七、附则

（一）集团公司各权属公司依照本办法，结合单位实际情况，制定、修改、完善具体实施办法或细则。

（二）本办法自颁发之日起执行，未尽事宜按照《山东省厂务公开条例》及上级有关规定执行。

中共山东钢铁集团有限公司委员会
关于深化人才发展体制机制改革的意见

（山钢党字〔2018〕108号　2018年10月17日）

人才是第一资源，人才优势是企业核心优势。为进一步加快动能转换，推动魅力山钢建设，必须深化人才发展体制机制改革，构建客户、人才、营销、生产、研发“五位一体”协同机制，以“人才链”支撑“创新链”、提升“产业链”，以人才优势打造创新优势、产业优势和发展优势。现就深化人才发展体制机制改革提出以下意见。

一、指导思想

以习近平新时代中国特色社会主义思想为指导，深入贯彻中央、省委关于深化人才发展体制机制改革的意见，实施人才优先发展战略和人才强企战略。遵循市场经济规律和人才成长规律，破除束缚人才发展的思想观念和体制机制障碍，向用人主体放权，为人才松绑，让创新创造活力充分迸发，为魅力山钢建设提供人才保障和智力支持。

二、基本原则

坚持党管人才。充分发挥党的思想政治优势和组织优势，坚持管宏观、管政策、管协调、管服务，健全党管人才领导体制和工作格局，创新工作方式方法，加强党对人才工作的统一领导，引领深化人才发展体制机制改革。

强化主体责任。充分发挥权属二级公司/单位（以下简称权属二级单位）在深化人才发展体制机制改革中的主体作用，按照集团公司顶层设计要求，根据自身发展需要，系统设计、自觉推动本单位人才发展体制机制改革，形成各权属二级单位既目标一致又百花齐放的改革生动局面。

突出市场导向。充分发挥市场在人才资源配置中的决定性作用，完善更加开放、更加灵活、更加高效的人才引进、培养、使用机制，最大限度激发和释放人才活力，使人才各尽其能、各展其长、各得其所，推动人才配置效率最优化和价值最大化。

构建“五位一体”。实施人才强企和人才优先发展战略，促进人才规模、质量和结构与企业发展相适应、相协调，构建“五位一体”协同机制，推进商业模式创新，支撑集团公司本质化运营水平提升。

三、推进人才管理体制和管理方式改革

1. 明确集团公司人才管理体制。按照国有资本投资公司定位，集团公司重点强化人才宏观管理、协同引领、支持服务和监督考核职能，权属二级单位负责人才引进、培养、使用、管理工作。集团公司发挥整体优势和平台作用，指导、引领、支持权属二级单位加强和创新人才工作。推动人才管理放权，科学界定集团公司人才管理的权限清单，清理和规范人才招聘、流动等环节中的审批事项。

2. 保障和落实权属二级单位用人自主权。建立健全人才分级管理体制，充分发挥权属二级单位在人才引进、培养、使用和管理等方面的主导作用，全面落实其用人主体自主权。全面落实权属二级公司董事会对公司经理层成员选聘、业绩考核、薪酬管理等权利。赋予权属二级单位招聘自主权，由权属二级单位根据发展需要自主安排、执行用人计划，依法依规招聘所需人才。落实权属二级单位自主分配权，指导、支持权属二级单位完善薪酬分配制度，自主决定内部分配。建立实行引进高端和急需紧缺人才工资总额支持制度，支持权属二级单位对高端和急需紧缺人才实行协议工资制、项目工资制、年薪制，对科技创新重要贡献人员加大奖励力度。

3. 构建人才内部流动共享机制。集团公司研究制定推动内部人才流动共享的意见，完善内部公开招聘、竞争上岗制度，健全人才市场化流动机制，促进人才科学合理流动，围绕产品提档升级、新产品研发和市场开拓三大任务，面向产业做优、项目做大、产品做精、企业做强的主阵地聚才，将集团公司最优秀的生产经营、市场营销、技术研发等人才依托产线、产品与客户建立密切联系，满足客户需求。健全集团公司智库和专家委员会，完善专家论证、决策咨询制度。构建战略业务单元，完善项目“无边界管理”团队模式，建立实行契约型、产业化型项目研发模式，集聚优势人才，推动重大创新课题研究和技术攻关。加强集团公司内部业务协同，鼓励单位间联合技术攻关、输出技术服务，联合建立技师协会、大师工作室等协同创新组织。建立集团公司统一的人才信息库和人才招聘信息发布平台，为人才流动共享提供支撑和服务。

4. 建立人才岗位聘任和契约化管理方式。坚持市场化的用工制度改革，建立健全以合同管理为核心、以岗位管理为基础的市场化用人制度。全面实行岗位聘任管理，按照企业发展需要科学设置岗位，以岗定责、按岗聘任，合理设定岗位资格条件，打破身份、年龄、资历和层级限制。科学开展岗位价值评估，建立以人才市场价值为基础的岗级薪级体系，以岗定薪、易岗易薪，实现人员能进能出、岗位能上能下、薪酬能升能降。推行人才契约化管理，依法完善各类人才聘用合同，明确岗位责权利要求，完善人才任期及目标考核制度，对人才任期内履行岗位职责和契约目标完成情况进行考核评价，严考核、真兑现。

四、推进人才发展工作机制改革

（一）构建更加灵活开放的市场化引进机制

5. 多种方式精准引才。围绕企业发展和满足客户需求，开展人才需求辨识，实施精准引才。积极对接省市品牌招聘活动，借用高端人才猎头等专业机构优势，完善人才公开招聘办法，不断加强市场化招聘工作。建立点对点对接精准引才机制，采取“特事特办、一人一议”政策，着力引进战略型、领军型、复合型创新人才和高层次经营管理人才。坚持“不求所有，

但求所用”，探索柔性引才用才新方式，更大力度、更加灵活引进人才，鼓励支持权属二级单位探索以业务外包、项目合作、技术咨询等方式柔性引进人才智力。建立科技成果转化、项目联合研发、人才引进合作等多种合作方式，不断完善和扩大与国内外知名院校、科研院所、专业机构协同创新合作，引进科技创新成果和人才智力。集团公司拟定高端和急需紧缺人才引进管理办法，建立高端和急需紧缺人才分类目录，出台引才支持政策，支持权属二级单位用足用好地方引才政策、制定更具竞争力的吸引人才政策，大力推进高端和急需紧缺人才集聚。集团公司带领权属二级单位共同打造山钢雇主品牌，培育山钢整体平台优势。集团公司开发统一的网上招才引智平台，为权属二级单位人才招聘提供平台服务。建立实行引进人才奖励办法，对帮助推荐引进所需高端人才的社会组织和个人给予奖励。加强人才引进监督管理，坚持需求导向、价值创造和公正公平原则，坚决杜绝“人情式引进”。社会引进的人才均要签订明确的契约化指标，不唯“帽子”是从，不简单讲待遇条件，注重靠事业聚人，靠环境留人。

6. 加强人才集聚平台载体建设。扩大院士工作站团队，争取设立“千人计划”工作站，柔性引进国家顶尖和杰出人才。集团公司完善“一院多中心”研发体系，加强省部级以上科研平台建设和科研项目立项，支持研究院、权属二级单位设立博士后工作站，与有关高等院校、科研院所或企业联合建立新型研发机构，引进专家、教授和青年博士组成的人才团队，促进科技成果转化、科技创新实践和联合科技研发。加强集团公司智库建设，广泛吸引国内外专家，为集团公司及权属二级单位决策提供智力支持。支持具备条件的权属二级单位在海外、国内发达地区设立分支机构，吸引使用当地优秀人才。

（二）健全以创新创业为导向的系统化培养支持机制

7. 健全完善人才多通道职业发展机制。集团公司研究制定加强多通道建设指导意见，权属二级单位结合自身特点自主建立符合经营管理、专业职能、工程技术、技术研发、市场营销、操作技能等各类人才成长发展需要的职业发展通道体系，让各类人才“成长有通道、发展有空间”。完善人才分类考核评价办法，突出能力和业绩导向，健全人才晋升交流机制。针对不同人才特点，建立促进人才成长的培训培养支持机制，完善体现人才价值的薪酬激励机制。加强员工职业发展规划、支持、激励，实现人才与企业同进步、共发展。

8. 健全经营管理人才培养支持机制。大力弘扬企业家精神，进一步营造尊重、关怀、宽容、支持经营管理人才干事创业的良好环境氛围。尊重经营管理人才成长规律，科学培育经营管理人才队伍。健全经营管理者市场化选聘、契约化管理制度，全面实行市场化选聘、契约化管理、差异化薪酬、市场化退出。探索建立职业经理人制度，推进经营管理者向职业经理人身份转换，围绕客户需求和企业价值创造，推动商业模式创新。建立完善经营管理能力培训体系和工作机制，提升经营管理人才职业素养。完善权属二级公司外部董事、监事人才库，培育专兼职董事、监事队伍。

9. 创新专业技术和技能人才培养模式。落实国家、省重大人才工程支持政策。建立产学研用协同培养机制，依托与高等院校、科研院所合作，选择优秀人才进入合作研发机构和团队，在协同创新中培养优秀技术、技能人才。发挥合作院校和山东工业职业学院优势，健全技术、技能人才校企联合培养模式，推进技术、技能人才优化专业知识结构，提高技术技能水平，增强创新创造能力。切实发挥院士工作站、专家工作站、博士后工作站和技能大师工作站引擎作用，建立实行专业技术、技能人才培养导师制及导师津贴办法，整合内外部优质培训资源，建立多层级内训师队伍，发挥高层次高技能人才在人才培养方面的重要作用。探索“互联网+职工素质提升”新模式，推行新型学徒制培训培养模式，强化操作技能人才职业技能终身培训，采取岗前培训、学徒培训、在岗培训、脱产培训、业务研修、岗位练兵、技术比武、技能竞赛等方式，大幅提高技能人才岗位技能。设立劳模和工匠人才创新工作室，开展集智创新、技术创新、技能创新、技艺传承等群众性技术创新活动，弘扬和传承“劳模精神”“工匠精神”。设立技能创新项目，建立高技能人才参与项目研发制度，为高技能人才开展技能攻关、技艺创新创造条件。集团公司选拔设立首席专家、首席技能大师，权属二级公司选拔设立首席专家（首席技能大师）、专家（技能大师、高级技师），引领技术、技能人才培养，建立并形成“十百千”技术、技能人才骨干队伍。

10. 促进优秀青年人才脱颖而出。主动适应内外部环境条件变化，面向市场、面向客户，研究新措施，建立新机制，培育新人才，破除论资排辈、求全责备等陈旧观念，抓紧造就适应企业新发展需求的青年英才。实施各级关键岗位继任人才选拔，培养后备人才。加大对各类青年人才培养支持力度，探索设立青年人才激励专项。在专家团队及技师工作站，选拔安排一批具有发展潜力的青年人才加入。积极推荐优秀青年人才参加省有突出贡献的中青年专家遴选和省青年科技奖表彰。健全新招聘毕业生培养导师制和职业发展指导责任制，推动新招聘毕业生尽快成长成才。

（三）建立以能力业绩为导向的科学化评价机制

11. 健全以能力和业绩为导向的人才考评方式。围绕服务能力提升和价值创造，加快建立以岗位为基础、以能力为导向，注重道德、能力、实绩的人才评价体系，促进各类人才满足快速响应客户需求，在为市场和客户服务中，不断提升创新的价值空间，实现企业高效可持续发展。区别人才在产销研用一体化运行中的不同角色，实行差异化的分类评价，完善不同专业、岗位人才的评价标准体系。经营管理人才突出能力素质和经营业绩评价，市场营销人才突出市场开拓、销售业绩和客户服务评价，科技研发人才注重创新能力、创新成果评价，突出科技成果和创新转化效益评价，操作技能人才突出岗位价值、职业技能和工作业绩评价。尊重科研规律，克服急功近利倾向，合理设定评价周期，建立重大科学研究长周期考核机制。发挥多元评价主体作用，注重引入市场评价和社会评价。依托集团公司专家委员会和智库，按照学科、行业、专业领域，建立权威统一的评价专家队伍。加强科研诚信建设，弘扬科学精神、恪守诚信规范，营造求真务实、崇尚创新、鼓励探索的良好创新生态。

12. 建立人才容错容败机制。树立正向激励的鲜明导向，推动形成勇于创新、鼓励成功、宽容失败的良好氛围。落实省容错纠错有关规定和集团公司容错免责制度，对企业经营管理者在先行先试、推动改革发展中出现的无意过失，经综合分析研判，可以免责或者从轻减轻处理。集团公司探索建立科研项目容错容败制度，鼓励科研人员大胆探索、大胆创新，对于探索性强、失败风险高的科研开发项目，承担该项目的科技人员已经勤勉尽责仍不能完成的，不影响该项目结题。

（四）健全体现人才智力价值的多元化激励机制

13. 完善体现人才智力价值的薪酬分配制度。按照国有企业工资决定机制改革要求，深入推进薪酬分配制度改革，构建与人才市场相适应、与企业经济效益和劳动生产率挂钩的工资决定和增减机制。区别管理、专业技术、操作技能不同类型人才特点，健全完善企业领导人员年薪制，市场化选聘经营管理人才契约化薪酬，科研人才项目薪酬，营销人才“底薪+提成”，技术技能人才基于岗位价值、能力素质、业绩贡献的宽带薪酬、岗位津贴等针对性更强、多元化的薪酬分配制度和绩效考核办法，努力使各类骨干人才薪酬水平与市场接轨。树立“产品+服务”的理念，强化客户参与，形成客户、订单流失责任追溯的考核评价追溯机制。对招聘的高层次、急需紧缺专业毕业生，可探索实行差异化薪酬。

14. 探索建立人才中长期激励机制。建立健全管理、技术、技能等要素按贡献参与分配的激励方式，强化知识、技能价值激励导向。探索建立经营管理人才、高层次科技人才任期激励制度。建立完善上市公司股权激励、国有科技型企业股权期权激励、混合所有制企业员工持股、创投类企业项目跟投等中长期激励方式。建立健全科技成果转化、知识产权归属的利益分配机制，加大对职务发明人、科技成果转化、科技攻关和技术革新重要贡献人才和团队奖励力度。试行高技术技能人才年薪制，探索高技术技能人才技术创新成果入股、岗位分红和股权期权等激励方式，落实国家、省高技术技能人才奖励政策，加大职业技能竞赛奖励力度。

15. 强化人才创新创业激励。改进科技项目管理方式，健全完善课题项目负责人制度，增加项目计划管理和经费预算管理的科学性，提高项目立项专家话语权。赋予人才课题选择自主权，开展基于企业发展需求的原创性基础研究和面向市场、生产和客户需求的应用研发。依法赋予科技领军人才技术路线决定权、高端人才组建团队自主权、课题项目负责人更大的人财物支配权。统筹集团科研经费提取和使用，加大科研经费投入。完善符合人才创新规律的科研经费管理办法。积极探索建立众创机制，搭建创新创业孵化平台，建立技术入股、收益提成、内部技术转移等激励机制，集团公司支持孵化平台、研发团队、权属公司、社会资本共同设立实体公司，开展科技成果转化，培育发展新产业。鼓励员工立足岗位创新，激发全员在提一项好建议、搞一项小革新、学一门新技术、创一项新纪录上出成果、见成效，让“小点子”解决大问题、使“微创新”释放大能量。

五、加强组织领导和服务保障

16. 加强人才工作组织领导。集团公司及权属二级单位要发挥党委领导核心作用，落实党组织书记第一责任人责任，加强党对人才工作的统一领导。健全人才工作领导小组及运行机制，统筹人才发展规划，制定人才发展重大政策和工作计划，研究人才重点工作、重大问题和重要政策，确定重大人才工程及高端人才人选，协调推进人才工作。

17. 加大人才发展投入。树立人才优先发展理念，在项目投资、实施重大战略、推动各项改革以及完善各项制度中，把人才置于优先发展地位，优先谋划人才队伍建设，优先培养开发人才，优先创新人才制度，进一步加大对人才工作和人才队伍建设的投入。持续加大科技创新投入和人才投入，切实提高企业核心竞争力。

18. 加强人才服务保障。落实党委联

系服务专家工作制度，努力提高人才服务保障水平，切实发挥党组织对人才的政治引领和团结凝聚作用。积极推荐政治素质好、参政议政能力强的骨干人才作为各级代表、委员人选，优先推荐为先进模范人物。落实省高层次人才服务专员配备工作要求，为高层次人才配备服务专员。健全落实人才健康查体和休假制度。大力宣传人才创新创业先进典型，努力营造尊贤重才、见贤思齐的良好生态环境。

19. 加强人才工作目标责任制考核。集团公司、权属二级单位分级建立完善人才工作目标责任制考核制度，突出人才支撑发展考核导向，丰富考核指标体系，逐级加强对人才工作考核，发挥考核引导作用，切实调动用人主体的主动性、创造性。

山东钢铁集团有限公司新闻宣传工作管理规定

（山钢党字〔2018〕129号　2018年11月30日）

第一章　总　　则

第一条　为加强和规范集团公司新闻宣传工作，严肃新闻宣传纪律，提高新闻宣传实效，根据上级有关新闻宣传工作的文件精神，结合集团公司实际，制定本规定。

第二条　集团公司新闻宣传工作指导思想是：以习近平新时代中国特色社会主义思想为指导，坚持围绕中心、服务大局，坚持“团结稳定鼓劲，正面宣传为主”的方针，把握正确舆论导向，遵循新闻工作规律，提高宣传工作质量，为集团公司改革发展提供强大的思想舆论支持。

第三条　集团公司新闻宣传工作原则是：深入贯彻落实马克思主义新闻观，坚持党性原则，坚持党管新闻、党管媒体，不断巩固壮大意识形态主阵地，掌握意识形态工作主动权。

第四条　集团公司新闻宣传工作思路是：坚持集团公司党委统一领导，统筹协调、分级负责，规范程序、严明纪律，把好导向、注重实效，不断加强和改进新闻宣传工作，提高新闻舆论传播力、引导力、影响力、公信力。

第五条　集团公司新闻宣传工作主要任务是：宣传党的路线方针政策，宣传上级党委、政府重大决策部署，宣传集团公司及各单位全面推进物质文明、政治文明、精神文明、社会文明和生态文明建设的工作部署和优异成果，宣传践行社会主义核心价值观和山钢文化、推动企业改革发展的各类典型，对内统一思想、凝聚力量，激发全集团团结奋进的正能量，对外树立集团公司良好形象，扩大企业影响力和美誉度。

第二章　组织管理

第六条　建立由集团公司党委统一领导的新闻宣传工作管理体制和运行机制，构建宣传部门主责、新闻媒体主干、各部门各单位齐抓共管的大宣传格局。

（一）集团公司党委宣传部负责全面落实党委关于新闻宣传工作的各项要求，负责全集团新闻宣传工作的组织、管理与协调，积极培育和弘扬优秀企业文化；研究制定集团公司新闻宣传发展规划、工作要点，统筹协调全集团新闻宣传力量，组织开展重大主题宣传活动；统一对外联系协调省级及以上社会媒体，建立良好协作关系，创造良好媒体环境。

（二）集团公司新闻传媒中心在集团

公司党委领导下开展工作，接受集团公司党委宣传部的管理、指导，及时、准确、全面、深入地完成各项宣传任务；广泛宣传集团公司的重要决策、重点工作、重要成就和重大典型；加强新闻媒体建设，持续推进传统媒体与新兴媒体深度融合，推动传播手段和话语方式创新，做强做大集团公司新闻媒体。

（三）集团公司各单位新闻宣传部门在本单位党委领导下开展工作，同时接受集团公司党委宣传部的业务指导，认真贯彻落实上级部署要求，紧密结合本单位实际，及时、准确、全面完成宣传任务，创造性地开展工作。

（四）集团公司各个部门要树立大宣传理念，自觉把业务工作与新闻宣传工作相结合，在重要事项、重要决策的谋划、实施和发布过程中，认真研判舆情，同步考虑宣传工作，主动联系或积极配合新闻宣传主管部门和新闻单位，加强政策解读，回应社会关切，营造良好舆论环境。

第三章　日常新闻宣传工作管理

第七条　根据集团公司党委和集团公司重点工作部署，集团公司党委宣传部发布年度和阶段性宣传工作要点，新闻传媒中心和各单位负责实施。集团公司重大事项（包括重大活动、重要会议、重大事件、重要部署等）的宣传，由党委宣传部整体策划，统一组织实施，集团公司主责部门负责提供相关素材并积极配合做好工作，各单位认真抓好落实，提供相关支持。

第八条　内部媒体新闻宣传管理。

（一）集团公司新闻传媒中心发挥各媒体优势，围绕集团公司党政中心工作和职工普遍关心的问题，组织开展政策解读、专题报道、舆论监督等；强化对基层工作报道，深入开展“走基层、转作风、改文风”活动，多出有思想、有温度、有品质的新闻产品；按照集团公司党委宣传部要求，及时向各单位提供集团公司重要新闻通稿；定期通报各单位来稿用稿情况，总结成绩经验，分析存在问题，明确努力方向；根据集团公司及各单位改革发展需要，适时适当增加新闻报道量。

（二）各单位党委依照新闻出版相关管理规定和集团公司有关制度，加强对自办媒体的管理指导，确保媒体规范化运行。单位宣传部门积极组织向集团公司媒体提供稿件，并建立相应的考核激励机制；做好《山东钢铁报》发行、山钢电视新闻传输播放、“厚道山钢”微信/APP推广等工作，严格按要求在自办媒体重要位置（时段）刊（播）发集团公司新闻通稿；组织将本单位自办报刊电子版、电视新闻在每期刊（播）发当日或翌日传送至集团公司新闻传媒中心，由新闻传媒中心负责在山钢信息门户系统相关栏目内发布并加强管理和指导。

（三）各单位自办媒体、宣传刊物要充分体现山钢文化元素，报刊类刊物在报头位置标注规范的山钢集团标志，报名前冠以“山钢集团”或“山钢”字样；电视新闻栏目名称前冠以“山钢新闻”样式；官方微信/APP在名称前冠以“山钢集团”或“山钢”字样，或者在内容页面顶端显要位置标注规范的山钢集团标志，并在账号主体单位名称前标注“山钢集团”或“山钢”等字样。

（四）规范新媒体传播，集团公司新闻传媒中心以“厚道山钢”微信/APP为主平台，设置权属单位新闻专区，将各单位自办官方微信/APP链接其中，打造立体式移动传播矩阵。

（五）各单位新闻媒体新增或变更调整后，要及时报集团公司党委宣传部备案。

第九条　对外新闻宣传工作管理。

（一）集团公司层面的对外新闻宣传

工作由集团公司党委宣传部统一管理，集团公司新闻传媒中心组织实施，总部各部门支持配合。对需要公开的重要信息，相关部门协同集团公司党委宣传部、新闻传媒中心共同研究策划，形成统一口径。

（二）各单位日常性对外新闻宣传工作由本单位宣传部门自行组织，集团公司党委宣传部做好宏观指导，共同讲好山钢故事，传播山钢好声音，展示企业良好品牌形象。

（三）集团公司所有对外宣传的稿件，包括新闻稿、研究论文、宣传片、微电影等文字、图片、视频等，凡涉及企业名称的，在企业名称前统一加冠“山东钢铁集团有限公司”或“山东钢铁集团”“山钢集团”。山钢股份所属单位，统一加冠“山东钢铁股份有限公司”或“山钢股份”。

（四）严格外发新闻稿件审核程序。集团公司层面的日常性新闻宣传稿件由集团公司新闻传媒中心审核把关，重要稿件经专业部门和集团公司党委宣传部审核，必要情况下由集团公司党委宣传部提交集团公司党委领导审核。各单位外发新闻稿件，由各单位审核把关。凡有可能涉密的文稿，必须按相关保密规定进行审核。

（五）加强与社会媒体协调合作。集团公司党委宣传部负责统一联系协调省级及以上新闻媒体，各单位负责联系协调所在地市级新闻媒体和所属行业媒体，处理好与各级媒体的关系。与省级及以上新闻媒体的战略合作由集团公司党委统一管理，各单位不得自行与省级及以上新闻媒体建立战略合作关系。

（六）对于邀请各单位加入省级及以上各类新闻协会、年会、理事会等组织并参加研讨会等活动的，各有关单位应在组织换届时事先报请集团公司党委宣传部统筹安排。

第十条 接受社会新闻媒体采访管理。

（一）集团公司及各单位领导、新闻发言人以及被邀请代表本单位接受采访的人员，接受采访的主题和内容要有利于集团公司改革发展，有利于统一对集团公司热点、焦点问题的认识和解疑释惑，有利于巩固和深化集团公司的良好形象，有利于弘扬正气、营造良好的舆论环境。

（二）接受新闻媒体采访工作流程：集团公司党委和集团公司领导或其他对外代表集团公司党委和集团公司名义的人员接受社会媒体采访前，应首先由该媒体向集团公司党委宣传部正式发函协商，确定采访提纲，并报经集团公司党委领导批准，正式答复同意后方可接受采访。

（三）各单位日常性接受社会媒体采访工作可参照集团公司做法明确工作流程接受采访。凡接受社会媒体集中采访的，要事先报集团公司党委宣传部，并按照程序进行审批。凡接受境外新闻媒体采访的，按上级有关规定办理审批手续。

（四）接受采访完成后，正式报道作品（文字部分）按照外发新闻稿件审核程序进行审核。任何未经相关管理部门批准对外接受的采访，不得以单位或组织名义发表意见，采访后发表的作品文责自负。集团公司任何部门、单位或个人未经组织授权不得向社会媒体发布有关集团公司的敏感或重要信息。

第十一条 内部新闻舆论监督管理。

（一）在集团公司党委领导下，由集团公司党委宣传部指导集团公司新闻媒体开展舆论监督工作，建立完善主题策划、采访报道、问题曝光、问题交办、公开回应、跟踪报道等工作程序。新闻舆论监督要坚持真实性原则，做到客观公正、真实准确，注重选题、讲求效果，依法依规监督、严格遵守纪律。

（二）日常性新闻舆论监督由集团公

司新闻传媒中心组织实施，根据集团公司党委部署要求、集团公司改革发展需要以及广大干部职工关心关注和普遍反映的热点、难点问题，及时研究策划舆论监督主题，在媒体开设宣传专题或专栏。不断改进和创新舆论监督的方式方法，提高舆论监督实效。

（三）重要事件的新闻舆论监督，由集团公司新闻传媒中心拟订舆论监督方案，报集团公司党委宣传部审核后，提交集团公司党委审批；审批通过后，由集团公司新闻传媒中心组织实施。涉及纪检监察、巡察方面的报道，要严格按照相关规定和要求进行报道。未经集团公司党委批准，不得在具有对外传播功能的网络新媒体发布重要事件的舆论监督稿件。

（四）各单位、部门要支持媒体舆论监督采访活动，为采访报道提供方便。任何单位、部门不得封锁消息、隐瞒事实、干涉舆论监督。对媒体曝光的问题，相关单位要及时调查处理，通过媒体公开处理结果。

第四章　建立新闻发言人制度

第十二条　集团公司及各单位逐步建立完善新闻发言人制度，做到新闻发布工作制度化、规范化。新闻发言人原则上由熟悉全面情况、具有高度的政治责任感和敏锐性、具有较高的政策理论水平、具有良好的表达沟通和组织协调及临场应变能力的中层以上领导人员担任。

第十三条　新闻发言人的主要职责是：负责组织研究制定新闻发布工作计划；组织实施新闻发布活动，审定重要新闻通稿；代表企业对外发布新闻、声明和有关重要信息；组织新闻发言人联席会议，协调新闻发布工作。

第十四条　集团公司常规性新闻发布的内容包括：集团公司党委和集团公司需要对外发布的重大决策决议、重要规章和规范性文件；集团公司层面的改革发展情况；社会关注的涉及集团公司层面的热点焦点问题处置情况。

第十五条　集团公司协调组织社会相关媒体参加集团公司新闻发布会，必要时协调安排媒体深入权属单位进行新闻采访活动。新闻发布的媒体范围，根据不同的新闻内容，从省级主要新闻媒体、中央及境外新闻媒体驻鲁分支机构、集团公司内部媒体以及其他有关社会新闻媒体中邀请。

第十六条　集团公司常规性新闻发布工作由业务相关部门、单位商集团公司党委宣传部、集团公司办公室组织实施，协助新闻发言人开展新闻发布工作。集团公司突发公共事件新闻发布工作，按照《山东钢铁集团有限公司突发公共事件新闻发布应急预案》执行。

第十七条　集团公司举办的常规性新闻发布会、媒体见面会、记者招待会等，其文稿素材由各相关部室、单位提供，集团公司党委宣传部指导新闻传媒中心撰写新闻通稿，新闻发言人组织审定，由集团公司党委宣传部向媒体提供。

第十八条　各单位举办常规性新闻发布会需事先报集团公司党委宣传部，并按照程序进行审批。涉及上市公司的信息发布要严格按照证监会、证券交易所的有关规定执行。

第五章　突发事件新闻宣传工作管理

第十九条　集团公司及各单位要建立完善突发事件和公共危机处置的新闻报道预案，严格遵循上级有关规定和《山东钢铁集团有限公司突发公共事件新闻发布应急预案》等制度，及时、准确引导媒体，全面客观地做好突发事件新闻报道工作。

第二十条　集团公司突发事件和公共危机包括以下情况：

（一）发生严重影响正常工作生活秩序的大面积疫情、自然灾害、社会不稳定事件。

（二）所属单位发生重大安全生产事故、质量事故、群体性事件和重大刑事案件。

（三）涉及并购重组、改革改制等比较敏感的问题时，可能或已经发生不稳定的苗头或现象，以及突发不稳定的事项。

（四）其他影响较大的突发性事件、重大隐患。

第二十一条　当突发事件和公共危机发生时，新闻媒体应在事件处置工作领导机构统一指挥下，及时向受众公布相关信息。各级宣传部门在事件处置现场迅速收集基本信息，建立与社会媒体的联系机制，及时掌握准确信息，正确引导社会舆论。

第二十二条　由上级领导组成的事故处理领导小组负责处理的突发事件，有关宣传报道工作要服从事故处理领导小组的安排，积极配合做好对内对外宣传工作。

第六章　绩效考核与责任追究

第二十三条　集团公司党委宣传部对全集团新闻媒体运作实行专业化管理，会同集团公司人力资源部门严格界定新闻媒体相关业务从业人员数量，会同财务部门核定各单位媒体运行费用，编制集团公司传媒系统专业预算；加强对全集团新闻宣传工作情况的调研督导，有关情况纳入意识形态工作责任制考核、党建责任制考核和问责管理办法等；定期开展新闻宣传工作评选表彰活动，总结经验，选树典型，推动工作。

第二十四条　严格执行新闻宣传工作纪律。对不遵守集团公司新闻宣传工作管理规定，造成新闻宣传报道失实或泄密，或给集团公司工作造成恶劣影响的单位和个人，严肃追究相关单位和相关人员责任，情节严重的要依法依纪处理。

第二十五条　加强新闻宣传队伍建设。建立健全激励约束机制，为新闻宣传工作者成长成才搭建舞台；积极开展业务培训、学习交流等活动，不断提升新闻宣传工作者综合素质。

第七章　附　　则

第二十六条　本规定适用于集团公司及各权属单位新闻宣传工作。

第二十七条　本规定由集团公司党委宣传部负责解释。

第二十八条　本规定自发布之日起施行，2009 年 11 月发布的《山东钢铁集团有限公司新闻宣传工作管理暂行规定》同时废止。

山东钢铁集团有限公司信息化管理办法

（山钢战略字〔2018〕50 号　2018 年 10 月 13 日）

第一章　总　　则

第一条　为加强山东钢铁集团有限公司（以下简称集团公司）信息化工作管理，完善信息化管控体系，促进信息化、工业化深度融合，规范工作流程，推进信息化建设成果的深度应用，发挥协同效应，避免重复投资，推进“智慧山钢”建设，依据《中华人民共和国网络安全法》《山东省信息化促进条例》《山东省计算机信息系统安全管理办法》等国家有关法律法规及集团公司有关规定，制定本办法。

第二条 信息化管理工作包括信息化管理体系建设、信息化规划管理、年度计划管理、项目管理、网络与信息安全管理、信息技术标准管理、信息系统应用与维护管理、正版软件管理以及突发情况应急管理等。

第三条 本办法适用于集团公司总部部门、直属机构及其全资、控股或具有实际控制权的子公司（以下简称“权属公司”）的信息化管理工作。

第二章 管理原则与管理目标

第四条 信息化管理工作以公司发展战略为导向，遵循统一规划、统一标准、统一平台、统一管理的“四统一”管理原则。

（一）统一规划。以集团公司总体战略目标为导向，由信息化主管部门统一制定集团公司信息化总体规划，并推进实施。

（二）统一标准。在信息化建设和应用过程中严格执行国家标准，通过制定集团公司规范性技术标准，逐步构建统一的网络和信息安全、数据规范、系统运维等标准体系，杜绝信息孤岛，消除信息壁垒。

（三）统一平台。信息化建设要在网络部署、软硬件选型、数据规范等方面保证兼容性、一致性，为集团公司信息系统集成、数据共享、持续扩展奠定基础。

（四）统一管理。对集团公司信息化规划、投资等业务实行统一管理。

第五条 信息化管理目标：确保“四统一”原则的贯彻落实，确保网络和信息安全，推进各应用系统间的信息共享和集成，消除信息壁垒，缩短企业内部信息化差距；发挥集团协同效应，优化信息化资源配置，挖掘信息资源潜力和价值，建成与国有资本投资公司相适应的信息化管理体系，提升企业治理能力，加快数字化、网络化、智能化应用步伐，建设智能制造支撑体系，不断提升两化融合的能力和水平，加速智慧型企业建设。

第三章 职责分工

第六条 网络安全和信息化领导小组

根据国家有关网络安全和信息化工作要求，集团公司成立网络安全和信息化领导小组，主要职责是：

（一）贯彻落实上级有关网络安全和信息化工作的方针政策，统一领导全公司网络安全和信息化工作；

（二）研究集团公司网络安全和信息化重大建设项目及信息化重大投资；

（三）协调与推进集团公司网络安全和信息化工作的重大事项。

网络安全和信息化领导小组下设办公室，办公室设在战略发展部，负责领导小组的日常工作。

第七条 总经理

审批集团公司网络安全和信息化规划、信息化管理制度；安排部署集团公司全局性的信息资源整合与开发利用等。

第八条 战略发展部

战略发展部是集团公司网络安全和信息化工作的主管部门（以下简称主管部门），主要职责是：

（一）在网络安全和信息化领导小组的领导下，履行集团公司信息化管理职能；

（二）组织编制集团公司信息化规划，报集团公司审批后推进实施；

（三）按照《山东钢铁集团有限公司固定资产投资管理办法》(以下简称《固定资产投资管理办法》）有关要求，审查权属公司限额以上信息化项目及集团公司总部各部门、各直属机构信息化项目投资计划，监督信息化年度投资计划的执行；

（四）组织集团公司跨部门（单位）重大信息化项目的整体验收；

（五）组织制定集团公司信息化管理制度和规范；

（六）网络及信息安全管理、监督；

（七）协调推进集团公司软件正版化工作，研究制定软件正版化工作相关规定和措施；

（八）落实上级信息化管理部门工作部署等。

第九条　集团公司总部各部门、各直属机构

（一）提报本部门信息化项目需求，配合主管部门编制信息化规划、相关信息化年度工作计划、费用预算等。

（二）配合完成本部门归口管理的信息系统的项目建设及应用管理，贯彻落实各项信息化管理制度。

（三）负责本部门网络信息安全工作。

（四）参与本部门相关信息技术标准制定并贯彻执行；科技创新部作为集团公司技术标准主管部门，按照相关管理办法履行管理责任。

（五）负责本部门相关信息化项目后评价等工作。

第十条　权属公司

（一）建立健全本单位信息化管理体制机制，成立由单位主要领导负责的网络安全和信息化领导小组，确定信息化业务归口管理部门，并报主管部门备案；

（二）编制本单位信息化规划和年度工作计划、信息化项目固定资产投资计划；组织集团公司信息化项目在本单位的建设、应用和运行维护，以及本单位信息化项目的建设、应用和运行维护；

（三）负责本单位信息化项目的后评价等工作；

（四）负责本单位网络信息安全管理；

（五）负责本单位两化融合管理体系贯标及认证的管理；

（六）贯彻执行集团公司信息化标准，参与本单位相关信息化标准制定；

（七）负责推进本单位正版软件管理工作；

（八）落实上级信息化管理部门工作部署。

第十一条　信息技术支持服务单位

为充分发挥信息化协同优势，培植壮大信息产业，集团公司及权属公司的信息化规划编制、项目建设、运行维护等信息化技术支持服务，应以市场化原则，优先选择集团公司内部信息化技术支持服务单位。

第十二条　信息化管理组织机构及人员实行备案制度。权属公司成立、调整信息化组织机构和管理部门以及相关人员后，应在10个工作日内报主管部门备案。

第四章　管理内容与要求

第十三条　规划管理

（一）信息化规划原则上与集团公司总体规划编制保持同步，并纳入集团公司总体规划体系。

（二）信息化规划是总部部门、权属公司信息化项目立项和建设重要依据。

（三）信息化主管部门负责集团公司信息化总体规划编制及推进，各权属公司负责集团公司信息化规划在本单位的落实及推进实施。

第十四条　年度计划管理

（一）信息化项目的年度投资计划按照《固定资产投资管理办法》的规定编制，且符合信息化管理“四统一”的原则。

（二）年度计划新增项目应明确项目建设的必要性、目标、主要内容及投资预算构成，建设内容应当充分、合理地利用现有的软硬件资源，符合信息化发展规划，

不得与已有系统或在建项目相冲突，避免重复投资。

第十五条 项目管理

（一）信息化项目立项、实施管理和评价管理，按照《固定资产投资管理办法》有关规定执行。

（二）鉴于集团公司总部的信息化项目使用范围广、影响面大等因素，总部的信息化项目原则上按限额以上投资项目进行管理。

第十六条 网络和信息安全管理

（一）网络和信息安全管理适用于集团公司范围内建设、运营、维护和使用的网络和信息化基础设施、网站及信息系统；以及在互联网上以集团公司及权属公司名义建设、运营、维护和使用的网站、电子邮件、信息系统及工业控制系统等。

（二）网络和信息安全管理原则：

（1）本着“谁主管谁负责，谁使用谁负责，谁运维谁负责”的原则，网络和信息系统的主管部门、使用和运维单位分别履行信息安全管理和建设的相关义务与责任。

（2）安全系统应与业务系统及网络同步规划、同步建设、同步运行。

（三）总部各部门、各直属机构、权属公司主要负责人为本单位网络与信息安全工作的第一责任人，负责本单位网络和信息安全工作，落实本单位网络和信息系统（含网站）的安全责任。

（四）各权属公司要明确专门网络和信息安全管理部门，负责本单位网络和信息安全工作，制定详细的网络和信息安全管理制度。

（五）各部门、各直属机构、权属公司应加强信息化网络安全、硬件设备安全、软件系统安全、系统应用安全、操作与运行安全、数据信息安全、计算机病毒防范、应急预案以及信息安全教育等方面的工作，确保信息安全。

（六）任何单位或个人，不得利用网络及计算机信息系统从事危害国家利益、公司利益和职工合法利益的活动，不得危害集团公司网络及信息系统的安全。否则视情形分别给予经济处罚或行政处分，构成犯罪的，移送司法机构进行处理。

第十七条 信息技术标准管理

（一）集团公司逐步建立统一的信息化标准体系，组织或委托有关业务部门、权属公司、技术支持服务单位编制信息技术标准。

（二）按照“标准先行、同步提升”的原则，后建系统原则上遵从先建系统的标准，系统升级时根据技术发展实际同步提升技术标准。现有技术标准不适应新建系统需求的，经集团公司组织审议后，可以采用新的技术标准。

第十八条 信息系统（平台）应用与运行维护管理

（一）信息系统正式上线运行前，对应业务主管部门需牵头制定系统应用管理办法，经主管部门审核后发布执行。

（二）信息化建设项目建成后必须落实信息安全和运行管理责任，确定运行维护部门和人员（或委托管理）。运行维护部门要制定运行维护规范，细化相关管理制度和操作规程，建立运行维护工作考评机制，制定应急预警和处理方案，确保应用系统和各类基础设施稳定运行和信息安全。

（三）按照分级管理的原则，凡接入集团公司网络系统且对集团公司网络系统总体安全性产生影响的新建信息系统，系统接入前需报集团公司信息化主管部门批准；接入各单位网络系统且与集团公司网络隔离的新建信息系统，系统接入前需报各单位信息化主管部门批准。

第十九条 正版软件管理

（一）各权属公司要成立软件正版化工作领导小组，主要领导担任软件正版化工作领导小组组长，负责统筹协调推进软件正版化工作，研究制定软件正版化工作相关规定和措施。审定软件正版化工作年度目标任务、工作计划、经费预算、工作措施、考核评议、年度报告等工作。

（二）总部各部门、各直属机构、权属公司主要负责人为本单位软件正版化工作的第一责任人，负责本部门、本单位的软件正版化相关工作的监督落实。

（三）各单位信息化部门负责软件正版化工作领导小组日常工作。牵头总结年度软件正版化工作，重点是软件正版化工作责任落实、软件采购、软件使用管理、督促检查等情况。

（四）各部门、各直属机构、权属公司应严格遵守软件正版化工作相关规定，工作人员不得使用盗版软件，工作人员不得违反工作规定私自在计算机上安装或卸载软件。

第二十条　突发情况管理

（一）各权属公司要成立信息化应急处理小组，制定信息系统突发事件管理细则及有关系统突发情况的应急处理预案。

（二）突发事故发生后（各类基础设施、应用系统发生故障，或因遭受黑客、病毒攻击，导致系统停止服务等情况），责任部门或单位应及时上报主管部门，及时启动应急处理程序，组织力量解决突发事故，尽快恢复系统正常运行。

（三）突发事故处理完毕后，责任部门或单位需组织查明事故发生原因，对事故进行分析、评估，提出整改和预防方案，形成事故分析评估报告，提交主管部门。

第五章　考核与监督

第二十一条　违反本办法规定，有以下情形的，由主管部门、组织部/人力资源部、纪委等相关职能部门根据情况予以考核或问责，涉及违法犯罪的，将移交司法机关处理。

（一）信息化管理制度缺失或制度不符合本办法；

（二）信息化主管部门未设立，信息化内部绩效考核机制不完善，职责权限落实不到位；

（三）未按规定落实网络和信息化管理制度和措施，网络安全突发事件处理不及时，对集团公司造成社会负面影响或经济损失的；

（四）信息化系统应用和维护管理制度、责任未落实，未尽到信息化系统运行维护管理责任，造成关键信息系统、重要网络较长时间中断，对公司生产经营、正常办公造成较大影响的；

（五）信息化建设、管理过程中违背“四统一”原则和信息化规划；

（六）未经审批，违反信息化数据保密规定，私自对外提供集团公司信息化数据，对公司造成负面影响或经济损失的；

（七）内部员工利用集团公司网络、办公系统、网站、电子信箱等系统传播违法违规信息，相关单位没有采取积极应对措施，管理不到位的；

（八）信息化投资项目出现的问题，按照《固定资产投资管理办法》的相关规定进行考核；

（九）没有落实软件正版化工作相关规定。

第六章　附　　则

第二十二条　本办法自发布之日起施行。

第二十三条　本办法由集团公司战略发展部负责解释。

山东钢铁集团有限公司境外投资财务管理办法

（山钢财字〔2018〕21号　2018年4月23日）

第一章　总　　则

第一条　为加强集团公司境外投资财务管理，防范境外投资财务风险，提高投资效益，根据《中华人民共和国公司法》、《财政部关于印发国有企业境外投资财务管理办法的通知》（财资〔2017〕24号）、《山东省国资委关于印发山东省省管企业境外投资监督管理办法的通知》（鲁国资规划〔2017〕1号）等有关文件规定，结合集团公司实际，制定本办法。

第二条　本办法所称境外投资是集团公司本部及其逐级投资形成的全资、控股及具有实质控制权的企业（以下称“投资主体”）在香港特别行政区、澳门特别行政区和台湾地区，以及中华人民共和国以外通过新设、并购、合营、参股及其他方式，取得企业法人和非法人项目［以下统称境外投资企业（项目）］所有权、控制权、经营管理权及其他权益的行为。

第三条　投资主体境外投资财务管理应当贯穿境外投资决策、运营、绩效评价等全过程。

投资主体应当建立责权利相统一、激励和约束相结合的境外投资管理机制，健全境外投资财务管理制度，提升境外投资财务管理水平，提高境外投资决策、组织、控制、分析、监督的有效性。

第四条　投资主体境外投资经营应当遵守境内法律、行政法规和所在国（地区）法律法规，并符合本企业发展战略和规划。

第二章　境外投资财务管理职责

第五条　投资主体股东（大）会、党委（党组）、董事会、总经理办公会或者其他形式的内部机构（以下统称内部决策机构）按照有关法律法规和企业章程规定，对本企业境外投资企业（项目）履行相应管理职责。内部决策机构应当重点关注以下财务问题：

（一）境外投资计划的财务可行性；

（二）增加、减少、清算境外投资等重大方案涉及的财务收益和风险等问题；

（三）境外投资企业（项目）财务负责人人选的胜任能力、职业操守和任职时间；

（四）境外投资企业（项目）绩效；

（五）境外投资企业（项目）税务合规及税收风险管理；

（六）其他重大财务问题。

第六条　投资主体应当在董事长、总经理、副总经理、财务总监等企业领导班子成员中确定一名主管境外投资财务工作的负责人。

第七条　集团公司对境外投资履行以下财务管理职责：

（一）根据国家统一制定的财务制度和国际通行规则制定符合本集团实际的境外投资财务制度，督促所属企业加强境外投资财务管理；

（二）建立健全集团境外投资内部审计监督制度；

（三）汇总形成集团年度境外投资财务情况；

（四）组织所属企业开展境外投资绩效评价工作，汇总形成集团境外投资年度绩效评价报告；

（五）对所属企业财务管理过程中违规决策、失职、渎职等导致境外投资损失的，依法追究相关责任人员的责任。

第三章　境外投资决策财务管理

第八条　投资主体应当按照《中共中央办公厅国务院办公厅印发〈关于进一步推进国有企业贯彻落实“三重一大”决策制度的意见〉的通知》《山东省国资委关于印发〈山东省省管企业境外投资监督管理办法〉的通知》等有关要求，建立健全境外投资决策制度，明确决策规则、程序、主体、权限和责任等。

第九条　投资主体以并购、合营、参股方式进行境外投资，应当组建包括行业、财务、税收、法律、国际政治等领域专家在内的团队或者委托具有能力并与委托方无利害关系的中介机构开展尽职调查并形成书面报告。其中，财务尽职调查应当重点关注以下财务风险：

（一）目标企业（项目）所在国（地区）的宏观经济风险，包括经济增长前景、金融环境、外商投资和税收政策稳定性、物价波动等。

（二）目标企业（项目）存在的财务风险，包括收入和盈利大幅波动或不可持续、大额资产减值风险或有负债、大额营运资金补充需求、高负债投资项目等。

第十条　投资主体应当组织内部团队或者委托具有能力并与委托方无利害关系的外部机构对境外投资开展财务可行性研究。

对投资规模较大或者对企业发展战略具有重要意义的境外投资，投资主体应当分别组织开展内部和外部财务可行性研究，并要求承担可研的团队和机构独立出具书面报告；对投资标的的价值，应当依法委托具有能力的资产评估机构进行评估。

第十一条　投资主体开展财务可行性研究，应当结合企业发展战略和财务战略，对关键商品价格、利率、汇率、税率等因素变动影响境外投资企业（项目）盈利情况进行敏感性分析，评估相关财务风险，并提出应对方案。

第十二条　投资主体内部决策机构应当在尽职调查、可行性研究等前期工作基础上进行决策。

第十三条　投资主体内部决策机构履行决策职责，应当形成书面纪要，并由参与决策的全体成员签名。内部决策机构组成人员在相关事项表决时表明异议或者提示重大风险的，应当在书面纪要中进行记录。

第十四条　企业境外投资决策事项涉及内部决策机构组成人员个人或者其直系亲属、重大利害关系人利益的，相关人员应当主动申请回避。

第四章　境外投资运营财务管理

第十五条　投资主体应当将境外投资企业（项目）纳入全面预算管理体系，明确年度预算目标，加强对其重大财务事项的预算控制。

第十六条　投资主体应当督促境外投资企业（项目）通过企业章程等符合境外国家（地区）法律法规规定的方式，界定重大财务事项范围，明确财务授权审批和财务风险管控要求。

对投资规模较大或者对企业发展战略具有重要意义的境外投资企业（项目），企业还应当事先在投资协议中做出约定，向其选派具备相应资格的财务负责人或者财务人员，定期分析财务状况和经营成果，及时向企业报送财务信息，按规定报告重大财务事项；必要时，企业可以对境外投资企业（项目）进行专项审计。

第十七条 投资主体应当建立健全境外投资企业（项目）台账，反映境外投资目的、投资金额、持股比例（控制权情况）、融资构成、所属行业、关键资源或产能、重大财务事项等情况。

本办法所称境外投资企业（项目）重大财务事项，包括但不限于合并、分立、终止、清算，资本变更，重大融资，对外投资、对外担保，重大资产处置，重大资产损失，利润分配，重大税务事项，从事金融产品交易等高风险业务。

上述重大财务事项涉及资产评估的，应当按照《中华人民共和国资产评估法》等有关规定执行，境外国家（地区）法律法规另有规定的除外。

第十八条 境外国家（地区）法律法规无禁止性规定的，投资主体应当对境外投资企业（项目）加强资金管控，有条件的可实行资金集中统一管理。

第十九条 投资主体应当督促境外投资企业（项目）建立健全银行账户管理制度。

企业应当掌握境外投资企业（项目）银行账户设立、撤销、重大异动等情况。

第二十条 投资主体应当督促境外投资企业（项目）建立健全资金往来联签制度。

一般资金往来由境外投资企业（项目）经办人和经授权的管理人员签字授权。重大资金往来应当由境外投资企业（项目）董事长、总经理、财务负责人中的二人或多人签字授权，且其中一人须为财务负责人。

联签人之间不得存在直系亲属或者重大利害关系。

第二十一条 投资主体应当督促境外投资企业（项目）建立健全成本费用管理制度，强化预算控制。

投资主体应当重点关注境外投资企业（项目）佣金、回扣、手续费、劳务费、提成、返利、进场费、业务奖励等费用的开支范围、标准和报销审批制度的合法合规性。

第二十二条 投资主体应当督促境外投资企业（项目）建立健全合法、合理的薪酬制度。

第二十三条 投资主体应当通过企业章程、投资协议、董事会决议等符合境外国家（地区）法律法规规定的方式，要求境外投资企业（项目）按时足额向其分配股利（项目收益），并按照相关税收法律规定申报纳税。

境内投资主体应收股利（项目收益）按照有关外汇管理规定要汇回境内的，应当及时汇回。

第二十四条 投资主体开展境外投资，应当按照有关外汇管理规定办理境外投资外汇登记，并办理境外投资购付汇、外汇资金划转、结汇及存量权益登记等手续。

第二十五条 境外国家（地区）法律法规无禁止性规定的，企业应当将境外投资企业（项目）纳入本企业财务管理信息化系统管理。

投资主体应当要求境外投资企业（项目）妥善保存各种凭证、账簿、报表等会计资料，并定期归档。年度财务报告、审计报告、重大决策纪要以及其他重要的档案应当永久保存，并以书面或电子数据形式向境内企业报送备份，境外国家（地区）法律法规有禁止性规定的除外。不属于永久保存的档案应当按我国和境外国家（地区）存档规定中较长的期限保存。

第五章　境外投资财务监督

第二十六条 投资主体应当建立健全对境外投资的内部财务监督制度。

第二十七条 投资主体应当对连续三

年累计亏损金额较大或者当年发生严重亏损等重大风险事件的境外投资企业（项目），进行实地监督检查或者委托中介机构进行审计，并根据审计监督情况采取相应措施。

境外投资企业（项目）因投资回收期长、仅承担研发业务等合理原因出现上述亏损情形的，经投资企业内部决策机构批准，可以不进行实地监督检查和审计。

第二十八条　投资主体应当发挥内部审计作用，建立健全境外投资企业（项目）负责人离任审计和清算审计制度。

投资主体对境外投资企业（项目）负责人、财务负责人任职时间没有明确要求且相关人员任职满5年的，应当对境外投资企业（项目）财务管理情况进行实地监督检查。

第二十九条　各级企业应当依法接受财政、审计等部门监督检查和审计监督。

第三十条　每年年度终了，各企业应将本企业境外投资财务情况，审计监督情况随年度财务报告逐级上报给集团公司。

第六章　境外投资绩效评价

第三十一条　投资主体应当建立健全境外投资绩效评价制度，定期对境外投资企业（项目）的管理水平和效益情况开展评价。

第三十二条　投资主体应当根据不同类型境外投资企业（项目）特点设置合理的评价指标体系。对境外投资企业（项目）设立短期与中长期相结合的绩效评价周期。

第三十三条　投资主体应当组织开展境外投资企业（项目）绩效评价，形成绩效评价报告。必要时可以委托资产评估等中介机构开展相关工作。

第三十四条　绩效评价报告应当作为企业内部优化配置资源的重要依据。

对绩效评价结果长期不理想的境外投资企业（项目），企业应当通过关闭清算、转让股权等方式及时进行处置。

第三十五条　集团公司汇总形成本集团境外投资年度绩效评价报告，按要求及时报送上级有关部门。

第七章　附　　则

第三十六条　集团公司所属企业应当依据本办法，建立健全符合本企业实际的境外投资财务管理制度体系，并加强境外投资财务管理人才内部培训、内部选拔和外部聘用管理。

第三十七条　本办法自2018年5月1日起实施。

山东钢铁集团有限公司
“僵尸”企业处置管理办法（试行）

（山钢资字〔2018〕37号　2018年8月16日）

第一章　总　　则

第一条　为深入推进集团公司“僵尸”企业处置工作制度化、规范化、常态化，根据山东省委、省人民政府《关于加快推动国有企业改革的十条意见》（鲁发〔2017〕17号）精神和省国资委有关要求，结合集团公司实际，制定本办法。

第二条　集团公司拥有实际控制权的各级企业（以下统称权属企业）适用本办法。

第二章 管理职责

第三条 权属二级企业是其权属“僵尸”企业处置工作的责任主体，具体负责处置工作方案的制定和实施。

第四条 集团公司资本运营部是“僵尸”企业处置工作的主管部门，负责组织制定权属二级“僵尸”企业（含平台类公司）处置方案和推进实施；负责制定年度处置工作计划，并组织相关部门实施指导和督促。

第五条 集团公司人力资源部负责依据认定的结果实施专项考核；负责指导处置过程中涉及的职工安置等工作。

第六条 集团公司财务部负责指导权属二级企业进行相关的资产核销工作。

第七条 集团公司法务部负责指导清算、破产等工作。

第三章 处置目的及范围界定

第八条 处置目的

（一）建立倒逼机制，强化输血控制，充分挖掘“僵尸”资产价值。

（二）彻底解决历史遗留问题，降低财务风险，促进产权结构优化。

（三）进一步推动产业公司“瘦身健体”“轻装上阵”，有利于促进其转型发展和产业资源重新配置。

第九条 处置范围界定

（一）按照省国资委有关规定，符合“资不抵债、扭亏无望、停产半停产、连续三年亏损”四个标准之一的“僵尸”企业；

（二）符合以下条件之一的企业：

（1）资产体量小、盈利能力弱，且与上一级企业主业关联程度不高的企业；

（2）连续两年亏损，第三年盈利但企业净资产收益率低于集团公司平均筹融资成本水平的企业。

第十条 符合上述条件，但处于培育期的战略性新兴产业公司，不列入处置范围。

第四章 处置方式

第十一条 根据省国资委《关于明确省管企业所属“僵尸”企业处置认定标准等有关问题的通知》（鲁国资收益字〔2017〕44号）有关规定，并结合集团公司实际，处置方式为以下几种：

（一）转让退出；

（二）清算注销；

（三）破产；

（四）扭亏为盈；

（五）协议移交；

（六）引进战投。

第五章 管理与要求

第十二条 各权属二级企业每年12月10日前形成下年度处置工作计划，包括企业名称、月度工作节点、具体负责人（指导责任人、承包责任人）、工作措施等报集团公司资本运营部。

集团公司资本运营部汇总、审核权属二级企业提报的年度处置工作计划，并形成集团公司年度处置计划，经总经理办公会研究，总经理批准后下发。

第十三条 权属企业在制定处置方案时，要系统考虑人员安置、债权债务处理以及上一级企业的承受能力等。

第十四条 权属企业要严格按照年度处置计划推进处置工作。

第十五条 涉及引入战投的，应按照国资监管规定，进场公开挂牌；涉及员工持股的，应提前与集团公司有关部门沟通，再决定处置方式。

第十六条 严禁通过关联交易、转移利润等方式，使其“僵尸”企业盈利；严禁通过贷款方式维持“僵尸”企业生存；

严禁通过内部吸收合并方式进行“僵尸”企业处置。

第十七条 实施预警管理。集团公司每年发布预警名单，其中：第一年亏损的企业，加“*”标示；连续两个年度亏损的，加“**”标示。

第十八条 实行动态滚动管理，根据各权属企业经营状况和处置情况，随时更新处置名单，对于当年度未完成的纳入下一年度处置计划。

第十九条 权属二级企业应做好档案资料的归档、保存与备查。特别是对于按照“账销案存”方式处置的，权属二级企业在做好档案管理同时，每年将后续工作推进情况纳入年度处置工作报告。

第六章 统计、认定与考核

第二十条 权属二级企业每年1月15日前依据财务快报数据报送上年度的《“僵尸”企业处置结果情况表》和年度处置工作报告。

第二十一条 集团公司依据鲁国资收益字〔2017〕44号文件规定的认定标准，组织有关部门按年度对处置完成情况进行审核、认定。

第二十二条 处置结果与权属二级企业负责人经营业绩考核挂钩。对当年未完成处置的，其当年发生的亏损考核时双倍抵减利润；当年完成处置的，未列入当年财务预算的处置损失，因冲减当期损益影响的利润数视同实现利润。

第二十三条 处置工作的其他考核按照《深入推进亏损企业治理工作方案》(山钢财字〔2016〕24号）执行。

第七章 附 则

第二十四条 本办法由集团公司资本运营部负责解释。

第二十五条 本办法自下发之日起执行。

附件：“僵尸”企业处置结果情况表（略）

山东钢铁集团有限公司
境外投资审计管理办法（试行）

（山钢审字〔2018〕11号 2018年6月15日）

第一章 总 则

第一条 为了加强境外投资管理，完善审计监督制度，维护所有者的合法权益，根据《企业境外投资管理办法》(中华人民共和国国家发展和改革委员会第11号令)、《财政部国有企业境外投资财务管理办法》(财资〔2017〕24号)、《山东省省管企业境外投资监督管理办法》(鲁国资规划［2017］1号)、《山东省省属企业境外国有资产监督管理办法》(鲁国资规划［2017］2号）等文件的规定，制定本办法。

第二条 本办法适用于山东钢铁集团有限公司（以下简称集团公司）及其所属的子公司（以下简称“境内投资单位”）在中国境外（包括香港特别行政区、澳门特别行政区、台湾地区，下同）设立的具有法人地位的独资及拥有实质控制权的公司（以下简称“境外公司”)。

第三条 集团公司按照以管资本为主的原则，依法对各单位的境外投资进行监督管理，指导督促境内投资单位建立健全境外投资管理制度，监督检查境外投资决策、实施情况，制定发布境外投资分类监管清单，推进各单位之间加强境外投资合作。

第四条 境内投资单位是境外投资的执行主体和责任主体，应加强境外投资管理机构和人才队伍建设，建立健全境外投资管理制度，提高决策质量和风险防范水平，严格投资过程管理，落实境外投资管理责任制和责任追究制度，确保境外国有资产的保值增值，并加强对各级子公司境外投资的监督和指导。

第五条 境内投资单位要根据经营规模大小和业务内容复杂程度，对境外公司进行定期或不定期审计，原则上两年内必须审计一次。

对经营规模较大和业务内容复杂的境外公司，原则上每年审计一次。

第六条 境内投资单位负责组织协调对境外公司的审计工作，如果本单位不具备单独开展境外投资审计的能力，可以聘请社会中介机构或委托集团公司审计部具体实施。

第七条 审计部门和审计人员进行境外投资审计时，应坚持客观公正，并严守审计保密原则。

第八条 开展境外投资审计，应尊重驻在国、地区的法律法规和当地习俗，督促和指导境外公司在健康、持续运营的同时，依法依规运作。

第二章 审计内容

第九条 境外投资审计，主要是监督境外公司国有资产的经营管理情况，督促国家和集团公司有关境外投资管理制度的贯彻执行，促进境外公司健全内部管理制度和提高经济效益，实现国有资产的保值增值。

第十条 境外投资审计的主要内容：

（一）审计境外投资是否符合国家关于设立境外公司有关法律法规的原则和规定；是否符合国家、山东省发展规划和境外投资产业政策；

（二）审计境外投资是否符合山钢集团的发展战略规划；是否注重境内外业务协同，注重技术、品牌、市场，提升创新能力和国际竞争力；

（三）审计境外投资规模与本单位资产经营规模、资产负债水平、融资能力、财务承受能力、行业经验、管理水平和抗风险能力等是否相适应；境外公司设立的决策程序等有关手续是否完备；

（四）审计境外公司向境内投资单位及政府监管部门报送财务报告的真实性和合法性；

（五）审计境外公司的经营管理情况：公司的运作是否严格按照公司法人治理结构规范运作；公司内部机构设置及人员分工是否合理，能否满足有效经营管理的需要；财务会计制度是否健全，财务收支手续是否完备，会计凭证和账簿是否完整、齐全；

（六）审计境外公司资金调拨、对外担保和经营投资、风险业务是否根据境内投资单位授权，或经境内投资单位批准后进行，投资经营管理是否严密有效；

（七）审计境外公司经营效益和国有资产经营责任的履行情况：境外公司实现的税后利润是否按照《公司章程》进行分配，是否实现了预定的国有资产经营目标；

（八）审计境外公司是否严格遵守驻在国、地区的法律法规及当地习俗运作，与当地政府、媒体、企业、民众的公共关系建设情况，对当地的社会责任履行情况；

（九）境内投资单位认为需要审计的其他事项。

第三章　审计程序

第十一条　境内投资单位审计部门根据本单位的具体情况，拟定年度境外投资审计计划，经董事会批准后实施。

第十二条　审计部门根据董事会批准的年度审计计划，应本着精干、效率、节约的原则组织境外审计工作组，并编制境外投资项目审计工作计划。

第十三条　根据项目审计工作计划，审计部门要认真做好准备工作，在境内调查清楚境外公司的基本情况，了解驻在国、地区的有关法律制度，明确审计目标和审计重点，制定具体可行的审计工作方案。

第十四条　审计工作实施前，审计部门应就审计时间、内容、目的、要求等事项，通知境外公司做好准备。

第十五条　境外公司要积极配合审计部门工作，如实介绍本单位情况和提供审计所需的有关资料。

第十六条　审计人员可通过审查会计凭证、账簿、报表，检查实物资产，向有关人员调查询问等方式，对境外公司有关资料和经济活动进行审核和评价。

第四章　审计报告

第十七条　境外投资审计现场审计工作终结，审计组应出具审计工作报告。审计报告内容应包括：境外公司的基本情况、经营情况、管理情况，以及经济效益和国有资产经营责任履行情况等，审计报告中有关外币币值的数据应统一换算为人民币表述。

第十八条　审计报告应征求被审计单位意见。若无法达成一致意见，审计组应将审计报告和被审计单位的书面反馈结果，一并上报境内投资单位。

第十九条　对审计部门在其职责范围内依照我国有关法规并尊重驻在国、地区法律所做出的审计整改意见，经境内投资单位的领导审批后，被审计单位必须执行。

第二十条　经审计核实，对于严格遵守境内有关管理办法、在驻在国合法经营、国有资产经营管理效益突出的境外公司，审计部门可以依据绩效考核办法的有关规定向境内投资单位提出给予表扬或奖励的建议。

第二十一条　经审计核实，对境外公司违反国家和山东省人民政府的有关规定，未履行或未正确履行投资管理职责，造成国有资产损失或其他严重不良后果的，审计部门要依照有关规定和程序向有关部门移交问题线索；涉及违法犯罪行为，触犯中国法律的，按中国法律论处；违反驻在国或地区法律法规的，应按驻在国或地区法律规定处理。

第五章　附　　则

第二十二条　集团公司对在境外设立的代表处、办事处等不具有当地法人资格的分支机构的审计监督参照本办法执行。

本办法不适用于境内投资单位在境外依法设立的参股或不拥有实质控制权的中外合资经营企业和中外合作经营企业，但集团公司可就具体境外投资项目进行专项审计调查。

第二十三条　境内投资单位作为境外投资的责任主体，要根据本办法制定具体实施细则，并严格执行。

第二十四条　境外公司主要负责人离任时的经济责任审计工作，按照集团公司《任期经济责任审计工作办法》执行。

第二十五条　本办法由审计部负责解释。

第二十六条　本办法自发布之日起施行。

山东钢铁集团有限公司建设项目环境保护管理办法

（山钢安字〔2018〕23号　2018年6月6日）

第一章　总　　则

第一条　为规范建设项目环境保护管理，确保建设项目符合环境保护法律法规，根据《中华人民共和国环境影响评价法》《建设项目环境保护管理条例》等法律法规，制定本办法。

第二条　集团公司及所属各单位建设对环境有影响的建设项目，适用本办法。

第三条　建设产生污染的建设项目，必须遵守污染物排放的国家标准和地方标准；在实施重点污染物排放总量控制的区域内，还必须符合重点污染物排放总量控制的要求。

第四条　建设项目应当采用能耗物耗小、污染物产生量少的清洁生产工艺，合理利用自然资源，防止环境污染和生态破坏。

第五条　改建、扩建项目和技术改造项目必须采取措施，治理与该项目有关的原有环境污染和生态破坏。

第六条　“三同时”制度：指防止污染的环保设施与主体工程同时设计、同时施工、同时投产的管理制度。

第二章　管理职责

第七条　集团公司环境保护工作领导小组负责贯彻落实国家和省建设项目环境保护政策法规，审定集团公司重大建设项目环境保护方案、重大环境保护工程项目，决策建设项目环境保护重大事项，协调解决重大问题。

第八条　各单位各部门建设项目环境保护职责。

（一）安全环保部负责制定和实施建设项目环境保护管理办法，负责监督检查集团公司建设项目“环境影响评价”和“三同时”制度的执行情况。

（二）战略发展部负责建设项目的管理，集团公司重大建设项目环保投资的审核。

（三）财务部负责建设项目环保措施资金的落实。

（四）审计部负责建设项目环境保护责任履行情况审计。

（五）建设单位负责建设项目环保技术文件的编制、论证、环评报批、建设、调试及竣工验收备案，建设项目环保设施安装施工管理，承包方的环境监督管理，建设项目环境保护各类档案的收集和归档等。

第三章　管理内容与要求

第九条　建设单位必须严格执行建设项目环境影响评价制度。环境影响评价必须客观、公开、公正，为决策提供可靠依据。

第十条　建设项目需要配套建设的环境保护设施，必须执行“三同时”制度。

第十一条　按照《建设项目环境影响评价分类管理名录》规定，根据建设项目对环境的影响程度，对建设项目环境保护实行分类管理。

（一）建设项目对环境可能造成重大影响的，应当编制环境影响报告书，对建设项目产生的污染和对环境的影响进行全面、详细的评价。

（二）建设项目对环境可能造成轻度影响的，应当编制环境影响报告表，对建设项目产生的污染和对环境的影响进行分析或者专项评价。

（三）建设项目对环境影响很小，不需要进行环境影响评价的，应当填报环境影响登记表。

第十二条　建设项目建议书和可行性研究阶段的环境保护管理。

建设单位负责在组织编制项目建议书和可行性研究报告时应严格按照《建设项目环境保护管理条例》要求，防止建设项目产生新的污染，并组织有关部门进行环境保护可行性研究报告审查会。集团公司重大建设项目的环境保护可行性研究报告论证由战略发展部负责组织。

第十三条　建设项目初步设计及施工图设计阶段的环境保护管理。

（一）建设项目的初步设计，应当按照环境保护设计规范的要求，编制环境保护篇章，落实防治环境污染和生态破坏的措施以及环境保护设施投资概算。

（二）建设单位在组织初步设计审查前，应向本单位环保部门提供相应的设计文件，环保部门应组织审查，形成审查意见。建设单位应落实环保审查意见。必要时环保部门组织进行环保专题审查，审查意见反馈发展规划部门和建设单位。

（三）建设项目施工图设计应严格落实防治环境污染和生态破坏的措施及环境保护措施。

第十四条　建设单位依法编制环境影响报告书、环境影响报告表或环境影响登记表（以下统称环境影响评价文件），应当在开工建设前报环境保护行政主管部门审批或备案。

建设项目的环境影响评价文件未依法经审批部门审查或者审查后未予批准的，建设单位不得开工建设。

第十五条　环境影响评价文件的报批、备案。

（一）须经省级及以上环境保护行政主管部门审批的集团公司重大建设项目，集团公司安全环保部协助建设单位办理报批手续。

（二）其他建设项目，由建设单位自行负责办理报批手续，必要时集团公司安全环保部予以协助。

（三）环境影响评价文件的评价编制费用均列入建设项目的前期费用中。

第十六条　建设项目环境影响报告书、环境影响报告表经批准后，建设项目的性质、规模、地点、采用的生产工艺或者防治污染、防止生态破坏的措施发生重大变动的，建设单位应重新报批建设项目环境影响报告书、环境影响报告表。

建设项目环境影响报告书、环境影响报告表自批准之日起满5年，建设项目方开工建设的，其环境影响报告书、环境影响报告表应报原审批部门重新审核。

第十七条　建设项目施工阶段的环境保护管理。

（一）建设单位在组织施工过程中须严格按照环境保护设施施工图组织施工，保证施工质量。建设单位应当将环境保护设施建设纳入施工合同，保证环境保护设施建设进度和资金，并在项目建设过程中同时组织实施环境影响报告书、环境影响报告表及其审批部门批复意见中提出的环境保护对策措施。

（二）建设单位负责对项目施工单位、施工过程进行环境保护监督管理，保护好施工现场及周围的环境。项目完工后，施工过程中受到损坏的周围环境应修整和复原。

（三）建设单位应做好环境保护设施设计文件、资料的建档工作，在项目竣工后及时移交档案管理部门。

（四）集团公司安全环保部、战略发展部负责对建设单位环境保护设施“三同时”执行情况、施工过程环境保护及文明施工措施落实情况进行监督管理。

第十八条 建设项目调试及竣工验收阶段的环境保护管理。

建设单位应在环境保护部《建设项目竣工环境保护验收暂行办法》规定期限内组织开展调试及竣工环保验收工作。

（一）建设单位应根据《排污许可管理办法（试行）》规定，在启动生产设施或者在实际排污之前取得排污许可证。环保设施未与主体工程同时建成的，或应当取得排污许可证但未取得的，建设单位不得对该建设项目环保设施进行调试、验收。

（二）建设项目进入调试期间，建设单位应按照法规和标准规范对环境保护设施运行情况和建设项目对环境的影响进行监测。建设单位应组织设计、施工单位及时检查和处理监测或运行中所暴露出来的问题，确保环境保护设施要满足排放标准要求。

（三）建设单位是建设项目竣工环境保护验收的责任主体。编制环境影响报告书、环境影响报告表的建设项目竣工后，建设单位应按照法律法规规定的标准和程序，对配套建设的环境保护设施组织验收，编制验收报告并向社会公示，同时向所在地县级以上环境保护主管部门报批。环境影响验收监测报告需经有资质的环境监测机构编制。在环境保护设施验收过程中，应如实查验、监测、记载建设项目环境保护设施的建设和调试情况，不得弄虚作假。

第十九条 分期建设、分期投入生产或者使用的建设项目，其相应的环境保护设施应当分期验收。

第二十条 编制环境影响报告书、环境影响报告表的建设项目，其配套建设的环境保护设施经验收合格，方可投入生产或者使用；未经验收或者验收不合格的，不得投入生产或者使用。

第二十一条 根据环境保护部《建设项目环境影响后评价管理办法（试行）》要求，在项目建设、运行过程中产生不符合经审批的环境影响评价文件的情形的或根据原环境影响评价文件审批部门要求，建设单位应组织后评价，采取改进措施，并报原环境影响评价文件审批部门和建设项目审批部门备案。

第二十二条 对建设项目环境保护设施设计、施工、验收、投入生产或者使用情况，以及有关环境影响评价文件确定的其他环境保护措施的落实情况，建设单位应当进行自查自纠，做好记录。

第四章　检查与考核

第二十三条 建设项目环境影响报告书、环境影响报告表未依法报批或者报请重新审核，或者未获批准，擅自开工建设的，责令限期补办或恢复原状，并按项目投资额的1%～5%考核建设单位，考核建设单位主要领导和分管领导各2万～5万元。逾期不改正的，报请集团公司责令停止建设，加倍考核。

未依法备案建设项目环境影响登记表的，责令限期补办或恢复原状，并考核建设单位5万元，考核建设单位主要领导和分管领导各0.3万~0.5万元。

第二十四条 违反本办法第十三条、第十七条第一款、第二十一条规定，建设单位编制建设项目初步设计未落实防治环境污染和生态破坏的措施以及环境保护设施投资概算，未将环境保护设施或环境保护管理要求纳入施工合同，或者未开展环境影响后评价的，由集团公司环保主管部门责令限期改正，考核建设单位10万～20万元，考核建设单位主要领导和分管领导各 1 万~2 万元；逾期不改正的，加倍考核。

违反本办法第十四条规定，建设单位在项目建设过程中未同时组织实施环境影响报告书、环境影响报告表及其审查审批中提出的环境保护对策措施的，集团公司环保主管部门责令限期改正，并考核建设单位 10 万~20 万元，考核建设单位主要领导和分管领导各 1 万~2 万元；逾期不改正的，加倍考核。

第二十五条　违反本办法第十、十八、十九、二十条规定，违反“三同时制度”，需要配套建设的环境保护设施未建成、未经验收或者验收不合格，建设项目即投入生产或者使用，或者在环境保护设施验收中弄虚作假的，由集团公司环保主管部门责令限期改正，并考核建设单位 20 万~50 万元，考核建设单位主要领导和分管领导各 2 万~5 万元；逾期不改正的，报请集团公司批准后责令停止生产或者使用，加倍考核。造成较大及以上环境污染或者生态破坏的，并按《环境保护目标责任书》及绩效考核细则等有关规定执行。

第二十六条　对检查发现的建设项目施工过程环境污染问题按集团公司环境保护绩效考核细则执行。

第二十七条　对失职渎职、触犯集团公司《党政领导干部生态环境损害责任追究办法（试行）》规定情形的领导干部进行责任追究。

第五章　附　　则

第二十八条　本办法由集团公司安全环保部负责解释。

第二十九条　本办法自发布之日起施行。

山东钢铁集团有限公司安全生产监督管理办法

（山钢安字〔2018〕32 号　2018 年 8 月 8 日）

第一章　总　　则

第一条　为了加强安全生产工作，落实企业安全生产主体责任，防止和减少生产安全事故，保障广大职工的生命和财产安全，促进集团公司持续健康发展，根据《中华人民共和国安全生产法》《山东省安全生产条例》等有关法律法规，制定本办法。

第二条　本办法适用于集团公司及权属单位。

第三条　集团公司坚持“安全第一，预防为主，综合治理”的安全生产方针，始终强化和落实安全生产主体责任。坚持党政同责，一岗双责，齐抓共管，失职追责；坚持管生产经营必须管安全，管业务必须管安全，管行业必须管安全，建立健全和全面落实安全生产责任制。

第二章　安全生产管理机构和管理机制

第四条　集团公司及各单位依法落实安全生产组织领导机构，成立安全生产委员会（以下简称安委会）。安委会负责组织、指导、协调、解决本单位安全生产工作任务的贯彻落实，研究和审查本单位有关安全生产的重大事项，协调本单位各相关部门安全生产工作有关事宜。

第五条　安委会由本单位的主要负责人、分管安全生产的负责人或者安全总监、相关负责人、专门的安全生产管理部门及相关部门负责人、工会组织负责人、安全生产管理人员以及职工代表组成。安委会应制定工作制度和会议制度，按规定召开会议。

第六条 各单位安委会下设办公室，作为安委会常设办事机构，具体负责安委会日常事务，协调安委会全体成员，负责与集团公司安委会的日常联系沟通工作。集团公司安委会办公室设在安全环保部，负责集团公司安委会日常事务。

第七条 从业人员在300人以上的高危生产经营单位和从业人员在1000人以上的其他生产经营单位，应当设立安全生产总监，安全总监专项分管本单位安全生产管理工作。

第八条 集团公司及各单位依法设置安全生产监督管理机构，依法配齐注册安全工程师等安全管理人员，履行法定安全生产监督管理职责。各单位应确保安全生产管理人员的相对稳定。分管安全生产负责人或者安全总监、安全生产机构负责人的任免，应当书面向集团公司安全环保部报备，并书面告知负有安全生产监督管理职责的地方政府主管部门。

第九条 各级安全生产管理机构在本级安委会领导下，履行安全生产监督管理职责，贯彻执行安委会做出的各项安全生产管理决策。

第十条 安全生产管理人员应按集团公司《安全生产管理岗位风险津贴制度》规定，享有岗位风险津贴；持有注册安全工程师资质并被聘为注册安全工程师的管理、技术人员，应按岗位设置优先聘为中级及以上经济、技术职称。

第十一条 集团公司对各单位、各单位对所属单位实行安全生产分级监督管理。各单位除接受集团公司内部监督外，还应接受所在地政府及其有关部门和负有安全生产监督管理职责的机构的监督。

第十二条 各单位应当对其独资、控股和参股子企业履行以下安全生产监督管理责任：

（一）监督管理安全生产条件具备情况：安全生产专职机构设置及人员配备，安全生产责任制、安全生产规章制度建立，安全生产投入，教育培训，安全生产风险分级管控、生产安全事故隐患排查治理，安全生产应急管理，及时、如实报告生产安全事故及现场安全生产条件的落实情况等。

（二）将独资及控股子企业纳入单位安全生产管理体系，对其项目建设、收购、并购、转让、运行、停产等影响安全生产的重大事项实行报批制度，严格安全生产的检查、考核、奖惩和责任追究。

（三）对控股但不负责生产经营的子企业，应当与管理方商定管理模式，通过公司章程、安全生产管理协议书等明确安全生产管理责任、目标和要求等。

（四）对参股并负有管理职责的子企业，应当按照有关法律法规的规定履行安全生产管理职责，与参股企业签订安全生产管理协议书，界定各自安全生产管理责任。

第三章 安全生产专项管理

第十三条 目标管理

（一）集团公司对各单位实行安全生产目标管理，每年年初签订安全生产目标责任书。

（二）各单位在制定年度生产经营指标的同时，应制定相应的安全生产目标，并明确保证安全生产目标实现的具体措施和计划。

第十四条 制度管理

（一）集团公司实行以党政主要负责人为核心的全员安全生产责任制，落实公司《安全生产责任制》和《生产安全事故责任追究办法》。

（二）各单位应依据法律、法规、规

章和标准、规范，制定涵盖本单位生产经营全过程和全体从业人员的安全生产规章制度和安全操作规程。

（三）安全生产管理制度应当涵盖本单位的安全生产会议、安全生产投入、教育培训、特种作业人员和特种设备作业人员管理、劳动防护用品、安全设施和设备管理、职业病防治管理、危险作业管理、风险分级管控和隐患排查治理、重大危险源监控管理、安全生产奖惩、事故报告、应急救援以及法律、法规、规章规定的其他内容。

（四）各单位应依据变更情况依法对安全生产责任制及规章制度、安全操作规程进行评审，及时更新和完善，确保有效和适用。

第十五条　会议管理

（一）集团公司及各单位应按规定召开安委会会议，研究、协调和解决安全生产工作中的重大问题，部署安全生产工作任务。

（二）集团公司及各单位每年应召开年度安全生产工作会议，总结上年度安全生产工作，部署下一年安全生产工作任务。应每年定期向职代会汇报安全生产工作。

（三）安全生产会议应当有书面记录。

第十六条　教育培训管理

（一）各单位应当建立健全安全生产和职业卫生教育培训制度，按照法律法规的要求进行全员安全生产和职业卫生教育培训。未经安全生产教育培训并考核合格的从业人员，不得上岗作业。

（二）一般生产经营单位主要负责人、分管安全生产的负责人、安全生产管理人员依法进行培训，应当具备与所从事的生产经营活动相适应的安全生产、职业卫生知识和管理能力。高危生产经营单位的主要负责人、分管安全生产的负责人、安全生产管理人员，应当依法进行培训，并由主管的负有安全生产监督管理职责的部门对其考核合格。

（三）特种作业人员、特种设备作业人员必须取得安全生产监督管理部门或其他相关行政主管部门颁发的相应资格证书方可上岗。

（四）对离岗6个月以上的或者换岗的从业人员，以及采用新工艺、新技术、新材料或者使用新设备后的有关从业人员，应及时进行上岗前安全教育培训，岗前安全培训时间不得少于相应法规要求。

（五）使用被派遣劳动者的，各单位应与劳务派遣单位在劳务派遣协议中明确各自应承担的安全教育培训职责。相关方人员的培训执行集团公司《相关方安全生产管理办法》。

第十七条　安全生产风险分级管控和隐患排查治理

（一）各单位应开展安全生产风险分级管控和隐患排查治理双重预防体系建设工作。建立健全双重预防体系建设及实施制度，明确从主要负责人到全体员工的职责，依法落实双重预防体系主体责任。

（二）各单位应编制安全生产风险分级管控体系文件：明确教育培训、风险点识别、危险源辨识、风险评价与分级、风险管控措施、风险告知。应完整保存体现风险分级管控过程的记录资料，并分类建档管理：应包括风险分级管控制度、风险点统计表、危险源辨识与风险评价记录，以及风险分级管控清单、危险源统计表等内容的文件化成果；涉及重大、较大风险时，其辨识、评价过程记录，风险控制措施及其实施和改进记录等，应单独建档管理。

（三）各单位应编制生产安全事故隐患排查治理体系文件：编制隐患排查项目清单、隐患排查计划、确定隐患排查项目和频次、隐患排查治理与验收。同时应完整保存体现隐患排查治理过程的记录资料，并分类建档管理。至少应包括：隐患排查治理制度、隐患排查治理台账、隐患排查项目清单等内容的文件成果；重大事故隐患排查、评估报告，治理方案、整改验收等应保留纸质记录，单独建档管理。

（四）各单位应定期开展安全生产和职业卫生评估，建立安全生产、职业卫生监测监控系统，实施有效动态预警。生产现场带班人员、班组长和调度人员，在遇到险情时第一时间享有处置和下达停产撤人命令的直接决策权与指挥权。

（五）各单位应按规定建立重大危险源辨识登记、安全评估、报告备案、监控整改、应急救援等工作机制。对重大危险源实施现场动态监控，定期对设施、设备进行检测、检验，设立重大危险源安全警示标志，制定应急预案并组织演练。应当每半年向所在地县（市、区）或者按隶属关系向负有安全生产监督管理职责的部门报告本单位重大危险源监控及相应的安全措施、应急措施的实施情况；对新产生的重大危险源，应当及时报告并依法实施相关管理措施。

第十八条 安全保障

（一）各单位应依法履行新改扩工程安全设施与主体工程同时设计、同时施工、同时投入生产和使用的规定（“三同时”）。

（二）各单位应严格按照国家和行业规定，确保本单位具备安全生产条件所必需的资金投入，足额提取安全生产费用。具体执行集团公司《安全生产费用提取和使用管理规定》。

（三）各单位必须按照《工伤保险条例》参加工伤保险，按照《关于开展全省高危行业强制实施安全生产责任保险试点工作的通知》（鲁政办字〔2017〕187号）等要求，实施安全生产责任保险制度。

（四）各单位应当按照国家和省有关规定，明确本单位各岗位从业人员配备劳动防护用品的种类和标准，为从业人员无偿提供符合国家、行业或地方标准要求的劳动防护用品，并监督、检查、教育其正确使用。应要求相关方作业人员配备符合标准的劳动防护用品。

（五）安全设施设备、应急物资必须符合国家标准和行业标准。各单位应当定期对安全设施设备、应急物资进行维护、保养及检测，保证正常使用。维护、保养、检测应做好记录，并由有关人员签字。

（六）各单位应当在有较大危险、危害因素的生产经营场所和有关设施、设备上，设置明显的安全警示标志或职业病危害警示标示。

第十九条 职业健康管理

（一）各单位应认真贯彻职业卫生法律法规，预防、控制和消除职业病危害，改善生产作业环境，防治职业病，保护职工职业健康及其相关权益。

（二）各单位应严格执行职业病危害项目申报的规定，按时申报。依法执行《建设项目职业病防护设施“三同时”监督管理办法》（安监总局令第90号），对产生职业病危害的工作场所落实各项防护措施，改善劳动条件。

（三）各单位依法履行职业病危害告知义务。按规定向职工和其他从业人员提供符合职业病防治要求的职业病防护设施和个人防护用品。

（四）各单位依法组织对职工进行上岗前、在岗期间、离岗时的职业健康检查，发现有职业禁忌证的职工，及时调离原岗位。依法组织本单位职业病患者的诊疗。

（五）组织开展对本单位工作场所的职业病危害因素日常监测，建立本单位的职业病危害因素监测与检测评价档案，并告知职工和妥善保存。

（六）按照国家有关规定定期开展职

业病危害因素检测、评价，及时向安全生产监督管理部门报告检测和评价结果，并向职工公布。

（七）各单位应按法规要求建立职业卫生管理台账及档案。

第二十条　消防安全管理

（一）各单位主要负责人是本单位消防工作第一责任人，对本单位消防工作负全面责任。

（二）各单位消防工作应严格执行国家有关消防的法律、法规、规章、标准等，建立健全消防责任制和各项管理制度。

（三）各单位应定期进行火灾隐患排查和治理，落实各级消防主管部门有关要求。

（四）各单位应当依法建立专职消防队或志愿消防队等消防组织，并进行教育培训，掌握相应的消防知识和技能。

（五）发现火灾必须立即报警，必须立即组织力量扑救。火灾扑灭后，各单位应当按照公安机关消防机构的要求保护现场，接受事故调查，如实提供与火灾有关的情况，并按有关规定对相关责任人进行责任追究。

第二十一条　交通安全管理

（一）各单位主要负责人是本单位交通安全第一责任人，对本单位交通安全工作负全面责任。

（二）各单位交通安全工作应严格执行国家有关道路交通安全法律、法规、规章、标准，建立健全交通安全规章制度。

（三）各单位负责对厂内交通事故进行分析和处理，负责其他交通事故的统计，并将分析、统计资料及时报集团公司安全环保部。

第二十二条　应急管理

（一）集团公司及各单位应根据有关法律、法规和《生产安全事故应急预案管理办法》（安监总局令第 88 号），建立健全应急预案体系及监督管理工作。

（二）各单位的综合应急预案应与当地县级以上人民政府、集团公司的应急预案相衔接。应成立专兼职救援队伍（人员）并配备相应的救援物资。应与专职救援队伍签订服务协议。

（三）各单位应按规定对应急预案进行评估和修订，有下列情形之一，应当及时修订应急预案并备案：

依据的法律、法规、规章、标准及上位预案中的有关规定发生重大变化的；

应急指挥机构及其职责发生调整的；

面临的事故风险发生重大变化的；

重要应急资源发生重大变化的；

预案中的其他重要信息发生变化的；

在应急演练和事故应急救援中发现问题需要修订的；

编制单位认为应当修订的其他情况。

（四）各单位应制定年度应急预案演练计划，每年至少组织一次综合应急预案或专项应急预案演练，各直接从事具体生产经营活动的基层单位，每半年至少组织一次现场处置方案演练。

（五）应急预案演练结束后，组织单位应当对应急预案演练效果进行评估，撰写应急预案演练评估报告，分析存在的问题，并对应急预案提出修订意见。

（六）各单位应将应急预案报地方政府安全生产监督管理部门备案，同时报集团公司安全环保部。

（七）事故发生后，事故单位应当立即启动应急预案，采取有效措施，组织救援，防止事故扩大。

第二十三条　档案管理

（一）各单位应当建立完善安全生产档案。安全生产档案应由专人负责，定期进行收集、整理、分类和归档。归档资料应规范、完整、系统，符合档案管理规定。

（二）安全生产档案通用内容：

安全管理机构设立、调整及安全管理人员配备、变动的文件；

与各单位或员工签订的安全生产责任书，与相关单位签订的安全协议，安全生产许可证、资质证书；

安全生产管理办法、安全操作规程、应急预案等规章制度；

对安全管理规章制度、安全操作规程、应急预案的评估修订记录；

安全会议签到表、会议记录等相关资料；

安全检查表、安全隐患整改通知书、安全隐患整改验收等相关资料；

重大危险源监控管理、报备等资料；

安全培训计划、培训记录、安全培训考核试卷、资格证书等；

安全经费预算计划、使用台账；

综合应急预案、专项应急预案、现场处置方案、应急机构和人员清单、应急物资装备登记和维护记录、应急演练记录、应急演练评估报告等；

安全事故报告记录、事故处理情况报告、事故责任人员考核文件等；

安全生产工作总结、报告；

安全生产管理考核奖惩办法和标准、安全考核资料、奖惩兑现资料等；

特种设备检验检测记录、维护记录等；

安全设施设备台账及检查维护记录；

劳动防护用品的采购、验收、使用及发放记录；

作业活动清单、设备设施清单、工作危害分析评价记录、安全检查表分析评价记录、作业活动风险分级管控清单、设备设施风险分级管控清单；

现场类隐患排查治理清单、现场类隐患排查治理台账、基础管理类隐患排查清单、基础管理类隐患排查台账等；

其他与安全生产有关的情况。

第二十四条 安全生产约谈

（一）约谈是指由山钢集团或集团公司安委会依据安全生产相关情形与工作需要，与相关单位负责人进行提醒、质询、告诫性约见谈话，听取其安全生产工作情况汇报，提出工作要求和建议，并通过内部新闻媒体加强舆论监督，督促落实安全生产监管责任或主体责任的工作制度。

（二）有下列情形之一的，约谈单位分管负责人：

3 个月内发生 2 人重伤及以上生产安全责任事故的；

发生生产安全事故隐瞒不报或迟报，或发生社会影响大、舆论关注度高生产安全事故的；

发生生产安全事故未按规定组织调查，或对事故调查发现的安全隐患、管理漏洞和薄弱环节未按规定整改落实的；

对各级政府和集团公司检查发现或挂牌督办的重大安全隐患、突出问题，久拖不改的。

（三）有下列情形之一的，约谈单位主要负责人：

发生工亡 1 人及以上或其他较大以上生产安全责任事故的；

短期内连续发生多起生产安全责任事故的；

被设区的市级及以上政府通报批评或处罚的；

造成特别重大社会影响等其他需要约谈的情况。

（四）约谈会议由集团公司安委会办公室负责组织。集团公司安委会办公室负责提出约谈方案，经集团公司安委会领导同意后，发出书面通知；被约谈单位和有关部门接到通知后，要在规定时间内上报参加约谈人员名单和汇报材料；约谈会议结束后印发会议纪要，被约谈单位要将约谈要求落实情况于30日内报集团公司安委会办公室。

第二十五条　考核奖惩

（一）集团公司按照年度《安全管理绩效考核办法》和与各单位签订的《安全生产目标责任书》对各单位进行安全管理绩效考核。

（二）集团公司对在安全生产工作中取得优异成绩或有突出贡献的单位或个人给予奖励。

（三）集团公司按照《生产安全事故责任追究办法》对发生生产安全事故的责任单位、责任人员进行责任追究。

第四章　附　　则

第二十六条　本办法由安全环保部负责解释。

第二十七条　本办法自发布之日起施行。

山东钢铁集团有限公司科技成果管理办法（试行）

（山钢科字〔2018〕17 号　2018 年 11 月 20 日）

第一章　总　　则

第一条　为规范和强化山东钢铁集团有限公司（以下简称集团公司）科技成果管理，提升科技成果对集团公司科技创新工作的支撑作用，依据相关法律法规及集团公司《科技创新体系建设方案》《科技创新规划》，制定本办法。

第二条　本办法适用于集团公司总部各部门、直属机构及权属二级公司。

第三条　科技成果是指通过科学研究与技术开发所产生的具有实用价值的成果。本办法所述的科技成果主要包括：

（一）在科技创新项目实施过程中形成的，对提升产品质量、降低生产成本、提高生产效率、节约能源、保护环境等方面发挥推动作用，并能取得一定经济效益或社会效益的新工艺、新技术、新方法；

（二）在重点工程建设过程中，通过自主创新形成的具有一定经济和社会效益的新工艺、新技术、新方法；

（三）具有市场领先优势，已批量生产并取得一定经济或社会效益的新产品；

（四）对引进成果进行消化吸收，通过二次创新形成的具有一定经济效益或社会效益的新工艺、新技术、新方法、新产品等。

第二章　职　　责

第四条　科技创新部是集团公司科技成果主管部门。负责相关法律法规、方针政策的收集、贯彻及利用；负责科技成果登记管理；负责组织总部各部门、直属机构科技成果的评价；负责组织集团公司科技成果奖励工作；负责组织推荐省级及以上、行业科技奖项；负责各权属二级公司科技成果奖励的备案管理。

第五条　财务部负责总部各部门、直属机构科技成果经济效益的审核及相关费用的管理、支付及监督。

第六条　审计部负责科技成果管理的审计监督。

第七条　总部其他相关部门、直属机构负责配合科技创新部完成科技成果的登记、评价及奖励工作。

第八条　各权属二级公司负责规范和强化各自的科技成果管理，做好科技成果的登记、评价及奖励工作。

第三章　登　　记

第九条　科技成果的完成单位（多单

位完成的指第一完成单位，下同）应在项目通过验收后的两个月内在科技创新部办理科技成果登记。

第十条 办理科技成果登记时应提交：科技成果登记表（见附件）、项目计划书、结题/验收报告、技术报告、效益分析报告、费用决算证明（如果有）、应用报告（如果有）、成果介绍（推广性的）以及专利、论文等知识产权证明材料。材料的提供单位要对材料的真实性负责。

办理涉密科技成果登记时，应在确保不泄密的情况下提交相关信息，不提交涉密内容。

第十一条 科技创新部对科技成果登记材料进行审核，对符合要求的及时办理登记；对不符合要求的告知需补齐/改正的材料或不予登记的原因。

第十二条 对有自主知识产权的科技成果，科技成果的完成单位可以在确保不泄密的情况下，在政府、行业的科技成果管理部门办理科技成果登记。

第四章 评　价

第十三条 科技成果完成单位可根据需要开展科技成果评价。

第十四条 开展第三方评价的科技成果应同时满足如下条件：

（一）已在集团公司登记且应用时间不少于半年；

（二）达到申报政府、行业奖励的基本条件，或具备对外推广的潜力；

（三）形成了专利（已获授权或进入实质审查阶段）、标准（企业标准除外）或取得了其他形式的知识产权；

（四）评价内容不涉密、不涉及知识产权纠纷。

第十五条 科技成果第三方评价的组织单位，在评价前应制定“评价方案”。对总部各部门、直属机构完成的科技成果进行第三方评价时，“评价方案”应报集团公司分管领导批准。

第十六条 科技成果第三方评价的组织单位要严格审核评价材料，确保：

（一）评价材料真实、完整、规范，符合相关要求；

（二）科技成果完成人对成果的完成做出过技术创造性贡献，并按贡献大小排序。只负责组织、协调、管理、施工或为物质条件的利用提供方便或者从事其他辅助工作的人员，不应进入成果完成人名单。

第十七条 科技成果完成单位应在完成评价之后的两个月之内，更新被评价成果在科技创新部的登记信息。

第五章 奖励、考核及费用列支

第十八条 集团公司推进科技成果交流平台的建设，鼓励各单位积极开展科技成果转化活动。科技成果转化后，科技成果完成单位应对完成、转化该项科技成果做出重要贡献的人员给予奖励。奖励的方式、数额和时限，由科技成果完成单位确定，并在本单位公开。

第十九条 集团公司制定专项管理制度，对在科技成果形成过程中做出突出贡献的科技成果完成人进行奖励。各权属二级公司可自行开展科技成果奖励，事后向集团公司备案。

第二十条 省级及以上、行业的科技奖项申报由集团公司统一组织。申报过程中，集团公司负责推荐奖项及程序性、规范性的协调工作；科技成果的完成单位负责科技奖项的申报和答辩等具体工作。省级以下的科技奖项由权属二级公司自行申报，事后向集团公司备案。

第二十一条 对不按规定进行科技成果登记或违反规定开展科技成果评价，造成负面影响的，集团公司按照有关规定对相应的责任单位、人员进行追责，给予处理或处罚。

第二十二条　科技成果管理过程中产生的资料费、翻译费、专家咨询费、差旅费、会议费以及科技成果的检索、分析、评议、论证、评价、评审、评估、验收等费用在项目研发费用中列支。

第六章　附　　则

第二十三条　本办法由科技创新部负责解释。

第二十四条　本办法自印发之日起施行。

部分内部制度文件目录

1. 中共山东钢铁集团有限公司委员会党组织工作经费管理办法（山钢党字〔2018〕40号）

2. 山东钢铁集团有限公司问责管理办法（试行）(山钢党字〔2018〕58号)

3. 山东钢铁集团有限公司关于在业务交往中收受礼品礼金登记上交和处置管理规定（山钢党字〔2018〕63号）

4. 山东钢铁集团有限公司厂务公开实施办法（山钢党字〔2018〕71号）

5. 中共山东钢铁集团有限公司委员会离退休干部党组织工作经费管理办法（山钢党字〔2018〕104号）

6. 中共山东钢铁集团有限公司委员会离退休干部党组织负责人工作补助发放办法（山钢党字〔2018〕104号）

7. 中国共产党山东钢铁集团有限公司委员会常务委员会议事规则（山钢党字〔2018〕107号）

8. 中共山东钢铁集团有限公司委员会关于深化人才发展体制机制改革的意见（山钢党字〔2018〕108号）

9. 中共山东钢铁集团有限公司委员会高端和急需紧缺人才引进管理暂行办法（山钢党字〔2018〕108号）

10. 中共山东钢铁集团有限公司委员会关于人才职业发展通道建设的指导意见（山钢党字〔2018〕108号）

11. 中共山东钢铁集团有限公司委员会关于推进内部人才流动共享的意见（山钢党字〔2018〕108号）

12. 中共山东钢铁集团有限公司委员会人才工作目标责任制考核办法（试行）(山钢党字〔2018〕108号)

13. 山东钢铁集团有限公司新闻宣传工作管理规定（山钢党字〔2018〕129号）

14. 中共山东钢铁集团有限公司委员会管理人员挂职锻炼工作管理办法（山钢党字〔2018〕148号）

15. 山东钢铁集团有限公司总部办公楼安全管理办法（山钢办字〔2018〕52号）

16. 山东钢铁集团有限公司档案利用规定（山钢办字〔2018〕55号）

17. 山东钢铁集团有限公司产业协同内部市场准入暂行办法（山钢战略字〔2018〕16号）

18. 山东钢铁集团有限公司信息化管理办法（山钢战略字〔2018〕50号）

19. 山东钢铁集团有限公司境外投资财务管理办法（山钢财字〔2018〕21号）

20. 山东钢铁集团有限公司科技创新项目研发费用管理办法（试行）(山钢财字〔2018〕33号)

21. 山东钢铁集团有限公司差旅费管理办法（山钢财字〔2018〕35号）

22. 山东钢铁集团有限公司因公临时出国人员费用开支标准和管理办法（山钢财字〔2018〕36号）

23. 山东钢铁集团有限公司财务总监管理办法（山钢财字〔2018〕44号）

24. 山东钢铁集团有限公司深化资金统一管理办法（山钢财字〔2018〕45号）

25. 山东钢铁集团有限公司“僵尸”企业处置管理办法（试行）(山钢资字〔2018〕37号)

26. 山东钢铁集团有限公司境外股权投资管理暂行办法（山钢资字〔2018〕51号）

27. 山东钢铁集团有限公司新旧动能转换专项考核办法（山钢人字〔2018〕4号）

28. 山东钢铁集团有限公司权属二级企业负责人绩效考核和薪酬管理办法（山钢人字〔2018〕13号）

29. 山东钢铁集团有限公司首席专家首席技能大师选拔管理暂行办法（山钢人字〔2018〕16号）

30. 山东钢铁集团有限公司驻境外工作人员境外补贴规定（山钢人字〔2018〕17号）

31. 山东钢铁集团有限公司内部仲裁费用收支管理暂行办法（山钢法字〔2018〕10号）

32. 山东钢铁集团有限公司境外投资审计管理办法（试行）（山钢审字〔2018〕11号）

33. 山东钢铁集团有限公司审计整改督查工作实施办法（试行）（山钢审字〔2018〕14号）

34. 山东钢铁集团有限公司建设项目环境保护管理办法（山钢安字〔2018〕23号）

35. 山东钢铁集团有限公司2018年安全管理绩效考核办法（山钢安字〔2018〕23号）

36. 山东钢铁集团有限公司党政领导干部生态环境损害责任追究办法（试行）（山钢安字〔2018〕29号）

37. 山东钢铁集团有限公司生产安全事故责任追究办法（山钢安字〔2018〕30号）

38. 山东钢铁集团有限公司安全生产监督管理办法（山钢安字〔2018〕32号）

39. 山东钢铁集团有限公司节约能源管理办法（山钢安字〔2018〕34号）

40. 山东钢铁集团有限公司科技创新项目管理办法（试行）（山钢科字〔2018〕11号）

41. 山东钢铁集团有限公司规范研发投入统计口径的管理意见（山钢科字〔2018〕13号）

42. 山东钢铁集团有限公司科技成果管理办法（试行）（山钢科字〔2018〕17号）

43. 山东钢铁集团有限公司专利管理办法（试行）（山钢科字〔2018〕19号）

44. 山东钢铁集团有限公司对外科技合作管理办法（山钢科字〔2018〕23号）

媒体看山钢

山钢集团开展“解放思想、深化改革”大讨论

8月10日，山钢集团公司工会部署在全集团广大职工中开展“解放思想、深化改革”大讨论活动。

大讨论自8月份开始至今年底，重点围绕七个方面内容开展，分为强化组织引导，形成思想共识；深入学习讨论，兴起参与热潮；注重实际改革，提振“精气神”；加大典型培树，强化引领带动等四个环节进行。大讨论旨在引导广大职工认清形势、抢抓机遇、持续全面深化改革，不断增强市场意识、危机意识、改革意识、担当意识，着力解决影响集团公司发展的思想观念、精神状态、工作作风、体制机制等方面的突出问题。

活动要求工会组织要深入学习贯彻山钢集团公司持续全面深化改革推进会议精神，迅速行动，以自身扎实工作、先进思想、务实举措，落实各项安排部署。牢牢把握“建设幸福和谐新山钢”工作主线；牢牢把握改革关键点、突破点，引导职工理解改革、支持改革，积极参与改革；牢牢把握劳动竞赛、劳模创新工作室创建和群众性创新创效活动，把“平凡创新”做实做细。

（原载于2018年8月16日新华网、
人民日报社/人民数字网，
作者：赵　腾　崔中晔）

山钢集团公布“山钢智库”首批专家名单

山钢集团根据《智库建设管理办法》近日公布首批“山钢智库”专家名单，钢铁、金融、钢结构建筑、信息技术、产业园区开发运营、经济研究等6个领域15个专业284名专家榜上有名。

智库专家实行聘任制，聘期三年，由山钢集团统一颁发聘书。智库专家可积极参加申报、承担咨询研究课题，可根据需要参加山钢集团组织的论证、验收、鉴定、评审等咨询评价活动，在山钢集团和行业重大规划、产业发展、技术研发、安全环保、投资融资、资本运作等方面充分提供意见和建议，不断提升山钢集团决策科学化水平。

（原载于2018年8月17日
《中国冶金报》，
作者：周传勇　赵长义）

山钢集团：管理“瘦身”　放权“健体”

对照国有资本投资公司功能定位，山钢集团积极构建“以管资本为主”的管控

模式，逐步规范治理主体运行，理顺决策、执行、监督管理体制和运行机制，激发企业动力活力。

山钢集团近日印发《对权属二级公司/单位管理事项清单（试行）》（以下简称《清单（试行）》）的通知，进一步放权，为高效管理“瘦身”。山钢集团仅保留12大类，审批事项60余项、备案事项60余项、其他事项10余项，不再过多介入权属二级公司/单位过程管理。

《清单（试行）》旨在落实山钢集团全面持续深化改革推进会议精神，理顺企业上下权责，做实子公司市场主体地位，夯实分层创利中心和成本中心的责任主体，提升市场核心竞争能力和创效能力。

今后，权属二级公司/单位需报送山钢集团审批、备案等所有事项，仅需按照《清单（试行）》上报有关请示，此外事项自行决策。《清单（试行）》以外的事项执行情况纳入山钢集团公司及权属二级公司/单位、直属机构巡察、审计、合规管理等监督范围。

“《清单（试行）》的施行，意味着权属二级公司独立行权担责创效的责任更大。”山钢集团副总经理付博说。山钢集团管理“瘦身”，势必更有利于各子公司灵敏应对市场竞争，更有利于提升市场核心竞争能力和创效能力，同时对各子公司管理能力及面向市场独立打拼的能力提出了更高要求。

（原载于2018年10月19日
人民日报社/人民数字网，
作者：朱向前　于　奇）

山钢集团：敬才　聚才　育才　展才

10月17日，山钢集团关于深化人才发展体制机制改革及相关配套制度文件正式印发，改革内容涉及市场化引进、系统化培养、科学化评价、多元化激励等，旨在通过深化改革，构建科学规范、竞争有力、运行高效的人才发展体系，形成人才竞争优势，支撑本质化运营水平提升。

系列文件认真贯彻落实中央、山东省委关于人才发展体制机制改革的总体要求，重视改革的系统性、整体性、协同性和针对性，是当前和今后一个时期人才工作的纲领性文件，也是支撑企业本质化运营水平提升的“人才工作方案”。

系列文件是山钢集团实施人才强企战略，促进人才规模、质量、结构与企业发展相适应、相协调，构建“五位一体”协同机制，支撑山钢集团本质化运营水平提升的重要举措，确定了人才发展体制机制改革的原则和工作方向，明确了山钢集团深化人才发展改革进入攻坚期和深水区的主要路径和措施。“一切围着市场转、一切围着客户转，向用人主体放权，为人才松绑”是本次人才发展体制机制改革的核心。

山钢集团重点改革人才管理体制和管理机制，强化人才宏观管理、协同引领、支持服务和监督考核职能，权属二级单位负责人才引进、培养、使用、管理工作。同时，山钢集团保障和落实权属二级单位用人自主权，构建人才内部流动共享机制，推行人才岗位聘任和契约化管理方式。各用人单位充分发挥主体作用，发挥市场在人才资源配置中的决定性作用，完善人才引进、培养、使用机制，推动人才配置效率最优化和价值最大化，通过“人才链”支撑“创新链”、提升“产业链”，以人才优势打造创新优势、产业优势和发展优势。

在推进人才发展工作机制改革上，山钢集团推动构建更加灵活开放的市场化引进机制，多种方式精准引才，加强人才集聚平台载体建设；健全以创新创业为导向的系统化培养支持机制，完善人才多通道职业发展机制，创新专业技术和技能人才培训方式和培养模式，促进优秀青年人才脱颖而出；建立以能力业绩为导向的科学化评价机制，建立人才容错容败机制；健全体现人才智力价值的多元化激励机制，完善体现人才智力价值的薪酬分配制度，探索建立人才中长期激励机制，强化人才创新创业激励。

据山钢集团人力资源部有关负责人介绍，山钢集团将瞄准深化人才体制机制改革这个着力点，加强人才工作组织领导，加大人才发展投入，优化人才服务保障，强化人才工作目标责任制考核，努力营造尊贤重才、见贤思齐的良好生态环境。

（原载于2018年10月24日人民日报社/人民数字网、中国钢铁新闻网，作者：朱向前　张传友）

山钢国内首条全流程智能制造示范产线贯通

“钢包全程吹氩自动对接项目是我们智能化钢厂建设项目之一。实施一个多月以来，可以优化减少生产周期6分钟左右，降低精炼炉电极消耗和电耗10%以上，预计可实现吨钢降本4元钱左右，年创效益近2000万元，并且促进了产能的进一步释放，最高日产达到了15300余吨。”山钢股份莱芜分公司炼钢厂高级主任师王忠刚介绍。

随着钢包全程吹氩自动对接项目的落地实施，炼钢厂新区智能制造打通了最后“一公里”，国内首条炼钢到连铸全流程智能制造示范产线全线顺利贯通。从转炉冶炼到精炼再到连铸，该厂通过技术创新与控制系统升级，建立起全流程标准操作与工序协同的生产过程控制，实现了炼钢三大工序的高效全流程智能生产。

转炉冶炼的钢水放入钢包以后，需要往钢水内吹送氩气，原来都是依靠人工连接吹氩管，不仅费时还存在一定的安全风险。该厂工程技术人员借鉴先进企业经验，采取了平板式自动对接方式，先后对23台钢包车及63个钢包进行了适应性改造。各工位增设自动吹氩装置后，可以实现吹氩管路与钢包吹氩元件之间的自行连接与脱开，不仅降低了职工劳动强度，还进一步缩短了生产周期，降低了能源消耗，让整条生产线的生产效率有了质的提升。

该厂坚持把智能制造作为实施新旧动能转换、加快转型升级的主攻方向，以实现“设备自动化、人员高效化、管理信息化、决策智能化”为目标，通过技术创新加快智能化钢厂建设，通过智能制造项目落地来实现提产增效。老区成为国内烟气分析技术应用实践的样板车间，新区成为国内首条炼钢—连铸智能制造“示范产线”，其中全程无干预自动炼钢自动出钢、烟气分析等核心技术填补国内空白。1~10

月份，该厂钢产量超公司计划28万吨，累计降本1.4亿元，连续9个月完成吨钢降本20元目标。

“加快信息平台建设，引入适合协同办公平台，实现信息管理的移动化、平台化和智慧化，全力打造具有精益特质的智能化钢厂，坚定地走出一条绿色、智能、可持续的特色发展之路。”炼钢厂党委书记、经理郭伟达表示。

（原载于2018年12月5日新华网、
人民日报社/人民数字网、
中国钢铁新闻网，
作者：王　鑫　丁书洪　韩圣鹏）

《山钢年鉴》(2019) 撰稿、审稿人员名单

序　号	撰 稿 人	审 稿 人	单 位 名 称
1	张海明　孙　波　杨　波 于　华　魏　东　刘　宁 郑　玮　孙亚宁　于　奇 宋玉前	李学玉　徐　峰　李波涛	党委办公室 公司办公室
2	牛玉波	孙日东	战略发展部
3	赵伟田　郑　丽　于晓飞 胡　玉　马　骏	杨再昌	财务部
4	吴玉峰　王景艳　刘　晨 李　青　刘翔宇	王其成	资本运营部
5	毛春友　孙淑辉　张怀鹏 张　岳　王　喆　张传友 朱碧桃　李　霞　魏　鹏 李小权	来现民　陈茂文　李勇实 李金怀　马晋宇	党委组织部 人力资源部 机关党委
6	孙　霞　崔中晔	卢彤书　张海鹰	工会 团委
7	王利峰　任晓华	田玉山　周传勇	宣传部 企业文化部
8	司乔磊　李宪华　王　勇	王景洲　高凤娟	纪委 监察部 巡察办
9	宋　哲	罗文军	法务部 公司律师事务部
10	李　琦　徐　晨	徐亮天	审计部
11	杨富廷　邹方敏　赵玉潮 刘　磊	张省军	安全环保部
12	马佐仓　刘　平　李　赛 訾福莲	马光亭	科技创新部 研究院
13	李洪江　刘志飞　朱向前 赵　腾　周传勇　赵长义 冯秀燕　李建辉　张洪雷 崔瑞辉	田玉山	新闻传媒中心
14	邹玉萍	薄　涛	济钢集团有限公司
15	王立军	王庆山	莱芜钢铁集团有限公司
16	毛瑞萍	吕　铭	山东工业职业学院

续表

序　号	撰稿人	审稿人	单位名称
17	王　哲	刘长进	山东钢铁集团矿业有限公司
18	李　林　孙运利	陈向阳	山东钢铁集团日照有限公司
19	刘玉鹏	李文亮	山东耐火材料集团有限公司
20	倪　斌	逄晓男	山东钢铁集团永锋淄博有限公司
21	宋宪斌	王兴强	山东钢铁集团淄博张钢有限公司
22	赵　坤	姚　斌	山东省新力冶金实业有限公司
23	邵　蔚	杨士东	山东钢铁集团财务有限公司
24	王　涛	朱玉廷	山东钢铁集团国际贸易有限公司
25	郭　晖	张鲁兵	山东钢铁集团房地产有限公司
26	刘　超	万宪刚	山钢集团金融控股（深圳）有限公司
27	李兴旺	郭维河	山信软件股份有限公司
28	张金良　叶　华　刘旭隆 吴　昊　张　锋　杨建东 冯　丽　徐　龙　王彦彬 张永生　孔德勇　孟继庆 赵　莹　朱　炜　管庆刚 王文生　李海霞　王须革 魏光平　周亮文　杨永和 张　洋　李　铁　亓　静 伊　瑞　王玉军　张　蕾 李　汀　李　晨　穆允生 鞠　玲　刘　冰　牛　芳 王　彬　李文光　张　建 姜　杰　侯文娟　赵士链 陈俊科　董　良　王　鑫 丁书洪　韩圣鹏	刘晓军　张金鹏　齐登业 孔凡强　董永峰　朱　慧 李玉林　于仁波　傅守滨 孙业华　王中学　商福成 周宪海　高俊庆　周光军 许家明　高淑军　季立飞 姜世远　孙建设　郭伟达 李丰功　关中华　吕智勇 袭建富　韩树森　刘立华	山东钢铁股份有限公司莱芜分公司 莱芜铁路运输分公司 营销总公司
29	刘运丽　穆允生　鞠　玲 修志武　王晓妍　叶　华 刘旭隆　岳　刚　牛　芳 杜　宇　翟世广　薛升波 姜　杰　侯文娟　贾鲁峰	张思勋　姜世远　袭建富 刘晓军　齐登业　刘元意 郭伟达　王化巨　李　涛 李　纲	山钢股份全资和控股子公司 受托管理单位